Über die Herausgeber

Anton Hügli, geb. 1939, Dr. phil. habil., Studium in Basel und Kopenhagen, Forschungsaufenthalt in Oxford, Lehrtätigkeit an den Universitäten Münster i.W., Bielefeld und Basel. Er ist Direktor des Pädagogischen Instituts Basel-Stadt und seit 1987 Professor für Philosophie an der Universität Basel.

Poul Lübcke, geb. 1951, Studium in Kopenhagen, Freiburg, Heidelberg und Leuven, lehrte Philosophie an den Universitäten Roskilde und Aarhus. Seit 1998 Professor für Philosophie an der Universität Kopenhagen.

Anton Hügli / Poul Lübcke (Hg.)

Philosophie im 20. Jahrhundert

Band 2
Wissenschaftstheorie und
Analytische Philosophie

ro
ro
ro

rowohlts enzyklopädie

rowohlts enzyklopädie
Herausgegeben von Burghard König

Übersetzungen aus dem Dänischen von
Ralf Marquardt und Gunnar Nielsen

Redaktionelle Mitarbeiter Daniel Kipfer, Peter Meier,
Daniel Sollberger und Urs Thurnherr

Fotos. «Die blaue Mappe»: Privatarchiv Poul Lübcke

3. Auflage. 9.–10. Tausend Februar 2000

Originalausgabe
Veröffentlicht im Rowohlt Taschenbuch Verlag GmbH,
Reinbek bei Hamburg, Januar 1993

Diese Ausgabe beruht auf:
Vor tids filosofi: Videnskab og sprog

Umschlaggestaltung Jens Kreitmeyer
Gesetzt aus der Aldus und Optima (Linotronic 500)
Gesamtherstellung Clausen & Bosse, Leck
Printed in Germany
ISBN 3 499 55456 9

Inhalt

George Edward Moore: Der Verfechter des Common sense
63

Jørgen Husted

Gottlob Frege: Der stille Logiker
82

Jan Riis Flor

Bertrand Russell: Politisches Engagement und logische Analyse
109

Der junge Wittgenstein: Sprache und logische Form
131

Charles Leslie Stevenson:
Meinungen und Haltungen
188

Rudolf Carnap:
Philosophie als logische Syntax
195

3. Philosophie der Alltagssprache

Jan Riis Flor

Der späte Wittgenstein:
Sprache und Lebensform
212

6. Sprache und Ontologie

Oliver R. Scholz

Willard Van Orman Quine: Naturalisierter Empirismus
390

Joachim Schulte

Peter Frederick Strawson
432

Jørgen Husted

Michael Anthony Eardley Dummett: Realismus und Antirealismus
448

KRITISCHER RATIONALISMUS, WISSENSCHAFTSGESCHICHTE, ERLANGER SCHULE

Jan Riis Flor

Karl Raimund Popper: Kritischer Rationalismus
473

Thomas S. Kuhn: Entwicklung durch Revolution
499

Stig Alstrup Rasmussen

Die Erlanger Schule
514

Vorwort

Philosophie im 20. Jahrhundert ist die deutsche Neubearbeitung eines ursprünglich auf dänisch* und später auf schwedisch erschienenen zweibändigen Werks, das einen Überblick über die wichtigsten Strömungen der europäischen und amerikanischen Philosophie im 20. Jahrhundert zu geben versucht. Alle maßgebenden Philosophen werden ausführlich behandelt im Zusammenhang mit den Strömungen, innerhalb derer sie stehen und die sie selber mitgeformt haben.

Es geht dabei jedoch nicht um umfassende, historisch abgerundete Darstellungen. Ziel des Werks ist vielmehr, anhand von ausgewählten, exemplarischen Gedankengängen Einblick zu geben in die Art und Weise, in der die Philosophen unseres Jahrhunderts an ihre Probleme herangetreten sind. Hinter dieser Auswahl steht eine bestimmte Auffassung von Philosophie: Philosophie ist nicht das Produkt einsamer Genies, sie ist nicht prophetische Verkündigung und nicht Weltanschauung, sondern eine argumentative Tätigkeit, ein Versuch, sich selbst und anderen mit Gründen und Gegengründen Rechenschaft zu geben über die grundlegenden Voraussetzungen unseres Denkens, unseres Seins und unseres Handelns. Die philosophische Entwicklung erscheint unter diesem Gesichtspunkt nicht als ein von Zufälligkeiten bestimmtes Geschehen, sondern als ein nachvollziehbarer Dialog, in dem jede Position verstanden werden kann als Antwort auf frühere Positionen, Fragen oder Einwände.

Philosophie – und das ist unsere zweite Annahme – geht nicht nur den Fachphilosophen, sondern jedermann an. Dieses Werk richtet sich daher nicht in erster Linie an die Fachleute – obwohl auch diese durch den aktuellen Bezug manche wertvolle Information finden mögen –, sondern an ein breiteres philosophisch interessiertes Publikum. Es ist

* Vor tids filosofi. Bd. 1: Engagement og forståelse, Bd. 2: Videnskap og sprog. Copenhagen: Politikens Forlag: 1982 (Redaktion: Poul Lübcke).

getragen von dem Bemühen, dem philosophischen Laien eine Einführung zu geben in die Denk- und Argumentationsweise moderner Philosophen, und es will das, was die Philosophen heute bewegt, verständlich machen auf dem Hintergrund der jüngsten philosophiegeschichtlichen Entwicklungen. Um die Philosophie so lebendig wie möglich werden zu lassen, wird dabei nicht abstrakt über Richtungen und Probleme geredet, sondern immer wieder der Bezug hergestellt zu den Personen, die hinter diesen Gedanken stehen, zu ihren Erfahrungen und zu den Grundphänomenen, an denen sie sich orientieren. Mit der *Philosophie im 20. Jahrhundert* hoffen wir daher, ein vielfältig verwendbares Werk geschaffen zu haben: eine in sich geschlossene Einführung in die moderne Philosophie für jeden philosophiegeschichtlich Interessierten ebenso wie ein abschnittweise zu lesendes Handbuch und Nachschlagewerk für Schüler, Studenten und Lehrende.

Existenzphilosophie, Phänomenologie, Hermeneutik und Kritische Philosophie als erster Band dieses Werks behandelt vor allem die in Deutschland und Frankreich maßgebenden Strömungen der Philosophie. Im Mittelpunkt steht das Bemühen der zeitgenössischen Philosophen, sich kritisch von der traditionellen Metaphysik und dem traditionellen Menschenbild abzusetzen und die Philosophie auf eine neue Grundlage zu stellen. In Deutschland steht dabei vor allem die Selbst- und Welterfahrung des Menschen im Vordergrund, in Frankreich die Rolle des Engagements, der Bindung im menschlichen Leben. Zentrale Philosophen sind hier Husserl, Heidegger, Jaspers, Adorno, Horkheimer und andere Vertreter der Frankfurter Schule, Gabriel Marcel, Merleau-Ponty und Jean-Paul Sartre.

Im zweiten Band *Wissenschaftstheorie und Analytische Philosophie* kommen vor allem die zeitgenössischen philosophischen Strömungen zur Darstellung, die sich – unter kritischer Absetzung von der Philosophie des europäischen Kontinents – im angelsächsischen Raum entwickelt haben. Zentrales Bemühen dieser angelsächsisch geprägten Philosophie ist die Analyse unserer alltagssprachlichen, wissenschaftlichen und logischen Begriffe und Ausdrücke. Der Band zeigt die Anfänge dieses Philosophierens bei Russell, Moore, Wittgenstein und Frege und den Stammvätern des amerikanischen Pragmatismus wie James und Peirce. Anhand von Autoren wie Quine, Strawson oder Hare wird der Leser vertraut gemacht mit den Hauptetappen der analytischen Philosophie. Auf exemplarische Weise wird anhand der jüngsten Diskussion des sogenannten Leib-Seele-Problems aufgezeigt, welche Dynamik diesem in hohem Maße argumentativen Philosophieren innewohnt.

Basel/Kopenhagen *Anton Hügli/Poul Lübcke*

DER AMERIKANISCHE PRAGMATISMUS

Niels Christian Stefansen

Mode oder Philosophie?

Um die Jahrhundertwende entstand in den USA eine philosophische Bewegung, die sich Pragmatismus nannte. ‹Pragma› ist griechisch und bedeutet ‹Handlung› oder ‹Tat›. Pragmatismus ist der Versuch, Kriterien oder Merkmale für Bedeutung und Wahrheit in praktischen Konsequenzen zu finden. Es kann kein Unterschied bestehen, der keinen Unterschied bewirkt. Bezeichnen wir das Messer als hart und die Butter als weich, so müssen wir feststellen können, daß das Messer die Butter schneiden kann – nicht umgekehrt. Und nach der Heiligen Schrift sollen wir den Baum an seinen Früchten erkennen.

Von den Philosophen, die sich Pragmatisten nannten, sind die wichtigsten: William James (1842–1910), John Dewey (1859–1952), George Herbert Mead (1863–1931), Ferdinand Canning Scott Schiller (1864–1937), Clarence Irving Lewis (1883–1964) und Willard Van Orman Quine (geb. 1908). Sie waren alle Amerikaner und Professoren der Philosophie, ausgenommen der Engländer Schiller, der später jedoch auch Professor in Amerika wurde.

Der Vorreiter des Pragmatismus war William James. Aufgrund seiner Persönlichkeit scharte er eine Reihe von Anhängern um sich, und durch seine aussagekräftigen Bücher erreichte er ein breites Publikum. Mit ihm erreichte der Pragmatismus vor dem Ersten Weltkrieg seinen Höhepunkt.

Die Pragmatisten hoben Taten und Wachstum hervor. Im Gegensatz zu den alten Philosophen, welche durch die reine Vernunft zu den ewigen Ideen zu gelangen versuchten, wollten die modernen Philosophen die Dinge dynamisch in Angriff nehmen. Man verband Wahrheit mit Erfolg und Nutzen. Die Aussagen der führenden Pragmatisten waren so vieldeutig, daß Wahrheit und Nutzen in der allgemeinen Debatte allmählich miteinander identifiziert wurden: Wahr ist, was nützliche Konsequenzen hat.

Das ist eine eigenartige Behauptung. Eine ganze Reihe wahrer Behauptungen sind von keinerlei Nutzen, etwa die Aussage, der Planet Jupiter habe zwölf Monde. Auf der anderen Seite können falsche Behauptungen außerordentlich nützlich sein; andernfalls wären wir alle Wahrheitsapostel. Darüber hinaus kann dieselbe Behauptung für einen Menschen nützlich und für einen anderen nutzlos sein. Vorher hatte die Wahrheit sich nach der Ordnung der Dinge gerichtet; nunmehr sollte sie sich nach den Wünschen der Philosophen richten. Bertrand Russell bezeichnete dies als die transatlantische Wahrheit.

Wie kam es dazu, daß sich der Pragmatismus zu diesem Vulgärpragmatismus entwickelte, der sich nicht mit Distinktionen aufhielt, solange nur überall ein Wachstum zu verzeichnen war? Die Antwort liegt wohl darin, daß dem Pragmatismus das Mißgeschick widerfuhr, zu einer Bewegung und einer Modephilosophie zu werden.

Die Pragmatisten waren durch ein Netz persönlicher Beziehungen miteinander verknüpft, dessen Mittelpunkt der anregende und großzügige James war. Die persönlichen Bindungen wurden durch die Institutionen, in denen sie arbeiteten, noch untermauert und verstärkt. Im Gegensatz zu den eigenständigen Philosophen früherer Zeit waren die Pragmatisten alle Universitätsphilosophen oder hatten leitende Positionen im Bildungswesen. Berufen werden, eine Professur bekommen – das zählte. Dadurch entwickelte sich eine Art Klienten-Philosophie, die Schulen und Richtungen begünstigte. Professoren oder Gönner wollten ihren Schülern oder Klienten zu Broterwerb und allerlei Pfründen verhelfen. Da die Anforderungen an philosophisches Können fließend und schwankend sind, war es möglich, den jungen Klienten in einer fachlich vertretbaren Weise Hilfestellung zu geben. Dem Universitätssystem wohnte deshalb eine Tendenz zur Schul- und Gemeindebildung inne. Die einzelnen Universitäten entwickelten sich zu beinahe isolierten Enklaven, deren Führer in Festschriften und Vorworten gelobt wurden. In kleinen Fachzeitschriften schrieb man über sich und kümmerte sich wenig um die Außenwelt.

Gleichzeitig wurde die innere Eintracht durch Polemiken gegen außen gefestigt. Die Pragmatisten machten einen Gegner aus, den sie Rationalist nannten. Er war alles, was sie nicht waren. Der Rationalist arbeite mit starren Begriffen und versuche, über reines Denken zu einem philosophischen Weltbild zu gelangen – ohne Rücksicht auf die praktischen Folgen. Prototyp dieses Rationalismus war eine Version des absoluten Idealismus, der durch den englischen Philosophen Bradley (1846–1924) verkörpert wurde.

Durch ihre geschlossene Ablehnung grenzten sich die Pragmatisten scharf von anderen Richtungen ab und schufen ihre eigene philosophische Richtung. Sowohl James als auch Schiller waren glänzende Stilisten und gewiefte Polemiker. Die Gefahr dieser geistreichen Polemik bestand darin, daß die Kombattanten sich in einer Art und Weise zu Übertreibungen hinreißen ließen, die kaum mehr zu rechtfertigen war.

Dieses Konglomerat aus polemischen Übertreibungen ist später von Journalisten, Philosophiehistorikern und anderen Meinungsmachern zur amerikanischen Nationalphilosophie erhoben worden. Animiert von deutschsprachigen Philosophen, war man zu der Auffassung gelangt, jedes Land habe seine nationale Eigenart, die in Politik, Kunst und Philosophie ihren Ausdruck findet. Es bestehe eine Rangordnung unter den Nationen. Einige herrschen, andere würden beherrscht. Die herrschenden seien führend, weil sie mit dem Zeitgeist im Einklang stehen. Die USA seien die Nation der Zukunft. Ihre Nationalphilosophie habe nicht nur die amerikanische Kultur widerzuspiegeln, sondern sie müsse auch Vertreterin dieses neuen Zeitgeistes sein. Der Pragmatismus sollte zur handlungsleitenden Philosophie der industriellen und technischen Zeit werden.

Dahinter verbergen sich verschiedene philosophische Überlegungen. James behauptete, nicht er selbst sei der eigentliche Urheber des Pragmatismus, sondern der in der Öffentlichkeit seinerzeit gänzlich unbekannte Philosoph Charles Sanders Peirce (1839–1914). Die beiden waren alte Freunde, und laut James hatte ihn Peirce zur Entwicklung des Pragmatismus angeregt. Später erklärte Peirce, er wolle seine Philosophie nicht als Pragmatismus, sondern als *Pragmatizismus* bezeichnen. Er hoffte, dieses Wort sei häßlich genug, um vor Kindesräubern sicher zu sein.

Peirce sieht im Pragmatismus oder Pragmatizismus eine Methode, mit deren Hilfe sich die Bedeutung von Begriffen klären lasse. Wenn man imstande ist, alle denkbaren Erscheinungen, die aus der Bejahung oder Verneinung eines Begriffs folgen können, exakt anzugeben, so werde man dadurch eine vollständige Definition des Begriffs erhalten. Der Pragmatismus ist keine generelle Bedeutungstheorie, sondern eine Analysetechnik innerhalb einer allgemeinen Theorie über Zeichen und Sprache, die in der Peirceschen Erkenntnistheorie und Metaphysik tief verwurzelt ist. Nach Ansicht von Peirce wird der Pragmatismus die Sinnlosigkeit und Absurdität aufdecken, von der der überwiegende Teil der traditionellen ontologischen Philosophie geprägt ist. Peirce will zu den wirklichen Problemen vorstoßen, indem er die Pseudoprobleme abtrennt, mit denen sich geistige Müßiggänger zum Zeitvertreib beschäftigt hätten, zum Beispiel mit dem traditionellen Problem der Willensfreiheit.

Später wurde die Metaphysik durch den *logischen Positivismus* in ähnlicher Weise angegriffen. Die Probleme der Metaphysik seien Scheinprobleme, da es der Metaphysik weder um analytische Aussagen wie in der Logik und Mathematik noch um überprüfbare Erfahrungssätze gehe. Im Unterschied zu den logischen Positivisten ist Peirce sich allerdings im klaren darüber, daß er von grundlegenden Auffassungen über die Beschaffenheit der Welt, d. h. einer Metaphysik, ausgeht und daß sein Pragmatismus mit dieser verknüpft ist. Der logische Positivismus ist radikaler oder naiver, weil dessen Vertreter meinen, ihre sprachkritischen Analysen seien nicht in einer Metaphysik verankert.

Im konstruktiven Sinne benutzte Peirce seine pragmatische Methode zur Analyse verschiedener wissenschaftlicher Begriffe, u. a. von Gewicht und Kraft. Wenn wir in einer bestimmten Art und Weise handeln, beispielsweise gewisse Versuche durchführen, werden wir bestimmte Erscheinungen beobachten. Plazieren wir einen Magneten in der Nähe eines Eisenstücks, dann werden sie sich gegenseitig anziehen.

Diese Denkweise wurde später durch den *Operationalismus* vereinfacht und vergröbert. Die Bedeutung eines wissenschaftlichen Begriffs sei nichts anderes als die Summe der konkreten Schritte bei der Durchführung der Operationen, in die der Begriff eingeht. So ist beispielsweise ‹Länge› das gleiche wie das Durchführen bestimmter Messungen.

Der Jamessche Pragmatismus ist von ganz anderer Art. Er richtet sein Augenmerk hauptsächlich auf moralische und religiöse Probleme. Die Wahl zwischen unterschiedlichen grundlegenden Lebensauffassungen und moralischen und religiösen Grundsätzen wird nach Ansicht von James nicht von der Erfahrung bestimmt. Durch eine Analyse und einen Vergleich abstrakter Begriffe kann auch keine Klärung herbeigeführt werden. Die Frage lautet somit: Welche Konsequenzen hat die Wahl für uns? Wie können wir eine Entscheidung treffen? Wenn die verschiedenen Grundsätze und Lebensauffassungen mehr als nur leere Worte sein sollen, dann müssen sie für die Menschen, die sich für sie entscheiden, verschiedene praktische Folgen haben. James veranschaulicht das Problem an der alten Frage Theismus kontra Materialismus, mit der sich die Kulturpersönlichkeiten jener Zeit ausgiebig befaßten.

Der Theismus vertritt die Auffassung, daß es im Universum eine göttliche Vorsehung und eine ewige moralische Ordnung gibt. Der Materialismus sieht hinter allem materielle Prozesse, die sich in Übereinstimmung mit ewigen Naturgesetzen vollziehen. Am Ende wird alles Leben aus dem Universum verschwinden. Der Glaube an eine Vorsehung schafft Optimismus und damit Vertrauen in die Zukunft, weil uns dadurch eine schwache Hoffnung gegeben wird. Der Materialismus dagegen schafft nur Hoffnungslosigkeit und Pessimismus. Diese unterschiedlichen psychologischen Konsequenzen sind nach Meinung von James die einzige pragmatische Bedeutung, die dem Problem beigemessen werden kann. Entscheiden wir uns für den Glauben an eine Vorsehung und eine ewige moralische Ordnung, dann ist dieser Glaube oder diese Überzeugung pragmatisch wahr, sofern er bzw. sie unsere vitalen Bedürfnisse und Interessen befriedigt. Wenn die Hypothese der Existenz eines Gottes im weitesten Sinne des Wortes uns zufriedenstellt, dann ist sie gemäß den pragmatischen Grundsätzen wahr.

James behandelt die philosophischen Probleme als Psychologe und Biologe, während Peirce sie aus einer logischen und metaphysischen Perspektive betrachtet. Praktische Konsequenzen sind für James die konkreten Konsequenzen, die für den einzelnen Menschen im Kampf um das Überleben von Bedeutung sind. Peirce dagegen sieht praktische Konsequenzen als allgemeine Folgen, die das Ergebnis wiederholter, von der gesamten wissenschaftlichen Gemeinschaft durchgeführter Versuche sind.

Peirce analysiert die Aussage «Ich glaube, daß der Diamant hart ist» folgendermaßen: Wenn ich oder irgend jemand anders versucht, dem Diamanten mit Hilfe von anderen Gegenständen Kratzer beizubringen, würden wir nach diesen Versuchen keine Kratzer am Diamanten feststellen können. Aufgrund der wissenschaftlichen Methode können wir feststellen, daß in Wahrheit eine allgemeine Gesetzmäßigkeit besteht zwischen dem Kratzversuch und der Behauptung, daß der Diamant nach dem Versuch keine Kratzer aufweist. Wissen, wie man diese Behauptung rechtfertigt, heißt, sich eine bestimmte Verhaltensgewohnheit angeeignet haben.

James interessiert sich nicht für den Inhalt der Aussage «Der Diamant ist hart» und deren logische Konsequenzen. Er richtet sein Augenmerk auf die Folgen, die das Überzeugungsverhalten für mich hat. Meine Überzeugung von der Härte des Diamanten kann dazu führen, daß ich einige Dinge besser erledigen und erklären kann als vorher, daß ich mich in einer bestimmten Weise verhalten kann, beispielsweise Glas schneiden oder einen Bogen um unredliche Diamantenhändler schlagen. Soweit diese Ergebnisse meines ‹Überzeugtseins› meine Bedürfnisse und

Interessen besser befriedigen als die Ergebnisse eines ‹Nicht-Überzeugtseins›, ist meine Überzeugung von der Härte des Diamanten pragmatisch wahr.

‹Pragmatismus› hat bislang drei Bedeutungen: Erstens ist es die Bezeichnung für eine inzwischen kaum noch vertretene Modephilosophie, die James-Schiller-Polemik gegen den Rationalismus, die in die Zeit von 1900 bis etwa 1910 gehört. Zum zweiten bezeichnet er einen kleinen Teil der Peirceschen Philosophie, ein Bruchstück aus einer größeren Gesamtheit. Schließlich ist es kennzeichnend für einige der Gedanken von James über Erkenntnis, Willen, Meinung und Wahrheit. Auch andere Philosophen haben ihre Philosophie als Pragmatismus bezeichnet; C. T. Lewis z. B. nennt seine Philosophie einen «begriffsmäßigen Pragmatismus», und W. V. O. Quine bezeichnet seine Philosophie als «naturalistischen und logischen Pragmatismus».

Niels Christian Stefansen

Charles Sanders Peirce
Der Stammvater des Pragmatismus

Der freiberufliche Philosoph

«Ich bin ein Mann, über den die Kritiker nie etwas Gutes zu sagen wußten. Wenn sie keine Möglichkeit sahen, mir zu schaden, schwiegen sie. Die wenige Anerkennung, die mir zuteil geworden ist, kam stets aus solchen Quellen, daß die dadurch hervorgerufene Befriedigung meinerseits auf dem Erwerb des täglichen Brotes beruhte, den mir diese Anerkennung ermöglichte. Solange ich lebe, habe ich, wenn ich mich recht erinnere, nur einmal ein Lob erfahren, das in sich angenehm war, und nicht nur aufgrund dessen, was es bewirkte. Das angenehme Gefühl war seligmachend; und das dieses Gefühl auslösende Lob war tadelnd gemeint. Es kam von einem Kritiker, der über mich sagte, ich sei mir offensichtlich meiner eigenen Schlußfolgerungen nicht ganz sicher.» [1]

Mit diesen Worten schilderte der sechzigjährige Peirce (1839–1914) sein Verhältnis zur Presse und zu sich selbst. Er fügte hinzu:

«Mein Buch soll niemanden über irgend etwas belehren. Es soll gewisse Ideen und gewisse Gründe, diese als wahr anzusehen, vorlegen, so, wie es auch in einer mathematischen Abhandlung geschieht; aber wenn der Leser diese Ideen gutheißt, tut er dies, weil er meine Gründe mag. Die Verantwortung dafür liegt bei ihm. Der Mensch ist ein soziales Wesen, aber sozial sein ist eines, ein Rudeltier sein etwas anderes: ich lehne es ab, die Position des Leithammels zu übernehmen. Mein Buch ist für Menschen gedacht, die sich über Dinge klar werden möchten; wer Philosophie aufgetischt haben möchte, der mag es woanders versuchen. Gottlob gibt es philosophische Volksküchen an jeder Straßenecke!» [2]

Damit griff Peirce dem Modepragmatismus und auch anderen Philosophien vor. Geschrieben stand dies im Vorwort eines jener vielen geplanten Bücher, die nie herauskamen und die auch nur halbwegs überarbeitet waren. Er wollte eine systematische Philosophie im großen klassischen Stil hervorbringen. Es entstanden schließlich eine Anzahl Artikel, Entwürfe und Fragmente – und dies, obwohl Peirce viel philosophische Originalität besaß und auch über solide Kenntnisse in Mathematik, mehreren Naturwissenschaften und über weite Teile der Philosophiegeschichte verfügte.

Er nahm die größten Probleme in Angriff, wobei er sich über die Schwierigkeiten im klaren war. Hatte er die Lösung eines Problems gefunden, so galt es, diese mit den anderen Problemen in Einklang zu bringen, weil die Philosophie für ihn eine geschlossene Gesamtheit bildete. Da er bei seinen eigenen Lösungen oft Schwächen feststellte, mußten neue gefunden werden. Die Gesamtheit mußte immer wieder geändert werden. Das System wurde laufend umgestaltet, vollendet wurde es nie.

Überdies waren Leben und Karriere von Peirce der Erschaffung eines großen Systems auch nicht förderlich. Er wuchs in einer intellektuell sehr anregenden Umgebung auf. Seinem Vater, einem Mathematikprofessor an der Harvard-Universität – dem akademischen Mekka der USA –, lag die Erziehung seines Sohns sehr am Herzen. So kam es, daß Peirce sich ein Leben lang als prädestiniertes Mitglied der intellektuellen Elite verstand, was ihm den Umgang mit anderen Menschen nicht leichter machte.

Nach dem Abschluß seiner Harvard-Ausbildung zum Chemiker im Jahre 1863 war Peirce einige Jahre teils an der Harvard-Sternwarte, teils bei der Küsten- und Landvermessung der Vereinigten Staaten tätig. Gleichzeitig studierte er Philosophie und Logik; er gilt als einer der Urheber der Relationslogik.

Im Gegensatz zu den äußerst redseligen und tiefsinnigen Weltanschauungsphilosophen wollte Peirce eine Laborphilosophie entwickeln, welche die philosophischen Probleme als wissenschaftliche Probleme behandelt. Er selbst beschrieb seine Philosophie als den Versuch eines Physikers, Vermutungen über den Aufbau des Universums anzustellen, die wissenschaftliche Methoden zusammen mit allem zulassen, was frühere Philosophen geschaffen hatten.

Zu Beginn der 70er Jahre des vorigen Jahrhunderts gründete er zusammen mit einigen anderen jungen Leuten aus Harvard einen philosophischen Diskussionsklub. Zwei Aufsätze, veröffentlicht 1877 und 1878, waren das Ergebnis der Diskussionen. Doch erst 20 Jahre später leitete James, der auch Mitglied der Diskussionsrunde gewesen war, die pragmatische Bewegung ein. James bezog sich in seinem Vortrag von 1898 auf Peirce.

Von 1879 bis 1884 hatte Peirce einen Lehrauftrag für Logik an der

Johns-Hopkins-Universität in Baltimore. Er hatte Erfolg, obwohl er nur kleine Gruppen zu unterrichten hatte und nach Ansicht der Universitätsleitung absonderliche Themen im Unterricht behandelte. Im Jahre 1884 wurde seine Stelle jedoch plötzlich gestrichen, und Peirce stand ohne feste Anstellung da. Er mußte sich in der darauffolgenden Zeit als freiberuflicher Philosoph durchschlagen, indem er eine Vielzahl von Buchkritiken und Lexikonartikeln schrieb und öffentliche Vorträge hielt. Auf diese Weise verzettelte er seine Kraft. Anstatt für ein kritisches Publikum verständlich zu schreiben, verfaßte er seine Philosophie nunmehr für sich selbst und sein privates Archiv. Er erörterte ein Thema, biß sich an einer Idee fest, um dann in Windeseile auf ein Nebengleis zu geraten. Da sein Arbeitseifer stark ausgeprägt war, konnte es zuweilen lange dauern, bis er wieder innehielt; doch dann hatte er das eigentliche Problem häufig schon aus den Augen verloren.

1887 zog Peirce sich mit seiner umfassenden Bibliothek und in Begleitung seiner neuen Ehefrau in ein Haus in Milford, Pennsylvania, zurück. Seine wirtschaftliche Lage verschlechterte sich zusehends. Als der Modepragmatismus die Szene beherrschte, war er genötigt, das Interesse, das mit diesem Namen verbunden war, kommerziell auszunutzen. Abhilfe schaffte dies jedoch nicht. Um vor seinen Gläubigern, die ihm immer mehr zu Leibe rückten, Ruhe zu haben, richtete er sich ein Mansardenzimmer ein, zu dem man nur über eine Leiter Zugang hatte, die in das Zimmer heraufgezogen werden konnte. Er hatte nur noch zu wenigen Menschen Kontakt, so zu seinem Jugendfreund James, der treu zu ihm hielt. Als Peirce 1914 an Krebs starb, war kein Geld für die Bestattung da. Seine Witwe verkaufte alle seine Manuskripte für 500 Dollar an Harvard.

Bis heute ist nur ein kleinerer Teil seiner Manuskripte in acht großen Bänden veröffentlicht worden (1931–1958). Sie sind in einer derart verworrenen Weise gegliedert, daß Peirce auch nach seinem Tod rätselhaft geblieben ist. Im einzelnen aber zeigt sich immer wieder seine große Behendigkeit. Er war imstande, mit der linken Hand eine Frage zu formulieren und sie – gleichzeitig – mit der rechten zu beantworten.[3]

Die Erkenntnis hat keine absolut gewisse Basis

In einigen kritischen Aufsätzen aus dem Jahre 1868 feuert Peirce eine kritische Breitseite gegen den französischen Philosophen Descartes (1596–1650) sowie die gesamte von ihm geprägte Gedankenrichtung, den Cartesianismus. Descartes sei der zentrale Grundlagenphilosoph, der Urheber und böse Geist der modernen Philosophie.

Der Cartesianismus läßt sich anhand von drei Aussagen kennzeichnen: 1. Die Erkenntnistheorie ist die zentrale philosophische Disziplin. 2. Erkenntnis hat eine feste und gewisse Basis. 3. Diese Basis ist die Erkenntnis, welche das menschliche Bewußtsein direkt und unmittelbar zu begreifen imstande ist. – Descartes wollte der allgemeinen philosophischen Anarchie durch Erforschung der menschlichen Erkenntnis beikommen, welche die einzige legitime Verbindung des Menschen zur Welt sei. Gefühle, Gewohnheiten, Traditionen und Autoritäten seien keine legitimen Bindungen zwischen uns und der wirklichen Welt, sondern ein Netz aus Einbildungen, das wir selbst gesponnen hätten.

Descartes setzt die menschliche Erkenntnis einer skeptischen Dauerkritik aus, um festzustellen, ob irgendeine Erkenntnis der maximalen Belastung durch diese skeptische Kritik standhalten kann. Die verschiedenen Erkenntnistypen brechen einer nach dem anderen zusammen. Sinneswahrnehmungen können Illusionen oder Halluzinationen sein. In der konkreten Situation können wir dies nicht entscheiden. Selbst mathematische Schlußfolgerungen können von irgendeinem mächtigen und bösartigen Dämon manipuliert sein. Unsere Erfahrungen sind sowohl mit der Hypothese eines Dämons als auch mit der Annahme einer von uns unabhängig existierenden Welt vereinbar.

Nachdem er die physische Welt, die anderen Menschen, die Vergangenheit, die Mathematik und seinen eigenen Körper hinter sich gelassen hat, stößt Descartes am Ende in seinem Selbstbewußtsein auf etwas unzweifelhaft Wahres. Ich denke, also bin ich. Die Aussage *Ich bin (ich existiere)* ist zwangsläufig wahr, wann immer ich sie ausspreche oder in meinen Gedanken formuliere. Die Wahrheit der Aussage ist durch die Art und Weise, in der sie ausgedrückt ist, garantiert und ist somit gegen jede skeptische Kritik abgesichert. Laut Descartes kann ich nicht denken, daß ich als denkendes Wesen nicht existiere, denn auch wenn ich versuche zu denken, daß ich nicht denke, bin ich, bei ebendiesem Versuch, ein denkendes Wesen.

Descartes interpretiert die Aussage auf seine eigene Weise. Sie ist wahr, weil sie für ihn klar und deutlich ist. Er existiert als denkendes Wesen, das von seinem Körper und allen anderen Dingen eindeutig abgesondert ist. Auf der Grundlage dieser Evidenz baut er eine systematische Philosophie auf. Der ontologische Beweis der Existenz Gottes dient dabei der Vermittlung von unmittelbarer Selbstgewißheit des Ich und objektiver Seinsart der Dinge.

Diese ganze Philosophie beruht auf wahrer und sicherer Erkenntnis. Jeder Erkenntnisanspruch kann den klaren und eindeutigen Ideen, die Grundlage der Erkenntnis sind, gegenübergestellt werden. Ich gewinne eine Erkenntnis, indem etwas unmittelbar Gegebenes sich meinem Bewußtsein darstellt. Das Bewußtsein ist eine Art immaterielles Auge, das unmittelbar, d. h. ohne Sprache als Medium, imstande ist, Dinge zu sehen und zu begreifen. Eine solche klare und deutliche Erkenntnis, die keinen Zweifel zuläßt, nennt Descartes intuitive Erkenntnis. Beispiel ist die Aussage: Ich denke, also bin ich (*cogito, ergo sum*).

Peirce richtet seine Hauptkritik gegen Descartes' Lehre von der intuitiven Erkenntnis, aber seine Kritik trifft ebenso die empiristische Aussage, nach der Sinneswahrnehmungen und Sinnesdaten die Grundlage all unserer Wirklichkeitserkenntnis sind, zum Beispiel Russells Erkenntnis durch Bekanntschaft oder die Protokollsätze des logischen Positivismus.[4] Der Cartesianismus wie auch der Empirismus sind Versuche, aus der Sprache auszubrechen und die Wirklichkeit direkt zu begreifen. Der Erkennende begreift den Gegenstand seiner Erkenntnis unmittelbar, ohne Vermittlung durch Sprache oder andere Erkenntnis.

Peirce stellt zunächst die Frage: Welche Zeugnisse gibt es für die Existenz intuitiver Erkenntnis? Können wir intuitiv entscheiden, ob eine vorhandene Erkenntnis intuitiv ist oder nicht? Behauptet jemand, wir hätten eine intuitive Fähigkeit, solche Fragen zu klären, so setzt Peirce folgendes dagegen: Bleiben wir bei diesem Gefühl, so bewegen wir uns in einem logischen Kreis, weil wir davon ausgehen, wir hätten nachzuweisen, das Gefühl sei ein untrügliches Anzeichen für eine Intuition. Versuchen wir, dieses Intuitionsgefühl zu begründen, so geraten wir in einen unendlichen Regreß. Ist das Gefühl eine unfehlbare Intuition? Beruht die Aussage, das Gefühl sei unfehlbar, in sich selbst auf einer unfehlbaren Intuition? Die Aussagen über unsere Zeugnisse der Intuition müssen, sofern sie wirklich als ausschlaggebende Zeugnisse fungieren sollen, in sich selbst auf Intuitionen beruhen. Auf diese Weise schlägt Peirce einen logischen Keil in die Reihe der Begründungen, so daß die Begründung niemals an ihr Ende kommt.

Peirce konfrontiert die Intuitionslehre mit einer Reihe von historischen und psychologischen Gegebenheiten. Hätten wir die intuitive Fähigkeit, so würde allgemeines Einvernehmen darüber herrschen, was Intuition sei. In der Vergangenheit jedoch konnten sich Philosophen nie darauf einigen, welche Erkenntnis intuitiv ist. Zeugen bei Gerichtsverfahren fällt es sehr schwer, zwischen dem, was sie gesehen haben, und dem, was sie gefolgert haben, zu unterscheiden. Eine ganze Personengruppe, die Zauberkünstler nämlich, verdankt ihren Lebensunterhalt der Tatsache, daß die Grenzen hier fließend sind.

Die Intuitionsphilosophen haben eine Reihe besonders privilegierter Fälle intuitiver Erkenntnis aufgezählt. Behauptet wurde, wir hätten ein intuitives Bewußtsein unserer selbst; wir hätten eine intuitive Fähigkeit, zwischen den subjektiven Elementen verschiedener Erkenntnisse zu unterscheiden; wir hätten die Fähigkeit zur Introspektion.

Nach der von Peirce erdachten spekulativen Entwicklungsgeschichte besitzen kleine Kinder kein Selbstbewußtsein. Dagegen besitzen sie einen Körper. Für das Kind besteht die Welt aus einem sehr wichtigen Körper, der von anderen Körpern umgeben ist. Wenn das Kind sprechen lernt, ist alles etwas Äußeres – um eine Unterscheidung der Erwachsenen zu benutzen. Das Kind empfindet beispielsweise seine Gefühle und Wünsche als Eigenschaften der Dinge oder Körper, die sie hervorrufen. Wenn das Kind einen Tisch verrücken möchte, bedeutet dies, der Tisch ist zum Verrücken geeignet, nicht aber, daß das Kind ein Bewußtsein hat, dem dieser Wunsch innewohnt. Das Kind wird aufgrund der Zeugnisse seiner Umwelt sich seiner bewußt. Dies geschieht, indem die anderen diesem besonderen und wichtigen Körper einen Namen geben: «Andreas, hör auf, gegen den Tisch zu treten!» Selbstbewußtsein entsteht auch, indem das Kind etwas sagt, zum Beispiel: «Der Tisch wünscht, daß man ihn verrückt», was von den anderen oder vom Tisch nicht bestätigt wird. Der besondere Körper wird Stößen und anderen Unannehmlichkeiten ausgesetzt, so daß am Ende ein Ich entsteht, welchem die Irrtümer und die Idee einer gemeinsamen, öffentlichen Welt, die durch alle Zeugnisse bestätigt wird, zugerechnet werden kann.

Selbstbewußtsein ist keine feste und konstante Größe, die wir klar und intuitiv begreifen können. Es ist ein soziales Produkt, das auf einer Reihe von Schlußfolgerungen beruht, die mit unserem Erwachsenwerden zu Gewohnheiten werden, die wir als solche nicht mehr beachten.

Descartes und der Empirismus beginnen mit den Erfahrungen im Bewußtsein des einzelnen und schließen von diesen privaten Erfahrungen auf die uns allen gemeinsamen Dinge. Peirce kehrt diesen Gedanken um, indem er bei den gemeinsamen Dingen ansetzt, um von hier aus auf ein privates Bewußtsein zu schließen.

Können wir nicht unmittelbar und intuitiv zwischen dem Sehen einer Farbe und der Vorstellung derselben unterscheiden? Auch hier lehnt Peirce die intuitive Fähigkeit als Erklärung ab. Statt dessen behauptet er, unsere Fähigkeit zur Unterscheidung beruhe auf Schlußfolgerungen aus den Nebenumständen und Wirkungen, die wir wahrnehmen.

Besitzen wir die Fähigkeit zur Introspektion? Haben wir irgendein Wissen über die innere Welt, das nicht auf äußeren Wahrnehmungen beruht? Peirce stellt die Gegenthese auf, die einzige Möglichkeit, einer psychologischen Frage nachzugehen, sei die Folgerung aus äußeren Tatsachen. Wenn ein Mann vom Zorn gepackt wird, so bedeutet dies nach Ansicht von Peirce, daß in der äußeren Welt Dinge oder Umstände vorhanden sind, die ihn zornig werden lassen, und er sagt zu sich selbst: «Dies ist schändlich, abscheulich!» Gefühle sind in Wirklichkeit Prädikate für Dinge. Der Satz «Ich bin zornig» ist eine ausgeklügelte Umschreibung des Satzes «Dies(er Umstand) ist abscheulich». Gemütserregungen entstehen, wenn die Aufmerksamkeit auf zusammengesetzte und unbegreifliche Umstände gelenkt wird. Peirce bestreitet nicht, daß es etwas gibt, was wir als mentale, innere Zustände bezeichnen könnten. Aber diese inneren, privaten Umstände spielen für unser Wissen über sie keine Rolle. Mentale Umstände sind etwas, das wir aus der Welt der Dinge erschließen. Deshalb können wir keine intuitive Erkenntnis darüber besitzen.

Der Empirismus vertritt die Ansicht, daß die Aussage «Mein Fahrrad ist dunkelgrün» auf Aussagen über unmittelbare Sinnesempfindungen, wie z. B. «Ich empfinde nun etwas Dunkelgrünes» usw., reduziert bzw. übertragen werden können, sofern sie einen Erkenntniswert haben soll. Derartige Aussagen über Sinnesempfindungen sind absolut gewiß, weil ich als einziger zu meinen eigenen Sinnesempfindungen Zugang habe.

Diese Auffassung lehnt Peirce ab. Aussagen über Sinnesempfindungen oder Sinnesdaten könne nicht absolut gewiß sein. Solche Aussagen enthalten allgemeine Prädikate, etwa «dunkelgrün», was voraussetzt, daß wir eine Reihe verschiedener Symbole beherrschen. Um etwas als Dunkelgrün bezeichnen zu können, müssen wir imstande sein, verschiedene Grüntöne voneinander zu unterscheiden, z. B. Dunkelgrün von Grasgrün, aber auch Grün von anderen Farben, z. B. von Blau und Gelb. Dies setzt voraus, daß wir eine Reihe von Standardbedingungen kennen, unter denen wir etwas als grün bezeichnen. Bei klarem Himmel im Mai sind Buchenblätter grün. Denen, die dies nicht sehen können, unterstellen wir einen bestimmten Defekt, nämlich Farbenblindheit. Oder wir versuchen, ihnen Deutsch beizubringen. Die korrekte Anwendung eines Wortes setzt die Kenntnis vieler anderer Wörter voraus. Einer Sache eine bestimmte Eigenschaft zuschreiben ist, so Peirce, eine Hypothese darüber, daß eine bestimmte Klassifikationsmethode auf die konkrete Sache paßt. Ob die Hypothese korrekt ist oder nicht, können wir erst durch Erforschung der Konsequenzen entscheiden, nicht jedoch aufgrund einer unmittelbaren, momentanen Intuition. Daß über die Farbe von Fahrrädern allgemein wenig Uneinigkeit herrscht, rührt daher, daß die Frage weder von großem theoretischen noch von biologischem Interesse ist, daß bei den meisten Menschen sämtliche Sinne intakt sind und genutzt werden und daß die meisten Menschen eine Sprache sprechen. Es rührt weder von einer uns innewohnenden Farbintuition noch von einer Einfachheit von Sätzen über Farben her.

Peirce weist auch darauf hin, daß es Zeit erfordert, eine Aussage über Sinnesdaten niederzuschreiben, auszusprechen oder zu denken. Nachdem wir die Aussage geschrieben haben, sind die entsprechenden Sinnesdaten längst vorüber. Die Aussage kann daher nur unsere Erinnerung an die entsprechenden Sinnesdaten betreffen. Da unser Gedächtnis notorisch unzuverlässig ist, können wir unserer Aussagen über Sinnesdaten nie absolut sicher sein.

Nach Ansicht von Peirce erkennen wir eine Sache immer als etwas Bestimmtes, das heißt, wir benutzen in unserer Erkenntnis Klassifikationswörter. Diese Wörter gehen über die konkrete Situation, in der wir sie benutzen, hinaus, im Sinne von Konsequenzen, die wir erst später nachprüfen können. Um die Konsequenzen zu prüfen, müssen wir neue Wörter benutzen, die wiederum neue Konsequenzen haben. Der fatale Irrtum des Cartesianismus ist dessen Überzeugung, wir seien imstande zu erkennen, ohne uns einer Sprache zu bedienen.

Seine Kritik des Cartesianismus faßt Peirce zusammen, indem er vier Thesen über unser Unvermögen aufstellt: 1. Wir haben kein Vermögen der Introspektion. 2. Wir haben kein Vermögen der Intuition, sondern alle Erkenntnis ist aus vorheriger Erkenntnis abgeleitet – Erkenntnis hat keine unbezweifelbare Grundlage. 3. Wir haben kein Vermögen, ohne Zeichen zu denken – Sprache ist ein Zeichensystem. 4. Wir haben keinen Begriff von etwas absolut Unerkennbarem – die ganze Wirklichkeit ist erkennbar. Es gibt nichts, was wir nicht erkennen können.

Peirce ergänzt seine vier Thesen mit einer Kritik des Descartesschen methodischen Zweifels, des Versuchs, so zu tun, als stünden wir all unserer Erkenntnis skeptisch gegenüber. Für Peirce ist eine solche Skepsis abstrakt, ineffektiv und schädlich. Wenn sie auf Schwierigkeiten stößt, kann sie kein einziges konkretes Problem aufzeigen, das einen Verdacht sicher untermauern könnte. Da sie keiner realen Problemstellung entspringt, führt sie auch nicht zu einer Prüfung der Umstände, die das Irrige oder Falsche aufdecken könnte. Falsche Ansichten lassen sich nicht durch das Hersagen von Formeln aufspüren, seien es Zauberformeln oder alte, skeptische Sprüche. Der abstrakte Skeptizismus bestärkt die Philosophen in ihrem Selbstbetrug. Indem ich abstrakt zweifle, rede ich mir ein, ich könnte mich von all meinen Vorurteilen befreien und mit einer reinen und lauteren Gesinnung von vorn beginnen. Die Überzeugung von der eigenen Vorurteilslosigkeit ist der fruchtbare Nährboden für Aberglauben in den Fällen, in denen nicht von normaler Gleichgültigkeit die Rede ist.

Für Peirce ist der abstrakte Skeptizismus eine Version der Grundlagenphilosophie, des Glaubens, wir könnten ohne Vorurteile und ohne Voraussetzungen die menschliche Erkenntnis aufs neue konstruieren. Nach der Meinung von Peirce müssen wir da beginnen, wo wir mit unseren Traditionen, Vorurteilen und unserer unzulänglichen Sprache stehen. Nur durch das Lösen konkreter Probleme haben wir die Möglichkeit, Fortschritte zu erzielen.

Peirce kritisiert nicht zuletzt das cartesianische Wahrheitskriterium, nach dem alles, was ich klar und deutlich einsehe, wahr ist. Dies Kriterium ist völlig subjektiv und daher unbrauchbar. Dort, wo es angewendet worden ist, beispielsweise in der Metaphysik, hat es stets zu Zank und Streit geführt.

Zeichen und Menschen

Der Aussage, es müsse direktes und unmittelbares Erkennen, Intuition geben, setzt Peirce seine Aussage entgegen, jede Erkenntnis sei eine Schlußfolgerung. Alles Erkennen geschieht aufgrund von Schlußfolgerungen, die entweder bewußt und klar formuliert sind wie in der Logik oder die unartikulierte und unbewußte mentale Prozesse sind. Letztere gleichen den logisch artikulierten Schlußfolgerungen, indem sie vom Grund zur Folgerung gehen: Wenn etwas wahr ist, muß etwas anderes auch wahr sein. Aber sie sind zur Gewohnheit geworden, und deshalb sind wir uns ihrer gar nicht mehr bewußt. Daß das Fahrrad dunkelgrün ist, stellen die meisten schnell fest, aber nur deshalb, weil sie eine Sprache gelernt haben, die die Schlußfolgerungen in einfacher und kurzer Form beinhaltet.

Einer der Hauptgründe für die Intuitionslehre war, daß Erkenntnis ohne Grundlage wäre, wenn es keine Intuitionen gäbe. Ohne festen Boden unter den Füßen wäre alles fließend und haltlos. Ohne Verankerung der Erkenntnis in einer festen Basis trieben wir auf den radikalen Skeptizismus zu. Dem setzt Peirce entgegen, daß wir, auch wenn unser Erkennen keine feste und gewisse Grundlage haben könne, sehr wohl zwischen guter und schlechter Erkenntnis zu unterscheiden vermögen.

Die These, Erkenntnis sei Schlußfolgerung, untermauert Peirce mit seiner Theorie von den Zeichen. Er meint, die verschiedenen Arten der Schlußfolgerung ließen sich auf die Zeichenrelation reduzieren. Die Peircesche Zeichenrelation ist ein Gestrüpp, durch dessen finstere Hybridformen noch kein Mensch gedrungen ist. Peirce selbst maß seinen Überlegungen über Zeichen sehr große Bedeutung bei. So wie Kant in seiner Analyse der verschiedenen Urteilsformen den archimedischen Punkt seiner Philosophie fand, findet Peirce in seiner Analyse der Zeichenrelation die Größen, die vorhanden sein müssen, damit Erkenntnis entstehen kann.[5]

In der Zeichenrelation steht ein Zeichen anstatt bzw. stellvertretend für irgend etwas (irgendeinen Gedanken) in dieser oder jener Hinsicht. Ein Gedanke (ein Bewußtsein, ein Interpretant) legt ein Zeichen (sowohl ein sprachliches als auch ein nichtsprachliches) so aus, daß es in einer beliebigen Hinsicht ein Objekt repräsentiert, daß es also stellvertretend für die eine oder andere Eigenschaft des Objektes steht.

Gäbe es keine Objekte, Gedanken und abstrakten Eigenschaften, so könnte es keinerlei Erkenntnis geben. Die Aussage «Der Ofen ist schwarz» ist ein *Zeichen*, das drei Relationen hat: zu einem *gedachten Objekt*, zu einem *Begriff* (der abstrakten Eigenschaft, schwarz zu sein) und zu einem *Gedanken*, der das Zeichen als eine Eigenschaft interpretiert, die stellvertretend für das Objekt steht. Alles auf der Welt besteht deshalb entweder aus Abstraktionen oder Dingen oder Gedanken, die Peirce 1867 als die Kategorien der Erstheit, Zweitheit und Drittheit bezeichnet.

In der sehr abstrakten Bestimmung der Zeichenrelation liegt das scheinbare Paradox, daß ein Zeichen Z_1 ein Objekt O nur dann repräsentieren kann, wenn es die Eigenschaft besitzt, ein neues Zeichen Z_2 (den Interpretanten) zu bilden, welches zu O in der gleichen Relation stehen muß wie Z_1. Hierdurch umgeht Peirce zwei kleinere philosophische Hürden: zum einen die Schwierigkeit, das Bewußtsein als Schlußfolgerung und damit als Zeichen, Gedankenzeichen, zu bestimmen, zum anderen, die Zeichenrelation, vom Bewußtsein ausgehend, bestimmen zu müssen. Aber wie können wir ein Zeichen Z_1 erläutern, wenn wir lediglich ein neues Zeichen Z_2 einführen, welches überdies teilweise durch das, was es erklären soll, bestimmt ist, da Z_2 zum Objekt O ja in der gleichen Relation stehen muß wie Z_1? Der Zweck dieser Verschachtelungen bzw. logischen Kreise ist es zu zeigen, daß nichts an sich ein Zeichen sein kann, sondern daß ein Zeichen erst aufgrund von Interpretation und Verständnis entsteht. Dies gilt nicht nur für Sprachzeichen, sondern auch für Dinge wie Straßenschilder, Wetterhähne und -gläser auf Dächern oder in Häusern.

Warum müssen Interpretationen und Verständnis selbst ein neues Zeichen, das Interpretantzeichen, sein? Warum kann die Interpretation nicht ein mentales Erlebnis der Person sein, die die Zeichenkette zum Abschluß bringt, indem sie sie begreift? Teils sind mentale Erlebnisse Privatangelegenheit und beruhen auf Schlußfolgerungen von äußeren Umständen. Teils muß mein Verständnis eines Zeichens sich in einer solchen Weise offenbaren, daß es selber als Zeichen für andere dienen kann. So prüfen wir zum Beispiel, ob eine Person eine bestimmte Aussage verstanden hat, indem wir der Person Fragen stellen. Ob die Antworten richtig sind, hängt davon ab, ob sie in den Zusammenhang passen. Daß sie in den Zusammenhang passen, daß sie ein erkennbares Muster darstellen, bedeutet für Peirce, daß sie Glieder eines bestimmten Zeichensystems sind und daß diese Glieder das ursprüngliche Zeichen weiterentwickeln. Zeichen treten nicht allein auf. Erst innerhalb eines größeren Zeichensystems erhalten sie ihre Zeichenfunktion. Eine Sache als dunkelgrün zu bezeichnen, setzt die Beherrschung vieler Ausdrücke voraus.

Davon ausgehend, meint Peirce, daß eine Vorstellung oder ein Gedanke nur existiert, weil er stellvertretend für etwas steht, weil er ein Zeichen für ein Objekt ist. Dies bedeutet, daß das erste Zeichen durch ein nachfolgendes Zeichen interpretiert werden muß, das seinerseits wiederum interpretiert werden muß. Das sich selbst erkennende Ich ist ein Zeichen, das ein vorheriges interpretiert. Der Bewußtseinsstrom des Menschen besteht aus Zeichen, die sich anhand von Schlußfolgerungen entwickeln. Peirce zieht hieraus auch die metaphysische Konsequenz, der

Mensch sei ein Zeichen. Meine Sprache, so sagt er, ist die Gesamtsumme meiner selbst, denn der Mensch ist der Gedanke. Unsere Schwierigkeiten, dies zu verstehen, beruhen auf unserer primitiven Natur.

Zeichen müssen weiterentwickelt werden, weil sie vage sind. Sprachzeichen sind in unterschiedlichem Ausmaß vage, weil die Sprachbenutzer unterschiedliche Hintergründe und Erfahrungen haben, die sie bei der Interpretation der Zeichen benutzen. Das heißt nicht, daß Sprache hoffnungslos vage und daher unbrauchbar ist. Wenn etwas vollkommen unbestimmt und vage wäre, könnte es nicht als Zeichen dienen, da es für niemanden irgend etwas repräsentiert.

Hinter jedem Zeichen steckt ein anderes Zeichen. Heißt dies, die Welt bestehe nur aus Zeichen? Wir können die Dinge nicht direkt oder intuitiv erkennen. Das Objekt, das ein Teil der Zeichenrelation ist, ist für Peirce die Vorstellung eines Objekts oder einer Sache, die durch das Interpretantzeichen vertreten ist. Wir können das Objekt nur anhand von Begriffen, d. h. Zeichen identifizieren. Erkenntnis ist Zeicheninterpretation, die weder einen absoluten Anfang noch einen absoluten Abschluß hat.

Zweifellos könnte man gegen Peirce einwenden, daß es eine erstmalige Erkenntnis gegeben haben muß, es sei denn, wir lassen uns auf einen unendlichen Regreß ein. Es kann nicht alles nur aus Wörtern bestehen. Es muß möglich sein, den Wahrheitswert von Aussagen zu prüfen, ohne nur auf Wörter angewiesen zu sein. Ist dies nicht der Fall, so entwickelt sich das Ganze zu einem Spiel mit Wörtern. Basiert unsere jetzige Erkenntnis auf früheren Erkenntnissen, so muß die Erkenntnis letzten Endes ein erstes Glied haben. Wie hätte sie sonst beginnen können?

Peirce widerspricht diesen Einwänden, indem er ein Bild benutzt.[6] Ein Dreieck ist teilweise in Wasser eingetaucht, so daß eine Spitze sich ein bestimmtes Stück weit unter der Wasseroberfläche befindet. Die Spitze des Dreiecks steht stellvertretend für das reale, von der Erkenntnis unabhängige Objekt, während die horizontale Linie, die sich an der Wasseroberfläche quer über das Dreieck bildet, für die aktuelle, gegenwärtige Erkenntnis E steht. Die früheren Erkenntnisse, die die aktuelle Erkenntnis E bestimmen, sind vertreten durch all die möglichen Wasserlinien, die zwischen jener Spitze und der jetzigen Wasserlinie liegen. Logisch gesehen ist E durch die früheren Erkenntnisse bestimmt, weil von früheren Erkenntnissen auf E gefolgert wurde. Obwohl die Anzahl der möglichen Wasserlinien zwischen der Spitze und E unendlich ist, befindet sich die Spitze dennoch nicht unendlich weit unter der Wasseroberfläche. Die arithmetische Summe einer unendlichen, konvergenten Zahlenfolge ist endlich. Ist die Reihe der Erkenntnisse kontinuierlich, so brauchen wir den unendlichen Regreß nicht zu fürchten.

Genau betrachtet ist dieser Vergleich leider undurchsichtig. Welche positiven Gründe gibt es für die Annahme, daß unsere Erkenntnis, streng mathematisch betrachtet, kontinuierlich ist, daß sie kein absolut erstes Glied besitzt und daß sie sich einer Grenze immer weiter nähert, ohne diese jedoch zu überschreiten? Auch wenn die Zeit, die die Erkenntnis benötigt, sich unendlich aufteilen läßt, so folgt daraus nicht, daß die Erkenntnis sich in der gleichen Weise aufteilen läßt. Daß mein erster morgendlicher Schritt aus dem Bett unendlich aufteilbar ist, heißt nicht, daß ich eine unendliche Anzahl von Schritten tun muß, um aufzustehen. Wenn es so wäre, könnte ich auch nicht zu Bett gehen!

Für Peirce ist der entscheidende Punkt zwar, daß ein endlicher Zeitraum wie die Geschichte der Menschheit eine unendliche Anzahl von Erkenntnissen beinhalten kann, aber damit entkräftet er nicht die ganze Kritik. Ein entscheidender Punkt der Kritik war, daß der unendliche Prozeß der Schlußfolgerung aus der Umbildung von Wörtern, Ausdrücken und Theorien besteht, aber nicht zu einer Konfrontation zwischen Aussage und Wirklichkeit führt. Ob eine Aussage wahr ist, hängt von ihrem Platz im System ab (Kohärenztheorie der Wahrheit) und nicht davon, ob sie mit der Wirklichkeit außerhalb des Systems übereinstimmt (Korrespondenztheorie der Wahrheit).

Einige der alten Philosophen meinten, das Objekt – der Gegenstand der Philosophen – sei die tieferliegende Ursache unserer Sinneswahrnehmungen; aber wir könnten es nicht erkennen, da uns nur unsere eigenen Sinneswahrnehmungen bekannt seien. Für Peirce ist das Objekt in dieser Periode seiner Philosophie eine Größe, die wir postulieren, weil sie unseren Gedanken und Sinneswahrnehmungen eine Ordnung und einen Zusammenhang gibt. Dies ist an sich nichts Neues. Der schottische Philosoph Hume (1711–1776) stellte in der gleichen Weise sowohl seinen Tisch als auch seinen Kamin dar. Peirce trägt zu dieser alten Diskussion durch seine Idee bei, daß die Wirklichkeit das ist, worauf sich eine Idealgesellschaft von Wissenschaftlern einigen würde, wenn der Forschungsprozeß unaufhörlich weiterginge.

Wirklich ist, was von meinen Einfällen und fixen Ideen und denjenigen der anderen unabhängig ist. Einfälle und fixe Ideen werden durch die wissenschaftliche Methode nachgewiesen und eliminiert. Peirce sagt:

«Und somit bestehen die beiden Erkenntnisserien – die wirkliche und die unwirkliche – aus denen, die in einer hinreichend fernen Zukunft durch die (Forscher-)Gesellschaft immer weiter bestätigt werden, und denen, die unter den gleichen Bedingungen später immer wieder bestritten werden. Eine Aussage aber, die nie als falsch eingestuft werden kann und deren Fehlerhaftigkeit daher absolut unerkennbar ist, enthält, nach unserem Grundsatz, absolut keinen Irrtum. Daher ist das, was in diesen Erkenntnissen gedacht wird, das Wirkliche, so wie es wirklich ist.»[7]

Die Überlegung ist, daß jede beliebige Anzahl Untersuchungen scheitern kann, daß aber die unendliche Ausweitung des Forschungsprozesses uns am Ende zu einer Einigung führen muß. Da der Erkenntnisprozeß sich in Schlußfolgerungen vollzieht, besteht das Problem im Nachweis, daß eine wiederholte Anwendung der Folgerungsformen, die die wissenschaftliche Methode ausmachen, notwendigerweise zu einer Übereinstimmung in den Schlußfolgerungen und damit zu wahrer Wirklichkeitserkenntnis führen muß.

Die wissenschaftliche Methode

Die wissenschaftliche Methode besteht aus 1. der Entwicklung von Hypothesen, die die Probleme verdeutlichen (Abduktion), 2. der Ableitung von Konsequenzen aus diesen Hypothesen (Deduktion) und 3. der Bestätigung oder der Widerlegung dieser Konsequenzen und damit der Hypothesen durch Erfahrung (Induktion).

Die *Abduktion* ist eine besondere Peircesche Schlußfolgerungsform, mit deren Hilfe wir zu neuen Hypothesen kommen können. Im Gegensatz zur Deduktion und Induktion bildet die Abduktion für Peirce die unmittelbarste und zugleich unsicherste Form des Schließens. Als eine Form hypothetischen Schließens basiert sie auf ungewissen Prämissen, einer Grundlage also, die durch Induktionen und die Kontrolle deduktiver Folgerungen verifiziert werden muß. Allerdings hat sie bereits als solche einen Erkenntniswert. Peirce verdeutlicht die Abduktion in Abhebung von der Deduktion und Induktion am Beispiel eines Sacks und weißer Bohnen. Exemplifiziert das folgende eine Deduktion:

Alle Bohnen in diesem Sack sind weiß,
diese Bohnen kommen aus diesem Sack,
also sind sie weiß;

und gilt dies als Beispiel einer Induktion:

Diese Bohnen kommen aus diesem Sack,
sie sind weiß,
wahrscheinlich sind die Bohnen in diesem Sack weiß;

so ist das folgende ein Beispiel einer Abduktion oder hypothetischen Schlußfolgerung:

Alle Bohnen in diesem Sack sind weiß,
diese Bohnen sind weiß,
wahrscheinlich kommen sie aus diesem Sack.[8]

Während bei der Deduktion aus einem Gesetz oder einer Regel und einem vorliegenden Fall auf ein Resultat geschlossen wird, bei der Induktion aus einem vorliegenden Fall und einer Beobachtung auf die Regel, wird bei der Abduktion von einer Regel und einer Beobachtung hypothetisch auf den vorliegenden Fall geschlossen. Mit andern Worten: Ein vorliegendes und unerklärliches oder überraschendes Phänomen wird aufgrund einer Regel und verschiedener Beobachtungen hypothetisch als Fall dieser Regel interpretiert – und damit erklärt. Unsicher allerdings bleibt die Hypothese, da das vorliegende und unerklärliche Phänomen auch durch unzählige andere, nur weniger wahrscheinliche Hypothesen erklärt werden könnte.

Bei der Wahl zwischen unterschiedlichen Hypothesen, so unterstreicht Peirce – wie später auch Popper –, müssen wir jene Hypothese wählen, die sich am leichtesten widerlegen läßt.[9] Es ist weit besser, nachweisbar falsche Hypothesen auszuscheiden als von einer wahrscheinlichen auszugehen. Wahrscheinlich bedeutet in diesem Zusammenhang, daß sie mit unseren vorgefaßten Meinungen, die falsch sein können, übereinstimmt. Ob diese falsch sind, untersuchen wir u. a. durch unsere Hypothesen. Würden wir uns nur wahrscheinliche Hypothesen aussuchen, so würden wir bei unseren alten Ansichten hängenbleiben und uns selber der Freuden berauben, die in Überraschungen stecken können.

Können wir der Wahrheit durch ausschließliches Aufspüren von Falschheiten näherkommen? Wie können wir aus der unendlichen Anzahl von Hypothesen die richtigen ausfindig machen? Peirce und Popper sind sich darin einig, daß die Wissenschaften erhebliche Fortschritte gemacht haben. Für Popper grenzt es an ein Wunder, daß wir der Wahrheit aufgrund unserer Methode von Versuch und Irrtum nähergekommen sind. So einfach wie bei einer Zielscheibe, auf der nur eine begrenzte Anzahl von Möglichkeiten vorhanden ist, ist es nicht; denn wir können uns nicht aufgrund unserer widerlegten Mutmaßungen nach und nach so an die Wahrheit heranarbeiten, wie sich der Schütze auf sein Ziel einschießt.

Peirce deutet eine biologische Erklärung dafür an, daß es uns in der begrenzten Zeit, in der wir Wissenschaft betrieben haben, anscheinend gelungen ist, aus den Myriaden von denkbaren Hypothesen einige wahre Naturgesetze zu entdecken.[10] Er meint, der Zeitraum sei zu kurz, als daß die wissenschaftlichen Fortschritte allein durch Zufälle zustande gekommen sein könnten. Da nichts unerklärlich sein kann, geht er davon aus, daß wir gewisse Veranlagungen besitzen, eine Art Instinkt, um korrekte Hypothesen zu finden. Dies ist keine unfehlbare Intuition, da wir öfter Nieten ziehen, als uns Treffer gelingen. Es ist keine Gabe des Himmels, sondern Veranlagung, die wir im Kampf ums Dasein entwickelt haben. Der Erfolg der Wissenschaft läßt sich biologisch erklären. Wir alle sind Produkte der Natur.

Unter *Induktion* versteht Peirce in einigen Zusammenhängen die Überprüfung einer Hypothese durch Konfrontation ihrer Konsequenzen mit der Erfahrung. In anderen Zusammenhängen ist Induktion eine Methode zur Ermittlung der wesentlichen Eigenschaften einer Menge durch Erforschung ihrer Elemente. In beiden Fällen handelt es sich um ein Folgern von untersuchten Teilen auf eine nicht untersuchte Ganzheit.

Den Versuch, induktive Schlußfolgerungen zu rechtfertigen, verkettet Peirce mit einer Analyse der Behauptung, die wiederholte Anwendung der wissenschaftlichen Methode, u. a. der Induktion, würde die Struktur der Wirklichkeit auf lange Sicht aufdecken. Peirce ist genügend Logiker, daß er sein biologisches Postulat nicht anwendet, um die Fähigkeit, richtige Hypothesen zu bilden, auf den Instinkt zurückzuführen. Zum einen können die Menschen sich in der Zukunft verändern, zum anderen ist die Biologie als Wissenschaft u. a. aufgrund von Induktion entwickelt worden. Peirce argumentiert direkt für seine Thesen, indem er zeigt, daß die Annahmen, die seine eigenen Thesen bestreiten, zu widersprüchlichen Aussagen führen (*reductio ad absurdum*).

Stellen wir uns eine spezielle, gegen-induktive Welt vor, in der es uns nicht möglich wäre, durch Induktion zu lernen. Immer, wenn wir eine Induktion vorgenommen hätten, würde sich die Natur ändern, so daß die Induktion ihre Gültigkeit verlöre. Das hieße, der Lauf der Welt hinge davon ab, was wir wissen und welche Induktionen wir vornehmen. Aber das Abhängigkeitsverhältnis zwischen unserer Erkenntnis und der Natur wäre selber eine Gesetzmäßigkeit, die durch Induktion feststellbar wäre. Diese Gesetzmäßigkeit würde daher in dem Moment zu existieren aufhören, in dem sie entdeckt würde. Dies wäre ein weiterer Umstand, den wir durch Induktion feststellen könnten. Und so weiter. Wir könnten daher aufgrund der Induktion herausfinden, welche Struktur die spezielle gegen-induktive Welt gehabt hätte. Dies widerspricht jedoch der ursprünglichen Annahme, hier wäre eine Welt, die wir nicht durch Induktion kennenlernen könnten. Somit ist die Idee einer gegen-induktiven Welt ein Widerspruch in sich.[11]

Wenn Wirklichkeit das ist, worauf man sich letzten Endes einigen kann, so scheint das vorliegende Argument kein Beleg dafür zu sein, daß es eine Wirklichkeit geben muß. Die durch die wissenschaftliche Methode erzielte Einigkeit wird von der Natur konsequent durchbrochen. Obwohl wir durch neue Erkenntnis diesen Bruch begreifen und erneut eine Einigkeit erzielen können, besteht die Möglichkeit, daß diese neue Einigkeit von der Natur wiederum unterlaufen wird. Und obschon wir die Möglichkeit haben, die Natur immer wieder einzuholen, gibt das Argument keinerlei Grund zur Annahme, daß dieses Wettrennen jemals aufhören wird, um der endgültigen Naturerkenntnis oder Einigkeit zu weichen.

Überzeugung, Zweifel und Forschung

Peirce hörte niemals auf, seine Ideen und Theorien, die er in seiner Kritik des Cartesianismus und mit seiner Theorie von Zeichen, Schlußfolgerungen und Wirklichkeit entwickelt hatte, zu korrigieren und zu kritisieren. Etwa zehn Jahre nach seinem Frontalangriff gegen Descartes skizzierte er die Umrisse einer neuen Anthropologie, in der biologische, logische und metaphysische Gedanken sich auf seltsame Weise ineinander verschlingen.[12]

Peirce versucht, seine abstrakte Zeichentheorie in einen biologischen Zusammenhang zu setzen. Zuerst untersucht er den Begriff der Meinung oder Überzeugung und widerspricht der allgemeinen Auffassung von der Meinung als einem inneren mentalen Zustand. Überzeugung ist nicht das, was wir glauben, sondern das, was wir tun! Verschiedene Überzeugungen unterscheiden sich durch die verschiedenen Handlungsweisen, die sie hervorrufen können. Wenn ich der Überzeugung bin, daß das Haus brennt, ist meine Handlungsweise völlig klar. Das Gewinnen einer bestimmten Überzeugung beschreibt Peirce als den Erwerb einer bestimmten Handlungsregel oder Gewohnheit. Sofern Überzeugungen, die wir als verschieden empfinden, dieselbe Handlungsregel hervorrufen können, handelt es sich in Wirklichkeit um dieselbe Überzeugung. Überzeugungen sind Gewohnheiten, die uns als Regeln dafür dienen, wie wir uns unter bestimmten Umständen verhalten müssen, um bestimmte Ergebnisse zu erzielen. Überzeugung ist daher ein Wissen, welche Handlungen unsere Bedürfnisse und Wünsche erfüllen können.

Die Welt ist jedoch so organisiert, daß wir oft in Situationen geraten, in denen unsere üblichen Handlungsmuster nicht ausreichen. Uns kommen Zweifel, weil wir unsere vitalen Bedürfnisse nicht befriedigen können, und nicht etwa, weil wir, wie Descartes, beschließen würden, von jetzt an an allem zu zweifeln. Der unangenehme und nagende Zweifel zwingt uns, nach neuen Überzeugungen zu suchen, mit denen das Problem gelöst werden kann – das heißt nach neuen Handlungsregeln, die uns aus der Klemme helfen können. Wir streben nach festen und stabilen Überzeugungen, nach soliden Gewohnheiten, die auf lange Sicht haltbar sind.

Peirce analysiert verschiedene Methoden, um zu festen Überzeugungen zu gelangen. Er unterscheidet vier Methoden: die Methode der Beharrlichkeit, die Methode der Autorität, die Apriori-Methode und die Methode der Wissenschaft.[13]

Die erste Methode ist in der Tierwelt universell verbreitet und wird sowohl von Straußen als auch von Professoren angewendet. Wir halten an irgendeinem Einfall fest, der uns gekommen ist, und wiederholen ihn unentwegt. Wir klammern uns an allem fest, was ihn bestärkt, und wenden uns voller Abscheu von allem ab, was ihn stören oder widerlegen könnte. In der Politik findet die Methode der *Beharrlichkeit* noch immer Anwendung.

Auf lange Sicht ist diese Methode unhaltbar, weil wir einander zu beeinflussen versuchen und somit die Möglichkeit haben, außer uns selbst auch anderen Beharrlichen zu begegnen. Nach der Methode der *Autorität* legt nicht der einzelne stabile Meinungen fest, sondern eine spezielle Gruppe von Menschen, zum Beispiel Pfarrer oder ein Zentralkomitee. Hier greift Peirce in allen wesentlichen Punkten den Methoden vor, die totalitäre Regime in diesem Jahrhundert angewendet haben, wenngleich den wechselnden Reichs- und Volkskommissaren kaum unterstellt werden kann, sie hätten Peirce gelesen. Man errichtet eine staatliche Institution zur Verbreitung der richtigen Meinungen, das heißt jenen Meinungen, die von der betreffenden Gruppe als richtig angesehen werden. Diese Institution hat ein Monopol für jede Art von Information und Bildung. Gleichzeitig besitzt die Gruppe die Macht, alle anderen Meinungen zu unterdrücken, da die einzige Alternative zur Wahrheit die Falschheit darstellt. Sowohl nicht-konforme Ansichten als auch Abweichler sind daher auszumerzen. Die Säuberungen finden im Namen des Volkes und der Nächstenliebe statt. Dabei handelt es sich nicht um reine Heuchelei, denn die Methode der Autorität beruht auf einfachen sozialen Gefühlen: dem Empfinden der Gruppe, daß ihre Sache wahr und gerecht ist.

Noch ist keine organisierte Meinung so verbreitet gewesen, daß alle von ihr beherrscht worden wären, bzw. so stark, daß durch sie alles geregelt worden wäre. Geraten zwei unterschiedliche Methoden der Autorität aneinander, so wird deutlich, daß es verschiedene Autoritäten gibt.

Die dritte Methode ist die traditionelle philosophische, und zwar die *Apriori-Methode*, die man wohl am besten als liberale Version der Autoritätsmethode umschreibt. Danach stimmen die fundamentalen metaphysischen Überzeugungen mit der Vernunft überein; es besteht also ein Gleichklang mit dem, was wir anzunehmen geneigt sind, zum Beispiel, daß die Seele ein ewiges Leben hat. Auch die subtile philosophische Überzeugung ist auf lange Sicht nicht effektiv. Die Metaphysik wechselt wie die Mode.

Die Methode der Beharrlichkeit wird dadurch zersetzt, daß ein Beharrlicher auf einen anderen aufmerksam wird und ihm deshalb Skrupel bezüglich seiner eigenen Methode kommen. Das gleiche Schicksal ereilt die Methode der Autorität. Die Apriori-Methode schließlich wird dadurch untergraben, daß die Philosophen eines Landesteils ganz andere Apriori-Einsichten haben können als die Philosophen des benachbarten Landesteils.

Bei der Diskussion der *wissenschaftlichen Methode* gibt Peirce die Rolle des klinischen Beobachters auf. Er verwandelt sich in einen Advokaten und Verteidiger. Das einzige, das uns wirklich feste und stabile Überzeugungen bringen kann, ist die Natur. Frühere Methoden sind das Werk des Menschen. Die wissenschaftliche Methode gründet sich auf die Erforschung der dinglichen Ordnung.

Die grundlegende Hypothese der wissenschaftlichen Methode ist, daß es wirkliche Dinge gibt, deren Eigenschaften völlig unabhängig von unseren Meinungen über sie sind. Peirce argumentiert dafür, daß wir aufgrund der Methode der Wissenschaft feststellen können, daß dieses oder jenes unwirklich ist, nicht aber, daß alles unwirklich oder nichts wirklich ist. Im Gegensatz zu den drei anderen Methoden führt die konsequente Anwendung der wissenschaftlichen Methode nicht dazu, daß diese selbst unbrauchbar wird. Was die Methode voraussetzt, kann sie nicht selbst widerlegen oder kritisieren. Dies verhindert jedoch nicht, daß wir anfangen könnten, die Methode anzuzweifeln, wenn die Gesetzmäßigkeiten, die wir mit Hilfe der Methode gefunden haben, langsam in einem Universum von Alpträumen zusammenbrechen würden. Peirce versuchte früher, eine derartige gegen-induktive Welt auszuschließen.

Bei seiner Verteidigung der wissenschaftlichen Methode behauptet er, das Gefühl, welches bei allen vier Methoden den Ausgangspunkt bildet, sei ein Gefühl der Unzufriedenheit, wenn zwei Aussagen sich widersprechen. Wir setzen voraus, daß es eine Wahrheit gibt, die wir entdecken können. Wären wir nicht der Überzeugung, daß es auf unsere Fragen wahre Antworten gibt, die wir nicht kennen, so wären wir nicht unzufrieden. Es kann daher für uns keinen Zweifel darüber geben, daß es reale Dinge gibt. Die Frage bleibt, ob sich Peirce beim Skizzieren unserer Fähigkeit, den Dingen einen gewissen Wahrheitswert zu geben, im Rahmen der realistischen Philosophie hält. Die Gegner der Peirceschen Philosophie sind hier anderer Ansicht.

Als ein letztes Argument führt Peirce an, die Erfahrung habe gezeigt, daß die wissenschaftliche Forschung bei der Festigung und Sicherung unserer Überzeugung die größten Erfolge gehabt hat. Ein induktiver Schluß ist aber selbst ein Teil der Methode der Wissenschaft, wodurch die Begründung in einen Zirkel gerät.

Wie es scheint, tritt in letzter Instanz die Wissenschaft als Richter in eigener Sache auf, weshalb der Ausgang von vornherein feststeht. Peirce verwirft die ersten drei Methoden, weil sie nicht zu einer Erkenntnis der Wirklichkeit führen. Er akzeptiert die Methode der Wissenschaft, weil durch sie eine Erkenntnis der Wirklichkeit herbeigeführt werden kann. In beiden Fällen steht Wirklichkeit für das, worauf sich die Gemeinschaft der Forscher einigen wird, nachdem sie die Methode der Wissenschaft angewendet hat. Der Kreis hat sich geschlossen.

Eines der zentralen Peirceschen Postulate ist, daß es auf jede echte Frage eine Antwort gibt, zu der wir aufgrund der wissenschaftlichen Methode vorstoßen können. Die Methode der Wissenschaft ist selbstkorrigierend. Wir dürfen den Weg der Forschung nicht blockieren. Das würde aber geschehen, wenn wir behaupteten, daß etwas im Prinzip nicht erkennbar oder daß es von allem anderen unabhängig und nicht erklärbar sei oder daß etwas seine letztendliche und endgültige Formulierung erhalten habe. Diese methodologische Regel begründet Peirce u. a. damit, daß unsere Erkenntnis der Realität nicht absolut sicher oder absolut exakt sein kann, da sie auf Symbolen und Erinnerungen beruhe. Wir müssen stets bereit sein, unsere wissenschaftlichen Hypothesen zu korrigieren und, falls nötig, zu verwerfen.[14] Selbstkorrigierend im engeren Sinne ist auch eine der Induktionsmethoden, nämlich die quantitative Induktion, weil sie auf lange Sicht immer imstande sein wird, in einer unendlichen Serie von Begebenheiten einen bestimmten Wahrheitswert für eine Klasse von Begebenheiten zu finden. Die relative Häufigkeit der Ergebnisse – in bezug auf eine Klasse von Begebenheiten – nähert sich einem bestimmten Grenzwert. Erreicht der Gegenstand der Untersuchung keinen bestimmten Grenzwert, so werden wir auch dies feststellen können.

Es sind die mathematischen Ideen von Wahrscheinlichkeit, Konvergenz, Grenzwert und unendlicher Zahlenfolge, die dem Peirceschen Gedanken von Realität, Wahrheit und unendlichem Forschungsprozeß zugrunde liegen. Mit calvinistischem Pathos sagt Peirce: «Die Überzeugung, die vom Schicksal dazu bestimmt ist, in letzter Instanz von allen Forschern anerkannt zu werden, ist das, was wir unter Wahrheit verstehen; und das in dieser Überzeugung vertretene Objekt ist das Reale.»[15]

Die definitive Überzeugung oder Meinung ist wahr, im alten und absoluten Sinn des Wortes. Sie kann nicht durch neue Meinungen umgestürzt oder widerlegt werden. Widerspricht dieser Gedanke aber nicht dem Peirceschen Fallibilismus, der Idee, daß keine Erkenntnis der Realität absolut sicher ist? Nach Ansicht von Peirce können wir niemals wissen, daß wir zu einer definitiven Meinung vorgestoßen sind. Wir müssen daher alle unsere Überzeugungen so behandeln, als ob sie widerlegt und verbessert werden könnten: obwohl einige von ihnen so wahr sein mögen, wie etwas nur wahr sein kann.

Wahrheit in der Bedeutung «wahre Erkenntnis ohne Spielraum für Irrtümer» ist ein idealer Grenzwert, dem wir uns zwar nähern, den wir jedoch niemals erreichen können. Demgegenüber steht die wahre, definitive Überzeugung, die wir nicht nur annähernd, sondern ganz erreichen können. Dies wird in dem Moment geschehen, in dem der Fehlerspielraum verschwindend klein und ohne praktische Bedeutung geworden ist. Peirce vergleicht diesen Prozeß mit der Errechnung des numerischen Wertes von π. Früher oder später errechnen wir den Wert 3,14, das heißt, der Wahrscheinlichkeitswert der betreffenden Aussage hat einen verschwindend geringen Fehlerspielraum.

Peirce ist der Auffassung, seine Doktrin von Wahrheit und Realität sei besser geeignet, wissenschaftliche Fortschritte darzulegen, als andere philosophische Theorien. Für die apriorische Philosophie sind wissenschaftliche Fortschritte ein Ding der Unmöglichkeit, da die perfekten apriorischen Prinzipien nicht verbesserungsfähig sind. Für die empiristische Philosophie müssen wissenschaftliche Theorien und Fortschritte als ein Wunder angesehen werden, weil man nur mit Hilfe der Vorsehung durch Anhäufung von Sinnesdaten zu wissenschaftlichen Theorien kommen kann.

Die Realität wird am Ende definitive, wahre Antworten erzwingen. Dies ergibt sich aus folgendem Umstand: Wenn induktive Schlußfolgerungen gültig sind, werden sich die Wahrscheinlichkeitsfolgerungen einem bestimmten Grenzwert nähern, sobald die Reihe der erforschten Phänomene sich der Unendlichkeit nähert. Peirce hat früher versucht nachzuweisen, daß es undenkbar sei, daß Induktion keine gültige Quelle zur Erkenntnis in jedem denkbaren Universum ist. Die Behauptung, es könne Wahrheiten oder Falschheiten geben, deren Entdeckung im Prinzip unmöglich ist, auch wenn der Erkenntnisprozeß unendlich fortgesetzt würde, ist nach Ansicht von Peirce «nonsens», also ohne praktische Bedeutung. Es ist logisch möglich – es enthält keinen Widerspruch in sich –, daß das, worauf sich die Forschergemeinschaft einigt, falsch ist; ebenso ist es logisch möglich, daß bei einer unendlichen Anzahl von Würfen mit einem Würfel niemals die Sechs kommt. Wahrscheinlich ist es aber nicht. Und das ist für Peirce ausreichend.

Die Peircesche Doktrin von Wahrheit und Realität ist eine delikate Mischung aus Realismus und Idealismus. Für den Realisten sind unsere Aussagen wahr oder falsch aufgrund von etwas Äußerem, und die Ordnung der Dinge ist unabhängig von dem, was wir glauben. Der Idealist vertritt die Ansicht, unsere Aussagen seien wahr oder falsch aufgrund der Bewußtseins- oder Sprachstruktur und die dingliche Ordnung sei ein Produkt der menschlichen Ordnung.

Peirce begnügt sich nicht mit halben Sachen. Die Realität ist durch die menschliche Ordnung bestimmt in dem Sinne, daß nur das real ist, worauf sich die wissenschaftliche Gemeinschaft durch Anwendung der verschiedenen Schlußfolgerungsmethoden einigen wird. Wir können Realität nur als interpretierte oder repräsentierte Realität erkennen und verstehen.

Andererseits ist die menschliche Ordnung, das heißt die Meinungen der wissenschaftlichen Gemeinschaft, durch die dingliche Ordnung bestimmt. Die definitiven Überzeugungen sind nur deshalb definitiv geworden, weil sie das Ergebnis der permanenten Anwendung der wissenschaftlichen Methode sind. In diesem Prozeß sind die falschen Meinungen und Theorien unter dem Druck der Welt konsequent eliminiert und ist die Wahrheit erzwungen worden.

Unsere Erkenntnis handelt von einer unabhängigen Wirklichkeit, die wir nur durch unsere Sprache und unsere Theorien beschreiben und erklären können. Die Annahme, daß einige Theorien besser als andere sind, macht uns aber zu Realisten.

Voraussetzung für das Erreichen von definitiven, wahren Meinungen durch die wissenschaftliche Gemeinschaft ist, daß der Forschungsprozeß bzw. die Anwendung der wissenschaftlichen Methode unendlich fortdauert. Wie verteidigt Peirce diese Voraussetzung? An einigen Stellen läßt er sich auf kosmische Phantasien über intelligente Wesen auf anderen Planeten ein. An anderen Stellen kommt er zu der nüchternen Einsicht, daß ein Wissen über den sich fortsetzenden Forschungsprozeß eine recht umfassende Realitätserkenntnis erfordert. Die These vom fortgesetzten Forschungsprozeß sei daher rationalen Gründen überhaupt nicht zugänglich. Hieraus leitet er die ermutigende Konsequenz ab, es könne nicht nachgewiesen werden, daß die These falsch sei! Sollten andere zu dem nicht so ermutigenden Schluß kommen, die Wahrheit der These könne nicht nachgewiesen werden und die Beweislast liege bei Peirce, so würde dieser mit dem Argument antworten, das schon Pascal verwendet hatte und das von James in einem bedauerlichen Ausmaß benutzt wurde. Auch wenn wir keine rationalen Gründe für oder wider die These von dem unendlichen Forschungsprozeß haben, so müssen wir uns dennoch für diese These entscheiden. Entscheiden wir uns für die These, so haben wir die Chance, alles zu gewinnen: die Wahrheit über die Realität. Lehnen wir die These ab oder stellt sich heraus, daß sie falsch ist, so haben wir nichts verloren; denn unsere engen persönlichen Interessen gehen über die These hinaus und können durch sie keinen Schaden nehmen. Deshalb sollten wir uns für den Glauben an die These entscheiden.

Für Peirce wird die Wahl auch insofern leichter, als er annimmt, die wahren Interessen des Menschen lägen in der Hoffnung, die Wahrheit erforschen zu können. Die Identifikation der eigenen persönlichen Interessen mit denen der Forschergemeinschaft ist Voraussetzung für rationales Handeln unsererseits. Hofften wir nicht, daß sich die Forschung unendlich fortsetzen läßt, so könnten wir auch nicht hoffen, zur Wahrheit vorzudringen. Dies ist jedoch kaum mehr als eine Umformulierung des ursprünglichen Problems, daß die Fortsetzung des Forschungsprozesses eine notwendige Voraussetzung für die Schaffung definitiver, wahrer Überzeugungen ist.

Pragmatismus

Im Zusammenhang mit seiner Theorie über Realität und Wahrheit macht Peirce Gebrauch von seiner pragmatischen Maxime zur Analyse von Begriffen. Mit Hinweis auf diese Maxime behauptet er beispielsweise, die Idee von der nie sichtbar werdenden Falschheit sei ohne Sinn; Überzeugung sei Gewohnheit, weil sich zwischen verschiedenen Überzeugungen nur unterscheiden lasse, wenn man von den durch sie hervorgerufenen Gewohnheiten ausgeht.

Die pragmatische Maxime lautet folgendermaßen: «Man überlege, welche Wirkungen von möglicher praktischer Relevanz wir dem Gegenstand unseres Begriffs in unseren Vorstellungen zuschreiben. Dann ist unser Begriff dieser Wirkungen das Ganze unseres Begriffs des Gegenstands.» Diese undurchschaubare Regel tritt in einer Abhandlung mit dem anspruchsvollen Titel *How To Make Our Ideas Clear* («Wie unsere Ideen zu klären sind») (1878) auf.[16] Eine spätere und etwas klarere Formulierung lautet: «Der Sinn einer Aussage ist selbst wieder eine Aussage ... Aber unter den Myriaden Formen, in die sich eine Aussage übertragen läßt, ... ist ... ihr eigentlicher Sinn ... einfach ... die allgemeine Beschreibung all jener experimentellen Phänomene, die durch die Annahme dieser Aussage tatsächlich vorausgesagt werden.»[17]

Aus der ersten Formulierung geht hervor, daß jeder sinnvolle Ausdruck in einen Konditionalsatz (einen Wenn-dann-Satz) umwandelbar sein muß. Beispiel: Wenn die Bedingungen $B_1 \ldots B_n$ erfüllt sind, dann wird das Phänomen P auftreten. Nur wenn sich der Ausdruck in dieser Weise umwandeln läßt, hat er einen Sinn. Die abstrakte Formel erhält ihre besondere pragmatische Prägung, indem die Bedingungen $B_1 \ldots B_n$ aufgrund unserer Handlungen kontrollierbar sein müssen, zum Beispiel anhand der Durchführung von Experimenten.

Der Satz «Der Diamant ist hart» bedeutet, wenn ich – oder ein anderes Mitglied der wissenschaftlichen Gemeinschaft – eine Reihe von bestimmten Handlungen ausführe, so den Versuch, dem Diamanten mit Hilfe von anderen Gegenständen Kratzer zuzufügen, dann werde ich bzw. wird jeder andere feststellen, daß der Diamant nicht zerkratzt wird. Auf die gleiche Weise schildert Peirce eine Analyse der Begriffe «Gewicht» und «Kraft». Peirce ist in seiner Analyse radikal. Es bestehe absolut kein Unterschied zwischen einem harten und einem weichen Gegenstand, solange sie nicht einer Prüfung unterzogen worden sind. Einen Diamanten auf dem Grunde des Meeres, der noch nie untersucht worden ist, könnten wir ohne weiteres als weich bezeichnen! Daran sei nichts falsch, obgleich es im Verhältnis zum normalen Sprachgebrauch unzweckmäßig ist.

Aufgrund der pragmatischen Maxime können wir sinnvolle Ausdrücke als Handlungsregeln auffassen. Härte bedeutet als Regel ausgelegt, daß Handlungen einer bestimmten Art in Zusammenhang mit bestimmten Ergebnissen stehen, die wir beobachten können. Falls wir eine bestimmte Handlung vollziehen, werden wir dieses oder jenes beobachten. Wenn wir das Ergebnis wünschen oder benötigen, können wir es erzielen, indem wir in der entsprechenden Weise handeln. Wissen ist Macht. Und Sätze ohne Sinn sind Ohnmacht. Sie ermöglichen uns keine Handlungen, sondern nur Worte.

Je mehr Zusammenhänge wir kennen zwischen Handlungen und Ergebnissen, die eine Verbindung mit unseren Bedürfnissen und Wünschen haben, desto besser sind wir für den Überlebenskampf gerüstet. – Peirces Theorie über die Meinung als Gewohnheit stimmt mit der pragmatischen Maxime exakt überein.

Peirce bewahrt seine Zeichentheorie vor dem simplen unendlichen Regreß, indem er behauptet, der Sinn eines Ausdrucks sei weder ein Zeichen noch ein Interpretant, sondern eine Gewohnheit:

«... die erschöpfendste Erklärung eines Begriffs, die mit Worten möglich ist, wird aus einer Beschreibung der Gewohnheit bestehen, die durch den Begriff hervorgerufen werden kann. Wie aber kann man eine Gewohnheit beschreiben, wenn nicht durch eine Beschreibung der Handlungsweise, die sie hervorruft – unter Angabe der Bedingungen und des Motivs?» [18]

Regeln und Handlungsgewohnheiten sind generelle Handlungsweisen, die in zahllosen Fällen wiederholt werden können. Hierdurch unterscheiden sie sich von Sinneswahrnehmungen und Vorstellungsbildern, die privat und an den Augenblick gebunden sind. Traditionellerweise wurden jedoch gerade diese Vorstellungsbilder als der Sinn von sprachlichen Ausdrücken angesehen. Die Bedeutung des Wortes ‹Pferd› ist gleich dem Vorstellungsbild, das der einzelne mit diesem Begriff verbindet. Peirce bricht mit dieser herkömmlichen Vorstellung, indem er den Sinn der Ausdrücke von der Sinneserfahrung des einzelnen zu etwas Gemeinsamem, den Handlungsregeln, verlagert. Ob eine Person einen Ausdruck begriffen hat oder nicht, hängt nicht davon ab, ob er mit diesem Ausdruck irgendwelche inneren Gefühle visueller Art verbindet, sondern davon, ob er imstande ist, den betreffenden Ausdruck in einer Reihe von Situationen in einer bestimmten Weise anzuwenden.

Mit leichter Hand wendet Peirce die pragmatische Maxime auf seine eigene Metaphysik an. Dinge sind, wie sie sich geben. Das Wesen der Dinge ist so, wie es sich unter verschiedenen Umständen offenbart. Die Dinge können nicht hinter oder über unseren möglichen Erfahrungen liegen, also etwas von menschlichem Denken völlig Unabhängiges sein. Welchen Sinn hätte die Aussage, es gebe eine Größe, die unabhängig von jeder menschlichen Erkenntnis besteht? Hätte diese Aussage einen Sinn, so würde dies bedeuten, daß sie mit einer besonderen Handlungsregel oder Praxis verbunden wäre. Oder anders ausgedrückt, sie könnte Gegenstand einer Erkenntnis sein. Dies widerspricht aber der ursprünglichen Annahme, nach der sie von unserer Erkenntnis vollkommen unabhängig ist. Die Annahme einer solchen unzugänglichen Größe ist daher ohne pragmatischen Sinn.

Die realen Dinge sind Regelmäßigkeiten in unseren Erfahrungen. Die nichtrealen Dinge sind Unregelmäßigkeiten. Diese Idee von den realen Dingen läßt sich pragmatisch übersetzen in Konditionalsätze wie «Wenn diese oder jene Wahrnehmungsbedingungen erfüllt sind, dann wird dieses oder jenes Phänomen zu beobachten sein.» So erlangen wir Kenntnis darüber, wie sich Dinge unter verschiedenen Umständen verhalten. Die hieraus abgeleiteten Regelmäßigkeiten sind Naturgesetze.

Ein Großteil der von Peirce verstreut und nicht ganz klar geäußerten Gedanken über Wahrheit, Meinung und Verifikation kann als Theorie des *verifikationistischen Sinnkriteriums* ausgelegt werden – eine Theorie, die später zum Markenzeichen des logischen Positivismus wurde. Eine Aussage ist ohne Sinn, wenn es keinen Erfahrungsbezug gibt, der sie bestätigt oder entkräftet. Der Sinn einer Aussage ist die Summe ihrer praktischen Konsequenzen. Das Verifikationskriterium gerät in eine Reihe von Schwierigkeiten, wenn es universelle, nicht verifizierbare Naturgesetze erklären soll, oder aber singuläre Aussagen über die Vorzeit, besonders über jene ferne Vorzeit, von der wir keinerlei Zeugnis haben. Peirce hat einige dieser Schwierigkeiten vorausgeahnt und im Laufe der Zeit sein Sinnkriterium liberalisiert.

In seiner späteren Philosophie erkennt Peirce, daß das Prädikat «hart» eine dispositionelle Eigenschaft ist im Sinne von «würde einer Messerschneide widerstehen» und nicht nur «wird einer Messerschneide widerstehen». Keine noch so große Anzahl von Versuchen kann jemals den Sinninhalt erschöpfen, der in der Disposition «hart sein» enthalten ist.

Aus diesem Umstand zieht Peirce eine Reihe metaphysischer Schlußfolgerungen. Universalien und Dispositionen sind nicht real, weil sie durch konkrete Dinge und Begebenheiten aktualisiert werden können, sondern sie sind in sich selbst real. Die konkreten Dinge sind nur insofern real, als sie Gesetzmäßigkeiten unterliegen. Möglichkeiten sind etwas Reales und Teil der Realität. Naturgesetze sind von den Naturwissenschaftlern unabhängig und haben einen selbständigen Status. Die Gesetzmäßigkeiten haben nicht nur ihre eigene Sphäre – die der Vernunft, wo Hartsein Seite an Seite mit der Idee des Pferdes verkehrt –, sondern sie besitzen auch die Eigenschaft oder Kraft, physisch zu wirken: ein Privileg, das früher konkreten Dingen vorbehalten war. Naturgesetze sind die Gewohnheiten der Natur, durch die die einzelnen Dinge zu ihrem jeweiligen Verhalten gezwungen werden.

Peirce versucht, die Assoziationen zu durchbrechen, die sich mit den Bildern und Vergleichen verknüpfen, die er in seiner späteren Philosophie verwendet – Begriffe wie Kraft, Fähigkeit, Ziel und Bewußtsein. Das Ergebnis ist ein geheimnisvolles und faszinierendes Labyrinth, dessen Leitfaden eine neue mathematische Idee, der Begriff des Kontinuums, ist. Peirce aber blieb innerhalb des Labyrinths und vollendete nie sein großes System.

Die logischen Positivisten legten kraft ihres Verifikationskriteriums ein nettes kleines Philosophie-Rosenbeet an. Peirce schuf einen wild wachsenden Garten, in dem sich seltsame Pflanzen ineinander verschlingen und keinen Durchblick lassen.

Texte

Dewey, J.: The early works: 1882–1898, ed. by J. A. Boydston. 5 Vols. Carbondale/Edwardsville/London/Amsterdam 1969–75.
–: The middle works: 1899–1924, ed. by J. A. Boydston. 15 Vols. Carbondale/Edwardsville/London/Amsterdam 1976–83.
–: The later works: 1925–1953, ed. by J. A. Boydston. 12 Vols. (1925–1938). Carbondale/Edwardsville/London/Amsterdam 1981 ff.
–: How We Think. New York 1910 (dt. Wie wir denken. Zürich 1951).
–: Reconstruction in Philosophy. New York 1920.
–: The Quest for Certainty. New York 1929.
–: Logic. The Theory of Inquiry. New York 1938.
–: Deutsche Philosophie und deutsche Politik. Meisenheim a. G. 1954.
–: Psychologische Grundfragen der Erziehung (Human Nature and Conduct, 1922; Experience and Education, 1938). München/Basel 1974.

–: The Moral Writings of J. Dewey. Ed. with an introduction and notes by J. Gouinlock. New York 1976.
–: Kunst als Erfahrung (Art as Experience, 1934). Frankfurt/M. 1980.
Martens, E. (Hg.): Texte der Philosophie des Pragmatismus. Stuttgart 1975.
Mead, G. H.: The Philosophy of the Present, ed. by A. E. Murphy. Chicago/London 1932.
–: The Philosophy of the Act, ed. by C. W. Morris. Chicago 1938.
–: Mind, Self Society, ed. by C. W. Morris. Chicago/London [12]1963 (dt.: Geist, Identität und Gesellschaft aus der Sicht des Sozialbehaviorismus. Mit einer Einleitung hg. v. C. W. Morris. 4. Aufl. Frankfurt/M. 1980).
–: Selected Writings, ed. by A. J. Reck. Indianapolis 1964.
–: Gesammelte Aufsätze. Hg. v. H. Joas. 2 Bde. Frankfurt/M. 1980–83.
–: The Individual and the Social Self. Unpublished work of G. H. Mead, ed. with an introduction by D. L. Miller. Chicago/London 1982.
Rescher, N.: Methodological Pragmatism. Oxford 1977.
Rorty, A. (ed.): Pragmatic Philosophy. An Anthology. New York 1966.
Schiller, F. C. S.: Humanism. Philosophical Essays. London/New York 1903.
–: Formal Logic. A Scientific and Social Problem. London 1912.
–: Logic for Use. An Introduction to the Voluntarist Theory of Knowledge. London 1929.
Thomas, M. H.: John Dewey. A Centennial Biography. Chicago 1962.

Literatur

Ayer, A. J.: The Origins of Pragmatism. London/Melbourne 1968.
Bullert, G.: The Politics of John Dewey. Buffalo 1983.
Joas, H.: Praktische Intersubjektivität. Die Entwicklung des Werkes von George Herbert Mead. Frankfurt/M. 1980.
Moore, E. C.: American Pragmatism – Peirce, James and Dewey. New York 1961.
Morris, C. W.: The Pragmatic Movement in American Philosophy. New York 1970.
Paringer, W. A.: John Dewey and the Paradox of Liberal Reform. Albany 1990.
Rorty, R.: Consequences of Pragmatism. Essays: 1972–1980. Brighton 1982.
Schneider, H. W.: A History of American Philosophy. New York 1946.
Thayer, H. S.: Meaning and Action. A Study of American Pragmatism. Indianapolis 1973.
Tiles, J. E.: Dewey. London 1988.
White, M. G.: Science and Sentiment in America. New York 1972.
Wiener, P. P.: Evolution and the Founders of Pragmatism. Cambridge (Mass.) 1949.

Texte Peirces

Collected Papers. Vol. I–VI, ed. by C. Hartshorne and P. Weiss. Cambridge (Mass.) 1931–35; vol. VII–VIII, ed. by A. W. Burks. Cambridge (Mass.) 1958. (Dieses Werk wird wie folgt zitiert: *Col. Pap.*, Bandzahl und Paragraphenzahl; so entspricht z. B. «Col. Pap. 1.10» Band 1, Paragraph 10.)

Letters to Lady Welby. Ed. by I. C. Lieb. New Haven 1953.

Die Festigung der Überzeugung und andere Schriften. Hg. u. eingel. v. E. Walther. Baden-Baden 1965.

Schriften. Hg. v. K.-O. Apel, übers. v. G. Wartenberg. 2 Bde. Frankfurt/M. 1967/70.

Lectures on Pragmatism / Vorlesungen über Pragmatismus. Engl. und dt. Hg. v. E. Walther. Hamburg 1973.

Writings of C. S. Peirce. A Chronological Edition. Ed. by M. H. Fisch et al. Bloomington (Ind.) 1982 ff.

Phänomen der Logik der Zeichen. Hg. u. übers. v. H. Pape. Frankfurt/M. 1983.

Über die Klarheit unserer Gedanken (How to Make our Ideas Clear). Einleitung, Übersetzung, Kommentar v. K. Oehler. 3. Aufl. Frankfurt/M. 1985.

Semiotische Schriften. Hg. u. übers. v. C. Kloesel u. H. Pape. Bd. I. Frankfurt/M. 1986.

Naturordnung und Zeichenprozesse. Schriften über Semiotik und Naturphilosophie. Frankfurt/M. 1991.

Bibliographie

Ketner, K. L. / C. J. W. Kloesel / J. M. Ransdell / M. H. Fisch / C. S. Hardwick (eds.): A Comprehensive Bibliography and Index of the Published Works of C. S. Peirce with a Bibliography of Secundary Studies. Greenwich (Conn.) 1977.

Literatur

Almeder, R. F.: The Philosophy of C. S. Peirce. A Critical Introduction. Totowa 1980.

Anderson, D. R.: Creativity and the Philosophy of C. S. Peirce. Dordrecht 1987.

Apel, K.-O.: Der Denkweg von C. S. Peirce. Frankfurt/M. 1975.

Ayer, A. J.: The Origins of Pragmatism. London/Melbourne 1968.

Bernstein, R. J. (ed.): Perspective on Peirce. New Haven 1965.

Bertilsson, M.: Towards a Social Reconstruction of Science Theory. Peirce's Theory of Inquiry, and Beyond. Lund 1978.

Boler, J. F.: Charles Peirce and Scholastic Realism. Seattle 1963.
Buchler, J.: Charles Peirce's Empiricism. New York/London 1939.
Eco, U./Sebeok, Th. A. (Hg.): Der Zirkel, oder Im Zeichen der Drei: Dupin, Holmes, Peirce. München 1985.
Fisch, M. H.: Peirce, Semiotic, and Pragmatism. Essays. Ed. by K. L. Ketner and C. J. W. Kloesel. Bloomington 1986.
Gallie, W. B.: Peirce and Pragmatism. Harmondsworth 1952. New York ²1966.
Goudge, T. A.: The Thought of C. S. Peirce. Toronto 1959.
Karger, A.: Untersuchungen zur Bewußtseinskonzeption bei C. S. Peirce. Stuttgart 1982.
Kempski, J. von: Charles Sanders Peirce und der Pragmatismus. Stuttgart/Köln 1952.
Ketner, K. L. (ed.): Proceedings of the C. S. Peirce Bicentennial International Congress. Lubbock (Tex.) 1981.
Kevelson, R.: Charles S. Peirce's Method of Methods. Amsterdam (Phil.) 1987.
–: Peirce, Paradox, Praxis. The Image, the Conflict, and the Law. Berlin/New York 1990.
Misak, C. J.: Truth and the End of Inquiry. A Peircean Account of Truth. Oxford 1991.
Moore, E. C./R. S. Robin (eds.): Studies in the Philosophy of Charles Sanders Peirce. Second Series. Amherst 1964.
Murphey, M. G.: The Development of Peirce's Philosophy. Cambridge (Mass.) 1961.
Nagl, L.: Charles Sanders Peirce. Frankfurt/M. 1992.
Pape, H.: Erfahrung und Wirklichkeit als Zeichenprozeß. Charles S. Peirces Entwurf einer «Spekulativen Grammatik des Seins». Frankfurt/M. 1989.
Scherer, B. M.: Prolegomena zu einer einheitlichen Zeichentheorie. C. S. Peirces Einbettung der Semiotik in der Pragmatik. Tübingen 1984.
Schoenenberg, M.: Die Entwicklung der Fundamental-Kategorie von C. S. Peirce. Stuttgart 1980.
Schönrich, G.: Zeichenhandeln. Untersuchungen zum Begriff einer semiotischen Vernunft im Ausgang von Ch. S. Peirce. Frankfurt/M. 1990.
Thompson, M. H.: The Pragmatic Philosophy of C. S. Peirce. Chicago 1953.
Walther, E.: Charles Sanders Peirce. Leben und Werk. Baden-Baden 1989.
Wartenberg, G.: Logischer Sozialismus. Die Transformation der Kantschen Transzendentalphilosophie durch C. S. Peirce. Frankfurt/M. 1971.
Weiss, P.: Charles Sanders Peirce. In: Dictionary of American Biography, Vol. XIV. New York 1934, p. 398–403.
Wennerberg, H.: The Pragmatism of C. S. Peirce. Lund/Copenhagen 1962.
Wiener, P. P./F. H. Young (eds.): Studies in the Philosophy of Charles Sanders Peirce. Cambridge (Mass.) 1952.

Anmerkungen

1 Peirce, *Col. Pap.* 1.10 (1897).
2 Peirce, *Col. Pap.* 1.11 (1897).
3 Weiss 1934 (ist eine sehr gute biographische Skizze, auf der u. a. auch die folgende Darstellung beruht).
4 Peirces Kritik des Cartesianismus findet sich in «Questions Concerning Certain Faculties Claimed for Man», *Col. Pap.* 5.213–263 (1868), und «Some Consequences of Four Incapacities», *Col. Pap.* 5.264–317 (1868).
5 Peirces eigene Überlegungen finden sich u. a. in *Col. Pap.* 2.227–308 (1893–1910).
6 Peirce, *Col. Pap.* 5.263 (1868).
7 Peirce, *Col. Pap.* 5.311 (1868).
8 *Col. Pap.* 2.623. Zur Abduktion vgl. weiter: «Deduction, Induction and Hypothesis», *Col. Pap.* 2.619–644 (1878); weiter *Col. Pap.* 2.694–754 (1883).
9 Vgl. z. B. *Col. Pap.* 1.120 (1896) und *Col. Pap.* 7.220 (1901).
10 Z. B. *Col. Pap.* 5.172 f (1903), *Col. Pap.* 2.753 f (1883).
11 Vgl. *Col. Pap.* 5.352 (1868).
12 Dies geschieht in «The Fixation of Belief», *Col. Pap.* 5.358–387 (1877), und in «How to Make Our Ideas Clear», *Col. Pap.* 5.388–410 (1878).
13 Vgl. *Col. Pap.* 5.377–387 (1877).
14 Vgl. *Col. Pap.* 1.135–175 (ca. 1899).
15 *Col. Pap.* 5.407 (1878).
16 *Col. Pap.* 5.402 (1878).
17 *Col. Pap.* 5.427 (1905).
18 *Col. Pap.* 5.491 (ca. 1906).

ANALYTISCHE PHILOSOPHIE

1. DIE ANFÄNGE

Jan Riis Flor

Was ist analytische Philosophie?

Im angelsächsischen Kulturkreis ist im 20. Jahrhundert die sogenannte analytische Philosophie vorherrschend. Zwar waren von den Hauptpersonen verschiedene deutschen Ursprungs, aber sie verschafften sich erst im englischen Sprachraum ernsthaft Geltung. Mit dem Begriff ‹analytische Philosophie› soll weder eine bestimmte Richtung noch eine bestimmte Schule umschrieben werden, sondern im weitesten Sinne eine Form der Philosophie, in der davon ausgegangen wird, daß wir uns nur dann ein Verständnis und möglicherweise eine (Auf-)Lösung der traditionellen philosophischen Probleme erhoffen können, wenn wir die Begriffe, die Teil unserer Problemformulierungen sind, auf ihre Bedeutung hin untersuchen. Ein Großteil der analytischen Philosophie ist – durch eine erfahrungsorientierte (empiristische) Grundhaltung geprägt – oftmals mit dem Gedanken verbunden, daß jede wirkliche Erkenntnis (natur)wissenschaftlicher Art sei.

Zwei Briten, G. E. Moore und B. Russell, sowie zwei Deutsche, G. Frege und L. Wittgenstein, gelten als die wesentlichen Urheber der analytischen Philosophie. Ideengeschichtlich betrachtet gehen die Wurzeln Moores und Russells zurück zum britischen Empirismus von Hume bis Mill. Beide befanden sich in Opposition zu jener Form des absoluten Idealismus, der mit Denkern wie Bradley und McTaggart die britische Philosophie im letzten Drittel des 19. Jahrhunderts beherrschte und auch bis in das 20. Jahrhundert hinein von bedeutendem Einfluß war. Moore, Russell und der jüngere Wittgenstein waren die Vorreiter der britischen Philosophie in der Zwischenkriegszeit; in gleicher Weise haben Russell, der jüngere Wittgenstein und zum Teil Frege den im deutschen Kulturkreis der 20er Jahre entstandenen logischen Positivismus beeinflußt, der besonders für die Wissenschaftstheorie bis in die 50er Jahre von Bedeutung war.

In der Nachkriegszeit bildeten sich aufgrund heftiger Kritik am logischen Positivismus andere Strömungen, wobei in der Wissenschaftstheorie in erster Linie Popper und Kuhn tonangebend waren. Die *Philosophie der normalen Sprache* (‹Oxfordphilosophie›) wurde hauptsächlich vom späten Wittgenstein sowie von den Philosophen Ryle, Austin und Strawson entwickelt. – Die wohl bedeutendste Neuentwicklung der analytischen Philosophie in den letzten Jahren ist der Dummettsche Versuch, die zentralen Thesen des Sprachverständnisses von Frege und vom späten Wittgenstein miteinander in Einklang zu bringen.

Jan Riis Flor

George Edward Moore
Der Verfechter des Common sense

Moore (1873–1958) war kein Mann weitschweifender Spekulationen. Gemeinsam mit Bertrand Russell (1872–1970), den er während seiner Studienzeit in Cambridge kennengelernt hatte, wandte er sich gegen den durch Bradley (1846–1924) und McTaggart (1866–1925) vertretenen spekulativen absoluten Idealismus. Moore war ein Verfechter des Common sense: Entsteht ein Zwiespalt zwischen philosophischer Spekulation und gesundem Menschenverstand, so ist es die Philosophie, die sich auf Irrwegen bewegt. Moores bedeutender Einfluß auf die britische Philosophie gründet sich aber nicht nur auf diese Gewichtung des Verhältnisses zwischen philosophischer Spekulation und Common sense, sondern in höchstem Maße auch auf die Art und Weise, in der er Philosophie betrieb. Nicht Moores Ansichten, sondern seine philosophische Analyseform sollte sich als lebensfähig erweisen. Sein Einfluß ging nicht nur von seinen Schriften aus, sondern auch von seiner langjährigen Tätigkeit als Dozent an der Universität Cambridge (1911–39), seiner Teilnahme an vielen philosophischen Meetings und seiner Arbeit als Redakteur der Zeitschrift *Mind* (1921–47). In Anbetracht dieser Umstände darf man mit Fug und Recht sagen, daß Moore ein neues Kapitel britischer Philosophie aufgeschlagen hat.

Idealismus und Realismus

Bradley und McTaggart fassen die Wirklichkeit, wie wir sie aus unserem Alltag kennen, lediglich als Scheinwirklichkeit auf. Beeinflußt von dem deutschen Hegelianismus, behaupten sie, daß man Begriffe wie Tisch, Kuß, Weihnachtsstimmung oder was wir sonst aus dem praktischen Leben oder den Wissenschaften zu kennen glauben, letztendlich nicht als Wirklichkeit im engeren Sinn betrachten kann. Ein Tisch, ein Kuß oder die Stimmung am Heiligabend sind nur scheinbar wirklich. Wenn wir es aus dem rechten philosophischen Blickwinkel betrachten und konsequent durchdenken, was der Begriff Wirklichkeit in Verbindung mit unseren täglichen Erfahrungen tatsächlich beinhaltet, dann stellen sich die Begriffe als Illusionen heraus.

Sie sind insofern Illusionen, als sie nicht das sind, wofür sie sich unmittelbar ausgeben. Praktische Erfahrungen im Alltag und in wissenschaftlichen Theorien scheinen ein Beleg für eine Vielfalt selbständiger Vorkommnisse, seien es Dinge oder Begebenheiten, zu sein. Bradley und McTaggart wollen jedoch aufzeigen, daß das eigentlich Wirkliche nicht aus konkreten Dingen und Begebenheiten besteht, sondern aus der zusammenhängenden Ganzheit, in der wir sie erfahren und erleben können. Diese zusammenhängende Ganzheit wird als das *Absolute* bezeichnet: Es ist das einzige in Wahrheit selbständig Vorhandene. Zusammenhang und Ganzheit selbst sind nicht etwas Konkretes oder Materielles, nicht etwas, was zu einer bestimmten Zeit existiert oder an einer bestimmten Stelle im Raum verortet ist. Sie sind vielmehr die *Prinzipien* dafür, daß wir etwas Konkretes in Raum und Zeit erleben und erfahren können.

Solche Prinzipien sind nicht materielle Gegenstände, sondern etwas Ideelles. Anhand einiger Analogien läßt sich verdeutlichen, was damit gemeint ist. Wir sprechen in vielen Bereichen von Prinzipien oder Regeln für dieses oder jenes: Prinzipien für die Erteilung von Zensuren, Prinzipien für die Messung eines Lärmpegels, Prinzipien für die Bewilligung von Sozialhilfe. Ein Prinzip ist nicht gleich dem Begriff, für den es gilt. Ein Prinzip zur Lärmpegelmessung ist nicht die Lärmpegelmessung selbst, und auch eine Regel für das Kochen von Eiern ist weder ein gekochtes Ei noch der eigentliche Kochvorgang. Ein Prinzip für etwas ist der Grund, weshalb dieses Etwas so ist, wie es ist, und weshalb dieses Etwas so in Erscheinung treten und sich uns so darstellen kann, wie es nun einmal ist. Ein Prinzip ist etwas Ideelles oder – um einen älteren Ausdruck zu gebrauchen – etwas Geistiges.

Bradley und McTaggart zogen weitreichende Schlüsse aus ihren abstrakten Überlegungen über das Wirklichsein. Das Ergebnis waren Aussagen wie «Es gibt keine materiellen Dinge», «Raum und Zeit sind unwirklich» oder «Der Geist ist das einzige wahrhaft Wirkliche».

Unter *Idealismus* ist die Überzeugung zu verstehen, daß das Eigentliche bzw. das primär Wirkliche etwas Ideelles oder Geistiges ist. Einige Idealisten verstehen das wahrhaft Wirkliche als unpersönliches Prinzip.

Andere wiederum glauben, der Kern der Wirklichkeit sei ein göttliches Wesen. Kennzeichnend für den Idealismus ist aber noch ein weiteres Grundprinzip: Das, was ist, muß erlebt oder erfahren worden sein. Etwas vom Erlebt- oder Erfahrensein Unabhängiges kann es nicht geben. Es gibt keine bewußtseinsunabhängige Welt.

Seine erste Attacke gegen den Idealismus reitet Moore in seinem berühmten Artikel *The Refutation of Idealism* («Die Widerlegung des Idealismus») im Jahre 1903. Doch erst in *Some Main Problems of Philosophy* («Einige Hauptprobleme der Philosophie», eine Reihe von Vorlesungen von 1910–11, herausgegeben 1953) erfolgt seine Idealismuskritik auf der Grundlage des Common sense. Seine Ausführungen in dem Artikel *A Defense of Common Sense* («Eine Verteidigung des Common sense») sind jedoch durchdachter, und meistens wird bei Diskussionen über die Common-sense-Auffassung Moores auch auf diesen Artikel Bezug genommen.

Moore zählt hier eine Reihe von ‹Binsenwahrheiten› auf, von denen er mit Sicherheit weiß, daß sie wahr sind: Moore hat einen Körper, der zu einem bestimmten Zeitpunkt in der Vergangenheit zur Welt kam; Moore ist ein menschliches Wesen, das viele verschiedene Erlebnisse unterschiedlicher Art gehabt hat; viele andere menschliche Körper haben Menschen gehört, die unterschiedliche Erlebnisse hatten. Moore weiß außerdem, daß viele andere Menschen ein ebensolches Wissen haben.[1]

All diese Aussagen sind vollkommen wahr. Wenn jemand meint, es sei zwar etwas Wahres an ihnen, sie seien aber – von einem höheren Standpunkt aus betrachtet – dennoch zum Teil falsch, dann steht er zu Moore im Widerspruch. In der Formulierung dieser Aussagen sind nur Begriffe enthalten, wie sie in ihrer allgemeinen Bedeutung angewendet werden. Deshalb wird jeder, der die Sprache versteht, auch diese Aussagen verstehen. Folglich ist es ein schwerwiegender Fehler zu behaupten, die Wahrheit einer Aussage wie «Die Erde existiert seit vielen Jahren» hänge davon ab, was unter «Erde», «existieren» und «Jahr» genau zu verstehen sei.[2]

Der springende Punkt bei diesen ‹Binsenwahrheiten› ist, daß sie nur dann wahr sind, wenn materielle Dinge, Raum, Zeit und Personen wirklich sind, und zwar wirklich in einem allgemeinen und von jedermann verstandenen Sinn, und daß wir dies mit Sicherheit wissen. Wenn ein Standpunkt dazu führt, daß materielle Dinge etc. in diesem Sinn nicht wirklich sind oder daß wir dies nicht mit letzter Sicherheit wissen, dann widerspricht er grundlegenden Common-sense-Wahrheiten. Moore möchte nachweisen, daß die Common-sense-Wahrheiten die stärkere Position innehaben. Er tut dies, indem er aufzeigt, daß Standpunkte, die mit ihnen nicht vereinbar sind, zu verschiedenen inneren Widersprüchen führen.

Ein Standpunkt, der besagt, daß zum Beispiel materielle Dinge nicht wirklich sind, muß als Standpunkt behauptet worden sein. Ein Standpunkt kann nicht behauptet worden sein, ohne daß dies durch eine Person geschieht. Eine Person muß aber ein Wesen sein mit einem Körper, der zu einem bestimmten Zeitpunkt geboren wurde.[3] Damit der besagte Standpunkt überhaupt behauptet werden kann, muß das, was der Standpunkt behauptet, bzw. das, was aus ihm folgt, also in sich selbst irrig sein. Diese Form des inneren Widerspruchs wird zuweilen als *performative Inkonsistenz* bezeichnet (vom englischen to perform: vollziehen/ausführen).

Eine direktere Form des inneren Widerspruches liegt bei Standpunkten vor, die besagen oder aus denen folgt, daß wir nicht mit Gewißheit wissen, ob es materielle Körper gibt. Denn damit sagt der Philosoph, er wisse, daß es andere Personen gibt, die wiederum nicht wissen, daß es materielle Dinge gibt. Weil eine Person aber ein Wesen mit einem Körper ist, folgt, daß der Philosoph sein Wissen um die Existenz materieller Dinge sowohl bejaht – andere Menschen haben Körper – als auch verneint.[4]

Im weitesten Sinn besteht Common sense aus den Standpunkten, die die meisten Menschen haben. In diesem Sinn behauptet Moore nicht, Common sense bestünde aus einem unveränderlichen Paket unfehlbarer Wahrheiten. Common sense in dieser breiten Auslegung ist veränderbar und kann durchaus irrige Auffassungen und Standpunkte enthalten, für deren Bejahung es keinerlei Begründung gibt.[5] So besteht laut Moore beispielsweise keine Veranlassung zu glauben, daß es einen Gott gibt oder daß die Menschen auch nach dem physischen Tod als Wesen mit einem Bewußtsein weiterleben werden, obgleich eingeräumt werden muß, daß derlei Ansichten ein Teil des Common sense im weitesten Sinn gewesen sind. Moore meint also nicht, daß Common sense im weiten Sinn eine Schatzkammer ist, die ausschließlich wahre Ansichten über unsere Welt enthält. Aber er unterstreicht, daß jeder Versuch, ein umfassenderes und ausführlicheres Weltbild zu entwickeln, jede philosophische Analyse oder jedes philosophische System mit grundlegenden Common-sense-Aussagen im engeren Sinn vereinbar sein muß. In dem Moment, wo es klar wird, daß eine philosophische Analyse oder ein philosophisches System zu einer grundlegenden Common-sense-Wahrheit im Widerspruch steht, weiß man auch, daß mit der Analyse oder dem System etwas nicht stimmt, wobei es ohne Bedeutung ist, ob man den Irrtum in den komplizierten und tiefgründigen Gedankengängen und Theorien auch zu finden vermag.

Es werden keine allgemeinen Kriterien dafür angegeben, welche Arten von Aussagen dem Common-sense-Begriff im engeren Sinn zuzurechnen sind. Geht man aber von der Art und Weise aus, in der Moore argumentiert, so ergeben sich fünf Kriterien[6], die eine Aussage erfüllen muß, um mit dem Common sense im engeren Sinne vereinbar zu sein:

1. Die Mehrheit der Menschen muß von der Aussage Kenntnis haben, wie es bei Moores Truismen (Binsenwahrheiten) der Fall ist. Es ist nicht erforderlich, daß alle Menschen die Aussage ausdrücklich behaupten. Es muß nur so sein, daß der weitaus größte Teil der Menschheit durch seine allgemeinen Handlungen oder Unterlassungen erkennen läßt, daß er eine entsprechende Vermutung hat.

2. Ein Bestreiten der Aussage muß zu performativer Inkonsistenz führen.

3. Es muß sich um eine Aussage handeln, die nicht ohne einen Hinweis auf andere gleichgeartete Aussagen bewiesen werden kann. Somit kann der Beweis einer Aussage nicht auf Aussagen basieren, die grundlegender sind oder über die ein sichereres Wissen vorliegt.

4. Eine Bestreitung der Aussage führt logisch gesehen nicht unmittelbar zu einem inneren Widerspruch. Moore behauptet beispielsweise nicht, daß die Aussage «Es gibt keine materiellen Körper» an sich zu einem inneren Widerspruch führt.

5. Es muß sich um eine Aussage handeln, die mit Hilfe von allgemein bekannten Begriffen gemäß der Alltagssprache (ordinary language) formuliert werden kann.

Sind diese fünf Kriterien erfüllt, so haben wir es mit Common sense im engeren Sinn und damit mit der Grundlage aller theoretischen Tätigkeit zu tun. Der Idealismus, wie er von Bradley und McTaggart vertreten wird, respektiert diese Grundlage nicht und ist somit völlig unhaltbar.

Die Theorie der Sinnesdaten

Moore ist also ein Realist: Es gibt eine Vielzahl selbständig existierender Dinge und Begebenheiten, die wir zu einem gewissen Teil mit Sicherheit erkennen können. Aber selbst wenn es erwiesen ist, daß elementare Common-sense-Wahrheiten die Grundlage unseres Weltverständnisses sind, so ist damit noch nicht klargestellt, was es heißt, ein solches Wissen zu besitzen. Dazu bedarf es einer korrekten philosophischen Analyse über die Bedeutung der betreffenden Aussagen und Begriffe.

Moore hat überwiegend Aussagen und Begriffe analysiert, die unsere Sinneswahrnehmung (insbesondere die visuelle) von alltäglichen Dingen wie Bücher und Aschenbecher betreffen. Das Problem des Erkennens durch Sinneswahrnehmung wirft traditionelle philosophische Fragen auf: Welches Wissen können wir kraft unserer Existenz als wahrnehmende Wesen haben? Welcher Art sind die Gegenstände, von denen wir in dieser Weise Kenntnis haben? Die philosophische Analyse muß eine Stellungnahme zu diesen Fragen enthalten. Moores Analysen sollten daher nicht mit psychologischen Untersuchungen über die unterschiedlichen Formen der Sinneswahrnehmung verwechselt werden. Die philosophische Analyse ist nicht eine Analyse des Sehprozesses, sondern eine Analyse derjenigen Aussagen und Begriffe, die wir im täglichen Leben benutzen, um unsere Erfahrungen mit alltäglichen Gegenständen zu äußern.[7]

Ausgangspunkt für die Analyse sind grundlegende Common-sense-Wahrheiten irgendeiner Art. Dabei kann es sich um Aussagen wie «Ich sehe zwei Münzen» oder «Dies ist ein Aschenbecher» handeln. Anhand der Analyse soll folgendes aufgezeigt werden: Wenn Aussagen von dieser Art wahr sind, dann müssen Aussagen von anderer und simplerer Art ebenfalls wahr sein und umgekehrt. Das Entscheidende an einer korrekten Analyse ist, daß wir durch sie besser verstehen, was es heißt, grundlegende Common-sense-Wahrheiten zu kennen. Eine korrekte Analyse wird außerdem aufzeigen können, wo bei philosophischen Systemen, die mit den grundlegenden Common-sense-Wahrheiten nicht in Einklang sind, der Fehler liegt.

Moores Analysen sind alle eine Art von Sinnesdaten-Theorie. Sie enthalten alle die Sinnesdaten-Annahme. Diese besagt, daß das, was wir allgemein durch unsere Sinne wahrnehmen, die sog. Sinnesdaten, keine materiellen Gegenstände oder Teile davon sind. Moore weist auf drei Umstände hin, um die Sinnesdaten-Annahme evident werden zu lassen.

Zunächst ist offensichtlich, daß die von uns visuell wahrgenommenen Gegenstände andere Eigenschaften als die für uns unmittelbar sichtbaren besitzen. Sehen wir zum Beispiel eine Münze, so sehen wir sie von einer bestimmten Seite, wissen jedoch aufgrund von Common sense, daß die Münze andere Seiten mit anderen Eigenschaften als die für uns unmittelbar wahrnehmbaren besitzt. Das, was wir unmittelbar und aktuell wahrnehmen, wird als Sinnesdatum bezeichnet.[8] Zweitens weist er auf die Relativität der durch unsere Sinne gewonnenen Erfahrungen hin. Beispielsweise hängt unsere Wahrnehmung eines Gegenstands davon ab, wie weit wir von ihm entfernt sind. Unser Eindruck von einem Gegenstand richtet sich auch danach, ob wir ihn durch eine gefärbte Brille anschauen. Was wir sehen, ist nicht der eigentliche Gegenstand, sondern Sinnesdaten, etwa einen blauen Fleck von bestimmter Form und Größe. Drittens betont Moore, daß das Verhältnis zwischen einer Person und dem, was sie erlebt, bei einem Nachbild oder einer Halluzination das gleiche ist wie bei einer tatsächlichen Wahrnehmung.[9]

Diese Relativität unserer Sinneswahrnehmungen ist das Hauptargument dafür, daß Sinnesdaten mit materiellen Gegenständen oder Teilen davon nicht identisch sein können. Zu ein und derselben Zeit kann eine Person aus einer bestimmten Perspektive heraus die Oberfläche einer Münze als oval wahrnehmen, während sie sich einer anderen Person aus einer anderen Perspektive als kreisrund darbietet. Nach Ansicht von Moore ist es unbestreitbar, daß die Personen jeweils etwas Rundes und etwas Ovales sehen. Ebenso unbestreitbar ist, daß ein und dieselbe Oberfläche eines materiellen Gegenstands nicht gleichzeitig rund und oval sein kann. Zumindest eine der Personen muß somit ein Sinnesdatum aufnehmen, das sich von dem materiellen Gegenstand und jedem Teil davon unterscheidet.[10]

Die Sinnesdaten-Annahme bedeutet überdies, daß unsere Aussagen über materielle Dinge allgemein auf unseren direkten Erfahrungen von Sinnesdaten basieren.[11] Die Aussage «Es gibt materielle Dinge» verstehen wir zunächst einmal aufgrund unseres Verständnisses von grundlegenden Common-sense-Aussagen wie «Es gibt eine Hand» oder «Es gibt ein Stück Papier». Derlei Aussagen müssen aufgrund von simpleren Aussagen wie «Ich sehe eine Hand» oder «Ich sehe ein Stück Papier» verständlich sein. Wenn man diese Aussagen weiter analysiert, stellt sich heraus, daß sie logische Schlußfolgerungen aus noch einfacheren Aussagen sind, nämlich «Ich sehe *dies*» und «*Dies* ist eine Hand». Bei der Analyse dieser letzten Art von Aussagen spielt die Sinnesdaten-Annahme ihre entscheidende Rolle; denn Moore meint, eine solche Aussage müsse sich auf das direkt und aktuell Wahrgenommene beziehen. Das bedeutet, daß das Demonstrativpronomen «dies» sich letzten Endes auf ein Sinnesdatum bezieht. Somit enthält die Aussage «Dies ist eine Hand» im Grunde eine Aussage über ein bestimmtes Verhältnis zwischen dem direkt wahrgenommenen Sinnesdatum und dem gesehenen materiellen Gegenstand.[12] Moores größtes Problem war es, dieses Verhältnis näher zu bestimmen. Keine der von ihm selbst erdachten möglichen Lösungen vermochte ihn zufriedenzustellen.

Der Grund für die Probleme Moores ist die Tatsache, daß es nur sehr schwer vorstellbar ist, wie Common-sense-Realismus und die Sinnesdaten-Annahme unter einen Hut gebracht werden können. Theorien über Sinnesdaten waren eines der am meisten diskutierten Themen in der britischen Philosophie der Zwischenkriegszeit. Nicht zuletzt Moores sorgfältige, wenn auch vergebliche Versuche, eine befriedigende Sinnesdaten-Theorie aufzustellen, haben dazu beigetragen, daß viele den Irrtum in der Problemstellung selbst erkannten. Heutzutage herrscht überwiegend die Ansicht, daß die Sinnesdaten-Annahme selbst einen grundlegenden Fehler enthält. Es ist falsch, die Art und Weise, in der ein Gegenstand unter verschiedenen Umständen wahrgenommen wird, als eine bestimmte Art von Gegenstand aufzufassen; eine bestimmte Art von Gegenstand, von dem es Sinn macht zu sagen, daß wir ihn wahrnehmen. Gleichwohl blieb Moore sein Leben lang bei dieser Auffassung.

Ethik: der naturalistische Fehlschluß

Moore hat auch einen wesentlichen Beitrag zur Diskussion über die Grundlage der Moral geleistet; sein moralphilosophisches Hauptwerk *Principia Ethica* (1903) erregte jedoch unter den Fachphilosophen zunächst einmal keine große Aufmerksamkeit. Dagegen wußte man das Buch – insbesondere das letzte Kapitel über das Ideale – wegen seiner ethischen Botschaft in anderen Kreisen sehr wohl zu schätzen. Später hat sich dies umgekehrt. Die *Principia Ethica* haben von allen Werken vermutlich den größten Einfluß auf die britische Moralphilosophie dieses Jahrhunderts gehabt; wobei es hier allerdings oft so ist, daß nur die ersten theoretischen Kapitel gelesen werden. Der ethischen Botschaft Moores wird kaum ernsthaft Beachtung geschenkt.

Insbesondere Moores Ausführungen über den sogenannten naturalistischen Fehlschluß sind von entscheidender Bedeutung gewesen. Viele Moralphilosophen haben den Versuch unternommen, eine Moral aus Betrachtungen über die Beschaffenheit der Wirklichkeit abzuleiten. Die einen wollen durch Betrachtungen über die Natur der menschlichen Gesellschaft bzw. des Menschen selbst zu einer Begründung für die Moral kommen, indem sie beispielsweise die menschlichen Bedürfnisse und Wünsche zum Ausgangspunkt nehmen. Andere wiederum vermuten die Grundlage aller Moral im Willen Gottes oder im Lauf der Welt. Doch schon David Hume (1711–76) streute hier Sand ins Getriebe, indem er fragte, wie es denn möglich sei, Aussagen über das, was der Mensch tun oder nicht tun *sollte*, aus Aussagen abzuleiten, die beschreiben, wie die Dinge *sind* bzw. *nicht sind*.[13] Moore macht diese Frage zum Gegenstand einer genaueren Analyse.

Er packt das Problem an, indem er die grundlegenden Fragen der Ethik präzisiert und näher bestimmt. In seiner für ihn typischen Weise verdeutlicht er, daß viele Moralphilosophen es versäumt haben klarzustellen, worum es bei den ethischen Fragen eigentlich geht. Eine solche Klarstellung ist insbesondere dann wichtig, wenn zu entscheiden ist, welche Arten von Begründungen für die Beantwortung der ethischen Fragen überhaupt relevant sind. Moore unterscheidet zwischen zwei Arten von ethischen Grundfragen:

- Welche Arten von Dingen sollten um ihrer selbst willen, und weil sie an sich gut sind, existieren?
- Was sollte der Mensch tun bzw. unterlassen?[14]

Eine begründete Antwort auf die zweite Frage setzt eine Antwort auf die erste Frage voraus. Umgekehrt brauchen wir aber nicht zu wissen, was wir tun sollten, um entscheiden zu können, was an sich gut ist. Ob wir dieses oder jenes tun sollen, hängt davon ab, was an Gutem durch dieses Tun hervorgebracht wird. Das heißt, daß für die Begründung einer Antwort auf den zweiten Fragentyp zwei – und nur zwei – Arten von Aussage angewendet werden können. Die Begründung muß etwas darüber aussagen, was durch die betreffende Handlung bewirkt wird, und sie muß darüber Auskunft geben, ob das Ergebnis der Handlung an sich etwas Gutes darstellt.

Nach Moores Auffassung können wir also Aussagen über das, was wir tun oder nicht tun sollen, rechtfertigen. Wir müssen daher im Prinzip imstande sein, die für die Rechtfertigung notwendige Form anzugeben. Ganz anders sieht es dagegen aus, wenn wir wissen möchten, was an sich gut ist. Die Auffassung Moores hierüber ist, daß Aussagen über das an sich Gute sich nicht rechtfertigen lassen. Dies nicht etwa, weil die Aussagen ‹subjektiv› bzw. lediglich ein Ausdruck für Gefühle oder Standpunkte sind, sondern einfach deshalb, weil es keine Aussagen gibt, aus denen sie abgeleitet werden können. In seinen Ausführungen zu diesem Thema kommt Moore auf den naturalistischen Fehlschluß zu sprechen.

Um bestimmen und begreifen zu können, welche Dinge an sich gut sind, müssen wir eine klare Auffassung davon haben, was es heißt, daß etwas gut ist. Man muß sich darüber klar sein, wie der Begriff ‹gut› zu definieren ist – falls er sich überhaupt definieren läßt. Es muß hier zwischen ‹gut› im Sinne von ‹gut an sich› und ‹gut› im Sinne von ‹gut als Mittel› unterschieden werden. Ein scharfes Messer kann für das Zurechtschneiden von Steaks sehr geeignet sein. Ein scharfes Messer ist aber nichts Gutes an sich. Dies wird schon durch die Tatsache deutlich, daß es auch für einen Mord geeignet sein kann.

Moores zentrale These ist, daß ‹gut› sich nicht definieren läßt. Der Grund hierfür ist, daß ‹gut› von einfacher bzw. unkombinierter Qualität ist. Moore nimmt hier zwischen dem Kombinierten und dem Einfachen eine Unterscheidung vor, die europäisches Denken in verschiedener Weise beeinflußt hat. Oftmals erscheint es angemessen, von kombinierten Eigenschaften oder Begriffen zu sprechen. Rotbraun ist aus Rot und Braun zusammengesetzt, Bruder setzt sich aus Männlich und Geschwister zusammen, und Flaneur ist Eleganz gepaart mit Müßiggänger. Da erscheint es naheliegend, davon auszugehen, daß es etwas Einfaches bzw. gänzlich Unkombiniertes geben muß, aus dem sich das Kombinierte zusammensetzt. Viele haben bei ihren Reflexionen über die Vielfalt der Natur behauptet, daß es gewisse, absolut unteilbare Kleinstbestandteile (Atome) geben müsse, aus denen sich alles andere zusammensetzt. Entsprechend ist man in logischen Zusammenhängen, eben weil es im Prinzip unmöglich ist, alle Wörter zu definieren, davon ausgegangen, daß es gewisse undefinierbare Wörter gibt, aus denen sich alle anderen Wörter definieren lassen.

Wenn man von diesem Standpunkt ausgeht, läßt sich ein Begriff nur dann definieren, wenn er zusammengesetzt ist. Einen einfachen Begriff kann man nicht definieren. Nach Ansicht Moores ist ‹gut› ein solcher einfacher, undefinierbarer Begriff.[15] Hier kommt eine bestimmte bedeutungstheoretische Auffassung zum Tragen. Die Bedeutung eines bezeichnenden Ausdrucks, zum Beispiel ‹Pferd›, ist gleich dem, was der Ausdruck bezeichnet. Um einen Ausdruck verstehen zu können, muß man von dem, was der Ausdruck bezeichnet, Kenntnis haben. In manchen Fällen läßt sich diese Kenntnis mit Hilfe einer Beschreibung oder Definition erlangen. In dem Fall gründet sich das Wissen auf die Kenntnis der Bedeutung anderer Wörter, wobei dieser Prozedur jedoch Grenzen gesetzt sein müssen. Hätte man nicht in einigen Fällen Kenntnis von dem, was ein Ausdruck bezeichnet, ohne daß dieses Wissen von einer Beschreibung oder Definition herrührte, so würde man niemals die Bedeutung irgendeines Ausdrucks kennen können. Diese bedeutungstheoretische Auffassung war zu der Zeit der Veröffentlichung der *Principia Ethica* recht verbreitet. Sie findet sich beispielsweise auch bei Russell.

Als Analogie führt Moore an, gewisse Farben seien auch einfach und undefinierbar. Wir können deutlich machen, was wir mit dem Begriff ‹gelb› meinen, indem wir auf Dinge, die gelb sind, verweisen und sie Dingen, die nicht gelb sind, gegenüberstellen. Ebenso können wir erklären, welche physischen und sinnesphysiologischen Prozesse in uns ablaufen, wenn wir gelbe Dinge sehen. Nach Moores Auffassung können wir aber nicht die Qualität Gelb aus einfacheren Qualitäten herleiten.[16]

Das Hauptargument für diese Auffassung ist als das *Argument der offenen Frage* bezeichnet worden. Wenn ‹gut› definierbar wäre, dann müßte ‹gut› eine aus mehreren Bestandteilen zusammengesetzte Eigenschaft bezeichnen. Die Definition sollte in dem Fall die Eigenschaften angeben, aus denen sich ‹gut› zusammensetzt; ebenso, wie die Definition eines Quadrats – gleichseitiges, rechtwinkliges Viereck – die Eigenschaften angibt, aus denen sich der Begriff Quadrat zusammensetzt. Für das Beispiel des Quadrats gilt: Wenn man die Ausdrücke ‹Quadrat› und ‹gleichseitiges, rechtwinkliges Viereck› versteht, dann weiß man auch, daß sie ein und dasselbe bezeichnen. In dem Fall macht es keinen Sinn zu fragen: «Ist ein Quadrat ein gleichseitiges, rechtwinkliges Viereck?», weiß man doch, daß dies der Frage: «Ist ein Viereck ein Viereck?» gleichkäme. Aus der Tatsache, daß man die Bedeutung der Ausdrücke ‹Quadrat› und ‹gleichseitiges, rechtwinkliges Viereck› kennt, ergibt sich, daß es keine offene Frage ist, ob ein Quadrat ein gleichseitiges, rechtwinkliges Viereck ist.

Nun behauptet Moore, es würde sich mit dem Versuch, ‹gut› zu definieren, ganz anders verhalten. Was immer man auch als Definition für ‹gut› anböte, es würde stets eine andere Eigenschaft bezeichnen als die durch den Begriff ‹gut› bezeichnete. Dies folgt schon daraus, daß die Frage: «Ist ‹gut› diese oder jene Eigenschaft?» immer eine offene Frage ist. Der eine oder andere mag der Ansicht sein, ‹gut› ist immer das Angenehme. Gehen wir von Moores Standpunkt aus, so gibt es philosophisch betrachtet keine Einwände gegen die Auffassung, das Angenehme sei immer gut. Vertritt man jedoch die weitergehende Ansicht, ‹angenehm› und ‹gut› hätten die gleiche Bedeutung – und bei Moore hieße das, sie bezeichneten ein und denselben Begriff –, dann zeigt sich gleich der Widerspruch. Er wird in der Frage deutlich: «Ist das Gute das Angenehme?», durch die klar wird, daß diese Frage nicht die gleiche ist wie die Frage: «Ist das Angenehme das Angenehme?» oder «Ist das Gute das Gute?»[17]

Gehen wir von dieser Auffassung aus, so ist es ein fataler Irrtum, ‹gut› überhaupt definieren zu wollen. Moore bezeichnet diesen Irrtum als *naturalistischen Fehlschluß*. Dieser Ausdruck ist teilweise irreführend und hat einige Verwirrung gestiftet. Moore kritisiert nämlich nicht nur Standpunkte, die ‹gut› mit Hilfe irgendeiner natürlichen Qualität wie angenehm oder bedarfsbefriedigend zu definieren versuchen. Er beanstandet auch Versuche der Art: «Gut ist, was mit Gottes Willen im Einklang ist».

Sowohl Moores Position, ‹gut› als einfache Qualität aufzufassen, als auch sein Argument der offenen Frage sind vielfach kritisiert worden. Die meisten Philosophen haben sich jedoch dem prinzipiellen Teil des Gedankenganges angeschlossen, nach dem fundamentale ethische Ausdrücke wie ‹sollte›, ‹Pflicht› oder ‹wertvoll› sich nicht mit Hilfe anderer Arten von Ausdrücken definieren lassen. Zwar kann man gewisse ethische Ausdrücke mit anderen definieren. Moore behauptet beispielsweise, die verbleibenden ethischen Begriffe müßten mit ‹gut› definiert werden. Dagegen sei es nicht möglich, ethische Wörter von anderen Wortarten ausgehend zu definieren. Dies mag nicht sonderlich bemerkenswert klingen, ist aber absolut entscheidend, wenn es um die Frage geht, wie moralische Standpunkte begründet werden können. Es bedeutet nämlich, daß Moral sich nicht ausschließlich aus einem Wissen über Mensch, Gesellschaft oder Natur ableiten läßt. Anders ausgedrückt: Ethik ist etwas Autonomes, nicht Reduzierbares. Es muß ganz klar zwischen Wertaussagen und moralischen Normen einerseits, der Beschreibung von Tatsachen andererseits unterschieden werden.

Der Intuitionismus

Wenn behauptet wird, Ethik sei autonom, wie können wir dann von moralischen Gegebenheiten Kenntnis haben, und in welcher Weise können wir moralische Aussagen rechtfertigen? Es kann zwischen zwei Lösungsansätzen zu diesem Problem unterschieden werden. Der eine besagt, daß moralische Äußerungen eigentlich kein Ausdruck für Erkenntnis sind (englisch «cognition»). Ein solcher Standpunkt wird daher als *Non-Kognitivismus* bezeichnet. Demnach betrachten manche Philosophen moralische Äußerungen als Ausdruck für bestimmte Meinungen oder Gefühle. Andere wiederum sehen sie als Aufforderung oder Gebot, bestimmte Gefühle zu haben, bestimmte Meinungen zu vertreten oder in einer bestimmten Weise zu handeln. Manche behaupten, moralische Äußerungen seien durch und durch subjektiver Art, weshalb es keinen Sinn habe, sie in irgendeiner Weise rechtfertigen zu wollen. Dagegen vertreten andere die Ansicht, moralische Äußerungen ließen sich bis zu einem gewissen Grad durchaus rechtfertigen.

Moore selbst war jedoch Kognitivist. Nach seiner Auffassung sind moralische Äußerungen Ausdruck von Erkenntnis. Moralische Aussagen sind wahr oder falsch. Wie schon erwähnt, ist er der Meinung, gewisse moralische Aussagen ließen sich im Prinzip rechtfertigen, und zwar diejenigen, die die Frage betreffen, wie wir handeln sollen. Dagegen ließen sich Aussagen darüber, welche Arten von Begriffen an sich gut sind, nicht rechtfertigen. Jeder Versuch, sie aus anderen Aussagen abzuleiten, werde zum naturalistischen Fehlschluß führen. Wie aber kann man ermitteln, was gut ist und was nicht? Indem man sein Augenmerk auf die betreffende Begriffsart richtet und danach abwägt, inwieweit eine Existenz dieser Begriffe, von allen anderen Dingen vollkommen isoliert betrachtet, etwas Gutes wäre.[18] Bei dieser Überlegung muß man auf die Vermeidung zweier Irrtümer bedacht sein: Erstens darf man das, was für die Existenz einer bestimmten Begriffsart Voraussetzung ist, nicht mit der eigentlichen Existenz dieser Begriffe verwechseln. Zum zweiten darf man nicht dem Glauben verfallen, ein Gegenstand oder ein Handeln, welches isoliert betrachtet nichts Gutes ist, könne zur wertvollen Qualität eines Ganzen, von der es ein Teil ist, nichts beitragen. Selbst wenn in so manche wertvolle Aktivität Momente einfließen, die an sich selbst nicht gut sind, so können sie dennoch durchaus dazu beitragen, daß die Aktivität in ihrer Ganzheit wertvoll wird. Das Wertvolle gründet sich nicht allein auf das Gefühl des Angenehmen.[19]

Nach Auffassung Moores kristallisieren sich innerhalb unseres bisherigen Erfahrungsbereiches zwei Dinge heraus, die besonders wertvoll sind: ein angenehmes Miteinander unter den Menschen und genußreiches Erleben schöner Dinge. Ob er mit dieser Einschätzung tatsächlich richtig liegt, ist für Moore nicht das Entscheidende. Viel wichtiger ist, daß er überzeugt ist, die Betrachtungsweise gefunden zu haben, die zugrunde gelegt werden muß, wenn nach an sich guten Dingen gefragt wird, und wie Aussagen über an sich gute Dinge notwendigerweise gebildet werden müssen. Einen Standpunkt, wie er von Moore vertreten wird, bezeichnet man in bezug auf ethische Erkenntnis als *Intuitionismus*. In der ersten Hälfte dieses Jahrhunderts machten sich mehrere bedeutende britische Moralphilosophen, so H. A. Prichard (1871–1947) und W. D. Ross (1877–1973), diese Position zu eigen. Ähnliche Auffassungen finden sich in Deutschland bei Max Scheler (1874–1928) und Nicolai Hartmann (1882–1950).

Übersicht über die wichtigsten moralphilosophischen Positionen

(vgl. ausführlicheres Schaubild Seite 358)

	Kognitivismus (Normative Aussagen sind wahr oder falsch. Das bedeutet, daß normative Aussagen immer einen Wahrheitswert haben. Normative Aussagen drücken Erkenntnis aus.)	**Non-Kognitivismus** (Normative Aussagen sind weder wahr noch falsch. Das bedeutet, daß normative Aussagen keinen Wahrheitswert haben. Normative Aussagen drükken keine Erkenntnis aus.)
Naturalismus (Fundamentale ethische Ausdrücke wie ‹gut›, ‹sollte›, ‹Pflicht› und ‹wertvoll› können mit Hilfe von Ausdrücken definiert werden, die außerhalb der Ethik anzusiedeln sind.)	Bentham John Stuart Mill	
Nicht-naturalistische Theorien (Fundamentale ethische Ausdrücke wie ‹gut›, ‹sollte›, ‹Pflicht› und ‹wertvoll› können nicht mit Hilfe von Ausdrücken definiert werden, die außerhalb der Ethik anzusiedeln sind.)	**Intuitionismus** (Moore, Prichard, Ross, Hartmann)	**Emotivismus** (Ayer) **Präskriptivismus** (Hare)

Wie bereits erwähnt, meint Moore, die Begründung für Moralregeln müsse von dem, was an sich gut ist, ausgehen. Er definiert Pflicht als Gebot einer Handlung, die mehr Gutes in der Welt bewirkt als irgendeine alternative Handlung. Eine Handlung ist richtig bzw. moralisch zulässig dann und nur dann, wenn sie mindestens ebenso viel Gutes in der Welt bewirkt wie irgendeine alternative Handlung. Da wir aber niemals sämtliche möglichen Handlungen kennen, die ausgeführt werden könnten, und da wir niemals alle Konsequenzen einer Handlung kennen, wissen wir folglich auch nie, was unsere Pflicht bzw. was moralisch zulässig ist.[20]

Die diesbezüglichen Aufgaben des Moralphilosophen beschränken sich im großen und ganzen auf das Angeben von Gründen für eine bestimmte Art von Moralregeln, und zwar Regeln, die Handlungen und Unterlassungen betreffen, die aller Wahrscheinlichkeit nach notwendige Voraussetzungen für das Bestehen einer menschlichen Gesellschaft überhaupt sind.[21] Moores Auffassung von Pflichten und Moralregeln ist eindeutig teleologisch (aus dem griechischen Telos: Zweck). Bezüglich der Frage, welche Handlungen moralisch richtig sind, ist einzig und allein das Gute entscheidend, welches die Handlung im Vergleich zu anderen möglichen Handlungen bewirkt.

Moores Methode

Der langfristige Einfluß, den Moore erlangte, gründet sich weniger auf die von ihm vertretenen Standpunkte als vielmehr auf die Art und Weise, in der er die philosophischen Probleme zu lösen suchte. Er selbst hat nicht viel darüber geschrieben, was er unter einer philosophischen Analyse versteht und welche Anforderungen an eine solche zu stellen sind. Und das Wenige, das er verfaßt hat, ist überdies nicht sonderlich aufschlußreich.[22]

Aufgrund von Moores Praxis können jedoch folgende Merkmale hervorgehoben werden: Erstens meint er, ein Großteil der traditionellen philosophischen Probleme seien gewissermaßen gar keine echten philosophischen Probleme. Dies gilt für eine Reihe von Fragen, die in der jüngeren philosophischen Diskussion stark umstritten waren, zum Beispiel die Frage nach der Existenz materieller Dinge und die Frage, inwieweit Raum und Zeit real sind. Hierbei kann es sich nach Moore nicht um echte Probleme handeln, da wir dies aufgrund von elementaren Commonsense-Wahrheiten bereits wissen. Da es nichts gibt, was wir mit größerer

Sicherheit wissen, macht es keinen Sinn, nach einer besonderen philosophischen Begründung dafür zu suchen. Was Aussagen wie «Es gibt materielle Dinge» anbelangt, so besteht das philosophische Problem nicht darin zu beweisen, ob sie wahr oder falsch sind, sondern ihre Bedeutung zu erklären. Dies geschieht durch eine nach bestimmten Regeln verfahrende philosophische Analyse.

Ein zweites Merkmal von Moores Philosophie ist seine Forderung, nach der die für die Analyse relevanten Aussagen in der Normalsprache formulierbar sein müssen. Bei einer Analyse kann es sich als notwendig oder zweckmäßig erweisen, sich technischer Ausdrücke zu bedienen bzw. einen normalen Ausdruck in einer unüblichen Weise zu verwenden. Das setzt aber voraus, daß eine solche Anwendung sorgfältig und in einer normalen Sprache erläutert wird. Moore ist hier mit gutem Beispiel vorangegangen, indem er wiederholt den Versuch unternommen hat, genau zu erklären, was der Ausdruck ‹Sinnesdatum› bedeutet. Wie bereits angedeutet, haben aber gerade die immensen Schwierigkeiten, die eine gelungene Darstellung des Begriffs bisher verhinderten – trotz Moores großer Sorgfalt bei seinen Versuchen –, nach Ansicht vieler den Weg zur Lösung des Problems aufgezeigt: daß nämlich an der Sinnesdaten-Annahme selbst etwas grundlegend falsch sein muß. Ein allzu sorgloser Umgang mit technischen Ausdrücken bei philosophischen Diskussionen neigt oft dazu, die eigentliche Problematik zu verschleiern. Das wird immer dann besonders deutlich, wenn man versucht, die Bedeutung eines bestimmten Ausdrucks mit normalsprachlichen Worten zu erklären.

Drittens ist eine philosophische Analyse immer eine Analyse von Aussagen und Begriffen, das heißt eine Analyse der Bedeutung sprachlicher Ausdrücke. Man versucht aufzuzeigen, daß mit zwei verschiedenen sprachlichen Ausdrücken ein und dasselbe gemeint ist. Eine gute Analyse zeichnet sich dadurch aus, daß komplexere Begriffe und Aussagen auf einfachere oder gängigere Begriffe und Aussagen zurückgeführt bzw. reduziert werden. Moores Auffassung der Bedeutung von Ausdrücken bewegt sich durchwegs innerhalb eines Vorstellungsbereichs, der in unterschiedlichen Versionen seit der Antike gängig ist.[23] Darin gelten bedeutungsgebende Ausdrücke als Namen, wobei die Bedeutung eines Namens das durch den Namen Bezeichnete oder Benannte ist.

In der Version Moores wird die Bedeutung eines Wortes wie ‹gut› oder ‹Quadrat› nicht als in Raum und Zeit existierender Gegenstand aufgefaßt, sondern als Begriff oder Idee – eine besondere Art von Gegenständen oder Dingen. Bisweilen wird eine derartige Bedeutungstheorie als Begriffstheorie der Bedeutung oder als konzeptuelle Bedeutungstheorie bezeichnet. Von dieser Auffassung ausgehend, erscheint es ganz natürlich, Begriffe oder Aussagen als etwas, das zusammengesetzt oder unzusammengesetzt sein kann, aufzufassen. Zahlreiche von Moores Analysen verlaufen nach diesem Schema: Er sucht nach einfachen Aussagen oder Begriffen, von denen er annimmt, daß andere Aussagen und Begriffe sich aus ihnen zusammensetzen. In einigen seiner Analysen scheinen jedoch andere Auffassungen durch. Zuweilen sieht er die Bedeutung eines sprachlichen Ausdrucks in der Art seines Gebrauchs.[24] Andererseits wiederum vertritt er den Standpunkt, eine Erläuterung des Sinns eines Satzes sei das gleiche wie das Angeben der Wahrheitsbedingungen dieses Satzes, bestehe also in einer Angabe darüber, inwiefern der Wahrheitswert des Satzes (wahr, falsch) von den Wahrheitswerten anderer Sätze abhänge. Diese Auffassung ist im Ansatz der Analyse des Satzes «Ich sehe eine Hand» erkennbar.

Abschließend sollte jedoch hervorgehoben werden, daß Moore weder der Meinung war, Philosophie sei ausschließlich auf die Analyse von Begriffen und Aussagen beschränkt, noch daß die philosophische Analyse uns nichts über die Natur der Wirklichkeit sagen könnte. Deutlich wird dies nicht allein in der Tatsache, daß er dies selbst ausdrücklich unterstreicht, sondern auch in seiner Überzeugung, nach der es eine der zentralen Aufgaben der Philosophie ist aufzuzeigen, welche Art von Dingen – für sich selbst betrachtet – gut sind.[25]

Texte Moores

Principia Ethica. London 1903 (dt. Principia Ethica. Stuttgart 1970) *(= PE)*.

Ethics. London/New York/Toronto 1912 (dt. Grundprobleme der Ethik. München 1975).

Philosophical Studies. London 1922, zit. Totowa/New Jersey 1968 *(= PS)*.

Some Main Problems of Philosophy. London 1953, zit. 1969 *(= SMP)*.

Philosophical Papers. London 1959 (teilweise dt. Übers.: Eine Verteidigung des Common Sense. Frankfurt/M. 1969) *(= VC)*.

Commonplace Book 1919–1953. Hg. v. C. Lewy. London/New York 1962.

«An Autobiography» sowie «Reply to my Critics», beide in: P. A. Schilpp: The Philosophy of G. E. Moore. Evanston/Chicago 1942, 2. Aufl. 1952 *(= RC)*.

Lectures in Philosophy. Hg. v. C. Lewy. London 1966.

Bibliographien

Buchanan, E. / Moore, G. E.: Bibliography of the Writings of G. E. Moore (to July 1952). In: P. A. Schilpp: The Philosophy of G. E. Moore. 2. Aufl. Evanston / Chicago 1952.

Sosoe, L. K.: Naturalismuskritik und Autonomie der Ethik. Freiburg / München 1988, S. 288–313.

Literatur

Ambrose, A., Lazerowitz, M. (Hg.): G. E. Moore. Essays in Retrospect. London 1970.

Ayer, A. J.: Russell and Moore. The Analytical Heritage. London 1971.

Baldwin, Th.: G. E. Moore. London 1992.

Delius, H.: Einleitung. In: G. E. Moore. Verteidigung des Common Sense. Fünf Aufsätze. Frankfurt / M. 1969, S. 7–47.

Hoerster, N.: G. E. Moore. Die Wahrnehmung der Außenwelt. In: Speck, J.: Grundprobleme der großen Philosophen. Philosophie der Gegenwart, Bd. 3. Göttingen 1975, S. 11–50.

Keynes, J. M.: Two Memoirs. London 1949.

Levy, P.: Moore. G. E. Moore and the Cambridge Apostles. London 1981.

Lorenz, K.: Elemente der Sprachkritik. Eine Alternative zum Dogmatismus und Skeptizismus in der Analytischen Philosophie. Frankfurt / M. 1970.

Paul, G. A.: Gibt es ein Problem der Sinnesdaten? In: Savigny, Eike von (Hg.): Philosophie und normale Sprache. Freiburg / München 1969, S. 105–122.

Regan, T.: Bloomsbury's Prophet. G. E. Moore and the Development of his Moral Philosophy. Philadelphia 1986.

Rohatyn, D.: The Reluctant Naturalist. A Study of G. E. Moore's «Principia Ethica». Lanham (Md.) etc. 1987.

Schilpp, P. A.: The Philosophy of G. E. Moore. Evanston / Chicago 1942, 2. Aufl. 1952.

Silvester, R. P.: The Moral Philosophy of G. E. Moore. Philadelphia 1990.

Sorensen, R. A.: Blindspots. Oxford 1988.

Svensson, G.: On Doubting the Reality of Reality. Moore and Wittgenstein on Sceptical Doubts. Stockholm 1981.

Warnock, G. J.: Englische Philosophie im 20. Jahrhundert. Stuttgart 1971.

White, A. R.: G. E. Moore. A Critical Exposition. Oxford 1958.

Anmerkungen

1 Moore, *VC*, S. 114f.
2 Moore, *VC*, S. 118f.
3 Moore, *VC*, S. 124.
4 Moore, *VC*, S. 127f.
5 Moore, *SMP*, S. 3f.
6 White: Moore, S. 11–15.
7 Moore, *PS*, S. 34.
8 Moore, *SMP*, S. 30.
9 Moore, *RC*, S. 629f.
10 Moore, *PS*, S. 240–244; *VC*, S. 146f; *RC*, S. 642 u. 648.
11 Moore, *PS*, S. 188; *VC*, S. 143f.
12 Moore, *VC*, S. 142–146.
13 Hume: Traktat über die menschliche Natur (1739/40). Hamburg 1978, III. Buch, 1. Teil, 1. Abschnitt.
14 Moore, *PE*, S. 4.
15 Moore, *PE*, S. 36f, 53.
16 Moore, *PE*, S. 40.
17 Moore, *PE*, S. 46f.
18 Moore, *PE*, S. 258.
19 Moore, *PE*, S. 141f.
20 Moore, *PE*, S. 211ff.
21 Moore, *PE*, S. 221–223.
22 Moore, *RC*, S. 660–667; vgl. dazu: Ayer, Russell and Moore, S. 220–228.
23 White: Moore, S. 39–50.
24 Moore, *PS*, S. 212.
25 Moore, *RC*, S. 675f.

Jørgen Husted

Gottlob Frege
Der stille Logiker

Gottlob Friedrich Ludwig Frege (1848–1925) führte ein sehr zurückgezogenes Leben. 40 Jahre lang lehrte er Mathematik an der Universität Jena, wobei weder seine gelehrten Kollegen noch die Studenten seine Tätigkeit zu würdigen wußten. Es gab Zeiten, in denen er äußerst produktiv war, ohne daß seine wissenschaftlichen Arbeiten – vier Bücher und eine Vielzahl von Aufsätzen – besondere Beachtung fanden. Von den Mathematikern wurden sie als viel zu philosophisch, von den Philosophen hingegen als zu mathematisch abgetan. Die Herausgabe seines Hauptwerks *Grundgesetze der Arithmetik* (Band I und II, 1883 und 1903) mußte Frege sogar aus eigener Tasche finanzieren, da kein Verlag Interesse zeigte. Heute kann aus dem gesammelten Nachlaß, der in aufwendiger Ausstattung erschienen ist, Freges Enttäuschung, ja Verbitterung über die allgemeine Verkennung seines Lebenswerks erschlossen werden.

Freges Tätigkeit erstreckt sich vor allem auf drei Bereiche: formale Logik, Philosophie der Mathematik und Sprachphilosophie. Allein aufgrund seines frühesten Werks *Begriffsschrift* (1879) wird er heute als Vater der modernen, der sogenannten symbolischen Logik betrachtet. Dieses Buch – ein Meilenstein der Philosophie – beinhaltet den Kern der logischen Wissenschaft, insbesondere eine Darstellung der Quantifikation, die in einem Standardwerk über die Entwicklung der Logik als eine der größten intellektuellen Errungenschaften des 19. Jahrhunderts bezeichnet wird.[1]

Die Philosophie der Mathematik, auch als mathematische Grundlagenforschung bezeichnet, hat Frege ebenfalls viel zu verdanken. Er hat aufgrund seiner Formulierung und Entwicklung des sogenannten logizistischen Programms entscheidend zur Schaffung dieser neuen Wissenschaft beigetragen, die die Forschung bis weit in das 20. Jahrhundert hinein beherrscht hat.

Die Bedeutung, die in der modernen, insbesondere der angelsächsischen Philosophie der Sprache als Gegenstand philosophischer Forschung zugeschrieben wird, fußt auf den sprachphilosophischen Studien Freges. Die Sprachphilosophie ist praktisch durch Freges Grundbegriffe und Theorien definiert. Ausgangspunkt des ersten eigentlichen sprachphilosophischen Hauptwerks, Ludwig Wittgensteins *Tractatus Logico-philosophicus* aus dem Jahre 1919, sind laut Aussage des Verfassers die «großartigen Werke» Freges gewesen.

Nicht alle Zeitgenossen Freges verweigerten ihm ihre Anerkennung: Edmund Husserl, Bertrand Russell, Rudolf Carnap und Ludwig Wittgenstein studierten Freges Aufsätze sehr genau. Russell, Carnap und Wittgenstein nahmen in jungen Jahren alle mit Frege Kontakt auf; sie wurden durch ihn dauerhaft und stark geprägt.[2]

Das logische Projekt

Die Mathematiker des 19. Jahrhunderts betrachteten es als ihre Hauptaufgabe, Ordnung in ihr Fach hineinzubringen. Dies beinhaltete zwei Punkte: zum einen eine Axiomatisierung der mathematischen Theorien, das heißt der Versuch, sie so zu formen, daß sowohl die Grundbegriffe als auch die Grundaussagen (Axiome) einer Theorie klar aufgezeigt werden; zum anderen eine Verbesserung der mathematischen Beweisführung. Sie sollte streng und exakt sein, damit den zahlreichen unvollständigen und oftmals geradezu fehlerhaften Beweisen, welche die Mathematik in ihrer großen Blütezeit im 17. Jahrhundert belastet hatten, entgegengewirkt werden konnte.

Frege war einer jener zahlreichen Mathematiker jener Zeit, die logische Untersuchungen anstellten, um die mathematische Beweisführung zu verbessern. Dennoch unterschied sein logisches Projekt sich von denen aller anderen. Während diese sich darum bemühten, die Schlußregeln – wiederkehrendes Merkmal aller mathematischen Gedankenfolgen – zu präzisieren und zu ordnen, setzte Frege sich ein weitaus höheres Ziel. Für ihn war eine Klärung dieser Schlußregeln ungenügend, solange die eigentliche sprachliche Ausdrucksform weiterhin unzureichend blieb. Nicht zuletzt die in unserem täglichen Sprachgebrauch so häufig auftretenden Formen der Mehrdeutigkeit – sei es aufgrund eines mehrdeutigen Ausdrucks wie «Das Geld liegt auf der Bank» oder einer nicht eindeutigen Satzstruktur wie «Der Junge schlägt den Mann mit dem

Stock» – machten nach Auffassung Freges die Sprache als Ausdrucksmittel für mathematische Schlußfolgerungen unbrauchbar. Eine Schlußregel mochte noch so exakt sein; der Mangel an Eindeutigkeit zwischen Form und Inhalt eines Satzes würde die Beweiskraft stets erschüttern.

Aus diesem Grund regte Frege ein Gesamtkonzept an, das beiden Aufgaben gerecht würde – der Klärung der Schlußregeln und dem Erzielen von Eindeutigkeit im Ausdrucksmittel. Er schlug die Schaffung einer Kunstsprache für mathematisches Argumentieren vor, einer formalisierten Sprache als Ersatz für die natürliche Sprache. Diese Kunstsprache sollte eine Anzahl klar umrissener Schlußregeln enthalten und ein eindeutiges Verhältnis zwischen der Form und dem Inhalt von Sätzen gewährleisten, dabei aber gleichzeitig eine Ausdruckskraft besitzen, die zum Formulieren eines jeglichen korrekten mathematischen Urteils und zur Wiedergabe jeder mathematischen Schlußfolgerung stark genug sei. Der kontrollierte Aufbau und die Funktionsweise einer solchen Sprache wären eine Garantie gegen Unkorrektheit und lückenhafte Argumentation, indem sie nämlich eine strenge Vereinheitlichung der Beweisführung vorschreiben und somit eine effektive und objektive Überprüfung vorgelegter Beweise ermöglichen würden.

Frege nannte die ins Auge gefaßte Kunstsprache «Begriffsschrift». Das Verhältnis zur natürlichen Sprache verglich er mit dem Verhältnis eines Mikroskops zum menschlichen Auge. Die Begriffsschrift war nicht als Konkurrenz zur natürlichen Sprache mit ihren zahlreichen Funktionen gedacht, sondern ausschließlich als Spezialwerkzeug, das bestimmten wissenschaftlichen Zwecken dienen sollte. Die Nutzbarkeit der natürlichen Sprache als Ausdrucksmittel für Gefühle, Wünsche, Hoffnungen, Visionen und vieles mehr war in der Begriffsschrift nicht zu finden. Sie war allein dazu geeignet, Begriffe, Urteile und Argumente auszudrücken – dies allerdings in vorbildlicher Weise.

Mit seiner *Begriffsschrift*, dem Werk, das den aufschlußreichen Untertitel «Eine der arithmetischen nachgebildete Formelsprache des reinen Denkens» trägt, führte Frege sein ambitioniertes Projekt durch. Dieses vom Umfang her eher bescheidene Werk enthält im Prinzip eine vollständige Übersicht sämtlicher logischen Schlußregeln sowie Richtlinien zur Schaffung einer Kunstsprache, in der jedes mathematische Urteil, ja sogar jedes Urteil einer exakten Naturwissenschaft ausgedrückt werden kann.

Die aussagenlogischen Ausdrücke

Die Aussagenlogik befaßt sich traditionell mit denjenigen Argumenten, deren Gültigkeit auf den logischen Eigenschaften der Ausdrücke «nicht», «und», «oder», «wenn... dann» und «dann und nur dann, ... wenn» beruht. Diese Ausdrücke werden als Aussagenkonnektive bezeichnet, da sie – ausgenommen der Ausdruck «nicht» – dazu dienen, zwei oder mehrere Einzelaussagen zu einer neuen Aussage, also einer Aussagenverbindung, zusammenzufügen. Im folgenden sind Beispiele für Argumente gegeben, mit denen die Aussagenlogik sich auseinandersetzt:

(1) Wenn die Sonne scheint, freuen sich alle
Die Sonne scheint
___
Also: Alle freuen sich

(2) Wenn es regnet, ist die Straße naß
Es regnet
___
Also: Die Straße ist naß

Es ist offensichtlich, daß diese beiden simplen Argumente im intuitiven Sinne gültig sind: Wenn ihre Prämissen (Voraussetzungen) wahr sind, dann muß der Schluß notwendigerweise ebenfalls wahr sein. Gleichzeitig können sie zur Veranschaulichung des Begriffs *logische Form* dienen, da sie beide folgende Struktur aufweisen:

Wenn P, dann Q
P
___
Also: Q

Das Verhältnis der Argumente zueinander ist so, daß das eine sich aus dem anderen ergibt, wenn die nicht-logischen Bestandteile entsprechend vertauscht werden: Wenn die Sätze «Die Sonne scheint» und «Alle freuen sich» aus (1) jeweils durch «Es regnet» und «Die Straße ist naß» ersetzt werden, ist das Ergebnis (2). Man sagt deshalb, die beiden Argumente hätten die gleiche logische Form. Zwei Argumente haben definitionsgemäß dann und nur dann die gleiche logische Form, wenn sich im Fall der Substitution nicht-logischer Bestandteile durch andere nicht-logische Bestandteile das eine aus dem anderen ergibt.[3]

Die Logik erläutert den Begriff *Gültigkeit* mit Hilfe der Begriffe logische Form und Wahrheit: Ein Argument ist dann und nur dann logisch gültig, wenn auch für jedes andere Argument mit gleicher logischer Form gilt, daß wahre Prämissen auch zu wahren Konklusionen führen. Mit Hilfe dieser Definition des Begriffs Gültigkeit ist es möglich, definitiv festzustellen, daß ein angeführtes Argument nicht gültig ist. Ein einziges Gegenbeispiel in der Form eines Arguments mit gleicher logischer Form und wahren Prämissen, aber einer falschen Konklusion, ist ausreichend. Die Ungültigkeit des Arguments

(3) Wenn es regnet, ist die Straße naß
Die Straße ist naß
———————————
Also: Es regnet

ist somit anhand des folgenden Gegenbeispiels zu belegen:

(4)	Wenn 2 größer als 3, dann 2 größer als 1	(wahr)
	2 ist größer als 1	(wahr)
	Also: 2 ist größer als 3	(falsch)

Wie beweisen wir aber, daß ein Argument gültig ist? (1) und (2) sind sowohl im intuitiven als auch im engeren logischen Sinne gültige Argumente; aber wie schließen wir die Möglichkeit eines Gegenbeispiels aus? Hier sind allgemeine, systematische Überlegungen erforderlich; dies hatten bereits Aristoteles und die Stoiker erkannt; zu Freges Zeiten jedoch waren trotz energischer Forschung seit mehr als zweitausend Jahren in dieser Hinsicht noch keine wesentlichen Fortschritte erzielt worden.[4]

Der erste Schritt zur Lösung der Aufgabe war die Schaffung einer Begriffsschrift mit dem Zweck, aussagenlogische Argumente auszudrükken. Die *Begriffsschrift* enthält zwei symbolische Aussagenkonnektive, und zwar «—» und «→».[5] Das erste läßt sich wie folgt verdeutlichen: Die Aussage «—P» ist wahr, wenn die Aussage «P» falsch ist und umgekehrt. Das betreffende Konnektiv hat in der Kunstsprache also die Funktion der Negation – es steht stellvertretend für «nicht».

Die Erklärung für «→» lautet: Wenn «P» und «Q» zwei Aussagen sind, dann ist die Aussage «P→Q» unter folgenden Bedingungen wahr bzw. falsch:

	P	Q	P → Q
1:	wahr	wahr	wahr
2:	falsch	wahr	wahr
3:	wahr	falsch	falsch
4:	falsch	falsch	wahr

Die Behauptung «P→Q» kommt also der Behauptung, Möglichkeit (3) sei real nicht vorhanden, eine der drei anderen sei jedoch vorhanden, gleich.[6] In der *Begriffsschrift* steht das Zeichen «→» stellvertretend für das normalsprachliche «Wenn ... dann». Es ist im Vergleich hierzu jedoch deutlich abgeschwächt: Halten wir uns an die Erklärung, so wird jeder der folgenden drei Sätze wahr: «Kopenhagen ist eine Großstadt → Kopenhagen ist die Hauptstadt Dänemarks», «Kopenhagen liegt in Jütland → Kopenhagen ist die Hauptstadt Dänemarks» und «Kopenhagen liegt in Jütland → Kopenhagen ist die Hauptstadt Schwedens». Dagegen wäre es kaum vertretbar, die entsprechenden Sätze auch dann als wahr anzusehen, wenn sie mit «Wenn ... dann» formuliert wären. Freges Überlegung in der *Begriffsschrift* ist jedoch die, daß «→» den logischen Kern der Bedeutung von «Wenn ... dann» wiedergibt, und zwar so, wie er in der Gültigkeit der zwei Argumentationsweisen:

Wenn P, dann Q	Wenn P, dann Q
P	Nicht Q
Also: Q	Also: Nicht P

sowie der Ungültigkeit der zwei Argumentationsweisen:

Wenn P, dann Q	Wenn P, dann Q
Nicht P	Q
Also: Nicht Q	Also: P

zum Ausdruck kommt.

Wenn im ersten Beispiel «→» benutzt wird, dann ist es klar, daß die Konklusion gültig ist; denn wahre Prämissen können nicht zu einer falschen Konklusion führen: Die Wahrheit aus «P→Q» und aus «P» führt zur Wahrheit von «Q», da die Wahrheit von «P→Q» Möglichkeit (3) in der obigen Tabelle ausschließt, während die Wahrheit von «P» die Möglichkeiten (2) und (4) ausschließt, so daß lediglich Möglichkeit (1), wo «Q» wahr ist, übrigbleibt. Entsprechend verhält es sich mit den drei anderen Beispielen. Hierdurch ist folgendes gewährleistet: Wenn «Wenn ... dann»-Überlegungen mit «→» wiedergegeben werden, dann werden gültige Argumente der natürlichen Sprache auch in der Begriffsschrift mit gültigen Argumenten und ungültige Argumente entsprechend mit ungültigen wiedergegeben.

Die *Begriffsschrift* enthält außer «–» und «→» keine weiteren symbolischen Konnektive. Bei entsprechender Kombination dieser beiden kann der logische Inhalt der übrigen aussagenlogischen Konnektive in der natürlichen Sprache erfaßt werden. «P und Q» entspricht «–(P→(–Q))»:

P	Q	–Q	P→(–Q)	–(P→(–Q))	P und Q
w	w	f	f	*w*	*w*
f	w	f	w	*f*	*f*
w	f	w	w	*f*	*f*
f	f	w	w	*f*	*f*

«P oder Q» im Sinne von «P oder Q, möglicherweise beide» wird von «(–P)→Q» erfaßt:

P	Q	–P	(–P)→Q	P oder Q
w	w	f	*w*	*w*
f	w	w	*w*	*w*
w	f	f	*w*	*w*
f	f	w	*f*	*f*

Man könnte also der Einfachheit halber zwei definierte symbolische Konnektive einführen, und zwar «&» und «v», jeweils stellvertretend für «und» und «oder», mit den Definitionen: «P&Q» ist die Kurzform von «–(P→(–Q))» und «PvQ» ist die Kurzform von «(–P)→Q». «Dann und nur dann, wenn P, dann Q» drückt das gleiche aus wie «Wenn P, dann Q, und wenn Q, dann P», weshalb man ein drittes definiertes Konnektiv, «↔» mit der Definition: «P↔Q» ist die Kurzform von «(P→Q) & (Q→P)», einführen könnte.

Das aussagenlogische Axiomensystem

Mit seinem nächsten Schritt geht Frege von der Feststellung aus, daß es für jedes gültige Argument eine entsprechende Aussage eines bestimmten Typs und Status gibt. Den beiden gültigen obigen Argumenten (1) und (2) entspricht jeweils:

(1′) Wenn es sowohl zutrifft, daß sich bei Sonnenschein alle freuen, als auch, daß die Sonne scheint, dann freuen sich alle.

(2′) Wenn es sowohl zutrifft, daß bei Regen die Straße naß ist, als auch, daß es regnet, dann ist die Straße naß.

Diese Aussagen ergeben sich aus den Argumenten, indem man die Prämissen durch «und» (hier durch ‹sowohl... als auch› ausgedrückt) verbindet und die Satzverbindung mit Hilfe von «Wenn... dann» mit der Konklusion verbindet. Die Sätze haben insofern einen besonderen Status, als sie völlig ungeachtet der tatsächlichen Umstände wahr sind.

Es gibt also zu jedem gültigen Argument eine entsprechende logische Wahrheit. Die logischen Wahrheiten können als Einzelfälle von allgemeinen Grundsätzen oder Gesetzen betrachtet werden. In der gleichen Weise, wie die arithmetischen Wahrheiten «$2+3=3+2$» und «$4+6=6+4$» Einzelbeispiele für ein und dasselbe arithmetische Gesetz «$x+y=y+x$» sind, können (1′) und (2′) als einzelne Beispiele für ein und dasselbe logische Gesetz betrachtet werden, das bei Anwendung der Begriffsschrift folgendermaßen formuliert werden kann:

$$((p \rightarrow q) \& p) \rightarrow q$$

wobei die kleinen Buchstaben p, q, r, s... zur Angabe beliebiger Sätze verwendet werden; auch hier ist es wie bei der Arithmetik, in der die kleinen Buchstaben x, y, z, u... bei der Formulierung arithmetischer Gesetze anstelle von beliebigen Zahlen stehen.

Es ergibt sich nun, daß die Gültigkeit der Argumente (1) und (2) auf der Aussage beruht, daß der Satz «$((p \rightarrow q) \& p) \rightarrow q$» ein logisches Gesetz ist, also wahr unter allen denkbaren Umständen. Letzteres ist leicht nachweisbar:

p	q	p → q	(p → q) & p	((p → q) & p) → q
w	w	w	w	w
f	w	w	f	w
w	f	f	f	w
f	f	w	f	w

Diese Überlegung verdeutlicht, daß ein Überblick über sämtliche *aussagenlogischen* Gesetze eine ausreichende Entscheidungsgrundlage bieten würde, um zu ermitteln, ob ein beliebiges aussagenlogisches Argument gültig ist oder nicht. Frege machte es sich daher zur Aufgabe, diesen Überblick zu schaffen. Da ihm bewußt war, daß es eine unübersichtliche Vielzahl von satzlogischen Gesetzen gibt und eine Aufzählung somit vollkommen ausgeschlossen war, strebte er eine geringe Anzahl von Gesetzen an, die kraft ihrer Eigenschaft als Grundgesetze alle Gesetze in sich vereinten, so daß alle übrigen Gesetze aus ihnen abgeleitet werden konnten.[7] Zu Grundgesetzen machte er die folgenden sechs:

Axiom I : $p \rightarrow (q \rightarrow p)$
Axiom II : $(r \rightarrow (q \rightarrow p)) \rightarrow ((r \rightarrow q) \rightarrow (r \rightarrow p))$
Axiom III: $(r \rightarrow (q \rightarrow p)) \rightarrow (q \rightarrow (r \rightarrow p))$
Axiom IV: $(p \rightarrow q) \rightarrow ((-q) \rightarrow (-p))$
Axiom V : $(-(-p)) \rightarrow p$
Axiom VI: $p \rightarrow (-(-p))$

Aufgrund der Zeichenerklärungen für «−» und «→» läßt sich feststellen, daß jede dieser Aussagen wahr sein wird, ganz gleich, welche bestimmten Aussagen durch die kleinen Buchstaben vertreten sind. Wenn «p» in Axiom I für eine wahre Aussage steht, dann ist das Nachglied der Formel «(q→p)» wahr, und somit ist auch die ganze Formel wahr. Steht «p» für eine falsche Aussage, so ist das Vorderglied «p» falsch und die Gesamtaussage wiederum wahr. Axiom I ist daher ein aussagenlogisches Gesetz, und alle sich aus ihm ergebenden Einzelfälle sind aussagenlogische Wahrheiten. Das gleiche gilt für die Axiome II–VI.

Frege erlaubte sich lediglich zwei Regeln, um aus den Grundgesetzen neue Gesetze abzuleiten:

- Abtrennungsregel: Wenn A→B ein Gesetz ist und A ein Gesetz ist, läßt sich B als Gesetz daraus ableiten.
- Einsetzungsregel: Wenn in einem Gesetz für einen Buchstaben durchgehend ein anderer Buchstabe oder eine Formel eingesetzt wird, dann ergibt sich aus dieser Einsetzung (Substitution) ebenfalls ein Gesetz.

Die Anwendungsweise wird anhand des folgenden Beweises deutlich, wo das Gesetz «p→p» aus I und III abgeleitet wird:

1) in III wird r durch p ersetzt, und man erhält:
Gesetz (i): $(p \rightarrow (q \rightarrow p)) \rightarrow (q \rightarrow (p \rightarrow p))$

2) Gesetz (i) und I entsprechen der Abtrennungsregel, und man erhält:

Gesetz (ii): $q \rightarrow (p \rightarrow p)$

3) im Gesetz (ii) wird q durch I ersetzt, und man erhält:

Gesetz (iii): $(p \rightarrow (q \rightarrow p)) \rightarrow (p \rightarrow p)$

4) Gesetz (iii) und I entsprechen der Abtrennungsregel, und man erhält:

Gesetz (iv): $p \rightarrow p$

Frege entwickelte sein aussagenlogisches System durch Ableitung von etwa 20 zentralen und immer komplizierteren Gesetzen. Er war davon überzeugt, daß das System die gesamte unüberschaubare Menge der aussagenlogischen Gesetze umfaßte, konnte es jedoch nicht beweisen. Der entsprechende Beweis ist später einwandfrei erbracht worden.[8] Das System der sechs Axiome und der zwei Ableitungsregeln erlaubt die Ableitung jedes aussagenlogischen Gesetzes, wobei es die Ableitung von Formeln, die nicht ein solches Gesetz sind, unterbindet.

Die Prädikatenlogik der Begriffsschrift

Die Prädikatenlogik ist die Theorie der Schlußfolgerungen, deren Gültigkeit auf den logischen Eigenschaften der sogenannten Quantifizierungsausdrücke «alle», «keine», «einige» und «einige... sind nicht» beruhen. Mehr als zweitausend Jahre lang hatte sie in der aristotelischen *Syllogismuslehre* Bestand, deren Kern die Unterscheidung von vier allgemeinen Satzarten war, die anhand der folgenden Beispiele deutlich werden: «Alle Deutschen sind Logiker» (A), «Keine Deutschen sind Logiker» (E), «Einige Deutsche sind Logiker» (I) und «Einige Deutsche sind nicht Logiker» (O). Die Theorie umfaßte etwas mehr als zwanzig gültige Argumentformen, vorwiegend als Syllogismen wie:

Alle Logiker sind Pedanten	Keine Logiker sind Opernfreunde
Manche Deutsche sind Logiker	Alle Logiker sind Pedanten
Einige Deutsche sind Pedanten	Einige Pedanten sind nicht Opernfreunde

In Anbetracht von Freges Zielsetzung, mathematische Schlußfolgerungen zu analysieren, war dies völlig unzureichend. Er verwies darauf, daß selbst ganz einfache mathematische Sätze und Schlußfolgerungen nicht mit Hilfe der Syllogismuslehre wiedergegeben, geschweige denn beurteilt werden können. Der Grund für die mangelnde Leistungsfähigkeit dieser Theorie war nach Frege ein in seinen Grundsätzen falscher Ansatz zur Analyse der inneren Struktur von Sätzen.[9]

Freges Vorwurf gegen die herkömmliche Satzanalyse lautete, daß sie eine zu geringe logisch relevante Struktur in quantifizierten Sätzen aufweist. Sein Vorwurf läßt sich anhand einiger Beispiele verdeutlichen. Die beiden Sätze:

(1) Keine Zahl ist größer als jede andere Zahl

(2) Keine Zahl ist größer als irgendeine andere Zahl

weisen, wenn man der traditionellen Analyse folgt, genau die gleiche Struktur auf, und zwar «Kein S ist P», wobei «S» das Subjekt und «P» das Prädikat des Satzes bezeichnet. Strukturell betrachtet besteht zwischen den beiden kein Unterschied, sondern einzig und allein aufgrund der beiden Prädikate «ist größer als jede andere Zahl» und «ist größer als irgendeine andere Zahl», die von der theoretischen Analyse nicht erfaßt sind. Sie haben somit die gleiche Struktur wie «Keine Deutschen sind Logiker»; die Analyse läßt die in den Prädikaten vorkommenden Quantifizierungsausdrücke völlig außer acht.

Nehmen wir die beiden Aussagen:

(3) Alle Schüler freuen sich, wenn sie schulfrei bekommen

(4) Alle Schüler freuen sich, wenn alle Schüler schulfrei bekommen

so wird der erste als «Alle S sind P» analysiert: «Jede(r) mit der Eigenschaft, Schüler zu sein, hat die Eigenschaft, sich zu freuen, wenn er/sie schulfrei bekommt». Wiederum liegt eine unvollständige Analyse vor, die die Struktur des Prädikats nicht zutage fördert. Das andere Beispiel ist ein «Wenn... dann»-Satz, der in der A, E, I, O-Klassifikation gar nicht eingeordnet werden kann.

Dem zweideutigen Satz:

(5) Jeder Junge liebt ein bestimmtes Mädchen

der zwei mögliche Bedeutungen hat, und zwar:

(6) Es gibt ein bestimmtes Mädchen, das von jedem Jungen geliebt wird

(7) Für jeden Jungen gibt es ein bestimmtes Mädchen, das er liebt

werden die zwei möglichen Strukturen «Einige S sind P» (6) und «Alle S sind P» (7) gegeben, und mehr ist über die Strukturen nicht zu sagen, obwohl «P» in beiden Fällen zusammengesetzte Prädikate mit völlig unterschiedlichen Strukturen bezeichnet.

Die Unterscheidung zwischen Funktion und Argument

Frege führte das Unvermögen der traditionellen Theorie auf ihre Anwendung der *Subjekt-Prädikat*-Unterscheidung zurück.[10] Nach seiner Ansicht ist diese Unterscheidung nur bei ganz einfachen Sätzen wie «Peter schläft» oder «Hamburg ist eine Hafenstadt» zu gebrauchen. In solchen Sätzen gibt es bei der Unterscheidung zwischen einem Subjekt, «Peter» bzw. «Hamburg», und einem Prädikat, «schläft» bzw. «ist eine Hafenstadt», keine Probleme. Aber schon bei einfachen Sätzen wie «Peter spielt mit Agnes» oder «Hannover liegt zwischen Hamburg und Kassel» wird diese Unterscheidung willkürlich, weil im ersten Satz «Agnes» und «Peter» gleichermaßen zum Subjekt erklärt werden können. Und bei Sätzen mit Quantifizierungsausdrücken gibt es hier, wie soeben gezeigt, ausgesprochene Schwierigkeiten.

Aus diesem Grund bediente sich Frege der mathematischen Unterscheidung zwischen Funktion und Argument. Beim Ausdruck «$(3)^2$» muß zwischen dem *Argumentausdruck* «3» und dem *Funktionsausdruck* «$(\ldots)^2$» unterschieden werden. Beim Ausdruck «$3 + 2$» muß zwischen den beiden gleichwertigen Argumentausdrücken «3» und «2» einerseits, dem Funktionsausdruck «$\ldots + \ldots$» andererseits unterschieden werden. Der Ausdruck «$(3 + 2)^2$» muß als in Schritte unterteilt aufgefaßt werden: Zunächst werden die beiden Argumentausdrücke «3» und «2» in den Funktionsausdruck «+» eingefügt mit dem Ergebnis «$3 + 2$», welches wiederum in den Funktionsausdruck «$(\ldots)^2$» eingefügt wird.

Diese Unterscheidung übertrug Frege auf die Satzanalyse. In einem Satz wie «Peter schläft» unterschied er zwischen dem Argumentausdruck «Peter» und dem Funktionsausdruck «schläft» sowie in einem Satz wie «Peter spielt mit Agnes» zwischen den beiden gleichwertigen Argumentausdrücken «Peter» und «Agnes» einerseits, dem Funktionsausdruck «spielt mit» andererseits. Somit betrachtete er einen Satz wie «Alle lieben Agnes» als in Schritte unterteilt: Zuerst bildet man den Funktionsausdruck «liebt Agnes» durch Herausnahme eines Argumentausdrucks aus einem Satz wie «Peter liebt Agnes», worauf man diesen Funktionsausdruck einem anderen Funktionsausdruck, zum Beispiel «alle», als Argumentausdruck zuordnet. So gesehen, geistern zwei verschiedene Arten von Funktionsausdrücken in der Sprache umher. Zum einen sind da Ausdrücke wie «schläft» oder «liebt Agnes»; mit ihnen bildet man Sätze durch das Hinzufügen von Argumentausdrücken wie «Peter» oder «die Königin von England». Zum anderen gibt es Ausdrücke wie «alle»; mit ihnen bildet man Sätze durch das Hinzufügen von Argumentausdrücken, die Funktionsausdrücke des ersten Typs sind. Frege unterschied daher zwischen Funktionsausdrücken erster Ordnung («schläft» usw.) und Funktionsausdrücken zweiter Ordnung («alle», «niemand» usw.). Damit besaß er den Schlüssel zur Wiedergabe von quantifizierten Sätzen in der Begriffsschrift, zur sogenannten *Quantifikation*, der wir uns nunmehr zuwenden können.[11]

Um die Begriffsschrift zur Wiedergabe von Sätzen mit Quantifizierungsausdrücken zu bilden, verschaffte Frege sich zunächst Mittel zur Wiedergabe von einfachen Sätzen ohne solche Ausdrücke. Er führte kleine Buchstaben ein: a, b, c, d..., die anstelle von Namen bzw. namensähnlichen Ausdrücken der natürlichen Sprache wie «Peter», «7», «die Jungfrau von Orleans» usw. stehen sollen. Einfache Subjekt-Prädikat-Sätze wie «Peter schläft» gab er durch Ausdrücke des Typs «Fa» (sprich: a hat die Eigenschaft F) wieder, wobei er die Großbuchstaben: F, G, H... anstelle dessen (des Funktionsausdrucks erster Ordnung) benutzte, was von einem Subjekt-Prädikat-Satz übrigbleibt, wenn man das Subjekt herausnimmt.

Danach führte er den sogenannten *Allquantor* «(x)» ein, sprich: «für jedes x gilt...». Die Anwendung dieses Funktionsausdrucks zweiter Ordnung beruht auf folgender Überlegung.

Der Satz «Alle Deutschen sind Logiker» sagt: «Jeder mit der Eigenschaft, deutsch zu sein, hat die Eigenschaft, ein Logiker zu sein». Es wird nicht speziell von jenen Gegenständen, die tatsächlich Deutsche sind, sondern ohne jegliche Unterscheidung von beliebigen Gegenständen gesprochen, indem nämlich gesagt wird: Nehmen Sie einen beliebigen Gegenstand: Wenn er Deutscher ist, dann ist er ein Logiker.

Das gleiche kann folgendermaßen ausgedrückt werden:

Für jedes x gilt: (x ist Deutscher)→(x ist Logiker)

Mit Hilfe des Quantors und der übrigen symbolischen Bestandteile wird aus dem aristotelischen A-Satz somit:

A: (x) (Fx→Gx)

Der E-Satz «Keine Deutschen sind Logiker» ist gleich «Jeder mit der Eigenschaft, deutsch zu sein, hat die Eigenschaft, kein Logiker zu sein», ist also gleich «Für jedes x gilt: Wenn x ein Deutscher ist, dann ist x kein Logiker». In der Begriffsschrift:

E: (x) (Fx→(−Gx))

Der I-Satz «Manche Deutsche sind Logiker» ist gleich «Nicht jeder mit der Eigenschaft, deutsch zu sein, hat die Eigenschaft, kein Logiker zu sein», also −((x) (Fx→(−Gx))).

Zweckmäßiger wäre hier allerdings ein besonderer Quantor für den Ausdruck «manche». Den *Existenzialquantor* (auch mit Existenzquantor bezeichnet) schreibt man «(∃x)», sprich: «Es gibt mindestens ein x, für das gilt...». «Manche Deutsche sind Logiker» heißt: «Es gibt mindestens ein x, für das gilt, x ist Deutscher und x ist Logiker». Bei Anwendung des definierten Zeichens für «und» ergibt sich:

I: (∃x) (Fx & Gx)

Damit haben wir gleichzeitig den O-Satz «Manche Deutsche sind nicht Logiker» bewältigt:

O: (∃x) (Fx & (−Gx))

Die Quantor-Analyse ist jedoch auf weit mehr quantifizierte Sätze als nur die vier aristotelischen anwendbar. Die beiden oben genannten Sätze:

(3) Alle Schüler freuen sich, wenn sie schulfrei bekommen

(4) Alle Schüler freuen sich, wenn alle Schüler schulfrei bekommen

haben jeweils die Struktur:

(3) (x) (Fx → (Gx → Hx)). (gleich: (x) ((Fx & Gx) → Hx))

(4) (x) (Fx → Gx) → (x) (Fx → Hx)

wobei jeweils «F» «ist Schüler», «G» «bekommt schulfrei» und «H» «freut sich» bezeichnet. Die drei Sätze:

(8) Wenn alle Mitglieder absagen, fällt die Versammlung aus

(9) Wenn ein bestimmtes Mitglied absagt, fällt die Versammlung aus

(10) Wenn irgendein Mitglied absagt, fällt die Versammlung aus

haben die Strukturen:

(8) (x) (Fx → Gx) → Ha

(9) (∃x) (Fx & (Gx → Ha))

(10) (∃x) (Fx & Gx) → Ha. (gleich: (x) (Fx → (Gx → Ha)))

wobei jeweils «F» «Mitglied», «G» «sagt ab», «H» «fällt aus» und «a» «die Versammlung» bezeichnet.

Eine Wiedergabe der übrigen oben genannten problematischen Sätze erfordert eine kleine Erweiterung, und zwar die Einführung eines *Relationsausdrucks*. Wenn die beiden Namen (Argumentausdrücke) «7» und «3» aus dem Satz «7 ist größer als 3» herausgenommen werden, dann ist der verbleibende Funktionsausdruck «... ist größer als __» ein Relationsausdruck. Der gleiche Relationsausdruck findet sich in «3 ist größer als 7», und wenn wir ihn hier symbolisch mit «S» bezeichnen, dann ergibt sich für die beiden Sätze jeweils «Sab» und «Sba», wobei «a» «7» und «b» «3» bezeichnet. Die beiden oben genannten Sätze:

(1) Keine Zahl ist größer als jede andere Zahl

(2) Keine Zahl ist größer als irgendeine andere Zahl

erhalten dann jeweils die Struktur:

(1) $(x)\,(Tx \rightarrow (-(y)((Ty \,\&\, -(Iyx)) \rightarrow Sxy))$

(2) $(x)\,(Tx \rightarrow (-(\exists y)((Ty \,\&\, -(Iyx))\,\&\, Sxy))$

wobei «T» «... ist eine Zahl», «I... __» «... ist identisch mit __» und «S... __» «... ist größer als __» bezeichnet. Für den zweideutigen Satz «Jeder Junge liebt ein bestimmtes Mädchen» mit den beiden möglichen Interpretationen:

(6) Es gibt ein bestimmtes Mädchen, das von jedem Jungen geliebt wird

(7) Für jeden Jungen gibt es ein bestimmtes Mädchen, das er liebt

werden die Auslegungen nun auf folgende vergleichbare Weise präzisiert:

(6) $(\exists x)\,(Px \,\&\, (y)(Dy \rightarrow Eyx))$

(7) $(x)\,(Dx \rightarrow (\exists y)(Py \,\&\, Exy))$

Schließlich ist es aufschlußreich, sich die Analysen von:

(11) Hans ist Vater

(12) Alle haben einen Vater

zu betrachten.

Mit «M» / «... ist ein Mensch» und «F» / «... ist der Vater von» sowie «a» / «Hans» ergibt sich nun:

(11) $(\exists x)\,(Mx \,\&\, Fax)$

(12) $(x)\,(Mx \rightarrow (\exists y)\,(My \,\&\, Fyx)$

Nachdem er seine Begriffsschrift für das Ausdrücken von quantifizierenden Aussagen ausgelegt hatte, wandte Frege sich in der *Begriffsschrift* der Erstellung einer Theorie über prädikatenlogische *Schlußfolgerungen* zu. Um sämtliche prädikatenlogische Gesetze einbeziehen zu können, fügte er ein prädikatenlogisches Grundgesetz und zwei neue Ableitungsregeln zu dem bestehenden aussagenlogischen System aus sechs Axiomen und zwei Ableitungsregeln. Mit Hilfe dieser sieben Axiome und der vier Ableitungsregeln bildete er eine Vielzahl prädikatenlogischer Gesetze von großer Komplexität. Frege war davon überzeugt, daß dies System sämtliche aussagenlogischen und prädikatenlogischen Gesetze (und sonst nichts) umfasse. Beweisen konnte er es jedoch nicht. Der endgültige Beweis ist später erbracht worden, ebenso wie bewiesen worden ist, daß die aristotelische Syllogismuslehre lediglich ein sehr kleiner Bestandteil der Fregeschen Prädikatenlogik ist, die sämtliche Überlegungen der Mathematik und der exakten Wissenschaften zu analysieren vermag.[12]

Philosophische Semantik

Wie die oben stehenden Ausführungen zeigen, ist es ein Merkmal der Fregeschen Darstellungen von Begriffen, daß sie die Anwendung der sprachlichen Ausdrücke in Verbindung mit den Begriffen beschreiben. So ist der Kern seiner Ausführungen über die Quantifizierungsbegriffe die Klärung der in der Quantor-Notation enthaltenen Wirkungsweise der Quantifizierungsausdrücke. Das gleiche gilt für seine Ausführungen über die aussagenlogischen Begriffe und den Zahlbegriff. Grundlage dieser Praxis, die sich für wesentliche Bestandteile der modernen Philosophie als mustergültig erweisen sollte, war für Frege eine generelle philosophische Theorie über Sprache. Darin enthaltene Hauptmerkmale sind zum einen die Unterscheidung zwischen Sinn und Bedeutung sowie die Behauptung, Wahrheit sei bei der Darstellung sprachlicher Bedeutung ein grundlegendes Prinzip.[13]

Sinn und Bedeutung

In seinem Artikel *Über Sinn und Bedeutung* aus dem Jahre 1892, in welchem er die Unterscheidung einführt, nimmt Frege seinen Ausgangspunkt beim Problem der Wirkungsweise von *Namen*.[14] Er behandelt und verwirft zwei Theorien hierüber, eine direkte und eine philosophische. Die direkte Theorie bietet sich bei einer allgemeinen Betrachtungsweise an, die philosophische dagegen stellt sich als eine aufgrund bestimmter Probleme erforderlich werdende Korrektur der direkten Theorie dar.

Bei der ersten Überlegung scheint es einfach, die Zugehörigkeit von Namen zur Sprache, ihre Form der Bedeutung zu erläutern. Der Name «Frankfurt» etwa hat die Funktion eines Etiketts, eines sprachlichen Zeichens für einen bestimmten Gegenstand, in diesem Falle die Stadt Frankfurt. Daß ein Name einer Sprache angehört und somit eine Bedeutung hat, aufgrund derer er in sinnvollen Äußerungen verwendet werden kann, heißt nichts anderes, als daß er einem bestimmten Gegenstand, seinem Träger, zugeordnet wird. Einen Namen zu verstehen, also über das Wissen zu verfügen, das erforderlich ist, um ihn anwenden zu können, bedeutet dementsprechend nichts anderes, als zu wissen, welchen Gegenstand er bezeichnet.

Soweit die direkte Theorie. Die Probleme in diesem Zusammenhang machen sich bei Namen ohne Träger bzw. bei verschiedenen Namen mit ein und demselben Träger bemerkbar. Beide Fälle sind nichts Ungewöhnliches. Im vorigen Jahrhundert gingen viele Astronomen eine Zeitlang von der Annahme aus, es gäbe einen zehnten Planeten mit Namen Vulkan in der Nähe des Planeten Merkur. Die Annahme erwies sich als falsch; die über Vulkan gemachten Aussagen sind dadurch aber offensichtlich nicht sinnlos geworden. Gemäß der direkten Theorie hätten sie das aber sein müssen, weil ein Name ohne Träger überhaupt nicht der Sprache angehört.

Als Beispiel für zwei Namen mit ein und demselben Träger führt Frege die beiden Namen «Abendstern» und «Morgenstern» an. Beide bezeichnen den Planeten Venus, der entweder abends oder morgens, am Westhimmel nach Sonnenuntergang resp. am Osthimmel vor Sonnenaufgang, sichtbar ist. Daher die zwei verschiedenen Namen. Es waren babylonische Astronomen, die im Altertum anhand von Beobachtungen und Berechnungen zu der Erkenntnis gelangten, der Abendstern sei in Wahrheit mit dem Morgenstern identisch.

Auch in solchen Fällen wird die direkte Theorie problematisch. Schließlich ist es ja einleuchtend, daß eine Aussage über irgendeinen Gegenstand, sofern sie wahr ist, auch wahr bleibt, ungeachtet des Namens, den man dem Gegenstand gibt.

Beispiel:

(1) Der Abendstern befindet sich zwischen Sonne und Erde

(2) Der Morgenstern befindet sich zwischen Sonne und Erde

Eine andere Anwendung des gleichen Identitätsprinzips führt jedoch zu einem Trugschluß. Gehen wir nämlich davon aus, daß die folgende Aussage wahr ist:

(3) Peter glaubt, der Abendstern befinde sich zwischen Sonne und Erde

so sollte auch diese wahr sein:

(4) Peter glaubt, der Morgenstern befinde sich zwischen Sonne und Erde

Diese Folgerung ist jedoch nicht korrekt. Es ist sehr wohl möglich, daß der in bezug auf Astronomie unwissende Peter nicht weiß, daß Abendstern und Morgenstern ein und dasselbe sind, und daß er glaubt, der Abendstern befinde sich zwischen Sonne und Erde, nicht aber, daß dies auch für den Morgenstern gilt. In dem Fall wäre (3) wahr und (4) falsch, weshalb (4) nicht eine logische Folge aus (3) sein kann.

Vor diesem Hintergrund erlangt die erwähnte philosophische Theorie ihre Bedeutung. Bezüglich des letzten Problems erscheint das Identitätsprinzip absolut unangreifbar, weshalb gefolgert werden muß, daß die beiden Namen am Ende doch nicht ein und dasselbe bezeichnen, das heißt nicht als zwei verschiedene Namen für den im Weltall irgendwo zwischen Sonne und Erde umlaufenden großen Himmelskörper betrachtet werden müssen. Wie dies möglich sein kann, scheint jene philosophische Sprachbetrachtung zu erklären, nach der unsere sprachlichen Ausdrücke ihren Sinn gar nicht aus ihrer Repräsentanz äußerer, objektiver Gegenstände beziehen, sondern vielmehr aus der Repräsentanz unserer inneren, subjektiven Vorstellungen oder Erlebnisse.

Eine solche Theorie über die sprachlichen Ausdrücke würde mit der seit Descartes vorherrschenden Theorie über Sinneswahrnehmungen gut einhergehen. Diese besagt, daß das, was wir sehen – womit wir in Sehsituationen unvermittelt konfrontiert werden –, keine äußeren Gegenstände und deren Eigenschaften sind, sondern unsere eigenen inneren Sinneswahrnehmungen. In der gleichen Weise, wie diese Theorie angeblich unseren naiven Glauben, wir würden in Sehsituationen mit äußeren Gegenständen konfrontiert, korrigiert, wäre die entsprechende Theorie über sprachliche Ausdrücke eine notwendige Korrektur unseres naiven Glaubens, der Sinn unserer sprachlichen Ausdrücke beruhe auf ihrer Repräsentanz von Gegenständen, die außerhalb und unabhängig von unserem Bewußtsein existieren.

Es sollte vermerkt werden, daß die beiden Theorien auch in bezug auf die Struktur ihrer Begründungen harmonieren würden. Die Perzeptionstheorie basiert nicht zuletzt auf folgender Überlegung: Wenn das Sehen eines Gegenstands, etwa einer Münze, als direkte Konfrontation mit einem äußeren Gegenstand und dessen Eigenschaften zu verstehen ist, dann müssen diesem Gegenstand gleichzeitig zwei sich gegenseitig ausschließende Eigenschaften zugesprochen werden: Aus der einen Perspektive wird die Münze als kreisrund, aus einer anderen als elliptisch wahrgenommen. Das gleiche trifft auf die semantische Theorie zu: Wenn die Benutzung eines Namens für einen Gegenstand, etwa «Abendstern», als Erwähnung eines Gegenstands außerhalb des Bewußtseins zu verstehen ist – der Abendstern im Gegensatz zur Vorstellung des Abendsterns –, dann müssen diesem Gegenstand nicht vereinbare Eigenschaften zugeschrieben werden: Nehmen wir die Beispiele (3) und (4), so sollte für den Abendstern gelten, daß Peter ihn als zwischen Sonne und Erde befindlich und zugleich als nicht zwischen Sonne und Erde befindlich betrachtet.

Mit dieser Theorie ist auch das erste Problem der direkten Theorie gelöst. Wenn ein Name aufgrund seiner Repräsentanz innerer Vorstellungen Bedeutung erlangt, dann hat die Tatsache, daß ein bestimmter

Name keinen Träger in der Form eines äußeren Gegenstands besitzt, keinerlei Folgen für die Zugehörigkeit des Namens zur Sprache.

Dennoch verwirft Frege die Theorie und den ihr innewohnenden Gedankengang, der schon für so manchen Philosophen den entscheidenden Schritt in Richtung Idealismus und Skeptizismus bedeutet hat. Er stimmt der Meinung zu, daß die direkte Theorie über die Namen einer Korrektur bedarf, nicht aber, daß diese Korrektur in der Aussage besteht, der Sinn eines Namens, sein Platz in der Sprache, sei in der Repräsentanz von etwas ganz anderem, als wir glauben, begründet. Nach seiner Schlußfolgerung stehen Namen im Regelfall für das, von dem auch allgemein angenommen wird, daß sie dafür stehen: Himmelskörper, Personen, Sinfonien, Schacheröffnungen, Nationen usw. Hier ist die direkte Darstellung die korrekte. Nicht die Annahme, Namen stünden für Gegenstände, ist falsch, sondern die Annahme, der Sinn eines Namens bestünde darin, für einen Gegenstand zu stehen: daß ein Name für einen Gegenstand steht, ist eine Folge, nicht etwa ein Teil des Umstands, daß er einen bestimmten Sinn hat.

Frege bestreitet also, der Sinn eines Namens liege darin, daß der Name für einen bestimmten Gegenstand steht. Die von ihm verworfene Theorie besagt, daß der Sinn eines Namens gleich seiner Bedeutung ist: Der Umstand, daß der Name seinen bestimmten Sinn hat, ist gleich dem Umstand, daß zwischen dem Namen und einem bestimmten Gegenstand ein Zuordnungsverhältnis (eine Relation) besteht, so daß der Name die Benennung für den Gegenstand ist, wobei der Gegenstand die Bedeutung, der Referenzpunkt für den Namen ist. Diesen Punkt haben die direkte und die behandelte philosophische Theorie gemeinsam, weil der Unterschied zwischen ihnen ein Unterschied im Verständnis der Beschaffenheit der Bedeutung ist.

Freges Argument erfordert zwei Vorbereitungen: zum einen die Erkenntnis, daß ein Satz, bevor er zur Weitergabe einer Information verwendet werden kann, verständlich sein muß, auch wenn man seine Wahrheit nicht kennt. Der Satz «Es sind 493 km von Hamburg nach Frankfurt» ist zur Übermittlung einer Information geeignet, wobei es eindeutig eine Vorbedingung ist, daß der Satz verständlich ist, und zwar ungeachtet jeglichen Wissens um seine Wahrheit.

Die zweite Vorbereitung liegt im Hinweis, daß Tatsachen über Ausdrücke, die sich mit Hilfe des Begriffs «Sinn» erfassen lassen, insofern durchsichtig sind, als jemand, der den Sinn zweier Worte kennt, die dieselbe Bedeutung haben wie «stark» und «kräftig», auch weiß, daß die beiden Worte denselben Sinn haben.

Die Widerlegung der Annahme, der Sinn eines Namens sei gleich seiner Bedeutung, ist nunmehr eine Kleinigkeit. Wäre der Sinn eines Namens gleich seiner Bedeutung, so wäre das Verständnis dieses Namens gleich der Kenntnis seiner Bedeutung. Mehr noch: Wäre der Sinn eines Namens gleich seiner Bedeutung, so hätten zwei Namen mit der gleichen Relation somit auch den gleichen Sinn. Diese beiden Konsequenzen aus der Annahme würden zu folgendem führen: Wenn zwei Namen die gleiche Bedeutung haben und eine bestimmte Person versteht sie beide, dann weiß der Betreffende damit auch, daß sie die gleiche Bedeutung haben. In dem Fall wäre es ausgeschlossen, daß irgend jemand den Satz:

(5) Der Abendstern ist derselbe wie der Morgenstern

versteht, ohne gleichzeitig auch seine Wahrheit zu kennen. Wer die beiden Namen mit gleichem Sinn versteht, müßte auch wissen, daß sie die gleiche Bedeutung haben, das heißt, das Verständnis führt zu einem Wissen um die Wahrheit des Satzes. Die Konsequenz aus dieser Annahme steht jedoch im offenen Widerspruch zu den Tatsachen; sie bedeutet, daß der Satz zur Übermittlung einer Information nicht geeignet ist, da er nur mitteilt, was jeder, der die Namen versteht, bereits weiß.

Das Argument veranschaulicht, daß zwischen dem Sinn und der Bedeutung eines Namens unterschieden werden muß. Zwei Namen können die gleiche Bedeutung haben, ohne den gleichen Sinn zu haben. Das Wissen, das man in Verbindung mit einem Namen haben muß, um ihn benutzen zu können, kann nicht als Kenntnis der Bedeutung des Namens interpretiert werden. Es muß, so Frege, als Wissen darüber ausgelegt werden, daß der Namensträger jener Gegenstand – falls vorhanden – ist, der eine bestimmte identifizierende Bedingung erfüllt. Einen Namen zu verstehen heißt im wesentlichen, über ein Mittel oder eine Verfahrensweise zu verfügen, um zu entscheiden, ob ein bestimmter Gegenstand als Träger des Namens identifiziert werden kann oder nicht. Frege benutzt hier als Beispiel die beiden namensähnlichen Ausdrücke «der Schnittpunkt zwischen den Geraden a und b» und «der Schnittpunkt zwischen den Geraden b und c», wobei a, b und c die Geraden sind, welche die Ecken eines Dreiecks mit den Mitten der Gegenseiten verbinden. Die beiden Ausdrücke haben die gleiche Bedeutung, da sie beide denselben geometrischen Punkt bezeichnen. Sie beschreiben diesen Punkt jedoch jeweils auf ihre eigene Art, indem sie verschiedene Vorgehensweisen für die Entscheidung, ob ein bestimmter Punkt mit dem Träger identisch ist oder nicht, vorschreiben: Im ersten Fall muß man den Geraden a und b folgen, um festzustellen, ob der betreffende Punkt sich dort befindet, wo diese sich schneiden, im zweiten Fall dagegen den Geraden b und c. Entsprechend verhält es sich mit den beiden Namen «Abendstern» und «Morgenstern», die auch gewissermaßen jeder auf seine Weise den Weg zu ein und demselben Gegenstand angeben.

Der Sinn eines Namens gründet sich also auf seine Verbindung mit einem Kriterium mit dem Zweck, einen Gegenstand als seinen eventuellen Träger zu identifizieren. Beim Verstehen eines Namens geht es darum, das entsprechende Kriterium und das Zuordnungsverhältnis zwischen ihm und dem Namen zu kennen. Diese Kenntnis bezeichnet Frege als Kenntnis des *Sinns* des Namens im Unterschied zur Kenntnis seiner *Bedeutung*.[15]

Die umrissenen Probleme erfahren hiermit ihre Lösung. Es ist möglich, eine wahre Identitätsaussage mit zwei verschiedenen Namen zu verstehen, ohne daß man damit ihre Wahrheit kennt: Das Verständnis ist ein Wissen, daß der Satz wahr ist, sofern es sich tatsächlich um ein und denselben Gegenstand handelt, der auf zwei verschiedene Arten identifiziert wird, und zwar als Träger des einen bzw. als Träger des anderen Namens.

Die Schwierigkeiten mit den Sätzen (3) und (4) sind ebenfalls aus dem Weg geräumt. Allein schon die Möglichkeit, (3) könnte wahr und (4) falsch sein, ist für Frege ausreichend, um aufzuzeigen, daß «Morgenstern» und «Abendstern» so, wie sie hier vorkommen, nicht für ihren üblichen Gegenstand stehen. Dies veranlaßt ihn jedoch nicht zu der Annahme, Namen stünden niemals für ihren üblichen Gegenstand. Er weist darauf hin, daß Kontexte wie (3) und (4), in denen man sich über Annahmen, Wünsche, Hoffnungen, Absichten etc. von Personen äußert, artverwandt sind mit der indirekten Rede, das heißt den Kontexten, in denen man sich über Äußerungen von Personen äußert. In der indirekten Rede werden nicht die eigenen Worte von Personen wiedergegeben, sondern ihr Inhalt. Die Wortwahl ist insoweit begrenzt, als die benutzten Worte den gleichen Inhalt haben und den gleichen Gedanken ausdrücken müssen wie die vom Sprechenden selbst benutzten Worte. Sagt Peter zum Beispiel: «Die Steuergesetzgebung begünstigt unverheiratete Männer», so ist es eindeutig akzeptabel, dies folgendermaßen wiederzugeben:

(6) Peter sagte, Junggesellen würden vom Steuersystem begünstigt

Die Worte, die zur Wiedergabe der Äußerung benutzt werden, müssen den gleichen oder zumindest annähernd den gleichen Sinn haben wie die eigenen Worte des Sprechenden. Bei Aussagen wie (3) und (4) geht es in entsprechender Weise darum, einen gedanklichen Inhalt zu spezifizieren, und zwar den, zu dem sich Personen in irgendeiner Weise verhalten

– sie betrachten ihn als wahr; sie möchten, daß er wahr wird etc. Es kann deshalb davon ausgegangen werden, daß die Wortwahl einer entsprechenden Beschränkung unterliegt: Die Worte haben den Inhalt korrekt wiederzugeben, und der Sinn der Worte macht daher einen Unterschied. Wäre der Sinn eines Namens gleich seiner Bedeutung, so würde ein Vertauschen von «Abendstern» und «Morgenstern» keinen Unterschied bewirken, weshalb der Unterschied sich durch diese Theorie nicht erklären läßt. Aufgrund von Freges Unterscheidung ist vorhersehbar, daß eben der festzustellende Unterschied auch auftreten wird: Aufgrund der Theorie sind die beiden Sätze «Der Morgenstern befindet sich zwischen Sonne und Erde» und «Der Abendstern befindet sich zwischen Sonne und Erde» vom Inhalt her verschieden, obgleich sie beide wahr sind, und zwar wahr aufgrund ein und derselben tatsächlichen Sachlage.[16]

Deutlich wird außerdem noch, daß selbst Namen ohne Bedeutung nicht länger Schwierigkeiten machen: Die Zugehörigkeit eines Namens zur Sprache ist nicht dadurch bedingt, sondern vielmehr Bedingung dafür, daß er eine Bedeutung hat.

Sinn und Wahrheit

Die Unterscheidung von Sinn und Bedeutung gilt nicht nur für Namen; sie wird von Frege auf sämtliche *Ausdruckskategorien* angewendet: Prädikate, Relationsausdrücke, Quantoren, Satzoperatoren und ganze Sätze. Im Detail ist seine Theorie in gewissen Punkten außerordentlich komplex, die generelle Erläuterung des Begriffs «Sinn» jedoch recht einfach. Der Sinn eines Satzes ist seine Wahrheitsbedingung: Einen Satz zu verstehen heißt wissen, wie die Wirklichkeit beschaffen ist, wenn der Satz wahr ist. Den Satz «Es regnet» zu verstehen heißt wissen, welche Tatsachen gegeben sein müssen, damit mit diesem Satz eine wahre Behauptung geäußert werden kann: Der Satz ist unter dieser Voraussetzung wahr, sofern nämlich das entsprechende allgemein bekannte Wetter herrscht, sonst falsch, und das Verständnis auf seiten des Sprechenden zeigt sich in seiner Fähigkeit, den Satz entsprechend anzuwenden. Insofern setzt Frege den Sinn eines Satzes mit dessen Wahrheitsbedingung gleich: Den Satz zu verstehen, seinen Sinn zu erkennen heißt wissen, wann er wahr ist. Frege wendet somit den Begriff Wahrheit, den er als gegeben betrachtet, an, um den Begriff Sinn zu erläutern. Seine These lautet: Wer eine bestimmte Sprache versteht, hat ein Wissen, das ihm sagt, unter welchen Bedingungen die verschiedenen Sätze dieser Sprache – «Es regnet», «$2 + 2 = 4$», «Hamburg ist eine Großstadt» usw. – jeweils wahr sind. Dagegen sagt die These nicht, der Sprecher einer Sprache wisse, was es im allgemeinen heißt, daß ein Satz wahr ist. Es besteht ein klarer Unterschied zwischen dem Wissen, wann die verschiedenen Sätze jeweils wahr sind, und dem Wissen, was es allgemein heißt, daß ein Satz wahr ist, also über eine allgemeine Definition des Begriffs Wahrheit zu verfügen. Wie wir später sehen werden, betrachtet Frege letzteres grundsätzlich als ausgeschlossen, wobei er insbesondere die sogenannte *Korrespondenztheorie der Wahrheit* ablehnt. Der Sinn eines Ausdrucks, der kein Satz ist, muß ausgehend von seinem Beitrag zur Bestimmung des Sinns der Sätze, in denen er vorkommen kann, erklärt werden: Der Sinn des Ausdrucks ist sein Beitrag zur Feststellung des Sinns solcher Sätze, das heißt zur Bestimmung, wann sie wahr und wann sie falsch sind.[17]

Freges Ausführungen über Begriffe sind dadurch gekennzeichnet, daß sie zur Klärung der Anwendung sprachlicher Ausdrücke in Verbindung mit den Begriffen vorgesehen sind. Wir können nunmehr präzisieren, was unter der Anwendung eines Ausdrucks zu verstehen ist: Eine Darlegung der Anwendung eines Ausdrucks ist eine Darlegung seines Sinns, und dies ist wiederum eine Darlegung des systematischen Beitrags, den der Ausdruck zur Festsetzung der Wahrheitsbedingungen für die Sätze, in denen er vorkommt, leistet. Dies ist die von Frege bei all seinen Untersuchungen benutzte Vorgehensweise. Er erhebt den methodologischen Anspruch, daß die Analyse eines bestimmten Begriffs ungenügend ist, sofern sie den Sinn der betreffenden Ausdrücke nicht klarlegt. Freges Begriffsanalysen im Zusammenhang mit den Ausdrücken «wenn... dann» und «alle» veranschaulichen dies sehr klar: Die Analysen münden in die Einführung der symbolischen Wiedergabe der Ausdrücke, und diese werden anhand einer Darstellung ihres Sinns erläutert. Freges Definition des Zahlbegriffs ist das Ergebnis der hier beschriebenen allgemeinen Methodologie. Der entscheidende Schritt dieser Untersuchung besteht in der Klärung der Wahrheitsbedingungen für Sätze wie «Die Anzahl der Planeten ist gleich der Anzahl der Musen».

Wahrheit ist also der grundlegende Begriff, wobei die Untersuchung in erster Linie darauf ausgerichtet ist, die Tatsachen über Ausdrücke auszusondern und zu spezifizieren, die diese als Teile der Sprache mit einem bestimmten Sinn ausweisen. Dies gilt nicht nur für die Darstellung des Sinns bestimmter Ausdrücke, sondern für sprachlichen Sinn im allgemeinen. Der umfassende Gesichtspunkt ist dabei der der Wahrheit und Falschheit. Die Regeln, die die Sinnhaftigkeit sprachlicher Ausdrücke begründen – ihre intersubjektive Verständlichkeit und damit ihre Anwendbarkeit als Kommunikationsinstrumente –, sind im Grunde genommen Regeln, die Sätze mit typischen Situationen der Wirklichkeit verbinden, und zwar solchen Situationen, unter denen die Sätze wahr wären, und solchen, unter denen sie falsch wären. Aufgrund dieser Regeln ist jeder Satz mit einem bestimmten Inhalt entweder wahr oder falsch, je nach der tatsächlichen Sachlage.[18]

Zusätzlich zu dieser sprachphilosophischen Grundthese betont Frege, der Begriff Wahrheit an sich sei insofern einfach, als er nicht erklärt werden könne. Er kann aus verschiedener Sicht erörtert, jedoch nicht definiert werden. Er lehnt in diesem Zusammenhang die sogenannte Korrespondenztheorie der Wahrheit ab, die später von Wittgenstein, Russell und Moore vertreten wurde und nach der die Wahrheit eines Satzes darin besteht, daß er mit einer Tatsache übereinstimmt, mit ihr korrespondiert. Für Frege ist jeder Versuch, Wahrheit zu definieren, ein kopfloses Unterfangen: Würde die Wahrheit eines Satzes als ein Besitz dieser oder jener Eigenschaften definiert, so müßte man, um seine Wahrheit zu entscheiden, die Wahrheit eines anderen Satzes entscheiden, nämlich desjenigen, in welchem die betreffenden Eigenschaften dem ersten zugeschrieben werden, was wiederum einen dritten Satz erforderlich machen würde, mit welchem diese Eigenschaften dem zweiten zugeschrieben würden und so weiter bis ins Unendliche.[19]

Freges Verknüpfung der Begriffe Wahrheit und Sinn ist Ausdruck seiner realistischen Grundhaltung. Sowohl seine sprachphilosophischen Prinzipien als auch sein methodologischer Ansatz bei den verschiedenen Begriffsanalysen bezeichnen einen völligen Bruch mit jeder Form des Idealismus und Psychologismus in bezug auf Sprache und Begriffe. In diesem mächtigen Traditionsstrang werden sprachliche Ausdrücke und ihre Anwendung als zweitrangig behandelt: Wesentlich sind die Begriffe, mit denen die Ausdrücke verknüpft sind, wobei diese als bewußtseinsmäßige Größen interpretiert werden, als mehr oder weniger abstrakte Vorstellungen und Erlebnisstrukturen, die unabhängig sowohl von den Umständen ihrer sprachlichen Repräsentanten als auch von den Umständen der äußeren Gegenstände, denen sie normalerweise zugeordnet werden, untersucht werden können.

Für die Auffassung, der Sinn eines Ausdrucks und damit eines Begriffs sei eine Frage des Bewußtseins, hat Frege nichts übrig. Statt dessen vertritt er eine ausgesprochen realistische Auslegung der Sprache. Diese besagt wohlgemerkt nicht, daß Ausdrücke einen Sinn haben, indem sie für äußere Gegenstände – im Gegensatz zu inneren Erlebnissen – stehen. Die

Argumentation für eine Unterscheidung zwischen Sinn und Bedeutung ist ja gerade eine Widerlegung dieser Auffassung. Sie besteht jedoch zu einem entscheidenden Teil aus der Anerkennung, daß Ausdrücke eine Relation haben, und zwar im Regelfall zu äußeren Gegenständen. Der Sinn eines Ausdrucks, der Kern seiner Bedeutung, ist als die Art und Weise, in der sein Bezug zu einem Gegenstand festgelegt ist, aufzufassen. Ohne von Bezug, Wahrheit und Falschheit zu sprechen, wird man bei dem Versuch, sprachliche Bedeutung und Begriffe darzustellen, keinen Schritt vorankommen. Das ist Freges Realismus.

Es sei hier unterstrichen, daß es sich bei Freges Realismus nicht um eine unbegründete Prämisse, eine voreingenommene, dogmatische Position handelt, aus der die Verknüpfung von Wahrheit und Sinn abgeleitet wird. Sowohl der Realismus als auch die Verknüpfung von Wahrheit und Sinn basieren auf der Überlegung, daß uns in der Sprache ein Mittel zur Verfügung steht, das es uns erlaubt, Gedanken untereinander auszutauschen und objektive Wahrheiten über die Wirklichkeit festzustellen. So wie Gedanken in diesem Zusammenhang auftreten als etwas, das kommunikativ übermittelt wird, sind sie keine privaten, subjektiven Bewußtseinsphänomene. Sie sind insofern objektiv und öffentlich, als wir unsere Gedanken mit Hilfe der Sprache anderen restlos mitteilen können: Wir müssen uns nicht, wie beispielsweise bei Kopfschmerzen oder anderen Erlebnissen, damit begnügen, anderen zu erzählen, wie es ist, sie zu haben. Auch der Punkt, daß die Sprache uns erlaubt, objektive Wahrheiten aus der Wirklichkeit festzustellen wie «Im letzten Jahr hatten wir weiße Weihnachten», dürfte unstrittig sein. Ebenso unbestritten dürfte es, auch unter Philosophen, sein, daß, wenn der erwähnte Satz eine objektive Wahrheit bzw. Falschheit formulieren soll, es eine objektive und öffentliche Tatsache sein muß, daß er das bedeutet, was er nun einmal auf Deutsch bedeutet.[20]

Für Frege ist die Sache klar. Sprachphilosophie soll die Wirkungsweise der Sprache eröffnen, soll aufzeigen, wie es möglich ist, daß die Sprache uns erlaubt, Gedanken gegenseitig mitzuteilen und objektive Wahrheiten festzustellen. Der Idealismus schließt von vornherein aus, daß die Sprache diesbezüglich irgend etwas vermag; er ist daher unbrauchbar.[21]

Texte Freges

Begriffsschrift. Halle a. d. S. 1879, Neudruck Darmstadt 1964 *(= BS)*.

Grundlagen der Arithmetik. Breslau 1884, Neudruck Darmstadt 1961 u. Hamburg 1986.

Grundgesetze der Arithmetik I und II. Jena 1893/1903, Neudruck Darmstadt 1962 *(= GG I)*.

Nachgelassene Schriften. Hg. v. H. Hermes, F. Kambartel u. F. Kaulbach. Hamburg 1969.

Funktion, Begriff, Bedeutung. Hg. v. G. Patzig. Göttingen 1966.

Logische Untersuchungen. Hg. v. G. Patzig. Göttingen 1966.

Kleine Schriften. Hg. v. I. Angelelli. Darmstadt 1967.

Schriften zur Logik und Sprachphilosophie. Aus dem Nachlaß, hg. v. G. Gabriel. Hamburg 1978.

Briefwechsel mit D. Hilbert, E. Husserl, B. Russell sowie ausgewählte Einzelbriefe. Hg. v. G. Gabriel, F. Kambartel u. Ch. Thiel. Hamburg 1980.

Literatur

Alexander, D. (Hg.): «Begriffsschrift». Jenaer Frege-Konferenz, 7.–11. Mai 1979. Jena 1979.

Bartlett, J. M.: Funktion und Gegenstand. Eine Untersuchung in der Logik von Gottlob Frege. München 1961.

Carl, W.: Sinn und Bedeutung. Studien zu Frege und Wittgenstein. Königstein 1982.

Dummett, M.: Frege. Philosophy of Language. London 1973, 2. Aufl. 1981.

–: The Interpretation of Frege's Philosophy. London 1981.

–: Wahrheit. Fünf philosophische Aufsätze. Stuttgart 1982.

–: Frege. Philosophy of Mathematics. London 1991.

–: Frege and other Philosophers. Oxford 1991.

Follesdal, O.: Husserl und Frege. Ein Beitrag zur Beleuchtung der Entstehung der phänomenologischen Philosophie. Oslo 1958.

Kluge, E.-H. W.: Functions and Things. An Essay in the Metaphysics of Frege and Wittgenstein. Ann Arbor (Mich.) 1984.

Kneale, W.: Frege's General Logic. In: Kneale, W. u. M. Kneale: The Development of Logic. Oxford 1962, 6. Aufl. 1975, S. 478–512.

Kutschera, F. v.: Gottlob Frege. Eine Einführung in sein Werk. Berlin/New York 1989.

Mayer, V. E.: Der Wert der Gedanken. Die Bedeutungstheorie in der philosophischen Logik Gottlob Freges. Frankfurt/M. etc. 1989.

Patzig, G.: Gottlob Frege und die logische Analyse der Sprache. In: Patzig, G.: Sprache und Logik. Göttingen 1970, 2. Aufl. 1981, S. 77–100.

Schirn, M.: Studien zu Frege. 3 Bde. Stuttgart-Bad Cannstatt 1976.

Schüler, W.: Grundlegung der Mathematik in transzendentaler Kritik. Frege und Hilbert. Hamburg 1983.
Thiel, Ch.: Sinn und Bedeutung in der Logik Gottlob Freges. Meisenheim a. G. 1965.
–: Gottlob Frege. Die Abstraktion. In: Speck, J. (Hg.): Die Grundprobleme der großen Philosophen. Philosophie der Gegenwart, Bd. 1. Göttingen 1972.
Weiner, J.: Frege in Perspective. Ithaca 1990.

Anmerkungen

1 W. u. M. Kneale: The Development of Logic, S. 511.
2 R. Carnap beschreibt seine Studien unter Frege in: Schilpp, P. A. (Hg.): The Philosophy of Rudolf Carnap. La Salle 1963, S. 10–13.
3 Der Begriff der logischen Form, wie ihn die moderne Logik entwickelt hat, geht auf B. Bolzano zurück. S. Bolzano, B.: Krit. Gesamtausgabe, Bde. 11 u. 12. Stuttgart 1985f.
4 Vgl. W. u. M. Kneale, Kap. VIII.
5 Freges eigene Symbole sind zweidimensional.
6 Frege, *BS*, S. 5–10.
7 Frege, *BS*, S. 25.
8 Eine Erklärung dafür findet sich bei W. u. M. Kneale, Kap. VIII u. XII.
9 Frege, *BS*, S. 19–24.
10 Vgl. Frege, *GG* I, S. 5–20; und «Funktion und Begriff» (1981). In: Frege: Funktion, Begriff, Bedeutung. Hg. v. G. Patzig, 4. Aufl. 1975, S. 17–39.
11 Eine tiefergehende Studie von Freges Darstellung der Quantifizierung findet sich in M. Dummett: Frege. The Philosophy of Language, Kap. 2, 3, 7, 8.
12 Vgl. Anm. 8.
13 Die wesentlichsten Texte sind: *GG* I, S. 5–25; «Funktion und Begriff» (1891); «Über Begriff und Gegenstand» (1892); «Über Sinn und Bedeutung» (1892). Alle in: Frege: Funktion, Begriff, Bedeutung. Hg. v. G. Patzig. 4. Aufl. Göttingen 1975. Sowie: «Der Gedanke» (1918); «Die Verneinung» (1919). Beide in: Frege: Logische Untersuchungen. Hg. von G. Patzig. Göttingen 1966.
14 Frege: «Über Sinn und Bedeutung», a. a. O. (Anm. 13), S. 40–48.
15 Vgl. M. Dummett: Frege, a. a. O. (Anm. 11), Kap. 1, 4, 5 u. 6 sowie W. u. M. Kneale, a. a. O. (Anm. 1), S. 493–503.
16 Vgl. M. Dummett: Frege, a. a. O. (Anm. 11), Kap. 6 u. 9.
17 Frege, *GG* I, S. 5–25: «Über Sinn und Bedeutung», a. a. O. (Anm. 13).
18 Vgl. M. Dummett: Frege, a. a. O. (Anm. 11), Kap. 10–13.
19 Frege: «Der Gedanke», a. a. O. (Anm. 13), S. 30–33.
20 Frege: «Über Sinn und Bedeutung», a. a. O. (Anm. 13), S. 42–50.
21 Frege: «Der Gedanke», a. a. O. (Anm. 13), S. 34–53.

Jan Riis Flor

Bertrand Russell
Politisches Engagement und logische Analyse

«Du sollst der Menge nicht in bösem Tun folgen»

Ende des Ersten Weltkriegs schrieb ein englischer Philosoph während eines sechsmonatigen Gefängnisaufenthalts eine vortreffliche Einführung in die grundlegenden Probleme der Mathematik und der Logik. Er war verurteilt worden, weil er eindringlich vor einer seiner Ansicht nach verhängnisvollen Nichtbeachtung der deutschen Friedensangebote gewarnt und folgendes geschrieben hatte:

«... daß die amerikanische Garnison, die sich zu der Zeit in Großbritannien und Frankreich befinden wird – ob sie sich gegen die Deutschen nun als effektiv erweist oder nicht – ohne Zweifel imstande sein wird, die Streikenden einzuschüchtern, eine Tätigkeit, mit der die amerikanische Armee von Haus aus vertraut ist.» [1]

Derselbe Mann mußte im Alter von 70 Jahren zusammen mit seiner vierten Ehefrau eine Woche im Krankenhaus einer Vollzugsanstalt zubringen, weil er mit seiner Teilnahme an Massensitzstreiks zur Wehrdienstverweigerung aufgerufen hatte.

Bertrand Russell (1872–1970) ist neben Sartre einer der bekanntesten westlichen Philosophen unserer Zeit. Dies hat seinen Grund wohl darin, daß Russell sich zeitlebens für aktuelle politische, kulturelle und pädagogische Themen engagierte. Im Unterschied zu seiner Person selbst jedoch kann die Russellsche Philosophie im engeren Sinn kaum als allgemein bekannt betrachtet werden, obgleich sie die Philosophie des angelsächsischen Kulturkreises wesentlich geprägt hat.

Die Familie Russell gehörte zur Whig-Aristokratie. Der Großvater väterlicherseits war Lord John Russell, der eine Zeitlang als Premierminister amtierte, als die liberale Partei an der Macht war. Die Eltern starben früh, und Russell wurde von Privatlehrern und Gouvernanten unter den Auspizien seiner streng religiösen und radikalen Großmutter erzogen. Bereits in jungen Jahren lehnte Russell sich gegen die religiösen Ansichten der Großmutter auf, aber seine Radikalität, seine moralische Stärke und seinen Mut hat er zweifellos von ihr übernommen. Dem Spruch, den sie in die ihm geschenkte Bibel geschrieben hatte, blieb er treu: «Thou shalt not follow a multitude to do evil».

Als Russell elf Jahre alt war, wurde die Basis für sein wissenschaftliches Hauptinteresse geschaffen: die grundlegenden Probleme der Mathematik. Durch seinen älteren Bruder Frank wurde er in die Lehre Euklids eingeführt, und er beherrschte nach kurzer Zeit die Beweisführung in der Ableitung der geometrischen Lehrsätze. Er konnte sich jedoch nicht damit abfinden, den Ausgangspunkt der Beweisführung, die Axiome, ohne Begründung akzeptieren zu müssen. 1890 nahm Russell das Studium der Mathematik an der Universität Cambridge (Trinity College) auf; A. N. Whitehead war sein Lehrer. In diesen Jahren wuchs auch sein Interesse für philosophische Themen, angeregt durch Diskussionen mit dem Verein der «Apostel», dem u. a. auch McTaggart und Moore angehörten. Dank einer Abhandlung über die Grundlagen der Geometrie war er von 1895 bis 1901 als Forscher (Fellowship) am Trinity College angestellt. In dieser Zeit war die Arbeit Russells vom Idealismus Bradleys und McTaggarts sowie von Kant geprägt. Unter dem Einfluß Moores vertritt Russell in *The Principles of Mathematics* (1903) jedoch eine realistische Position. In diesem Werk versucht er aufzuzeigen, daß die Grundbegriffe und Grundprinzipien der Mathematik mit rein logischen Begriffen und Prinzipien definiert und aus ihnen abgeleitet werden können. Diese Auffassung des Verhältnisses zwischen Logik und Mathematik wird als *Logizismus* bezeichnet, ein Standpunkt, den Russell bis zu seinem Tode beibehalten hat. Russell und A. N. Whitehead unternahmen in Zusammenarbeit den detailliert ausgearbeiteten Versuch, die Richtigkeit des Logizismus nachzuweisen. Das Ergebnis war ein monumentales Werk in drei Bänden, die *Principia Mathematica* (1910–13). Hierin sind zwei der bekanntesten Russellschen Theoriestücke enthalten, die Theorie der Kennzeichnungen und die Typentheorie.

Russell durchlief keine reguläre akademische Karriere. Ursachen dafür waren zweifellos sein politisches Engagement in kontroversen Fragen, seine atheistische Haltung und seine Auflehnung gegen die geltende Sexualmoral. Russell pflegte Umgang mit führenden Sozialisten, so mit B. Shaw und H. G. Wells. Während des Burenkriegs wurde er Pazifist, wenn auch nicht in einem absoluten Sinn. So war er der Ansicht, Krieg sei zur Abwehr von Faschismus und Nationalsozialismus gerechtfertigt. Seine aktive Teilnahme an pazifistischen Bewegungen während des Ersten Weltkriegs brachte ihn mehrmals in Konflikt mit den Autoritäten; unter anderem wurde ihm deshalb 1915 die Stellung als Dozent (Lectureship) an der Universität Cambridge gekündigt, die er seit 1910 innegehabt hatte. Es wurde ihm überdies auch der Paß verweigert, so daß er nicht imstande war, eine angebotene Professur an der Harvard-Universität in den USA anzutreten. 1919 erhielt er seine Stelle zurück, gab sie jedoch bereits nach zwei Jahren wieder auf, weil er befürchtete, die Universität könnte aufgrund seiner zweiten Ehe (mit Dora Black) in einen Skandal verwickelt werden. Erst 1944 erhielt er eine feste Anstellung in Cambridge.

Auch für die Gleichberechtigung von Mann und Frau setzte sich Russell ein. 1907 wurde er – ohne Erfolg – bei einer Nachwahl als Kandidat der ‹Frauenpartei› (National Union of Women's Suffrage Societies) für das Parlament aufgestellt. In Büchern wie *Marriage and Morals* (1929) und *The Conquest of Happiness* (1930) plädierte er für die Emanzipation der Frauen und für ein freieres Verhältnis zwischen den Geschlechtern. Die Bedeutung dieser und ähnlicher Veröffentlichungen wird im Russell-Buch des bedeutenden britischen Empiristen A. J. Ayer deutlich:

«Diese Bücher, die zu jener Zeit als schockierend empfunden wurden und die sich aufgrund ihrer Fürsprache für ein gewisses Maß an sexueller Freiheit in der Tat für ihren Verfasser als nachteilig erweisen sollten, haben selbst zu jener Klimaveränderung beigetragen, die sie heute als veraltet erscheinen läßt. Sie sind nicht von der gleichen Tiefe wie die mehr akademischen Werke Russells, aber sie sind vortrefflich geschrieben und vertreten eine moralische Lebenshaltung, die vernünftig und human ist. Ich habe sie gleich nach ihrem ersten Erscheinen gelesen und kann aus meiner eigenen jugendlichen Erfahrung heraus ihre aufklärende Wirkung bestätigen.» [2]

Aus der Ehe mit Dora Black gingen zwei Kinder hervor, und da die Eltern keine Schule fanden, die ihren pädagogischen Vorstellungen entsprach, gründeten sie eine eigene. Russells Beitrag an der schulischen Arbeit endete 1932, als er Dora verließ. Die Schule bestand jedoch weiter bis zum Beginn des Zweiten Weltkriegs. Während dieser Zeit kandidierte Russell zweimal für die Labour-Partei, ohne jedoch in das Parlament gewählt zu werden. Er stand zudem unter einem gewissen finanziellen Druck, da er den größten Teil seines Vermögens verschenkt hatte. Dies war einer der Gründe, weshalb er mehrere Vortragstourneen in den USA durchführte und ein Buch nach dem anderen schrieb. Die bekanntesten philosophischen Werke sind: *Our Knowledge of the External World as a Field for Scientific Method in Philosophy* (1914), *The Philosophy of Logical Atomism* (1918) – ursprünglich in *The Monist* als Aufsatzreihe gedruckt –, *The Analysis of Mind* (1921), *The Analysis of Matter* (1927) und *An Inquiry into Meaning and Truth* (1940).

1938 ging Russell zusammen mit seiner dritten Frau Patricia (Peter) Spence als Gastprofessor in die USA. Doch auch hier kam er mit den Autoritäten in Konflikt. Zu der Professur, die er in New York hätte antreten sollen, kam es nicht, da er wegen der sexuellen Unmoral, die er in seinen Büchern und seinem Unterricht angeblich förderte, angeklagt und verurteilt wurde. Gegen Kriegsende kündigten sich für Russell bessere Zeiten an: Er erhielt eine Fellowship am Trinity College, und seine *History of Western Philosophy* (1945) wurde zu einem solchen Verkaufsschlager, daß er fortan keinerlei finanzielle Sorgen mehr hatte. Sein letztes größeres philosophisches Werk *Human Knowledge: Its Scope and Limits* erschien 1948. Nach dem Krieg wurde ihm auch von offizieller Seite Anerkennung zuteil: Russell erhielt 1949 die Verdienstmedaille und im darauffolgenden Jahr den Nobelpreis für Literatur. In den Nachkriegsjahren entwickelte Russell eine stark antikommunistische Haltung, was sich die britischen Behörden zunutze machten, indem sie ihn offiziell auf Vortragstourneen schickten, die ihn unter anderem nach Berlin und Norwegen führten.

In den letzten 30 Jahren seines Lebens widmete Russell sich vorwiegend politischen Themen. So hegte er die Befürchtung, der Einsatz von Kernwaffen in einem dritten Weltkrieg (der ihm unter den gegebenen Umständen wahrscheinlich erschien) würde die Auslöschung des größten Teils der Menschheit zur Folge haben. Ende der 40er Jahre trat er dafür ein, daß die USA unter Androhung des Einsatzes von Atombomben Zwang auf die Sowjetunion ausüben sollten. Mitte der 50er Jahre hingegen nahm er aktiv an mehreren Kampagnen und Sitzstreiks für Wehrdienstverweigerung und Abrüstung teil. Er vertrat nunmehr die Auffassung, der erste Schritt auf dem Wege zu allgemeiner Abrüstung müsse der Verzicht auf Atomwaffen sein. Während dieser Zeit forderte er auch mit Nachdruck die Bildung einer Weltregierung. Russell nahm zudem aktiv Stellung zur Situation der Araber in Israel und der Juden in der Sowjetunion sowie zur Lage der politischen Gefangenen in der DDR und in Griechenland.

Im Laufe der 60er Jahre gelangte Russell zur Überzeugung, die Politik der USA bedeute die größte Gefahr für den Weltfrieden. Der Wunsch, hierfür Beweise zu erbringen, war mit ein Grund, weshalb er ein internationales Kriegsverbrechertribunal ins Leben rief, welches die Handlungen der USA in Vietnam offenlegen sollte.

Freiheit und Kreativität

Russells letztes Buch – abgesehen von seiner Autobiographie – war denn auch *War Crimes in Vietnam* (1967). Das erste seiner 71 Bücher und kleineren Schriften hatte sich ebenfalls mit politischen Themen befaßt, *German Social Democracy* (1896). Die wichtigsten politischen Werke Russells sind: *Principles of Social Reconstruction* (1916), *Roads to Freedom* (1918), *Freedom and Organization 1814–1914* (1934) und *Power* (1938). Man kann nicht sagen, daß Russell eine zusammenhängende, umfassende und tiefgründige politische Philosophie entwickelt hätte. In bezug auf konkretere Fragen, etwa wie der Weltfrieden am besten zu sichern sei, hat er seinen Standpunkt auch mehrfach geändert. Dennoch lassen sich gewisse, für den politischen Gedankengang Russells kennzeichnende Grundprobleme und Grundhaltungen erkennen.

Ein wiederkehrendes Thema ist die Frage, wie sich größtmögliche persönliche Freiheit und Entfaltung individueller kreativer Impulse mit friedlicher und stabiler Organisation im nationalen wie im internationalen Bereich vereinbaren lassen. Wie ist die Freiheit des einzelnen mit einer gerechten Verteilung der in der Gesellschaft geschaffenen Güter in Einklang zu bringen? Verschärft wird dieses Problem nach Russell angesichts der Tatsache, daß das Sozialverhalten bisher vom Streben nach Macht beherrscht wurde, wenngleich sich nicht bestreiten lasse, daß es sowohl altruistische als auch egoistische Wünsche gibt. Russell richtet seine Kritik vorwiegend an die Adresse jener Institutionen, die zu einer unterdrückenden Machtkonzentration führen. Im Gegenzug entwirft er Modelle der ökonomischen Organisation, der Erziehung und Formen des Zusammenlebens und der internationalen Beziehungen, die der kreativen Entfaltung und persönlichen Freiheit des einzelnen förderlich sein können.[3] Für den Bereich der Volkswirtschaft befürwortet Russell einerseits eine Form des Sozialismus, einfach deshalb, weil er die Unterdrückung und Ungerechtigkeit, die er in der privatkapitalistischen Konzentration der Wirtschaftsmacht zu sehen glaubt, verurteilt. Andererseits steht er einer zu starken Machtkonzentration auf seiten des Staates, auch im wirtschaftlichen Bereich, sehr skeptisch gegenüber. Zum Ausdruck kommt dies unter anderem in seinen Vorbehalten gegenüber dem Sowjet-Sozialismus, die er in *The Theory and Practice of Bolshevism* (1920), geschrieben nach einer längeren Reise in die Sowjetunion im gleichen Jahr, formuliert hat. Gleiches wird in Russells Kritik am Kommunismus nach dem Zweiten Weltkrieg deutlich.

Wie erwähnt, interessierte Russell sich seit seiner Jugend für politische Fragen. Es war insbesondere der Kriegsausbruch von 1914 mit seinen nachfolgenden Greueln, seiner Unmenschlichkeit und auch der Kriegsbegeisterung, die er in seinem geliebten England erlebte, die Russell politisch aktiv werden ließen. Die folgenden Zeilen aus dem Jahre 1916 wurden unter dem Eindruck des Kriegs verfaßt und vermitteln ein recht gutes Bild darüber, wie Russell sich die Richtung vorstellt, in die die Entwicklung zu einer besseren Gesellschaft gehen sollte:

«Sowohl im politischen als im privaten Leben sollte es der erste Grundsatz sein, alles, was schöpferisch ist, zu fördern und somit die Wünsche und Impulse, die sich auf Besitz konzentrieren, zu verringern. Der augenblickliche Staat ist in sehr ausgeprägter Weise eine Verkörperung der auf Besitz gerichteten Impulse. Innerhalb seiner Grenzen schützt er den Reichen gegen den Armen, nach außen verwendet er seine Macht zur Ausbeutung niederer Rassen und zum Wettbewerb mit anderen Staaten. Unser gesamtes Wirtschaftssystem befaßt sich ausschließlich mit Besitz. Jedoch die Produktion von Waren ist eine Art Schaffen, und abgesehen von dem unabänderlich mechanischen und eintönigen Teil könnte sie den schöpferischen Impulsen als Gelegenheit zur Betätigung dienen. Sehr viel könnte in dieser Richtung erreicht werden, wenn aus den Produzenten einer bestimmten Art von Ware eine autonome Demokratie gebildet würde, die der Staatskontrolle hinsichtlich des Preises ihrer Ware unterstellt wäre, nicht aber hinsichtlich der Art und Weise ihrer Produktion.

Erziehung, Ehe und Religion sind wesentlich schöpferisch, doch alle drei sind durch das Eindringen auf Besitz gerichteter Motive verdorben worden. Erziehung wird gewöhnlich mehr als ein Mittel angesehen, den Status quo durch Einprägen von Vorurteilen zu verlängern, statt freies Denken zu schaffen und eine vornehme Anschauung durch das Beispiel großherzigen Fühlens und den Ansporn zu geistigem Wagnis. In der Ehe wird die schöpferische Liebe durch besitzsüchtige Eifersucht in Ketten geschlagen. Religion, welche die schöpferische Vision des Geistes befreien sollte, ist gewöhnlich mehr darauf bedacht, das Instinktleben zu unterdrücken und die umstürzlerische Tendenz des Gedankens zu bekämpfen. Hier überall ist die Furcht, die aus der Sorge um den Besitz erwächst, an die Stelle der Hoffnung getreten, die schöpferischer Kraft entstammt. Das Verlangen, andre auszurauben, wird in der Theorie als schlecht erkannt, aber die Furcht, beraubt zu werden, ist wenig besser. Jedoch diese beiden Motive beherrschen neun Zehntel des politischen und privaten Lebens.» [4]

Die Aufgaben der Philosophie

Bei seiner Arbeit mit den grundlegenden Problemen der Mathematik und unter dem Eindruck der Arbeiten Freges, von denen Russell während seiner Überarbeitung der *Principles of Mathematics* Kenntnis erlangte, entwickelte er nach und nach die Grundhaltung und Vorgehensweise in bezug auf die Aufgaben, Themen und Probleme der Philosophie, die für ihn typisch wurde. In mancherlei Hinsicht ist diese Grundhaltung recht traditionell. Eine der philosophischen Aufgaben ist es zu bestimmen, welche Arten von Entitäten (Dinge im weitesten Sinne) grundsätzlich als vorhanden angesehen werden müssen. Weiterhin ist es eine philosophische Aufgabe, in verschiedenen Bereichen die Struktur der Erkenntnis und ihre Glaubwürdigkeit bzw. Gewißheit zu bestimmen. Dabei ist Russells Vorgehensweise jedoch zum Teil untraditionell. Er leitet jeweils seine philosophischen Überlegungen mit einer Reihe von Common-sense-Annahmen bzw. allgemein anerkannten wissenschaftlichen Annahmen ein. Die philosophische Analyse ergibt sich aus der Beantwortung der Frage: Von welchen Arten von Entitäten (Dingen im weitesten Sinne) muß ausgegangen werden, wenn die Common-sense-Annahmen wahr und glaubwürdig sein sollen?

Generell hat Russell sich bei seinen Analysen von drei Gesichtspunkten leiten lassen. Der erste ist *empiristisch* bzw. positivistisch: Was wir am sichersten und glaubwürdigsten wissen, ist das, von dem wir eine unmittelbare Kenntnis haben, das sogenannte unmittelbar Gegebene, sei es sinn-, gefühls- oder gedankenbezogen. Dieser Gesichtspunkt stimmt mit der Ansicht überein, daß das, von dem wir auf diese Weise Kenntnis haben (oder von dem wir mit der allergrößten Wahrscheinlichkeit ausgehen), in der Regel nicht allgemeingültig sein oder ein notwendiges Merkmal dieser Welt bezeichnen kann. Russell unterscheidet dabei durchweg zwischen unmittelbarer Kenntnis und dem, was durch Schlußfolgerung aus dem unmittelbaren Wissen erkannt werden muß, das heißt zwischen direkter und indirekter Erkenntnis.[5] Bezüglich des Umfangs und der Eigenarten des unmittelbar Gegebenen hat Russell mehrfach seine Meinung geändert, dabei jedoch im großen und ganzen seine Grundhaltung seit Beginn des Jahrhunderts beibehalten.

Zum zweiten ist Russell ein starker Verfechter des als *Ockhamsches Rasiermesser* bezeichneten Prinzips. Dieses Prinzip besagt, daß bei einer philosophischen Darstellung über Struktur und Inhalt einer bestimmten Wissenschaft (oder eines bestimmten Erkenntnisbereichs) alles Überflüssige und Unnötige ausgeschieden werden soll. Überflüssig in diesem Sinn sind Entitäten und Prinzipien, die nicht zu jenem Minimum an Annahmen gehören, die wir treffen müssen, wenn wir die logische Struktur einer bestimmten Wissenschaft oder eines bestimmten Erkenntnisbereichs darstellen wollen. So hat Russell behauptet, Dinge im alltäglichen Sinn seien überflüssig deshalb, weil das alltägliche Sprechen über die Veränderungen eines Gegenstands in bezug auf seine Form, Farbe, Lage usw. etwas durch sämtliche Veränderungen hindurch Gleichbleibendes voraussetzt – etwas Bleibendes, das jedoch nicht anhand der Eigenschaften des Gegenstands oder anhand von dessen Relationen zu anderen Dingen identifizierbar sei. Mit dieser Kritik wird zugleich angedeutet, wie man einen Begriff konstruieren kann, der die gleiche wissenschaftliche Funktion wie der Begriff der Dinge hat, aber nicht von der Annahme einer nichtsichtbaren Konstanten ausgeht: Der Begriff des Dings muß ersetzt werden durch den Begriff einer Serie dessen, was wir normalerweise als Aspekte bzw. Erscheinungen (appearances) des Gegenstands bezeichnen. In diesem Zusammenhang stellt Russell sogar die Behauptung auf, das Ockhamsche Prinzip sei eine Maxime, von der jegliche wissenschaftliche Philosophie inspiriert sei.[6] Die angedeutete Art, in der Russell das Rasiermesser in Verbindung mit dem alltäglichen Dingbegriff anwendet, zeigt jedoch, daß das Prinzip nur in Verbindung mit bestimmten philosophischen Auffassungen Gültigkeit erhält – und zwar Auffassungen darüber, was als grundlegende einfache Entitäten und Prinzipien angesehen werden muß. Bei Russell wird diese Auffassung durchweg durch seine empiristische Grundhaltung bestimmt.

Zum dritten läßt Russell sich bei seinen Analysen durch gewisse *logische Doktrinen* und Theorien leiten, deren wichtigste im folgenden dargestellt werden sollen. In den meisten Fällen geht es hier um die Frage, welche Arten von grundlegend verschiedenen Aussagen es von der logischen Form her gesehen gibt und wie Aussagen oder Sätze, welche nicht zu diesen Arten von Aussagen gehören, entweder als aus solchen zusammengesetzt oder aber als in solche umwandelbar angesehen werden können. Dies ist auch der Grund, weshalb die Russellsche Form der philosophischen Analyse häufig als logische Analyse bezeichnet wird und Russell selbst die Logik als das Wesen der Philosophie bezeichnen konnte.[7]

Russells Musterbeispiel (Paradigma) für eine umfassende logische Analyse ist der Nachweis, wie die Mathematik sich aus rein logischen Prinzipien und Begriffen ableiten läßt, und zwar durch Klärung des Inhalts und des Charakters dieser Begriffe und Prinzipien. Auf diesen sogenannten logizistischen Standpunkt kann hier nicht näher eingegangen werden; ein einzelner Punkt aber mag verdeutlichen, was Russell unter logischen Konstruktionen bzw. logischen Fiktionen versteht – die Ergebnisse des dem Analyseprozeß entgegengesetzten Vorgangs. Es ist einer der Eckpfeiler des Logizismus, daß die Regeln für die Arithmetik der natürlichen Zahlen und die hierin angewandten Grundbegriffe sich aus mengentheoretischen und relationslogischen Begriffen bestimmen lassen. Wenn man die Analyse nicht weiter vertiefen kann, muß man den Mengen- oder Klassenbegriff für einen ursprünglichen oder undefinierten Begriff halten. Damit aber gab sich Russell nicht zufrieden, nicht nur aufgrund der von ihm aufgedeckten Paradoxien der Mengenlehre, sondern auch, weil er der Ansicht war, daß der grundlegende Unterschied zwischen Mengen und Einzeldingen leicht übersehen werden kann. Wenn man diesen Unterschied übersieht, verwickelt man sich in Absurditäten; denn wir müßten immer dann, wenn wir n Dinge hätten, sagen, daß wir auch 2^n Dinge hätten, da sich aus n Dingen 2^n Auswahlen bilden lassen. Bei einer dinglichen Auffassung von Klassen hätten wir somit immer mehr Dinge, als wir schon haben, da 2^n bekanntlich immer größer als n ist. An einem einfachen Beispiel verdeutlicht: Immer, wenn wir ein Paar Schuhe hätten, dann hätten wir vier Dinge, und zwar den einen Schuh, den anderen Schuh, ein Paar Schuhe und keine Schuhe (die leere Menge).[8]

Russell versucht nun aufzuzeigen, wie man es vermeidet, daß Klassen als eine besondere Größe neben den Einzeldingen auftreten. Er beschreibt ein Verfahren, mit dessen Hilfe Ausdrücke, die die Bezeichnung einer Klasse enthalten, immer in Ausdrücke umformuliert werden können, die keine Klassenbezeichnung enthalten, sondern lediglich Bezeichnungen für Aussagefunktionen sind. Ausdrücke oder Symbole, die Klassenbezeichnungen enthalten und auf diese Weise durch andere Symbole ersetzt werden können, bezeichnet Russell als unvollständige Symbole.[9] Das durch diese Ausdrücke normalerweise Bezeichnete nennt man logische Konstruktionen bzw. logische Fiktionen.[10] Russell bestreitet jedoch nicht ohne weiteres, daß es so etwas wie Klassen geben könnte. Er glaubt lediglich, nachgewiesen zu haben, daß wir die Existenz solcher Entitäten nicht anzunehmen brauchen.

Die Russellsche Antinomie

Im Rahmen seines Versuchs, den Beweis für die Ableitbarkeit der Mathematik aus der Logik zu führen, stieß Russell aufgrund seiner damaligen realistischen Haltung auf Probleme, die den Anstoß zur Entwicklung der zwei logischen Theorien gaben, durch die er hauptsächlich bekannt wurde.

Die eine dieser Theorien ist die sogenannte Typentheorie. Der Grund für deren Entwicklung war die «Antinomie der Mengenlehre», der Widerspruch, auf den Russell stieß, als er wie Frege den Versuch unternahm, die natürlichen Zahlen aus dem Klassenbegriff heraus zu definieren. Diese Antinomie ist eine besondere Form des allgemeinen Paradoxes, das schon der Antike im Zusammenhang mit den sich auf sich selbst beziehenden Sätzen und Ausdrücken zum Problem geworden war. Die *Russellsche Antinomie* kommt wie folgt zustande: Wenn von einer Klasse gesprochen oder auf sie Bezug genommen wird, dann kann eine Klasse entweder extensional oder intensional bestimmt sein. Eine extensionale Bestimmung liegt vor, wenn sie sich aus der Aufzählung der Klassenelemente ergibt. Beispiele für das extensionale Bestimmen von Klassen wären: die Klasse bestehend aus den Zahlen 1, 2, 3, 5, 7; die Klasse bestehend aus den Mitgliedern Kurt-Georg Kiesinger, Willy Brandt, Helmut Schmidt, Helmut Kohl. Eine intensionale Bestimmung einer Klasse liegt vor, wenn sie mit Hilfe einer oder mehrerer Eigenschaften definiert wird, die eine Entität erfüllen muß, um Element der Klasse zu sein. Beispiele für das intensionale Bestimmen von Klassen wären: die Klasse der Primzahlen zwischen 1 und 10; die Klasse der deutschen Bundeskanzler von 1965 bis 1992. In vielen Fällen mag es belanglos erscheinen, ob eine Klasse intensional oder extensional bestimmt wird. Für eine extensionale Bestimmung mag höchstens sprechen, daß sie die exaktere zu sein scheint, weil offenbar kein Zweifel darüber entstehen kann, ob eine bestimmte Entität Mitglied der Klasse ist oder nicht. Es kann dagegen häufig Streit darüber aufkommen, ob eine bestimmte Entität Mitglied einer intensional bestimmten Klasse ist. Würde eine Klasse als die Klasse der bürgerlichen Parteien in der Bundesrepublik Deutschland in den 70er und 80er Jahren bestimmt, so könnte sich durchaus eine Diskussion darüber ergeben, ob die SPD eine bürgerliche Partei ist oder nicht. In vielen Zusammenhängen aber besteht die Notwendigkeit, Klassen zu nennen oder Bezug auf sie zu nehmen, die sich nicht extensional bestimmen lassen. Dies gilt für Klassen, die eine unendliche Anzahl von Elementen haben, zum Beispiel die Klasse der Primzahlen oder die Klasse der ganzen Zahlen. Russell operiert denn auch mit der intensionalen Bestimmung von Klassen, da die Bestimmung einer Klasse aus einer Aussagefunktion heraus erfolgt.

Eine bestimmte Klasse besteht aus den Entitäten, die eine bestimmte Aussagefunktion wahr werden lassen. So besteht die Klasse der Menschen aus den Entitäten, die «x ist ein Mensch» wahr werden lassen; die Klasse der Primzahlen aus den Entitäten, die «x ist eine Primzahl» wahr werden lassen. Auf die gleiche Weise lassen sich Klassen bilden, deren Elemente selbst Klassen sind, so die Klasse der zählbaren Klassen. Wenn jedoch keine Grenzen dafür abgesteckt wurden, wie weit man bei der Bildung von Klassen aus Klassen gehen darf, dann entsteht die Klassenantinomie. Denn über einige Klassen ließe sich mit einer gewissen Berechtigung sagen, sie seien kein Element aus sich selbst, zum Beispiel die Klasse der deutschen Bundeskanzler, wohingegen es bei anderen Klassen angemessen erscheint zu sagen, sie seien ein Element aus sich selbst, zum Beispiel die Klasse der zählbaren Klassen. So gesehen mag es richtig erscheinen, daß durch die Aussagefunktionen «x ist ein Element aus sich selbst» und «x ist nicht ein Element aus sich selbst» zwei Klassen gebildet werden. Fragt man jedoch, ob die durch die zuletzt genannte Aussagefunktion bestimmte Klasse – also die Klasse der Klassen, welche nicht Elemente aus sich selbst sind – nun selbst ein Element aus sich selbst ist oder nicht, so tritt der Widerspruch zutage. Wenn wir nämlich annehmen, daß diese Klasse ein Element aus sich selbst ist, dann folgt daraus, daß sie nicht ein Element aus sich selbst ist, da sie ja als die Klasse definiert wurde, deren Elemente *nicht* Elemente aus sich selbst sind. Und wenn wir annehmen, daß diese Klasse nicht ein Element aus sich selbst ist, dann folgt daraus, daß sie ein Element aus sich selbst ist, weil sie nämlich in diesem Fall die Aussagefunktion «x ist nicht ein Element aus sich selbst» erfüllt.

Die Klassenantinomie – sie wird zuweilen auch als Russellsche Antinomie bezeichnet – mag als technische Spitzfindigkeit erscheinen. Zwei Umstände sollten wir dabei aber beachten, die es verständlich werden lassen, weshalb für Russell und viele andere kein Weg an ihr vorbeiführte. Erstens: Die Antinomie wurde bei dem Versuch entdeckt, die Mathematik auf einer rein logischen Grundlage aufzubauen. Wenn man wie Russell der Meinung ist, die Mathematik – seit der Antike das Musterbeispiel für klare und unzweideutige Erkenntnis – sei nur durch Nachweisbarkeit ihrer logischen Grundlage über alle Zweifel erhaben, dann ist es in der Tat bedenklich, wenn bei dem Versuch, diese Grundlage zu schaffen, derartige Widersprüche auftreten. Zweitens: Wie Russell zeigte, ist die Klassenantinomie nur einer von vielen ähnlich gelagerten Widersprüchen, von denen einige seit der Antike bekannt sind. Solche Widersprüche entstehen zum Beispiel, wenn bei Sätzen wie «Diese Aussage ist falsch» oder «Ich lüge» die Frage gestellt wird, ob es sich jeweils um eine wahre Aussage resp. eine Lüge handelt.

Russell diagnostiziert die Misere der Klassenantinomie und ähnlicher Widersprüche als eine unzulässige Form der Eigenreferenz oder Reflexivität. Es handelt sich dabei um die Bildung unzulässiger Ganzheiten bzw. einen Bruch mit dem, was Russell als das Prinzip des Teufelskreises bezeichnet. Diese unzulässige Form der Eigenreferenz entsteht immer dann, wenn über sämtliche Fälle einer bestimmten Art eine Pauschalaussage gemacht und dadurch ein neuer Fall gebildet wird, der den soeben genannten sowohl gleich als auch ungleich ist.[11]

Abhilfe soll hier nach Ansicht von Russell die sogenannte *Typentheorie* schaffen. Der Grundgedanke ist der, eine Hierarchie von Entitätstypen (Klassen, Aussagen oder Aussagenfunktionen) zu bilden, dafür zu sorgen, daß jede ordnungsgemäß bestimmte Entität nur einem einzigen logischen Typ angehört, und zu verhindern, daß aus Entitäten eines logischen Typs eine neue Entität gebildet werden kann, es sei denn, diese Entität gehört selbst einem höhergestellten logischen Typ an. In bezug auf Klassen läßt sich die Hierarchie in ihrer einfachen Form wie folgt beschreiben: Grundtyp sind die Individuen, danach kommen Klassen von Individuen, als nächstes wiederum Klassen von Klassen von Individuen usw. Bei den Funktionen gilt die Regel wie folgt: Funktionen der 1. Ordnung haben nur individuenbezogene Variablen, Funktionen der 2. Ordnung haben nur Funktionen der 1. Ordnung als Variablen usw. Auf diese Weise wird die Klassenantinomie vermieden, indem eine Aussage wie «x ist nicht ein Element aus sich selbst» ganz einfach unzulässig ist. Dementsprechend ist eine Aussage wie «Die Klasse der Klassen, welche sich nicht selbst als Elemente enthalten, ist ein Element aus sich selbst» weder wahr noch falsch, sondern sinnlos. Aus der Art und Weise, wie Russell die Typentheorie gestaltete, ergeben sich neue Probleme, die Russell selbst erkannte[12]; aber er blieb dabei, daß irgendeine Form der Typentheorie notwendig ist. Der Grundgedanke der Typentheorie hat die analytische Philosophie später erheblich beeinflußt. Auf die Typentheorie geht zum Beispiel die Einsicht zurück, daß der Unterscheidung zwischen wahren und falschen Aussagen eine noch fundamentalere Unterscheidung zwischen sinnvollen und sinnlosen Sätzen bzw. Aussagen zugrunde liegt. Ausgehend von dieser Unterscheidung kann man dann in gewissen Fällen versuchen, zu einer Lösung – oder besser Auflösung – eines verzwickten Problems zu gelangen, indem man nachweist, daß von zwei scheinbar sich widersprechenden Positionen keine wahr oder falsch sein kann, sondern daß vielmehr beide sinnlos sind aufgrund der Tatsache, daß sie irgendein Prinzip der sinnvollen Zusammensetzung von Symbolen oder Ausdrücken verletzen. Die Typentheorie zusammen mit der anderen wichtigen logischen Theorie Russells, der Theorie der Kennzeichnungen, wurde zugleich zu einem Musterbeispiel dafür, daß in einer logisch-philosophischen Analyse zwischen der logischen und der grammatischen Form von Sätzen unterschieden werden muß.

Die Russellsche Theorie der Kennzeichnungen

Russells Theorie der Kennzeichnungen ist ein Resultat seiner Überlegungen in *The Principles of Mathematics*. Die realistische Position, die Russell in diesem Werk vertritt, wird unter anderem in den folgenden beiden Annahmen deutlich. Erstens: Der Sinn eines Namens ist das, was durch den Namen benannt wird. Diese Annahme wird von Russell auch so ausgelegt, daß ein Name einen isolierten Sinn hat, d. h., ein Name hat einen Sinn, auch wenn er nicht in einem bestimmten Zusammenhang mit anderen Zeichen auftritt.[13] Zweitens: Alle bezeichnenden Ausdrücke sind Namen im semantischen Sinn; der Sinn eines solchen Ausdrucks ist das, was der Ausdruck bezeichnet.[14] Unter einem «bezeichnenden Ausdruck» versteht Russell einen Ausdruck, der als Subjekt in einem Satz auftreten kann wie «alle Menschen», «ein Mensch», «das runde Viereck». Der aus diesen semantischen Theorien über Namen und bezeichnende Ausdrücke folgende Realismus beruht auf der Annahme, daß Dinge wie der Weihnachtsmann, runde Vierecke oder der Abriß der Berliner Mauer im Jahre 1984 in gewissem Sinne existieren, und zwar deshalb, weil «der Weihnachtsmann», «runde Vierecke» oder «der Abriß der Berliner Mauer im Jahre 1984» in Sätzen auftreten können, die Sinn machen wie «Der Weihnachtsmann hat einen weißen Bart», «Runde Vierecke gibt es nicht» oder «Der Abriß der Berliner Mauer im Jahre 1984 war eine Sensation». Gemäß dieser Annahme muß es etwas geben, was die bezeichnenden Ausdrücke bezeichnen, wenn sie in sinnvollen Sätzen auftreten. Dies hat allerdings zur Folge, daß es nicht möglich ist, die Existenz auch absurder Dinge völlig zu bestreiten. Denn um die Existenz einer Sache bestreiten zu können, muß man die Sache, deren Existenz man bestreiten will, zunächst einmal bestimmen. Eine solche Bestimmung macht offensichtlich die Anwendung eines bezeichnenden Ausdrucks erforderlich.

Nach *The Principles of Mathematics* steht Russell dieser extremen Form des Realismus jedoch mit steigender Skepsis gegenüber. Er ist nun um eine Abschwächung seines Standpunkts bemüht durch Preisgabe seiner bisherigen Annahme, daß es verschiedene Typen von bezeichnenden Ausdrücken geben müsse. Von den Klassenbezeichnungen wurde bereits gesagt, daß Russell diese in den *Principia Mathematica* (und später) als unvollständige Symbole auffaßt, weil Klassen als logische Fiktionen verstanden werden. Bei Ausdrücken wie «alle Menschen», «einige Menschen» u. ä. benutzt Russell die Funktionslogik und die Typentheorie. Für eine wichtige Gruppe unter den bezeichnenden Ausdrücken fehlt jedoch noch eine Umschreibungsmöglichkeit, und zwar für Ausdrücke wie «der höchste Schneemann der Welt», «der größte Hochstapler nördlich der Alpen» oder «die kleinste Primzahl». Für derartige bestimmte Kennzeichnungen hält Russells Theorie nun eine Umschreibungsprozedur bereit, so daß diese Ausdrücke sich als unvollständige Symbole erweisen, die zwar grammatisch betrachtet Subjekte sind, nicht jedoch in bezug auf die Logik.

Zur Begründung dafür, daß Kennzeichnungen nicht als Namen im eigentlichen Sinn aufgefaßt werden können, weist Russell auf das Problem hin, das auch Frege dazu veranlaßt hatte, seine Unterscheidung zwischen Sinn und Bedeutung einzuführen. Wenn wir bei Aussagen von der Form «a = das, was so und so ist», zum Beispiel «Napoleon ist der größte Bäckermeister Frankreichs», die Kennzeichnungen als Namen auffassen, dann muß die Aussage entweder eine reine Banalität von der Art «a = a» oder aber falsch sein. Im Regelfall würden wir jedoch sagen, eine Aussage dieser Art könne entweder wahr oder falsch, jedoch niemals nur trivial sein.[15] Wenn Kennzeichnungen als Namen aufgefaßt werden, dann stellen sich, wie bereits erwähnt, auch bei negativen Existenzaussagen, in denen Kennzeichnungen verwendet werden, Probleme ein. Aussagen wie «Das, was so und so ist, gibt es nicht», zum Beispiel «Den tibetischen Schneemenschen gibt es nicht», müssen dann zwangsläufig entweder sinnlos oder falsch sein. Problematisch sind auch Aussagen von der Art «Das, was so und so ist, ist P», wobei P irgendein Prädikat ist, zum Beispiel «Der Geist, der soeben durch das Wohnzimmer schlich, ist böse», wenn das, was so und so ist, nicht existiert. Wenn nämlich die Kennzeichnung in der Position des Subjekts als Name im Russellschen Sinn verstanden wird, dann folgt daraus, daß sowohl derartige Aussagen als auch deren Negationen, also «Das, was so und so ist, ist nicht P», voraussetzen, daß es irgend etwas gibt, was so und so ist.[16]

Ziel der Russellschen Analyse der Kennzeichnungen ist es, den Inhalt einer Kennzeichnung, der als Aussagefunktion «x ist so und so» ausgedrückt wird, von der Bezugs- bzw. Demonstrativfunktion der Kennzeichnung, angegeben durch einen Existenzquantor «Es gibt ein x...», zu trennen. Ziel der Umschreibungsprozedur bei Nicht-Existenzsätzen, die Kennzeichnungen enthalten, ist die ausdrückliche Angabe der Existenzaussage, die aufgrund der Analyse in jedem Satz dieses Typs verborgen sein muß. Hier einige Beispiele für solche Umschreibungen:

(1) «Der HSV ist deutscher Fußballmeister 1987»

wird zu

(1') «Es gibt ein und nur ein x, so daß x deutscher Fußballmeister 1987 und x gleich HSV ist»

(2) «Russell erhielt 1950 den Nobelpreis»

wird zu

(2') «Es gibt ein und nur ein x, so daß x Nobelpreisträger 1950 und x gleich Russell ist»

(3) «Der Abriß der Berliner Mauer im Jahre 1984 war eine Sensation»

wird zu

(3') «Es gibt ein und nur ein x, so daß x der Abriß der Berliner Mauer im Jahre 1984 und x eine Sensation ist»

Aussagen dieser Art können aufgrund dieser Analyse in dreifachem Sinn falsch sein: Die explizite Existenzaussage kann falsch sein, wie im Beispiel (3): Es hat keinen Abriß der Berliner Mauer im Jahre 1984 gegeben. Die Existenzaussage kann wahr, die Identifikation jedoch falsch sein, wie im Beispiel (1): Es gibt einen deutschen Fußballmeister 1987, aber es war Bayern München und nicht der Hamburger SV. Schließlich kann ein solcher Satz falsch sein, weil es mehr Entitäten als nur die eine gibt, die alle die Aussagenfunktion erfüllen, wie im Beispiel (2): Es gab im Jahre 1950 neben Russell noch weitere Nobelpreisträger.

Was die Existenzaussagen, die Kennzeichnungen enthalten, betrifft, so geht es bei der Umschreibung nur darum, die Bezugsfunktion vom Kennzeicheninhalt zu trennen. So wird der Satz «Den tibetischen Schneemenschen gibt es nicht» wie folgt umgeschrieben: «Es gibt nicht ein und nur ein x, so daß x der tibetische Schneemensch ist».

Kennzeichnungen erweisen sich bei dieser Analyse als unvollständige Symbole, und auf diese Weise lösen wir die Probleme, die der Anlaß für die Theorie waren. Die Russellsche Theorie der Kennzeichnungen hat in zweierlei Hinsicht für einen Großteil der analytischen Philosophie Schule gemacht: zum einen durch die These, daß sich gewisse Probleme lösen lassen, wenn wir zwischen der grammatischen und der logischen Form eines Ausdrucks unterscheiden; das grammatische Subjekt eines Satzes muß, wie Russells Beispiel zeigt, nicht unbedingt mit dem logischen Subjekt, das heißt der Sache, über die eine Aussage gemacht wird, identisch sein. Beispielhaft ist Russells Analyse aber auch insofern, als sie aufzeigt, daß die korrekte Formulierung der logischen Form eines Satztyps die Wahrheitsbedingungen für diesen Satztypus angeben muß. Die Art und Weise dagegen, in der Russell die Theorie der Kennzeichnungen mit erkenntnistheoretischen und metaphysischen Überlegungen verknüpfte, hat wenig Zustimmung gefunden.

Das unmittelbar Gegebene und die physische Welt

In den philosophischen Werken, die nicht in erster Linie logischen Problemen gelten, geht es Russell vor allem um die Reflexion auf die Situation des Menschen in dieser Welt. Er folgt dafür zwei verschiedenen Perspektiven. Auf der einen Seite nimmt er seinen Ausgangspunkt in den von der Naturwissenschaft allgemein akzeptierten Gegebenheiten und umreißt aufgrund dieser die Grundzüge des Universums. In dieser Perspektive erscheinen Mensch und menschliche Erkenntnis als kurzlebige und unbedeutende Vorkommnisse. Auf der anderen Seite versucht er aufzuzeigen, auf welche Weise, nach welchen Prinzipien und in welchem Umfang das Individuum zu einer solchen Erkenntnis gelangen kann.[17] In dieser Perspektive nehmen der Mensch und seine Erkenntnismöglichkeiten eine zentrale Stellung ein.

In bezug auf diese zweite zentrale Frage stimmt Russell weitgehend mit der britischen empiristischen Tradition überein. Russell unterscheidet zwei Arten von Erkenntnis, die der Mensch von den Dingen haben kann: (1) die Erkenntnis durch Bekanntschaft mit den Dingen, die uns unmittelbar bewußt sind oder die wir unmittelbar erfahren und erleben (knowledge by acquaintance), (2) die Erkenntnis durch Beschreibung (knowledge by description).[18] In bezug auf die Sinneserkenntnis ist Russell ein Anhänger der Sinnesdatentheorie; nach seiner Ansicht können wir von physischen Dingen selbst keine Kenntnis haben. Grob gesagt hat Russell zwei Theorien über die Art unserer Erkenntnis physischer Dinge. Nach der einen Theorie sind diese als logische Konstruktionen definiert. Wir können sie beispielsweise als Aneinanderreihung von Klassen von uns unmittelbar bekannten Sinnesdaten auffassen. Nach der anderen Theorie sind physische Dinge als etwas definiert, das uns lediglich aufgrund einer Beschreibung bekannt ist. Bei der Relation, die in der analysierenden Beschreibung den Zusammenhang zwischen dem physischen Gegenstand und unserem eigenen Erlebnis herstellt, handelt es sich um die Kausalrelation. Ein physischer Gegenstand wie ein Tisch oder der Mond ist demnach durch eine Beschreibung der folgenden Art bestimmt: «Das, was diese und jene strukturellen Eigenschaften (Eigenschaften, die in der theoretischen Physik behandelt werden, z. B. Masse, Ladung etc.) besitzt und unter diesen und jenen Umständen dazu führt, daß ein Individuum diese und jene Sinnesdaten hat».

Bei der ersten Theorie handelt es sich um eine Version des *Phänomenalismus*, wonach die Welt nichts anderes sei als eine Zusammensetzung von Phänomenen, wobei ein Phänomen das ist, was unserem Bewußtsein als unmittelbar gegeben erscheint. In der Russellschen Version wird jedoch nicht behauptet, die unseren Sinnen als gegeben erscheinenden Phänomene, die Sinnesdaten, seien etwas Mentales. Es wird auch nichts darüber gesagt, inwieweit diese existieren können, ohne erlebt zu werden.[19] Die zweite Theorie wird zuweilen als *struktureller Realismus* bezeichnet. Gemäß dieser Theorie vermögen wir lediglich die strukturellen Züge physischer Objekte, nicht jedoch deren Eigenschaften zu erkennen.

Ein Beispiel mag dies illustrieren. Wenn wir im Zeitabstand von sieben Tagen den Mond betrachten, erkennen wir ihn am einen Tag als Halbmond und am anderen als Vollmond. Wenn wir davon ausgehen, daß der Mond als physisches Objekt sich im Laufe von sieben Tagen nicht verdoppelt hat, müssen wir das physische Objekt Mond von unseren Monderlebnissen klar trennen. Unser Problem ist jetzt: Welches von unseren Erlebnissen unabhängige Wissen können wir über das physische Objekt Mond haben? Gemäß dem strukturellen Realismus können wir nicht mehr wissen, als daß der Mond in verschiedenen Relationen zu anderen physischen Dingen steht. So ist uns bekannt, daß der Mond kleiner als die Sonne ist, daß er sich um die Erde bewegt und daß er am üblichen Maßstab gemessen einen Durchmesser von 3480 Kilometern hat. Darüber hinaus wissen wir lediglich, daß der Mond jenes x ist, welches unsere Erlebnisse des Mondes verursacht. Das bedeutet, daß der Mond als physisches Objekt uns nur gegeben ist aufgrund der Strukturen bzw. Relationen, von denen er ein Teil ist.

Existenz und logischer Atomismus

In folgendem Zusammenhang spielt Russells Theorie von Namen und Kennzeichnungen eine wesentliche Rolle: Bei der Bezeichnung eines physischen Gegenstands muß es sich um ein unvollständiges Symbol, eine Klassenbezeichnung oder eine Kennzeichnung handeln. Keinesfalls kann von einem Namen im eigentlichen Sinn gesprochen werden. Da Personen insofern als physische Gegenstände aufgefaßt werden müssen, als sie physische Relationen und Eigenschaften besitzen, bedeutet dies, daß auch Personennamen im Russellschen Sinn als versteckte Kennzeichnungen bzw. Klassenbezeichnungen verstanden werden müssen. Der Gedankengang läßt sich am besten an einer Person, der man nie begegnet ist, zum Beispiel Jesus, verdeutlichen. Hier kann man berechtigterweise behaupten, daß der Name ‹Jesus› als Platzhalter für eine Kennzeichnung dient, die auf unterschiedliche Situationen Bezug nehmen kann wie: «die Person, von der in den Schriften des Neuen Testaments unter dem Namen ‹Jesus› die Rede ist», «der Sohn Gottes», «der Heiland», «die im Jahre 0 von Maria zu Bethlehem geborene Person». Russell geht jedoch noch weiter, indem er behauptet, dies gelte auch für Personen, denen man begegnet ist und sogar für die eigene Person. Wenn Hans mit Werner spricht, wird Hans den Namen ‹Werner› als Platzhalter für eine Kennzeichnung des Typs «die Person, die bewirkt, daß ich (Hans) diese und jene lautmäßigen Sinnesempfindungen habe», verwenden. Die Folge dieser Auffassung ist, daß Personennamen nur insofern einen Sinn haben, als sie auf Elemente des unmittelbar Gegebenen hinweisen. Darüber hinaus haben sie keinerlei Sinn.

Russell war der Ansicht, Ausdrücke wie «dieses» oder «dieser» könnten eben diese Funktion ausüben.[20] Ferner muß die Formulierung positiver wie auch negativer Existenzaussagen, in denen ein solcher Name in der Position des Subjekts steht, sinnlos erscheinen, etwa Aussagen des Typs «dieser existiert» oder «dieser existiert nicht»; denn Voraussetzung dafür, daß «dieser» ein eigentlicher Name sein kann, ist daß es ein Individuum gibt, für das es als Name dient. Die Folge ist, daß die negative Existenzaussage denselben absurden Charakter erhält wie eine negative

Existenzaussage mit einer Kennzeichnung in der Subjektposition, wo Kennzeichnungen als Namen aufgefaßt werden. Beispiel: «Das runde Viereck gibt es nicht». Hiermit in Zusammenhang ist Russells Standpunkt bezüglich der Existenz im allgemeinen zu verstehen, daß nämlich der Begriff Existenz nur auf Aussagefunktionen sinnvoll angewendet werden kann. Sofern es Sinn macht, von etwas zu behaupten, daß es existiert oder nicht existiert, muß es dahin gehend umformuliert werden können, daß es ein Argument für eine bestimmte Aussagefunktion gibt, für die es wahr ist, oder aber daß es für kein Argument wahr ist.[21]

Welche Dinge existieren nun nach Russells Ansicht? Er hat hierüber verschiedene Meinungen gehabt, aber es ist ein roter Faden in der Form des von ihm so bezeichneten *logischen Atomismus* erkennbar. Danach besteht die Welt aus zwei Arten von «Atomen», den atomaren Tatsachen und den absolut einfachen Individuen. Es handelt sich dabei um logische Atome, da die Bestimmung derselben aus einer logischen Analyse heraus erfolgt und nicht etwa einer chemischen oder physikalischen. Dagegen ist es eine wissenschaftlich-erfahrungsmäßige Aufgabe zu ermitteln, welche Entitäten tatsächlich diese Bestimmungen erfüllen. Eine atomare Tatsache besteht aus einer oder mehreren einfachen Individuen von einer bestimmten Qualität (wenn es sich nur um ein einziges Individuum handelt) bzw. Individuen, die Teil einer bestimmten Relation sind. Eine Aussage über eine atomare Tatsache ist eine wahre oder falsche atomare Aussage, und sie enthält keine gebundenen Variablen oder aussagenlogischen Konnektive. Absolut einfache Individuen sind unveränderlich, aber nicht unbedingt von ewiger Dauer. Sie sind untereinander völlig unabhängig, und ihre Bezeichnungen sind eigentliche Namen und umgekehrt. Wie bereits angedeutet, meinte Russell, absolut einfache Individuen müßten jene Elemente sein, von denen ein Individuum Kenntnis haben kann. Ansonsten schwankte Russell in bezug auf die Frage, inwieweit andere Arten von Tatsachen als fundamental anzunehmen seien. Grob gesagt war er aber der Auffassung, alles, was ist, müsse als logische Konstruktion atomarer Tatsachen und deren Bestandteile angegeben werden können.

In seinen Vorlesungen über die Philosophie des logischen Atomismus 1918 führt Russell selbst aus, er sei in diesen Standpunkten von seinem Freund und ehemaligen Schüler Ludwig Wittgenstein stark beeinflußt worden. Wittgenstein selbst war jedoch mit der Art und Weise, in der Russell seine Ideen behandelte, nicht immer einverstanden.

Texte Russells

Collected Papers. London 1983ff (noch nicht vollständig, bisher liegen sechs Bände vor).

Studienausgabe. München 1970ff.

A Critical Exposition of the Philosophy of Leibniz. London 1900.

«On Denoting». Mind n. s. 14, 1905, S. 479–493, wieder in: Russell, B.: Logic and Knowledge. London 1956, S. 39–56.

Russell, B./Whitehead, A. N.: Principia Mathematica, Bde. 1–3. Cambridge 1910–1913, Zit. 2. Aufl. 1925–1927 *(=PM)*.

The Problems of Philosophy. London 1910 (dt.: Probleme der Philosophie. Frankfurt/M. 1973).

Our Knowledge of the External World as a Field for Scientific Method in Philosophy. London 1914 *(=KEW)*.

Principles of Social Reconstruction. London 1916 (dt.: Grundlagen für soziale Umgestaltung. München 1921).

Roads to Freedom – Socialism, Anarchism and Syndicalism. London 1918 (dt.: Wege zur Freiheit. Sozialismus, Anarchismus, Syndikalismus. Frankfurt/M. 1974).

«The Philosophy of Logical Atomism». In: Monist, Bde. 28/29. 1918/1919. Auch in: Logic and Knowledge. London 1956, S. 175–282 (dt.: Die Philosophie des logischen Atomismus. München 1976) *(=PLA)*.

Introduction to Mathematical Philosophy. London/New York 1919 (dt. Einführung in die mathematische Philosophie. Darmstadt/Genf o. J.).

The Analysis of Mind. London 1921.

The Analysis of Matter. New York/London 1927.

Power. A new Social Analysis. New York 1938 (dt.: Macht. Wien 1973).

An Inquiry into Meaning and Truth. New York/London 1940.

«My Mental Development» und «Reply to Criticisms». In: Schilpp, P. A. (Hg.): The Philosophy of Bertrand Russell. Evanston 1946, New York 1963.

A History of Western Philosophy. London/New York 1946 (dt.: Philosophie des Abendlandes. Wien 1978).

Human Knowledge, Its Scope and Limits. London 1948 (dt.: Das menschliche Wissen. Zürich 1952).

Autobiography, Bde. 1–3. London 1967–1969 (dt.: Autobiographie, Teile 1–3. Frankfurt/M. 1972–1974).

Logic and Knowledge. Essays 1901–1950. Hg. von R. C. Marsh. London/New York 1956 *(=LK)* (teilweise dt.: Die Philosophie des logischen Atomismus. München 1976 = *PLA*).

Bibliographien

In: Schilpp, P. A. (Hg.): The Philosophy of Bertrand Russell. New York 1963.
In: Journal of Symbolic Logic, Bd. 1, 1936 ff.
Blackwell, K. (Hg.): The Journal of the Bertrand Russell Archives. Hamilton, Ontario 1976 ff.
Martin, W. (Hg.): Russell. Bibliographie seiner Schriften 1895–1976. München 1981.

Literatur

Ayer, A. J.: Bertrand Russell. München 1973.
Blackwell, K.: The Spinozistic Ethics of Bertrand Russell. London/Boston/Sydney 1988.
Bornet, G.: «Naive» Semantik und Realismus in der Frühphilosophie von Bertrand Russell. Bern 1982.
Carl, W.: B. Russell. Die Theory of Descriptions. Ihre logische und erkenntnistheoretische Bedeutung, in: J. Speck (Hg.): Die Grundprobleme der großen Philosophen. Philosophie der Gegenwart I, Göttingen 1979, S. 216–264.
Clark, R. W.: Bertrand Russell. Philosoph – Pazifist – Politiker. München 1984.
Fries, E.: Bertrand Russell. In: O. Höffe (Hg.): Klassiker der Philosophie, Bd. 2. München 1981, S. 315–339.
Griffin, N.: Russell's Idealist Apprenticeship. Oxford 1991.
Horstmann, R. P.: Ontologie und Relationen. Hegel, Bradley, Russell und die Kontroverse über interne und externe Beziehungen. Königstein 1984.
Hylton, P.: Russell, Idealism, and the Emergence of Analytic Philosophy. Oxford etc. 1990.
Jager, R.: The Development of Bertrand Russell's Philosophy. London 1972.
Langhammer, W.: Bertrand Russell. Köln 1983.
Oaklander, L. N.: Temporal Relations and Temporal Becoming. A Defense of a Russellian Theory of Time. Lanham (Md.) etc. 1984.
Rheinwald, R.: Semantische Paradoxien, Typentheorie und ideale Sprache. Studien zur Sprachphilosophie Bertrand Russells. Berlin/New York 1988.
Roberts, G. W. (Hg.): Bertrand Russell Memorial Volume. London 1979.
Rodriguez-Consuegra, F. A.: The Mathematical Philosophy of Bertrand Russell. Origins and Development. Basel 1991.
Ryan, A.: Bertrand Russell. A Political Life. London 1988.
Sandvoss, E. R.: Bertrand Russell. Reinbek bei Hamburg 1980.
Savage, C. W./Anderson, C. A. (eds.): Rereading Russell. Essays in Bertrand Russell's Metaphysics and Epistemology. Minneapolis (Minn.) 1989.
Schilpp, P. A.: The Philosophy of Bertrand Russell. Evanston 1944, erw. Neudruck New York 1962.

Warnock, G. J.: Englische Philosophie im 20. Jahrhundert. Stuttgart 1971.
Würtz, D.: Das Verhältnis von Beobachtungs- und theoretischer Sprache bei Bertrand Russell. Frankfurt/M. 1980.

Anmerkungen

1 Russell: Autobiography, Vol. II, S. 80.
2 Ayer: Russell, S. 27.
3 Russell: Grundlagen für eine soziale Umgestaltung, Kap. 8; Wege zur Freiheit, Kap. 8.
4 Russell: Grundlagen für eine soziale Umgestaltung, S. 164 f.
5 Russell, *KEW*, S. 67 f.
6 Russell, *KEW*, S. 106 f.
7 Russell, *KEW*, Lecture II.
8 Russell, *PLA*, S. 256 ff.
9 Russell, *PM*, S. 71.
10 Russell, *PLA*, S. 261, 269.
11 Russell, *PM*, S. 37, 62.
12 Russell: Einführung in die mathematische Philosophie, S. 151.
13 Russell, *PM*, S. 81 ff; *PLA*, S. 250.
14 Russell: The principles of Mathematics, S. 43.
15 Russell, *PM*, S. 67.
16 Russell, *LK*, S. 48.
17 Russell: Menschliches Wissen, S. 9 ff.
18 Russell: Erkenntnis durch Bekanntschaft und Erkenntnis durch Beschreibung. In: *PLA*, S. 66–82.
19 Russell, *KEW*, S. 76, 84 f.
20 Russell, *PLA*, S. 201.
21 Russell, *PLA*, S. 230 f.

Jan Riis Flor

Der junge Wittgenstein
Sprache und logische Form

Das Evangelium der Redlichkeit: das Sagbare und das Unsagbare

Ludwig Wittgenstein (1889–1951) ist eine der sonderbarsten philosophischen Gestalten dieses Jahrhunderts. Unbestritten ist indessen, daß Wittgenstein es vermocht hat, zwei grundlegende philosophische Anschauungen zu entwickeln – wobei die zweite zur ersten teilweise im Widerspruch steht –, die beide wichtige Inspirationsquellen für zwei philosophische Hauptrichtungen dieses Jahrhunderts bilden: für den logischen Positivismus und für die Philosophie der normalen Sprache.

Nur eines von Wittgensteins philosophischen Büchern wurde zu Lebzeiten veröffentlicht, und zwar die *Logisch-philosophische Abhandlung*. Wittgenstein hatte das Manuskript dieser Abhandlung im Sommer 1919 Russell aus dem Kriegsgefangenenlager in Cassino (Italien) geschickt, wo er seit November 1918 interniert war. Nach vielen Schwierigkeiten wurde die Abhandlung 1921 mit großen Mängeln in der Zeitschrift *Annalen der Naturphilosophie* abgedruckt.[1] 1922 wurde eine deutsch-englische Ausgabe mit einer von Russell verfaßten Einleitung unter dem Titel *Tractatus logico-philosophicus* publiziert (Titelvorschlag von Moore).[2]

Sechs Jahre lang hatte Wittgenstein an dieser vom Umfang her eher bescheidenen Abhandlung gearbeitet. Begonnen hatte er sie, als er 1912 nach Cambridge kam, um bei Russell die Grundlagenprobleme der Logik und der Mathematik zu studieren. Wittgenstein stammt ursprünglich aus Wien, hatte sich in den Jahren vor dem Krieg jedoch längere Zeit in Norwegen aufgehalten, wo er sich die Hütte, in der er dort lebte, selbst gebaut hatte. Kurz nach Kriegsausbruch meldete er sich als Freiwilliger zur österreichischen Armee. Er empfand es offenbar als seine Pflicht, sich dem Gemetzel nicht zu entziehen, denn kriegsbegeistert war er keineswegs. Auch während des Wehrdienstes gelang es ihm hin und wieder, am *Tractatus* weiterzuarbeiten, was durch Notizbücher aus jener Zeit sowie den erst 1965 entdeckten *Prototractatus* belegt ist. Die Tagebuchaufzeichnungen in den Notizbüchern sind nicht nur interessant, weil sie über einige Entwicklungsphasen der Wittgensteinschen Überlegungen zum Thema Logik und Wesen der Sprache Aufschluß geben, sondern besonders auch deshalb, weil hier, klarer als im *Tractatus* selbst, Wittgensteins Interesse an lebensphilosophischen Problemen zum Ausdruck kommt. So glaubte er, einen engen Zusammenhang zwischen dem Wesen von Logik und Sprache und den Fragen nach dem Sinn des Lebens und nach dem Glück herstellen zu können.[3]

Wittgenstein entstammt dem gehobenen Wiener Bürgertum. Sein Vater, der Ingenieur Karl Wittgenstein, war einer der führenden Großindustriellen der Stadt, und das Wittgensteinsche Haus, in dem Ludwig bis zu seinem 14. Lebensjahr erzogen und unterrichtet wurde, war ein kultureller Mittelpunkt Wiens – sowohl wegen des praktizierten Mäzenatentums als auch wegen der Tatsache, daß mehrere Familienmitglieder ausgezeichnete Künstler waren, insbesondere auf musikalischem Gebiet. Nach der Schule studierte Ludwig Ingenieurwissenschaften – zunächst in Berlin (1906–08), danach in Manchester (1911), wo er sich besonders für den Bereich der Aeronautik interessierte. Während dieser Zeit erweiterte er seine technischen Fähigkeiten, die bereits in seiner Kindheit offenkundig geworden waren. Er begann außerdem, sich für die mathematischen Grundlagenprobleme in Zusammenhang mit der Anwendung der Mathematik bei technischen Konstruktionen zu interessieren. In diesem Zusammenhang nahm er auch das Studium der Werke Russells und Freges auf.

Wittgenstein hat keine akademisch-philosophische Ausbildung erhalten, und seine Kenntnisse der klassischen Philosophen sind dementsprechend gering und partiell. Schopenhauer und später Kierkegaard haben für ihn eine Rolle gespielt; im übrigen waren es Schriftsteller wie Tolstoi, Dostojewski und Ibsen, die für ihn Bedeutung erlangten. Seine sonstigen Kenntnisse philosophischer Themen und Probleme hat er sich in Gesprächen mit Freunden und Bekannten angeeignet. Dies spiegelt sich im *Tractatus* auch deutlich wider.

Vom Umfang her betrachtet, geht es im *Tractatus* hauptsächlich um semantische Probleme. Berücksichtigt man jedoch das Vorwort sowie die Briefe aus dieser Zeit, so müssen die logisch-semantischen Ausführungen eher als Mittel zur Verwirklichung von Wittgensteins eigentlicher

Absicht verstanden werden: Das logisch und sinnvoll Sagbare soll vom Unsagbaren unterschieden werden. Was sich logisch denken und damit in sinnvollen Sätzen aussagen läßt, gehört prinzipiell in den Bereich der (Natur-)Wissenschaften. Darüber, was logisch betrachtet keinen Sinn ergibt, können wir aus guten Gründen nichts sagen; aber wir beziehen uns dennoch indirekt darauf, indem wir über all das sprechen, worüber wir sprechen können. Der für Wittgenstein entscheidende Punkt ist, daß das, worüber wir etwas logisch Sinnvolles und Informatives sagen können, Dinge sind, die für das menschliche Dasein unwesentlich sind. Dabei wäre es wichtig, die wesentlichen Dinge des Lebens durch unsere Denk-, Handlungs- und Sprechweise zu offenbaren (ob nun gelungen oder nicht).

Wie kam es dazu, daß Wittgenstein sich auf ein solches Projekt einließ? Eine Frage, auf die es nur schwer eine vollständige Antwort geben kann, obschon gewisse Wesensmerkmale des kulturellen und gesellschaftlichen Umfelds, in dem Wittgenstein aufwuchs, Rückschlüsse zulassen. Das Kaiserreich – nicht zuletzt vertreten durch das Wiener Bürgertum – war ein Koloß auf Tonfüßen, ein Sumpf hinter einer glitzernden Fassade: nach außen die Einheit des Reichs mit dem Kaiser als Symbolfigur, innen jedoch ein in mehr oder weniger unterdrückte Nationalitäten zersplittertes und von extremen Klassenunterschieden geprägtes Gebilde. Hier prunkvolle Paläste, dort Mietskasernen, in denen Dutzende von Menschen auf engstem Raum zusammengepfercht ihr Dasein fristeten. Auch die Unterdrückung weiblicher Sexualität muß hier genannt werden, die sich als wichtiger Ausgangspunkt für Freuds Untersuchungen erweisen sollte. Diese und andere Umstände sollten für diejenigen Intellektuellen, die die Mißstände offen erkannten, Bedeutung erlangen. Wie ein roter Faden ist in den Neuansätzen der verschiedensten Bereiche der Wunsch nach mehr ‹Miteinander im Durcheinander› erkennbar. Man wollte die Abkehr von allem Falschen, Gestelzten, Schwülstigen und strebte statt dessen nach Mäßigung, Einfachheit und Reinheit. Dieses Muster findet sich in der Architektur bei Adolf Loos, in der Musik bei Schönberg und in der Journalistik bei Karl Kraus wieder.[4]

Die Logik der Sprache

Wittgenstein versuchte, diese Bestrebungen im *Tractatus* philosophisch umzusetzen. Das Buch besteht aus einer in Dezimalnotation numerierten Folge von Anmerkungen. Die Höhe der jeweiligen Dezimale sollte die gegenseitige Gewichtung der Anmerkungen untereinander andeuten. So sollten beispielsweise 1. 1, 1. 2 usw. in ihrer Bedeutung als gleichgestellt aufgefaßt werden, während 1. 11, 1. 12 usw. als Kommentare zu 1. 1 zu verstehen sind.[5] Man kann allerdings nicht behaupten, daß diese Absicht erfüllt wurde. Die sieben Hauptthesen geben jedoch Struktur und Entstehungsverlauf der Abhandlung an:

«1. Die Welt ist alles, was der Fall ist.

...

2. Was der Fall ist, die Tatsache, ist das Bestehen von Sachverhalten.

...

3. Das logische Bild der Tatsachen ist der Gedanke.

...

4. Der Gedanke ist der sinnvolle Satz.

...

5. Der Satz ist eine Wahrheitsfunktion der Elementarsätze. (Der Elementarsatz ist eine Wahrheitsfunktion seiner selbst.)

...

6. Die allgemeine Form der Wahrheitsfunktion ist:
$\bar{p}, \bar{\xi}, N(\bar{\xi})$
Dies ist die allgemeine Form des Satzes.

...

7. Wovon man nicht sprechen kann, darüber muß man schweigen.»[6]

Diese Sätze mögen einen oberflächlichen Eindruck des *Tractatus*-Stils vermitteln. Die Anmerkungen sind kurz gefaßt, dicht gedrängt, in ihrer Art oft aphoristisch und haben zuweilen einen Hauch von Pathos. Die Standpunkte anderer Denker werden weder ausführlich analysiert noch diskutiert, auch gibt es keine gründlich behandelten Beispiele. Im Vorwort ist der Grundgedanke ausgedrückt:

«Das Buch behandelt die philosophischen Probleme und zeigt – wie ich glaube – daß die Fragestellung dieser Probleme auf dem Mißverständnis der Logik unserer Sprache beruht. Man könnte den ganzen Sinn des Buches etwa in die Worte fassen: Was sich überhaupt sagen läßt, läßt sich klar sagen; und wovon man nicht reden kann, darüber muß man schweigen.»[7]

Grundgedanke ist also, daß wir mit der Einsicht in die logische Struktur unserer Sprache auch zur Einsicht kommen, die ‹Lösung› der philosophischen Probleme bestehe in der Erkenntnis, daß sie sich nicht logisch sinnvoll formulieren lassen.[8] Was aber ist unter der «Logik unserer Sprache» zu verstehen? Die Logik, mit welcher Wittgenstein bekannt war, war die von Frege und die von Russell und Whitehead aus den *Principia Mathematica*. Die «Logik unserer Sprache» zielt jedoch nicht nur auf ein bloßes formelles Kalkül ab. Der Hauptgedanke liegt darin, daß jede Sprache, die gesprochen und verstanden werden kann (Deutsch, Chinesisch usw.) – grundsätzlich betrachtet –, ein und dieselbe logische Struktur aufweist und daß diese Struktur sich in den *Principia Mathematica* wiederfindet. Zwar können die sprachlichen Satzzeichen, wie sie täglich unmittelbar gesprochen und geschrieben werden, in bezug auf ihre eigentliche logische Form irreführend sein. Faktisch jedoch stehen alle in den konkreten Situationen des täglichen Lebens geäußerten und verstandenen Sätze in völligem Einklang mit der Logik.[9] Dies bedeutet, daß jeder Satz eine und nur eine logische Form besitzt, was wiederum heißt, daß er logisch nur in einer einzigen Art und Weise analysiert werden kann.[10] Der Grund, weshalb wir uns bei abstrakten Spekulationen in bezug auf die «Logik der Sprache», also die korrekte logische Form eines Satzes, zuweilen irren, liegt darin, daß Worte in allgemeinen Sprachen mehrere Bedeutungen und Sätze von der gleichen grammatikalischen Struktur völlig verschiedene logische Formen haben können.[11]

Dieser Gedankengang legt es nahe, eine für jeden möglichen Satz geltende Form festlegen zu wollen. Man könnte sagen, daß die ersten 4/5 des *Tractatus* zu dieser Festlegung hinführen, die in der Hauptthese 6 ihren Ausdruck findet. Hiermit ist aufgezeigt, was möglich ist, und somit auch, was nicht möglich ist: Alles, was logisch möglich ist, muß sich in einem Satz ausdrücken lassen, welcher mit der allgemeinen Festlegung in Einklang steht.

Die Art und Weise, in der Wittgenstein zu dieser Festlegung gelangt, ist geleitet von einem weiteren Aspekt der These, jeder Satz habe eine und nur eine logische Form, und zwar dem Aspekt «Was sich überhaupt sagen läßt, läßt sich klar sagen». Dies bedeutet, daß jeder sinnvolle Satz, jeder eigentliche Gedanke (vgl. Hauptthese 4) eine ganz bestimmte *Bedeutung* haben muß. Der Gedanke bzw. der sinnvolle Satz kann nicht mehrdeutig oder vage sein in bezug auf das, was mit ihm vereinbar bzw. unvereinbar ist. Denn sollen die Aussagenlogik und die Prädikatenlogik Freges und Russells im Prinzip die logische Form eines jeden erdenklichen sinnvollen Satzes in jeder Sprache umfassend abdecken können, so muß eindeutig vorgegeben sein, wie der betreffende Satz zu formalisieren ist. So muß es bei der konkreten Anwendung eines Satzes wie:

(1) Alle Männer lieben eine Frau

eindeutig sein, ob er als

(2) Es gibt eine und nur eine Frau, die von allen Männern geliebt wird

oder aber als

(3) Jeder Mann liebt irgendeine Frau

verstanden werden soll. Sonst könnte ja nicht eindeutig bestimmt werden, mit welchen Sätzen (1) vereinbar bzw. unvereinbar ist.

Wahrheit und Sätze

Hieraus leitet Wittgenstein mehrere Konsequenzen ab. Zum einen unterscheidet er zwischen dem Gedanken bzw. dem sinnvollen Satz einerseits, den durch die Sinne empfundenen Zeichen des Satzes, mit denen der Gedanke ausgedrückt wird, andererseits.[12] Ein solches Zeichen ist lediglich eine Tatsache von vielen anderen Tatsachen in der Welt. Ein Zeichen kann in verschiedenen Beispielen benutzt werden, um verschiedene Gedanken auszudrücken; es kann aber nicht an sich selbst mit etwas übereinstimmen bzw. nicht übereinstimmen.

Zum anderen ist es eine Grundthese des *Tractatus*, daß jede sinnvolle Sprache extensional ist. Für aussagenlogische Zusammenhänge bedeutet dies, daß ausschließlich die Wahrheitswerte der Aussagen für die logischen Relationen zwischen den Aussagen relevant sind, wohingegen der Sinn (oder die Intension) der Aussagen irrelevant ist. Dieser Standpunkt kommt in der Grundthese 5 zum Ausdruck: Alle sinnvollen Sätze sind *Wahrheitsfunktionen*. Eine Wahrheitsfunktion ist ein Satz, dessen Wahrheitswert einzig und allein auf den Wahrheitswerten der in dem betreffenden Satz enthaltenen Sätze und deren logischer Kombination beruht. Wir können dies anhand einiger Beispiele verdeutlichen. In vielen Verwendungsweisen wird der Satz

(4) Hans liebt Agnes oder Hans liebt Carola

dann und nur dann zu einer falschen Aussage, wenn es weder der Fall ist, daß Hans Agnes liebt, noch daß Hans Carola liebt. Entscheidend für den Wahrheitswert von (4) ist nicht der Sinn der Aussagen «Hans liebt Agnes» bzw. «Hans liebt Carola», sondern einzig und allein die Wahrheitswerte dieser Aussagen sowie die durch «... oder...» angegebene

Verbindung. Was wir an die Stelle von «Hans liebt Agnes» und «Hans liebt Carola» setzen, ist für den Wahrheitswert von (4) ohne Bedeutung. Denn der Wahrheitswert wird derselbe sein, sofern die ersetzenden Sätze denselben Wahrheitswert aufweisen wie «Hans liebt Agnes» und «Hans liebt Carola».

Die durch die Anwendung von «... oder...» ausgedrückte logische Kombination wird als Disjunktion bezeichnet. Ein Beispiel für eine andere Art von Wahrheitsfunktion sehen wir in den Verwendungsweisen des Satzes:

(5) Hans liebt Agnes, und Hans liebt Carola

Wenn es wahr ist, daß Hans Agnes liebt, und ebenfalls wahr, daß Hans Carola liebt, dann ist (5) wahr. In allen anderen Fällen ist der Satz falsch. Die in dieser Anwendung durch «... und...» angegebene logische Kombination wird als Konjunktion bezeichnet. Als Beispiel für einen dritten Typ der Wahrheitsfunktion ist die Negation zu nennen, zum Beispiel «Hans liebt Agnes nicht», oder anders ausgedrückt: «Es ist nicht der Fall, daß Hans Agnes liebt». Eine Negation ist wahr, sofern die bestrittene (negierte) Aussage (im Beispiel «Hans liebt Agnes») falsch ist, und sie ist falsch, wenn die negierte Aussage wahr ist. Symbole bzw. Ausdrücke, welche einen wahrheitsfunktionalen Zusammenhang wie Konjunktion und Disjunktion angeben, werden als aussagenlogische Konnektive bezeichnet.

Der *Tractatus* bezeichnet somit alle Sätze als Wahrheitsfunktionen. Daraus folgt, daß zwei Sätze, die gegenseitig keine unabhängigen Wahrheitswerte aufweisen, in einem wahrheitsfunktionalen Zusammenhang stehen müssen. Bei den Aussagen «Helmut Kohl ist deutscher Bundeskanzler» und «Bonn liegt am Rhein» werden die meisten sicherlich der Ansicht sein, die Wahrheitswerte dieser beiden Aussagen seien voneinander unabhängig. Dagegen werden die zwei Sätze «Hans wiegt nicht über 70 kg» und «Hans wiegt nicht unter 80 kg» im Regelfall als unvereinbar angesehen werden. Wenn zwei Sätze voneinander abhängig sind, dann muß es möglich sein, sie in wahrheitsfunktional zusammengesetzte Sätze umzuformulieren, wobei einige dieser Sätze identisch sein werden. Nachstehend ein einfaches Beispiel für eine solche analytische Umformulierung:

(6) Die zwei Hosentaschen von Hans sind leer

ist mit

(7) Die rechte Hosentasche von Hans enthält etwas

sicherlich unvereinbar.

Hier haben wir zwei Sätze, deren Wahrheitswerte voneinander abhängen, die uns aber nicht unmittelbar als zusammengesetzte wahrheitsfunktionale Ausdrücke erscheinen. Es scheint angemessen, sie wie folgt weiterzuanalysieren:

(6.1) Die rechte Hosentasche von Hans ist leer, und die linke Hosentasche von Hans ist leer.

(7.1) Es ist nicht der Fall, daß die rechte Hosentasche von Hans leer ist.

Nachdem wir die Sätze neu formuliert haben, wird deutlich, daß der negierte Satz (7.1) mit einem der Sätze in der Konjunktion (6.1) identisch ist. Die Unvereinbarkeit ergibt sich aus der Tatsache, daß die Bedingung, die erfüllt sein muß, damit (7.1) wahr sein kann, nämlich daß «Hans' rechte Hosentasche ist leer» falsch ist, die Wahrheit von (6.1) ausschließt. (Schon wenn einer der Sätze einer Konjunktion falsch ist, ist die ganze Konjunktion falsch.)

Können wir nun Sätze in dieser Weise endlos weiteranalysieren? Wittgenstein verneint dies im Prinzip, bejaht es aber in der Praxis unter Umständen. In 4.221 heißt es: «Es ist offenbar, daß wir bei der Analyse der Sätze auf Elementarsätze kommen müssen, die aus Namen in unmittelbarer Verbindung bestehen. Es frägt sich hier, wie kommt der Satzverband zustande.»[13]

Es muß also im Prinzip Sätze geben, die nicht Wahrheitsfunktionen von anderen Sätzen sind. Solche Sätze bezeichnet Wittgenstein als *Elementarsätze*. Allerdings findet sich im *Tractatus* kein einziges offenkundiges Beispiel für einen solchen Elementarsatz. Aus den bereits erwähnten Tagebüchern geht hervor, wie sehr sich Wittgenstein bei den Elementarsätzen mit dem Problem der Beispielfindung abmühte – ohne Erfolg. Das gleiche gilt für die einzige andere von Wittgenstein selbst veröffentlichte philosophische Arbeit: der Aufsatz *Some Remarks on Logical Form* von 1929. Der im *Tractatus* verwendete Begriff der Elementarsätze sollte daher als Grenzbegriff verstanden werden, also die Auffassung, es müsse einige kleinste, letztlich sinnvolle Gesamtheiten geben (die wahr oder falsch sein können), aus denen sich alles übrige Sinnvolle zusammensetzt. Dies entspricht dem physikalischen Standpunkt, die Materie müsse aus bestimmten kleinsten Bestandteilen zusammengesetzt sein, wenngleich es in der Praxis womöglich nie gelingen wird, ein solches Teilchen nachzuweisen.

Für das Anliegen Wittgensteins ist es von entscheidender Bedeutung, diesen absoluten Begriff der Elementarsätze beizubehalten. Würde er nämlich aufgegeben, so bedeutete dies eine Relativierung der Unterscheidung zwischen komplexen und einfachen wahrheitsfunktionalen Sätzen: Was in einem Zusammenhang als einfacher Satz auftritt, könnte in einem anderen Zusammenhang komplex sein und umgekehrt. Das hieße weiterhin, daß intensionale Zusammenhänge zwischen Sätzen nicht ausgeschlossen werden können, also Zusammenhänge zwischen den Wahrheitswerten der Sätze, die wiederum abhängig wären vom Sinn der betreffenden Sätze. In dem Fall wären die Festlegungen in den Grundthesen 5 und 6 unvollständig. Eine weitere Konsequenz wäre, daß eine vollständige Abgrenzung dessen, was (logisch) möglich ist, dann nicht durchgeführt werden könnte. Letztlich jedoch würde dies bedeuten, daß es nicht gelungen ist anzugeben, was gedacht und gesagt werden kann – und somit auch nicht, wie die philosophischen Probleme ‹gelöst› werden können.

Die Bildtheorie

Elementarsätze besitzen Wahrheitswerte, die voneinander unabhängig sind. Zudem ist der Wahrheitswert eines Elementarsatzes vom Sinn dieses Satzes unabhängig.[14] Dies ist für die Wittgensteinsche Bedeutungstheorie entscheidend. Allgemein gilt, daß der Sinn eines Satzes durch das angegeben ist, was der Fall sein muß, damit der betreffende Satz wahr sein kann.[15] Einen Satz verstehen heißt wissen, was der Fall ist, wenn er wahr ist. Anders ausgedrückt: wenn wir seine Wahrheitsbedingungen kennen. In bezug auf komplexe Sätze ergibt sich dies von selbst. Der Sinn eines komplexen Satzes ist bestimmt durch den Sinn der in ihm enthaltenen Elementarsätze und durch die Art und Weise, in der sie kombiniert sind. Wie aber verstehen wir den Sinn eines Elementarsatzes? Wittgensteins Ausführungen zu diesem Thema ergeben eine Bildtheorie über den Sinn des Elementarsatzes. Er versucht, mit dieser Theorie aufzuzeigen, wie man Zeichen in einem Satz anwenden kann, so daß sie für etwas anderes stehen. Allgemeiner formuliert: Wie kann Sprache von etwas handeln? Wittgenstein unterscheidet hier grundsätzlich zwischen Sätzen und Namen. Der Elementarsatz ist der einfachste mögliche Satz. Aber er ist selbst eine Verknüpfung von Symbolen, was dadurch deutlich wird, daß das Zeichen eines Satzes eine Verknüpfung von Zeichen sein muß. Ein Zeichen eines Satzes muß grundsätzlich komplex sein, weil es sonst nichts ausdrücken könnte, was wahr oder falsch ist. Gemäß dem

Tractatus ist aber gerade dies ein grundlegendes Merkmal der Sprache, so daß also nur Sätze einen Sinn haben können.[16] Namen oder Gruppen von Namen können nicht wahr oder falsch sein. Obgleich auch der Wittgensteinsche Namenbegriff als Grenzbegriff angesehen werden muß, läßt sich der Standpunkt dennoch verdeutlichen durch den Hinweis, daß es keinen Sinn macht zu fragen, inwieweit der Personenname Helmut Kohl – oder auch eine Gruppe von Personennamen wie Helmut Kohl, Hans Christian Andersen, Boris Becker – wahr oder falsch ist. Wohingegen es durchaus Sinn macht zu fragen, ob es wahr oder falsch ist, daß diese oder jene Person Helmut Kohl heißt. Damit ist nicht gesagt, Wittgenstein habe behauptet, ein einzelnes Wort könne nicht einen Satz ausdrücken, beispielsweise der Imperativ ‹Lauf!›. Ein solches Wort ist jedoch selbst komplex, das heißt zusammengesetzt.[17] Die Zeichen, die eine bestimmte Kombination (nicht etwa eine beliebige Gruppierung) und damit einen Elementarsatz bilden, müssen einfach sein, und diese Zeichen sind es, die Wittgenstein als Namen bezeichnet.[18] Einfachheit der Namen heißt, daß es grundsätzlich unmöglich ist, sie zu definieren.[19] Im Gegensatz dazu steht ein Ausdruck wie «Tante», der etwa wie folgt definiert werden kann: «x ist die Tante von y» = «Es gibt ein z, so daß z Mutter/Vater von y und x die Schwester von z ist». Die Bestandteile eines Elementarsatzes müssen einfach sein, weil Wittgenstein sonst nicht seinen Grundsatz aufrechterhalten kann, daß es Elementarsätze mit voneinander absolut unabhängigen Wahrheitswerten gibt. Dies läßt sich schon dadurch verdeutlichen, daß man einem Irrtum unterliegt, wenn man annimmt, der Satz «Gerda ist die Tante von Paul» könne ein Elementarsatz sein. Der Wahrheitswert dieses Satzes hängt nämlich vom Wahrheitswert des Satzes «Es gibt ein x, so daß x die Schwester von Gerda ist» ab. Hier wird sichtbar, wie sehr Wittgenstein im *Tractatus* von Russells Theorie der Kennzeichnung beeinflußt ist.[20]

Die Welt als Gesamtheit von Tatsachen

Die Art und Weise, in der Wittgenstein im *Tractatus* im Detail nachzuweisen versucht, inwiefern eine bestimmte Kombination von Namen einen Sinn ergeben kann, beruht auf den ontologischen Sätzen der Einleitung[21] – also Betrachtungen darüber, was die grundlegenden Merkmale des Wirklichen und der Welt sind. Diese Ontologie besagt folgendes: Alles, was der Fall sein kann, sind Sachverhalte und Kombinationen von Sachverhalten (Sachlagen). Die Sachverhalte, die tatsächlich der Fall sind bzw. bestehen, sind die Tatsachen, und die Welt ist einfach die Gesamtheit der Tatsachen (vgl. Grundthese 1 und 2). Ein Sachverhalt ist eine bestimmte Kombination von einfachen Gegenständen ohne Qualitätsmerkmale. Die Eigenschaften eines Gegenstands ergeben sich aus den Sachverhalten, von denen er ein Teil sein kann. Die Sachverhalte sind voneinander völlig unabhängig.

Das klingt abstrakt, und es ist abstrakt: Im Traktat findet sich weder ein Beispiel für einen Sachverhalt noch für einen Gegenstand. Auch diese Begriffe müssen vermutlich als Grenzbegriffe verstanden werden. Es sind hauptsächlich drei Punkte, die mit Hilfe dieser Begriffe verdeutlicht werden sollen.

Erstens soll eine bestimmte Vorstellung von der Welt beseitigt werden, die Welt sei eine Summe von Dingen. Folgende Analogie kann diesen Punkt verdeutlichen: Wird gefragt, woraus ein bestimmtes Wohnzimmer besteht, so erliegt man oftmals der Versuchung, dies mit einer Aufzählung der Möbel des Wohnzimmers zu beantworten: zwei Regale, ein Tisch, ein Sofa, zwei Sessel usw. Doch selbst wenn diese Aufzählung in bezug auf die Einrichtungsgegenstände vollständig wäre, würde diese Aufzählung keine Aufschlüsse über das eigentliche Aussehen des Zimmers geben. Die Möbel können schließlich auf zahllose verschiedene Arten aufgestellt sein; die beiden Regale können nebeneinander oder einander gegenüber stehen usw. Diese ‹Kleinwelt› – verkörpert durch das Zimmer – ist erst dann bestimmt, wenn festgelegt ist, wie die Möbel im Verhältnis zueinander aufgestellt sind. Diese Angaben werden über die verschiedenen Tatsachen Aufschluß geben: daß der Tisch am Giebelfenster steht, daß die Regale jeweils auf einer Seite der Tür, die zur Küche führt, stehen usw. Man könnte sagen, daß durch die Aufzählung der Möbel implizit die möglichen Arten angegeben sind, in denen das Zimmer eingerichtet werden kann. Bestimmte Einrichtungsvarianten sind schlichtweg undenkbar und unmöglich: daß der Tisch sich frei schwebend mitten im Zimmer befindet, daß die beiden Sessel alle Wände ausfüllen usw. Hierzu analog heißt es im *Tractatus*, daß mit der Vorgabe sämtlicher Gegenstände auch sämtliche Sachverhalte abgedeckt sind. Anders ausgedrückt: sämtliche möglichen Welten.[22]

Zweitens war Wittgenstein in dieser Periode von einem Gedanken besessen, der vom Altertum bis in unsere Zeit hinein viele Denker umgetrieben hat: daß es nämlich für die Darstellung der Vielfalt und Veränderlichkeit der Welt Voraussetzung ist, eine absolute Unterscheidung zwischen dem Einfachen und dem Komplexen vorzunehmen.

Drittens, und das ist der wichtigste Punkt, war Wittgenstein gezwungen, derartige ontologische Überlegungen anzustellen, wenn seine Bildtheorie das leisten sollte, was er in Zusammenhang mit dem extensionalen Standpunkt von ihr erwartete, nämlich die Angabe einer absoluten Bestimmung des Denkbaren und Möglichen. Denn der Kernpunkt der Bildtheorie ist, daß ein Elementarsatz einen Sachverhalt insofern verkörpert bzw. darstellt, als er die gleiche logische Form hat wie der Sachverhalt selbst. Die Struktur des Sachverhalts ist jene bestimmte Weise, in der die Gegenstände des Sachverhaltes konfiguriert sind, wobei die Form des Sachverhalts die Möglichkeit dieser Struktur ist.[23] Elementarsätze oder Gedanken sind eine bestimmte Art von Bildern oder Modellen, und die Struktur eines Bilds ist die Weise, in der die Bestandteile des Bilds konfiguriert sind, wobei die Abbildungsform des Bilds die sich aus dieser Struktur ergebende Möglichkeit ist.[24] Gedanken bzw. Elementarsätze sind die reinen logischen Bilder bzw. Modelle von Sachverhalten (vgl. Grundthesen 3 und 4). Fotografien, Gemälde oder Miniaturmodelle, die beispielsweise eine Situation einer Seeschlacht oder eines Verkehrsunfalls darstellen, können verschiedene Ähnlichkeiten – etwa farblicher oder räumlicher Art – mit dem, was sie abbilden, aufweisen. Für die Abbildungsfunktion des Gedankens oder sinnvollen Satzes ist jedoch allein die reine Strukturgleichheit bzw. gemeinsame Form entscheidend. Folgende Umstände treten hierbei zutage: Jedem Element im Bild entspricht ein und nur ein Element des in dem Bild dargestellten Sachverhalts. Die Elemente eines Elementarsatzes, die Namen, entsprechen bestimmten Gegenständen des Sachverhalts. Der Gegenstand ist die Bedeutung des Namens, und der Name steht stellvertretend für den Gegenstand.[25] Es muß außerdem gelten, daß die Weise, in der die Bildelemente (z. B. die Namen eines Elementarsatzes) konfiguriert sind, der Konfiguration der Gegenstände im Sachverhalt entsprechen.[26] Im *Tractatus* wird nicht näher erläutert, was hierunter zu verstehen ist. Entscheidend ist vermutlich, daß sich durch eine bloße Gruppierung von Bildelementen oder Namen eben kein Sachverhalt herstellen läßt und daß eine solche Gruppierung demnach auch nicht wahr oder falsch sein kann. Eine Zusammenstellung von Bildelementen oder Namen kann nur dann einen Sachverhalt verkörpern oder darstellen, wenn sie selbst eine Tatsache ist, wenn also die Elemente in bestimmten Relationen zueinander stehen. Die Relationen zwischen den Bildelementen (Namen) müssen nicht die gleichen sein wie die Relationen zwischen den Gegenständen des Sachverhalts, aber sie müssen ihnen insofern entsprechen, als eben die Tatsache, daß diese oder jene bestimmten Relationen zwischen den Bildelementen bestehen, angibt, daß diese oder jene bestimmten Relationen zwischen den Gegenständen bestehen.

Hiermit haben wir uns zu einem weiteren wichtigen Punkt in der Bildtheorie vorgearbeitet: Die Zuordnung, welche zwischen Bildelementen und Gegenständen besteht, ebenso wie die Weise, in der Relationen zwischen Bildelementen die Relationen zwischen den Gegenständen angeben, müssen mit dem Bild selbst gegeben sein. Es kann sich nicht um etwas handeln, das dem Bild oder dem Elementarsatz hinzugefügt wird.[27] Der Grund hierfür ist, daß ein Elementarsatz allein aufgrund der Kenntnis der Bedeutungen der in ihm enthaltenen Namen verständlich sein muß. Wenn wir mit einem Elementarsatz konfrontiert werden, dann können wir uns nicht anschließend Gedanken darüber machen, wie seine Elemente den verschiedenen Gegenständen wohl zuzuordnen seien. In dem Fall wären wir nämlich lediglich mit dem Zeichen eines Satzes konfrontiert worden. Hierin liegt vermutlich auch der Grund dafür, daß Wittgenstein den Gedanken das logische Bild sein läßt. Denn ein Gedanke handelt in sich selbst von etwas. Wir können uns darüber im unklaren sein, welche Gedanken wir gehabt haben. Beispielsweise kann ich unsicher sein, inwieweit ich mit fünf Jahren noch an den Storch glaubte oder nicht. Woran es jedoch keinen Zweifel geben kann, ist folgendes: Wenn wir irgend etwas gedacht haben, muß dieser Gedanke auch etwas repräsentiert haben. Das bedeutet, ein Gedanke muß eine Tatsache sein, bestehend aus einer bestimmten Konfiguration von Elementen. Über die nähere Beschaffenheit dieser Elemente schweigt der *Tractatus* sich jedoch aus.

Sprache und Wirklichkeit

Aus der Verknüpfung des extensionalen Standpunkts und der Bildtheorie ergeben sich wichtige Konsequenzen, die im *Tractatus* besonders hervorgehoben werden. Anhand der Bildtheorie soll in erster Linie aufgezeigt werden, wie wir den Sinn eines Elementarsatzes, den durch ihn verkörperten oder angegebenen Sachverhalt, verstehen können, indem wir lediglich die Namen in dem betreffenden Elementarsatz verstehen. Oder allgemeiner ausgedrückt: in welchem Verhältnis Sprache und Denken einerseits und die Welt andererseits zueinander stehen. Wobei wir hier nicht vergessen sollten, daß Sätze und Gedanken, ebenso wie andere Tatsachen auch, selbst ein Teil der Welt sein müssen. Das eigentliche Verhältnis zwischen Sprache (Denken) und Wirklichkeit kann jedoch nicht selbst Teil der Wirklichkeit sein. Schließlich handelt es sich hierbei nicht um eine Tatsache, die auf einem Bild wiedergegeben werden könnte. Denn die Voraussetzung, daß Bild A ein Abbild des Sachverhaltes S sein kann, ist, daß es die gleiche Form wie S hat. Und gäbe es ein Bild B, welches das Verhältnis zwischen A und S als Abbildungsverhältnis wiedergeben sollte, so müßte es, um adäquat zu sein, ebenfalls diese Form besitzen. In dem Fall aber wäre es entweder nur mit A identisch, oder es wäre das Abbild eines anderen Sachverhalts von gleicher Form.[28]

Wir können dies mit Hilfe einer Analogie verdeutlichen: Wir stellen uns einen Künstler vor, der einen Baum malt. Wir können uns aber auch einen weiteren Maler vorstellen, der sowohl den ersten Maler, der den Baum abbildet, als auch dessen Gemälde des Baums als auch den von dem anderen gemalten Baum malt. Wie aber sollte man den bloßen Umstand, daß der Maler den Baum malt, bildhaft darstellen können? Wir können sagen, das letzte Gemälde zeigt einen Maler, der einen Baum malt. Wir könnten aber keine bestimmten Pinselstriche auf diesem Gemälde herausheben, die eben diesen Umstand abbilden. Dementsprechend heißt es im *Tractatus*, ein Satz zeigt seinen Sinn (den durch ihn dargestellten Sachverhalt). Es ist in einem abbildenden Elementarsatz nicht möglich, den Sinn eines Elementarsatzes abzubilden. Dies ist nicht zu verwechseln mit unserer Möglichkeit anzugeben, was durch Satzzeichen ausgedrückt werden kann. Wir können zum Beispiel sagen, das Satzzeichen auf der nächsten Zeile

«Peter errötet»

kann dazu benutzt werden, den Gedanken, daß Peter errötet, auszudrükken. Dagegen wird jeder Versuch, den Sinn des letzten Satzes anzugeben, entweder in einer Angabe seiner Wahrheitsbedingungen (bei einem komplexen Satz) oder (sofern es sich um einen Elementarsatz handelt) in einer Wiederholung dieses Elementarsatzes bestehen. Man könnte hierfür eventuell ein anderes Satzzeichen benutzen – der gleiche Gedanke könnte auch in unterschiedlichen Sprachen ausgedrückt werden; aber das brächte uns bei dem Versuch, den Sinn eines Elementarsatzes abzubilden, keinen Schritt weiter.

Mit der Sprache lassen sich alle Tatsachen bzw. Sachverhalte beschreiben, alle Gegenstände benennen. Sprache kann daher auch zur Beschreibung von Bildtatsachen, Satztatsachen oder Gedankentatsachen dienen und ebenso zur Benennung der Gegenstände, die Teile dieser Tatsachen sind. In diesem Sinn kann Sprache von sich selbst handeln. Aber Sprache kann nicht das beschreiben, was Sprache zur Sprache werden läßt: die gemeinsame logische Form des Bilds und des Abgebildeten. Im *Tractatus* kommt dies folgendermaßen zum Ausdruck:

> «Der Satz kann die logische Form nicht darstellen, sie spiegelt sich in ihm.
> Was sich in der Sprache spiegelt, kann sie nicht darstellen.
> Was *sich* in der Sprache ausdrückt, können *wir* nicht durch sie ausdrücken.
> Der Satz *zeigt* die logische Form der Wirklichkeit.
> Er weist sie auf.» [29]

Die Natur der Logik

Eine andere wesentliche Konsequenz der Bildtheorie und der Extensionalitätsauffassung betrifft die Natur der Logik. Nun stände es natürlich mit dem Standpunkt des *Tractatus* – daß nämlich jeder Satz nur eine einzige logische Form hat – ebenso wie mit der traditionellen Logikauffassung im Einklang zu behaupten, die Logik sei die Lehre der logischen Formen sowie die Lehre davon, welche logischen Schlußfolgerungen aufgrund ihrer bestimmten logischen Form Gültigkeit haben. Man würde z. B. sagen, daß die Vorabinformation, Hans kommt entweder am Sonnabend oder am Sonntag, und die nachträgliche Information, Hans kommt nicht am Sonnabend, uns zu der logischen Schlußfolgerung kommen läßt, daß Hans also am Sonntag kommt. Wir können diese Schlußfolgerung auch übersichtlicher aufstellen, und zwar folgendermaßen:

Hans kommt entweder am Sonnabend oder am Sonntag
Es ist nicht der Fall, daß Hans am Sonnabend kommt
―――――――――――――――――――――――――
Hans kommt am Sonntag

(Die Sätze oberhalb der Unterstreichung bezeichnet man als Prämissen, also das, woraus man folgert, den Satz nach der Unterstreichung als Konklusion, also das, worauf man schließt.)

Für eine gültige Schlußfolgerung gilt, daß wahre Prämissen auch zu einer wahren Konklusion führen. Daß die genannte Schlußfolgerung gültig ist, ist leicht nachvollziehbar: Wenn die zweite Prämisse, eine Negation, wahr sein soll, dann muß es falsch sein, daß Hans am Sonnabend kommt. Wenn die erste Prämisse, eine Disjunktion, wahr sein soll, dann dürfen nicht beide Sätze falsch sein. Wir nehmen nun an (ausgehend von der zweiten Prämisse), daß der eine Satz falsch ist; also muß der andere «Hans kommt am Sonntag» wahr sein, damit die Disjunktion wahr sein kann. Und in dem Fall ist eben auch die Konklusion wahr. Der Sinn der Sätze «Hans kommt am Sonnabend» und «Hans kommt am Sonntag» hat bei dieser Schlußfolgerung keine Rolle gespielt. Sie gründet sich ausschließlich auf die Wahrheitsbedingungen für Wahrheitsfunktionen des Typs Negation und Disjunktion. Eben hierauf bezieht sich die Aussage, eine Schlußfolgerung habe ihre Gültigkeit aufgrund ihrer logischen Form (im Unterschied zum Inhalt oder Sinn der Sätze). Die am obigen Beispiel verdeutlichte logische Form kann wie folgt angegeben werden:

Entweder . . . oder – –
nicht . . .
____
– –

Ganz gleich, welche Sätze anstelle der Punkte und Striche eingesetzt werden (denselben Satz an die Stelle der Punkte und denselben Satz an die Stelle der Striche), das Ergebnis wird eine gültige Schlußfolgerung sein. In der Aussagenlogik werden statt der Punkte und Striche in der Regel Buchstaben wie p, q, r usw. eingesetzt. Die einzige Funktion der Punkte und Striche (oder von p, q, r usw.) ist es, den Platz zum Zwecke der Einfügung von bestimmten Sätzen offenzuhalten. Wir könnten sie daher als Platzhalter bezeichnen.

In gewissem Sinn wird auch im *Tractatus* die Auffassung vertreten, daß Logik von den logischen Formen handelt. Dabei darf allerdings nicht vergessen werden, daß das, wovon die Logik handelt, nichts ist. Logische Formen sind weder Sachverhalte noch Gegenstände, die Bestandteile eines Sachverhalts sein könnten. Wollten wir versuchen, Aussagen über logische Formen zu machen, so würden wir uns in die Formulierung sinnloser Sätze verstricken. Halten wir uns dagegen an das, was uns die Sprache zeigt, wenn sie als Ausdrucksmittel benutzt wird, so können wir sagen, daß das Wesen der Logik sich am deutlichsten in den Grenzfällen der komplexen Sätze offenbart, bei denen wir nicht davon sprechen können, daß sie von etwas handeln, weil sie gar nicht den Versuch unternehmen. Das oben angeführte Beispiel einer Schlußfolgerung mag einen solchen Grenzfall veranschaulichen.

Die Konklusion ist wahr, wenn die Prämissen wahr sind. Die Form der Schlußfolgerung kann demnach wie folgt geschrieben werden:

Wenn p oder q und nicht p, dann q

Bei einer ähnlichen Schlußfolgerung wie der obigen ist einzusehen, daß ein Satz von dieser Form, ungeachtet der Wahrheitswerte von p und q, immer wahr sein wird. Wahrheitsfunktionen dieser Art, die ungeachtet ihres Inhalts immer wahr sind, nennt Wittgenstein *Tautologien*. «Entweder p oder nicht p» ist ein anderes Beispiel für eine einfache Tautologie. Ganz gleich, welcher Satz an die Stelle von p gesetzt wird – das Ergebnis wird eine wahre Aussage sein. Beispiel: «Entweder es regnet, oder es regnet nicht», «Entweder ist der Hamburger Fernsehturm 200 m hoch, oder der Hamburger Fernsehturm ist nicht 200 m hoch».

Eine Tautologie handelt von nichts. Denn wenn ein Satz von etwas handeln soll, dann muß er einen Sachverhalt abbilden. Um einen Sachverhalt abzubilden, muß der Sinn eines Satzes von seinem Wahrheitswert unabhängig sein. Hat man aber verstanden, daß ein Satz eine Tautologie ist, so hat man damit auch begriffen, daß er wahr sein muß. Eine Tautologie ist daher nicht sinnvoll. Sie ist auch nicht unsinnig, denn sie wurde nach den Regeln für die Zusammensetzung von Satzzeichen gebildet. Sie ist sinnlos. Gemäß dem *Tractatus* sind logische Sätze eben Tautologien: Sie handeln nicht von logischen Formen; aber der Umstand, daß eben diese oder jene Zusammensetzungen aus Elementarsätzen Tautologien sind, macht uns die logischen Formen der Sprache und damit der Welt deutlich.[30]

Die Grenze der Welt: das philosophische Ich

Wir sind nunmehr bis zu der letzten und wichtigsten Konsequenz der Bildtheorie und der extensionalen Auffassung vorgedrungen – dorthin, wo Wittgenstein uns von Beginn an hinführen will.

Die Logik grenzt das Mögliche ein, gibt das Notwendige an und wehrt das Unmögliche ab. Das Mögliche (das Denkbare) ist jeder Sachverhalt, der der Fall sein kann oder auch nicht, den man sich in einem sinnvollen Satz, welcher wahr oder falsch sein kann, vorstellen kann. Das Notwendige ist das, was mit Hilfe einer Tautologie angegeben werden kann. Da alle Tautologien äquivalent sind (d. h. den gleichen Wahrheitswert haben), können sie alle mit der Form «p oder nicht p» angegeben werden. Das Unmögliche ist zum einen das Gegenteil des Notwendigen, das in Wahrheitsfunktionen, die immer falsch sind, den sogenannten Kontradiktionen, angegeben werden kann. Zum anderen stoßen wir auf das Unmögliche, wenn wir einsehen, daß wir ein Satzzeichen formuliert haben, das den logisch korrekten Regeln für die Zusammensetzung von Zeichen nicht folgt. Es gibt daher keine Notwendigkeit *in* der Welt.[31] Die Welt ist das, was geschieht, was der Fall ist. Wenn etwas geschieht, gibt es, grundsätzlich betrachtet, keinen Grund dafür, daß es geschieht. Zwischen Tatsachen kann es keine eigentlichen Zusammenhänge geben. Es kann vorkommen, daß derselbe Gegenstand in verschiedenen Tatsachen enthalten ist. Aber weder ein Gegenstand noch eine Tatsache kann sich ändern. Es handelt sich dann lediglich um eine andere Tatsache. Ein Zusammenhang zwischen den Tatsachen würde bedeuten, daß ein Zusammenhang zwischen den Elementarsätzen, welche die Tatsachen beschreiben, bestünde. Ein solcher Zusammenhang wäre jedoch intensional und nicht, wie es erforderlich wäre, extensional. Das bedeutet weiterhin, daß ein Mensch, soweit er sich beschreiben läßt, eine Reihe von Sachverhalten ist. Diese Auffassung wird vielleicht verständlicher, wenn wir uns vorstellen, daß man fotografische Aufnahmen von beliebig kleinen Fragmenten des Menschen macht und die Aufnahmen anschließend an einer Wand befestigt. Wir könnten uns weiterhin vorstellen, daß aus allen Blickwinkeln Aufnahmen gemacht und darüber hinaus ‹Geräuschbilder›, ‹Geruchsbilder› und psychologische Bilder (über die Gedanken, Wünsche, Gefühle des betreffenden Menschen) angefertigt werden. Wir können uns vorstellen, daß wir diese ‹Filme› anschließend ablaufen lassen. Dadurch erhielten wir unter Umständen den Eindruck eines gewissen inneren Zusammenhangs. Der *Tractatus* aber sagt, es gibt keinen anderen Zusammenhang außer dem, daß eventuell in einigen Sachverhalten dieselben Gegenstände auftreten. Es kann deshalb auch nicht davon gesprochen werden, daß es zwischen den Gedanken, Gefühlen und Wünschen eines Menschen einen inneren Zusammenhang gibt, wie es auch keinen inneren Zusammenhang zwischen den Handlungen eines Menschen und dem, was wir normalerweise als Konsequenzen dieser Handlungen auffassen, gibt.[32]

Bei der Beschreibung eines Menschen wird es nicht zu einer Beschreibung eines denkenden oder wollenden Subjekts, einer Seele oder eines Ichs kommen. Es würde sich dabei lediglich um Beschreibungen von Gedanken, Gefühlen und Wünschen handeln. Nun ist es aber so, daß der Sinn eines Gedankens bzw. eines sinnvollen Satzes sich zeigt. Wem zeigt er sich denn eigentlich? Nun, der Sinn eines Satzes, also insgesamt betrachtet die Welt, kann sich nicht gegenüber etwas offenbaren, das selbst ein Teil der Welt ist. Eine Person ist es, der sich der Sinn bzw. die Welt zeigt, soweit eine Person aus eben diesem Blickwinkel betrachtet wird. Wittgenstein spricht in diesem Zusammenhang vom metaphysischen Subjekt oder dem philosophischen Ich.[33] Das metaphysische Subjekt ist nicht ein Teil der Welt, sondern die Grenze der Welt. Die Grenzen der Welt – oder besser gesagt: die Grenzen der möglichen Welten – sind durch das gegeben, was sich in der Sprache zeigen kann. Sprache muß das sein, was ich in meiner Eigenschaft als metaphysisches Subjekt verstehen kann. So gesehen sind die Grenzen der Welt durch meine Sprache bestimmt, durch das, was ich denken kann. Das bedeutet, die Welt ist meine Welt in dem Sinn, daß nur das, was ich denken kann, für mich Bestand haben kann. Umgekehrt bin ich meine Welt. Nicht in dem Sinn, daß ich aus den Tatsachen oder Sachverhalten der Welt zusammengesetzt bin, sondern in dem Sinn, daß ich nichts anderes als dieses bin, daß eben dieses und nichts anderes sich zeigt. Insofern kann Wittgenstein behaupten, Welt und Leben seien eins.[34]

«Nicht *wie* die Welt ist, ist das Mystische, sondern *daß* sie ist»

Hierin zeigt sich auch, wie die Frage nach dem Sinn der Welt und damit des Lebens zu verstehen ist. Da alle Sachverhalte ein Teil der möglichen Welten sind, kann der Sinn der Welt bzw. des Lebens nicht selbst ein Sachverhalt, ein Teil der möglichen Welten sein. Der Sinn der Welt und des Lebens – das, was wir ethisch, ästhetisch oder religiös ausdrücken wollen – muß sich unterscheiden von dem, was ein Teil der Welt sein kann. Dabei handelt es sich natürlich nicht um etwas, das beschrieben oder benannt werden könnte; aber was es ist, *zeigt* sich eben dadurch, daß wir verstehen, was die Welt ist: daß nämlich die Welt, begrenzt durch das logisch Mögliche, das ist, was geschieht, und daß das, was geschieht, ohne Grund geschieht. Gleichzeitig gilt – da ich meine Welt bin –, daß die Art und Weise, in der sich die Welt mir offenbart, mir angibt, wie ich bin. Deshalb heißt es in 6.43:

«Die Welt des Glücklichen ist eine andere als die des Unglücklichen.»

Hiermit zusammenhängend kann Wittgenstein sagen, daß an der Art, wie die Welt ist, nichts Sonderbares ist: Was geschieht, geschieht. Das Mystische besteht darin, daß die Welt ist, daß überhaupt etwas da ist, was sich offenbart.[35] Daß die Welt ist, daß sie sich offenbart, ist das *Unaus-*

sprechliche. Es sollte von einem sprechenden Schweigen beherrscht sein[36] (vgl. Grundthese 7). Endlose, weitschweifende und haarspalterische Diskussionen über den Sinn des Lebens, das gute Leben oder eine etwaige Unsterblichkeit der Seele sind hier fehl am Platz – nicht weil das Leben ohne Sinn ist oder weil es zwischen dem guten und dem schlechten Leben keinen Unterschied gibt, sondern weil der Sinn meines Lebens und die Art, in der ich es führe, nur dann klar sein wird, wenn ich mich daran halte, was die Welt ist – meine Welt und mein Leben.

Hier angelangt, stellt sich nunmehr die Frage: Was wird eigentlich aus der Philosophie? Klar ist, daß die Philosophie, wenn wir diese Auffassung zugrunde legen, keine Lehre sein kann, sie ist keine Wissenschaft.[37] Hier steht Wittgenstein in völliger Opposition zu Russell. Gemäß dem *Tractatus* kann die Philosophie nur als Aktivität von Bedeutung sein, wodurch auf den Unterschied zwischen dem, was gedacht oder gesagt werden kann, und dem Unaussprechlichen hingewiesen wird. So sind die Ausführungen im *Tractatus* zu verstehen, was mit der zweitletzten *Tractatus*-Anmerkung gesagt wird:

> «Meine Sätze erläutern dadurch, daß sie der, welcher mich versteht, am Ende als unsinnig erkennt, wenn er durch sie – auf ihnen – über sie hinausgestiegen ist. (Er muß sozusagen die Leiter wegwerfen, nachdem er auf ihr hinaufgestiegen ist.)
>
> Er muß diese Sätze überwinden, dann sieht er die Welt richtig.»[38]

Die Wirkungsgeschichte des *Tractatus*

Die Wirkungen des *Tractatus* waren zahlreich und vielfältig. In der offiziellen philosophischen Welt allerdings blieb man weitgehend entweder auf einer inhaltlichen Stufe stehen – bei der Bedeutungstheorie und der Theorie der Logik –, oder aber man lehnte den *Tractatus* als philosophische Jakobsleiter gänzlich ab.

Wittgenstein selbst versuchte eine Zeitlang, dem im *Tractatus* enthaltenen Evangelium der Redlichkeit nachzuleben. Nach seiner Entlassung aus der Kriegsgefangenschaft ließ er sich ein Jahr lang zum Volksschullehrer ausbilden. 1920 bis 1926 war er Lehrer an vier verschiedenen Dorfschulen im südlichen Österreich.[39] Es macht den Anschein, als sei er ein anregender Lehrer gewesen, der seine Kinder zu begeistern wußte.[40] Im großen und ganzen jedoch war ihm das Leben in einer Dorfgemeinschaft alles andere als angenehm. Seine Briefe lassen vermuten, daß er hier – wie bereits früher und auch später häufig – schwermütig war, zuweilen so sehr, daß er beinahe seinen seelischen Halt verlor. In diesen Jahren war er auch zweimal für kurze Zeit als Gärtner tätig. Er auferlegte sich eine bescheidene und prunklose Lebensweise, die er bis zu seinem Tode beibehielt. Bereits während des Kriegs verschenkte er den größten Teil seines vom Vater geerbten Vermögens. Einige dieser Geldmittel flossen über L. v. Ficker – den Redakteur des *Brenner* – anonym an eine Reihe von Künstlern, darunter Rainer Maria Rilke.[41] Von 1926 bis 1928 war Wittgenstein in Wien mit dem Bau eines Stadtpalais für eine seiner Schwestern, Margarete Stonborough, beschäftigt.

In den zehn Jahren nach der Vollendung des *Tractatus* hat Wittgenstein sich nicht systematisch mit der Philosophie beschäftigt. Er war, wie er auch in seinem Vorwort schreibt, der Meinung, die philosophischen Probleme in allen wesentlichen Punkten gelöst zu haben. Das hieß jedoch nicht, daß er sich der Philosophie völlig enthielt. Er traf sich gelegentlich mit philosophisch interessierten früheren Freunden oder mit Leuten, die den Traktat gelesen hatten und ihr Verständnis des Werkes nun vertiefen wollten, so mit dem Engländer F. Ramsey (1903–1930) und M. Schlick (1882–1936), die führende Figur des Wiener Kreises. Da sich Wittgenstein von 1926 an permanent in Wien aufhielt, wurde er, nicht zuletzt durch seine Schwester Margarete, stärker in die kulturellen Kreise einbezogen.

1929 ging Wittgenstein wieder nach Cambridge, um seine Arbeit an philosophischen Themen weiterzuführen. Zwei Schwachpunkte des *Tractatus* beschäftigten ihn vor allem. Der eine betrifft die Tatsache, daß im *Tractatus* die beschreibende Sprache so offen und ohne weiteres als Musterbeispiel für eigentliche Sprache aufgefaßt wird. Klar ist jedoch, daß es zahlreiche andere Formen des Sprachgebrauchs gibt – fragende, auffordernde, bittende, die im *Tractatus* nicht berücksichtigt wurden. Zudem kann die Frage gestellt werden, ob der Sinn einer Äußerung unabhängig von dem Zusammenhang, in welchem sie erfolgt, verstanden werden kann. Damit zusammenhängend können leicht Zweifel entstehen, inwieweit jeder sinnvolle Satz eine und nur eine logische Form besitzt. Daß nach und nach eine Reihe verschiedener formallogischer Systeme entwickelt wurden, verstärkt diese Zweifel.

Der zweite Schwachpunkt betrifft ein Problem, das wir als Intersubjektivitätsproblem bezeichnen können. Aus den Ausführungen zur Bildtheorie dürfte hervorgegangen sein, daß Wittgenstein gute Gründe hatte, den Gedanken mit einem fundamental logischen Bild gleichzusetzen. Wobei der Gedanke hier allerdings nicht abstrakt, wie beispielsweise «der Gedanke, daß 2 und 2 gleich 4 sind», verstanden werden kann. Er muß vielmehr als ein bestimmtes Ereignis, eine Tatsache, aufgefaßt werden. Ist aber ein solcher Gedanke nicht zwangsläufig etwas Privates, etwas, zu dem nur die denkende Person selbst (d. h. das metaphysische Subjekt, dem der Sinn des Gedankens sich offenbart) einen Zugang hat? Und bedeutet es nicht weiter, daß das, was den Gedankenelementen entspricht, etwas Privates sein muß? In dem Fall wäre die Auffassung, daß die Welt meine Welt ist, in einem radikalen Sinn zu verstehen. Dann wäre es auch nicht nachvollziehbar, wie wir einander gegenseitig überhaupt verstehen bzw. mißverstehen können. Wenn es nun aber – wie im ersten Punkt angedeutet – so ist, daß Sprache und damit begriffliches Denken nur im Rahmen einer den Menschen gemeinsamen Aktivität Bestand haben kann, dann haben wir es in der Tat mit einem kaum zu klärenden Problem zu tun. In einem späteren Kapitel werden wir uns damit beschäftigen, wie Wittgenstein ab 1929 unter Beibehaltung seiner Grundabsicht und Auffassung der Philosophie als Aktivität diese Knoten aufzulösen versucht.

Für die britische analytische Philosophie – Philosophen wie Ramsey, Wisdom (geb. 1904) und Stebbing (1885–1943) – sollte sich wohl in erster Linie der *logische Atomismus* als bedeutsam erweisen, also die Auffassung, daß alle (beschreibenden) Sätze als Wahrheitsfunktionen von Elementarsätzen, in denen atomare Tatsachen abgebildet werden, analysierbar sein müssen. Man könnte nun versuchen aufzuzeigen, wie verschiedene Aussagentypen – Kausalaussagen, Aussagen über materielle Objekte usw. – auf diese Weise analysierbar sind. Mit der Botschaft, das Wesentliche und Unaussprechliche offenbare sich eben durch das, was gesagt werden kann, erlitt man jedoch weitgehend Schiffbruch.

Am bekanntesten ist vermutlich der Einfluß, den der *Tractatus* auf die Gestaltung des *Neopositivismus* hatte – ein eher tragikomisches Paradox. Zu Beginn der 20er Jahre wurde der *Tractatus* von mehreren führenden Wiener Philosophen und Wissenschaftlern eifrig studiert.[42] Einige Mitglieder des Wiener Kreises – Schlick (1882–1936), Waismann (1896 bis 1959) und teilweise Carnap (1891–1970) – trafen sich 1927 und 1930 regelmäßig mit Wittgenstein. Er selbst nahm jedoch nie an den Besprechungen und Seminaren des Kreises teil. Schlick und Waismann wurden von der starken Persönlichkeit Wittgensteins beeinflußt; einem Mann wie Carnap dagegen muß es einigermaßen sonderbar vorgekommen sein, daß Wittgenstein bei ihren ersten Zusammenkünften auf der Lesung von Gedichten des indischen Poeten Rabindranath Tagore bestand.[43]

Aus dem *Tractatus* war es gemeinhin die extensionale Auffassung, die vom Wiener Kreis übernommen wurde, die Ansicht also, nach der der Sinn eines Satzes durch seine Wahrheitsbedingungen angegeben wird und die Notwendigkeit der Logik auf deren tautologischen Eigenschaften beruht. Allerdings wurden diese Ansichten aus einer empiristischen Perspektive betrachtet – eine Haltung, die im *Tractatus* keinerlei Fürsprache hat. Auf diese Weise wurde aus der Bedeutungstheorie eine Verifikationstheorie der Bedeutung und aus der Philosophie eine Wissenschaft der logischen Syntax wissenschaftlicher Sprache.

Tragikomisch ist, daß Wittgenstein, der mit seinem *Tractatus* demonstrieren wollte, die Lösung der philosophischen Probleme bestehe darin, daß die Philosophie eben keine Wissenschaft sein kann, entscheidenden Einfluß auf eine philosophische Bewegung erlangen sollte, die ihre Philosophie zur Hauptsache als Wissenschaft verstand – im Unterschied zu jeglicher traditionellen Metaphysik.

Texte Wittgensteins

Schriften, Bde. 1–8. Frankfurt/M. 1960–1982.

Briefwechsel mit Russell, Moore u. a. Hg. v. B. F. McGuiness u. G. H. von Wright. Frankfurt/M. 1980.

Vorlesungen 1930–1935. Hg. v. D. Lee u. A. Ambrose, übers. von J. Schulte. Frankfurt/M. 1984.

Logisch-philosophische Abhandlung. In: Annalen der Naturphilosophie, Bd. 14, 1921, S. 185–262. Dt.-engl. Ausgabe: Tractatus logico-philosophicus. London 1922, 2. Aufl. mit einer Einleitung von B. Russell. London 1961. Zit. nach Schriften 1 *(= T)*.

Philosophische Untersuchungen, mit einer engl. Übers. von G. E. M. Anscombe. Hg. v. R. Rhees u. G. E. M. Anscombe. Oxford 1953, 2. Aufl. 1958. Zit. nach Schriften 1 *(= PU)*.

Tagebücher 1914–1916, Schriften Bd. 1. Frankfurt/M. 1960.

Preliminary Studies for the «Philosophical Investigations, generally known as The Blue and the Brown Books», ed. by R. Rhees. Oxford 1958, 2. Aufl. 1964. Zit. nach Schriften 5. Frankfurt/M. 1970 *(= BB)*.

Philosophische Bemerkungen. Hg. v. R. Rhees. Oxford 1964. Zit. nach Schriften, Bd. 2. Frankfurt/M. 1964 *(= PB)*.

Prototractatus. An early version of Tractatus Logico-Philosophicus, ed. by B. F. McGuiness, T. Nyberg u. G. H. von Wright. London 1971.

Bibliographien

Fann, K. T.: «Wittgenstein Bibliography». In: International Philosophical Quarterly, Bd. 7 (1967), S. 311–339.

Fann, K. T.: «Supplement to the Wittgenstein Bibliography». In: Revue Internationale de Philosophie 23 (1969), S. 363–370.

Borgis, I.: Index zu Ludwig Wittgensteins «Tractatus logico-philosophicus» und Wittgenstein-Bibliographie. Freiburg 1968.

Wright, G. H. v.: «The Wittgenstein Papers». In: Philosophical Review 78 (1979), S. 483–503.

Lapointe, F. H.: Ludwig Wittgenstein. A Comprehensive Bibliography. Westport (Conn.) 1980.

Gabel, G. U.: Ludwig Wittgenstein. A Comprehensive Bibliography of International Theses and Dissertations 1933–1985. Köln 1988.

Literatur

Ayer, A. J.: Wittgenstein. London 1985.

Birnbacher, D.: Die Logik der Kriterien. Hamburg 1974.

Black, M.: A Companion to Wittgenstein's ‹Tractatus›. Ithaca (N. Y.) 1964, 4. Aufl. 1982.

Buchheister, K. / Steuer, D.: Ludwig Wittgenstein. Stuttgart 1992.

Diamond, C.: The Realistic Spirit. Wittgenstein, Philosophy and the Mind. Cambridge / London 1991.

Dummett, M.: Wittgenstein's Philosophy of Mathematics. In: Pitcher, G. (Hg.): Wittgenstein. The Philosophical Investigations. New York 1966.

Fann, K. T.: Die Philosophie Ludwig Wittgensteins. München 1971.

Frank, M. / Soldati, G.: Wittgenstein, Literat und Philosoph. Pfullingen 1989.

Griffith, A. Ph. (ed.): Wittgenstein Centenary Essays. Cambridge 1991.

Hacker, P. M.: Einsicht und Täuschung. Wittgenstein über Philosophie und die Metaphysik der Erfahrung. Frankfurt / M. 1978.

Hallett, G.: A Companion to Wittgenstein's ‹Philosophical Investigations›. Ithaca / London 1977.

Hanfling, O.: Wittgenstein's later Philosophy. Basingstoke / London 1989.

Hintikka, M. B. / Hintikka, J.: Untersuchungen zu Wittgenstein. Frankfurt / M. 1990.

Hollis, M.: Rationalität und soziales Verstehen. Frankfurt / M. 1991.

Janik, A. / Toulmin, St.: Wittgensteins Wien. München 1984.

Kenny, A.: Wittgenstein. Frankfurt / M. 1974.

Malcolm, N.: Erinnerungen an Wittgenstein. Mit einer biographischen Skizze

von G. H. von Wright und Wittgensteins Briefen an Norman Malcolm. Frankfurt/M. 1987.
–: Ludwig Wittgenstein. München 1961.
McGuiness, B.: Wittgensteins frühe Jahre. Frankfurt/M. 1988.
Monk, R.: Wittgenstein. Das Handwerk eines Genies. Stuttgart 1992.
Pitcher, G.: Die Philosophie Wittgensteins. Eine kritische Einführung in den Tractatus und die Spätschriften. Freiburg/München 1967.
Rhees, R. (Hg.): Ludwig Wittgenstein. Porträts und Gespräche. Frankfurt/M. 1992.
Savigny, E. v.: Wittgensteins ‹Philosophische Untersuchungen›. Ein Kommentar für Leser, Bd. 1, Abschnitte 1–315. Frankfurt/M. 1988.
Scheier, C.-A.: Wittgensteins Kristall. Ein Satzkommentar zur logisch-philosophischen Abhandlung. Freiburg/München 1991.
Schenk, G./Max, I. (Hg.): Logik, Sprache, Philosophie. Ludwig Wittgenstein. Halle/Saale 1990.
Schulte, Joachim: Wittgenstein. Eine Einführung. Stuttgart 1989.
Schweidler, W.: Wittgensteins Philosophiebegriff. Freiburg/München 1988.
Thiele, S.: Die Verwicklungen im Denken Wittgensteins. Freiburg/München 1983.
Waismann, F.: Wittgenstein und der Wiener Kreis. Hg. v. B. F. McGuiness. Oxford 1967 (dt.: Wittgenstein. Schriften Bd. 3. Frankfurt/M. 1967).
Winch, P.: Versuchen zu verstehen. Frankfurt/M. 1992.
Wright, G. H. v.: «Historical Introduction». In: Wittgenstein, Prototractatus, ed. by B. F. McGuiness, T. Nyberg u. G. H. v. Wright. London 1971, S. 1–34.
–: Wittgenstein. Oxford 1982.
Wuchterl, K./Hübner, A.: Ludwig Wittgenstein in Selbstzeugnissen und Bilddokumenten dargestellt. Reinbek bei Hamburg 1979.
Zimmermann, J.: Wittgensteins sprachphilosophische Hermeneutik. Frankfurt/M. 1975.

Anmerkungen

1 Vgl. v. Wright: «Historical Introduction». In: Wittgenstein: Prototractatus, ed. by B. F. McGuiness, T. Nyberg u. G. H. v. Wright. London 1971, S. 1 bis 34.

2 Ebd. S. 34; G. H. v. Wright: Die Entstehung des Tractatus logico-philosophicus. In: Wittgenstein: Briefe an Ludwig von Ficker, ed. by G. H. v. Wright. Salzburg 1969, S. 109.

3 Wittgenstein, Tagebücher 1912–1916, S. 165–185.

4 Vgl. Janik/Toulmin: Wittgensteins Wien, Kap. 6.

5 Wittgenstein, *T*, Anm. zu Satz 1.

6 Wittgenstein, *T*, Sätze 1, 2, 3, 4, 5, 6, 7.
7 Wittgenstein, *T*, 4.221.
8 Russell, *T*, 6.5–6.521.
9 Wittgenstein, *T*, 3.325, 4.002, 5.5563.
10 Wittgenstein, *T*, 3.25.
11 Wittgenstein, *T*, 3.323.
12 Wittgenstein, *T*, 3.1–3.12.
13 Wittgenstein, *T*, 4.221.
14 Wittgenstein, *T*, 4.211, 5.134, 4.024.
15 Wittgenstein, *T*, 4.021–4.024, 4.4–4.431.
16 Wittgenstein, *T*, 3.142.
17 Wittgenstein, *T*, 4.032.
18 Wittgenstein, *T*, 3.201, 3.202.
19 Wittgenstein, *T*, 3.26.
20 Wittgenstein, *T*, 3.23, 3.24.
21 Wittgenstein, *T*, 1–2.063.
22 Wittgenstein, *T*, 2.0124, 5.5561.
23 Wittgenstein, *T*, 2.032, 2.033, 2.17.
24 Wittgenstein, *T*, 2.15.
25 Wittgenstein, *T*, 3.2, 3.203, 3.22.
26 Wittgenstein, *T*, 2.15.
27 Wittgenstein, *T*, 2.1513.
28 Wittgenstein, *T*, 2.172, 4.12.
29 Wittgenstein, *T*, 4.121.
30 Wittgenstein, *T*, 6.1–6.13.
31 Wittgenstein, *T*, 6.3, 6.37.
32 Wittgenstein, *T*, 5.631, 6.373, 6.374.
33 Wittgenstein, *T*, 5.641.
34 Wittgenstein, *T*, 5.6–5.641, v. a. 5.621.
35 Wittgenstein, *T*, 6.44.
36 Wittgenstein, *T*, 6.522.
37 Wittgenstein, *T*, 4.11–4.115.
38 Wittgenstein, *T*, 6.54.
39 B. F. McGuiness: «Editor's Appendix». In: P. Engelmann: Letters from L. Wittgenstein. Oxford 1967, S. 144 f.
40 W. W. Bartley III Jr.: Wittgenstein. London 1974.
41 L. v. Ficker: Rilke und der unbekannte Freund. In memoriam Ludwig Wittgenstein. In: Der Brenner 18, 1954, S. 234–248.
42 B. F. McGuiness: Editor's Appendix. In: P. Engelmann, Letters from Ludwig Wittgenstein. Oxford 1967, S. 146.
43 Janik/Toulmin: Wittgensteins Wien, S. 288.

Charles Sanders Peirce (1839–1914)
(Quelle: Collected Works)

William James (1842–1910), um 1885
(Quelle: Das Buch)

George Edward Moore (1873–1958)
(Quelle: Die blaue Mappe)

Gottlob Frege (1848–1925)
(Quelle: Die blaue Mappe)

Ernst Mach (1838–1916)
(Quelle: Die blaue Mappe)

Ludwig Josef Johann Wittgenstein
(1889–1951)
(Quelle: Die blaue Mappe)

Bertrand Arthur William Russell
(1872–1970)
(Quelle: Die blaue Mappe)

Rudolf Carnap (1891–1970)
(Quelle: Stegmüller)

Albert Einstein überreicht an seinem 72. Geburtstag (am 14. 3. 1951) den Einstein-Preis an Kurt Gödel und Julian Schinger; in der Mitte Lewis E. Strauss (Quelle: Die blaue Mappe)

Gilbert Ryle (1900–1976) (zweiter von rechts), zusammen mit Passmore, Partridge und Anderson in den 50er Jahren (Quelle: Die blaue Mappe)

John Langshaw Austin (1911–1960)
(Quelle: Urmson)

John Roger Searle (geb. 1932)
(Quelle: Die blaue Mappe)

Willard Van Orman Quine (geb. 1908)
(Quelle: Die blaue Mappe)

Peter Frederick Strawson (geb. 1919)
(Quelle: Die blaue Mappe)

Richard Mervyn Hare (geb. 1919)
(Quelle: Die blaue Mappe)

Robert Nozick (geb. 1938)
(Quelle: Die blaue Mappe)

Michael Anthony Eardley Dummett
(geb. 1925) (Quelle: Die blaue Mappe)

Thomas S. Kuhn (geb. 1922)
(Quelle: Die blaue Mappe)

Karl Raimund Popper (geb. 1902) in Kopenhagen 1973 (Quelle: Die blaue Mappe)

Wittgenstein und Georg Henrik von Wright (geb. 1916) (rechts)
(Quelle: Die blaue Mappe)

2. DER LOGISCHE POSITIVISMUS

Jan Riis Flor

Ernst Mach
Der Vater des Wiener Kreises

Der logische Positivismus (zuweilen auch als logischer Empirismus, Neopositivismus oder wissenschaftlicher Empirismus bezeichnet) ist eine der beherrschenden Strömungen der Philosophie dieses Jahrhunderts. Er war in den 30er und 40er Jahren äußerst rege, ebbte jedoch in den 50er Jahren ab. Einige seiner typischen Grundhaltungen und -perspektiven haben jedoch weiterhin Bestand.

Beim logischen Positivismus handelt es sich nicht um eine Schule im engeren Sinn, etwa mit einer klaren programmatischen Zielsetzung oder einer Führungsperson. Es war vielmehr so, daß sich in den Jahren zwischen den Weltkriegen in Westeuropa und zum Teil auch in den USA in einer Reihe von ‹Zentren›, die mehr oder weniger voneinander abhängig waren, eine Grundstruktur von Auffassungen und Positionen entwikkelte und ausprägte.

Das wichtigste und bekannteste dieser Zentren war der *Wiener Kreis*. Gegen Ende des 19. Jahrhunderts florierte ein gewisser politischer Liberalismus und eine empirische ‹wissenschaftliche› Haltung unter den Wiener Intellektuellen. Eine der maßgebenden Figuren war der Physiker, Wissenschaftshistoriker und Philosoph Ernst Mach (1838–1916), der 1895 einen besonderen Lehrstuhl für die «Philosophie der induktiven Wissenschaften» an der Universität Wien erhielt.

Mach war Positivist. Er vertrat die Auffassung, die Wissenschaft solle sich auf das Abfassen von möglichst sparsamen und exakten Beschreibungen des Gegebenen beschränken. ‹Sparsam› heißt in diesem Zusammenhang: Verzicht auf die Anwendung überflüssiger Begriffe. Dieses Sparsamkeitsprinzip sollte für den logischen Positivismus große Bedeutung erlangen: Die Wissenschaft sollte ausschließlich zusammenfassende Beschreibungen liefern, wobei das Unbekannte auf das Bekannte zurückgeführt wird. Erklärungen sind dabei nicht gefragt. Wie sich Phänomene verhalten – das ist es, womit sich die Wissenschaft beschäftigt. Aus dieser Perspektive heraus kritisierte Mach die Anwendung von Begriffen wie den des absoluten Raums, der absoluten Zeit und der Kausalität in der Mechanik. Es gibt nur funktionelle Zusammenhänge, die sich mit Hilfe von mathematischen Gleichungen ausdrücken lassen. Deshalb stemmte er sich auch gegen eine kritische Auffassung der Atomtheorie.

Nach Ansicht von Mach ist die Auffassung des Raums als einer Art übergeordneten Behälters, der alle Dinge in sich birgt, eine metaphysische Vorstellung. Für die Beschreibung des Gegebenen und die sichtbaren Zusammenhänge zwischen Gegebenheiten ist sie überflüssig. Sie sollte daher aufgegeben werden. Der Raum ist nichts anderes als die Gesamtheit der räumlichen Relationen. Dementsprechend meinte Mach, die Auffassung von Dingen als etwas durch Veränderungen hindurch Bleibendes sei eine metaphysische Vorstellung. Ein Gegenstand sei nichts anderes als ein relativ konstanter Komplex von Qualitäten oder Elementen. Darunter verstand Mach nicht Atome im physischen Sinn, sondern beispielsweise Eigenschaften wie ‹hart›, ‹rot›, ‹lang›, ‹kalt› usw. So gesehen, erinnert seine Auffassung an die Sinnesdatentheorie der britischen Empiristen. Mach läßt uns jedoch darüber im unklaren, inwieweit die Elemente als Einzeldinge oder Allgemeinbegriffe zu verstehen sind. Eine weitere Schwierigkeit ergibt sich aus dem Verständnis des Machschen Elementbegriffs. Zuweilen ist man versucht zu glauben, die Elemente seien Sinnesqualitäten (Sinneswahrnehmungen oder Empfindungen). In anderen Zusammenhängen wird jedoch deutlich, daß diese Deutung nicht ohne weiteres zutrifft. Denn gemäß Mach verläuft die Trennung zwischen dem Physischen und dem Psychischen danach, in welchem Zusammenhang ein Element vorkommt. Wir gewöhnen uns an, ein Element als physisch zu bestimmen, wenn es in physischen Regelmäßigkeiten auftritt, ebenso wie wir es uns zur Gewohnheit machen, ein Element als geistig (bewußtseinsmäßig) zu bezeichnen, wenn es in psychologischen Regelmäßigkeiten auftritt.

Mach weist auf die Analogie hin, daß wir in einigen Zusammenhängen die Erdoberfläche als flach betrachten, etwa wenn wir den Grundriß eines Hauses erstellen, in anderen Zusammenhängen jedoch als gekrümmt, etwa wenn wir den Erdumfang messen wollen. Entscheidend ist, daß es, grundsätzlich betrachtet, keine unterschiedlichen Formen des Seienden gibt, wie es auch keine Artunterschiede zwischen dem Physischen und dem Psychischen gibt. Eine solche Theorie wird zuweilen als neutraler Monismus bezeichnet. In einigen seiner Werke hat Russell, der zu den wesentlichen Inspiratoren des Wiener Kreises und des logischen Positivismus zählte, einen ähnlichen Standpunkt entwickelt. Diese Auffassung spielte bei logischen Positivisten für die Entwicklung des Gedankens einer Einheitswissenschaft eine bedeutende Rolle.

Neben Mach gab es eine Reihe weiterer Denker in der zweiten Hälfte des 19. und zu Beginn des 20. Jahrhunderts, die sowohl Wissenschaftler als auch ‹Philosophen› waren und auf den späteren Wiener Kreis erheblichen Einfluß nahmen: Hermann von Helmholtz (1821–94, Physiker und Physiologe), Albert Einstein (1879–1955, Physiker), Henri Poincaré (1854–1912, Mathematiker) und David Hilbert (1862–1943, Mathematiker).

Die Entstehung des Wiener Kreises

In den Jahren vor dem Ersten Weltkrieg kam eine Gruppe junger Wissenschaftler jeden Donnerstagabend in einem alten Wiener Café zusammen, um vor allem über wissenschaftstheoretische Themen zu sprechen. Zu den Mitgliedern dieser Gruppe gehörten Philipp Frank (1884–1966), Richard von Mises (1883–1953), Hans Hahn (1879–1934) und Otto Neurath (1882–1945). Mehrere von ihnen waren von Mach stark beeinflußt.[1] Aus diesen regelmäßigen Treffen sollte sich der Wiener Kreis entwickeln. 1922 übernahm Moritz Schlick (1882–1936) den ursprünglich für Mach eingerichteten Lehrstuhl. Schlick war von Max Planck in theoretischer Physik ausgebildet worden, hatte sich später jedoch erkenntnis- und wissenschaftstheoretischen Themen zugewandt. So war er beispielsweise einer der ersten, die die philosophische Bedeutung der Einsteinschen Relativitätstheorie erläuterten. Mit Schlick als Mittelpunkt wurden unter Teilnahme verschiedener Philosophen und Wissenschaftler mehrere Diskussionsrunden und Seminare abgehalten. Die herausragenden Personen, die in verschiedenen Perioden an diesen Runden teilnahmen, waren Otto Neurath, Hans Hahn, Rudolf Carnap, Herbert Feigl (1902–1988), Kurt Gödel (1906–1978), Victor Kraft (1880–1975), Felix Kaufmann (1895–1949), Bela von Juhos (1901–1971), Friedrich Waismann (1896–1959) und Gustav Bergmann (geb. 1906). Philipp Frank, der Einstein als Professor in Prag abgelöst hatte, war dem Kreis ebenfalls eng verbunden.[2]

Es wurden vor allem Probleme in bezug auf die Grundlagen der Mathematik und der Physik, ferner die Frage nach der philosophischen Bedeutung der von Frege und Russell entwickelten ‹neuen Logik› und außerdem methodologische Probleme aus einer empirischen, einheitswissenschaftlichen Position heraus erörtert.

Reine und angewandte Geometrie

Die Themen der im Wiener Kreis geführten Diskussionen waren maßgeblich von der Entwicklung auf den Gebieten der Mathematik und der Physik bestimmt. Um dies nachvollziehen zu können, sollten wir zunächst den Blick zurück auf das griechische Altertum richten. Ungefähr 300 v. Chr. verdichtete Euklid das damalige geometrische Wissen in einem axiomatischen System. Der Grundgedanke war, daß es möglich sein müsse, alle Sätze über geometrische Verhältnisse aus einer geringen Anzahl von Definitionen und Grundsätzen (Axiome und Behauptungen) abzuleiten. Bei einer Ableitung durfte man nichts anderes einsetzen als das, was zu Definitionen bzw. Grundsätzen bereits angegeben oder aufgrund von diesen bewiesen worden war. Die abgeleiteten Sätze wurden als Lehrsätze oder Theoreme bezeichnet. Die Euklidsche Geometrie wurde ein Standardbeispiel dafür, wie eine richtige Wissenschaft aufzubauen sei. Je mehr sich eine Wissenschaft einem axiomatischen System annäherte, desto besser. Nach der klassischen Auffassung mußten in einem adäquaten axiomatischen System die Axiome evident sein. Das hieß in erster Linie, sie sollten gewiß und notwendig wahr sein. Es hieß aber auch, daß man innerhalb eines vorgegebenen Bereichs Sätze nicht einfach willkürlich als Axiome einsetzen durfte. Die Axiome mußten jene Sätze sein, aufgrund deren man andere Sätze beweisen konnte. Die Axiome selbst mußten jedoch unmittelbar einleuchten, so daß sie weder beweisbar sind noch einen Beweis fordern.

Mehr als 2000 Jahre lang meinte man, im Euklidschen Axiomensystem die Grundlage allen Wissens über räumliche Verhältnisse gefunden zu haben. Erlaubt schien zwar das Herleiten neuer Lehrsätze oder die Erarbeitung noch eleganterer Beweise für bereits bekannte Theoreme, nicht aber die Entwicklung einer alternativen Geometrie. Die Entwicklung einiger Nicht-Euklidscher Theorien im 19. Jahrhundert betrachtete man daher als etwas Unerhörtes. Es handelte sich dabei um Axiomensysteme, die die Ableitung von Theoremen zuließ, welche zu Euklidschen Lehrsätzen im Widerspruch standen: zum Beispiel, daß die Winkelsumme eines Dreiecks ungleich der Summe von zwei rechten Winkeln ist.

Es würde hier zu weit führen, auf das Verhältnis der verschiedenen Geometrien zueinander einzugehen, und es muß auch gesagt werden, daß philosophisch keine Einigkeit darüber besteht, wie jenes Verhältnis zu interpretieren ist. Wesentlich ist in diesem Zusammenhang, daß sich aufgrund dieser Entwicklung mehrere Auffassungen herauskristallisierten, die für den Wiener Kreis und den logischen Positivismus eine wichtige Rolle spielen sollten. Wenn die verschiedenen Geometrien jeweils als eigenständige Wissenschaften der räumlichen Verhältnisse von Körpern aufgefaßt werden, dann ist die Aufrechterhaltung der Auffassung der geometrischen Axiome als evidente Wahrheiten nur schwer vorstellbar. Dies hatte Konsequenzen in bezug auf die allgemeine Gültigkeit der empiristischen Auffassung der Erkenntnis. Seit der Antike war die Geometrie die Trumpfkarte der Rationalisten gewesen. Sie galt als Beispiel für die Erkenntnis notwendiger Wahrheiten, wobei die Erkenntnis auf reiner Vernunft beruhte, die Sinneserfahrung jedoch irrelevant war. Angesichts der neueren Entwicklung der Geometrie sahen sich die Empiristen gezwungen, zwischen rein mathematischer und physikalischer Geometrie zu unterscheiden.[3]

Bei der rein mathematischen Geometrie werden die verschiedenen axiomatisierten Geometrien als Formalsysteme aufgefaßt. Dabei bleibt unberücksichtigt, was man unter den in den Axiomen enthaltenen Ausdrücken normalerweise versteht. Die Axiome werden ausschließlich als Regeln dafür aufgefaßt, wie diese Ausdrücke bzw. Zeichen in dem betreffenden System eingesetzt werden dürfen; es besteht also keinerlei Veranlassung, die Bezeichnungen ‹Punkt›, ‹Linie› oder ‹Kreis› gegenüber Ausdrücken wie ‹Hü›, ‹Hui› oder ‹Hott› zu bevorzugen. Geometrie ist nichts anderes als ein solches formales, axiomatisches System. Deshalb wäre es auch irreführend, davon zu sprechen, daß die Geometrie Merkmale der Wirklichkeit beschreibt bzw. erklärt.

Bei der angewandten bzw. physikalischen Geometrie sind die Zeichen der formalen Systeme physikalisch zu interpretieren, so daß eine Messung von Längen, Flächen usw. möglich wird. Unter diesem Gesichtspunkt aber beruht es für den Empiristen auf Erfahrung, inwieweit eine solche Interpretation stichhaltig ist oder nicht.

Operationalismus und Konventionalismus

Dieser Standpunkt wurde nach Meinung der Empiristen durch die Entwicklung der Relativitätstheorie noch untermauert, weil bei der allgemeinen Relativitätstheorie eine Nicht-Euklidsche Geometrie angewandt wurde. Die Relativitätstheorie spielte auch auf andere Weise eine wesentliche Rolle bei den Empiristen. Sie wurden durch sie in ihrer Grundhaltung bestärkt, daß es keine Apriori-Erkenntnis (a priori = von der Wahrnehmung unabhängig und notwendig) der Natur gibt. Darüber hinaus sahen sie die Einsteinsche Analyse von Gleichzeitigkeit und Bewegung zumindest teilweise als Ergebnis einer empiristischen bzw. operationalistischen Position im Geiste Machs an. Diese Haltung wurde vor allem durch den amerikanischen Physiker Percy Williams Bridgman im Detail entwickelt, u. a. in *The Logic of Modern Physics* (1927). Kurz gefaßt besagt dieser operationalistische Standpunkt, daß die Anwendung bzw. Bedeutung eines physischen Begriffs durch die Ergebnisse bestimmter Vorgänge definiert wird. Beispiel: Die Bedeutung der Aussagen «x ist länger als y» (x und y sind konstante Körper) ist bestimmt durch das, was sich ergibt, wenn man einen dritten konstanten Körper (den Meßstab) entsprechend oft an x und y anlegt; es stellt sich heraus, daß der Meßstab öfter an x als an y angelegt werden kann. Als die logischen Positivisten in den 30er Jahren begannen, ihre Wirkungsstätten nach Amerika zu verlagern, fanden sie im Operationalismus einen natürlichen Verbündeten. Gleichzeitig erlangte Poincarés Analyse des konventionellen Charakters der in der Physik angewandten Geometrie für die logischen Positivisten große Bedeutung. Grob gefaßt besagt diese Analyse, daß es von einer Konvention abhängt, welche Geometrie in einer physikalischen Theorie zur Anwendung kommen soll. Man kann eine Euklidsche oder eine Nicht-Euklidsche nehmen, solange man nur die Formulierung der übrigen in der Theorie enthaltenen Naturgesetze ändert.

Ein weiterer Umstand trug ebenfalls dazu bei, daß sich die Auffassung vom axiomatischen Wissenschaftsideal änderte. Es stellte sich heraus, daß sich die Erkenntnis auf einem bestimmten Gebiet mit Hilfe verschiedener als Axiome verwendeter Sätze formen bzw. ordnen ließ, so daß sich in einer Form Axiome ergaben, die in einer anderen Form aber Theoreme waren. Dies war ein weiterer Grund, weshalb Axiome nicht als besonders herausragende evidente Wahrheiten angesehen wurden.

In Zusammenhang hiermit soll auf einen dritten Umstand eingegangen werden, der bei den logischen Positivisten, insbesondere bei Carnap, eine bedeutende Rolle spielte. Bei der Betrachtung der axiomatischen Systeme als reine Formalsysteme entwickelte sich eine besondere Disziplin, die Beweistheorie oder Metamathematik, vorwiegend aufgrund der Arbeit und Anregung David Hilberts. Hierbei werden verschiedene Eigenschaften von deduktiven Systemen untersucht wie Widerspruchsfreiheit und Entscheidbarkeit, wobei die Unterscheidung zwischen dem zu untersuchenden formalisierten System (d. h. eine formalisierte mathematische Theorie) und den bei metamathematischen Untersuchungen benutzten Regeln der entscheidende Punkt ist. Hieraus ergaben sich für Carnap wesentliche Anregungen für seine Unterscheidung zwischen Objektsprache und Metasprache.

Für die Auffassung der Wesensart der Logik sollte Wittgensteins *Tractatus* große Bedeutung erlangen. Das schwierige Werk wurde im Kreis mehrmals durchgearbeitet, und einige Mitglieder (Schlick, Waismann, Feigl) trafen sich wiederholt mit Wittgenstein. Dessen Auffassung der Philosophie als Tätigkeit und nicht als Lehre gewann dadurch einen gewissen Einfluß, insbesondere auf Schlick und Waismann.

Vom Wiener Kreis zum logischen Positivismus

Ein internationaler Kongreß 1929 in Prag sollte den Anlaß dazu geben, daß der Wiener Kreis öffentlich in Erscheinung trat und sich als philosophische Richtung profilierte. Neurath, Hahn und Carnap verfaßten mit Unterstützung von Waismann und Feigl[4] eine kleine Schrift mit dem Titel *Wissenschaftliche Weltauffassung: der Wiener Kreis*, die Schlick gewidmet war und in der sie die Geschichte und Grundhaltungen des Kreises erläuterten.

In dem darauffolgenden Jahrzehnt entstanden Kontakte und Zusammenarbeit mit einer Reihe von mehr oder weniger gleichgesinnten Gruppen und Richtungen. Es wurden zahlreiche internationale Kongresse abgehalten; die Zeitschrift *Erkenntnis* (1930–38), herausgegeben von Carnap und Reichenbach, entwickelte sich zum Sprachrohr der Bewegung, und es erschienen weitere wichtige Schriftreihen (u. a. *Einheitswissenschaft* und *International Encyclopedia of Unified Science*).

Von den Sektionen, mit denen der Wiener Kreis in Verbindung kam, sollte vor allem die Berliner Gruppe erwähnt werden. Sie war in der «Gesellschaft für wissenschaftliche Philosophie» organisiert, der u. a. Hans Reichenbach (1891–1953), Walter Dubislav (1895–1937), Kurt Grelling (1886–1942?), Richard von Mises (1883–1953) und Carl G. Hempel (geb. 1905) als Mitglieder angehörten. Ferner bestand eine gewisse Verwandtschaft mit der analytischen Tradition auf britischem Boden, die sich von Moore und Russell her sowie unter dem Einfluß von Wittgensteins *Tractatus* (F. P. Ramsey, L. S. Stebbing, John Wisdom, C. D. Broad) entwickelt hatte. Der auffälligste und konsequenteste logische Positivist war jedoch A. J. Ayer (1910–1989). In Dänemark arbeitete Jørgen Jørgensen (1894–1969), in Finnland Eino Kaila (1890–1958) und in Norwegen Arne Næss (geb. 1912) mehr oder weniger eng mit dem Wiener Kreis zusammen. In Uppsala (Schweden) hatten Axel Hägerström (1868–1939) und Adolf Phalén (1884–1931) eine antimetaphysische, begriffsanalytische Auffassung der Philosophie entwickelt. Erwähnt werden sollte auch, daß sich mit einer Reihe bedeutender polnischer Logiker und Philosophen, die die Entwicklung der formalen Logik und deren Anwendung bei der Analyse philosophischer Problemkomplexe interessiert verfolgten, ein fruchtbarer Kontakt entwickelte. Besonders Alfred Tarskis semantische Definition des Wahrheitsbegriffes erlangte weitgehenden Einfluß, nicht zuletzt auf Carnap.

Schlick wurde 1936 ermordet, und mit Österreichs ‹Anschluß› an Hitlers Reich 1938 löste sich der Kreis endgültig auf. Viele befanden sich bereits in der Emigration, einerseits, weil einige von ihnen Juden waren, andererseits, weil ihre Arbeiten und Schriften von den Nationalsozialisten als ‹Kulturbolschewismus› beschimpft und verfolgt wurden. Die meisten gingen in die USA und fanden dort einen bleibenden Aufenthaltsort bzw. eine neue Heimat. In den 30er Jahren entwickelte sich nach und nach eine bedeutsame Zusammenarbeit mit führenden amerikanischen Philosophen, insbesondere mit Ernest Nagel (1901–1985) und Charles W. Morris (1901–1979).[5] Verbunden mit der pragmatistischen Tradition in den USA, erlangte der Zustrom logischer Positivisten immense Bedeutung für die Aufarbeitung des Interesses an logischer Analyse und Wissenschaftstheorie, nicht zuletzt auch für die methodologischen Überlegungen bezüglich Psychologie und Soziologie.[6] Etwas überspitzt gesagt, trägt der Nationalsozialismus die Schuld daran, daß der logische Empirismus später vorwiegend als angelsächsische Philosophierichtung Geltung erreicht hat.

Eine wissenschaftliche Weltauffassung

Der Wiener Kreis und die logisch-positivistische Bewegung waren nicht von einer eindeutigen politischen Haltung, Weltanschauung oder Auffassung geprägt. Neurath, ein Vorreiter und Organisator, vertrat die Auffassung, daß die Bewegung eine politische und soziale Funktion hatte und auch haben sollte. Carnap teilte diese Meinung bis zu einem gewissen Grad; der überwiegende Teil der Mitglieder jedoch trat dafür ein, daß die Bewegung politisch neutral sein sollte und sie sich rein wissenschaftlichen Themen zu widmen habe.[7] Folgende Zitate aus der *Wissenschaftlichen Weltauffassung* sowie Carnaps Vorwort zum *Logischen Aufbau der Welt* mögen von jener Haltung einen Eindruck vermitteln[8]:

«Die Zunahme metaphysischer und theologisierender Neigungen, die sich heute in vielen Bünden und Sekten, in Büchern und Zeitschriften, in Vorträgen und Universitätsvorlesungen geltend macht, scheint zu beruhen auf den heftigen sozialen und wirtschaftlichen Kämpfen der Gegenwart: die eine Gruppe der Kämpfenden, auf sozialem Gebiet das Vergangene festhaltend, pflegt auch die überkommenen, oft inhaltlich längst überwundenen Einstellungen der Metaphysik und Theologie; während die andere, der neuen Zeit zugewendet, besonders in Mitteleuropa diese Einstellungen ablehnt und sich auf den Boden der Erfahrungswissenschaft stellt. Diese Entwicklung hängt zusammen mit der des modernen Produktionsprozesses, der immer stärker maschinentechnisch ausgestaltet wird und immer weniger Raum für metaphysische Vorstellungen läßt. Sie hängt auch zusammen mit der Enttäuschung breiter Massen über die Haltung derer, die die überkommenen metaphysischen und theologischen Lehren verkünden. So kommt es, daß in vielen Ländern die Massen jetzt weit bewußter als je zuvor diese Lehren ablehnen und im Zusammenhang mit ihrer sozialistischen Einstellung einer erdnahen, empiristischen Auffassung zuneigen. In früherer Zeit war der *Materialismus* der Ausdruck für diese Auffassung; inzwischen aber hat der moderne Empirismus sich aus manchen unzulänglichen Formen herausentwickelt und in der *wissenschaftlichen Weltauffassung* eine haltbare Gestalt gewonnen.

So steht die wissenschaftliche Weltauffassung dem Leben der Gegenwart nahe. Zwar drohen ihr sicherlich schwere Kämpfe und Anfeindungen. Trotzdem gibt es viele, die nicht verzagen, sondern, angesichts der soziologischen Lage der Gegenwart, hoffnungsfroh der weiteren Entwicklung entgegensehen. Freilich wird nicht jeder einzelne Anhänger der wissenschaftlichen Weltauffassung ein Kämpfer sein. Mancher wird, der Vereinsamung froh, auf den eisigen Firnen der Logik ein zurückgezogenes Dasein führen; mancher vielleicht sogar die Vermengung mit der Masse schmähen, die bei der Ausbreitung unvermeidliche ‹Trivialisierung› bedauern. Aber auch ihre Leistungen fügen sich der geschichtlichen Entwicklung ein. Wir erleben, wie der Geist wissenschaftlicher Weltauffassung in steigendem Maße die Formen persönlichen und öffentlichen Lebens, des Unterrichts, der Erziehung, der Baukunst durchdringt, die Gestaltung des wirtschaftlichen und sozialen Lebens nach rationalen Grundsätzen leiten hilft. *Die wissenschaftliche Weltauffassung dient dem Leben und das Leben nimmt sie auf.*»[9]

«Wir können uns nicht verhehlen, daß die Strömungen auf philosophisch-metaphysischem und auf religiösem Gebiet, die sich gegen eine solche Einstellung wehren, gerade heute wieder einen starken Einfluß ausüben. Was gibt uns trotzdem die Zuversicht, mit unserem Ruf nach Klarheit, nach metaphysikfreier Wissenschaft durchzudringen? Das ist die Einsicht, oder, um es vorsichtiger zu sagen, der Glaube, daß jene entgegenstehenden Mächte der Vergangenheit angehören. Wir spüren eine innere Verwandtschaft der Haltung, die unserer philosophischen Arbeit zugrunde liegt, mit der geistigen Haltung, die sich gegenwärtig auf ganz anderen Lebensgebieten auswirkt; wir spüren diese Haltung in Strömungen der Kunst, besonders der Architektur, und in den Bewegungen, die sich um eine sinnvolle Gestaltung des menschlichen Lebens bemühen: des persönlichen und gemeinschaftlichen Lebens, der Erziehung, der äußeren Ordnungen im Großen. Hier überall spüren wir dieselbe Grundhaltung, denselben Stil des Denkens und Schaffens. Es ist die Gesinnung, die überall auf Klarheit geht und doch dabei die nie ganz durchschaubare Verflechtung des Lebens anerkennt, die auf Sorgfalt in der Einzelgestaltung geht und zugleich auf Großlinigkeit im Ganzen, auf Verbundenheit der Menschen und zugleich auf freie Entfaltung des Einzelnen. Der Glaube, daß dieser Gesinnung die Zukunft gehört, trägt unsere Arbeit.»[10]

Die antimetaphysische Grundhaltung

Die Mitglieder des Wiener Kreises waren natürlich nicht in allem einer Meinung – auch nicht in allen wesentlichen philosophischen Fragen. So gab es innerhalb der Gruppe erhebliche Meinungsunterschiede zwischen Schlick, Neurath und Carnap. Dieser Umstand tritt noch deutlicher hervor, wenn die Betrachtung auf die gesamte logisch-positivistische Strömung erweitert wird. Die nachfolgenden Standpunkte und Auffassungen waren in der Gruppe jedoch weitgehend konsensfähig.

Vielleicht ist das markanteste Wesensmerkmal des Wiener Kreises seine antimetaphysische Haltung.[11] Ideenhistorisch betrachtet, handelt es sich hierbei um eine Fortführung der Auffassungen der französischen und britischen Aufklärungsphilosophen sowie des Positivismus des 19. Jahrhunderts. Nach der Einrichtung und Institutionalisierung einer Reihe von Wissenschaften im 18. und 19. Jahrhundert war es naheliegend zu meinen, jeder Bereich oder Aspekt der Wirklichkeit könne und müsse einer wissenschaftlichen Betrachtungsweise unterzogen werden. Dies bedeutete auch, daß die Mathematik und die Naturwissenschaften (und hier insbesondere die Physik) als mustergültige Beispiele dafür angesehen wurden, wie wissenschaftliche Arbeit zu betreiben sei. Diese Haltung ließ sozusagen keinen Platz für die Philosophie im Sinne einer Erkenntnis eines besonderen Bereichs der Wirklichkeit bzw. im Sinne einer ganz besonderen Einsicht in die Wirklichkeit und das Dasein schlechthin. Nach Meinung der Positivisten aber war die Metaphysik gerade ein solcher Versuch. Eine Wirklichkeit, die der Erfahrung grundsätzlich verschlossen bleibt, kann es jedoch nicht geben. Entsprechend ist auch eine Form gültiger Erkenntnis, welche über wissenschaftlich disziplinierte Vernunft und Erfahrung hinausgeht, nicht möglich. Jede Form der Metaphysik war somit abzulehnen, wobei die Polemik gegen sie zuweilen von einer nicht geringen Aggressivität geprägt war.[12]

Wahrheit und Sinn

Man lehnte die Metaphysik jedoch nicht nur als irrig und unnütz ab. Sie wurde buchstäblich als sinnlos eingestuft. Diese Bewertung erfolgte aufgrund jener Sprachauffassung, welche philosophisch betrachtet den logischen Positivismus in erster Linie kennzeichnet. Besonders bei der Bildung der Auffassung des Satzsinns hat man sich von Wittgensteins *Tractatus* leiten lassen. Das gilt insbesondere für zwei Elemente der Auffassung des Satzsinns – zum einen für das Verständnis der Notwendigkeit: alle Notwendigkeit (alle notwendig wahren oder falschen Sätze) ist ausschließlich bestimmt durch die Regeln für die Zusammensetzung von Symbolen und hat mit der Wirklichkeit nichts zu tun. Hiermit zusammenhängend wurde die Mathematik als eine Wissenschaft aufgefaßt, deren Merkmale mit denen der Logik im Prinzip übereinstimmen, wobei allerdings nicht alle logischen Positivisten Anhänger des Logizismus im engeren Sinn waren.[13] Zum anderen wurde die Wittgensteinsche These, wonach der Sinn eines Satzes durch seine Wahrheitsbedingungen bestimmt ist, vom Wiener Kreis empiristisch interpretiert. Dies bedeutete, daß Wahrheitsbedingungen letztlich über Sinneswahrnehmungen unmittelbar erfaßbar sein mußten, daß sie also in Erfahrungssätzen ausgedrückt werden konnten. Es sind Auffassungen dieser Art, auf die mit Bezeichnungen wie Verifikationskriterium des Sinns bzw. Verifikationstheorie des Sinns Bezug genommen wird – zu Beginn der Entwicklung des logischen Positivismus zuweilen (etwas unvorsichtig) ausgedrückt in dem Schlagwort: Der Sinn eines Satzes besteht in der Methode seiner Verifikation.[14]

Bei den Versuchen, diese Auffassung präziser auszudrücken, wurde zwischen den 30er und den 50er Jahren gegenüber den ersten und sehr radikalen Formulierungen eine Reihe von Modifikationen und Korrekturen vorgenommen, wobei allerdings eingeräumt werden muß, daß die Hoffnung, eine sowohl haltbare als auch präzise Formulierung zu finden, aufgegeben worden ist, wenngleich viele die Grundhaltung beibehalten haben.

Dabei ist es wichtig, sich vor Augen zu halten, was diese Modifikationen und Korrekturen beeinflußt. Es ist der Wunsch nach einer grundsätzlich klaren und deutlichen Unterscheidung, die es erlaubt, auf der einen Seite alle Sätze der Logik, der Mathematik und der Naturwissenschaften sowie Sätze, die nach diesem Muster formbar sind, als sinnvoll, alle anderen Sätze hingegen als sinnlos einzustufen. Es ging dem Wiener Kreis darum, jede metaphysische Spekulation destruktiv als Unsinn abzutun und auszuschließen, um dadurch konstruktiv den Weg für eine weitere Vertiefung und Erweiterung der Wissenschaften zu bereiten. Die Unterscheidung sollte so ausfallen, daß jeweils beide Positionen einer traditionellen metaphysischen Problemstellung sinnlos erscheinen würden. Beispiel: Wenn man vorgibt, sich mit dem Ausdruck «Gott» auf etwas zu beziehen, das nicht mit einer Sinneserfahrung in Zusammenhang gebracht werden kann, so müßten die Sätze «Es gibt einen Gott» und «Es gibt keinen Gott» beide völlig sinnlos sein.[15] Dies bedeutete, daß die interne Kritik an den Formulierungen des Verifikationskriteriums des Satzsinns im wesentlichen darin bestand, daß sie zu weit bzw. zu eng seien. Wenn eine Formulierung Sätze wie «Etwas entsteht aus nichts» oder «Wirklichkeit ist das Absolute» als sinnvoll zuließ, dann war sie zu weit. Wenn sie Sätze wie «Elektronen sind gleich geladen», «Im alten Athen lebten ca. 100 000 Menschen» oder «Es gibt einen Stoff, der Krebs heilt» ausschloß, dann war sie zu eng.

Analytische und synthetische Sätze

Um die Struktur in der Auffassung des Satzsinns anzugeben, ist es notwendig, gewisse Unterscheidungen einzuführen. Da ist zunächst der Unterschied zwischen analytischen und synthetischen Sätzen. Die Terminologie stammt von Immanuel Kant (1724–1804), die Art des Verständnisses der Unterscheidung jedoch von David Hume (1711–1776). Ein *analytischer* Satz ist ein Satz, dessen Wahrheitswert allein durch den Sinn der in dem Satz enthaltenen Ausdrücke und Symbole bestimmt ist. Alle anderen sinnvollen Sätze sind *synthetisch*. Beispiele für analytische Sätze wären: «Ein Rechteck ist ein Viereck» und «Ich bin das Kind meines Vaters und meiner Mutter». Der Ausdruck «Rechteck» läßt sich analysieren als «Viereck mit rechten Winkeln». Der erste Satz kann danach wie folgt formuliert werden: «Ein Viereck mit rechten Winkeln ist ein Viereck.» Ein solcher Satz von der Art «Ein A, das P ist, ist ein A» ist immer wahr, ganz gleich, welche Ausdrücke an die Stelle von A bzw. P gesetzt werden (wobei vorausgesetzt wird, daß ein Zusammensetzen der Ausdrücke überhaupt einen Sinn ergibt). Beispiele für synthetische Sätze: «Meine Mutter und mein Vater sind miteinander verheiratet», «Im Waschbecken liegt Seife», «Die Deutschen lieben die Ordnung». Ob es wahr oder falsch ist, daß die Deutschen ordnungsliebend sind, läßt sich durch eine Analyse der Ausdrücke «Deutscher» und «ordnungsliebend» allein nicht ermitteln. Ein Sonderfall der analytischen Sätze sind die aussagenlogischen Tautologien oder Kontradiktionen, bei denen der Wahrheitswert allein durch die Regeln für die Anwendung der aussagenlogischen Konnektive bestimmt ist. (Zuweilen wird «analytisch» in dem Sinn angewendet, daß nur wahre Sätze als analytisch bezeichnet werden können, wobei die Negationen von analytischen Sätzen bisweilen als Kontradiktionen bezeichnet werden. In diesem Fall umfaßt der Begriff mehr als nur aussagenlogische Kontradiktionen.)

Jener bereits erwähnte Hauptgedanke – daß Notwendigkeit nicht die Wirklichkeit betrifft – läßt sich nun wie folgt ausdrücken: Alle notwendigen Sätze sind analytisch und umgekehrt. Hieran fügt sich der Standpunkt – welcher ein vorherrschendes Dogma in vielen Philosophien seit der Antike gewesen ist –, daß alle notwendige Erkenntnis erfahrungsunabhängig oder a priori sein muß. Damit behaupten die logischen Positivisten auch, daß alle erfahrungsabhängige (empirische oder aposteriorische) Erkenntnis synthetisch ist und umgekehrt. Auch Kant setzte Erfahrungsunabhängigkeit (das Apriorische) und das Notwendige gleich.

Er behauptete jedoch, einige synthetische Sätze seien erfahrungsunabhängig und notwendig. Vereinfacht kann dies im vorliegenden Zusammenhang so ausgedrückt werden: Kant vertrat die Auffassung, daß es Voraussetzungen für wissenschaftliches Erkennen gibt, die weder analytisch noch synthetisch und empirisch sind. Auch Kant hatte ein metaphysisches Anliegen, und er wollte die wissenschaftliche Erkenntnis eingrenzen, indem er das rational nicht Rechtfertigbare mancher traditioneller Philosophie aufzeigte. In gewissem Sinne jedoch eröffnet der kantische Standpunkt die Möglichkeit, der theoretischen Philosophie einen speziellen Bereich zuzuweisen, und zwar die Untersuchung der für die Wissenschaft geltenden Voraussetzungen und deren Zusammenhang mit dem menschlichen Erkenntnisapparat. Die logischen Positivisten hingegen schließen diese Möglichkeit aus. Eine Untersuchung der menschlichen Erkenntnis ist entweder empirisch wissenschaftlich – psychologisch, soziologisch, historisch – oder aber eine logische Untersuchung wissenschaftlicher Methoden, Theorien und Begriffe.

Im Gegensatz zu zahlreichen früheren Empiristen waren die Standpunkte der logischen Positivisten nicht an eine bestimmte Auffassung der tatsächlichen Entstehung und Entwicklung von Erkenntnis geknüpft.

	A priori (erfahrungsunabhängig) **Erkenntnis**	**A posteriori** (empirisch = erfahrungsabhängig)
Analytischer Satz (Satz, dessen Wahrheitswert durch die im Satz enthaltenen Ausdrücke oder Symbole bestimmt ist)	Notwendige Erkenntnis	
Synthetischer Satz (sinnvoller Satz, der nicht analytisch ist)		Nicht-notwendige Erkenntnis

Die logischen Positivisten unterschieden bei allen sinnvollen Aussagen jeweils zwischen analytischen und synthetischen sowie zwischen apriorischen und empirischen. Die Übersicht zeigt das Verhältnis der verschiedenen Aussagenarten zueinander auf. Die Aufteilung geht auf Kant zurück, der jedoch die Möglichkeit einer synthetischen Apriori-Erkenntnis zuließ – eine Möglichkeit, die von seiten der logischen Positivisten deshalb bestritten wurde, weil sie die Metaphysik als etwas Sinnloses ansahen.

Dies bedeutete, daß theoretisch betrachtet eine scharfe Trennung zwischen dem Kontext der Entdeckung und dem Kontext der Rechtfertigung in bezug auf eine Erkenntnis vorgenommen wurde. Dabei verschlossen sich die logischen Positivisten nicht der Tatsache, daß Faktoren wie Intuition, Tradition und Gefühl bei der Entstehung einer Idee durchaus eine wichtige Rolle spielen können. Sie räumten auch bereitwillig ein, daß unterschiedliche soziale Verhältnisse bei der Entwicklung einer Erkenntnis theoretisch wie praktisch von entscheidender Bedeutung sind. Auch behaupteten sie im allgemeinen nicht, es gäbe einen direkten logischen Weg von der Beobachtung zur erklärenden Theorie.[16] Sie bestanden jedoch darauf, daß zur Begründung einer Hypothese bzw. einer Theorie lediglich die Analyse zweier Umstände notwendig ist: zum einen die logisch-semantischen Eigenschaften der Theorie, zum anderen, ob ein Bezug zu Beobachtungen hergestellt werden konnte, und wenn ja, in welcher Weise.

Verifizierbarkeit

Hier soll auf das Verifikationsprinzip für sinnvolle Sätze eingegangen werden. Die Problematik kann anhand einiger vereinfachter Beispiele dargestellt werden. Es erscheint berechtigt zu sagen, daß wir durch den bloßen Einsatz unserer Augen und Ohren, durch direktes Wahrnehmen also, feststellen können, daß auf der Straße Schnee liegt, daß die Sonne scheint, daß der Ölpreis gestiegen ist. Dagegen ist es uns kaum möglich, auf die gleiche Weise festzustellen, daß sich ein Atlantik-Tief auf Mitteleuropa zubewegt, daß die Sonne einen Durchmesser von 1 390 000 km hat oder daß sich die Bundesrepublik in einer Phase wirtschaftlichen Aufschwungs befindet. Wie aber stellen wir dann Tatsachen und Sachverhalte der zuletzt genannten Kategorie fest? Hier scheint es offenbar so zu sein, daß dies aufgrund von Feststellungen des zuerst angeführten Typs geschieht bzw. daß Aussagen, die beispielsweise den Durchmesser der Sonne betreffen, auf der Grundlage von Tatsachen gemacht werden, die direkt wahrnehmbar sind. Solche Sätze werden als direkt verifizierbare Sätze bzw. *Beobachtungssätze* bezeichnet. Grundgedanke des Verifikationsprinzips ist es, daß ein Satz, der offensichtlich wirkliche Sachverhalte betrifft (ein synthetischer Satz), überhaupt nur dann sinnvoll ist, wenn wir aufgrund von Beobachtungen feststellen können, ob er glaubwürdig ist oder nicht. Etwas frei formuliert, kann das Prinzip wie folgt erklärt werden: Ein nicht analytischer Satz ist empirisch (theoretisch, kognitiv) nur dann sinnvoll, wenn er entweder direkt verifizierbar ist oder bestimmte logische Relationen zu direkt verifizierbaren Sätzen aufweist.

Bei einigen logischen Positivisten bestand eine gewisse Unklarheit darüber, ob das Prinzip als eine Definition empirischer (kognitiver) Aussagen oder aber als Kriterium empirischer (kognitiver) Sinnganzheit verstanden werden sollte. Das Verifikationsprinzip wird hier als Kriterium behandelt werden. Der Begriff ‹empirischer (kognitiver) Sinn› zielt darauf ab, daß es sich um Sätze handelt, die Wahrheitswerte haben können und in denen etwas über die Wirklichkeit ausgesagt bzw. behauptet wird, im Unterschied zu Sätzen, mit denen zum Beispiel aufgefordert, gedankt oder gegrüßt wird. Es besteht also keine Identität zwischen ‹empirischer Sinnganzheit› und ‹Verständlichkeit› im üblichen Sinn. So wird nicht bestritten, daß poetisch angewandte Sätze verständlich sein können oder daß Poesie außerordentlich wertvoll sein kann. Ein poetisch angewandter Satz kann Stimmungen und Gefühle ausdrücken, aber er handelt nicht von der Wirklichkeit, kann demnach nicht wahr oder falsch sein.

Die Diskussion des logischen Positivismus ist in erster Linie an die Auffassung des Satzsinns geknüpft worden. Vier Punkte mögen im folgenden dazu dienen, die Entwicklung der Standpunkte nachzuvollziehen.

Konstruierte Sprachen

Zunächst bestehen gewisse Schwierigkeiten bei der Abgrenzung analytischer Sätze. Über einen Satz wie «Entweder es schneit, oder es schneit nicht» scheint es berechtigt zu sagen, daß er nichts über die Wirklichkeit aussagt. Wenn wir die Anwendung von «Entweder... oder...» verstehen, dann sehen wir ein, daß der Satz wahr ist, ohne daß wir etwas über das Wetter zu erfahren brauchen. Wie aber lassen sich derartige Aussagen, sogenannte logische Wörter, von anderen Aussagen abgrenzen? Einige Beispiele für andere Satztypen mögen zum Verständnis eines anderen Aspekts dieser Problemstellung beitragen. «Peters Mutter ist eine Frau» wird wohl jedem als Binsenwahrheit erscheinen, sobald die Ausdrücke «Mutter» und «Frau» verstanden worden sind. Hier sind keine logischen Wörter, sondern die Bedeutung sogenannter deskriptiver (d. h. beschreibender) Ausdrücke wie «Mutter» und «Frau» das Entscheidende. Wie aber kann man generell entscheiden, wie die Bedeutungen solcher

Ausdrücke sich zueinander verhalten? Außerdem ist zu beachten, daß deskriptive Ausdrücke oftmals vage und mehrdeutig sind. Schließlich kann man fragen, wie Sätze wie «Die Kuh gebärt Primzahlen» oder «Peters Gewissen ist rund» aufzufassen sind. Man ist versucht, sie einfach als blanken Unsinn abzutun, der bestenfalls einen gewissen Unterhaltungswert hat. Warum aber sind sie unsinnig? Schließlich sind keinerlei unverständliche ‹metaphysische› Ausdrücke verwendet worden. Man kann sagen, daß sich der Unsinn aus einer unzulässigen Vermischung von Kategorien ergibt. Wie aber bestimmen wir, welche Kategorien vorhanden sind und in welcher Weise sie zusammengestellt werden können?

Die einflußreichste Kritik an einer absoluten Unterscheidung zwischen analytischen und synthetischen Sätzen ist von seiten der Pragmatisten, insbesondere von Quine, gekommen. Mehrere logische Positivisten nahmen diese Kritik positiv zur Kenntnis, was dazu beitrug, daß die logisch-positivistische Tradition mit dem amerikanischen Pragmatismus der 50er und 60er Jahre verschmolz. Der ‹Carnap-Flügel› hingegen versuchte, die angedeuteten Schwierigkeiten zu bewältigen, um dadurch die Unterscheidung beibehalten zu können. Man tat dies, indem man die Unterscheidung dahin gehend einschränkte, daß sie lediglich noch für die sogenannten konstruierten Sprachen gelten sollte. Hauptgedanke bei den konstruierten Sprachen ist, klare Regeln dafür anzugeben, wann eine Zeichenzusammensetzung erlaubt ist. Man strebt außerdem eine Eindeutigkeit und Kontextunabhängigkeit der angewendeten Zeichen an, so daß es keine vagen Zeichen gibt. In einer normalen Sprache wie Deutsch oder Chinesisch gibt es eine Vielzahl von mehrdeutigen Zeichen. So kann das Wort ‹verlegen› den Zustand der Schüchternheit, das Veröffentlichen eines literarischen Werks, das Plazieren eines Gegenstands in der Weise, daß man ihn anschließend nicht wiederfindet, das Anbringen von Kabeln im Erdreich oder in einem Gebäude oder aber auch die Verlagerung einer Betriebsstätte von einem Ort an einen anderen bezeichnen. Ebenso sind die meisten Wörter vage. Es gibt Situationen, in denen nicht klar ist, ob ein Ausdruck angewendet werden kann oder nicht. Schließlich ist das mit einem Satz Gesagte abhängig vom Zusammenhang, in dem es gesagt wird. So hat der Satz «Ich liebe Dich» unterschiedliche Inhalte, je nachdem, wer ihn sagt. Bei einer konstruierten Sprache gibt es explizite Regeln dafür, welche Worttypen darin vorkommen können und in welcher Weise aus diesen Wörtern bzw. Zeichen sinnvolle Sätze werden können. Die Absicht ist nun, daß bei einer solchen Sprache keine Zweifel darüber entstehen können, ob ein Ausdruck ein logisches Wort ist oder nicht. Die logischen Wörter sind ja eben durch Aufzählen von vornherein festgelegt. Auch über das Verhältnis zwischen den Bedeutungen deskriptiver Ausdrücke kann es keinen Zweifel geben, da diese Bedeutungen bereits vorgegeben sind. Schließlich sind Wortzusammensetzungen wie «Die Kuh gebärt Primzahlen» von vornherein ausgeschlossen, und zwar zum Teil in der gleichen Weise, wie die Regeln der deutschen Grammatik einen Satz wie «Jetzt Hans kommt» ausschließen.

Die Kennzeichen der Philosophie

Durch diesen Gedankengang wird jedoch ein Problem aufgeworfen, das mit einem zweiten Aspekt der Sprachauffassung zusammenhängt, der viel diskutiert worden ist. Das Problem kann folgendermaßen dargestellt werden: Welcher Art sind die Überlegungen, die bei der Konstruktion einer Sprache eine Rolle spielen, und wie wählt man unter verschiedenen konstruierten Sprachen aus? Entsprechend kann man in bezug auf die oben gegebene Formulierung der Sprachauffassung fragen, welcher Art diese ist. Generell betrifft dieser Punkt die Frage nach der Wesensart der Philosophie und die Frage, wie die logischen Positivisten ihre eigenen Überlegungen auffaßten.

Ausgehend vom Verifikationskriterium des Satzsinns wird zwischen drei Arten von Sätzen unterschieden: Sätze, die keinen logischen oder kognitiv-empirischen Sinn aufweisen, analytische Sätze und schließlich synthetische, empirisch sinnvolle Sätze. Welcher der drei Gruppen wäre nun eine Formulierung des Verifikationsprinzips zuzuordnen? Hier scheint es gewisse Eigentümlichkeiten zu geben, ganz gleich, wo man das Prinzip zuordnet. Es kann offensichtlich nicht synthetisch sein. In dem Fall müßte die Richtigkeit des Prinzips ja durch Erfahrung zu belegen sein. Dann aber bedürfte es anderer Kriterien für Sinnhaltigkeit, um die Richtigkeit des Prinzips überhaupt feststellen zu können. Das aber wäre absurd, da das Prinzip ja eben für sich den Anspruch erhebt, das Kriterium für Sinnhaltigkeit anzugeben. Es wäre auch sonderbar, wenn das Prinzip der Sinnhaltigkeit selbst sinnlos sein sollte. Jedoch erfuhr die Wittgensteinsche Philosophie-Auffassung im *Tractatus* in den 20er Jahren eine gewisse Zustimmung im Wiener Kreis, nämlich daß Philosophie eine Tätigkeit ist und nicht etwa eine Anzahl von Lehrsätzen. Beim Versuch, Lehrsätze aus der Philosophie zu bilden, ergeben sich unweigerlich Sinnlosigkeiten. Neurath stand dieser Haltung jedoch von Anfang an äußerst kritisch gegenüber, und unter dem Einfluß Carnaps setzte sich allgemein die Auffassung durch, das Verifikationsprinzip sei im Zusammenhang mit der Unterscheidung zwischen analytischen und synthetischen Sätzen als *metasprachliches* Prinzip zu verstehen: als Prinzip für die Anwendung von Zeichen oder Wörtern in einer Sprache. Demnach wäre das Verifikationsprinzip praktisch als Definitionsvorschlag zu betrachten [17] – als ein Versuch, den zweckdienlichsten Sprachgebrauch wissenschaftlich festzulegen. Dies blieb nicht ohne Folgen für das Selbstverständnis der Philosophie. Einerseits wurde Philosophie als logische Analyse wissenschaftlicher Sprache und die Konstruktion von Sprachsystemen als Instrument solcher Analysen aufgefaßt. Andererseits wurde immer häufiger auf praktische Aspekte verwiesen (Fruchtbarkeit, Einfachheit, Bequemlichkeit), wenn es darum ging, wie die Bevorzugung eines Definitionsvorschlags oder einer konstruierten Sprache gegenüber anderen zu begründen sei. [18] Soweit derartige Überlegungen überhaupt als philosophisch relevant angesehen wurden, gestaltete sich das explizite und klare Bestimmen des Begriffs Philosophie zunehmend problematischer. [19]

Das direkt Beobachtbare

Die genannten Probleme deuten daraufhin, daß es für die logischen Positivisten in einer Hinsicht schwieriger wurde, die strenge Abgrenzung der für sie unakzeptablen Metaphysik von der respektablen Wissenschaft bzw. Philosophie aufrechtzuerhalten. Ein weiteres Problem, das ähnliche Konsequenzen haben sollte, liegt in der Diskussion eines dritten wesentlichen Punkts der Sprachauffassung. Es handelt sich dabei um die Bestimmung jener Relation, in der ein Satz zu direkt verifizierbaren Sätzen stehen muß, um empirisch sinnvoll zu sein.

Das Problem soll zunächst einmal anhand einer radikalen Formulierung des Verifikationsprinzips veranschaulicht werden. Hier wird die strenge Forderung erhoben, daß ein empirisch sinnvoller Satz im logischen Sinne aus (einer endlichen Anzahl von) Beobachtungssätzen ableitbar sein muß. So könnte man beispielsweise die Aussage «In der Bundesrepublik herrscht wirtschaftliche Stabilität» – zunächst einmal – aus Sätzen wie «Die Leistungsbilanz mit dem Ausland ist positiv», «Die jährliche Inflationsrate beträgt 0,5 Prozent» oder «Die Unternehmen zeigen Investitionsbereitschaft» ableiten. Vorausgesetzt, man betrachtet diese

Sätze an sich nicht schon als direkt verifizierbar, so müssen sie nun wiederum ihrerseits aus noch direkter verifizierbaren Sätzen ableitbar sein wie «Die Bundesrepublik exportierte im vergangenen Jahr Pkws im Wert von zwei Milliarden Mark» oder «Ein Liter Milch kostet heute gleich viel wie vor einem Jahr» oder «Bei Daimler-Benz soll ein neues CAD/CAM-System eingesetzt werden». Von diesen Sätzen müssen unter Umständen einige wiederum aus anderen Sätzen abgeleitet werden usw. Ebenso muß ein angenommenes Naturgesetz aus Beobachtungssätzen ableitbar sein. Die Erdanziehungskraft könnte, etwas irreführend und stark vereinfacht, so ausgedrückt werden: «Ein nicht unterstütztes physisches System wird sich, sofern es sich in der Nähe der Erdoberfläche befindet, in Richtung Erdmitte bewegen.» Nach der radikalen Version des Verifikationsprinzips müßte die Erdanziehungskraft also aus Sätzen des Typs «Dieser nicht unterstützte Stein fällt zur Erde», «Dieses nicht unterstützte Blatt fällt zur Erde» usw. ableitbar sein. Das ist aber nicht möglich. Man kann eine allgemeine Aussage wie jene über die Erdanziehungskraft oder einen Satz wie «In der Bundesrepublik herrscht wirtschaftliche Stabilität» (im Sinne eines synthetischen Satzes) nicht aus einer endlichen Anzahl von Beobachtungssätzen ableiten, was natürlich katastrophal ist. Nach der Grundhaltung der logischen Positivisten muß ein solches Sinnkriterium als viel zu eng betrachtet werden. Man hat versucht, das Problem zu überwinden, indem man die Anforderungen an die Relation zwischen direkt verifizierbaren Sätzen und anderen empirisch sinnvollen Sätzen abschwächte. Aber das Dilemma bestand weiterhin. Wenn die Ansprüche so hoch gesteckt wurden, daß metaphysische Sätze ausgeschlossen waren, so waren auch gewisse Lehrsätze aus anerkannten Wissenschaften ausgeschlossen. Wenn die Forderungen so mild waren, daß alle relevanten wissenschaftlichen Sätze zugelassen waren, dann waren auch die metaphysischen Sätze nicht ausgeschlossen. Es war nicht zuletzt dieses Dilemma, das die logischen Empiristen aufgrund ihrer eigenen Grundhaltung in Schwierigkeiten geraten ließ.

Überdies wurde die Situation durch ein heikles Thema kompliziert. Zur Abgrenzung der empirisch sinnvollen Sätze reicht es nicht aus anzugeben, in welcher Relation sie zu den direkt verifizierbaren Sätzen stehen müssen, sondern es muß auch bestimmt sein, welche Sätze als direkt verifizierbar angesehen werden. Damit kommen wir zum vierten Umstand, der im Zusammenhang mit der Auffassung des Satzsinns diskutiert worden ist. Es dürfte einleuchten, daß es einen erheblichen Unterschied macht, welchen der folgenden Sätze man als direkt verifizierbar ansieht: «Ich spüre eine rauhe Oberfläche», «Ich spüre ein Stück Rinde», «Es ist ein Stück Rinde», «Es ist ein Stück Eichenrinde», «Es ist ein Stück Rinde von einer 800 Jahre alten kanadischen Eiche». Im Wiener Kreis gab es über diese Frage erhebliche Differenzen. Einige – u. a. Schlick – waren der Meinung, die direkt verifizierbaren Sätze müßten sich auf das durch die Sinne Wahrgenommene beziehen. Dies wurde so interpretiert, daß Beobachtungssätze Sätze wie «Ich sehe jetzt einen länglichen blauen Fleck», «Ich schmecke jetzt etwas Süßes», «Ich höre jetzt ein Brummen» sein müßten. In dem Fall versucht man, die wissenschaftliche Erkenntnis auf einer phänomenalistischen Grundlage aufzubauen. Andere dagegen – in erster Linie Neurath, später auch Carnap – meinten, Beobachtungssätze müßten sich auf wahrnehmbare Eigenschaften und Relationen zwischen Dingen beziehen wie «Dieser Kasten ist schwarz», «Dieser Stab ist länger als jener». Diese Kontroverse kann auch als Ausdruck für ein anderes Dilemma des logischen Positivismus verstanden werden. Einerseits wollte man die gewisse, unbezweifelbare Grundlage wissenschaftlichen Erkennens in der Sinneserfahrung finden. Aber wie wir alle wissen, können wir uns auch bei der Wahrnehmung ganz alltäglicher Dinge in unserer Beobachtung irren: Wir glaubten, es sei unser guter Freund Peter, der da um die Ecke ging, aber tatsächlich war es eine uns völlig unbekannte Person; wir glaubten, es sei Saft im Glas, aber tatsächlich war es gefärbtes Wasser. Eine Tatsache, die von der Einvernahme von Zeugen her wohlbekannt ist und die findige Krimi-Autoren und -Regisseure immer wieder geschickt zu nutzen wissen. (So mancher hat sich dadurch zu dem Schluß verleiten lassen, wir könnten niemals wissen, ob ein Satz wie «Ich habe einen Kopf» eine wahre Aussage ist.) Um der wissenschaftlichen Erkenntnis eine sichere Grundlage zu geben, waren viele Empiristen deshalb der Meinung, daß wir uns zwar in unseren Beobachtungen irren können, nicht aber in bezug auf den Charakter der eigentlichen Sinneswahrnehmung. Ich kann mich in bezug auf das Glas Saft auf dem Tisch irren, aber ich kann mich nicht darin irren, daß ich rein optisch etwas Rotes wahrgenommen habe. Dem Wunsch, der wissenschaftlichen Erkenntnis eine phänomenalistische Grundlage zu geben, stehen zahlreiche unüberwindbare Hindernisse entgegen. In diesem Zusammenhang genügt der einfache Hinweis, daß es schlechthin keinen Kontakt mit der experimentellen und observationellen Grundlage geben kann, auf der die Naturwissenschaften in der Tat beruhen. Denn hier macht man sich fortwährend zunutze bzw. nimmt es als gegeben hin, daß man von Umständen Kenntnis haben kann wie: dieses Voltmeter steht auf dem Tisch, dieser Kolben ist an diesem Stab befestigt, dieses Stück Eisen ist mit Kupferdraht umwickelt.

Damit wären wir bei der anderen Seite des Dilemmas: Die logischen Positivisten wollten die Grundlage für (natur)wissenschaftliches Erkennen liefern. In den 30er Jahren wurde die Neurath/Carnapsche Linie vorherrschend. Es gelang jedoch nicht aufzuzeigen, wie man auf diese Weise Beobachtungssätze auf eine effektive und nichtwillkürliche Weise abgrenzen konnte.

Physikalismus und Einheitswissenschaft

Hinter den Versuchen der logischen Positivisten steckte der Wunsch, die in Beobachtungssätzen enthaltenen Ausdrücke sowie die Regeln für deren Zusammensetzung (Beobachtungssprache) intersubjektiv zugänglich zu machen, so daß diese für die Beschreibung der experimentellen und observationellen Grundlage der Physik ausreichten. Dieser Anspruch hing zusammen mit dem Wunsch zu zeigen, daß alle sinnvollen Sätze innerhalb der empirischen Wissenschaften (also auch in Geschichte, Psychologie, Soziologie) mit Hilfe von in der Physik angewendeten Ausdrücken formuliert werden konnten. Dieser Standpunkt wird als Physikalismus bezeichnet. Die Bedeutung dieser Haltung kann in bezug auf die Psychologie veranschaulicht werden. In der Psychologie bedient man sich in der Regel einer Reihe von Ausdrücken, die nach unserem Verständnis gemeinhin Fertigkeiten, Charakterzüge, Stimmungen, Gefühle, Empfindungen etc. bezeichnen: also Ausdrücke wie ‹intelligent›, ‹pedantisch›, ‹Kopfschmerz›, ‹Angst› usw. Die Idee ist nun, daß jeder (sinnvollen) psychologischen Aussage mehrere Aussagen entsprechen müssen, welche ausschließlich physische Ausdrücke enthalten. Beispiel: Der Aussage «Peter hat Zahnschmerzen» entspricht eine Gruppe von Sätzen, die u. a. Aussagen enthalten wie «Diese oder jene Prozesse spielen sich in Peters zentralem Nervensystem ab», «Peter gibt laute Schmerzensschreie von sich, wenn man seine Backe berührt» oder «Auf die Frage nach seinem Gesundheitszustand antwortet Peter: ‹Ich habe Zahnschmerzen›.» Diese schemenhafte ‹Übersetzung› ist natürlich hoffnungslos unvollständig. Es hat niemals auch nur ein einziges Beispiel gegeben, das einer vollständigen ‹Übersetzung› nahe gekommen wäre. Dessenungeachtet lebt der gleiche Grundgedanke noch heute in verschiedenen Versionen weiter.

Eines der dem physikalistischen Standpunkt zugrundeliegenden Motive ist der Wunsch zu zeigen, daß alle empirischen Wissenschaften eine bestimmte Basis haben. Ein anderes Grundmotiv ist der Gedanke, daß alle (empirischen) Wissenschaften im wesentlichen gleich sind. Zwar kann es zwischen den verschiedenen Wissenschaften Unterschiede in bezug auf Forschungsstrategien, Methoden und Techniken geben – ebenso, wie Theorien auf verschiedene Weise formuliert werden können. Grundsätzlich können jedoch alle Wissenschaften mit Hilfe der gleichen Menge von Grundbegriffen aufgestellt werden. Es gibt zwischen verschiedenen Dingen und Arten des Seins keine Wesensunterschiede. Dies ist die Vorstellung der Gesamtheit aller empirischen Wissenschaften als Einheitswissenschaft.

Wissenschaftliche Erklärungen

Ein wichtiger Teil dieser Auffassung ist, daß Erklärungen angeblich innerhalb der verschiedenen empirischen Wissenschaften die gleiche Struktur haben. Diese Idee ist insbesondere von C. G. Hempel entwickelt worden. Hempel konzentrierte sich auf das Erklären von Begebenheiten oder Tatsachen. Erklärungen von Tatsachen sind zu verstehen als Antworten auf Fragen wie «Warum ist dieses oder jenes so?». Beispiele: «Warum hat Bayern München im Pokalfinale verloren?», «Warum fällt der Druck, wenn man mit einem Ballon aufsteigt?», «Warum wurde Jesus gekreuzigt?» Fragen und Erklärungen dieser Art sind zu unterscheiden von Erklärungen über den Sinn oder die Bedeutung von etwas bzw. von der Begründung dieser oder jener Meinung oder dieser oder jener Auffassung. Erklärungen des Sinns können verstanden werden als Antworten auf Fragen wie «Was ist die Bedeutung oder der Sinn von diesem oder jenem?». Beispiele: «Was bedeutet das Wort ‹Erklärung›?», «Was ist der Sinn der Kreuzigung Jesu?» oder «Was bedeutet es, wenn ein Fußballschiedsrichter eine rote Karte hochhält?» Erklärungen in der Form von Begründungen können aufgefaßt werden als Antworten auf Fragen des Typs «Welche Gründe gibt es für die Meinung, daß dieses oder jenes der Fall ist?» Beispiele: «Welche Gründe gibt es für die Meinung, Helmut Kohl werde als Kanzler wiedergewählt?» oder «Welche Gründe gibt es für die Meinung, Jesus sei gekreuzigt worden?»

Erklärungen für Begebenheiten oder Tatsachen müssen nach Auffassung Hempels im Idealfall vier Anforderungen gerecht werden. Der Vorbehalt bzw. die Qualifikation ‹im Idealfall› wird genannt, um zwei Mißverständnissen vorzubeugen. Zum einen wird nicht behauptet, die Forscher würden ihre Arbeit bewußt auf die Befriedigung dieser Anforderungen ausrichten. Zum anderen wird nicht behauptet, die von den Forschern abgegebenen Erklärungen seien unmittelbar so geartet, daß die Anforderungen erfüllt sind. Die Anforderungen sind als ein kritischer Maßstab dafür zu verstehen, ob eine Erklärung befriedigend ist oder nicht.

Als Antwort auf die Frage «Warum steigt die Quecksilbersäule im Thermometer?» kann es in manchen Situationen ausreichend erscheinen, darauf hinzuweisen, daß beispielsweise der gemessene Körper wärmer ist als die Umgebung. Hempel läßt dies jedoch nur insoweit durchgehen, als verschiedene Randbedingungen in der betreffenden Situation als gegeben angenommen bzw. vorausgesetzt werden. Es kann bestenfalls von einer Teilerklärung die Rede sein. Denn allein aus dem Umstand, daß die Umgebung kälter als der Körper ist, läßt sich nicht ableiten, daß die Quecksilbersäule steigt. Hempel aber stellt diese Forderung, die Deduktionsforderung, an eine befriedigende Erklärung. Es ist bequem, ein paar Kunstausdrücke einzuführen, um diese Forderung kurz auszudrücken. Der Satz, der die zu erklärende Begebenheit oder Tatsache beschreibt, wird als *Explanandum* (das Zu-Erklärende) bezeichnet. Die Sätze, welche die Umstände beschreiben, mit deren Hilfe etwas erklärt werden soll, werden als *Explanans* (das Erklärende) bezeichnet. Die Deduktionsforderung besagt einfach, daß das Explanandum eine logische Folge des Explanans sein muß.

Wenn man nur die Deduktionsforderung beherzigt, ist es ein leichtes, jedes erdenkliche Phänomen zu erklären. Beispielsweise wird man das Ansteigen der Quecksilbersäule erklären können, indem man darauf hinweist, daß der Satz «Die Quecksilbersäule im Thermometer steigt» eine logische Folge des Satzes «Die Quecksilbersäule im Thermometer steigt, und ich habe Kopfschmerzen» ist. Darüber hinaus verlangt Hempel aber, daß zu einer befriedigenden Erklärung mindestens eine allgemeine Gesetzmäßigkeit im Explanans nötig ist. Nennen wir es die Gesetzesforderung. In unserem Beispiel könnte es das Gesetz sein, nach dem Quecksilber sich bei Erwärmung ausdehnt. Vereinfacht gesagt ist der Grundgedanke hier, daß wir eine spezielle Begebenheit oder Tatsache mit dem Hinweis erklären, daß diese durch einen allgemeinen Zusammenhang oder eine Regelmäßigkeit abgedeckt ist. Viele alltägliche Erklärungen haben, zumindest grob gesehen, diesen Charakter. Beispiele hierfür wären, daß man auf die kindliche Frage «Warum ist dieser Schwan weiß?» mit dem Satz

«Schwäne sind nun einmal weiß» antwortet oder daß man die Frage «Warum kocht das Wasser» mit dem Hinweis «Wasser kocht nun einmal, wenn man es lange genug erhitzt» beantwortet.

Die Gesetzesforderung allein reicht jedoch für eine befriedigende Erklärung als Kriterium nicht aus. Falls sie genügte, könnte man das Ansteigen der Quecksilbersäule erklären, indem man darauf hinweist, daß der Satz «Die Quecksilbersäule im Thermometer steigt» logisch aus den Sätzen «Immer dann, wenn es ‹kuddelmuddelt›, steigt die Quecksilbersäule im Thermometer» und «Jetzt ‹kuddelmuddelt› es» folge und daß der Satz «Immer dann, wenn es ‹kuddelmuddelt›, steigt die Quecksilbersäule im Thermometer» den Charakter eines allgemeingültigen Gesetzes habe. Dies entspräche dem Hinweis, das Explanandum folge aus dem allgemeinen Gesetz «Immer dann, wenn der Zorn der Götter steigt, steigt auch die Quecksilbersäule im Thermometer» und dem Satz «Nun steigt der Zorn der Götter». Hempel versucht, diese Art von «Erklärung» auszuschließen, indem er verlangt, das Explanans müsse immer empirisch sinnvoll sein. Wie klar und streng diese Forderung ist, hängt natürlich davon ab, wie klar und präzise man das Verifikationskriterium des Satzsinns formulieren kann.

Aber selbst unter der Voraussetzung, daß diesbezüglich allem Genüge getan werden kann, ist dies noch immer nicht ausreichend. Denn in dem Fall wäre folgendes eine befriedigende Erklärung. Explanandum: «Die Quecksilbersäule steigt im Thermometer». Explanans: «Immer dann, wenn in Hamburg ein Kind geboren wird, steigt die Quecksilbersäule im Thermometer» und «In Hamburg wird jetzt ein Kind geboren». Hier ist der Satz, der eine allgemeine Gesetzmäßigkeit beinhaltet, vermutlich empirisch sinnvoll. Aber es würde bestenfalls Kopfschütteln hervorrufen, wenn jemand sich bei seiner Erklärung des Explanandums darauf berufen wollte. Hempel versucht, derartige Pseudoerklärungen auszuschließen, indem er verlangt, daß die Sätze im Explanans wahr oder zumindest empirisch bestätigt sein müssen. Nun wäre es ein schwieriges Unterfangen, exakt darlegen zu wollen, was hierunter im einzelnen zu verstehen ist. Der Grundgedanke ist aber, daß eine befriedigende (jedoch nicht notwendigerweise wahre) Erklärung so sein muß, daß alle Sätze des Explanans experimentell bzw. observationell untersucht und in bezug auf die untersuchten Fälle als zutreffend befunden wurden.

Die in diesen vier Anforderungen ausgedrückte Auffassung von Erklärungen wird als *deduktiv-nomologisches Erklärungsmodell* (nomologisch von ‹Nomos›: Gesetz) oder «covering-law model» bezeichnet (womit angedeutet wird, daß die Erklärung ein Gesetz enthält, das die Vorkommnisse ‹abdeckt› – ‹to cover›). Gegen bzw. über diese Auffassung hat es in der Vergangenheit heftige Kritik und Meinungsverschiedenheiten gegeben, die bis heute andauern. Dabei ist es bei den Diskussionen um die einzelnen Forderungen insbesondere um die Frage gegangen, ob das Modell innerhalb der verschiedenen Wissenschaften überhaupt relevant sei. In den Debatten sind am Modell mehrere Mängel und Schwierigkeiten nachgewiesen worden. Umgekehrt kann als positiv vermerkt werden, daß durch diese Diskussion das Verständnis dafür verbessert werden konnte, wie eng die Begriffe ‹Erklärung›, ‹empirische Sinnhaltigkeit›, ‹(Natur)gesetz› und ‹empirische Bestätigung› miteinander verknüpft sind.

Werturteile und Gefühle

Mit den vorherigen Ausführungen sind einige allgemeine Charakteristika in den Auffassungen der logischen Positivisten über Sinn, wissenschaftliche Erkenntnis und Philosophie erläutert worden. Sie haben ihr Augenmerk auch hier hauptsächlich auf das Untersuchen von Methoden und Theorien innerhalb der verschiedenen Wissenschaften gerichtet. Mit Moral und Politik haben sich die logischen Positivisten lediglich am Rande beschäftigt, wobei einige sich jedoch für die Besonderheiten gewisser moralischer und politischer Fragen interessierten (vor allem Fragen der Ethik). Aus ihren diesbezüglichen Auffassungen geht hervor, weshalb sie es nicht als die Aufgabe eines wissenschaftlich arbeitenden Philosophen ansehen, sich mit Problemen der Ethik zu befassen.

Die Art der Theorie, welche sie über Wertfragen bzw. den logischen Charakter von Bewertungen haben, bezeichnet man als emotive Werttheorie. Dabei herrschte über die Art und Weise, wie eine derartige Theorie zu erarbeiten sei, keine Einmütigkeit; aber über einige wesentliche Punkte herrschte Übereinstimmung. Zum einen soll streng unterschieden werden zwischen Fragen wie «Welche politische Regierungsform ist die beste?», «Ist die Neunte von Beethoven ein besseres Kunstwerk als Udo Lindenbergs ‹Sonderzug nach Pankow›?», «Ist die Tötung aus Mitleid zu vertreten?» einerseits, Fragen wie «Welchen logischen und semantischen Charakter haben Wertaussagen?», «Wie – falls überhaupt – können Wertaussagen gerechtfertigt werden?», «Welchen Sinn haben typische Wertausdrücke wie ‹gut›, ‹Pflicht›, ‹gerecht› oder ‹schön›?» und «Wie sind Ausdrücke, die typisch für Bewertungen sind, zum Beispiel ‹solidarisch›, ‹vaterlandsliebend›, ‹harmonisch›, ‹Mord›, ‹Wortbrüchigkeit›, ‹Verleumdung› usw., zu verstehen?» andererseits. Die erste Kategorie gehört zu den Fragen der *normativen Ethik*. Mit der normativen Ethik sollen mehr oder weniger systematisch und allgemein Normen dafür begründet werden, was in den verschiedenen Bereichen richtig und gerecht bzw. gut ist. Die andere Kategorie betrifft die Fragen der *Metaethik*.

Zum zweiten war man sich darüber einig, daß Wertaussagen nicht in der gleichen Weise begründet werden können wie Aussagen der empirischen Wissenschaften bzw. Aussagen der logisch-mathematischen Wissenschaften. Da aber darüber hinaus gesagt wird, daß diese die einzigen legitimen Formen der Begründung seien, folgt daraus, daß eine Begründung von Wertaussagen grundsätzlich nicht möglich ist bzw. daß man in bezug auf Bewertungen nicht im eigentlichen Sinn von Erkenntnis sprechen kann.

Drittens wurde die Auffassung vertreten, daß Fragen in bezug auf die tatsächlich vertretenen moralischen und politischen Standpunkte etc. einer Person bzw. einer Gruppe von Personen sowohl von Fragen der normativen Ethik als auch von Fragen der Metaethik streng zu unterscheiden seien. Die Untersuchung derartiger Fragen sei Sache der empirischen Wissenschaften (Soziologie, Psychologie, Geschichte, Völkerkunde usw.).

Viertens wurde gesagt, Wertaussagen hingen zwar in gewisser Weise mit den Gefühlen, Haltungen oder Wünschen einer Person zusammen, seien in sich selbst jedoch nicht Beschreibungen von Gefühlen, Haltungen oder Wünschen.

Insbesondere in bezug auf eine präzisere Gestaltung dieses letzten Punkts tritt der Unterschied zwischen den verschiedenen Versionen des Emotivismus zutage.

Jan Riis Flor

Alfred Jules Ayer
Moral ist Gefühl – keine Erkenntnis

1936 erschien Alfred Jules Ayers (später Sir) Buch *Language, Truth and Logic* (dt.: Sprache, Wahrheit und Logik, 1970). In einem ziemlich polemischen Stil wurden die wesentlichen Standpunkte des logischen Positivismus erstmals auf britischem Boden in einer klaren und bündigen Weise vorgestellt. Das Buch machte einige Furore, wobei der Abschnitt «Kritik der Ethik und Theologie» ein Kapitel darstellte, das gewisse Gruppen geradezu in Aufregung versetzte.

Ayer teilt die in einem moralphilosophischen Werk typisch auftretenden Aussagen in vier Hauptkategorien ein: zum einen in Aussagen, die Definitionen ethischer Ausdrücke darstellen oder welche die Angemessenheit bzw. Möglichkeit bestimmter Definitionen betreffen; zum anderen in Aussagen, die Phänomene in bezug auf moralische Erfahrung und deren Ursachen beschreiben. Ferner gibt es noch die moralischen Ermahnungen und die tatsächlichen ethischen Urteile.[20]

Von diesen genannten Gruppen ist nach Ayers Meinung nur die erste philosophisch relevant. Beschreibungen von moralischen Erlebnissen und Untersuchungen ihrer Ursachen sind Sache der empirischen Wissenschaften, insbesondere der Psychologie und der Soziologie. Moralische Ermahnungen sind überhaupt keine Aussagen oder Urteile über irgend etwas. Sie sind Ausbrüchen oder Befehlen gleichzusetzen, deren Funktion es ist, den Leser (oder Hörer) zu einem bestimmten Verhalten oder einer bestimmten Unterlassung zu bewegen. «Enthaltet Euch der Sünde!», «Ihr abscheulichen und perversen Kindesverführer!» u. ä. sind keine Aussagen, die von etwas handeln, sondern Äußerungen mit dem Zweck, das Verhalten von Personen zu lenken.

Hierüber mag weitgehende Übereinstimmung bestehen. Die entscheidende Kontroverse zeigt sich in dem Verständnis ethischer Bewertungen bzw. von Bewertungen überhaupt. Wir wollen uns hier jedoch auf die ethischen Bewertungen beschränken. Ayer behauptet nun, die Analyse ethischer Bewertungen zeige, daß sie der Philosophie nicht zuzuordnen sind. Nur die Analyse selbst gehöre zur Philosophie.

Aus der Analyse der ethischen Bewertungen ergibt sich ein natürliches Interesse an den wichtigsten, in ethischen Wertaussagen gewöhnlich auftretenden Ausdrücken wie ‹gut›, ‹sollte›, ‹Pflicht›. Für die wechselseitigen Relationen dieser Ausdrücke interessiert Ayer sich nicht – und darum auch nicht für Fragen von der Art, ob ‹Pflicht› sich aus ‹gut› ableiten läßt etc. und ob man eventuell mit nur einem einzigen fundamentalen Ausdruck auskommt. Dies nicht etwa, weil Ayer bestreitet, daß das Beibringen derartiger Bestimmungen eine ethisch-philosophische Aufgabe wäre, sondern ganz einfach, weil sein Anliegen ein anderes ist.

Bestimmungen dieser Art haben nämlich den Charakter analytischer Aussagen, und Aussagen dieses Typs kommen in einer ethischen Bewertung von Handlungen, Wesenszügen oder Institutionen nicht zur Anwendung. Als logischer Positivist meint Ayer, daß eine Aussage nur dann sinnvoll und rational begründbar ist, wenn sie entweder analytisch oder synthetisch und empirisch ist. Da konkrete ethische Bewertungen nicht analytisch sind, müssen sie synthetisch und empirisch sein, um sinnvoll sein zu können. Damit aber ethische Wertaussagen synthetisch sein können, muß es möglich sein, einen (unter Umständen komplexen) beschreibenden Ausdruck zu finden, so daß dieser Ausdruck den ethischen Ausdruck in einer ethischen Wertaussage ersetzen kann, ohne daß der Sinn der Aussage geändert würde. Man könnte es auch so formulieren, daß es möglich sein muß, die zentralen ethischen Ausdrücke (wie ‹gut› oder ‹Pflicht›) allein mit Hilfe von beschreibenden Ausdrücken und logischen Zeichen zu definieren. Ayer glaubt jedoch, diese Möglichkeit definitiv ausschließen zu können, und zwar mit einem Argument des gleichen Typs wie das von Moore gegen den naturalistischen Fehlschluß vorgebrachte.

Das Argument lautet wie folgt: Nehmen wir an, A ist ein zentraler ethischer Ausdruck wie ‹gut›. Wenn die angegebene Möglichkeit realisierbar sein soll, muß es einen beschreibenden Ausdruck B (oder eine Kombination von beschreibenden Ausdrücken) geben, so daß der Satz «x ist A, dann und nur dann, wenn x B ist» analytisch wahr ist. Hierzu behauptet nun Ayer, daß es gleich ist, welcher zentrale ethische Ausdruck für A und welcher beschreibende Ausdruck für B eingesetzt wird; der Satz «x ist nicht A, dann und nur dann, wenn x B ist» wird niemals zu einem inneren Widerspruch führen. Das muß er aber, wenn die Formulierung «x ist A, dann und nur dann, wenn x B ist» analytisch wahr sein soll. Nach Ayer muß darum beispielsweise der Versuch, den Satz «x ist gut» als «x wird allgemein gebilligt» zu bestimmen, fehlschlagen; denn es besteht kein innerer Widerspruch darin zu behaupten, daß es Handlungen gibt, die zwar allgemein gebilligt werden, aber dennoch nicht gut sind.[21]

Wie aber sollen dann ethische Bewertungen charakterisiert werden? Hier stellt Ayer einen Vergleich zwischen den Aussagen (1) «Es war falsch von dir, das Geld zu stehlen» und (2) «Du hast das Geld gestohlen» an.

Nach Ayers Ansicht haben beide Sätze den gleichen faktischen Inhalt. In (1) bedeutet der ethische Ausdruck «falsch» lediglich, daß die Person, die die Aussge (1) macht, dadurch ihrer moralischen Mißbilligung der besagten Tat Ausdruck verleiht. Der gleiche Effekt ließe sich erzielen, indem man den Satz (2) in einem bestimmten Tonfall spricht. Der Tonfall fügt dem faktischen Inhalt von (2) nichts hinzu – ebenso, wie auch das Wort «falsch» in (1) den faktischen Inhalt nicht erweitert.

Nehmen wir allgemeine ethische Wertungen wie (3) «Es ist falsch, Geld zu stehlen», so behauptet Ayer, diese seien ohne jeden faktischen Inhalt. Statt (3) hätte man ebensogut (4) «Geld stehlen!» anwenden können, mit einer entsprechenden Regelung darüber, wie viele Ausrufezeichen nötig wären, um anzugeben, daß das zum Ausdruck gebrachte Gefühl ein moralisch mißbilligendes ist.[22]

Generell behauptet Ayer, mit ethischen Wertungen würden einfach bestimmte Gefühle ausgedrückt bzw. sollten bestimmte Gefühle hervorgerufen werden. Hierbei ist zu unterstreichen, daß dies nicht dahingehend verstanden werden soll, daß ethische Wertaussagen eine Beschreibung von Gefühlen sind: weder auf seiten des Aussagenden noch bei den Personen, an die die Aussage gerichtet ist.[23]

Die wichtigste Konsequenz dieser Auffassung ist, daß die einzige Form der rationalen Diskussion, die es über ethische Fragen überhaupt geben kann, davon handelt, wie Handlungsweisen zu klassifizieren sind bzw. welche Konsequenzen eine Handlung oder Handlungsregel hat. Eine logische Diskussion der Wertung selbst aber kann es nicht geben. Dies nicht etwa, weil ‹man sich nur schwer einigen könnte›, wenn man unterschiedliche moralische ‹Auffassungen› vertritt, sondern einfach deshalb, weil von einem ‹sich einigen› oder ‹sich nicht einigen› gar keine Rede sein kann. Es kann bestenfalls davon gesprochen werden, daß verschiedene Personen einer Handlung etc. verschiedene moralische Gefühle entgegenbringen. Sie können dies u. a. mit ethischen Wertaussagen zum Ausdruck bringen. Von einer Uneinigkeit in der Form einer logischen Unvereinbarkeit kann jedoch ebensowenig gesprochen werden wie von einer logischen Diskrepanz zwischen «Bravo!» und «Pfui!».[24]

Jan Riis Flor

Charles Leslie Stevenson
Meinungen und Haltungen

Die Darstellung Ayers ist sehr kurz gefaßt. Am gründlichsten und nuanciertesten ist die emotive Werttheorie in dem Werk *Ethics and Language* («Ethik und Sprache») des amerikanischen Philosophen C. L. Stevenson aus dem Jahre 1944 dargestellt worden. Zunächst führt Stevenson eingehender aus, was es heißt, wenn den zentralen ethischen Ausdrücken eine emotive Bedeutung zugeschrieben wird. Im allgemeinen bezeichnet Stevenson die Bedeutung eines Zeichens als dessen Eigenschaft bzw. Disposition, bestimmte Reaktionen hervorzurufen, wenn es unter bestimmten Bedingungen angewendet wird. [25] Dies heißt, man versucht, die Bedeutung eines Zeichens aus dessen kausaler, also ursächlicher Rolle heraus zu erklären – mit anderen Worten: indem man davon ausgeht, was die Ursache für die Anwendung eines bestimmten Zeichens in einer bestimmten Situation ist und was durch die Anwendung dieses Zeichens in dieser bestimmten Situation bewirkt wird. Je nachdem, welche Art von Reaktion durch ein bestimmtes Zeichen in der Regel hervorgerufen wird, kann man sagen, daß das Zeichen diese oder jene Bedeutung hat oder unter Umständen mehrere gleichzeitig. Emotive Bedeutung ist eine Bedeutung (eine Neigung), bei der die Reaktionen der Zuhörer oder Leser ein Satz von Emotionen ist, also von Gefühlen oder Haltungen. [26]

Stevenson behauptet nun, die typischen moralischen Ausdrücke hätten eine Form der emotiven und gleichzeitig eine deskriptive Bedeutung. Dabei wird betont, daß die typischen moralischen Ausdrücke in so vielfacher Weise angewendet werden, daß ihre Bedeutungskomponenten nicht in eine präzise Definition gefaßt werden können. Stevenson ist jedoch der Meinung, daß man beispielsweise über den Satz «Dies ist gut» zumindest ansatzweise sagen kann, daß er in vielen Situationen, etwa als «Ich billige dies; tue gleiches», angewendet wird. [27] Entsprechend wird der Satz «Er sollte dieses tun» im Sinne von «Ich mißbillige, daß er es nicht tut; tue gleiches» und der Satz «Dies ist falsch» im Sinne von «Ich mißbillige dies, tue gleiches» gebraucht. Eine typische moralische Äußerung wird demnach teils eine Beschreibung der Haltung des Sprechers zum bewerteten Sachverhalt («Ich billige / mißbillige»), teils die Absicht enthalten, die Haltung des Hörers zu diesem bewerteten Sachverhalt zu ändern, zu bewahren oder zu verstärken.

Diese Analyse wird von Stevenson für eine ausführlichere Darstellung der Rationalität moralischer Diskussionen angewendet. Er unterscheidet dabei zwischen zwei Formen der Einigkeit bzw. Uneinigkeit, die bei moralischen Diskussionen auftreten können. Es kann sich zum einen um eine Einigkeit / Uneinigkeit in bezug auf Meinungen («beliefs») der betreffenden Parteien über die faktischen Verhältnisse handeln. In der Diskussion wird es oftmals darum gehen, welche Voraussetzungen und Folgen verschiedene Handlungen oder Verhaltensweisen in verschiedenen Situationen haben. Die andere Form der Einigkeit / Uneinigkeit kann anhand von Beispielen verdeutlicht werden. Nehmen wir eine Situation, in der sich einige Personen für einen Abend gemeinsam zum Kino verabreden, ohne jedoch zu vereinbaren, welchen Film sie sich ansehen wollen. Daraus können sich nun größere oder kleinere Meinungsverschiedenheiten ergeben, wobei es in erster Linie darum gehen wird, daß die Geschmäcker und Neigungen verschieden sind. Diese Uneinigkeit wird erst dann ausgeräumt sein, wenn alle den Wunsch haben, den gleichen Film zu sehen. Eine ähnliche Form der Uneinigkeit kann zwischen Peter und Peters Mutter über den vom Sohn betriebenen Boxsport herrschen. Peters Mutter macht sich wegen der mit diesem Sport verbundenen Gefahren Sorgen um ihren Sohn und wünscht, daß er damit aufhört. Peter ist sich seinerseits der möglichen Gefährdungen und Verletzungen beim Boxen durchaus bewußt, ohne daß er jedoch bereit wäre, den Sport aufzugeben. Uneinigkeiten dieser Art werden von Stevenson als Unterschied in der Haltung («disagreement in attitude») bezeichnet. Dabei geht es also um Personen, die demselben Gegenstand unterschiedliche Haltungen entgegenbringen, wobei mindestens eine der Personen ein Motiv hat, die Haltung eines anderen zu ändern oder in Frage zu stellen.[28]

Im Regelfall sind Uneinigkeiten in Verbindung mit einer moralischen Diskussion eine Mischung aus Meinungsverschiedenheiten und Unterschieden in der Haltung. Stevensons entscheidender Ansatzpunkt besagt nun, daß moralische bzw. politische Diskussionen, sofern sie einer Meinungsverschiedenheit entspringen, rational entschieden werden können.

Wenn es sich aber um Unterschiede in der Haltung handelt, die nicht auf Meinungsverschiedenheiten zurückgehen, dann ist eine Entscheidung nach rationalen Gesichtspunkten nicht möglich.[29]

Texte

(Einige wichtige Werke von bedeutenden Repräsentanten des logischen Positivismus; zu Carnap vgl. dort.)

Ayer, A. Y.: Language, Truth and Logic. London 1936 (dt. Sprache, Wahrheit und Logik. Stuttgart 1970) *(= SWL)*.
–: The Foundations of Empirical Knowledge. London/New York 1940.
–: Philosophical Essays. London/New York 1954.
–: The Problem of Knowledge. London/New York 1956, repr. Harmondsworth 1984.
–: The Central Questions of Philosophy. London 1973 (dt. Die Hauptfragen der Philosophie. München 1976).
Braithwaite, R. B.: Scientific Explanation. Cambridge 1953.
Bridgman, P. W.: The Logic of Modern Physics. New York 1927.
Feigl, H.: Inquiries and Provocations. Selected Writings, 1929–1974, ed. by R. S. Cohen. Dordrecht/Boston/London 1981.
Frank, P.: Das Kausalgesetz und seine Grenzen. Wien 1932, Frankfurt/M. 1988.
–: Philosophy of Science. Englewood Cliffs (N. J.) 1957, Westport (Conn.) 1974.
Goodman, N.: The Structure of Appearance. Cambridge (Mass.) 1951, Dordrecht/Boston ³1977.
–: Fact, Fiction and Forecast. London 1954 (dt. Tatsache, Fiktion, Voraussage. Frankfurt/M. 1988).
Hahn, H.: Logik, Mathematik und Naturerkennen. Wien 1933.
Hempel, C. G.: Fundamentals of Concept Formation in Empirical Science. Chicago 1952.
–: Aspects of Scientific Explanation. New York 1965.
Jørgensen, J.: A Treatise of Formal Logic. Copenhagen 1931.
Kaufmann, F.: Methodology of the Social Sciences. London/New York 1944.
Kraft, V.: Die Grundlagen einer wissenschaftlichen Wertlehre. Wien 1937, 2. Aufl. 1951.
–: Mathematik, Logik und Erfahrung. Wien 1947, 2. Aufl. Wien/New York 1970.
Mach, E.: Die Mechanik in ihrer Entwicklung. Historisch-kritisch dargestellt. Leipzig 1883, Nachdr. Darmstadt 1976.
–: Die Analyse der Empfindungen und das Verhältnis des Physischen zum Psychischen. Jena 1886, Nachdr. Darmstadt 1987.

–: Erkenntnis und Irrtum. Leipzig 1905, Nachdr. Darmstadt 1987.
Morris, C. W.: Foundations of the Theory of Signs. Chicago 1938 (dt. Grundlagen der Zeichentheorie. Frankfurt/Berlin/Wien 1979).
–: Signs, Language and Behaviour. New York 1946 (dt. Zeichen, Sprache und Verhalten. Frankfurt/Berlin/Wien 1981).
Nagel, E.: The Structure of Science. London/New York 1961.
Neurath, O.: Empirische Soziologie. Wien 1931.
–: Einheitswissenschaft und Psychologie. Wien 1933.
–: Le Développement du Cercle de Vienne et l'Avenir de l'Empirisme Logique. Paris 1935.
–: Foundations of the Social Sciences. Chicago 1944.
–: Empiricism and Sociology, ed. by M. Neurath and R. S. Cohen. Dordrecht 1973.
–: Gesammelte philosophische und methodologische Schriften in 2 Bden. Hg. v. R. Haller u. H. Rutte. Wien 1981.
Nœss, A.: Interpretation and Preciseness. Oslo 1953.
Ramsey, F. P.: The Foundations of Mathematics and Other Logical Essays. London/New York 1931.
Reichenbach, H.: Philosophie der Raum-Zeit-Lehre. Berlin/Leipzig 1928.
–: Wahrscheinlichkeitslehre. Leyden 1935.
–: Experience and Prediction. Chicago 1938.
–: Philosophic Foundations of Quantum Mechanics. Berkeley/Los Angeles 1944.
–: The Rise of Scientific Philosophy. Berkeley/Los Angeles 1951.
–: The Direction of Time, ed. by M. Reichenbach. Berkeley 1956.
–: Gesammelte Werke in 9 Bden. Hg. v. A. Kamlah u. M. Reichenbach. Braunschweig 1977 ff.
Schleichert, H. (Hg.): Logischer Empirismus – Der Wiener Kreis. München 1975.
Schlick, M.: Allgemeine Erkenntnistheorie. Berlin 1918, Frankfurt/M. 1978.
–: Fragen der Ethik. Wien 1930, Frankfurt/M. 1984.
–: Gesammelte Aufsätze 1926–1936. Wien 1938.
–: Grundzüge der Naturphilosophie. Hg. v. W. Hollitscher u. J. Rauscher. Wien 1948.
Stevenson, C. L.: Ethics and Language. New Haven/London 1944.
Tarski, A.: Logic, Semantics, Mathematics. Oxford 1956.
Waismann, F.: Philosophical Papers, ed. by B. McGuiness. Dordrecht 1977.
Wisdom, J.: Problems of Mind and Matter. Cambridge 1934.
Wissenschaftliche Weltauffassung. Der Wiener Kreis. Hg. vom Verein Ernst Mach. Wien 1929.

Bibliographien

Ayer, A. J.: Bibliography of Logical Positivism. In: Logical Positivism, ed. by A. J. Ayer. Glencoe (Ill.) 1959, repr. Westport (Conn.) 1978, p. 381–446.

Belke, F.: Gesamtregister der Annalen der Philosophie (und Philos. Kritik), 1–8 (1919–1929). Erkenntnis, 1–7 (1930/31–1937/38). The Journal of Unified Science, 8 (1939/40). Forum Philosophicum, 1 (1939/31). Meisenheim a. G. 1971.

Dürr, K.: Der logische Positivismus (Bibliographische Einführung in das Studium der Philosophie II). Bern 1948.

Feigl, H.: Selected Bibliography of Logical Empiricism. In: Revue internationale de Philosophie 4 (1950), p. 95–102.

Literatur

Ayer, A. J. (ed.): Logical Positivism. Glencoe (Ill.) 1959, repr. Westport (Conn.) 1978.

Belke, F.: Spekulative und wissenschaftliche Philosophie. Meisenheim a. G. 1966.

Bradley, J.: Machs Philosophie der Naturwissenschaften. Stuttgart 1974.

Brentano, F.: Über Ernst Machs «Erkenntnis und Irrtum». Aus dem Nachlaß hg. und eingeleitet v. R. M. Chisholm u. J. C. Marek. Amsterdam 1988.

Brüning, W.: Der Gesetzesbegriff im Positivismus der Wiener Schule. Meisenheim a. G. 1954.

Cohen, R. S. and R. J. Seeger (eds.): Ernst Mach. Physicist and Philosopher. Dordrecht 1970.

Coffa, J. A.: The Semantic Tradition from Kant to Carnap. To the Vienna Station. Cambridge etc. 1991.

Dahms, H.-J. (Hg.): Philosophie, Wissenschaft, Aufklärung. Beiträge zur Geschichte und Wirkung des Wiener Kreises. Berlin/New York 1985.

Feigl, H.: Logical Empirism. In: Readings in Philosophical Analysis, ed. by H. Feigl and W. Sellars. New York 1949.

Feigl, H.: The Wiener Kreis in America. In: The Intellectual Migration, Europe and America, 1930–1960, ed. by D. Fleming and B. Bailyn. Cambridge (Mass.) 1969, p. 630–673.

Haller, R./Stadler, F. (Hg.): Ernst Mach. Werk und Wirkung. Wien 1988.

Hegselmann, R. (Hg.): Otto Neurath – Wissenschaftliche Weltauffassung, Sozialismus und Logischer Empirismus. Frankfurt/M. 1979.

Jordan, Z.: On the Development of Mathematical Logic and of Logical Positivism in Poland. London/New York 1945.

Jørgensen, J.: The Development of Logical Empiricism. Chicago 1951.

Kaila, E.: Der logistische Neupositivismus. Turku 1930.
Kamitz, R.: Positivismus. Befreiung vom Dogma. München 1972.
Kraft, V.: Der Wiener Kreis. Wien 1950, 2. erw. und verb. Aufl. Wien/New York 1968.
Krohn, S.: Der logische Empirismus. Eine kritische Untersuchung. Turku 1949/50.
Logical Positivism and Ethics. The Aristotelian Society, Suppl. vol. 22, London 1948.
Mises, R. von: Kleines Lehrbuch des Positivismus. Den Haag 1939.
Petzäll, A.: Logistischer Positivismus. Göteborg 1931.
Schnädelbach, H.: Erfahrung, Begründung und Reflexion. Frankfurt/M. 1971.
Sommer, M.: Evidenz im Augenblick. Frankfurt/M. 1987.
Stadler, F.: Vom Positivismus zur «Wissenschaftlichen Weltauffassung». Wien/München 1982.
Uebel, Th.: Rediscovering the forgotten Vienna Circle. Austrian Studies on Otto Neurath and the Vienna Circle. Dordrecht etc. 1991.
Weinberg, J. R.: An Examination of Logical Positivism. London 1936.

Anmerkungen

1 Feigl 1969, S. 631.
2 Vgl. Wissenschaftliche Weltauffassung 1929, S. 13 und 33–47; vgl. Feigl 1969, S. 633 ff; Kraft [2]1968, S. 1 ff; Carnap, Auto, S. 20.
3 Wissenschaftliche Weltauffassung 1929, S. 24 f.
4 Feigl 1969, S. 646.
5 Carnap: Replies, S. 860.
6 Feigl 1969, S. 643–651 und 659 ff.
7 Vgl. Feigl 1969, S. 637; Kraft [2]1968, S. 3, Anm. 1; Carnap, Auto, S. 23.
8 Feigl 1969, S. 656; Carnap: Auto, S. 83.
9 Wissenschaftliche Weltauffassung 1929, S. 29 f.
10 Carnap, *LAW*, S. XX.
11 Vgl. Wissenschaftliche Weltauffassung 1929, S. 15 ff u. 28 ff.
12 Vgl. Carnap: Überwindung der Metaphysik durch logische Analyse der Sprache; Ayer, *SWL*, Kap. I.
13 Wissenschaftliche Weltauffassung 1929, S. 20 ff.
14 Vgl. Waismann, F.: Logische Analyse des Wahrscheinlichkeitsbegriffs. In: Erkenntnis, Bd. I. Leipzig 1930/31, S. 228–248.
15 Vgl. Wissenschaftliche Weltauffassung 1929, S. 16.
16 Feigl 1969, S. 653.
17 Vgl. Ayer, *SWL*, S. 23.
18 Carnap: Auto, S. 66.

19 Vgl. Ayer, *SWL*, S. 36; Carnap: Replies, S. 862.
20 Ayer, *SWL*, S. 135 f.
21 Ayer, *SWL*, S. 137 f.
22 Ayer, *SWL*, S. 141 f.
23 Ayer, *SWL*, S. 143 ff.
24 Ayer, *SWL*, S. 146 ff.
25 Stevenson, *EL*, S. 54.
26 Stevenson, *EL*, S. 59 f.
27 Stevenson, *EL*, S. 21 ff u. 81 f.
28 Stevenson, *EL*, S. 3.
29 Stevenson, *EL*, S. 138.

Jan Riis Flor

Rudolf Carnap
Philosophie als logische Syntax

Wie bereits angedeutet, kann beim logischen Positivismus nicht von einem Protagonisten im eigentlichen Sinn gesprochen werden. Dagegen besteht weitgehend Einigkeit darüber, daß Rudolf Carnap (1891–1970) der bedeutendste Philosoph dieser Strömung war. Mehr als irgend jemand sonst hat Carnap bei der Analyse von philosophischen Problemen systematisch und im Detail versucht, die neue formale Logik anzuwenden. Seine Lehrmeister waren hier in erster Linie Frege und Russell. [1] Deshalb sind viele seiner Werke für den, der keine ausführlichen Kenntnisse in formaler Logik besitzt, technisch kompliziert und schwer verständlich. Es soll im folgenden von den Grundgedanken zweier seiner Werke die Rede sein, und zwar *Der logische Aufbau der Welt* von 1928 und *Logische Syntax der Sprache* von 1934.

Konstitutionssysteme

Der Hauptgedanke beim *Logischen Aufbau der Welt* ist die Angabe eines Konstitutionssystems für sämtliche möglichen Begriffe und Wissenschaften. Mit einem Konstitutionssystem wird angegeben, wie sämtliche möglichen Begriffe stufenweise aus gewissen Grundbegriffen abgeleitet werden können. [2] Im Verhältnis zur philosophischen Tradition ist dies an sich nichts Neues. Es war schon immer ein Anliegen der Philosophie, einen Satz von Grundbegriffen bzw. Kategorien abzugrenzen und zu definieren, aus denen alle anderen Begriffe im Prinzip ableitbar wären. Unter der Konstitution eines Begriffs a aus anderen Begriffen oder Gegenständen b und c versteht Carnap die Angabe einer allgemeinen Regel dafür, wie alle Aussagen, in denen a enthalten ist, zu Aussagen umformuliert werden können, in denen nur b und c vorkommen, nicht aber a. Nehmen wir den Begriff oder Gegenstand ‹Großmutter väterlicherseits›, der sich aus den Begriffen bzw. Gegenständen ‹Mutter› und ‹Vater› zusammensetzt, wobei für willkürliche x und y u. a. gilt, daß x die Großmutter väterlicherseits von y ist, dann und nur dann, wenn x die Mutter von z und z der Vater von y ist. Allgemeiner ausgedrückt, ist der Gedanke der, daß man mit Hilfe solcher Konstitutionsregeln, auch als konstitutionelle Definitionen bezeichnet, nachvollziehen kann, wie Gegenstände eines bestimmten Typs auf Gegenstände eines anderen Typs oder einer anderen Stufe zurückgeführt werden können. Diese Typen oder Stufen müssen insofern ein geordnetes System sein, als Gegenstände einer Stufe allein aus Gegenständen der niederen Stufe konstituierbar sein müssen.[3]

Bei der Entwicklung des Konstitutionssystems dient Carnap der Aufbau der Zahlen als Vorbild. Hier wird dargestellt, wie die ganzen Zahlen sich aus den natürlichen Zahlen bilden lassen, die rationalen Zahlen (Brüche) aus den natürlichen Zahlen, die realen Zahlen aus den rationalen usw. Auch die Versuche Freges, Russells und Whiteheads aufzuzeigen, wie sich die natürlichen Zahlen aufgrund von rein logischen Begriffen aufbauen lassen, waren Vorbilder für die Carnapsche Auffassung eines Konstitutionssystems.

Die Rekonstruktion der Erkenntnis

Daß Carnap sehr allgemein von der Konstitution von Gegenständen und Begriffen spricht, ist darin begründet, daß er den Ausdruck ‹Gegenstand› im weitesten Sinn benutzt, wobei alles, worüber im entferntesten etwas Sinnvolles gesagt werden kann, als Gegenstand verstanden wird. So gesehen gibt es für jeden Begriff einen und nur einen Gegenstand, der ihm entspricht. Dieser ist nicht zu verwechseln mit den Gegenständen, auf die ein Begriff angewendet werden kann, den Gegenständen, die einem Begriff zugehörig sind. Carnap bedient sich allerdings beider Redeweisen, zum einen des Sprachgebrauchs, daß dem Begriff ‹deutscher Bundeskanzler› nur ein einziger Gegenstand entspricht, nämlich der deutsche Bundeskanzler, zum anderen des Sprachgebrauchs, nach dem die Gegenstände Konrad Adenauer, Ludwig Erhard, Helmut Kohl u. a. dem Begriff ‹deutscher Bundeskanzler› zuzurechnen sind.[4] Carnap will damit zum Ausdruck bringen, das Konstitutionssystem verhalte sich im Streit zwischen Realismus und Idealismus neutral. Realismus wird hier als der Standpunkt verstanden, daß Gegenstände durch unsere Begriffsbildungen lediglich erkannt (nicht aber hervorgebracht) werden, während Idealismus als der Standpunkt angesehen wird, daß Gegenstände nur dann als seiend betrachtet werden können, sofern wir über sie Begriffe bilden bzw. hervorbringen können. Carnap meint außerdem, daß das Konstitutionssystem in der Realismus/Idealismus-Diskussion nicht nur neutral ist, sondern daß es sich bei diesem Streit von der Konstitutionstheorie her gesehen um einen unwissenschaftlichen Streit, eine inhaltlose Auseinandersetzung über Begriffe handelt.[5]

So ist es ein Grundgedanke im *Logischen Aufbau der Welt*, daß das Konstitutionssystem die einzige wissenschaftlich annehmbare Methode zur rationalen Rekonstruktion unserer Erkenntnis ist. Das bedeutet, daß das Konstitutionssystem nicht eine Darstellung der faktischen Erkenntnisentwicklung oder Begriffsbildung sein soll, weder individual-psychologisch noch kollektiv-historisch. Vielmehr soll die Erarbeitung des Konstitutionssystems ihren Ausgangspunkt in der wissenschaftlich überprüften Erkenntnis haben. Hiervon ausgehend, soll das Konstitutionssystem die rationale Erkenntnisentwicklung rekonstruieren. Demnach muß ein Gegenstand oder eine Gegenstandsart, der bzw. die im Verhältnis zu einem bzw. einer anderen epistemisch primär, bei der Ausarbeitung des Konstitutionssystems vor diesem anderen Gegenstand angeordnet werden. Ein Gegenstand oder eine Gegenstandsart ist in bezug auf einen anderen bzw. eine andere epistemisch primär, wenn die Erkenntnis des bzw. der anderen die Erkenntnis des bzw. der ersten voraussetzt, nicht aber umgekehrt.[6] Was hiermit gemeint ist, mag daran deutlich werden, daß Carnap nicht bestreitet, sondern vielmehr betont, daß das, was wir normalerweise unmittelbar und intuitiv sehen, etwa ein Haus, als physisches Ding von uns gesehen wird, wobei wir daran denken, daß es eine von uns nicht gesehene Rückseite hat, daß es dauerhaft ist, auch wenn wir den Blick von ihm abwenden usw. Er meint jedoch, daß es für eine Begründung dieser Erkenntnis eines Hinweises auf die Erkenntnis von Gegenständen anderer Arten wie Unterschiede in Farbe oder Form bedarf, auch wenn das von uns unmittelbar gesehene Haus nicht ein aus Farbtupfern usw. bestehendes Mosaik ist.[7] Diese Gedankenfolge mag anhand folgender Betrachtung etwas deutlicher werden: Es ist heute gemeinhin anerkannt, daß das, was wir erkennen, wenn wir ein Haus sehen, eine Melodie hören, eine politische Demonstration beobachten oder eine Liebeserklärung verstehen, das Ergebnis vielfältiger, durch unseren Sinnesapparat aufgenommener Einflüsse sowie auch der Art und Weise ist, in der diese im zentralen Nervensystem verarbeitet werden. Ungeachtet der unterschiedlichen Auffassungen, die über das Verhältnis zwischen dem zentralen Nervensystem und psychischen Zuständen bestehen können, werden die meisten wohl darin übereinstimmen, daß wir nur darum so wahrnehmen, denken, handeln und fühlen, wie wir es nun einmal tun, weil ein Wechselspiel zwischen Einflüssen und Prozessen im zentralen Nervensystem stattfindet, obwohl wir uns dieser Prozesse nicht bewußt sind, wenn wir etwas wahrnehmen oder erkennen. In gewisser Weise können die Carnapschen Konstitutionsregeln als Versuch einer Rekonstruktion der logischen Eigenschaften verstanden werden, die diese Verarbeitungsprozesse haben müssen, wenn unser wissenschaftliches und alltägliches Erkennen von der denkbar einfachsten Grundlage aus begründet werden soll. Dies soll nicht dahin gehend verstanden werden, daß Carnap eine Form der ‹logischen Neurophysiologie› darzustellen versucht, wohl aber dahin gehend, daß ein (fiktives) Wesen, sofern es mit sämtlichen Konstitutionsregeln ausgestattet wäre, aus dem Grundmaterial sämtliche wissenschaftlichen Gegenstände oder Begriffe unter Anwendung dieser Regeln als Operationsvorschriften konstruieren könnte.[8]

Gegenstandsarten

Die Gesamtheit aller möglichen Gegenstände wird in vier Hauptarten unterteilt: das Psychische, das wiederum in das Eigenpsychische (meine Bewußtseinsphänomene) und das Fremdpsychische (die Bewußtseinsphänomene anderer Personen) aufgeteilt ist, das Physische und das Geistige (was wir heute als sozio-kulturelle Phänomene bezeichnen würden: Kunst, Rechtswesen, Produktion, Religion usw.). Vom rein logischen Standpunkt aus betrachtet, gibt es für die Festlegung der Konstitutionsfolge dieser Gegenstandsarten verschiedene Möglichkeiten. So wird behauptet, daß das Psychische aus dem Physischen heraus konstruierbar ist, weil jedem psychischen Prozeß ein bestimmter Gehirnprozeß entspricht. Wenn eine notwendige und hinreichende Bedingung für das Vorkommen eines bestimmten psychischen Prozesses das Vorkommen eines bestimmten Gehirnprozesses ist, kann jede Aussage über einen psychischen Gegenstand in eine Aussage über physische Gegenstände umformuliert werden, wobei diese Aussagen den gleichen Wahrheitswert hätten.[9] Ausgehend von Überlegungen, was in epistemischer Hinsicht als primär zu betrachten ist, entscheidet Carnap sich jedoch für die eigenpsychischen Gegenstände als Basis des Konstitutionssystems.[10]

Diese Art des Aufbaus des Konstitutionssystems bezeichnet Carnap als *methodischen Solipsismus*. Hierdurch soll unterstrichen werden, daß das Eigenpsychische als Ausgangspunkt ausschließlich aufgrund einer methodischen Betrachtung gewählt wurde. Es ist nicht etwa davon die Rede, daß es andere Gegenstände nicht geben kann oder daß andere Gegenstände nicht erkennbar sind. Auch ist nicht die Rede davon, daß zum Beispiel physische Gegenstände sich aus ‹meinen Bewußtseinsphänomenen zusammensetzen›. Die Distinktionen zwischen dem Psychischen und dem Physischen, zwischen dem psychischen Zustand meiner Person und den psychischen Zuständen der anderen treten erst auf einer weit höheren Stufe im System auf. Eigentlich kann erst von dieser höheren Stufe aus das Eigenpsychische als Ausgangspunkt definiert werden. Es wird jedoch behauptet, daß alle Aussagen (sofern sie wissenschaftlich sinnvoll sind) prinzipiell mit Hilfe extrem komplizierter, zahlenmäßig aber endlicher Aufgliederungen in Aussagen über das Eigenpsychische mit gleichem Wahrheitswert umformuliert werden können.[11] Soweit diese Behauptung als angemessen erscheint, hat Carnap eines seiner Hauptziele erreicht: aufzuzeigen, daß alle Wissenschaften in dieser Hinsicht den gleichen Gegenstandsbereich haben, auch wenn sie von verschiedenen Gegenstandsarten handeln, und daß alle wissenschaftlich sinnvollen Aussagen letztlich durch Aussagen über das unmittelbar Erlebte überprüfbar sein müssen.[12] Hierdurch meint Carnap, die These der *Einheitswissenschaft* glaubhaft gemacht zu haben.

Wir können an dieser Stelle nicht näher darauf eingehen, wie die eigenpsychische Basis analysiert wird und wie es mit der Konstitution vorangeht. Erwähnt sei bloß, daß es sich bei den Grundelementen nicht um Sinnesempfindungen der gleichen Art wie bei den britischen Empiristen oder bei E. Mach, sondern um ‹Elementarerlebnisse› handelt (wobei Carnap hier von der Gestalttheorie beeinflußt ist)[13], und daß ferner die mit Ausnahme der ersten Glieder äußerst sparsam skizzierte Konstitutionsfolge wie folgt ist: das Eigenpsychische, das Physische, das Fremdpsychische und das Geistige.

Es sollte jedoch eine andere Eigenschaft des Konstitutionssystems hervorgehoben werden. Carnap glaubt, zur Formulierung sämtlicher Konstitutionsregeln außer den logischen Begriffen mit nur einem einzigen Grundbegriff (der Relation der Ähnlichkeitserinnerung) auskommen zu können. Abgesehen vom Wunsch, eine so einfache Basis wie möglich zu finden, fließt noch ein anderer Gedanke ein: die These, daß alle wissenschaftliche Erkenntnis allein Strukturen betreffen kann, nicht aber Qualitäten. Auf den ersten Blick jedoch scheint manche Erkenntnis Qualitäten oder Eigenschaften zu betreffen: Salz ist ein weißer Stoff, die Erde ist rund etc. Insofern muß Carnap aufzeigen, daß alle wissenschaftlichen Aussagen in Aussagen umgeformt werden können, die allein formale Züge von Relationen betreffen, das heißt in Aussagen, welche Strukturaussagen sind.[14]

Philosophie und Wissenschaft

Carnap hebt immer wieder hervor, daß der detaillierte Aufbau des Konstitutionssystems nicht in endgültiger Form erfolgen kann. Hier ist die gesamte wissenschaftliche Zukunft gefordert. Wie die einzelnen Begriffe sich im Verhältnis zueinander verhalten, muß in Zusammenhang mit der Entwicklung und Veränderung der wissenschaftlichen Erkenntnis festgelegt und korrigiert werden.[15] Das bedeutet auch, daß viele der von Carnap selbst angegebenen Konstitutionsregeln als Hypothesen aufgefaßt werden müssen, die aufgrund späterer wissenschaftlicher Erkenntnisse revidierbar sind. Carnaps Ziel ist es, den Charakter eines Konstitutionssystems und die Methode für die Ausarbeitung von Konstitutionsregeln aufzuzeigen, die Notwendigkeit und Fruchtbarkeit einer Anwendung der formalen Logik bei der exakten Formulierung von begrifflichen Zusammenhängen also.[16]

Welche Bedeutung aber hat die Ausarbeitung eines solchen Konstitutionssystems für die Auffassung philosophischer Anschauungen und Probleme? Nach Carnap kann eine Fragestellung nur dann wissenschaftlich bearbeitet werden, wenn sie grundsätzlich innerhalb des Konstitutionssystems formulierbar ist. Ist dies nicht möglich, kann von einer Frage im eigentlichen Sinn nicht gesprochen werden.[17] Außerdem behauptet er, daß von den traditionellen philosophischen Problemen und Positionen viele nicht – oder nicht vollends – innerhalb des Konstitutionssystems formuliert werden können, woraus wiederum folgt, daß ein Großteil der traditionellen Philosophie von einem erkenntnismäßigen Gesichtspunkt aus schlicht als sinnlos einzustufen ist.[18]

Die logische Syntax der Sprache

Die grundlegenden Arbeiten zum *Logischen Aufbau der Welt* leistete Carnap von 1922 bis 1925, bis er 1926 Dozent für Philosophie an der Universität in Wien wurde. Dies ist das letzte jener Werke Carnaps, die von den damaligen neukantianischen und phänomenologischen Strömungen geprägt sind.

1931 wurde Carnap Professor für Naturphilosophie an der deutschen Universität in Prag. Das Hauptergebnis seiner Arbeit hier war sein Buch über die *Logische Syntax der Sprache.*[19] Im *Logischen Aufbau der Welt* war Carnap von einer phänomenalistischen Grundlage für die logische Struktur der Erkenntnis ausgegangen, indem er das Eigenpsychische zur grundlegenden Ebene der Gegenstandskonstitution erklärte. Später gelangte er – u. a. unter dem Einfluß von O. Neurath – zur Auffassung, es sei fruchtbarer, die ‹physische› Sprache als Grundlage zu nehmen. Für Carnap aber ging es bei diesem Wechsel vorwiegend darum, den zweckmäßigsten Sprachrahmen zu wählen. Auch im *Logischen Aufbau der Welt* brachte er – wie gesagt – zum Ausdruck, daß dem Physischen als Grundstufe des Konstitutionssystems rein logisch nichts im Wege stünde.

An einem noch grundlegenderen Gedanken, der in der *Syntax* aus dem *Logischen Aufbau der Welt* übernommen wurde, hat Carnap zeit seines Lebens festgehalten, nämlich daß Philosophie als logische Analyse und Konstruktion aufzufassen ist.[20]

Wir wollen hier etwas näher auf die Ausarbeitung dieses Gedankens in der *Logischen Syntax der Sprache* eingehen. Das Buch verfolgt zwei Hauptziele. Zum einen soll aufgezeigt werden, wie den logischen Begriffen eine völlig exakte Definition gegeben werden kann, teils im Verhältnis zu einigen einfach konstruierten Sprachen, teils mehr allgemein. Zum anderen soll nachgewiesen werden, inwieweit diese Begriffe bei der Analyse wissenschaftlicher Sprachen klärend wirken und wie sie zur Abgrenzung des wissenschaftlich Relevanten in traditionellen philosophischen Problematiken eingesetzt werden können.

Die Bestimmung der logischen Begriffe hat rein formal zu sein. Das bedeutet, daß beispielsweise bei der Bestimmung, ob zwei Sätze miteinander unvereinbar sind, weder Charakteristika seitens des Sprechenden (seine Absichten oder Handlungen) noch das, was die Sätze ausdrücken, also ihr Sinn, berücksichtigt werden dürfen. Berücksichtigt wird nur die Form der Symbole, also die Frage, um welche Art Zeichen es sich handelt, und die Reihenfolge, in der sie auftreten.[21] Davon ausgehend, wird somit von all den sprachlichen Charakteristika abgesehen, die die Aussprache und Schreibweise, die Entwicklung der Sprache oder deren Rolle in verschiedenen sozialen Zusammenhängen betreffen. Was untersucht bzw. konstruiert wird, ist ein Regelsystem für eine Sprache. Formal betrachtet ist es unerheblich, über welches Medium sich Sprache entfaltet, ob nun Schrift, Sprache oder Gestik. Unerheblich ist auch die Form der Sprachelemente – lateinische oder gotische Buchstaben. Die Sprachelemente werden Zeichen genannt, wobei eine endliche Anzahl von Zeichen als Ausdruck bezeichnet wird. Um eine Definition der logischen Begriffe geben zu können, unterscheidet man zwischen zwei Arten von Regeln für die Zusammensetzung und Verarbeitung von Zeichen. Gewisse Regeln legen fest, welcher syntaktischen Kategorie ein Zeichen oder eine Zeichenreihe in einer bestimmten Sprache angehören. Diese Regeln werden mit Formregeln bezeichnet. Nun ist es bei einer natürlichen Sprache wie der deutschen nicht leicht, einfache und exakte Formregeln zu definieren, die ohne Ausnahme Gültigkeit haben. Folgendes mag aber zur Veranschaulichung dienen: Eine Folge deutscher Wörter, von denen das erste ein Substantiv, das zweite ein Verb und das dritte ein Adjektiv oder Adverb ist, ist ein deutscher Satz wie «Deutschland ist schön» oder «Der Schuppen steht schief». Der andere Regeltyp, die Umformungsregeln, legt fest, in welcher Weise es zulässig ist, einen Ausdruck oder Ausdruckstyp innerhalb einer Sprache in einen anderen Ausdruck oder Ausdruckstyp umzuwandeln. Die Regeln über das Umwandeln eines aktiven Satzes in einen passiven Satz können beispielsweise als Umformungsregeln angesehen werden.[22] Nach Ansicht Carnaps entsprechen die Formregeln dem, was traditionell unter syntaktischen (grammatikalischen) Regeln verstanden wird, während die Umformungsregeln der traditionellen Auffassung von logischen Regeln (Schlußregeln) entsprechen. Nun geht es Carnap aber eben darum zu zeigen, daß zwischen diesen beiden Regeltypen keine Wesensunterschiede bestehen, da beide rein formal bestimmbar sind. Daher auch der Oberbegriff für Carnaps Bestrebungen und Ergebnisse: logische Syntax.[23] Carnap faßt mit anderen Worten das Sprachsystem als Kalkül in der gleichen Art wie die Regelstruktur bei bestimmten Spielen auf, die ansonsten mit Sprache nichts zu tun haben. So könnte man beispielsweise eine formale Betrachtungsweise für das Schachspiel entwickeln. In dem Fall würde man die Entwicklung des Schachspiels, die Form der Figuren und das Material, aus dem sie hergestellt sind etc., außer acht lassen. Mit den wichtigsten Formregeln würde man definieren, wie die verschiedenen Figuren in der Eröffnungsposition zu plazieren sind; mit den Umformungsregeln würde bestimmt, welche Bewegungen mit den verschiedenen Figurtypen zulässig sind.[24]

Bei einer logisch-syntaktischen Untersuchung wird zwischen der Sprache, deren Regelstruktur untersucht oder konstruiert werden soll, der *Objektsprache*, und der Sprache, mit deren Hilfe man die Regelstruktur ausdrückt, der Syntax- oder *Metasprache*, klar unterschieden. Würde man auf deutsch die englische Grammatik untersuchen, so wäre Deutsch Syntax- oder Metasprache für Englisch; würde man auf deutsch die deutsche Grammatik untersuchen, so wäre Deutsch Syntax- bzw. Metasprache für sich selbst.[25] Im Gegensatz zu einem im Wittgensteinschen *Tractatus* geäußerten Grundgedanken will Carnap nachweisen, daß es unter gewissen Bedingungen sehr wohl möglich ist, die Syntax einer Sprache in eben dieser Sprache auszudrücken, ohne daß dabei Widersprüchlichkeiten (Paradoxe) oder Unsinnigkeiten hervorgebracht werden.[26]

Nun sind natürliche Sprachen wie Deutsch oder Englisch nach Ansicht Carnaps so unsystematisch und logisch mangelhaft, daß eine Angabe von Form- und Umformungsregeln in der Praxis kaum möglich ist.[27] Statt dessen konstruiert Carnap zunächst zwei symbolische Sprachen. Zu diesen Sprachsystemen kann er nun eine exakte Definition von ‹analytisch›, ‹logische Konsequenz aus› u. a. m. geben. Hierauf aufbauend, konstruiert er anschließend eine logische Syntax für eine Gruppe von Sprachsystemen, die lediglich gewisse Bedingungen erfüllen müssen. Die wichtigste ist, daß die logische Wesensart der Elemente dieses Sprachsystems nicht von einem nicht-sprachlichen Faktor abhängig sein darf. Das bedeutet, daß Zusammenhänge in natürlichen Sprachen, in denen Pronomina (Fürwörter) wie ‹ich› oder ‹dieser› vorkommen, mit Hilfe der Carnapschen Syntax nicht ohne weiteres bestimmbar sind.

Das Toleranzprinzip

Eines von Carnaps Hauptzielen beim Aufbau einer generellen Syntax ist die Schaffung der Möglichkeit, eine exakte und rein formale Abgrenzung möglicher wissenschaftlicher Fragen im Unterschied zu metaphysischen oder pseudowissenschaftlichen Fragen vorzunehmen. Sein Hauptgedanke ist, daß ein Satz nur dann wissenschaftlich sinnvoll ist, wenn er in

Übereinstimmung mit den Grundsätzen der allgemeinen Syntax formulierbar ist. Für diese Abgrenzung ist daher entscheidend, welche Sprachtypen bzw. Sprachkonstruktionen man zulassen will. Carnap nimmt diesbezüglich eine außerordentlich liberale Haltung ein, die im sogenannten Toleranzprinzip zum Ausdruck kommt. Es besagt, daß man nicht von vornherein bestimmte Sprachformen verhindern oder verbieten, sondern lediglich den Anspruch zur Bereitschaft erheben soll, die konventionell festgelegten Regeln zu formulieren, nach denen man seine Fragen stellt und seine Antworten formuliert:

«*In der Logik gibt es keine Moral.* Jeder mag seine Logik, d. h. seine Sprachform, aufbauen wie er will. Nur muß er, wenn er mit uns diskutieren will, deutlich angeben, wie er es machen will, syntaktische Bestimmungen geben anstatt philosophischer Erörterungen.»[28]

Nun ist es natürlich einleuchtend – auch für Carnap –, daß nicht allein die Sätze, die in der traditionellen Philosophie und im Rahmen der alltäglichen Anwendung der natürlichen Sprache formuliert werden, nicht ausdrücklich nach Regeln, die Carnaps Syntaxanforderungen erfüllen, formuliert sind, sondern daß dies ganz allgemein für Sätze gilt, die in der Wissenschaft formuliert werden – auch bei Wissenschaften, die von Carnap als mustergültig angesehen werden, also Mathematik und Physik. Welche Relevanz hat dann aber die allgemeine Syntax überhaupt, wenn wir zu dem eventuellen wissenschaftlichen Kern einer philosophischen Frage vorstoßen oder den logischen Charakter wissenschaftlicher Begriffe und Theorien aufdecken wollen? Um dies darzulegen, unterscheidet Carnap zwischen drei Arten von Sätzen und zwei Arten des Ausdrucks oder der Sprache.

Formale und inhaltliche Redeweise

Die drei Satzarten werden als Objektsätze, syntaktische Sätze und Pseudo-Objektsätze (quasi-syntaktische Sätze) bezeichnet. Ein Objektsatz betrifft einen Gegenstand, der in den exakten Wissenschaften grundsätzlich auftreten kann, zum Beispiel «Löwen sind Säugetiere» oder «5 ist eine Primzahl». Ein syntaktischer Satz behandelt die formalen Züge von Symbolen: entweder rein, sofern außer acht gelassen wird, inwieweit und in welcher Weise die Sprachelemente physisch erstellt und realisiert wurden, oder deskriptiv (beschreibend), sofern es sich um Formalien einer realisierten Sprache handelt wie Deutsch oder Teile davon. Beispiele für syntaktische Sätze: «‹Fünf› ist nicht ein Dingwort, sondern ein Zahlwort», «In dem Artikel kam das Wort ‹Babylon› vor». Ein Pseudo-Objektsatz (quasi-syntaktischer Satz) behandelt scheinbar Eigenschaften oder Relationen von Gegenständen; aber in Wahrheit – bei näherem Untersuchen seines Inhalts – geht es um syntaktische Formen, insbesondere um Bezeichnungen für Gegenstände, von denen sie zu handeln scheinen. Beispiele: «Fünf ist kein Ding, sondern eine Zahl», «Der gestrige Vortrag handelte von Babylon».[29]

Carnap hat von vornherein die Pseudo-Objektsätze so definiert, daß ein Pseudo-Objektsatz immer in einen syntaktischen Satz umgewandelt werden kann. So sollte der Satz «Der gestrige Vortrag handelte von Babylon» in den Satz «Das Wort ‹Babylon› ist im gestrigen Vortrag vorgekommen» umgewandelt werden können. Diese ‹Übersetzung› kann generell nur dann zwischen zwei Sätzen S_1 und S_2 erfolgen, wenn der Eigenschaft, die scheinbar einem Gegenstand in S_1 zugesprochen wird, eine parallele syntaktische Eigenschaft entspricht, die in S_2 der Bezeichnung für den Gegenstand zugesprochen wird.[30] So sollte der Pseudo-Eigenschaft «eine Zahl sein» die parallele syntaktische Eigenschaft «ein Zahlwort sein» entsprechen. In dem Fall könnte der Satz «Fünf ist eine Zahl» in den syntaktischen Satz «‹Fünf› ist ein Zahlwort» umgewandelt werden. Carnap sagt in diesem Zusammenhang, daß beim Ausdrücken in Pseudo-Objektsätzen (quasi-syntaktischen Sätzen) die inhaltliche Redeweise, beim Ausdrücken mit Hilfe von parallelen syntaktischen Sätzen jedoch die formale Redeweise benutzt wird.

Entscheidend an diesen Unterscheidungen ist nun, daß Carnap die Fruchtbarkeit der logisch-syntaktischen Betrachtungsweise erläutern kann. Die bei traditionellen philosophischen Diskussionen bzw. Untersuchungen wissenschaftlicher Methoden und Grundlagen typisch vorkommenden Sätze sind im allgemeinen weder Objektsätze, noch sind sie syntaktische Sätze. Wenn diese Sätze jedoch überhaupt wissenschaftlich sinnvoll sein sollen, dann müssen sie syntaktische Sätze sein, die in einer inhaltlichen Redeweise ausgedrückt wurden. Andernfalls wären sie in epistemischer Hinsicht schlicht unsinnig. Carnap ist nicht der Auffassung, die inhaltliche Redeweise müsse notwendigerweise vermieden oder eliminiert werden.[31] Man muß sich nur darüber im klaren sein, daß man die inhaltliche Redeweise anwendet, um endlose Pseudo-Diskussionen zu vermeiden. Erst wenn in die formale Redeweise ‹übersetzt› wird, wird deutlich, worum es bei der Diskussion wissenschaftlich betrachtet eigentlich geht. In dem Fall wird man entweder auf die Regelstruktur eines vorhandenen Sprachsystems verweisen oder einen Vorschlag unterbreiten, wie man ein neues Sprachsystem konstruieren kann. Es wird zum Beispiel behauptet: Sofern ein Positivist in der inhaltlichen Redeweise die These

(1) Ein Ding ist ein Komplex von Sinnesempfindungen

und ein Realist in der inhaltlichen Redeweise die These

(2) Ein Ding ist ein Komplex von Atomen

formuliert, dann sind (1) und (2) nur scheinbar unvereinbar. In die formale Redeweise ‹übersetzt›, ergeben sie nämlich:

(1.1) Jeder Satz, in dem eine Dingbezeichnung vorkommt, ist gehaltgleich mit einer Klasse von Sätzen, in denen keine Dingbezeichnungen, sondern Empfindungsbezeichnungen vorkommen.

(1.2) Jeder Satz, in dem eine Dingbezeichnung vorkommt, ist gehaltgleich mit einem Satz, in dem Raum-Zeit-Koordinaten und gewisse deskriptive Funktoren (der Physik) vorkommen.[32]

Soweit diese ‹Übersetzungen› beide möglich sind, wird deutlich, daß vom wissenschaftlichen Standpunkt her keine Unvereinbarkeit zwischen der positivistischen und der realistischen These gegeben ist.

Interne und externe Fragen

Aus dieser Haltung im Zusammenhang mit dem Toleranzprinzip ergeben sich einige wichtige Konsequenzen für die Auffassung, was bei einer philosophischen Diskussion von wissenschaftlicher Relevanz sein kann. Zunächst kann man diskutieren, inwieweit eine ‹Übersetzung› in die Formalsprache zulässig ist. Diese Frage wird sich weitgehend mit der Frage decken, inwieweit die Konstruktion eines vorgeschlagenen Sprachsystems möglich ist. Vom Toleranzprinzip her sollte diesbezüglich eine völlige Freiheit bestehen. Zweitens: Wenn eine Ausbildung verschiedener Sprachsysteme möglich ist – von Carnap in seinem Beispiel mit der positivistischen und der realistischen These vorexerziert –, dann kann man diskutieren, welchem Sprachsystem der Vorzug gegeben werden soll. In späteren Arbeiten hat Carnap dies zu präzisieren versucht, indem er zwischen internen und externen Fragen unterscheidet. Die erste Kategorie fragt innerhalb eines gewissen sprachlichen Rahmens, was wirklich ist. Die zweite dagegen betrifft die Existenz des gesamten Systems von Entitäten, welches die Voraussetzung für einen vorgeschlagenen Sprachrahmen bildet. Eine Frage innerhalb eines Rahmens – zum Beispiel der Sprache der Physik oder der phänomenalistischen Sprache – kann anhand von Kriterien und Methoden, die dem Rahmen selbst mitgegeben sind, entschieden werden. Dies gilt beispielsweise für Fragen, ob 5 größer als 3 ist oder ob ein Einhorn ein wirkliches oder ein Fabelwesen ist. Dagegen können äußere Fragen, etwa nach der Existenz von Zahlen oder physischen Dingen, nicht auf diese Weise geklärt werden. Hier geht es um praktische Fragen und um die Zweckmäßigkeit, einem sprachlichen Rahmen zur Erreichung eines bestimmten Ziels vor einem anderen den Vorzug zu geben.[33] Bei wissenschaftlichen Fragen können Kriterien wie Fruchtbarkeit und Einfachheit entscheidend sein.

Von der Syntax zur Semantik

1935 ging Carnap in die USA, wo er bis zu seinem Tod an verschiedenen Universitäten tätig war. In den 40er Jahren konzentrierte er sich bei seiner Arbeit auf die Bildung eines formalen Rahmens zur Analyse von semantischen Problemen. Bei der Syntax hatte er den Anspruch zu zeigen, daß alle relevanten logischen Begriffe rein syntaktisch bestimmbar seien. Nicht zuletzt aufgrund des Einflusses von seiten des polnischen Logikers Alfred Tarski (1902–1983) gelangte er jedoch zu der Erkenntnis, daß eine rein syntaktische Betrachtungsweise zu einseitig war und der Vervollständigung durch eine Untersuchung der bezeichnenden und ausdrückenden Funktionen der Zeichen bedurfte. In diesem Zusammenhang ist insbesondere das Werk *Meaning and Necessity* (dt. «Bedeutung und Notwendigkeit») aus dem Jahr 1947 hervorzuheben. Es hat bei der Entwicklung der intensionalen Semantik und Modallogik eine wesentliche Rolle gespielt. In den 50er und 60er Jahren beschäftigte er sich vorwiegend mit einer Analyse des Wahrscheinlichkeitsbegriffs sowie mit dem Versuch, eine induktive Logik zu entwickeln, anders ausgedrückt: mit der Bildung eines Regelsystems für die Art und Weise, in welcher Beobachtungssätze für wissenschaftliche Hypothesen unter bestimmten Voraussetzungen bestätigend sein können.

Das Carnapsche Credo

Es kann an dieser Stelle nicht näher auf diese Dinge eingegangen werden. Obwohl Carnap nicht sehr viel zur Ethik oder zur politischen Philosophie beigetragen hat, erscheint es dennoch angemessen, abschließend die letzte Passage seiner Autobiographie wiederzugeben, um einen etwas differenzierteren Eindruck seiner Person zu vermitteln:

«Es war und ist meine Überzeugung, daß die großen Probleme der heutigen Zeit, der Ära der Industrialisierung, nämlich die Organisation der Wirtschaft und der Welt, unmöglich mit Hilfe des ‹freien Spiels der Kräfte› gelöst werden können, sondern einer rationalen Planung bedürfen. Für die Organisation der Wirtschaft bedeutet dies Sozialismus in irgendeiner Form. Für die Organisation der Welt bedeutet es eine stufenweise Entwicklung hin zu einer Weltregierung. Dabei sind jedoch weder der Sozialismus noch die Weltregierung als absolute Ziele zu verstehen. Sie sind lediglich organisatorische Mittel, die nach unserem gegenwärtigen Wissensstand für die Verwirklichung des endgültigen Ziels am vielversprechendsten sind. Dieses Ziel ist eine Lebensform, in der nicht staatliche Macht, sondern Wohlergehen und Entwicklung des Individuums den höchsten Stellenwert haben. Die Beseitigung von Hindernissen, den Hauptursachen des Leidens wie Krieg, Armut und Krankheit ist nur der negative Teil dieser Aufgabe. Das Positive besteht in der Verbesserung und Bereicherung des Lebens von Individuen und deren Beziehungen in Familie, Freundschaft, am Arbeitsplatz und in der Gesellschaft. Eine Bereicherung des Lebens setzt voraus, daß allen Individuen die Möglichkeit gegeben wird, ihre potentiellen Fähigkeiten zu entfalten und an kulturellen Veranstaltungen und Erlebnissen teilzuhaben. Wenn wir bei der Betrachtung des Problems dieses Ziel vor Augen haben, dann werden wir uns der Gefahren einer sich ständig ausweitenden staatlichen Macht bewußt. Diese Ausweitung der Macht ist erforderlich, weil die Nationalstaaten in größeren Einheiten zusammengefaßt werden müssen und weil die Staaten zahlreiche der wirtschaftlichen Funktionen übernehmen müssen. Es wird daher von entscheidender Bedeutung sein, dafür zu sorgen, daß die bürgerlichen Rechte und demokratischen Institutionen nicht nur erhalten, sondern ständig weiterentwickelt und verbessert werden. Eines der vordringlichsten Probleme – möglicherweise das gleich nach dem so äußerst drängenden Problem der Vermeidung eines Atomkrieges wichtigste und schwierigste – ist daher die Aufgabe, Wege zur Organisation der Gesellschaft zu finden, bei denen die persönliche und kulturelle Freiheit des einzelnen einerseits und eine effektive Organisation von Staat und Wirtschaft andererseits auf einen Nenner gebracht werden können.»[34]

Texte Carnaps

Der logische Aufbau der Welt. Berlin 1928, Hamburg ^{3}1966 *(= LAW)*.
Scheinprobleme in der Philosophie. Das Fremdpsychische und der Realismusstreit. Berlin 1928. Nachwort v. G. Patzig. Frankfurt/M. 1966.
Abriß der Logistik, mit besonderer Berücksichtigung der Reaktionstheorie und ihrer Anwendungen. Wien 1929.
Überwindung der Metaphysik durch logische Analyse der Sprache. In: Erkenntnis 2 (1931), S. 219–241.
Die physikalische Sprache als Universalsprache der Wissenschaft. In: Erkenntnis, Bd. 2. Leipzig 1931, S. 432–465.
Logische Syntax der Sprache. Wien 1934, Wien/New York ^{2}1968 *(= S)*.
Philosophy and Logical Syntax. London 1935.
Introduction to Semantics. Cambridge (Mass.) 1942.
Meaning and Necessity. A Study in Semantics and Modal Logic. Chicago 1947, ^{2}1956 (dt. Bedeutung und Notwendigkeit. Übers. v. W. Bader. Wien/New York 1972).
Logical Foundations of Probability. Chicago 1950.
The Continuum of Inductive Methods. Chicago 1952.
Einführung in die symbolische Logik. Wien 1954, Wien/New York ^{3}1973.
The Methodological Character of Theoretical Concepts. In: The Foundations of Science and the Concepts of Psychology and Psychoanalysis, Vol. I. Minneapolis 1956, p. 38–76 (dt. Theoretische Begriffe der Wissenschaft. In: Zeitschrift für philosophische Forschung 14 [1960], S. 209–233 u. 571–598).
Induktive Logik und Wahrscheinlichkeit. Bearbeitet v. W. Stegmüller. Wien 1959.
Intellectual Autobiography; Replies and Systematic Expositions. In: Schilpp, P. A. (ed.): The Philosophy of Rudolf Carnap. La Salle/London 1963, p. 1–84; p. 859–1013 *(= Auto) (= Replies)*.
Philosophical Foundations of Physics. An Introduction to the Philosophy of Science, ed. by M. Gardner. New York 1966 (dt. Einführung in die Philosophie der Naturwissenschaft. Hg. v. M. Gardner. München 1969).
Studies in Semantics. 2 Bde. Cambridge (Mass.) 1947–1948.

Bibliographie

Benson, A. J.: Bibliography of the Writings of Rudolf Carnap. In: Schilpp, P. A. (ed.): The Philosophy of Rudolf Carnap. La Salle/London 1963, p. 1015–1070.

Literatur

Brüstle, W.: Erfahrungsbezug und Bedeutung. Untersuchungen zur empirischen Sprachphilosophie bei Carnap und Quine. Freiburg 1979.
Buck, R. C. / Cohen, R. S. (eds.): In Memory of Rudolf Carnap. Dordrecht / Boston 1972.
Creath, R. (ed.): Dear Carnap, dear Van. The Quine-Carnap Correspondence and related Work. W. V. Quine and Rudolf Carnap. Berkeley (Calif.) etc. 1990.
Goodman, N.: The Structure of Appearance. Cambridge (Mass.) 1951, Dordrecht / Boston [3]1977.
Hausman, A. / Wilson, F.: Carnap and Goodman. Two Formalists. Iowa City 1967.
Hintikka, J. (ed.): Rudolf Carnap. Logical Empiricist. Materials and Perspectives. Dordrecht 1975.
Kazemier, B. H. / Vuysje, D. (eds.): Logic and Language. Studies Dedicated to Professor Rudolf Carnap on the Occasion of his Seventieth Birthday. Dordrecht 1962, Wien / New York 1968 (2., erw. u. verb. Auflage).
Kraft, V.: Der Wiener Kreis. Wien 1950.
Krauth, L.: Die Philosophie Carnaps. Wien / New York 1970.
Runggaldier, E.: Carnap's Early Conventionalism. Amsterdam 1984.
Schilpp, P. A. (ed.): The Philosophy of Rudolf Carnap. La Salle / London 1963.
Spohn, W. (ed.): Erkenntnis orientated. A Centennial Volume for Rudolf Carnap and Hans Reichenbach. Dordrecht etc. 1991.
Stegmüller, W.: Das Wahrheitsproblem und die Idee der Semantik. Wien 1957.
Tegtmeier, E.: Komparative Begriffe. Eine Kritik der Lehre von Carnap und Hempel. Berlin 1981.

Anmerkungen

1 Carnap, *Auto*, S. 13.
2 Carnap, *LAW*, S. 1.
3 Carnap, *LAW*, S. 2.
4 Carnap, *LAW*, S. 5 f.
5 Carnap, *LAW*, S. 5 f u. 245 ff.
6 Carnap, *LAW*, S. 74.
7 Carnap, *LAW*, S. 138 f.
8 Vgl. Carnap, *LAW*, S. 137 ff.
9 Carnap, *LAW*, S. 78.
10 Carnap, *LAW*, S. 82.
11 Carnap, *LAW*, S. 85 ff.
12 Carnap, *LAW*, S. 252 ff.

13 Carnap, *LAW*, S. 91 ff.
14 Carnap, *LAW*, S. 20 f.
15 Carnap, *LAW*, S. 252.
16 Carnap, *LAW*, S. XVII ff.
17 Carnap, *LAW*, S. 254 f.
18 Carnap, *LAW*, S. 211–251.
19 Carnap, *Auto*, S. 33.
20 Carnap, *S*, S. III.
21 Carnap, *S*, S. 1.
22 Carnap, *S*, S. 2 u. 4.
23 Carnap, *S*, S. 1 f.
24 Carnap, *S*, S. 5.
25 Carnap, *S*, S. 4.
26 Carnap, *S*, S. 46.
27 Carnap, *S*, S. 2.
28 Carnap, *S*, S. 45.
29 Carnap, *S*, S. 210 ff.
30 Carnap, *S*, S. 213 f.
31 Carnap, *S*, S. 240.
32 Carnap, *S*, S. 227 f.
33 Carnap, *Replies*, S. 868 ff.
34 Carnap, *Auto*, S. 83 f.

3. PHILOSOPHIE DER ALLTAGSSPRACHE

Jan Riis Flor

Der späte Wittgenstein
Sprache und Lebensform

Der Antiphilosoph

Im Jahre 1929 kehrte Wittgenstein an die Universität Cambridge zurück. Er erhielt den Grad eines Doktors (Ph. D.) für seinen *Tractatus* – Russell und Moore waren seine Prüfer – und wurde Dozent für Philosophie (Fellow am Trinity College, 1930–1939). 1939 übernahm er Moores Lehrstuhl, den er bis 1947 innehatte; danach zog er sich zurück, weil er die Rolle eines professionellen Dozenten für Philosophie nur widerwillig spielte und auch wegen seines schwachen Gesundheitszustandes. Er starb 1951.

Wittgenstein hatte geglaubt, mit seinem *Tractatus* im wesentlichen alle philosophischen Probleme gelöst zu haben. Einer der Gründe, weshalb er nach Cambridge zurückkehrte und seine philosophische Tätigkeit wiederaufnahm, war, daß er, seiner eigenen Einschätzung nach, mehrere zentrale Gedanken aus dem *Tractatus* nicht mehr aufrechthalten konnte. Wittgensteins eigene kritische Einstellung dem *Tractatus* gegenüber wurde nicht zuletzt gestärkt durch Gespräche mit Frank P. Ramsey (1903–1930) und, in noch höherem Maße, in Diskussionen mit dem italienischen Wirtschaftswissenschaftler Piero Sraffa. [1] Dieser wandte sich in erster Linie dagegen, daß ein sinnvoller Satz eine Projektion (eine Abbildung) eines Sachverhalts sein müsse. Er bestritt aber auch, daß jeder sinnvolle Satz in ganz einfache Sätze (Elementarsätze) mit voneinander unabhängigen Wahrheitswerten aufgelöst werden könnte.

Wittgenstein gab diese Vorstellungen nicht auf einen Schlag auf. Aus den postum herausgegebenen Manuskripten aus den Jahren 1929 bis 1933 wird ersichtlich, daß diese Gedanken weiterhin eine große Rolle spielen, wenngleich mehrfach deutlich zu erkennen ist, daß Wittgenstein versucht hat, sie klarer zu fassen bzw. zu modifizieren. Diese Manuskripte erschienen unter den Titeln *Philosophische Bemerkungen* (geschrieben 1929–1930, erschienen 1964) und *Philosophische Grammatik* (geschrieben 1932–1934, erschienen 1969).[2]

Um 1933 nahmen die neuen Ideen konkretere Formen an. 1933/34 diktierte Wittgenstein seiner Klasse einige Notizen aus Vorlesungen und 1934/35 ein zusammenhängenderes Manuskript an zwei Studenten. Diese beiden ‹Werke› wurden später bekannt unter dem Namen *The Blue Book* (dt. Das blaue Buch) und *The Brown Book* (dt. Das braune Buch).[3] Die Manuskripte wurden in großer Anzahl kopiert bzw. abgeschrieben, so daß sie schon bald, obwohl sie erst 1958 publiziert wurden, einen großen Leserkreis erreichten. Darüber hinaus erreichten die Wittgensteinschen Positionen – vielleicht in mehr oder weniger mißverstandener Form – weite Kreise der angelsächsischen philosophischen Welt, nämlich durch die Personen, die an den privaten Seminaren und Vorlesungsreihen teilnahmen, welche Wittgenstein zwischen 1930 und 1947 abhielt.[4]

Wittgenstein verabscheute das offizielle bzw. halboffizielle akademische Dasein. So lehnte er es zum Beispiel ab, im Speisesaal des Trinity College am Dozententisch (High Table) Platz zu nehmen, weil dieser Tisch auf einer erhöhten Plattform stand.[5] Den Studenten, die er etwas näher kennenlernte, riet er dringend von einer professionellen Philosophenkarriere ab. Den überwiegenden Teil der akademischen Philosophie sah er als verfehlt an, weil sie für ihn größtenteils Ausdruck einer Arbeit war, die er nicht für wirklich bzw. menschlich wertvoll erachtete.[6] Doch trotz seines Widerwillens gegen die Stimmung in den philosophischen Gesellschaften nahm er von Zeit zu Zeit an deren Diskussionen teil, wobei er den Dialog mit einigen Freunden sehr schätzte.[7] Außerhalb dieses Freundeskreises aber war er von einer nahezu hysterischen Empfindlichkeit gegenüber Kritik und gegenüber Auffassungen, die mit den seinen nicht konform gingen.

Diese Auffassung des akademischen Lebens mag dazu beigetragen haben, daß er eine Zeitlang einen Wechsel in die Sowjetunion, die er 1935 besucht hatte, erwog, und daß er zeitweilig auch die Absicht hatte, Medizin zu studieren.[8]

1936 bis 1937 hielt er sich in der Hütte auf, die er sich vor dem Ersten Weltkrieg in Norwegen gebaut hatte. Hier nahm er auch die Arbeit an dem Werk auf, das später zum Hauptwerk seiner «zweiten Periode» werden sollte, den *Philosophischen Untersuchungen.*[9] Den Rest seines Lebens verwandte Wittgenstein hauptsächlich darauf, dieses Manuskript zu überarbeiten und zu erweitern. In diesem Zusammenhang beschäftigte er sich auch intensiv mit Grundlagenproblemen der Mathematik. Ein Teil dieser Arbeiten ist später unter dem Titel *Bemerkungen über die Grundlagen der Mathematik* herausgegeben worden. Andere postume Veröffentlichungen waren z. B. *Zettel* (hauptsächlich 1945–1948 geschrieben, erschienen 1967) und *Über Gewissheit* (geschrieben 1949–1951, erschienen 1959).

Sprachspiele, Regeln und Lebensformen

Die *Philosophischen Untersuchungen* sind kein systematisches Werk. In loser Aneinanderreihung von Paragraphen werden verschiedene Themen behandelt, wobei Wittgenstein kaum von philosophischer Fachsprache Gebrauch macht, dafür um so mehr mit Beispielen und Bildern arbeitet. Zahlreiche Ausführungen sind als fiktive Frage-Antwort-Dialoge formuliert, und häufig stellen die Fragen Einwände gegen früher ausgeführte Gedanken dar. Oft endet ein Absatz auch mit einer Frage, wobei nicht immer klar ersichtlich ist, ob es sich um eine echte oder um eine bloß rhetorische Frage handelt. Im Vorwort (geschrieben 1945) sagt Wittgenstein selbst, er wolle dem Leser das Denken nicht ersparen, sondern ihn nach Möglichkeit zum eigenen Denken anregen. Das Geschriebene charakterisiert er als eine Sammlung landschaftlicher Skizzen, ein Album, in dem die neuen Gedanken nur im richtigen Licht sichtbar werden, wenn sie auf dem Hintergrund des *Tractatus* gelesen werden.

Im *Tractatus* bildet der Satz die Einheit, welche Sinn trägt und vermittelt. Ein Satz ist eine Wahrheitsfunktion von Elementarsätzen, und ein Elementarsatz ist eine Verkettung von Namen, die stellvertretend für die Gegenstände stehen, deren Namen sie sind. In den *Philosophischen Untersuchungen* wird mit diesem Gedanken völlig gebrochen. Es wird aufgezeigt, daß ein solcher Standpunkt zu Absurditäten führt und wenig zu tun hat mit der Art und Weise, in der Sprache tatsächlich gesprochen wird. Grundlage dieser Kritik ist die Auffassung der Sprache als einer Sammlung von zusammenhängenden und sich überschneidenden Sprachspielen, die mit einer bestimmten Lebensform oder Praxis unlösbar verbunden sind. Das bedeutet, daß sprachliche Äußerungen an Regeln gebunden sind, die im allgemeinen befolgt werden und mit denen Handlungsweisen übereinstimmen oder nicht übereinstimmen können. Die Zahl der Sprachspiele ist nicht vorgegeben; es entstehen laufend neue, andere veralten oder geraten in Vergessenheit.[10]

Sprachspiel ist ein zentraler Begriff in den *Philosophischen Untersuchungen.*[11] Er wird auf mehrere Arten angewendet. Versucht man, die Bedeutung eines Ausdrucks oder einer Gruppe von Ausdrücken wie ‹Schmerz›, ‹schön›, ‹wunderbar› oder ‹herrlich› zu klären, dann kann es aufschlußreich sein, sich zu fragen, wie ein Kind die Anwendung dieser Ausdrücke lernen würde. So kann ein Kind die Verwendung des Wortes ‹Schmerz› lernen, indem die Eltern diesen Ausdruck in Verbindung mit den ursprünglichen, natürlichen Ausdrucksweisen für dieses Gefühl benutzen.[12] Eine vereinfachte Form einer solchen Situation von Spracherwerb ist ein Sprachspiel. In ähnlicher Weise kann eine einfache Sprache oder eine einfache Form von Sprache (bzw. eines Teils von ihr) ein Sprachspiel sein. Ein Beispiel ist nach Wittgenstein die Sprache, die der Verständigung zwischen Carsten, dem Baumeister, und Holger, seinem Helfer, dienen würde.[13] Carsten errichtet ein Gebäude, wobei ihm Würfel, Säulen, Platten und Balken als Bauelemente zur Verfügung stehen. Holger soll nun Carsten die Elemente in der Reihenfolge reichen, in der dieser sie benötigt. Zu diesem Zweck bedienen sie sich einer Sprache bestehend aus den Ausdrücken ‹Würfel›, ‹Säule›, ‹Platte›, ‹Balken›. Auf Zuruf von Carsten bringt Holger das Element, das er zu bringen gelernt hat, wenn er den entsprechenden Zuruf hört.[14]

Dieses Bausprachspiel, wie man es bezeichnen könnte, darf jedoch nicht als ein idealisiertes Modell eines Sprachspiels interpretiert werden, welches als Maßstab dafür gelten soll, welche Anforderungen eine Sprache zu erfüllen hat, damit sie Verständigung ermöglicht. Anders als die üblichen konstruierten, formalen Sprachen, die man häufig als solche Normsprachen auffaßte, dient Wittgensteins einfaches Sprachspiel als Vergleichsobjekt, welches bestimmte Züge einer Sprache aufzeigen sowie den Zusammenhang zwischen sprachlichen Vorgängen und anderen Vorgängen unter verschiedenen Bedingungen verdeutlichen kann. Es soll uns verstehen helfen, in welcher Weise Zeichen sinnhaft werden.[15]

Einer der Hauptgedanken des späten Wittgenstein ist der, daß die Bedeutung eines Wortes nicht ein ‹Etwas› ist, weder ein physisches noch ein psychisches noch ein ideales Objekt, sondern vielmehr in der Erklärung liegt, die man für dieses Wort geben kann. [16] Und die Bedeutung eines Ausdrucks wird so erklärt, daß man aufzeigt, wie der betreffende Ausdruck in verschiedenen Situationen benutzt wird. [17] Einfache Sprachspiele helfen uns zu erkennen, wie wir die Anwendung verschiedener Ausdrucksarten erklären, wie diese Ausdrücke in verschiedenen Situationen in Verbindung mit unseren Tätigkeiten angewendet werden. Hieraus leitet sich das Schlagwort ab, das von vielen als Kern der späteren Wittgensteinschen Sprachphilosophie gesehen worden ist: *«Die Bedeutung eines Wortes ist sein Gebrauch in der Sprache.»*[18]

Wittgenstein wendet den Begriff Sprachspiel auch auf verschiedene *Sprechakte* an – wie Befehlen, Beschreiben, Beten – sowie auf Handlungen, bei denen Sprache eine entscheidende Rolle spielt – wie Übersetzen, Rätsel lösen, Witze erzählen, Hypothesen aufstellen und nachprüfen. [19] Schließlich spricht Wittgenstein auch im Blick auf die Sprache selbst von einem Sprachspiel.[20]

In den *Philosophischen Untersuchungen* ist also nicht mehr der Satz, sondern das Sprachspiel die fundamentale Einheit, welche Sinn trägt und vermittelt. Die Bedeutung eines Zeichens ist die Art und Weise, in der es innerhalb eines Sprachspiels verwendet wird. [21] Die Bedeutung eines Zeichens ist nicht das, was das Zeichen eventuell bezeichnet oder dessen Name es ist. Wittgenstein bestreitet nicht, daß wir immer hinweisende oder ostensive Definitionen benutzen, wenn wir jemandem erklären, was ein Wort bedeutet. Will man z. B. die Bedeutung des Wortes ‹rot› erläutern, dann kann man auf einige rote Dinge zeigen und hervorheben, daß diese rot sind, worauf man auf andere, nicht rote Dinge zeigt und darauf hinweist, daß diese andere Farben tragen. Wittgenstein betont jedoch, daß eine solche Erläuterung nicht allein stehen kann; sie ist immer mehrdeutig. Denn zum einen gibt der bloße Akt des Zeigens allein nicht an, daß es die Farbe ist, um die es geht, und nicht etwa die Form, die Größe oder der Standort. Zum andern aber auch deshalb, weil eine ostensive Definition nur dann der Absicht entsprechend funktioniert, wenn dem Gesprächspartner der Akt des Zeigens geläufig ist. Eine Person, die diesen Akt – die Sprachspiele, in denen er vorkommt – nicht versteht, könnte ebensogut glauben, man wolle sein Augenmerk auf etwas in der entgegengesetzten Richtung (in der Richtung vom Finger zur Schulter) lenken. Entscheidend ist, daß ostensive Definitionen – und damit das

Verständnis von Worten als Namen, deren Bedeutung das ist, was sie benennen –, wenn sie funktionieren sollen, bereits voraussetzen, daß man in einem gewissen Umfang schon eine Sprache spricht und einige Sprachspiele beherrscht.[22]

Die Unterscheidung zwischen der Bedeutung eines Namens und seiner Referenz (dem, was der Name benennt) wird auch daran deutlich, daß gewisse Dinge über die Namensreferenz, nicht aber über die Bedeutung des Namens gesagt werden können. So kann derjenige, auf den der Name Peter Müller referiert, sterben, aber die Bedeutung des Namens stirbt aus diesem Grunde nicht. Wäre es nicht so, dann ergäbe es keinen Sinn zu sagen: «Herr N. N. ist gestorben.»[23]

Gebrochen wird auch mit jenem Gedanken aus dem *Tractatus*, wonach es einfache Gegenstände geben muß, damit Sprache überhaupt sinnvermittelnd sein kann. Wittgenstein weist darauf hin, daß es in der konkreten Situation durchaus sinnvoll und klar sein kann, eine vage Frage zu stellen, eine vage Beschreibung oder einen vagen Befehl zu geben.[24] So argumentiert Wittgenstein jetzt gleichermaßen dagegen, daß die Unterscheidung zwischen komplexen und einfachen Tatsachen absolute Gültigkeit für sich beanspruchen kann, weil sie für alle Situationen und Zusammenhänge gilt. Denn je nach Situation und Perspektive läßt sich ein Schachbrett als aus 32 weißen und 32 schwarzen Feldern beschreiben, während man es aus einer anderen Perspektive als aus den Farben schwarz und weiß und aus einem Netzwerk von Quadraten zusammengesetzt auffassen kann. Ebenso kann man nicht unabhängig von einer bestimmten, noch so weit gefaßten Perspektive und unabhängig von einem bestimmten Sprachspiel beantworten, woraus ein Stuhl zusammengesetzt ist. Aus der einen Sicht könnte man mit einer Formbeschreibung antworten: aus Beinen, Rückenlehne, Sitzfläche und Armlehnen; aus anderer Sicht vielleicht mit einer Materialangabe: aus Buchenholz und Leder. Generell läßt sich sagen, daß es keinen Sinn macht, unabhängig von einem bestimmten Sprachspiel zu fragen, woraus die Wirklichkeit zusammengesetzt ist.[25]

Familienbegriffe

In der Folge bricht Wittgenstein auch mit der Vorstellung, daß es für den klaren und eindeutigen Sinn eines Zeichens notwendig ist, im Prinzip vollständig und erschöpfend anzugeben, welche Kennzeichen etwas haben muß, damit ein Zeichen sinnvoll auf es angewendet werden kann. Die Angabe vollständiger und eindeutiger Regeln für die Anwendung eines Zeichens ist nicht Voraussetzung dafür, daß man ihm einen Sinn zuordnen kann. Viele Philosophen sind der Meinung gewesen, es müsse zwischen allen Dingen, auf welche sich ein und derselbe Begriff anwenden läßt, etwas Gemeinsames geben: eine Gemeinsamkeit, aufgrund deren es richtig ist, diese Dinge mit dem betreffenden Wort zu umschreiben.[26] Dieser Ansicht stellt Wittgenstein beispielhaft entgegen, daß es weder ein allen unter einen Begriff fallenden Dingen Gemeinsames gibt noch einen vollständigen und eindeutigen Regelkanon für die Anwendung unserer Wörter in der Realität, daß wir aber trotzdem sehr wohl imstande sind, die Wörter in einer intersubjektiv verständlichen Weise anzuwenden. Wittgenstein exemplifiziert seine Auffassung vorzugsweise am Wort ‹Spiel›: Wenn wir tatsächlich und nicht nur theoretisch die zahlreichen Phänomene, die von uns als Spiel bezeichnet werden, untersuchen, dann finden wir keinen gemeinsamen Nenner. Zwischen Brettspielen, Kartenspielen, Ballspielen, Tanzspielen etc. gibt es zwar Ähnlichkeiten, aber es handelt sich dabei um ein derart kompliziertes Netz von Ähnlichkeiten, daß nicht von einem bestimmten Etwas die Rede sein kann, auf das der Begriff des Spiels exakt zutrifft.[27]

Wittgenstein charakterisiert die Gemeinsamkeit verschiedener Spiele als *Familienähnlichkeit* und spricht davon, daß die Spiele eine Familie ausmachen. Die Ähnlichkeiten zwischen den Mitgliedern einer Familie – in bezug auf Gesichtszüge, Augenfarbe, Gangart usw. – geben nämlich paradigmatisch das Vorbild für Wittgensteins Begriffsverständnis. A hat die Nase vom Opa und den Mund von der Oma, B hat die Nase vom Opa, die Ohren von der Oma, aber nicht den Mund von der Oma usw. Die Ähnlichkeiten sind nicht überall dieselben, sondern überkreuzen sich. Es gilt jedoch zu sehen, daß Wittgenstein den Begriff der Familienähnlichkeit nicht dazu benutzt, um eine Differenz zu markieren zwischen den Ausdrücken, bei denen hinsichtlich der Dinge, auf die sie angewendet werden, ‹nur› eine Familienähnlichkeit besteht, und jenen, die auf Dinge Bezug nehmen, die gemeinsame Eigenschaften aufweisen. Nicht nur Spiele im allgemeinen bilden eine Familie; gleiches gilt auch für spezifischere Arten von Spielen wie Kartenspiele, Brettspiele usw.[28] Zu beachten ist der Wittgensteinsche Hinweis, daß auch Zahlen eine Familie bilden: Es gibt natürliche Zahlen, rationale Zahlen, reelle Zahlen usw. Gegen den Einwand, man könne die Disjunktion dieser Ähnlichkeiten als die gesuchte Gemeinsamkeit auffassen, hält Wittgenstein, daß dies lediglich ein Spiel mit Worten sei.[29] Denn dann könnte man ebensogut sagen, daß es in einem Faden, der aus vielen Fasern zusammengesetzt ist, von denen sich aber keine durch den ganzen Faden hindurchzieht, etwas gibt, was durch den ganzen Faden hindurchgeht: nämlich die Tatsache, daß die Fasern ununterbrochen ineinandergreifen.[30]

Wittgenstein bestreitet nicht, daß es die Möglichkeit gibt, einen Begriff präziser zu fassen, ihn deutlicher abzugrenzen. Derlei Präzisierungen finden im juristischen Bereich und bei der Entwicklung wissenschaftlicher Beschreibungsapparate ja laufend statt. Dies bedeutet aber nicht, daß weniger exakte Begriffe in normalen Situationen weniger sinnvoll oder mißverständlicher wären. Wenn Hans zu Karl sagt: «Stelle dich in etwa da hin», wobei er mit der Hand eine hinweisende Bewegung macht, dann zieht er keine exakte Grenze, aber in vielen Situationen wird es eine klare und sinnvolle Äußerung sein. Natürlich könnte Hans den Bereich durch einen Kreidestrich abgrenzen. Aber auch dieser Strich würde eine gewisse Breite haben, so daß sich die Frage stellen ließe, ob Karl auf einem Teil des Strichs stehen dürfe oder nicht. Eine genauere Abgrenzung wäre farblich möglich. Dann aber könnten sich andere Fragen ergeben: Darf Karl sich mit dem Oberkörper über die Grenze beugen? – Offensichtlich kommt es nur darauf an, daß die Abgrenzung in der jeweiligen Situation ihren Zweck erfüllt. Es wäre sinnlos, losgelöst von jeglichem Zusammenhang von einer ganz präzisen oder exakten Abgrenzung zu sprechen. Denn dazu benötigte man eine kontextfreie Bestimmung dessen, was der Ausdruck ‹ganz präzise› bedeutet. Wie aber sollte eine solche Bestimmung aussehen? Eine Abgrenzung, eine Festlegung von Regeln kann nie genauer sein als die Ausdrücke oder Symbole, die zum Zweck dieser Abgrenzung benutzt werden. Zu bestimmten Zwekken (z. B. der genetischen Forschung) mag es angemessen sein, sich darauf festzulegen, daß «x ist der Bruder von y» synonym ist mit «x ist männlichen Geschlechts, und x und y haben dieselben Eltern». Die Bedeutung des ersten Ausdrucks ist nur gerade so exakt wie die Bedeutung der Ausdrücke «x ist männlichen Geschlechts» und «x und y haben dieselben Eltern».[31]

Verstehen ist Können

Wittgenstein polemisiert somit gegen zwei verwandte Sprachauffassungen: zum einen gegen die Auffassung, die Bedeutung eines Wortes sei das, was das Wort bezeichnet, sofern es überhaupt etwas bezeichnet; zum anderen gegen die Auffassung, ein Wort habe nur dann eine klare Bedeutung, wenn im Prinzip notwendige und hinreichende Bedingungen für seine korrekte Anwendung angegeben werden können. Letztere Auffassung besagt näherhin, daß z. B. die Bedeutung des Wortes ‹Kuh› (und aller mit ihm synonymen Ausdrücke) das Wesen, den Kern oder Inbegriff einer Kuh bezeichnet. Darüber hinaus wurde bisweilen behauptet, es sei Bedingung für eine korrekte Verwendung eines Ausdrucks, daß man verstanden habe, was das Wesen der von ihm bezeichneten Sache sei, unabhängig davon, ob man nun imstande ist, dieses Wesen faktisch zu definieren oder nicht. Dem hält Wittgenstein entgegen, für das Verständnis eines Ausdrucks sei nicht mehr erforderlich, als ihn in verschiedenen Situationen korrekt anwenden zu können, d. h. sich eine gewisse Praxis anzueignen, so, wie es Holger in dem Bausprachspiel getan hat. Normalerweise erklären wir einen Ausdruck anhand von Beispielen, durch Aufzeigen von Gemeinsamkeiten und Unterschieden zwischen den verschiedenen Anwendungsmöglichkeiten von Ausdrücken. Unser Verständnis des Ausdrucks ist hiermit erschöpft. ‹An sich› hat ein Ausdruck keine Bedeutung, vielmehr besteht diese allein darin, daß der Ausdruck in verschiedenen Situationen angewendet werden kann und im Vergleich zu anderen Ausdrücken diese oder jene Gemeinsamkeiten bzw. Unterschiede aufweist.[32]

Für Wittgenstein besteht daher ein enger Zusammenhang zwischen dem Verstehen und Anwendenkönnen eines *Ausdrucks* und dem Verstehen und Befolgenkönnen einer *Regel* – ein Thema, mit dem er sich auch im Zusammenhang mit Grundlagenproblemen der Mathematik auseinandergesetzt hat.

Zwei Arten der Kenntnis eines Ausdrucks bzw. einer Regel können unterschieden werden. Man kann einen Ausdruck wie ‹Frau Holle schüttelt die Betten aus› oder ‹sortieren› in dem Sinne kennen, daß man den Ausdruck schon einige Male in bestimmten Kontexten gehört hat. Einen Ausdruck kennen kann auch heißen, daß man weiß, wie häufig er in diesen oder jenen Büchern auftritt oder daß bestimmte Personen ihn häufiger benutzen als andere Personen. In der gleichen Weise kann uns eine Regel bekannt sein, z. B. ‹Beim direkten Freistoß muß eine Mindestentfernung von 9,15 m zwischen dem Ball und dem nächsten Gegenspieler gegeben sein› oder ‹Bei der Multiplikation zweier Zahlen ist die Reihenfolge der Faktoren ohne Bedeutung›. Eine derartige Kenntnis eines Ausdrucks oder einer Regel heißt aber noch nicht, daß man weiß, was sie bedeuten: Man hat sie möglicherweise noch immer nicht verstanden. Hier ist man versucht zu fragen: Welche Kenntnis von einem Ausdruck oder einer Regel muß man denn sonst noch haben? Wittgenstein hält dies für eine irreführende Fragestellung. Die Frage sei nicht, ob man etwas hat, sondern ob man etwas *kann*. Einen Ausdruck verstehen heißt, ihn in normalen Situationen gemäß allgemeiner sprachlicher Praxis, das heißt in Übereinstimmung mit einem gewissen regelmäßigen sprachlichen Verhalten anderer anwenden zu können.[33] Eine Regel verstehen heißt, sie befolgen bzw. gemäß allgemeiner Praxis beurteilen können, inwieweit sie befolgt oder nicht befolgt wird. Diesen Zusammenhang zwischen dem Verstehen eines Ausdrucks und einer Regel benutzt Wittgenstein vor allem, um zwei Dinge hervorzuheben: Das Verstehen oder Meinen kann nicht einem mentalen Zustand oder einem psychischen Prozeß gleichgesetzt werden. Einen Ausdruck verstehen bzw. etwas mit einem Ausdruck meinen hat aber auch nichts mit einer mentalen Größe, mit etwas Innerem und Privatem zu tun, sondern ist vielmehr – ebenso wie das Befolgen einer Regel – etwas Öffentliches.[34]

Für diese Auffassung wird im wesentlichen auf zwei Arten argumentiert. Es wird exemplarisch gezeigt, daß das Verstehen nicht identisch sein kann mit einem psychischen Zustand oder Prozeß – gleich welcher Art dieser sein mag: In vielen Situationen verstehen wir einen Ausdruck oder befolgen eine Regel, ohne daß wir dabei bestimmte Empfindungen, Gefühle oder Vorstellungsbilder haben oder in einer bestimmten Stimmung sind.[35] Außerdem wird aufgezeigt, daß die entgegengesetzte Annahme zu Absurditäten führt. Denn nehmen wir einmal an, daß die korrekte Anwendung eines Ausdrucks zwar ein Kriterium oder Indiz dafür ist, daß man den Ausdruck verstanden hat, das eigentliche Verständnis (Kenntnisse über die Bedeutung des Ausdrucks) aber in etwas anderem besteht. Denn es ließe sich immer noch fragen: Wie macht es denn dieses andere, daß man imstande ist, den Ausdruck korrekt zu benutzen? Und worin unterscheidet sich das Verständnis eines Ausdrucks von seinem korrekten Gebrauch? Nach Wittgenstein stößt man mit dieser Frage auf eine absolute Grenze. Das Problem des Zusammenhangs zwischen Verständnis eines Ausdrucks (Formulierung einer Regel) und Anwendung des Ausdrucks (Befolgung der Regel) kann nicht gelöst werden durch den

Hinweis auf das Verständnis; das Verständnis des Ausdrucks besteht vielmehr in nichts anderem als der korrekten Anwendung.

An diesem Punkt setzt auch die Kritik an der projektiven Bildtheorie im *Tractatus* ein. Ganz gleich, welchen psychischen Zustand oder Prozeß man als erklärendes Zwischenglied betrachten möchte, folgende Frage kann immer gestellt werden: Was gibt uns darüber Auskunft, wie dieser Zustand bzw. Prozeß zu deuten ist? Wenn es z. B. zutrifft, daß wir das Wort ‹rot› nur darum korrekt anwenden können, weil wir in unserer Vorstellung etwas Rotes vor uns sehen, so daß wir sozusagen zunächst dieses Vorstellungsbild ‹abrufen›, um anschließend zu bestimmen, ob die vorliegende Situation damit übereinstimmt, dann kann die Frage gestellt werden: Was an diesem Vorstellungsbild ist es, das uns wissen läßt, wann die Übereinstimmung da ist? Woher wissen wir, daß die Farbe und nicht irgend etwas anderes übereinstimmen muß? Woher wissen wir, daß das Vorstellungsbild mit der ‹gleichen› Farbe übereinstimmen muß und nicht etwa mit der Komplementärfarbe? Das bedeutet: Ebenso, wie ein Wort oder die Formulierung einer Regel an sich nichts darüber aussagt, wie der Ausdruck angewendet bzw. die Regel befolgt wird, so sagt auch ein Vorstellungsbild (oder jeder andere psychische Zustand oder Prozeß) nichts darüber aus, wie wir es zu deuten haben.[36]

Das Verstehen von Ausdrücken und Befolgen von Regeln ist auch auf andere Weise miteinander verbunden. Im Normalfall benutzen wir Ausdrücke und befolgen Regeln, ohne daß wir besonders darüber nachdenken. In Situationen aber, in denen wir überlegen, welcher Ausdruck zu verwenden oder wie eine Regel zu befolgen sei, heißt die Antwort zuweilen: «Hier *muß* dieser oder jener Ausdruck verwendet werden», «Hier *muß* dieses oder jenes getan werden». In einigen Zusammenhängen kann dies als Zwang, in anderen wiederum als die natürlichste Sache der Welt empfunden werden. Wittgenstein scheint der Auffassung zu sein, daß dieser Zwang bzw. diese Selbstverständlichkeit allein aufgrund einer Abrichtung oder Konditionierung in der Anwendung eines Ausdrucks bzw. der Befolgung der Regel zustande kommt. Angenommen, einem Schüler ist beigebracht worden «Von 0 bis 1000 immer 2 hinzuaddieren». Nachdem der Schüler den Punkt 1000 überschritten hat, schreibt er: 1000, 1004, 1008, 1012. Wird hierauf mit dem Einwand reagiert: «Aha, offensichtlich hatte der Schüler die Regel doch nicht richtig verstanden, denn er hätte doch 1000, 1002, 1004, 1006 schreiben *müssen*», so bestreitet Wittgenstein im Grunde nicht die Berechtigung dieser Reaktion. Er unterstreicht jedoch, daß trotz dieser berechtigten Reaktion nicht angenommen werden darf, daß derjenige, der die Regel formuliert hat, dabei auch genau an diese Zahlenfolge gedacht hat. Die Notwendigkeit, die Zahlen so aufzuschreiben, ergibt sich ausschließlich aus der Tatsache, daß dieses Sprachspiel in aller Regel so praktiziert wird.[37] Das bedeutet nichts anderes, als daß es gewisse öffentliche, intersubjektive Kriterien dafür geben muß, ob eine Person einen Ausdruck verstanden hat. Ebenso, wie es keinen Sinn ergibt zu sagen, daß eine Regel nur ein einziges Mal von einer einzigen Person befolgt wird, so macht auch die Aussage keinen Sinn, daß ein Ausdruck nur ein einziges Mal von einer einzigen Person verstanden wird. Ebensowenig wie man unterscheiden kann zwischen der Übereinstimmung und Nicht-Übereinstimmung einer Handlung mit einer Regel, ohne bestimmte Kriterien dafür angeben zu können, ob gemäß einer Regel gehandelt wurde oder nicht, ebensowenig kann man unterscheiden zwischen einer korrekten und einer inkorrekten Anwendung eines Ausdrucks, ohne daß es Kriterien für eine solche Beurteilung geben würde.[38]

Das Private und das Öffentliche

Wie ausgeführt, besteht ein enger Zusammenhang zwischen der Bedeutung eines Ausdrucks und seiner Verwendung in bestimmten Situationen (Sprachspielen). Einen Ausdruck verstehen heißt näherhin, eine bezüglich der konkreten Situation korrekte Handlung durchführen können in Übereinstimmung mit dem Sprachspiel und der allgemeinen Praxis. Ein Großteil der *Philosophischen Untersuchungen* befaßt sich mit der Analyse einer Anzahl verschiedener psychologischer Begriffe: Absicht, Empfindung, Gefühl, Vermutung, Wille u. a. m. Wir wollen hier nicht auf all die Einzelheiten eingehen, sondern uns auf Wittgensteins Problematisierung der gängigen Unterscheidung zwischen Innerem und Äußerem sowie Privatem und Öffentlichem konzentrieren.

Traditionell ist die Vorstellung verbreitet, daß die meisten psychischen Phänomene privater oder ‹innerer› Natur sind. Dies bringt etwa das Sprichwort «Die Gedanken sind frei» zum Ausdruck oder die Äußerung «Niemand versteht mich, denn niemand hat meinen Schmerz erlebt». Das heißt zum Beispiel, daß die Zahnschmerzen, die ich habe, von anderen nicht in derselben Weise gespürt, gehabt oder geteilt werden können. Wir wollen dies als Privatheit in bezug auf das Haben von Empfindungen bezeichnen. Im weitern soll diese Privatheit zum Ausdruck bringen, daß eine Person zu ihren eigenen psychischen Zuständen wie Schmerz, Liebe, Haß etc. einen privilegierteren Zugang hat als andere Personen. Dies führt zu zwei Konsequenzen: Zum einen nämlich heißt dies, daß ich einen direkten und unmittelbaren Zugang zu meinen psychischen Zuständen habe, alle anderen Personen aber bestenfalls einen indirekten und mittelbaren. Das Wissen um meine psychischen Zustände ist daher gegen jeden Irrtum gefeit und kann in diesem Sinn als unmittelbares Wissen bezeichnet werden: Wenn ich Schmerzen habe, weiß ich damit unmittelbar auch, daß ich Schmerzen habe. Wir wollen dies Privatheit in bezug auf direkten Zugang nennen. Zum anderen kann mit privilegiertem Zugang gemeint sein, daß ich die höchste Autorität bin bei der Frage, inwieweit ein bestimmter psychischer Zustand vorliegt und welche Eigenschaften er aufweist. Wenn ich als Patient auf dem Zahnarztstuhl trotz Betäubung Schmerzen verspüre beim Bohren, dann nützen alle Beteuerungen des Zahnarztes, bei einer Betäubung könne ich keinen Schmerz empfinden, nichts. Als Patient bin ich hier die Autorität in der Beurteilung der Frage, ob Schmerz vorliegt oder nicht. Nennen wir dies Privatheit in bezug auf autoritativen Zugang. Schließlich kann mit Privatheit gemeint sein, daß ein psychisches Phänomen sich in seinen Eigenschaften nur mir selbst offenbaren kann, so daß andere Personen nur aufgrund meiner Mitteilungen Kenntnisse über das Phänomen haben können. Ist es mir allerdings aus irgendwelchen Gründen nicht möglich, mich andern mitzuteilen, dann scheint das Phänomen für andere gar nicht zu existieren. Nennen wir dies Privatheit in bezug auf Erkennbarkeit und Mitteilbarkeit. Diese vier Arten von Privatheit hängen offenbar wie folgt zusammen: Privatheit in bezug auf Mitteilbarkeit führt zu Privatheit in bezug auf autoritativen Zugang und Privatheit in bezug auf direkten Zugang zu Privatheit in bezug auf Besitz.

Aufgrund dieser Unterscheidungen läßt sich jetzt ein klareres Bild der Wittgensteinschen Betrachtungen über das Innere und das Äußere geben. Sie zielen in erster Linie darauf ab aufzuzeigen, daß gewisse, weit verbreitete Auffassungen von psychischen Phänomenen zu absurden Konsequenzen führen, indem das Psychische in bezug auf Erkennbarkeit bzw. direkten Zugang zu etwas Privatem gemacht wird. Allerdings – und dies sei hier betont – behauptet Wittgenstein nicht, daß psychische Phänomene sich auf körperliche Merkmale bzw. auf körperliches Verhalten reduzieren lassen. Wittgensteins Überlegungen konzentrieren sich vorwiegend auf die Möglichkeit bzw. Unmöglichkeit einer *Privatsprache*, in welcher eine Person ihre Empfindungen, Stimmungen usw. formulieren kann, ohne daß diese Sprache auch für eine andere Person verständlich wäre.[39] Wittgenstein scheint dabei wie folgt zu argumentieren:

1. Die Auffassung psychischer Phänomene als privat in bezug auf Mitteilbarkeit bzw. direkten Zugang führt zur These von der Möglichkeit einer privaten Sprache.
2. Die Name-Gegenstand-Bedeutungstheorie und das essentialistische Verständnis von Begriffen in Zusammhang mit der Auffassung psychischer Phänomene als privat – in einer der vorgenannten vier Bedeutungen – führt zur These von der Möglichkeit einer privaten Sprache.
3. Eine private Sprache ist nicht möglich.

Wittgensteins Argumentation für die Unmöglichkeit einer privaten Sprache ist schlagend. Sie geht aus von der kritischen Frage, wie es möglich sein soll, eine private Sprache einzuführen. Wie könnte jemand sich eine solche Sprache selbst beibringen? Angenommen, eine Person A versucht, eine private Sprache für Empfindungen einzuführen. Hierzu müßte A für diese Empfindungen Zeichen mit Hilfe von hinweisenden (ostensiven) Definitionen bereitstellen. Angenommen, A würde ein Zeichen F immer dann notieren, wenn eine bestimmte Empfindung sich einstellt. Aus der Problemstellung ergibt sich, daß A keine intersubjektive und verständliche Definition von ‹F› bzw. öffentliche Kriterien dafür anzugeben vermag, wie ‹F› anzuwenden sei. Die Frage ist aber: Kann A *selbst* ‹F› überhaupt verstehen? Weiß denn A, was ‹F› bedeutet? Wittgenstein bestreitet dies. Zwar kann A bemerken, daß er von Zeit zu Zeit F notiert; doch irgendwann wird er sich vielleicht fragen, ob es richtig ist, F zu notieren. Es scheint also durchaus möglich zu sein, daß A sich irrt, also F notiert, obwohl die entsprechende Empfindung gar nicht vorhanden war. In diesem Fall hat A nicht einmal die Möglichkeit zu überprüfen, ob er sich geirrt hat oder nicht. Denn es gibt keine andere Regel für die Anwendung von F als: «‹F› ist das Zeichen, das von A beim Auftreten dieses Schmerzes notiert wird», wobei es keine andere Bestimmung «dieses Schmerzes» gibt als: «Der Schmerz, der immer dann vorhanden ist, wenn A korrekterweise das Zeichen ‹F› notiert». Das Wort «korrekterweise» hat hier jedoch keine Funktion. Es gibt weder für A noch für sonst jemanden die Möglichkeit zu unterscheiden, ob die Anwendung von ‹F› korrekt oder unkorrekt ist.[40]

Wittgensteins Argument richtet sich gegen die Möglichkeit, daß psychische Phänomene in bezug auf direkten Zugang privat sein können. Seine allgemeine Auffassung von Zeichen, in bezug auf die Frage also, was gegeben sein muß, damit etwas – ein Strich, ein Geräusch, eine Bewegung – ein sinnvolles Zeichen ist, spielt hier eine wichtige Rolle. So ergibt es nach Wittgenstein keinen Sinn, von einer Erkenntnis bestimmter Phänomene zu sprechen, unabhängig von der Teilnahme an oder der Kenntnis von geregelter öffentlicher Praxis. Natürlich liegt die Behauptung nahe – und ist in gewissem Sinn auch richtig –, daß ich weiß, daß etwas rot ist, weil ich sehen kann, daß es rot ist. Falsch jedoch ist diese These, wenn sie mit der weitergehenden Behauptung verbunden wird, ich wüßte, wie ich das Zeichen ‹rot› zu verwenden habe, weil ich sozusagen die unsichtbare Nabelschnur sehe, die Projektionsregel nämlich, die das Zeichen mit dem, was es bezeichnet, verbindet. Ebenso falsch ist der Glaube, ich könnte zuerst irgend etwas – unabhängig von einer gewissen allgemeinen Praxis – als rot auffassen und verstehen und anschließend das, was ich so wahrgenommen habe, mit der Bezeichnung ‹rot› versehen.

Im weitern richtet sich Wittgensteins Argumentation gegen die Theorie, daß psychische Phänomene in bezug auf Erkennbarkeit privat seien, daß psychische Phänomene gerade wegen meines direkten Zugangs notwendigerweise erkennbar sein müssen. Wie bereits ausgeführt, versucht Wittgenstein zu zeigen, daß, wenn eine Person sich grundsätzlich nicht anderen über ein Phänomen mitteilen kann, es auch keinen Sinn macht anzunehmen, sie könnte sich selbst das Phänomen mitteilen. Jeglicher Versuch, mit Hilfe von privaten, ostensiven Definitionen die Bedeutungen von Zeichen festzulegen, kann nichts anderes sein als leeres Gehabe. Es hat keinerlei Funktion in den Sprachspielen, in denen wir psychische Phänomene deuten und verstehen lernen oder uns über sie mitteilen.

Das Argument zeigt jedoch nicht, daß psychische Phänomene nicht in bezug auf autoritativen Zugang privat sein können. Dies geht aus zwei andern Überlegungen Wittgensteins hervor. Die erste betrifft seine positiven Andeutungen, wie wir faktisch lernen, Bezeichnungen für Empfindungen anzuwenden. Ein Kind hört Ausdrücke wie Schmerz oder Kopfschmerzen in Zusammenhang mit den natürlichen, ursprünglichen Ausdrücken für diese Empfindungen und lernt nach und nach, die natürlichen Ausdrücke durch verbale zu ersetzen: Es lernt ein neues Schmerzverhalten. Das bedeutet nicht, daß Ausdrücke wie ‹Autsch!› und ‹Zahnschmerzen› natürliche Schmerzausdrücke sind wie Weinen oder Schreien oder daß Sätze wie «Es tut weh» oder «Ich habe Kopfschmerzen» von diesen natürlichen Ausdrücken handeln. Es bedeutet, daß solche Worte und Sätze in gewissen Situationen als andere Ausdrücke für die Schmerzempfindung verstanden werden können.[41]

Die andere Überlegung betrifft den Unterschied zwischen meinem eigenen Verhältnis zu meinen Empfindungen und dem aller anderen. Wittgenstein räumt ein, daß es zwar Sinn macht, wenn andere sich nicht sicher sind, ob ich Schmerzen habe, nicht aber, daß ich mir selbst unsicher sein könnte, ob ich welche habe. Deshalb sei es streng genommen auch sinnlos zu sagen: Ich *weiß*, daß ich Schmerzen habe. Denn dies bedeutet nichts anderes, als daß ich Schmerzen *habe*. Es handelt sich dabei also nicht eigentlich um ein Wissen, da Zweifel und Irrtum ausgeschlossen sind. Daß andere jedoch zweifeln können, ob ich Schmerzen habe, zeigt, daß sie ein Wissen um meine Schmerzen haben können. Die Möglichkeit des Zweifels meint allerdings nicht, daß es nicht in vielen Fällen durchaus deutlich und unzweifelhaft ist für andere, daß ich Schmerzen habe. Es gibt Situationen, in denen es absurd wäre, die Schmerzen eines anderen anzuzweifeln.[42]

Der Körper als Abbild der Seele

Wittgensteins Überlegungen zielen nicht darauf ab, Empfindungen auf die Ausdrücke für diese Empfindungen zu reduzieren. Er bestreitet nicht, daß es mentale bzw. seelische Zustände und Prozesse gibt. Er warnt jedoch davor, sie in der gleichen Weise wie physische Dinge und Prozesse – und lediglich aus einem anderen Material bestehend – aufzufassen.[43] Von dem Verhältnis zwischen einer Empfindung und ihrem Ausdruck sprechen wir auf zahlreiche Weisen in verschiedenen Sprachspielen. Die Versuche, dieses Verhältnis auf eine einfache Formel zu bringen, sind allesamt zum Scheitern verurteilt. Gleiches gilt nach Ansicht Wittgensteins für das Verhältnis zwischen einem physischen Gegenstand und den entsprechenden Sinneswahrnehmungen: Auch dieses Verhältnis ist nicht auf eine einfache Formel zu bringen.[44] Das Verhältnis zwischen mentalen Zuständen und äußerem Verhalten ist seinerseits kein äußeres Verhältnis. Wir können mentale Zustände zwar nicht unabhängig von ihren Bezügen zu den vielfachen Formen von Verhalten bestimmen, durch welche sie zum Ausdruck kommen. Umgekehrt können wir aber auch die verschiedenen Verhaltensformen nicht verstehen, ohne sie als Ausdrücke für verschiedene mentale Zustände zu verstehen. Andernfalls würde man den anderen nicht länger als Menschen, der handelt und fühlt, betrachten, sondern schlicht und einfach als Organismus oder als Gegenstand.

Daß man zwischen einem mentalen Zustand oder Prozeß und den körperlichen Ausdrücken desselben unterscheiden muß, sie aber nicht trennen kann, hat Wittgenstein auf prägnante Weise so formuliert: «Der menschliche Körper ist das beste Abbild der menschlichen Seele». In diesem Zusammenhang betont er, daß es im Regelfall nicht so ist, daß wir von jemand anderem die Meinung oder das theoretische Wissen haben, der Betreffende habe eine Seele oder ein bewußtes Wesen. Daß wir diese Person als bewußtes Wesen betrachten, zeigt sich in der Haltung, die wir ihr entgegenbringen, in der Art und Weise, in der wir ihr in verschiedenen Situationen begegnen und wie wir sie behandeln.[45]

Der Stellenwert der Mathematik

Wittgensteins Auffassung über das Befolgen von Regeln prägt auch seine Betrachtung über die Grundlagen der Mathematik. Das gilt nicht zuletzt bei der Frage, was ein Beweis ist und welchen Status bzw. welche Notwendigkeit ein Beweis hat. – Seit der Antike wird die Mathematik als das Gebiet angesehen, in welchem der Mensch die genauesten und sichersten Erkenntnisse über die notwendigen Zusammenhänge erlangt hat. Zwei sich widerstreitende Auffassungen bestehen jedoch von Anfang an: Die *Platonisten* gehen davon aus, daß diese Sicherheit und Notwendigkeit darin begründet ist, daß in der Mathematik Zusammenhänge zwischen idealen Größen entdeckt werden, die unabhängig von der menschlichen Erkenntnis bestehen. Die *Konstruktivisten* dagegen sehen die Sicherheit und Notwendigkeit als eine Folge davon, daß in der Mathematik die Größen, mit denen man sich beschäftigt, konstruiert bzw. erfunden werden. Für die Konstruktivisten macht es deshalb nur dann Sinn, von einer mathematischen Größe oder einem mathematischen Lehrsatz zu sprechen, wenn angegeben werden kann, wie ein Beweis für den Lehrsatz erbracht oder die betreffende Größe konstruiert werden kann.

In einem gewissen Sinn akzeptiert Wittgenstein die traditionelle Auffassung, daß die Sätze der Mathematik sicher und notwendig seien. Er lehnt jedoch sowohl einen strengen Platonismus wie auch den Konstruktivismus ab.[46] Dies nicht deswegen, weil er behauptet, Sicherheit und Notwendigkeit der Mathematik seien in etwas Drittem begründet, sondern weil er der Meinung ist, die Frage nach der Grundlage der Mathematik an sich sei irreführend. Die Mathematik sei schlicht und einfach nicht die ganz klar abzugrenzende Sammlung von Sprachspielen mit den entsprechenden dazugehörigen Aktivitäten, als die wir sie betrachten. Viele mathematische Sprachspiele seien zwar in der Tat gekennzeichnet durch ein hohes Maß an schnell zu erzielender Einigung. Es bestehe im Regelfall große Übereinstimmung darüber, welche Regeln in welchen Zusammenhängen befolgt werden müssen oder können, und auch darüber, wie eine Regel im Einzelfall zu befolgen ist. Wittgenstein sieht darin eine Bestätigung für seine allgemeine Auffassung über das Befolgen einer Regel auch auf dem Gebiet der Mathematik: Der Befolgung mathematischer Regeln oder logischer Schlußregeln liegt nichts anderes zugrunde als ein gewisses Maß an Training und eine allgemein anerkannte Praxis. Die Regeln der Addition zum Beispiel zeigen an sich nicht, wie sie anzuwenden sind. Sie zeigen es erst, wenn man ihre Bedeutung kennt. Ihre Bedeutung kennen heißt aber nichts anderes als imstande sein, gewisse Handlungen durchzuführen bzw. gewisse Handlungen aufgrund einer allgemeinen Praxis zu beurteilen, wobei auf diesem Gebiet ein hohes Maß an Einigung gegeben ist. Hiermit soll nicht gesagt werden, mathematische Sätze wie «$2+2=4$» seien wahr, nur weil alle Menschen sagen oder glauben, daß $2+2=4$ ist. Es heißt nur, daß, sofern es eine Gruppe von Wesen gäbe, innerhalb deren ein großes Maß an Einigkeit über «$2+2=5$» herrscht, dies nichts anderes bedeutet, als daß diese Wesen eine andere Vorstellung von Zahlen und Addition hätten, als wir sie nun einmal haben.[47]

Mit seinen Überlegungen versucht Wittgenstein keineswegs, irgendwelche Änderungen der mathematischen Praxis herbeizuführen. Für ihn besteht eine klare Trennung zwischen Mathematik und Philosophie. Seine Überlegungen sollen lediglich dazu dienen, Auffassungen über die Mathematik zu korrigieren, die von einer praxisunabhängigen, notwendigen Allgemeingültigkeit mathematischer Lehrsätze ausgehen – seien dies nun platonische oder konstruktivistische Auffassungen. Wittgenstein will darauf aufmerksam machen, daß die Mathematik auf denselben Grundlagen beruht wie jede andere praktische Tätigkeit[48]: Sie ist ein regelgeleitetes Sprachspiel und gleich zu analysieren wie jedes andere Sprachspiel.

Erfahrungssätze und grammatische Sätze

Dennoch hält Wittgenstein deutlich an seinem im *Tractatus* dargelegten Standpunkt fest, nach dem es einen klaren und wesentlichen Unterschied zwischen Philosophie und Wissenschaft und vermutlich auch zwischen

Philosophie und anderen Formen geistiger Betätigung wie Kunst oder Religion gibt.[49] Auch in den *Philosophischen Untersuchungen* wird die Philosophie als eine klärende, therapeutische Tätigkeit aufgefaßt.[50] Erweisen sich aber die Ergebnisse der philosophischen Aktivität im *Tractatus* am Ende schlicht als sinnlos, sobald man den wahren Zusammenhang zwischen Sprache und Welt begriffen hat (die Abgrenzung zwischen dem, was gesagt werden kann und worüber man sprechen kann, und dem, was nicht gesagt werden kann und worüber man schweigen soll), kommt in den *Philosophischen Untersuchungen* eine etwas positivere Auffassung der Philosophie zum Ausdruck. Diese ist darin begründet, daß die Formulierung der klärenden, therapeutischen Tätigkeit in den *Philosophischen Untersuchungen* zu anderem führt als im *Tractatus*, in dem jeder Versuch, eine philosophische Einsicht zu formulieren, selbst zur Sinnlosigkeit verurteilt ist. Philosophische Tätigkeit ist ein Aufzeigen übersehener, alltäglicher Sachverhalte und Sprachspiele, die bei der Formulierung bestimmter Probleme nur deshalb übersehen werden, weil sie so selbstverständlich sind. Die philosophischen Bemerkungen, die dazu dienen, das Irreführende in einer Problemformulierung aufzuzeigen, haben deshalb oftmals den Charakter einer übersichtlichen Darstellung des Verhältnisses zwischen verschiedenen Arten des Sprachgebrauchs.[51]

Im *Tractatus* besteht eine klare Trennung zwischen der logisch notwendigen Struktur, welche für jede erdenkliche Sprache Geltung haben muß, in der etwas Sinnvolles über die Welt gesagt werden kann, und den kontingenten Sätzen, die innerhalb dieser Struktur formuliert werden können. Die *Philosophischen Untersuchungen* gehen – ohne daß dies näher behandelt wird – zwar von einer grundlegenden Distinktion zwischen Erfahrungssätzen und grammatischen Sätzen aus. Die Unterscheidung zwischen dem, was Erfahrungssätze, und dem, was grammatische Sätze sind, variiert jedoch je nach Sprachspiel und Praxis, in dem bzw. der man sich befindet.

Mit *grammatischen Sätzen* sind nicht grammatische Regeln im üblichen Sinne gemeint, etwa Regeln für die Plazierung des Verbs in einem Satz. Gemeint sind vielmehr Sätze, welche die Rahmenbedingungen (die konstitutiven Züge) eines Sprachspiels oder einer Sprachform und damit einer Lebensform, einer bestimmten Praxis, festlegen bzw. ausdrücken.

Wenn man sich klar und konkret denken oder vorstellen kann, daß die Sache sich anders verhält, als in einem Satz angegeben, dann wird von einem *Erfahrungssatz* gesprochen. «Der Ball ist braun» wäre normalerweise ein Erfahrungssatz, da es in der Situation ohne weiteres vorstellbar wäre, daß der Ball eine andere Farbe hat. Bei einem grammatischen Satz läßt sich dagegen nicht klar angeben, inwiefern die Sache sich überhaupt anders verhalten könnte als in dem Satz ausgedrückt. Als Beispiele werden genannt: «Jeder Stab hat eine Länge» oder, in anderem Zusammenhang: «‹Der Befehl befiehlt seine Befolgung› [...] Dies ist ein grammatischer Satz und er sagt: Wenn ein Befehl lautet ‹Tu das und das›, dann nennt man ‹das und das tun› das Befolgen des Befehls.»[52]

Ähnlich wie bei der Unterscheidung zwischen Erfahrungssätzen und grammatischen Sätzen nennt Wittgenstein ein anderes konstitutives Element für bestimmte Sprachspiele: die *Paradigmen* (Musterbeispiele). Die Länge von etwas messen ist ein Sprachspiel und eine Praxis, die die meisten kennen. Wir benutzen Maßstäbe, Zollstöcke oder ähnliches, wenn wir die Länge von etwas messen wollen. Wie aber bestimmt man die Länge der Maßstäbe? Über viele Jahre hat man dies so getan, daß man sich letztlich auf die Länge eines Platinstabs in einem Keller in Paris unter bestimmten Druck- und Temperaturverhältnissen als Vergleichsgröße bezog. Dieser Stab wurde als Urmeter bezeichnet. Er bildet das fundamentale Vergleichsobjekt, wenn es darum geht zu bestimmen, was 1 Meter ist. Er dient als Paradigma für das Sprachspiel «Die Länge von etwas messen». Wittgenstein sagt nun, es mache in bezug auf den Urmeter weder Sinn zu behaupten, er sei 1 Meter lang, noch dies zu bestreiten. Eben weil er ein Paradigma für das Sprachspiel Längenmessung ist, sei seine Länge nicht etwas, das in dem Sprachspiel hergestellt wird, sondern ein Mittel zu dessen Herstellung. Man ist zwar versucht zu glauben, gerade der Urmeter müsse doch 1 Meter lang sein. Dem hält Wittgenstein entgegen, daß das, was offensichtlich etwas sein muß, zur Sprache gehört. Es macht keinen Sinn, über das Paradigma das auszusagen, dessen Paradigma es selbst ist. Die Notwendigkeit, 1 Meter Länge zu haben, besteht daher für den Urmeter nur scheinbar. Wenn es notwendig scheint, dann ausschließlich deshalb, weil es sich um einen konstitutiven Zug bei der Art der Herstellung dieses Sprachspiels handelt. Es besteht keine Notwendigkeit darin, daß der Urmeter ein Urmeter ist. Man kann lediglich sagen, daß, wenn er es nicht wäre bzw. wenn er aufhörte, es zu sein, man das Längenmaßsprachspiel nicht länger auf eben diese Weise spielen könnte, da man nicht mehr dieselbe Praxis in bezug auf das Messen von Längen hätte.[53]

Philosophische Selbstverständlichkeiten

Nach Wittgensteins Auffassung werden viele philosophische Probleme erzeugt, weil die Formulierung eines konstitutiven Zuges eines Sprachspiels verwechselt wird mit Erfahrungssätzen, die nur innerhalb des Sprachspiels formulierbar sind. Ebenso können philosophische Probleme durch eine schwer durchschaubare Vermischung von Sprachspielen entstehen und deshalb nur durch eine genaue Beschreibung der Funktionsweise der verschiedenen Sprachspiele gelöst werden. Die Philosophie soll nach Wittgenstein keine Theorien in der Form von Hypothesen aufstellen. Die Philosophie soll nichts erklären oder begründen. Eine philosophische Betrachtung soll allein darin bestehen, das bereits Bekannte und Selbstverständliche, aber Unbeachtete in einer solchen Weise zusammenzustellen, daß keine Veranlassung zum Philosophieren mehr besteht. In diesem Sinn hat die Philosophie therapeutische Funktion, ist sie der Behandlung einer Krankheit gleichzusetzen: Die erfolgreiche Behandlung eines philosophischen Problems besteht darin, das Problem zum Verschwinden zu bringen. [54]

Man kann jedoch – im Unterschied zum *Tractatus* – von sinnvollen philosophischen Aussagen sprechen. Diese müssen lediglich den Charakter von Selbstverständlichkeiten haben, über den sich alle einig sind, und ihre Pointe muß darin bestehen, die Mißverständnisse aufzudecken, die einer philosophischen Problemstellung zugrunde liegen.

Das Medium sinnvoller philosophischer Aussagen ist die Alltagssprache. Philosophische Lösungen können nicht in der Erarbeitung einer technisch hochgestochenen Sprache oder in der Konstruktion einer formalen Sprache liegen. Dies soll nicht etwa heißen, daß Wittgenstein die ‹Alltagssprache› als allumfassende Entscheidungsinstanz betrachtet. Aber er weist darauf hin, daß die philosophischen Probleme in der Normalsprache formuliert werden und deshalb im Rahmen der Alltagssprache gelöst werden müssen. Ein Problem, das sich nur in einer hochgestochenen Fachsprache oder mit Hilfe einer formalen Sprache formulieren läßt, ist kein philosophisches, sondern eine Frage, die sich anhand weiterer technischer Finessen oder durch die Konstruktion anderer Formsprachen beantworten läßt. [55] Die philosophische Reflexion ist nicht reformerisch, sondern beläßt alles, wie es ist. Ist sie erfolgreich, so bedeutet dies lediglich, daß der mißverstandene Hang zur Formulierung philosophischer Fragen und zum Nachdenken über dieselben aufhört. [56]

Wittgenstein und die Tradition

Die Art und Weise, in der Wittgenstein zwischen Erfahrungssätzen und grammatischen Sätzen unterscheidet, deckt sich mit einer gängigen Unterscheidung der westlichen Philosophietradition. Rationalisten und Empiristen haben gleichermaßen unterschieden zwischen erfahrungsabhängiger Erkenntnis, aus der ausschließlich Kenntnisse über kontingente Dinge hervorgehen können, und apriorischer Erkenntnis notwendiger Zusammenhänge, die nur durch Vernunft und Reflexion zu gewinnen ist. Die Rationalisten waren der Ansicht, die apriorische Erkenntnis vermittle Einsicht in die fundamentalen Strukturen der Wirklichkeit, während die Empiristen die Auffassung vertraten, daß diese Einsicht ausschließlich unsere Erkenntnis- oder Denkweise betreffe; oder in moderner Fassung: Züge an der sprachlichen Darstellung, die nichts über Zusammenhänge der Wirklichkeit aussagen. Wie verhält sich Wittgensteins Auffassung über die Funktion grammatischer Sätze zu diesen traditionellen Standpunkten? Diese Frage wird auch im Spätwerk nicht endgültig beantwortet. Folgendes aber kann hervorgehoben werden.

Erstens unterscheidet Wittgenstein sich in entscheidenden Punkten vom traditionellen Rationalismus wie vom Empirismus, indem er bestreitet, daß die Philosophie in irgendeiner Weise eine Grundlage für die Erkenntnis und die Wissenschaften schaffen müsse. Wie erwähnt, soll die Philosophie lediglich beschreiben, wie die Sprache im Zusammenhang mit den Aktivitäten funktioniert, die mit den verschiedenen Sprachspielen verknüpft sind. Dies schließt nicht aus, daß es in vielen Fällen angemessen und wichtig sein kann, eine Aussage oder einen Standpunkt zu begründen. Es ist aber keine spezielle philosophische Aufgabe, die fundamentale ‹letzte Begründung› aller Erkenntnis zu liefern. Anhand der Zusammenstellung von philosophischen Selbstverständlichkeiten kann gezeigt werden, daß alle Begründung ein Ende hat, daß es in vielen Fällen sinnlos ist, nach einer weiteren Begründung für eine Aussage zu fragen. Die übersichtliche Darstellung von Zusammenhängen zwischen unseren Sprachspielen zeigt, was eine gute oder eine schlechte Begründung innerhalb eines Sprachspiels und einer Lebensform ist.[57]

Zweitens scheint Wittgenstein den apriorischen, grammatischen Sätzen nicht eine Form absoluter Notwendigkeit zuzugestehen. Fragen wir nach der Möglichkeit, eine konstitutive Regel eines Sprachspiels zu ändern, so scheint er nur zu antworten, daß man in diesem Fall dieses Spiel ganz einfach nicht mehr spielen würde, daß man eine gewisse Praxis geändert hätte. Er bezieht nicht Stellung zu der Frage, inwieweit eine solche Änderung in bezug auf Erkenntnis als Fortschritt oder eher als Rückschritt zu bewerten ist. Möglicherweise würde er eine solche Frage als Ausdruck für ein Mißverständnis ansehen.

Drittens weist Wittgenstein darauf hin, es sei eine Bedingung für Erkennen und Verstehen überhaupt, daß nicht allein eine weitgehende Übereinstimmung in der Anwendung der Wörter herrsche, sondern auch in unseren Aussagen und Lebensformen. Daß eine solche Übereinstimmung vorhanden ist, liegt für ihn in der Tatsache begründet, daß es eine gemeinsame menschliche Handlungsweise gibt. Auf diese Weise macht er letztlich deutlich, daß unsere Begriffsbildung, daß die Sprachspiele, die wir spielen, mit einigen ganz allgemeinen ‹natürlichen Tatsachen› zusammenhängen.[58]

Texte und Literaturhinweise siehe Kap. «Der frühe Wittgenstein».

Anmerkungen

1 Wittgenstein, *PU*, S. X, V. Wright, *BS*, S. 15.
2 Vgl. R. Rhees, in: Wittgenstein, *PB*, S. 347; Philosophische Grammatik. In: Schriften, Bd. 4.
3 R. Rhees: Vorbemerkung des Herausgebers. In: Wittgenstein, *BB*, S. 9ff.
4 Wittgenstein, *PU*, S. 285ff.
5 Janik/Toulmin: Wittgenstein. Wien, S. 276.
6 Janik/Toulmin: Wittgenstein. Wien, S. 277.
7 Wittgenstein: Letters to Russell, Keynes and Moore, R 54, 57, M 43, 51.
8 Wittgenstein: Letters to Russell, Keynes and Moore, K 25, 27.
9 Vgl. Wright: Biographical Sketch. In: N. Malcolm: Ludwig Wittgenstein. A Memoir. London 1958, S. 1–22.
10 Wittgenstein, *PU*, §§ 23, 18.
11 Wittgenstein, *PU*, §§ 7, 23; *BB*, S. 36f.
12 Wittgenstein, *PU*, § 244, vgl. auch § 288.
13 Wittgenstein, *PU*, §§ 24, 25, 146.
14 Wittgenstein, *PU*, § 2.
15 Wittgenstein, *PU*, §§ 130/131.
16 Wittgenstein, *PU*, § 560; *BB*, S. 15f.
17 Wittgenstein, *PU*, §§ 43, 560.
18 Wittgenstein, *PU*, § 43; vgl. auch *BB*, S. 20.

19 Wittgenstein, PU, § 23.
20 Wittgenstein, *PU*, § 7.
21 Wittgenstein, *PU*, § 43.
22 Wittgenstein, *PU*, §§ 27–30, 32–34.
23 Wittgenstein, *PU*, § 40.
24 Wittgenstein, *PU*, § 88.
25 Wittgenstein, *PU*, §§ 47, 48.
26 Wittgenstein, *BB*, S. 37 f.
27 Wittgenstein, *PU*, § 66.
28 Vgl. G. Hallett: Companion, S. 146.
29 Wittgenstein, *PU*, §§ 67, 68.
30 Wittgenstein, *PU*, § 67.
31 Wittgenstein, *PU*, §§ 68, 69, 71, 88.
32 Wittgenstein, *PU*, §§ 71, 75.
33 Wittgenstein, *PU*, §§ 42, 43, 241, 242.
34 Wittgenstein, *PU*, §§ 199, 202, 206, 207.
35 Wittgenstein, *PU*, § 153.
36 Wittgenstein, *PU*, §§ 85, 86, 138–141.
37 Wittgenstein, *PU*, §§ 143 f, 185 f.
38 Wittgenstein, *PU*, §§ 199–202.
39 Wittgenstein, *PU*, §§ 243, 256.
40 Wittgenstein, *PU*, §§ 257, 265.
41 Wittgenstein, *PU*, § 244.
42 Wittgenstein, *PU*, §§ 246, 303.
43 Wittgenstein, *PU*, § 308; vgl. auch §§ 281, 307.
44 Wittgenstein, *PU*, S. 490 f.
45 Wittgenstein, *PU*, S. 489.
46 Vgl. M. Dummett: Wittgensteins Philosophy of Mathematics.
47 Wittgenstein, *PU*, S. 539 f.
48 Wittgenstein, *PU*, § 124.
49 Wittgenstein, *PU*, § 109.
50 Wittgenstein, *PU*, §§ 119, 133.
51 Wittgenstein, *PU*, §§ 129, 122, 126, 128.
52 Wittgenstein, *PU*, § 458; vgl. auch § 251.
53 Wittgenstein, *PU*, § 50.
54 Wittgenstein, *PU*, §§ 133, 109, 129.
55 Wittgenstein, *PU*, §§ 124, 120, 132.
56 Wittgenstein, *PU*, §§ 124, 132, 133.
57 Wittgenstein, *PU*, §§ 217, 219, 485; vgl. auch *PU*, S. 539.
58 Wittgenstein, *PU*, S. 542.

Jørgen Husted

Sprechakte

John Langshaw Austin
Handeln mit Hilfe der Sprache

Von den Begriffen der neueren analytischen Philosophie gehört der Begriff des *Sprechaktes* zweifellos zu jenen, die größte Wirkungen zeitigten. Seit Austin 1946 nachwies, daß es so etwas wie Sprechakte gibt, hat sich diese Einsicht rasch verbreitet. Und zwar hat sie sich für die meisten philosophischen Bereiche als fruchtbar erwiesen, neben der Sprachphilosophie insbesondere für die Moral- und Rechtsphilosophie; außerdem hat sie der sprachwissenschaftlichen Semantik ihren Stempel aufgedrückt. Auch in kontinentaleuropäisch verbundenen Philosophietraditionen hat der Begriff des Sprechaktes ein Echo gefunden, etwa bei so einflußreichen Philosophen wie Jürgen Habermas und Paul Ricœur.

Im Grunde widerspricht die Bezeichnung ‹Sprechakt› unseren gewohnten Vorstellungen von Sprache und Rede. Es scheinen hier nämlich zwei Dinge vermischt zu werden, die wir nicht nur unterscheiden, sondern von denen wir überzeugt sind, daß sie nicht zur Deckung zu bringen sind. Auf der einen Seite steht unser Sprachgebrauch, der Akt des Redens also, auf der anderen Seite das, wovon die Sprache handelt – die Wirklichkeit im weitesten Sinn, einschließlich unserer Handlungen. Sprechen ist durchaus eine Tätigkeit – wir tun etwas, wenn wir uns sprachlich äußern –, die aber aus dem Rahmen unseres normalen Handlungsverständnisses zu fallen scheint. Sprachliche Äußerungen betreffen die Wirklichkeit, da ihr Zweck in aller Regel darin liegt, eine Aussage über die Wirklichkeit zu machen, das heißt, es geht darum, bereits bestehende Tatsachen in Aussagen zu beschreiben und so sprachlich festzuhalten. Unsere Handlungen dagegen sind Teil der Wirklichkeit. Sie verändern die Wirklichkeit, indem sie neue Tatsachen schaffen: Wir verändern die physische Welt, wenn wir ein Stück Holz spalten, und die soziale Wirklichkeit, wenn wir einen Apfel stehlen. Wenn Sprache sich auf Wirklichkeit beziehend diese beschreibt, Handlungen im engeren Sinn aber Wirklichkeit verändern, dann scheint so etwas wie ‹ein Sprechakt› in der Tat ein Unding zu sein.

Einige Äußerungen sind Handlungen

Austins Auseinandersetzung mit der Auffassung, die Sprache sei ein wesentliches Mittel, um etwas über die Wirklichkeit zu sagen, kristallisiert sich ein erstes Mal in seinem Aufsatz *Other Minds* (dt.: Fremdseelisches) aus dem Jahr 1946.[1] Darin unterscheidet er zwei Funktionen der Sprache: Die eine besteht darin, mit Hilfe der Sprache etwas zu *sagen*, die andere, mit Hilfe der Sprache etwas zu *tun*. Hier wird der Begriff des Sprechaktes von Austin erstmals eingeführt.

Austins Ausführungen beginnen mit der unstrittigen Feststellung, daß Sprache für Aussagen über die Wirklichkeit benutzt wird. Etwas zu sagen heißt, eine Aussage über die Wirklichkeit zu machen, zu behaupten, daß etwas der Fall bzw. nicht der Fall ist. Was wir in dieser Weise zum Ausdruck bringen, ist entweder wahr oder falsch, je nachdem ob das Gesagte der Wirklichkeit entspricht oder nicht. Mit einer Aussage wird der Anspruch erhoben, daß eine bestehende Tatsache richtig beschrieben, der Geltungsanspruch also in bezug auf die Aussage zu Recht erhoben wird. Dieser Anspruch ist legitim, wenn die Aussage wahr ist, das heißt, wenn der behauptete Sachverhalt tatsächlich der Fall ist. Diese Verwendung der Sprache kann als ihre beschreibende oder feststellende Funktion bezeichnet werden. Die Äußerungen, die diese Funktion erfüllen, nennt Austin *konstative Äußerungen* (Feststellungsäußerungen). Beispiele dafür sind «Dänemark ist ein Königreich» oder «Ich stelle einen Scheck aus».

Austin weist nun darauf hin, daß es Äußerungen gibt, die grammatisch betrachtet zwar dieselbe Form haben wie konstative Äußerungen, jedoch vollkommen anders verwendet werden. Zu den Standardbeispielen gehören Äußerungen mit der Wendung «Ich verspreche», beispielsweise «Ich verspreche, zu der Tagung zu kommen». Zunächst wird hier deutlich, daß eine solche Äußerung nicht daraufhin geprüft werden kann, ob sie wahr oder falsch ist. Sie ist wahrheitsindifferent; es ist unangemessen, wenn nicht gar unsinnig, in bezug auf diese Äußerung zu fragen: «Ob das wohl wahr ist?» Wenn also gefragt wird «Meinst du das?», dann nicht im Sinn von «Glaubst du das?» («Meinst du *das*?»), sondern im Sinn von «Bist du aufrichtig?» («*Meinst* du das?»). Mit andern Worten: Die Rückfrage des Hörers nach dem Versprechen ist keine Frage nach der Wahrheit einer Tatsachenbehauptung, sondern nach der Aufrichtigkeit des Sprechers.

Ein zweiter Punkt wird deutlich durch den Vergleich der Aussage «Ich verspreche, zu der Tagung zu kommen» mit den folgenden drei Äußerungen: «Ich rechne damit, zu der Tagung zu kommen», «Ich komme zu der Tagung» und «Ich bin fest und unwiderruflich entschlossen, zu der Tagung zu kommen». Mit jeder der drei letztgenannten Äußerungen gibt man seinem Zuhörer einen mehr oder weniger guten Grund zur Annahme, daß man an der Tagung teilnimmt; man unterbreitet ihm einen Sachverhalt, und dann ist es an ihm, diesen zu beurteilen und entsprechend zu reagieren. Mit der ersten Aussage dagegen gebe ich dem Gegenüber das Recht, mit meiner Teilnahme fest zu rechnen. Die versprochene Zusage ist auf eine Weise bindend, wie es keine der anderen ist. Es besteht also ein qualitativer Unterschied zwischen der Äußerung «Ich verspreche, zu der Tagung zu kommen» und den andern drei Äußerungen, da durch das Versprechen eine ganz neue Situation geschaffen wird, in der eine Bindung an bestimmte zukünftige Handlungen, die Bereitschaft, mögliche Vorwürfe hinzunehmen, die Pflicht, sein Verhalten zu erklären und ähnliches enthalten ist. Die erste Äußerung hat somit ganz andere Konsequenzen als die drei konstativen Äußerungen.

Eine dritte Auffälligkeit, die es zu erwähnen gilt, liegt darin, daß durch eine konstative Äußerung dem Hörer die Möglichkeit eingeräumt wird, der Äußerung beizupflichten oder ihr zu widersprechen – etwa durch Gründe, die eine gegenteilige Aussage stützen. Eine solche Diskussion einer konstativen Äußerung ist im Fall der «Ich verspreche»-Äußerung nicht angebracht, während andere Formen von Einwänden durchaus sinnvoll sind: «Das kannst du doch gar nicht versprechen; du mußt doch erst eingeladen werden» oder «Wie kannst du das versprechen, wo du doch die Stadt verläßt, bevor die Tagung beginnt?». Kann man solchen Einwänden nichts entgegensetzen, so ist die eigene Äußerung sozusagen nichtig. Die Worte sind zwar gefallen; die Äußerung eines Versprechens bleibt aber ohne positives Ergebnis, wenn der Äußerungssituation nicht bestimmte Bedingungen zugrunde liegen, welche das Versprechen erst erfolgreich werden lassen. Wer beabsichtigt, vor der Tagung abzureisen, dessen Versprechen, an der Tagung teilzunehmen, ist nichtig.

Wie sind nun diese sprachlichen Unterschiede zwischen «Ich verspreche, zu der Tagung zu kommen» einerseits, konstativen Äußerungen andererseits zu erklären? Austin antwortet darauf, daß die erste Äußerung eine *Handlung* ist, nämlich das Abgeben eines Versprechens. Die Worte des Versprechens verhalten sich nicht in derselben Weise zur Handlung wie eine Beschreibung zur beschriebenen Tatsache: Sie sind vielmehr die Handlung selbst. Indem man sie ausspricht, schafft man eine Tatsache. Es ist unmöglich, zwischen Äußerung und Handlung zu unterscheiden. Die Äußerung «Ich verspreche, zu der Tagung zu kommen» und der Tatbestand des Versprechens sind ein und dasselbe. Bei der konstativen Äußerung «Ich stelle einen Scheck aus» dagegen besteht zwischen der Äußerung selbst und der Handlung des Scheckausfüllens offenkundig ein Unterschied.

Äußerungen, die Handlungen sind – wie «Ich verspreche, zu der Tagung zu kommen» –, bezeichnet Austin als *performative Äußerungen* (Handlungsäußerungen, Sprechakte). Wenn Wahrheit und Falschheit bei einer performativen Äußerung nicht zum Zuge kommen, so ist dies nach Austins Erklärung nicht verwunderlich, denn eine Handlung – im Unterschied zu ihrer Beschreibung, zum Beispiel «Ich versprach zu kommen» – kann nicht sinnvoll als wahr oder falsch bezeichnet werden. Der Unterschied zwischen «Ich verspreche zu kommen» und «Ich bin fest und unwiderruflich entschlossen zu kommen» ist nun klar, da die beiden Äußerungen sich zueinander genauso verhalten wie das Ausstellen eines Schecks zur Aussage, man habe sich zur Ausstellung eines Schecks entschlossen. Auch die erwähnte besondere Form der möglichen Kritik an einer performativen Äußerung bestätigt Austins Erklärung. Viele Handlungen, nicht zuletzt soziale Handlungen wie einen gültigen Scheck auszustellen oder ein Tor beim Fußball zu erzielen, sind nur unter bestimmten Voraussetzungen als Erfolg zu werten: Ein Scheck ist ungültig, wenn das Konto gesperrt ist, ein Tor, wenn vorher Abseits gepfiffen wurde.

Austin weist darauf hin, daß in der englischen und auch in der deutschen Sprache eine große Anzahl – mehr als eintausend – Verben mit der gleichen Eigenschaft wie «versprechen» vorkommen. Wenn eine Äußerung ein solches performatives Verb in der 1. Person, Gegenwart, enthält, dann ist diese Äußerung im Regelfall eine Handlungsäußerung: «Ich garantiere für die Gültigkeit dieses Schecks», «Ich warne dich davor, ihm zu vertrauen», «Ich wette um fünf Mark» und «Ich taufe dieses Schiff auf den Namen Hamburg». Unter einer explizit performativen Äußerung versteht Austin eine Handlungsäußerung mit einem performativen Verb, wobei er darauf hinweist, daß performative Äußerungen nicht immer explizit sind. Die Äußerung «Ich komme zu der Besprechung» kann der Sprechende durchaus als Versprechen meinen, sie hätte also den gleichen Status wie die explizite Formulierung «Ich verspreche...». Es muß aber nicht so sein, und sofern die Situation, in der die Äußerung fällt, aufgrund ganz besonderer Umstände nicht jede andere Interpretation ausschließt, kann der Sprechende immer berechtigterweise anführen, daß er keineswegs ein Versprechen abgegeben, sondern lediglich eine Vorhersage über seine Teilnahme an der Besprechung gemacht habe.

Alle Äußerungen sind Handlungen

In *How to Do Things with Words* (dt.: Zur Theorie der Sprechakte, einer Vorlesungsreihe an der Harvard-Universität im Jahre 1955, erschienen postum 1962) revidiert Austin seine eigene Unterscheidung zwischen konstativen und performativen Äußerungen. Wie die bisherigen Erläuterungen gezeigt haben, basiert die Unterscheidung zwischen diesen beiden Äußerungsarten – Äußerungen, die «sayings» sind, und solchen, die «doings» sind – auf der Differenzierung zwischen sprachlichen Äußerungen, mit denen man etwas sagt und solchen, mit denen man etwas tut. Diese Unterscheidung wird nun von Austin als unhaltbar aufgegeben, was aber nicht bedeutet, daß er damit auch seine Idee des Sprechaktes verwirft. Im Gegenteil, seine Begründung, weshalb er nicht länger zwischen Äußerungen, die keine Handlungen sind, und solchen, die Handlungen sind, unterscheidet, liegt gerade darin, daß Austin jetzt auch die Äußerungen, die er früher der ersten Kategorie (den Konstativa) zugeordnet hatte, bei näherer Betrachtung als Handlungsäußerungen erkennt. Eine Aussage zu machen oder eine Beschreibung zu geben muß ebenso als Sprechakt verstanden werden wie ein Versprechen abzugeben oder eine Maßregelung auszusprechen.

Der dieser revidierten Auffassung zugrunde liegende Gedankengang verdeutlicht sich anhand einiger neuer Begriffe, die Austin einführt, um die verschiedenen Arten von Sprechhandlungen klassifizieren zu können.[2] Stellen wir uns den Fall vor, in dem eine Person sagt: «Der Stier ist los.» Hier unterscheidet Austin zwischen drei verschiedenen Arten von Handlungen, die diese Person im Zusammenhang mit ihrer Äußerung ausführt. Die erste Handlung ist das Aussprechen eines sinnvollen Satzes, in diesem Fall «Der Stier ist los». Eine solche Handlung bezeichnet Austin als *lokutionären Akt* (Äußerungsakt). Zum zweiten kann es sein, daß der Sprechende mit seiner Auffassung den Zuhörer beeinflußt, ihn zum Beispiel glauben macht, der Stier sei los, ihn dazu bringt, davonzulaufen, ihn erschreckt oder was auch immer. Eine solche Sprechhandlung, die beim Zuhörer eine bestimmte Wirkung erzielt, bezeichnet Austin als *perlokutionären Akt* (Wirkung mittels Äußerung). Er zählt verschiedenste sprachliche Ausdrücke für derartige Handlungen auf: «überreden», «ermuntern», «trösten», «beschummeln», «belustigen», «langweilen», «inspirieren», «imponieren», «informieren», «kränken», «glauben machen, daß...», «dazu bringen, ...zu tun». Damit eine perlokutionäre Handlung als ausgeführt gelten kann, muß also eine bestimmte Wirkung als Ergebnis oder Konsequenz der Äußerung erzielt worden sein. Wenn also mein Zuhörer nicht neuen Mut gefaßt hat, habe ich ihn eben nicht ermuntert, so wie ich kein Wasser aufgewärmt habe, wenn dessen Temperatur nicht gestiegen ist.

Es gibt eine dritte Handlungsart, die gewissermaßen zwischen den beiden anderen liegt. In unserem Beispiel kann es sein, daß der Sprecher seinen Zuhörer warnt, daß der Stier los ist, oder daß er es ihm lediglich mitteilt oder daß er es ihm gegenüber zugibt. Eine solche Handlung unterscheidet sich insofern von einer lokutionären, als das Aussprechen der Äußerung allein nicht ausreicht, um sie auszuführen. Die gleiche Äußerung – «Der Stier ist los» – kann ja eine Warnung sein, eine Mitteilung, ein Geständnis oder etwas anderes. Sie unterscheidet sich von einem perlokutionären Akt insofern, als ihre erfolgreiche Ausführung keine besondere Wirkung beim Zuhörer zur Folge haben muß außer der, daß er versteht, daß die Äußerung als eine Warnung, Mitteilung oder sonstwie gemeint ist. Ist die Handlung eine Warnung, so kann es sein, daß der Zuhörer erschrickt, sich in acht nimmt oder gar die Flucht ergreift. Eine solche mögliche Wirkung aber ist ohne Bedeutung für die Frage, ob die Handlung erfolgreich ausgeführt wurde oder nicht: Die Warnung wurde gegeben, ob sie nun eine Wirkung hat oder nicht. Austin führt für Handlungen dieser Art die Bezeichnung *illokutionärer Akt* (Handlungsäußerung) ein. Eine solche Handlung kann schon als ausgeführt gelten, wenn die Äußerung unter den entsprechenden Umständen vorgebracht und auch verstanden wurde. Warnt man eine Person durch die Aussage «Der Stier ist los», so erfolgt diese Warnung allein aufgrund des sprachlichen Einsatzes, der Äußerung eben. Erschreckt man eine Person mit der gleichen Äußerung, so handelt es sich um den perlokutionären Akt, welcher die Wirkung bezeichnet, wozu die Warnung als der illokutionäre Akt das Mittel ist. Beispiele für Verben, mit denen sich illokutionäre Akte kennzeichnen lassen, sind leicht zu finden: Zu ihnen gehören: «versprechen», «danken», «auffordern», «maßregeln», «fragen», «vorhersagen», «bedauern», «erklären», «ersuchen», «beglückwünschen», «protestieren», «feststellen», «behaupten».

Die Aussage «Der Stier ist los» kann somit dreierlei bedeuten: Man gibt ein Beispiel für den sinnvollen deutschen Satz «Der Stier ist los» (lokutionärer Akt), man warnt seinen Zuhörer vor etwas Bestimmtem (illokutionärer Akt) oder man erschreckt seinen Zuhörer (perlokutionärer Akt). Die drei Handlungen sind zwar zu unterscheiden, hängen aber eng zusammen: Der lokutionäre Akt ist die Grundlage des illokutionären, der wiederum als Mittel für den perlokutionären dient. Die gemachte Äußerung kann dementsprechend als mehrdimensionale Größe bezeichnet werden: Sie hat einen bestimmten *lokutionären Inhalt* (die Eigenschaft, eine Äußerung mit dem Wortlaut «Der Stier ist los» zu sein), sie hat eine bestimmte *illokutionäre Kraft* (den Status einer Warnung), und sie hat einen bestimmten *perlokutionären Effekt* (die Wirkung auf den Gemütszustand des Zuhörers). Was den perlokutionären Effekt betrifft, so muß zwischen dem vom Sprecher beabsichtigten perlokutionären Effekt und dem tatsächlichen perlokutionären Effekt unterschieden werden, da die beiden nicht unbedingt übereinstimmen. Beispiel: «Habe ich dich erschreckt? Das wollte ich nicht. Ich wollte dich nur warnen, damit du dich in acht nimmst». Hier wird deutlich, daß eine Frage wie «Warum sagte jemand: ‹Der Stier ist los›?» Antworten in verschiedenen Dimensionen haben kann und daß sich zwei Äußerungen auf vielerlei verschiedene Arten zueinander verhalten können. So können sie den gleichen lokutionären Inhalt, unterschiedliche illokutionäre Kraft und den gleichen perlokutionären Effekt haben; oder unterschiedliche lokutionäre Inhalte, die gleiche illokutionäre Kraft und verschiedene perlokutionäre Effekte. Schließlich gilt es zu beachten, daß, obwohl eine gegebene Form illokutionärer Kraft oftmals oder im Regelfall mit einem bestimmten beabsichtigten perlokutionären Effekt gekoppelt ist, diese beiden dennoch voneinander unabhängig sind. Daß Warnungen in aller Regel ausgesprochen werden, um Vorsichtsmaßnahmen beim Zuhörer auszulösen, bedeutet nicht, daß eine Warnung nur dann eine Warnung ist, wenn sie in dieser Absicht ausgesprochen wurde. Beispiel: «Ich warne dich davor, mich im Schach herauszufordern!» Hier wird eine Herausforderung durch den Zuhörer vom Sprecher geradezu beabsichtigt.

Gelingensbedingungen

Mit dem Begriff des illokutionären Aktes erprobt Austin einen neuen Ansatz zur Festlegung des Begriffs Sprechakt. Ein Sprechakt ist ein illokutionärer Akt, das heißt ein Akt, der als ausgeführt gilt, wenn die Äußerung ausgesprochen und verstanden worden ist, jedoch weder nur aus dem Aussprechen der Äußerung besteht noch das Erzielen einer Wirkung mit Hilfe der Äußerung einschließt. Bei der ursprünglichen Unterscheidung zwischen konstativen und performativen Äußerungen ging es darum, daß es auf der Ebene des Sprechers – also beim Gebrauch der Sprache – gewisse Äußerungen gibt, mit denen Handlungen vollzogen werden, während andere nur beschreiben, was der Fall ist, so daß zwischen Äußerungen, die Sprechhandlungen sind, und solchen, die Sachverhalte beschreiben, unterschieden werden muß. Austins revidierte Theorie besagt nun aber neu, daß diese Unterscheidung aufzugeben ist und man davon ausgehen muß, daß jede verständliche Äußerung auch eine bestimmte illokutionäre Kraft beinhaltet und somit eine Handlungsäußerung ist. Was innerhalb der Kategorie der performativen Äußerungen eher die Ausnahme war, umfaßt nunmehr die Kategorie als ganze. Austins erster Nachweis von Sprechakten war eine Sammlung überwiegend ritueller bzw. zeremonieller Äußerungen – mit Ausdrücken wie «versprechen», «garantieren», «wetten» und «taufen» –, und unter dem Vorbehalt, diese und ähnliche Äußerungen würden immer unter bestimmten besonderen Umständen angewendet, hatte er dafür plädiert, sie als Handlungen anzusehen. Wenn er im Rahmen seiner neuen Theorie die konstativen Äußerungen nun auch der Kategorie der Sprechakte (illokutionäre Akte) zuordnet, dann eben deshalb, weil er jetzt erkannt hat, daß Behauptungen, Feststellungen und andere Formen von Aussagen über die Wirklichkeit genaugenommen in den gleichen Situationen angewendet werden wie Äußerungen, die Versprechungen, Namensgebungen und ähnliches sind.[3]

Im Mittelpunkt der Austinschen Diskussion über die Anwendungssituationen im Zusammenhang mit der illokutionären Kraft von Äußerungen stehen die sogenannten *Gelingensbedingungen* («felicity conditions»): Die Situationen, in denen die Äußerungen gemacht werden, müssen gewisse Bedingungen erfüllen, damit eine Äußerung mit einer bestimmten illokutionären Kraft als ein gelungener («happy» im Gegensatz zu «unhappy») illokutionärer Akt der betreffenden Art bezeichnet werden kann. Die allgemeinen Gelingensbedingungen können unter drei

Überschriften zusammengefaßt werden, von denen die erste die Bezeichnung *Vorbereitungsbedingungen* trägt.

Es ist sozusagen eine bestimmte Inszenierung erforderlich, damit ein Sprecher berechtigterweise eine Äußerung mit einer bestimmten illokutionären Kraft vorbringen darf. Der Sprecher muß das Recht oder die Autorität zum Ausführen der betreffenden Handlung besitzen, und im Regelfall muß die Situation, in der die Äußerung gemacht wird, besondere Komponenten enthalten. So kann nicht irgendeine Person einem Schiff einen Namen geben, indem sie sagt: «Ich taufe dich auf den Namen Hamburg»; vielmehr muß sie eine besondere Position innehaben, das Schiff muß vorhanden sein, und die Äußerung muß an einer bestimmten Stelle im Rahmen einer zuvor abgesprochenen Zeremonie gemacht werden. Ebenso ist es nicht angemessen, einem zufälligen Mitreisenden in der U-Bahn den Befehl zu erteilen: «Nehmen Sie die Hand aus der Tasche!» (wobei ich hierzu allerdings sehr wohl berechtigt bin, wenn die so angesprochene Person ihre Hand in meiner Tasche hat). Ein illokutionärer Akt, bei dem die Vorbereitungsbedingungen nicht erfüllt sind, ist zum Scheitern verurteilt. Austin bezeichnet ihn als Fehlschlag («misfire») und vergleicht seine Unwirksamkeit mit der eines Kaufvertrags über den Verkauf eines verschrotteten Autos. Dabei unterstreicht er insbesondere, daß auch Feststellungen dem Gebot der Vorbereitungsbedingungen unterliegen: Feststellungen müssen von irgend etwas handeln. Stellt jemand fest: «Alle Kinder des Nachbarn schlafen», obwohl der Nachbar tatsächlich kinderlos ist, so handelt es sich nach Austin weder um eine falsche Behauptung noch um eine Behauptung, die weder wahr noch falsch ist, sondern vielmehr um den ganz und gar mißlungenen Versuch, eine Feststellung zu machen. Eine zweite Vorbereitungsbedingung besagt, daß derjenige, der eine Aussage macht, Grund zu der Annahme haben muß, daß sein(e) Zuhörer das Gesagte noch nicht wissen, aber interessiert sind, es zu erfahren. Ohne eine relevante Grundlage kann man keine Aussage machen, man kann nur raten. Austin gibt das folgende Beispiel:

«Du vertraust mir an: ‹Ich langweile mich›, und ich antworte selbstsicher: ‹Tust du nicht!› Du sagst: ‹Was soll das heißen – ich langweile mich nicht? Mit welchem Recht äußerst du dich über meine Gefühle?› Ich sage: ‹Was soll *deine* Frage, welches Recht ich habe? Ich stelle lediglich fest, was du fühlst. Das ist alles. Ich kann mich natürlich irren. Na und? Zu einer einfachen Feststellung ist man ja wohl jederzeit berechtigt, oder?› – Nein, nicht immer: normalerweise kann ich mich nicht über dein Befinden äußern, es sei denn, du hast mir selbst etwas darüber erzählt.»[4]

Als nächstes sind nach Austin die *Aufrichtigkeitsbedingungen* zu erfüllen. Damit ist gemeint, daß der Sprecher bei illokutionären Akten bestimmte Absichten, Gefühle und Meinungen haben muß. Wer etwas verspricht, muß die Absicht haben, die versprochene Handlung auch auszuführen, und wer einen Befehl erteilt, muß den Wunsch haben, daß die befohlene Handlung auch ausgeführt wird. Wer einem anderen einen Rat erteilt, muß überzeugt sein, daß die Empfehlung dem anderen nützt, und wer jemanden zu etwas beglückwünscht, sollte dabei auch selbst Freude empfinden. Natürlich verhindern unerfüllte Aufrichtigkeitsbedingungen nicht ein Ausführen der Handlung, aber die Handlung ist mißlungen im Sinne eines Mißbrauchs («abuse») dieser Handlungsform als eines unabdingbaren Bestandteils menschlichen Zusammenlebens. In diese Kategorie gehören die leeren Versprechungen – mögen sie später gehalten oder gebrochen werden – und die Gratulationen mißgünstiger Neider. Die Forderung nach Aufrichtigkeit zielt auf die Wahrhaftigkeit, mit der eine Äußerung gemacht wird, wobei zu beachten ist, daß man nicht notwendigerweise etwas Wahres sagen muß, sondern vielmehr etwas, von dem man überzeugt ist, es sei wahr. Eine Aussage zu machen, von der man weiß, daß sie unwahr ist, ist ja gerade die Art von Mißbrauch, die als Lüge bezeichnet wird; vor Gericht, wo man geschworen hat, die Wahrheit zu sagen, erfüllt dieser Mißbrauch den Tatbestand des Meineids.

Als dritte und letzte sind die *essentiellen Bedingungen* zu nennen. Durch eine Äußerung mit einer bestimmten illokutionären Kraft geht man eine bestimmte Verpflichtung hinsichtlich gewisser Absichten, Gefühle und Meinungen ein. Wenn man zu einem späteren Zeitpunkt Aussagen macht oder Handlungen ausführt, die zu den früheren im Widerspruch stehen, macht man sich einer Verletzung dieser Verpflichtung schuldig. Durch eine Äußerung mit der illokutionären Kraft eines Versprechens gibt man zu erkennen, daß man sich zur Ausführung der entsprechenden Handlung verpflichtet. Eine Äußerung mit der illokutionären Kraft eines Befehls soll als tauglicher Versuch, jemanden zur Ausführung einer Handlung zu veranlassen, aufgefaßt werden. In beiden Fällen verpflichtet das Gesagte, da sein Sinn ja eben darin besteht, sich an zukünftige Handlungen und Aussagen zu binden. Eine Verletzung dieser Verpflichtung – etwa durch Nichteinhalten eines Versprechens – ist eine weitere Form des Mißbrauchs. Bei Behauptungen meint die essentielle Bedingung, daß der Sprecher kraft seiner Äußerung dafür einsteht, daß die vorgebrachte Äußerung eine korrekte Beschreibung eines vorliegenden Sachverhalts ist. Durch den illokutionären Akt einer Behauptung bindet man sich an eine Reihe von weiteren Äußerungen, an solche nämlich, die aus der Behauptung folgen. Gleichzeitig beraubt man sich der Möglichkeit, Äußerungen zu machen, die zu der ersten im Widerspruch stehen. Wenn man diese Anforderungen bewußt mißachtet, etwa indem man zwei unvereinbare Aussagen macht, dann verletzt man nicht nur eine Pflicht zur korrekten Aussage, sondern auch die soziale Institution der Sprache, die wir geschaffen haben, um Aussagen über die Wirklichkeit machen zu können.

Austins Darstellung der drei Bedingungen dient nicht nur zur Begründung seiner These, daß Behauptungen, Feststellungen und ähnliches illokutionäre Akte sind. Die drei Bedingungen präzisieren unter anderem den Unterschied zwischen der Ausführung eines lokutionären Aktes (die Äußerung «Ich verspreche, zu der Tagung zu kommen») und dem Ausführen des entsprechenden illokutionären Aktes (zu versprechen, zu der Tagung zu kommen).

Weiter oben wurde festgestellt, ein illokutionärer Akt sei eine Handlung, die als gut ausgeführt gilt, wenn die Äußerung abgegeben und verstanden worden ist. Allerdings reicht das Aussprechen der Äußerung allein nicht aus, um die Handlung auszuführen. Die Frage ist deshalb: Worin besteht das Mehr, das der Sprecher über das Aussprechen der Äußerung hinaus tun muß? Die Antwort lautet in aller Kürze: Er übernimmt die Gewähr dafür, daß die relevanten Gelingensbedingungen erfüllt sind. Durch seine Äußerung mit der bestimmten illokutionären Kraft übernimmt es der Sprecher, dafür einzustehen, daß die Gelingensbedingungen erfüllt sind – in unserem Beispiel also, daß es ihm möglich ist, zu der Tagung zu kommen; daß er die Absicht hat, zu der Tagung zu kommen; daß er glaubt, zu der Tagung zu kommen; daß der andere Wert darauf legt, daß er zu der Tagung kommt, und daß er sich mit seinem Wort verpflichtet hat, zu der Tagung zu kommen. Der Sprecher garantiert die Erfüllung der Bedingungen, er gibt dem Zuhörer das Recht, ihn zur Rechenschaft zu ziehen, ihn in die Pflicht zu nehmen, sofern eine oder mehrere Bedingungen nicht erfüllt werden. Die übergeordnete Bedingung dafür, daß der lokutionäre Akt des Sprechers auch als entsprechender illokutionärer Akt gelten kann, ist also nicht, daß die Gelingensbedingungen – ausgenommen die Vorbereitungsbedingungen – tatsächlich erfüllt sind, sondern daß der Sprecher die Gewähr dafür übernimmt, daß sie erfüllt sind. Daraus folgt, daß der Begriff des Sprechaktes wesentlich den Begriff des Mithandelns enthält: Im Gegensatz zu lokutionären und perlokutionären Akten können illokutionäre Akte gar nicht begriffen werden ohne den Hinweis, daß sie in einem intersubjektiven Zusammenhang ausgeführt werden. Daß einer für etwas die Gewähr übernimmt, macht nur Sinn, wenn eine zweite Person existiert, der gegenüber diese Gewähr ausgesprochen wird und die diese Garantie auch zur Kenntnis nimmt. Sprache ist somit ihrem Wesen nach eine soziale Aktivität, die ein Zusammenwirken mehrerer Personen voraussetzt.

Weitere Perspektiven der Theorie der Sprechakte

Die Arbeiten Austins fallen in eine Zeit, in der die philosophische Sprachauffassung durchgreifende Veränderungen erfuhr. Die vorherrschende Sprachauffassung der vorausgegangenen drei Jahrzehnte – die positivistische – wurde als unhaltbar kritisiert und die Umrisse einer neuen Auffassung abgesteckt. Die Theorie der Sprechakte trug entscheidend zu dieser Entwicklung bei.

Für die logischen Positivisten hat die Sprache zwei – und nur zwei – Funktionen, die grundlegend verschieden und eindeutig voneinander zu trennen sind. Einerseits dient die Sprache als Mittel, um die Wirklichkeit zu beschreiben, andererseits als Mittel, um Gefühle, Präferenzen, Wertungen und ähnliches auszudrücken. Jede sinnvolle Äußerung hat demzufolge den einen oder den anderen Sinn, nämlich einen empirischen (deskriptiven) oder einen emotiven. Andere Möglichkeiten gibt es nicht, wenn wir von den formalen Wahrheiten der Logik und der Mathematik absehen.

Daß die positivistische Ansicht falsch ist, belegt Austin, indem er die Existenz von Sprechakten nachweist: Die Äußerungen, die Sprechakte sind, sind absolut sinnvoll, können jedoch mit keinerlei Berechtigung nur der einen oder anderen positivistischen Kategorie zugeordnet werden. In diesem Punkt versagt also der Positivismus. Damit ist aber auch die Ablehnung der Positivisten, sprachliche Funktionen über die beiden genannten hinaus anzuerkennen, in Frage gestellt; denn wenn Sprechakte nicht weggedeutet werden können, muß die Sprache zahlreiche und verschiedenartige Funktionen haben. Eine Erläuterung dieser Funktionen setzt aber die Erkenntnis voraus, daß Sprache ihrem Wesen nach ein soziales Phänomen ist, eine Sphäre des menschlichen Miteinanders, so daß Sprache nur in ihrem Gebrauch durch Sprecher als handelnde Personen analysiert werden kann – Personen nota bene, deren Wissen, Absichten, Gefühle und Wertungen nicht getrennt und nur zwei Klassen – der deskriptiven und der emotiven – zugeordnet werden können, sondern vielmehr als eine Einheit begriffen werden müssen.

Austin teilt die Ehre, diesem Sprachverständnis zum Durchbruch verholfen zu haben, mit Ludwig Wittgenstein. Wie Austin weist auch Wittgenstein in seiner späteren Philosophie auf die vielfältigen Funktionen der Sprache hin, auf ihr Mitwirken bei der Strukturierung von Handlungsformen und sozialem Miteinander im allgemeinen, sowie im besonderen auf die Notwendigkeit, die Bedeutung von Äußerungen in den Termini jener Aktivitäten zu erklären, die die Äußerungen begleiten. Dabei weist die Darstellung Austins allerdings einen klaren Vorzug gegenüber derjenigen Wittgensteins auf. Die gemeinsame Einsicht, daß die Bedeutung von Äußerungen als Funktion des Gebrauchs, den ein Sprecher oder eine Sprecherin von ihnen macht, anzusehen ist, drückt Wittgenstein mit seinem Bild einer unbestimmten Anzahl von Sprachspielen aus, die nichts anderes gemeinsam haben, als daß sie im Rahmen menschlicher Lebensformen stattfinden, die im weitesten Sinne von sprachlichen Äußerungen begleitet sind. Damit droht aber die Möglichkeit einer systematischen Sprachtheorie gänzlich zu verschwimmen. Gerade hier, in der Aufgabe, die Bedeutung von sprachlichen Äußerungen systematisch zu klären, zeigt sich die große Stärke des Austinschen Begriffs des Sprechaktes (des illokutionären Aktes). Die illokutionären Akte kennzeichnen den Begriff der sprachlichen Akte am besten, weil sie normalerweise als ausgeführt gelten, wenn eine Äußerung vorgebracht und verstanden worden ist. Über das Sprachliche im engeren Sinn – die Äußerung – gehen sie hinaus, grenzen sich jedoch gleichzeitig eindeutig von der unüberschaubaren Menge der vielen zielgerichteten Aktivitäten ab, die vom Gebrauch der Sprache begleitet sind. Der Begriff des Sprechaktes eröffnet, wenn man so will, die Möglichkeit, aus dem großen, buntgewebten Tuch des allgemeinen sozialen Miteinanders quasi die sprachlichen Fäden aufzugreifen. Die Leistung Austins besteht somit darin, die Sprache dort zu plazieren, wo sie hingehört, in die soziale Wirklichkeit, jedoch so, daß man sie nicht aus den Augen verliert.

Auch in seiner Art zu philosophieren steht Austin in scharfem Gegensatz zu den Positivisten. Gehen diese nämlich an die Erklärung der Sprache mit vorgefaßten Theorien über deren Funktion und Beschaffenheit heran – Theorien aus der Logik und der Erkenntnistheorie –, so versucht Austin, die Sprache von innen heraus zu beschreiben, sie quasi selbst sprechen zu lassen. Mit Wendungen, Redensarten, Unterscheidungen und Begriffen hat die normale Sprache die Mittel, ihre eigene Funktion zu erläutern. Wir nutzen diese Mittel tagtäglich, um Situationen zu klären, in denen der Sprachgebrauch in irgendeiner Weise mißverständlich ist. Austins Vorgehensweise zielt nicht zuletzt darauf ab, die Sprache zu ihrem Recht kommen zu lassen. Es sind die Voraussetzungen unseres unreflektierten, alltäglichen Sprachgebrauchs, die Austin herauszustellen und zu systematisieren versucht. Diese Bereitschaft, Begriffe der Alltagssprache ernst zu nehmen, prägt nicht nur Austins philosophische Sprachtheorie, sondern seine Philosophie insgesamt: «Gewiß ist die normale Sprache (...) *nicht* das letzte Wort. Im Grunde kann man sie an jeder Stelle ergänzen, verbessern und ersetzen. Man darf nur nicht vergessen, daß sie tatsächlich das erste Wort ist.»[5]

Jørgen Husted

John Rogers Searle
Die Sprachregeln

Austins Klärung des Sprechaktbegriffs in *How to Do Things with Words* weist in Richtung zweier weiterer anspruchsvoller Aufgaben. Die eine ist das Aufstellen von Richtlinien für eine generelle systematische Untersuchung von Sprechakten sowie deren Durchführung. Die andere ist die Klärung der Beziehungen zwischen der Analyse von Sprechakten einerseits, der Analyse der Bedeutungen sprachlicher Ausdrücke andererseits. Mit dem frühen Tod Austins im Jahr 1960 ging die Arbeit auf andere über, und 1969 versuchte J. R. Searle (geb. 1932), ein Schüler Austins, dieses Erbe mit seinem Buch *Speech Acts* (Sprechakte) anzutreten.[6]

Um Richtlinien für die Analyse von Sprechakten zu bekommen, stellt Searle die Frage, ob sich über die allgemeine Beschaffenheit der Sprechakte mehr sagen läßt als bloß dies, daß sie mit dem Vorbringen von Äußerungen erfolgen. Seine Antwort ist, daß Sprechakte *regelbestimmte Handlungen* sind. Die Einführung dieses Begriffs nimmt ihren Ausgangspunkt in Austins Analyse des besonderen Status der Gelingensbedingungen, die in der Feststellung gipfelt, daß der Sprecher durch eine Äußerung mit einer bestimmten illokutionären Kraft die Gewähr übernimmt, daß die geforderten Bedingungen erfüllt sind. Searle weist nun darauf hin, daß die Garantie für die Erfüllung gewisser Bedingungen, die eine Person mit der Ausführung einer Handlung übernimmt, auch bedeutet, daß eine oder mehrere Regeln ins Spiel kommen: Daß die Person mit ihrer Handlung die Gewähr für die Erfüllung der Bedingungen übernimmt, bedeutet, daß sie ihre Handlung mit dem Wissen ausführt, daß sie Regeln unterliegt, deren Kenntnis Voraussetzung für eine Gewährleistung ist. Der Unterschied zwischen einem lokutionären Akt, etwa der Aussage «Ich verspreche zu kommen» und dem entsprechenden illokutionären Akt, der Abgabe eines Versprechens, ist – von dieser Warte aus betrachtet –, daß der lokutionäre Akt lediglich im Aussprechen der Äußerung besteht, der illokutionäre Akt jedoch im Aussprechen der Äußerung im Wissen darum, daß die Handlung an eine Regel gebunden ist, an die Regel etwa, daß die Aussage «Ich verspreche...» unter diesen und jenen Bedingungen als Abgabe eines Versprechens gilt.

Searle unterscheidet zwei Arten von Regeln. Die einen sind die, welche der Regelung von Aktivitäten dienen, die bereits unabhängig von den Regeln existieren, das heißt nicht durch sie konstituiert werden. Ein Beispiel dafür sind die Regeln für Anstands- und Umgangsformen: Durch sie werden gewisse intersubjektive Beziehungen geregelt, die aber unabhängig von diesen Regeln schon bestehen. Ein anderes Beispiel sind die Verkehrsregeln, die dafür sorgen, daß der unabhängig von ihnen bestehende Verkehr in geordneten Bahnen verläuft. Die zweite Art von Regeln regeln nicht nur, sondern schaffen oder definieren vielmehr neue Handlungsweisen. Dies gilt zum Beispiel für die Regeln des Fußballs, die neben ihrer regelnden Funktion in bezug auf die Spielaktivitäten auch dafür sorgen, daß ein eigentliches Fußballspiel überhaupt möglich ist und nicht nur ein planloses Balltreten. Fußballspielen beinhaltet eine Befolgung dieser Regeln, ohne die ein Fußballspiel nicht denkbar wäre. Regeln der ersten Art bezeichnet Searle als *regulative* Regeln, der zweiten Art als *konstitutive*.[7] In Zusammenhang mit dem Begriff der konstitutiven Regel unterscheidet Searle außerdem zwischen zwei Arten von Tatsachen: den *natürlichen* und den *institutionellen* Tatsachen.[8] Ihr Unterschied besteht darin, daß eine institutionelle Tatsache – im Gegensatz zu einer natürlichen – nicht festgestellt werden kann, ohne daß auf eine oder mehrere konstitutive Regeln hingewiesen wird. Wenn der Fußballverein A den Fußballverein B schlägt oder Frau X und Herr Y heiraten, dann sind dies institutionelle Tatsachen, weil auf die konstitutiven Regeln verwiesen werden muß, die die Institution des Fußballs beziehungsweise der Ehe definieren. Daß Gras grün ist oder daß der Jupiter zwölf Monde hat, sind dagegen natürliche Tatsachen.

Damit kann Searle seinen Grundgedanken darlegen: Sprechakte sind von Regeln bestimmt, genauer gesagt, sie sind gesteuert von konstitutiven Regeln, welche die sozialen Institutionen definieren – Abgabe von Versprechen, Vorbringen von Behauptungen, Erteilen von Befehlen –, in deren Rahmen sich der Gebrauch der Sprache als eine sinnvolle, soziale Aktivität entfaltet. Man könnte meinen – und viele glauben dies in der Tat –, Sprache sei ein konventionelles Mittel, um etwas zu tun, was im Prinzip auch ohne die Sprache möglich wäre, nämlich anderen unsere Gedanken, Wünsche, Gefühle und Handlungen mitzuteilen. Das wird von Searle entschieden bestritten. Sprechen erfolgt in Sprechakten, und Sprechakte sind Aktivitäten, die nur möglich sind aufgrund der konstitutiven Regeln der Sprache, der Sprache als Institution.

In *Speech Acts* führt Searle seinen Grundgedanken als zu überprüfende Hypothese ein.[9] Nach ihr müßte es also für bestimmte ausgewählte Sprechakte möglich sein, die ihnen zugrundeliegenden konstitutiven Regeln zu formulieren. Searle trifft deshalb eine kleine Auswahl von Sprechakten, wobei das Geben eines Versprechens einer der zentralsten ist. Seine Analysen zeigen zugleich, wie die Eigenarten der von konstitutiven Regeln gesteuerten Sprechakte für die generelle Untersuchung von Sprechakten richtungweisend und strukturierend wirken können. Der Kern von Searles Regeln für das Abgeben eines Versprechens kann kurz wie folgt wiedergegeben werden: *Regel I*: Die Äußerung «Ich verspreche, die Handlung X auszuführen» darf nur ausgesprochen werden, wenn der Zuhörer es vorziehen würde, daß der Sprecher X ausführte, und wenn der Sprecher selbst auch glaubt, daß der Zuhörer die Ausführung von X vorziehen würde. *Regel II*: Die Äußerung darf nur ausgesprochen werden, wenn es für den Sprecher und den Zuhörer nicht schon von vornherein klar ist, daß der Sprecher unter allen Umständen X ausführen wird. *Regel III*: Die Äußerung darf nur ausgesprochen werden, wenn der Sprecher die Absicht hat, X auszuführen. *Regel IV*: Mit der Äußerung gilt die Verpflichtung, X auszuführen, als angenommen.[10]

Es scheint zwar naheliegend und auch angemessen zu sagen, ein sprachlicher Ausdruck gewinne seine bestimmte Bedeutung aufgrund der semantischen Regeln, denen er für seine korrekte Anwendung unterliegt. In der Praxis aber erweist es sich als ungemein schwierig, solche Regeln zu formulieren, ja nur schon ihre allgemeine Beschaffenheit andeutungsweise zu beschreiben. Der Begriff einer semantischen Regel hat sich gegenüber jeglicher Analyse bisher als derart widerspenstig erwiesen, daß manche daraus den Schluß gezogen haben, es gebe solche Regeln überhaupt nicht. Wenn wir aber nicht allgemeinen Regeln für den Gebrauch sprachlicher Ausdrücke folgen, wie sollen wir uns dann die Tatsache erklären, daß wir mittels dieser Ausdrücke verständlich miteinander kommunizieren können?

Searles Antwort auf dieses Problem ist jedenfalls leicht nachvollziehbar. Wenn Sprechakte auf konstitutiven Regeln beruhen, dann beruht unser Verständnis der Bedeutung der in Sprechakten wie «versprechen», «behaupten», «ersuchen» verwendeten Verben auf unserem Wissen um die entsprechenden konstitutiven Regeln. Also sind die semantischen

Regeln – die man schon dadurch kennt, daß man die Ausdrücke versteht – gleich den konstitutiven Regeln, die die Sprechakte ermöglichen. Die semantische Analyse einer Sprache deckt sich also mit der Analyse der Sprechakte, in deren Realisierung Sprache besteht. Beide Analysen haben dieselben Regeln zum Gegenstand; denn die semantischen Regeln der Sprache sind bei genauer Betrachtung Regeln für sprachliches Handeln.[11]

Die verallgemeinernde Schlußfolgerung Searles ist schon schwieriger nachzuvollziehen. Selbst wenn er zu Recht behauptet, daß die semantischen Regeln für performative Verben wie «versprechen» mit den konstitutiven Regeln für Sprechakte identisch sind, so ist dies dennoch kein Grund zur Annahme, sämtliche semantischen Regeln – etwa für Ausdrücke wie «Pferd» oder «kein» – seien von derselben Art. In der Tat gibt Searle selbst nur Beispiele von Regeln für performative Verben.

Die Beziehung zwischen der Analyse der Sprechakte und der der sprachlichen Bedeutung muß also als nicht geklärt angesehen werden. Searles Auffassung, der Begriff des Sprechaktes sei der Schlüssel zum Begriff der sprachlichen Bedeutung, wäre bei Austin kaum auf Gegenliebe gestoßen. Es besteht Grund zur Annahme, daß Austin selbst – ebenso wie H. P. Grice und P. F. Strawson, die beide die Sprechakttheorie in eine neue Richtung weiterentwickelt haben – die beiden Analysen als sich gegenseitig ergänzend und nicht als identisch angesehen haben würde.[12] Die Diskussion darüber sowie über eine Reihe weiterer ungeklärter Punkte der Sprechakttheorie ist mit großem Engagement weitergeführt worden. Auch wenn die Meinungsverschiedenheiten zuweilen sehr groß und nachhaltig gewesen sind, steht fest, daß der Begriff des Sprechaktes als solcher aus der philosophischen Diskussion nicht mehr wegzudenken ist.

Texte

Austin, J. L.: How to Do Things with Words. Oxford 1962 (dt. Zur Theorie der Sprechakte. Stuttgart 1979) *(= ZTS)*.

–: Philosophical Papers. 2. Aufl. Oxford 1970 *(= PP)* (dt. Wort und Bedeutung. München 1975) *(= WB)*.

–: Sense and Sensibilia. Oxford 1962 (dt. Sinn und Sinneserfahrung. Stuttgart 1986).

Searle, J. R.: Speech Acts. Cambridge 1969 (dt. Sprechakte. Ein sprachphilosophischer Essay. 2. Aufl. Frankfurt/M. 1986) *(= SA)*.
– (ed.): The Philosophy of Language. Oxford 1971.
–: Expression and Meaning. Studies in the Theory of Speech Acts. Cambridge 1979 (dt. Ausdruck und Bedeutung. Untersuchung zur Sprechakttheorie. Frankfurt/M. 1982).
–: Minds, Brains and Science. Cambridge 1984 (dt. Geist, Gehirn und Wissenschaft. Frankfurt/M. 1989).
–: Vanderveken, D.: Foundations of Illocutionary Logic. Cambridge etc. 1985.

Literatur

Alston, W. P.: Philosophy of Language. Englewood Cliffs (N. Y.) 1964.
Berlin, I.: J. L. Austin and the Early Beginning of Oxford Philosophy. In: Personal Impressions, S. 101–115. London 1980.
Bremerich-Vos, A.: Zur Kritik der Sprechakttheorie. Austin und Searle. Weinheim/Basel 1981.
Burkhardt, A.: Speech Acts, Meaning and Intentions. Critical Approaches to the Philosophy of John R. Searle. Berlin/New York 1990.
Di Giovanna, J. J.: Linguistic Phenomenology. Philosophical Method in J. L. Austin. New York/Bern/Frankfurt 1989.
Fann, K. T. (Hg.): Symposium on J. L. Austin. Oxford 1969.
Furberg, M.: Saying and Meaning. A Main Theme in J. L. Austins Philosophy. Oxford 1971.
Harrison, B.: An Introduction to the Philosophy of Language. London 1979.
Krome, H.-J.: Referenzsemantik und Pragmatik bei Wittgenstein und Searle. Untersuchungen zu einer pragmatischen Theorie der singulär bestimmten Referenz. Marburg/Lahn 1979.
Lepore, E./Van Gulick, R. (eds.): John Searle and his Critics. Cambridge 1991.
Nolte, R. B.: Einführung in die Sprechakttheorie John R. Searles. Darstellung und Prüfung am Beispiel der Ethik. Freiburg/München 1978.
Ohler, M.: Sprache und ihre Begründung. Wittgenstein contra Searle. Köln 1988.
Schiffer, S.: Meaning. Oxford 1972.
Wörner, M. H.: Performatives und sprachliches Handeln. Ein Beitrag zu J. L. Austins Theorie der Sprechakte. Hamburg 1977.

Anmerkungen

1 Austin, J. L.: Other Minds. In: Proceedings of the Aristotelian Society, Supplementary Volume XX, 1946. Reprint in: Austin, *PP*, S. 76–116. Dt.: Austin, *WB*, S. 55–102.
2 Austin, *ZTS*, 8.–10. Vorlesung.
3 Austin, *ZTS*, 11. Vorlesung.
4 Austin, J. L.: Performative – Constative. In: Searle, J. R. (ed.): The Philosophy of Language. Oxford 1971, S. 20.
5 Austin, *WB*, S. 190.
6 Eine kurze und klare Darstellung von Searles Theorie findet sich in seinem Artikel «What is a Speech Act?» (1965), wiederabgedruckt in: Searle 1971, S. 39–53.
7 Searle, *SA*, S. 54–68.
8 Searle, *SA*, S. 78–83.
9 Searle, *SA*, S. 59–68.
10 Searle, *SA*, 3. Kapitel.
11 Searle, *SA*, S. 32 ff.
12 Strawson, *P. F.*: Intention and Convention in Speech Acts (1964); und Grice, H. P.: Utterer's Meaning, Sentence-Meaning, and Word-Meaning (1968), beide wiederabgedruckt in Searle 1971.

4. *PHILOSOPHIE DES GEISTES UND PHILOSOPHIE DER GESCHICHTE*

Jan Riis Flor

Gilbert Ryle
Bewußtseinsphilosophie

Die Oxford-Philosophie

Die analytische Philosophie der Nachkriegszeit bis Mitte der 60er Jahre ist nicht durch eine einzelne Schule oder Bewegung geprägt; dennoch weist ein großer Teil dieser Denkrichtung gemeinsame Züge auf bezüglich ihrer Leistungsfähigkeit sowie der Art und Weise, Probleme zu formulieren und zu behandeln. Zuweilen wird diese philosophische Strömung als Alltagssprachphilosophie oder Oxford-Philosophie bezeichnet.

Bis zu einem gewissen Grad beruhen die genannten Übereinstimmungen auf einer gemeinsamen Ablehnung des logischen Positivismus. Waren die logischen Positivisten vor allem mit der Analyse naturwissenschaftlicher Methoden und Theorien beschäftigt, so befaßt sich der Alltagssprachphilosoph nur wenig mit diesem Problem. Seinen Ausgangspunkt bilden häufig die Standpunkte anderer Philosophen, besonders dann, wenn sie zum sogenannten gesunden Menschenverstand in Widerspruch zu stehen scheinen oder sich nicht mit Hilfe der Umgangssprache formulieren lassen. In dieser Hinsicht lehnt sich die Alltagssprachphilosophie viel eher an Moore als an Russell an. Außerdem erachteten die logischen Positivisten es als wesentlich, bei ihren Analysen die moderne formale Logik einzusetzen; die Alltagssprachphilosophen vertreten dagegen die Auffassung, es sei von größerer Wichtigkeit, die nichtformale Logik der Alltagssprache in den Bereichen offenzulegen, in denen man gemeinhin davon ausgehen könne, daß die entwickelten formalen Systeme sie nicht erfassen. Erwähnt werden muß schließlich noch, daß sich der logische Positivismus ausgesprochen antimetaphysisch gibt, die Alltagssprachphilosophie ihrem eigenen Selbstverständnis nach eher ametaphysisch, was für zahlreiche Alltagssprachphilosophen dazu führte, den logischen Positivismus seinerseits als dogmatische Metaphysik anzusehen.[1] Weitgehend im Einklang miteinander stehen die Alltagssprachphilosophie und der logische Positivismus dagegen in ihrer Ablehnung vieler traditioneller philosophischer Probleme und philosophischer Systeme als Ausdruck eines grundsätzlichen Mißverständnisses der sprachlichen Logik.

Innerhalb der britischen Philosophie verlagerte sich das Zentrum in der Nachkriegszeit von Cambridge nach Oxford. Zwar hatten Moore und Wittgenstein, die wichtigsten Verfechter der Alltagssprachphilosophie, früher in Cambridge gearbeitet; die bekanntesten Philosophen dieser Periode und Strömung haben jedoch ihr Wirkungsfeld später nach Oxford verlegt.

Ein Geist verschwindet

Eines der Gebiete, auf dem die Alltagssprachphilosophie die größte Aktivität entwickelt hat, ist die ‹Philosophy of Mind› (Bewußtseinsphilosophie). In einer Vielzahl von Werken und Artikeln wurde versucht, Gefühle, Absichten, Willen, Träume, Gedächtnis, Vorstellungsbilder begrifflich zu fassen und zu charakterisieren. Seinen Ursprung hat dieses Interesse in Wittgensteins späterer Beschäftigung mit der Alltagssprache.

Im Zentrum der Debatte – sozusagen als konstruktiver Ausgangspunkt und polemischer Prügelknabe zugleich – stand das Buch von Gilbert Ryle, *The Concept of Mind* (dt.: Der Begriff des Geistes), das 1949 erschien. Ryle (1900–1976) studierte in Oxford klassische Sprachen und Philosophie. 1945 wurde er Professor in Oxford. In den 30er Jahren veröffentlichte er mehrere beeindruckende Aufsätze, und 1954 erschien die Aufsatzsammlung *Dilemmas*, in der er aufzeigt, wie man philosophische Paradoxe oder Begriffskonflikte lösen bzw. auflösen kann. 1966 gab er ein Buch über Platon, *Plato's Progress*, heraus. In den Jahren 1948 bis

1971 war er Herausgeber der Zeitschrift *Mind*, die zumindest zu dieser Zeit als das Flaggschiff der britischen Philosophie schlechthin galt. Seine wichtigsten philosophischen Leistungen hat Ryle jedoch eindeutig im Bereich der Analyse des Bewußtseinsbegriffs erbracht.

The Concept of Mind hat eine destruktive wie eine konstruktive Zielsetzung. Destruktiv ist die Zurückweisung des dualistischen Menschenbildes, das 300 Jahre vorherrschte. Nach dieser Auffassung besteht der Mensch aus zwei wesensverschiedenen Teilen, nämlich Geist und Körper. Der Körper läßt sich im Prinzip in der gleichen Weise physisch beschreiben und begreifen wie Maschinen oder die Bewegung der Planeten. Der Geist dagegen läßt sich so nicht fassen. Die Frage, wie Geist überhaupt zu verstehen und zu beschreiben und welche Art von Verbindung zwischen Körper und Seele bzw. Geist denkbar sei, gehört denn auch zu den schwierigsten philosophischen Problemen der Neuzeit. Im konstruktiven Teil seines Buchs beschreibt Ryle, wie man auf eine logisch befriedigende Weise die Bedingungen bestimmen kann, die uns erlauben, Menschen als eitel, schüchtern, dumm oder schlau, feinfühlend oder witzig zu beschreiben und zu beurteilen. Ryle versucht so zu klären, wie unsere Begriffe von Gefühlen, von Intelligenz, Wille, Motiven, Vorstellungen und damit verwandte Begriffe sich zueinander verhalten, so daß keine logischen Widersprüche oder absurde Konsequenzen entstehen.

Das dualistische Menschenbild bezeichnet Ryle polemisch als Cartesianischen Mythos oder als das Dogma des Gespenstes in der Maschine. Dieses Dogma läßt sich nach Ryle wie folgt charakterisieren:
- Der Körper ist in Zeit und Raum, der Geist ist nur in der Zeit.
- Der Körper läßt sich mechanisch beschreiben, der Geist nicht.
- Der Körper ist öffentlich beobachtbar, der Geist ist privat.
- Eine Person hat aufgrund der Introspektion und der Evidenz ihres Bewußtseins eine unmittelbare Kenntnis über ihr eigenes seelisches und geistiges Leben, wohingegen das seelische und geistige Leben anderer Personen niemals unmittelbar zugänglich sein kann.
- Der Geist wird als Summe von inneren Prozessen und Zuständen aufgefaßt, die ihrerseits körperliche Prozesse bzw. Tätigkeiten und Zustände verursachen können.[2]

Ryle betont, daß die Formulierung und Verbreitung der dualistischen Auffassung unter anderem mit der Herausbildung der mechanistischen Naturauffassung seit der Renaissance zusammenhänge. Dieses Naturverständnis geht grundsätzlich davon aus, daß alle Vorgänge in der Natur letztlich in der Sprache der Mechanik angemessen beschreibbar seien. Jenen Philosophen aber, die daran zweifelten, daß es möglich sei, Menschen auf diese Weise umfassend zu beschreiben, stellte sich die Frage, worin denn der Unterschied zwischen Tieren und Maschinen einerseits und dem Menschen andererseits bestehe. Die Behauptung lag nahe, daß Bewegungen und Zustände des als Maschine verstandenen Körpers auf Ursachen zurückzuführen seien, die als nicht-körperliche, nämlich mentale Prozesse verstanden werden müssen. Diese Auffassung gibt Anlaß zu drei Fragen:

Zum ersten stellt sich die Frage, wie man diese besonderen mentalen Prozesse und Zustände überhaupt beschreiben und verstehen soll, da das akzeptierte Paradigma für Erklärungen eben mechanischer Art ist. Es lag nahe, dieses Problem durch Übertragen des mechanischen Paradigmas auf den Bereich der Seele zu lösen. Dies führte zu einer quasi-mechanischen Theorie einer ‹Seelenmaschinerie›. Diese Versuche erwiesen sich jedoch über weite Strecken als vage Spekulationen, Begriffsverwirrungen und unpräzise metaphorische Redeweisen.

Zum zweiten stellt sich bezüglich des Zusammenhangs zwischen der vermuteten ‹Seelenmaschinerie› und der körperlichen Maschine das Problem, daß ihre Relation entweder als mechanisch oder als quasimechanisch zu verstehen ist. Eine dritte Erklärungsmöglichkeit gilt als ausgeschlossen. Aber welcher Auffassung man auch folgt: Man benennt das Problem damit nur, löst es aber nicht; denn die Frage bleibt offen, wie das möglich sein soll, da sich die beiden Modelle der Ursachenerklärung gegenseitig ausschließen: auf mechanische Prozesse können keine quasimechanischen einwirken und umgekehrt.

Zum dritten stellt sich die Frage, wie eine Person überhaupt imstande sein soll, das Seelenleben anderer zu erkennen. Nach dem dualistischen Menschenbild ist das Seelenleben etwas ausschließlich Privates, das von niemandem direkt wahrgenommen werden kann außer von der Person selbst. Es wird schwierig zu verstehen sein, wie eine Person überhaupt wissen kann, ob andere Wesen im Besitz einer Seele oder eines Bewußtseins sind.[3]

Kategorienfehler

Nach Ryles Auffassung ist das cartesianisch-dualistische Bild im Grundsatz fehlerhaft, so daß auch die Probleme, die aus dieser Zweiteilung entstehen, ein Ausdruck von Mißverständnissen sind. Er stellt das dualistische Verständnis als eine Auffassung dar, die auf einer Anzahl sogenannter Kategorienfehler beruht. Was Ryle damit meint, läßt sich am besten anhand seiner eigenen Darstellungen aufzeigen. Einer Person, die zum erstenmal ein Fußballspiel verfolgt, wird erklärt, welche Bedeutung die verschiedenen Gerätschaften und Akteure für das Spiel haben. Sie lernt, welche Funktionen der Torwart, der Libero, die Verteidiger, der Schiedsrichter, die Linienrichter haben und welchem Zweck die Torpfosten, die Eckfahnen, der Ball und die Linien auf dem Spielfeld dienen. Wenn diese Person dann sagt: «Nun habe ich verstanden, welche Bedeutung die verschiedenen Personen und Utensilien haben; wer oder was übt aber den Team-Geist aus, von dem ich gehört habe, daß er so wichtig sei?», dann ist dies ein Ausdruck für einen Kategorienfehler. Mannschaftsgeist zu zeigen oder auszuüben ist nicht eine Funktion, die auf gleicher Ebene liegt wie ein Torabstoß, eine Steilvorlage, ein Torschuß, sich freilaufen, eine Verwarnung entgegennehmen. Es sind unterschiedliche Vorgänge und Tätigkeiten. Ein Spieler kann sich in einer bestimmten Situation mannschaftsdienlich verhalten, indem er den Ball seinem Mitspieler, der sich in aussichtsreicher Torschußposition befindet, vorlegt, anstatt zu versuchen, sich durch ein Dribbling selbst in eine Schußposition zu bringen. Damit hat der Spieler jedoch nicht zwei Tätigkeiten ausgeführt: zum einen die Vorlage, zum anderen das mannschaftsdienliche Verhalten. Der Spieler hat vielmehr nur eine Tätigkeit ausgeführt, diese allerdings in einer bestimmten Weise.

Ein anderes Beispiel mag verdeutlichen, wie eine Person, die fähig ist, eine Reihe von Begriffen anzuwenden, dennoch einen Kategorienfehler begehen kann, wenn sie überlegt, wie diese Begriffe logisch zu plazieren sind. Eine Person kann beispielsweise lernen, welche Unterschiede zwischen der britischen, der amerikanischen und der deutschen Verfassung bestehen. Sie kann Unterschiede in Regierung, Parlament und Gerichtsbarkeit und deren Zusammenwirken feststellen. Es macht also Sinn, sie zu fragen, wann das deutsche Grundgesetz verfaßt wurde und wie eine bestimmte Regierung zustande gekommen ist. Möglicherweise wird die Person den Begriff des deutschen Grundgesetzes jedoch logisch-fehlerhaft plazieren, etwa wenn sie sich darüber wundern würde, warum man nicht danach fragen kann, welche Personen im deutschen Grundgesetz sitzen, während es doch durchaus Sinn macht zu fragen, welche Personen in einer bestimmten Regierung sitzen. Diese Person hätte nicht verstanden, daß das deutsche Grundgesetz keine Institution gleichen Typs oder der gleichen Kategorie ist wie die Regierung, die Gerichte oder das Parlament. Solange eine Person diesen Kategorienfehler begeht, wird sie dazu neigen, das deutsche Grundgesetz als ein Gegenstück zu Institutionen wie Gerichten und Parlament zu verstehen; nur wäre das ein Gegenstück eigener, mystischer Art.[4]

Auf ähnliche Weise, behauptet Ryle, sei das cartesianisch-dualistische Bild Ausdruck für eine Reihe von Kategorienfehlern. Man habe zwar richtig erkannt, daß Gedankengänge, Gefühle und zielgerichtete Handlungen einer Person nicht allein auf naturwissenschaftliche Weise beschrieben werden könnten, habe daraus jedoch den irrtümlichen Schluß gezogen, sie müßten demnach als ihr Gegenstück beschrieben werden. Ebenso, wie der menschliche Körper eine Einheit von komplexem Aufbau sei, sei der Geist oder die Seele eine komplex organisierte Einheit von anderer Art und aus anderem ‹Stoff› und lasse bestenfalls eine quasimechanische Beschreibung zu.[5]

Als Alternative dazu versucht Ryle aufzuzeigen, daß bewußte, normal denkende, fühlende und handelnde Menschen Träger sind von einer Reihe mehr oder weniger komplexer *Dispositionen* – Verständnis, Fertigkeiten, Charakterzüge – und daß ihre Handlungen solche Dispositionen exemplarisch zum Ausdruck bringen. Das bedeutet, daß Aussagen über das Bewußtsein einer Person keine Aussagen darüber sind, was sich in ihrer privaten ‹seelischen Substanz› oder ihrem ‹inneren Theater› abspielt, sondern nur darüber, wie diese inneren Prozesse im Leben der betreffenden Person organisiert sind. Diese inneren Prozesse sind von Mensch zu Mensch verschieden, was auf ihre unterschiedlichen Dispositionen zurückzuführen ist.

Logisch betrachtet bedeutet dieser Standpunkt, daß Aussagen über die geistigen Zustände oder Akte einer Person in Form von hypothetischen Sätzen oder einer Mischung aus hypothetischen und kategorischen Sätzen erfolgen.[6] Hypothetische Sätze werden in Wenn-dann-Sätzen formuliert: «Wenn im Sommer die Sonne lange scheint, dann wird der Asphalt weich», «Wenn die Pflanzen kein Wasser bekommen, dann gehen sie ein». Bei kategorischen Aussagen handelt es sich jeweils um Berichte über Ereignisse oder Zustände: «Sie trug ein rotes Kleid», «Der Zug fuhr unter der Brücke durch». Bei der Beschreibung einer Disposition wird nichts beschrieben, das sich aktuell ereignete oder das irgendwo stattfände. Es wird lediglich festgestellt, daß bestimmte Ereignisse unter bestimmten Bedingungen eintreten werden.

Ein einfaches Beispiel für eine Disposition ist die Elastizität einer Feder. Sie ist kein Vorgang, sondern ein Sachverhalt, nämlich der, daß die Feder unter normalen Druck- und Temperaturverhältnissen in ihre ursprüngliche Form zurückgehen wird, nachdem sie bis zu einem gewissen Grad gespannt wurde. Aussagen, mit denen einem Ding oder einem Lebewesen eine Disposition zugeschrieben wird, können daher in hypothetischen Sätzen ausgedrückt werden: Wenn unter bestimmten Bedingungen bestimmte Ereignisse eintreten, dann wird sich dieses oder jenes ereignen.

Theorie als eine Form von Praxis

Ryles Buch über den Bewußtseinsbegriff konzentriert sich auf die Analyse einer Reihe wichtiger mentaler Begriffe – Wissen, Können, Absichten, Motive, Gefühle, Stimmungen, Ich, Empfindungen, Vorstellungen, Denken –, wobei die erwähnten destruktiven und konstruktiven Anliegen des Buches immer wieder zutage treten: Ryle versucht aufzuzeigen, daß diese Begriffe, wenn sie aus einem dualistischen Verständnis heraus aufgefaßt werden, zu einer Reihe von unüberwindbaren Absurditäten führen. Als Alternative kann er eine bis zu einem gewissen Grad widerspruchsfreie, mit seiner Grundhaltung übereinstimmende Darstellung mentaler Begriffe liefern. In dieser Hinsicht ist die Rylesche Vorgehensweise völlig traditionell. Das Werk wird der Alltagssprach- bzw. Oxford-Philosophie zugerechnet, weil Ryle über weite Strecken den Versuch unternimmt, die vermuteten Absurditäten dadurch auszuräumen und seine eigenen positiven Schlußfolgerungen dadurch zu beweisen, daß er auf das hinweist, was im Rahmen einer normalen Sprachanwendung sinnvollerweise gesagt und was nicht gesagt werden kann.

Ryles Auffassung und Argumentation kann anhand seiner Analyse der Begriffe ‹Wissen› und ‹Können› veranschaulicht werden. Ein Grundstein des cartesianisch-dualistischen Bildes ist das, was Ryle als intellektualistische Legende bezeichnet. Üblicherweise wird der Unterschied zwischen Menschen und Dingen oder Tieren in erster Linie darin gesehen, daß der Mensch denken kann. Gegen diese Aussage hat Ryle an sich nichts einzuwenden. Er hat jedoch Bedenken gegen die Art und

Weise, in der sie innerhalb der cartesianischen Tradition verstanden wird. Denken wird dort nämlich weitgehend mit Theoretisieren gleichgesetzt, das heißt, im wesentlichen als eine private, stille und innere Aktivität verstanden. Darüber hinaus geht diese ‹Legende› von der Annahme aus, daß Handlungen nur dann intelligent ausgeführt werden können, wenn ihnen eine theoretische, intellektuelle Leistung zugrunde liegt bzw. wenn sie eine solche begleitet.[7] Durch diese intellektuelle Leistung wird die Wahrheit von Aussagen oder die Richtigkeit von Normen eingesehen, und die korrekte bzw. inkorrekte Umsetzung dieser Leistung ist entscheidend dafür, ob sich eine praktische Handlung – ein Hausbau, das Kochen, das Führen eines Schiffes – als intelligent oder nichtintelligent erweist. So kann beispielsweise die Tätigkeit des Kochens, dualistischen Vorstellungen nach, nur dann als tüchtig, sorgfältig, langweilig oder von mangelndem Erfindergeist zeugend bewertet werden, wenn sie als Tandem-Tätigkeit aufgefaßt wird, bei der der theoretische Teil der Tätigkeit privat, der praktische Teil dagegen öffentlich ist. Die Tätigkeiten, die der Koch im Rahmen seiner sorgfältigen oder phantasielosen Zubereitung von Speisen ausführt, müssen also verursacht und motiviert sein von einer parallel laufenden Einsicht (oder eben ihrem Fehlen) in die Eigenschaften von Kochgeräten und Speisen, Rezepten und ihrer Handhabung. Entsprechend müssen auch alle anderen intelligenten oder nicht-intelligenten Handlungen aus zwei Arten von Tätigkeit bestehen.[8]

Vor diesem Hintergrund versucht Ryle aufzuzeigen, daß durch die intellektualistische Legende die Dinge auf den Kopf gestellt werden: Können (das Gewußt-wie) kann nicht von theoretischer Einsicht bestimmt sein (Wissen, daß dies oder jenes gilt); theoretische Einsicht ist selbst eine Form von Praxis und kann selbst intelligent oder nichtintelligent sein.[9] Ryle führt zwei Argumente gegen diese Zweiteilung von Handlungen ins Feld. Erstens ist es wenig plausibel, daß jede beliebige Handlung, bei der Intelligenz oder ihr Mangel demonstriert werden kann, die Betrachtung von theoretischen Aussagen, Normen oder Regeln mit einschließen soll. In zahlreichen Fällen schenken wir diesem theoretischen Teil zumindest keine Beachtung. Überdies gibt es viele Handlungen, für die es keine formulierten Regeln oder Kriterien für eine intelligente Ausführung gibt.

Eine witzige Person wird beispielsweise meist nicht imstande sein, die Regeln zu formulieren, aufgrund deren sie Witziges zustande bringt oder etwas als witzig beurteilt. Sie ist aber trotzdem in der Lage, in passenden Situationen gute Witze zu erzählen und schlechte zu erkennen.[10]

Der zweite Einwand ist das sogenannte Argument des unendlichen Regresses, eine Argumentationsform, die Ryle in *The Concept of Mind* häufig anwendet. Das Argument hat folgenden Aufbau. Gemäß dualistischer Vorstellung setzt eine intelligente Handlung voraus, daß es zuerst eine theoretische Betrachtung von Aussagen, Normen oder Regeln gegeben hat, aufgrund deren dann die Aktivität ausgeführt wird. Diese Betrachtung aber ist selbst eine Handlung, die mehr oder weniger intelligent sein kann. Daraus folgt, daß eine zweite, vorgeschaltete, theoretische Betrachtung der theoretischen Betrachtung nötig sein wird. Die Operation der zweiten Ordnung ist aber ihrerseits wieder eine Handlung, die mehr oder weniger intelligent ausgeführt werden kann. Demzufolge müßte eine intellektuelle Betrachtung der dritten Ordnung erfolgen. Dies würde schließlich dazu führen, daß der Handelnde unendlich viele theoretische Abklärungen immer höherer Ordnung durchführen müßte, um überhaupt irgendeine intelligente Handlung ausführen zu können. Dies aber führt in einen absurden unendlichen Regreß.[11]

Dispositionen und Handlungen

Wissen, Können und Verstehen sind keine gespensterhaften Prozesse oder Handlungen. Sie sind vielmehr eine lange Folge mehr oder weniger komplexer Dispositionen. Ryle will damit nicht bestreiten, daß es geistige Akte oder Prozesse gibt. Sie sind jene Handlungen oder Zustände, in denen sich mentale Dispositionen wie Können und Verstehen manifestieren. Solche geistigen Handlungen lassen sich also als Manifestationen bestimmter Dispositionen beschreiben: «Sie führte das Kraftfahrzeug mit großer Umsicht», «Er fällte die Bäume mit Bedacht». Diese Beschreibungen haben weder die Form reiner kategorischer Sätze noch die reiner Konditionalsätze; sie sind vielmehr eine Mischform. Sie geben sowohl an, daß ein Ereignis stattfindet, als auch, daß es als Manifestation einer bestimmten Disposition stattfindet. Beschreibungen dieser Art enthalten somit ein erläuterndes und ein vorhersagendes Element. Hierin unterscheiden sich Beschreibungen mentaler Ereignisse nicht von Beschreibungen anderer Ereignisse: Sie sind beide Manifestationen von Dispositionen. Die Aussage «Dieser Storch zieht jetzt nach Süden» gibt eine Teilerklärung dafür, weshalb der Storch sich südwärts bewegt (er bewegt sich südwärts, weil er ein Zugvogel ist und somit gewisse Dispositionen hat) wie auch eine Vorhersage darüber, wie der Storch sich verhalten wird, wenn bestimmte Umstände eintreten. In diesem Beispiel liegt es kaum nahe, die Erklärung als eine ursächliche aufzufassen, also als eine jenes Typs, bei dem ein Ereignis (die Ursache) das andere Ereignis (die Wirkung) erklärt. Es wird einem auch kaum eine Fehlplazierung des erklärenden Elements – nämlich in der Kategorie Ereignis statt in der Kategorie Disposition – unterlaufen. Ryle ist aber der Ansicht, daß ein dualistischer Standpunkt einen solchen Kategorienfehler in bezug auf die erklärenden Beschreibungen mentaler Ereignisse begeht. Der Unterschied zwischen mentalen Dispositionen und Ereignissen und anderen Dispositionen und Ereignissen besteht laut Ryle unter anderem darin, daß mentale Dispositionen durch einen Lernprozeß angeeignet werden. Die Aneignung einer mentalen Disposition oder Fertigkeit versetzt den Menschen in die Lage, in allen Situationen eines bestimmten Typs das Richtige und Sinnvolle zu tun, also auch in Situationen, denen er im Laufe des Lernprozesses nicht ausgesetzt war. Die Aneignung einer mentalen Fertigkeit führt einen Menschen überdies dazu, daß ihm auch die Aneignung anderer Fertigkeiten leichter fällt, das heißt, er hat sich gewissermaßen die Fertigkeit angeeignet, sich Fertigkeiten aneignen zu können.[12]

Das Fiasko des Dualismus

Die sich aufgrund der cartesianisch-dualistischen Auffassung unweigerlich ergebenden Probleme meint Ryle mit Hilfe seiner grundsätzlich anderen Sichtweise lösen zu können. Zunächst einmal gibt es seiner Ansicht nach keine prinzipiellen Schwierigkeiten bei der Beschreibung des Seelenlebens von Personen. Im allgemeinen sind die mentalen Dispositionen und mentalen Akte einer Person anderen Personen insofern zugänglich, als wir täglich Beschreibungen und Aussagen über unsere Gemütszustände machen. Auch Historiker, Philologen, Wirtschaftswissenschaftler und andere beschäftigen sich letztlich mit verschiedenen Aspekten des menschlichen Seelenlebens. Nach Ryles Auffassung sind wir nicht erst dank der Entwicklung der psychologischen Wissenschaften in der Lage, das menschliche Seelenleben in seiner Tiefe zu verstehen. In vielen Situationen verstehen wir menschliche Handlungen, indem wir ganz einfach eine Reihe von allgemeinen mentalen Begriffen sinnvoll verwenden. Die psychologische Erklärung ist nur dort am Platz, wo es darum geht, eine Handlung oder einen Zustand zu erklären, den wir nicht verstehen.[13]

Zum zweiten gibt es kein besonderes Problem im Verhältnis von Seele und Körper, denn Aussagen über das Bewußtsein einer Person oder über ihre Seele sind nichts anderes als eine besondere Art von Aussagen über die Person. Zu fragen, welche Verbindungen, insbesondere in der Form ursächlicher Ereigniszusammenhänge, zwischen einem Menschen und seinem Geist oder zwischen dem Geist eines Menschen und dessen Körper bestehen, ist ebenso irreführend wie die Frage, welche Mitteilungen zwischen dem deutschen Grundgesetz und dem deutschen Bundestag ausgetauscht werden.[14]

Drittens besteht nach Ryles Auffassung kein wesentlicher, grundsätzlicher Unterschied zwischen der Erkenntnis des eigenen Seelenlebens und dem Erkennen des Seelenlebens anderer.[15]

Sich eines Sachverhalts oder Vorgangs bewußt zu sein heißt nicht, sich in einem Zustand der Selbsterleuchtung zu befinden. Es werden dabei auch nicht zwei Handlungen ausgeführt: Eine Rechenoperation bewußt ausführen heißt nicht, die Rechenoperation und einen auf sie gerichteten Akt der Beobachtung ausführen, sondern es bedeutet, die Rechenoperation in einer bestimmten Weise ausführen und imstande sein, anderen und sich selbst mitzuteilen, was abgelaufen ist oder gerade abläuft.

Die materialistische Alternative

Ryles Angriff gegen den vorherrschenden Begriff des Bewußtseins ist überwiegend erfolgreich gewesen. Nur wenige Philosophen würden heute die von Ryle angegriffene Form des Dualismus verteidigen. Erheblich kontroverser wird die Frage diskutiert, ob Ryles konstruktive Versuche in die richtige Richtung gehen. Ryles Position kann wohl am ehesten als eine Art *Behaviorismus* bezeichnet werden, als ein Versuch zu zeigen, daß alle Bewußtseinsphänomene als Verhalten oder Verhaltensdispositionen aufgefaßt werden können. Bewußtseinsformen, die sich nur schwerlich behavioristisch deuten lassen, sind Empfindungen, Wahrnehmungen und Vorstellungen. Dies mag mit ein Grund sein, daß Ryle mit seinen Erklärungsversuchen selbst nicht zufrieden war.[16]

In den späteren Jahren sind besonders zwei mit Ryles Behaviorismus konkurrierende Auffassungen dieser Bewußtseinsphänomene diskutiert worden. Die eine, die sogenannte Personentheorie, auch kriteriologischer Ansatz genannt, wird im Abschnitt über Strawson behandelt werden. Die andere ist die materialistische Identitätstheorie. Sie liegt in mancherlei Hinsicht auf einer Linie mit dem Physikalismus des logischen Positivismus. Beinhaltet der Physikalismus jedoch die These, daß alle Aussagen über Bewußtseinsphänomene übersetzt werden können in (logisch äquivalent sind mit) Aussagen, die ausschließlich physische Termini enthalten, so geht die materialistische Identitätstheorie nicht von einer solchen Übersetzungsmöglichkeit aus. Sie besagt lediglich, daß die Ereignisse oder Entitäten, auf die in Beschreibungen von Bewußtseinsphänomenen Bezug genommen wird, in Wahrheit naturwissenschaftlich beschreibbare Ereignisse oder Entitäten sind. Dieser Standpunkt ist insbesondere von einigen australischen Philosophen erarbeitet worden, wobei die ausführlichste Version sich in D. M. Armstrongs *A Materialist Theory of Mind* (dt.: Eine materialistische Theorie des Bewußtseins) von 1968 findet.

Ein Hauptpunkt der materialistischen Identitätstheorie besagt, daß einige Aussagen über Bewußtseinsphänomene wie Empfindungen, Vorstellungen oder Wahrnehmungen genuine Berichte sind, das heißt, daß diese Beschreibungen nicht restlos als Verhaltensberichte oder Dispositionsbeschreibungen angesehen werden können. Ein Merkmal dieser Berichte sei aber, daß sie in einer themen-neutralen Weise formuliert werden. Themenneutral sind gewöhnlicherweise Aussagen, in denen Ausdrücke wie ‹irgend etwas› oder ‹irgend jemand›, ‹jemand› oder ‹etwas› benutzt werden. So kann mit dem Satz «Irgend jemand hat angerufen» in einer neutralen Weise berichtet werden, daß NN angerufen hat. Im Bericht wird aber nicht gesagt, daß es sich bei dem Anrufer um NN handelt. Die materialistische Identitätstheorie besagt nun, daß Berichte über Empfindungen oder Vorstellungen in gleicher Weise themenneutral sind, neutral in bezug auf die Frage, ob es sich bei dem berichteten Geschehen um einen materiellen oder einen nicht-materiellen Vorgang handelt. Ein Satz wie «Ich habe jetzt das Nachbild eines gelben Flecks vor Augen» sagt also nicht mehr aus als «Ich bin nun in einem Zustand, der dem ähnlich ist, in dem ich bei Tageslicht einen gelben Fleck sehe». Welcher Art dieser Zustand im einzelnen ist, ist dann eine offene Frage.

Dieser themenneutral berichtete Zustand oder Prozeß ist strikt, aber kontingent identisch mit einem materiellen Prozeß oder Zustand, beispielsweise dem neuro-hormonalen System. Strikte Identität meint hier, daß es sich nicht nur um eine Korrelation zwischen einem Bewußtseinsphänomen und einem geistigen Prozeß handelt, nicht von zwei Zuständen oder Prozessen die Rede ist, sondern nur von einem. So treten in dem obengenannten Beispiel nicht zwei Personen, «irgend jemand» und «NN», auf. Kontingente Identität bedeutet, daß das durch eine Beschreibung eines Bewußtseinsphänomens Berichtete nicht notwendigerweise ein materieller Zustand oder ein geistiger Prozeß ist. Zur näheren Erläuterung dessen, was kontingente Identität meint, werden unter anderem die folgenden Beispiele genannt: Blitze sind identisch mit elektrischen Entladungen, oder Wasser ist identisch mit H_2O.

Man findet es heutzutage kaum verwunderlich, daß aufgrund gegenwärtiger naturwissenschaftlicher Theorien Blitze als bestimmte Arten von elektrischen Entladungen identifiziert werden, obgleich man jahrhundertelang von Blitzen hat sprechen können, ohne daß man etwas über elektromagnetische Theorien wußte. Die Materialisten behaupten nun, daß grundsätzlich nichts Merkwürdiges daran ist, daß man Jahrhunderte hindurch von Sinneswahrnehmungen sprechen konnte, ohne etwas über neuro-hormonale Prozesse zu wissen, wenngleich die seitherigen Entwicklungen im Bereich der Wissenschaften vermuten lassen, daß Sinneswahrnehmungen durchaus mit bestimmten neuro-hormonalen Prozessen gleichgesetzt werden sollten.

Die Anhänger der materialistischen Identitätstheorie behaupten, ihre Theorie sei die metaphysische Hypothese, die mit der Logik allgemein angewandter Bewußtseinsbegriffe vereinbar und gleichzeitig in einfachster Weise mit der Entwicklung wissenschaftlicher Erkenntnis in Einklang sei. Welchen Einwänden auch diese Theorie wiederum ausgesetzt war, wird ausführlicher im Kapitel über das Leib-Seele-Problem dargestellt.

Texte Ryles

Philosophical Argument. Oxford 1945.
The Concept of Mind. London 1949 (1963).
Der Begriff des Geistes. Stuttgart 1969 *(= BG)*.
Dilemmas. Cambridge 1954.
Plato's Progress. Cambridge 1966.
Collected Papers, Vol. 1–2. London 1971.
On Thinking, ed. by K. Kolenda. Oxford 1979.
Phänomenologie und Sprachanalyse. Beiträge von Gilbert Ryle et al. Göttingen 1971.

Literatur

Lyons, W.: Gilbert Ryle: An Introduction to his Philosophy. Brighton 1980.
Owen, G. E. L.: Gilbert Ryle. Proceedings of the Aristotelian Society, N. S. Vol. LXXVII (1976/77), S. 265–270.
Savigny, E. v.: Die Philosophie der normalen Sprache. Frankfurt/M. 1969.
A Symposion on Gilbert Ryle. Rice University Studies, Vol. 58, No. 3, 1972.
Wood, O. P. / Pitcher, G. (eds.): Ryle. London 1970.

Anmerkungen

1 Vgl. Urmson, J. O.: Philosophical Analysis. Oxford 1956, London 1967.
2 Ryle, *BG*, S. 7ff.
3 Ryle, *BG*, S. 12ff.
4 Ryle, *BG*, S. 15ff.
5 Ryle, *BG*, S. 17ff.
6 Ryle, *BG*, S. 55f.
7 Ryle, *BG*, S. 28ff.
8 Ryle, *BG*, S. 32f.
9 Ryle, *BG*, S. 28.
10 Ryle, *BG*, S. 33.
11 Ryle, *BG*, S. 35.
12 Ryle, *BG*, S. 180–199.
13 Ryle, *BG*, S. 442ff.
14 Ryle, *BG*, S. 226.
15 Ryle, *BG*, S. 228–244.
16 Ryle, *BG*, S. 328–334.

Peter Lanz

Vom Begriff des Geistes zur Neurophilosophie

Das Leib/Seele-Problem in der angelsächsischen Philosophie des Geistes von 1949 bis 1987[1]

Gilbert Ryles *The Concept of Mind* (dt. Der Begriff des Geistes, 1969) aus dem Jahre 1949 und Patricia Churchlands *Neurophilosophy. Toward a Unified Science of the Mind/Brain* aus dem Jahre 1986[2] geben in ihren Titeln Hinweise auf die charakteristischen Merkmale der Entwicklung der angelsächsischen Philosophie des Geistes in den dazwischenliegenden 37 Jahren. Die Geschichte beginnt damit, daß eine Reihe von scharfsinnigen und produktiven Philosophen die Unlösbarkeit philosophischer Probleme nicht mehr als Kennzeichen der ‹Tiefe› dieser Probleme anzusehen gewillt ist, sondern als Anzeichen für Begriffsverwirrungen (Ryle 1954). Was dieser Geschichte sogleich ihr Momentum verleiht, ist die Zuversicht ihrer Protagonisten, in Logik und Sprachanalyse die bewährten Mittel zu besitzen, die Begriffsverwirrungen diagnostizieren und auflösen zu können. Dementsprechend nähert sich Ryle dem altehrwürdigen *Leib/Seele-Problem* nicht mit einer neuen Untersuchung der Natur des Geistes, sondern wendet sich dem Begriff des Geistes zu; in Ryles Verständnis ist dies die Gesamtheit der Wörter, die wir benutzen, um uns und andere Lebewesen psychologisch zu charakterisieren. Ryles Ziel ist es, nachzuweisen, daß ein sprachanalytisch geläutertes Verständnis des uns allen gleichermaßen vertrauten psychologischen Idioms keinen Raum mehr für das Bündel von Fragen läßt, die das Leib/Seele-Problem ausmachen: Wie können geistige und körperliche Phänomene kausal interagieren? Was sind Geist, Bewußtsein, Selbstbewußtsein und Wille? Welchen Platz nehmen sie im Universum ein? Woher weiß ich, daß andere ebenfalls Bewußtsein besitzen, empfinden, sich erinnern, wünschen, glauben, befürchten etc.? – Wie Ryle selbst bekennt, ist sein Buch mit einem *metaphilosophischen* Interesse geschrieben[3]: Zum einen will er am Beispiel des Leib/Seele-Problems seine These darüber, was ein philosophisches Problem sei, erhärten; zum anderen will er zeigen, wie Begriffsanalyse solche Probleme zum Verschwinden bringt.

Der Titel von Churchlands Buch zeigt dagegen, daß die zentrale Prämisse von Ryles Unternehmen im Laufe der 37 Jahre ihre Anziehungskraft verlor: Die selbstgenügsam philosophische Analyse von Begriffen reicht allein nicht aus, um das Leib / Seele-Problem zu lösen oder aufzulösen. Die empirischen Wissenschaften sind ein notwendiger Bestandteil dieses Unternehmens, führen aber nicht von sich aus zu einer Lösung, sondern nur zusammen mit der Philosophie («Neurophilosophie»). Viele beginnen diese Einstellung zu teilen. Ein großer Teil der Philosophie des Geistes in den 80er Jahren ist *Philosophie der kognitiven Wissenschaften* («Cognitive Science»)[4], das heißt Diskussion der begrifflichen Grundlagen der Psychologie, insbesondere der kognitiven Psychologie und der Künstlichen Intelligenz, aber auch der kognitiven Neurobiologie und Ethologie.[5]

Daß sich die Gestalt der Philosophie des Geistes während dieser Zeit in der angedeuteten Weise verändert, ist sowohl auf Entwicklungen innerhalb der analytischen Philosophie insgesamt (1) wie auch auf Entwicklungen außerhalb der Philosophie zurückzuführen (2). Bevor wir einen genaueren Blick auf einige Stationen des Wegs werfen, auf dem dieser Gestaltwandel zustande kommt, sollen diese ‹exogenen› Einflüsse knapp skizziert werden.

1. Willard Van Orman Quine[6] entfaltet in der Auseinandersetzung mit dem logischen Empirismus seines Lehrers Rudolf Carnap eine wirkungsmächtige Kritik an der Unterscheidung zwischen *analytischen* oder begrifflichen Wahrheiten, die von der Philosophie, und *empirischen* Wahrheiten, die von den Wissenschaften etabliert werden. Diese Unterscheidung spielt für die logischen Empiristen nicht zuletzt deshalb eine bedeutende Rolle, weil sie ein Verständnis der Philosophie ermöglicht, das der Philosophie eine selbständige Aufgabe zuweist, die klar von derjenigen der empirischen Wissenschaften verschieden ist, gleichwohl aber nicht zur abgelehnten Metaphysik der philosophischen Tradition zurückführt: Philosophie etabliert durch semantische Analyse Wahrheiten über begriffliche Zusammenhänge. Diese These setzt voraus, daß ein klares Kriterium dafür existiert zu unterscheiden, was auf die Seite der Bedeutung sprachlicher Ausdrücke und begrifflicher Zusammenhänge gehört und was auf die Seite empirischer Zusammenhänge gehört. Quines Kritik untergräbt diese Voraussetzung: Das Los von Begriffen ist nicht unabhängig von ihrem Gebrauch in empirischen Theorien. Also gibt es

keine begrifflichen Wahrheiten, die immun wären gegenüber dem Wandel solcher Theorien oder ihrer Ersetzung durch neue und bessere Theorien. Reine Begriffsanalyse erzielt demnach keine Ergebnisse, deren Stabilität jenseits vom Gang der Wissenschaften gesichert ist. Philosophie und Wissenschaften liegen auf ein und demselben Kontinuum.

Eine Konsequenz ist, daß auch psychologische Begriffe in unerwarteter Weise in Mitleidenschaft gezogen werden können. Wie dies geschehen könnte, wird deutlicher, wenn man eine zweite wirkungsmächtige These erwähnt, die Wilfrid Sellars 1956[7] vorträgt: Jeder von uns hat eine Art Theorie über das intelligente Verhalten von Menschen (und anderen höheren Lebewesen). Es handelt sich dabei um die Alltagspsychologie, die die Interaktion unter Menschen vermittelt und ohne die jene für menschliche Gemeinschaften typischen Formen der Kooperation und des Konflikts nicht möglich wären. Sellars entwickelt nun die Auffassung, daß die Bedeutung eines psychologischen Ausdrucks durch die Rolle festgelegt ist, die dieser Ausdruck in dieser alltagspsychologischen Theorie spielt, und daß die Rechtfertigung für die Verwendung dieser Ausdrücke in den Verhaltenserklärungen liegt, die sie ermöglichen.[8]

Die Alltagspsychologie unterliegt demnach derselben Art von Bewertung wie jede andere empirische Theorie: Sie wird so lange beibehalten, wie ihre Erklärungen nicht durch bessere Erklärungen einer neuen Theorie aus dem Feld geschlagen werden. Nun ist es denkbar, daß empirische Theorien der Verhaltenserklärung aufkommen, die keine der uns vertrauten psychologischen Ausdrücke mehr gebrauchen und der alltagspsychologischen Theorie überlegen sind. Geist erwiese sich dann als ein explanatorisches Konstrukt, das mit der ihn postulierenden Theorie verworfen würde.[9]

Was Quine und Sellars vortragen, erschüttert für viele den Glauben an die Reichweite und Durchschlagskraft rein philosophischer Begriffsanalysen.[10] Zugleich macht diese Erschütterung den Blick wieder frei für die Frage nach der Natur psychologischer oder mentaler Phänomene. Wenn die Frage nach der Natur des Geistes sich nicht in der Antwort auf die Frage nach den Verwendungsbedingungen psychologischer Ausdrücke erschöpft, dann ist der Weg für philosophische Spekulationen wieder offen. Daß auf diesem Weg vor allem materialistische Positionen verteidigt werden, liegt an folgendem: Eine weitere, von Quine, Sellars u. a. vertretene These wird Bestandteil der Hintergrundsüberzeugungen der Mehrzahl von Philosophen, die den Gang der Philosophie des Geistes in der Folgezeit bestimmen. Es ist die These des *wissenschaftlichen Realis-*

mus: Das letzte Verdikt darüber, was wirklich existiert und welches seine Natur ist, fällt die Wissenschaft. Unser spontanes und intuitives Urteil darüber, was wirklich existiert und wie es beschaffen ist, besitzt keine besondere Autorität. Das gilt auch für diejenigen Dinge oder Phänomene und ihre Merkmale, von denen wir aufgrund eigener Erfahrung unerschütterlich gewisse Kenntnisse zu besitzen glauben, also beispielsweise für die uns introspektiv zugänglichen mentalen Phänomene. Der wissenschaftliche Realist betrachtet unsere Urteile darüber als Daten und weder als Erklärungen noch als Auflagen, die wissenschaftliche Erklärungen unbedingt zu respektieren hätten. Gesucht ist eine Auskunft über die Natur des Geistes, die mit dem wissenschaftlichen Weltbild verträglich ist. Damit ist u. a. verlangt, daß nicht die Existenz von Substanzen und Eigenschaften angenommen wird, die keinen Platz in dem von der Physik beschriebenen und erklärten Universum haben. Dualistische Positionen werden dadurch ausgeschlossen. Dies markiert einen radikalen Gegensatz zu der in Deutschland und in anderen Teilen Europas beheimateten phänomenologischen Tradition.

2. Der zweite bedeutende Einfluß auf die Philosophie des Geistes geht von Entwicklungen in den empirischen Wissenschaften aus. In der zweiten Hälfte der 50er Jahre beginnt die Auflösung der Hegemonie des Behaviorismus, der jahrzehntelang die akademische Psychologie und die Linguistik beherrscht hatte. Die Heraufkunft der kognitiven Psychologie, Chomskys Grammatiktheorie, die Entwicklung von Computern und die Simulation kognitiver Fähigkeiten auf Computern (Künstliche Intelligenzforschung)[11] bewirken, daß das mentalistische Vokabular wieder Einzug in mehrere wissenschaftliche Disziplinen hält. Begriffe wie Information, Informationsverarbeitung, Hypothese, Repräsentation, Wissen, Erinnerung, Unterscheiden, Beabsichtigen, Erwartung, Plan, Strategie etc. werden Bestandteil empirischer Erklärungen von kognitiven Leistungen und intelligentem Verhalten.[12] Damit eröffnen sich der philosophischen Analyse neue Perspektiven für Lösungsvorschläge zum Leib/Seele-Problem. Wenn Maschinen intelligente Leistungen erbringen und wenn die Leistungen von Maschinen mit psychologischen Ausdrücken beschrieben werden können, ohne daß ein Maschinen/Seele-Problem dabei auftritt, dann kann dies – so die Erwartung – auch etwas für das traditionelle Leib/Seele-Problem lehren.

Die großen Fortschritte der Neurobiologie im gleichen Zeitraum zeitigen eine Fülle von detaillierten Erkenntnissen über die biologische Basis kognitiver Fähigkeiten.[13] Als Fernziel taucht die Möglichkeit von Erklärungen auf, die im einzelnen zeigen, wie biologische Wesen kognitive Fähigkeiten instanziieren.[14] Es beginnt ein Ausloten der Analogien und Disanalogien zwischen Computern und menschlichem Gehirn, das bis heute nicht abgeschlossen ist und das letztlich eine empirisch informierte philosophische Lösung des Leib/Seele-Problems zum Ziel hat.[15]

Gilbert Ryles
Der Begriff des Geistes

Ryles Buch ist eine materialreiche Verteidigung der folgenden These: Es ist ein Fehler besonderer Art (ein *Kategorienfehler*), den Geist für eine Entität sui generis zu halten, die parallel zum Körper existiert, Handlungen ausführt, Erfahrungen macht und eine eigene Geschichte besitzt. ‹Geist› ist kein Ausdruck für eine solche Entität, sondern ein allgemeiner Ausdruck für eine große Anzahl von Wörtern, die dazu dienen, das Verhalten von Personen, ihre Fähigkeiten und Dispositionen zu beschreiben und zu bewerten. Es existiert keine immaterielle Substanz (‹Gespenst in der Maschine›), die für die intelligenten Leistungen von Personen verantwortlich wäre. Nichts von dem, was wir über Personen als psychologische Subjekte sagen wollen, legt uns darauf fest, die Existenz innerer mentaler Episoden, Zustände oder Prozesse anzunehmen.[16]

Die seiner These diametral entgegengesetzte These nennt Ryle polemisch «Descartes' Mythos» und «die offizielle Lehre vom Gespenst in der Maschine». Der Zweck dieser Bezeichnungen ist nicht, eine historisch getreue Exegese von Descartes' Werk anzukündigen, sondern eine griffige Zuspitzung konträrer Positionen vorzubereiten. Descartes' Mythos ruht auf der Behauptung, es gäbe einen exklusiven und erschöpfenden Kontrast zwischen Geist und Materie (Dualismus) (s. Tabelle).

Wer dieses Bild vom menschlichen Geist akzeptiert, handelt sich die eingangs erwähnten Fragen ein, die das Leib/Seele-Problem unlösbar erscheinen lassen. Ryle verwirft dieses Bild, weil es auf einer Reihe von Kategorienfehlern beruhe. Einen Kategorienfehler begeht man dann, wenn man nicht nur etwas Falsches, sondern etwas *Sinnloses* behauptet. Etwas Sinnloses behauptet man beispielsweise, wenn man sagt «Die Zahl 2 ist rot» oder «Heute besucht mich der durchschnittliche Steuerzahler», verallgemeinert: wenn man über einen Gegenstand so redet, als ob er einer Kategorie X (konkreter Gegenstand) zugehört, während er tatsächlich der Kategorie Y (abstrakter Gegenstand) zugehört.[17]

Geistiges:	*Materielles:*
immateriell	ausgedehnt
nur zeitlich lokalisiert	raum-zeitlich lokalisiert
nur introspektiv zugänglich	intersubjektiv zugänglich
beim Auftreten notwendig bewußt	beim Auftreten nicht notwendig bewußt
mit Gewißheit gewußt	nicht mit Gewißheit gewußt
privat, innerlich	öffentlich, äußerlich
im fremden Fall erschlossen	für jeden gleichermaßen beobachtbar
für andere nicht überprüfbar	für jeden überprüfbar
paramechanisch	mechanisch
‹geistige› Kausalität	‹physische› Kausalität

Inwiefern liegen nun dem cartesianischen Bild vom menschlichen Geist Kategorienfehler zugrunde? – Diese Theorie interpretiert fälschlicherweise psychologische Aussagen (d. s. Aussagen, in denen Personen ein psychologisches Prädikat zugesprochen wird) so, als ob folgendes zuträfe:

1. Psychologische Aussagen handeln von inneren, privaten, anderen nicht zugänglichen Ereignissen, Episoden und Verhaltensursachen;
2. es sind kategorische Aussagen;
3. sie sind aus der Perspektive der 3. Person nicht überprüfbar;
4. sie besitzen keine intersubjektiv zugänglichen Wahrheitsbedingungen;
5. sie dienen dazu, für menschliches Verhalten Kausalerklärungen zu geben.

Demgegenüber versucht Ryle durch seine Analysen der Ausdrücke, mit denen wir über Wissen, den Willen, die Gemütsbewegungen, Selbstbewußtsein, Empfindungen, Vorstellungen und den Verstand reden, die folgende Auffassung psychologischer Aussagen zu erhärten:

1. Psychologische Aussagen handeln von Fähigkeiten, Verhaltensdispositionen, -neigungen, -tendenzen, -bereitschaften;
2. es sind hypothetische Aussagen;
3. sie sind auch aus der Perspektive der 3. Person überprüfbar;
4. sie besitzen intersubjektiv zugängliche Wahrheitsbedingungen;
5. sie dienen dazu, menschliches Verhalten zu charakterisieren; dabei geht es nicht um Ursachen, sondern um Kriterien und Standards für Fähigkeiten und Leistungen.

In einem Satz: Die cartesianische Theorie des Geistes interpretiert

Aussagen, die von Verhaltensdispositionen handeln und Kriterien involvieren, irrtümlicherweise als Aussagen, die von Ereignissen und Ursachen handeln. Psychologische Ausdrücke bezeichnen also Verhaltensdispositionen und nicht innere Ereignisse, die Ursachen von Verhalten wären.

Betrachten wir eine von den vielen Fallstudien, die Ryle zur Erhärtung seiner These ausführt: Wissen und Können. Ryle beginnt mit der Darstellung des entsprechenden cartesianischen Bildes, dem, was er die «intellektualistische Legende» nennt: Denken und Überlegen machen das aus, was der Geist seinem Wesen oder seiner Natur nach ist.[18] Denken und Überlegen bestehen im Kennen von Propositionen und ihren Verknüpfungen untereinander. Denken und Überlegen sind innere, private Prozesse.

Intelligent handeln heißt dem Vertreter der intellektualistischen Legende zufolge aufgrund von Überlegung handeln. Was demnach beispielsweise scheinbar intelligent handeln von tatsächlich intelligent handeln unterscheidet, ist dies: Nur im zweiten Fall ist die Ursache des Handelns die Kenntnis einer Regel, die spezifiziert, was unter den vorliegenden Bedingungen zu tun ist, oder die Kenntnis einer Methode, die spezifiziert, wie unter den vorliegenden Bedingungen vorzugehen ist u. ä. m. Intelligent handeln heißt demzufolge, Regel- oder Methodenwissen besitzen, also eine Menge von Propositionen zu kennen und sein Handeln durch dieses Wissen anleiten zu lassen. In einem Slogan zusammengefaßt: Intelligent ist jenes Handeln, das eine intelligente (kognitive) Ursache hat.

Ryles Kritik an dieser intellektualistischen Legende ist eine für sein ganzes Buch charakteristische Mischung aus Gegenbeispielen und reductiones ad absurdum. Die Gegenbeispiele: Es gibt viele Fälle für intelligentes und erfolgreiches Handeln, denen kein Überlegen vorangeht: schlagfertiges Erwidern in Gesprächen, spontan richtiges Entscheiden im Blitzschach, taktisch kluges Verhalten in Spielen, im Sport u. v. ä. m. Es gibt viele Fälle von Könnerschaft (Wissen, wie man etwas richtig oder gut macht), in denen das artikulierte Wissen (Wissen, daß...) von Regeln etc. fehlt, zum Beispiel korrektes Deutsch sprechen können. Und es gibt Fälle, in denen artikuliertes Wissen von Regeln etc. keine Könnerschaft garantiert, zum Beispiel die Kenntnis der Schachregeln. Also ist solches Wissen weder notwendig noch hinreichend für Können und intelligentes Handeln.

Die reductio ad absurdum sieht so aus: Die ‹intellektualistische› Erläuterung von ‹intelligent handeln› führt in einen *infiniten Regreß*: Intelligent handelt, wer aufgrund einer Überlegung handelt. Überlegen ist selbst etwas, das man mehr oder weniger intelligent tun kann. Wann überlegt jemand intelligent? Nach der eingangs gegebenen Auskunft handelt jemand dann intelligent, wenn er aufgrund einer Überlegung handelt. Also überlegt jemand dann intelligent, wenn er aufgrund einer Überlegung überlegt. Doch wann ist die einer Überlegung vorausgehende Überlegung intelligent? Nach der Erläuterung dann, wenn sie aufgrund einer Überlegung unternommen wurde... usw. ad infinitum. – Was ist damit gezeigt? Die eingangs gegebene Auskunft ist eine Nichtauskunft. Die Frage kehrt immer wieder. Das widerspricht dem Offenkundigen: Wir haben in vielen Fällen keine Mühe zu entscheiden, ob jemand intelligent handelt oder nicht.

Dem destruktiven Teil läßt Ryle jeweils seine positive Charakterisierung der diskutierten mentalistischen Ausdrücke folgen. Im hier ausgewählten Fall sieht sie wie folgt aus: Von jemandem zu sagen, er handle intelligent (klug, verständig o. e. ä.) heißt:

1. Die Handlung H hat ein gewisses Niveau, erfüllt einen bestimmten Standard, besitzt eine bestimmte Qualität.
2. Der Handelnde besitzt die entsprechenden Fähigkeiten.
3. Der Handelnde macht von diesen Fähigkeiten Gebrauch, wenn er H ausführt.

(1) bis (3) können wir prüfen, indem wir das Verhalten der Person in verschiedenen Situationen und Kontexten beobachten. Wenn wir für eine Person und ihr Verhalten über verschiedene Situationen hinweg positive Korrelationen zwischen Herausforderung und erfolgreicher Bewältigung etablieren können, dann ist unsere Zuschreibung des entsprechenden psychologischen Prädikats und der entsprechenden Fähigkeit gerechtfertigt. Umgekehrt erlauben uns Fähigkeitszuschreibungen, Prognosen über das zu erwartende Verhalten von Personen in bestimmten Situationen zu machen. Also:

> A ist ein geschickter Kopfrechner (kategorische Aussage; *Analysandum*)

heißt soviel wie

> Wenn A mit der-und-der Aufgabe konfrontiert wird, dann leistet A das-und-das (hypothetische, konditionale Aussage; *Analysans*).

Ryle zieht die Schlußfolgerung, die seine eingangs genannte These bekräftigt: Psychologische Aussagen sind Zuschreibungen von *Verhal-*

tensdispositionen zu Personen. Dementsprechend existiert auch kein grundsätzlicher Unterschied in der Art und Weise, in der jemand Kenntnisse über eigene und über fremde mentale Zustände und Merkmale erwirbt. Ob es sich um mein oder eines anderen Menschen Wissen in Sachen Geometrie handelt, macht keinen Unterschied: In beiden Fällen wird in gleicher Weise etabliert, ob und wieviel Wissen vorliegt. Ob es sich um meine oder eines anderen Menschen Gedanken oder Empfindungen handelt, macht keinen Unterschied: In beiden Fällen wird das Verhalten konsultiert, um zu etablieren, ob die Gedanken oder die Empfindungen vorliegen.

Ryles These ist also genau dann bestätigt, wenn es für beliebige psychologische Aussagen gelingt, die entsprechende Analyse zu erstellen: Das Analysandum ist eine psychologische Aussage («Peter hat Kopfweh»); das Analysans besteht aus einer Liste von Konditionalen, die bestimmte Bedingungen mit Verhaltensweisen korrelieren («Gegeben die-und-die Bedingungen, dann stöhnt Peter, hält sich den Kopf, greift zu Tabletten» etc.). Etwas anders formuliert lautet Ryles These: Man weiß alles, was es über den menschlichen Geist zu wissen gibt, wenn man für jedes psychologische Prädikat («... hat Schmerzen», «... glaubt das-und-das» etc.) die intersubjektiv zugänglichen Bedingungen (das Verhalten) kennt, deren Vorliegen die Zuschreibung des psychologischen Prädikats rechtfertigt *(Behaviorismus)*.

Ryles Buch findet sofort eine große Resonanz[19] und prägt zusammen mit den 1952 erscheinenden *Philosophischen Untersuchungen* von Ludwig Wittgenstein die Art und Weise, in der Philosophie des Geistes vor allem in England bis in die Mitte der 60er Jahre hinein betrieben wird, nämlich als sorgfältige Analyse des Gebrauchs psychologischer Ausdrücke *(Philosophie der normalen Sprache)*.[20] Vor allem unter dem Einfluß Wittgensteins führt dies dazu, daß keine Theorien des Geistes mehr entwickelt oder verteidigt werden, im Gegenteil: Das Credo vieler Autoren ist, daß Theorien (oder Ismen) in diesem Feld Ergebnisse schiefer Bilder, falscher Analogien und verfehlter Verallgemeinerungen sind. Dieses Credo ist ein Echo von Wittgensteins Botschaft: Philosophen mögen zwar mit einem sehr allgemeinen Interesse an der Natur mentaler Phänomene starten; doch was eine korrekt durchgeführte philosophische Untersuchung als Ergebnis aushändigt, ist keine entsprechend allgemeine Antwort, sondern die Einsicht in die subtile Vielfalt von Einzelfällen, für die kein vereinheitlichendes System existiert.[21]

Die Identitätstheorie

In einem Punkt stimmen Ryles Kritiker von Anfang an überein: Für Elemente bewußter Erfahrung wie Empfindungen oder Wahrnehmungen oder Vorstellungsbilder oder aktuell auftretende Gedanken ist Ryles Analyse nicht überzeugend. Mit einem Zahnschmerz beispielsweise ist dem Bewußtsein selbst dann etwas gegenwärtig, wenn derjenige, der den Zahnschmerz hat, weder in seinem verbalen noch in seinem sonstigen Verhalten etwas davon zu erkennen gibt. Umgekehrt mag jemand Schmerzverhalten an den Tag legen, ohne daß er tatsächlich einen Schmerz fühlt. Also sind Elemente bewußter Erfahrung nicht einfach Verhaltensdispositionen. Im übrigen brauche ich im eigenen Fall nicht mein Verhalten zu beobachten, um zu erfahren, was ich denke und was ich empfinde. Anders formuliert: Die Liste von Konditionalsätzen, die das Analysans bilden, können erfüllt sein, ohne daß das Analysandum erfüllt ist und umgekehrt. Also scheint doch der Fall zu sein, was Ryle und Wittgenstein bestreiten: «... some sort of inner process story is unavoidable», wie der erste Verfechter der *Identitätsthese*, der australische Psychologe und Philosoph U. T. Place, 1956 in seinem Aufsatz *Is Consciousness a Brain Process?* schreibt.[22] Die Identitätstheorie ist der Versuch, im Lichte der Schwächen des Behaviorismus den Status mentaler Phänomene als innerer, für Verhalten kausal relevanter Episoden zu verteidigen, ohne in den Dualismus zurückzufallen. Die These lautet: Elemente bewußter Erfahrung sind identisch mit Prozessen und Zuständen im Gehirn. Weil mentale Phänomene Gehirnzustände und -prozesse sind, können sie eine kausale Rolle spielen.

Populär und zur meistdiskutierten These der 60er Jahre wird die Identitätsthese durch den Essay *Sensations and Brain Processes* aus dem Jahre 1959[23] des australischen Philosophen J. J. C. Smart.[24] Smart hatte u. a. in Oxford studiert und teilte Anfang der 50er Jahre Ryles und Wittgensteins Perspektive. Nach seiner Rückkehr wird er in Adelaide Kollege von Place, der ihn zur Identitätstheorie bekehrt.[25] Die im Titel kenntlich gemachte Einschränkung der These auf Empfindungen verrät noch die Auseinandersetzung mit den Schwächen des Behaviorismus als dem ursprünglichen Hintergrund der Diskussion.

Place, Smart und Feigl schlagen diese These als empirische Hypothese vor und erwarten, daß sie im Fortgang wissenschaftlicher Forschung detailliert ausgefüllt und bestätigt wird. Die Arbeit des Philosophen ist eine Art Präliminarie dazu: Er erläutert den involvierten Identitätsbegriff und räumt Apriori-Argumente gegen die Möglichkeit der Wahrheit dieser These aus dem Feld.

Das Modell für die ins Auge gefaßte Identität liefern die aus den Wissenschaften bekannten Identifikationen: Wasser ist mit H_2O identisch; Gene sind mit DNS-Molekülen identisch; Blitz ist mit einer Bewegung elektrischer Entladungen identisch; die Wärme eines Gases ist mit der mittleren kinetischen Energie seiner Moleküle identisch etc. In allen diesen Fällen sind die in der Identitätsbehauptung benutzten Wörter ihrer Bedeutung nach verschieden, ohne daß die tatsächliche Identität der durch diese Wörter bezeichneten Gegenstände dadurch ausgeschlossen wäre. Demnach kann man gegen die Identitätsthese nicht einwenden, daß man unter ‹Empfindung› etwas anderes verstehe als unter ‹Gehirnprozeß›.

Ebensowenig ist folgendes ein Einwand gegen die Möglichkeit der Wahrheit der These: Empfindungen können nicht mit Gehirnprozessen identisch sein, weil man wissen kann, daß man etwas Bestimmtes empfindet, ohne damit zu wissen, daß entsprechende Gehirnprozesse ablaufen. Die vollständige Ignoranz in Sachen Neurophysiologie hindert keinen daran, ein guter Alltagspsychologe zu sein. Dem Einwand liegt ein Fehlschluß zugrunde: Aus der Tatsache, daß einer weiß, daß Aspirin Kopfweh lindert, und aus der Tatsache, daß Aspirin mit Acetylsalicylsäure identisch ist, folgt nicht, daß einer auch weiß, daß Acetylsalicylsäure Kopfweh lindert. Das ändert nichts an der faktischen Identität von Aspirin und Acetylsalicylsäure.[26]

Eine reichhaltige Quelle von Einwänden gegen die Möglichkeit der Wahrheit der These liefert das sog. *Leibnizgesetz*, das verlangt: Zwei Gegenstände sind nur dann miteinander identisch, wenn sie alle ihre Merkmale teilen. Findet man also Merkmale, die mentale Phänomene besitzen, nicht aber die mit ihnen vermeintlich identischen neuralen Zustände oder Prozesse, dann fällt die These. Die Zahl solcher Merkmale scheint Legion zu sein. Schmerzen können stechend sein, neurale Ereignisse nicht, Gedanken können scharfsinnig sein, neurale Zustände nicht, mein Erinnerungsbild vom Eiffelturm hat Gestalt, Form und Farbe, nicht aber der neurale Zustand, Gedanken lassen sich nicht lokalisieren, wohl aber neurale Prozesse etc. Besteht man dagegen darauf, daß neurale Prozesse stechend sein können, daß Gedanken lokalisierbar sind etc., dann läßt man sich – so der Kritiker – einen Kategorienfehler zuschulden kommen.

Bei Verteidigern der Identitätstheorie findet man drei Repliken. Eine

Replik verwirft das Argument: Was zunächst wie ein Kategorienfehler aussieht, ist nur das Ungewohnte der wissenschaftlichen Neuigkeit.[27] Viele wissenschaftlich revolutionäre Behauptungen begannen ihre Karriere in den Augen des Publikums als Kategorienfehler. Manche fanden beispielsweise die Behauptung, Röntgenstrahlen gingen durch den Körper hindurch, sinnlos. Strahlen werden doch von Körpern reflektiert und nicht durchgelassen!

Zwei andere Repliken akzeptieren das Argument. Die zweite Replik schlägt eine verbesserte Formulierung der Identitätsbehauptung vor: Die Identitätsbehauptung identifiziert nicht mentale Objekte (Empfindungen, Gedanken, Vorstellungsbilder etc.) mit neuralen Objekten, sondern Sachverhalte. Der Sachverhalt, daß einer das denkt oder dies empfindet oder sich jenes vorstellt, ist identisch mit dem Sachverhalt, daß sich sein Körper in diesem oder jenem oder einem anderen physischen Zustand befindet. Die psychologischen Ausdrücke bezeichnen keine mentalen Objekte, sondern adverbiale Modifikationen von psychischen Personenzuständen, die nichts anderes sind als physische Zustände ihres Körpers.[28]

Die dritte Replik zieht eine radikale Konsequenz aus der Annahme des Arguments. Es handelt sich um den eliminativen Materialismus: Worüber wir mit Hilfe der uns vertrauten psychologischen Ausdrücke zu sprechen gewohnt sind, darüber werden wir im Lichte besserer Theorien mit nichtpsychologischen Ausdrücken sprechen lernen. Die die Alltagspsychologie ablösenden Theorien nehmen nicht mehr die Existenz mentaler Phänomene an. Der Glaube an die Existenz mentaler Phänomene wird genauso verschwinden wie der Glaube an Hexen, Dämonen, Phlogiston und an andere Entitäten, die früher einmal in vorwissenschaftlichen Erklärungen erwähnt wurden.[29]

Während die Verdienste und Schwächen der einzelnen Einwände und Repliken im Laufe der 60er Jahre sehr lebhaft und ausführlich diskutiert werden[30], gehen der australische Philosoph D. M. Armstrong und der amerikanische Philosoph D. Lewis daran, den Vorschlag der ersten Identitätstheoretiker auszuweiten und auf alle mentalen Prozesse, Zustände und Ereignisse zu beziehen.[31] Nicht nur für Empfindungen, sondern auch für Meinungen, Wünsche, Gedanken und Absichten soll die Identitätsthese verteidigt werden. Armstrongs Auftakt dafür ist eine Kritik an Ryles Verständnis von Dispositionen. Für Ryle sind Dispositionen nichts anderes als Paare von Umgebungseinwirkungen und Verhaltensmodifikationen, wie sie die entsprechenden Konditionale wiedergeben: «x ist zerbrechlich = x zerbricht, wenn es fallen gelassen wird» etc. Armstrong wendet ein, daß ein Element fehlt, nämlich die strukturelle Basis der Disposition, d. h. der Zustand des Objekts, mit dem die Disposition identisch ist. Dieser Zustand ist kausal mitverantwortlich dafür, daß das (zerbrechliche) Objekt zerbricht, wenn es fallen gelassen wird. Es ist Aufgabe der Wissenschaften, die Natur solcher Zustände und Ursachen aufzuklären, also herauszufinden, was den Verhaltensregularitäten, die wir beobachten und in unseren Dispositionsbegriffen festhalten, in den Objekten zugrunde liegt. Was wir mit einzelnen Dispositionsbegriffen (zerbrechlich, wasserlöslich, brennbar) meinen, spezifizieren wir durch das jeweils charakteristische Syndrom von Ursachen und Wirkungen (zerbricht, wenn es fallen gelassen wird; löst sich auf, wenn es in Wasser gegeben wird; brennt, wenn man es entzündet). Armstrong wendet nun diese Einsichten für eine Revision der Ryleschen Analyse psychologischer Ausdrücke an. Armstrongs allgemeines, kausales Analyseschema für den Begriff eines mentalen Zustands lautet: Ein mentaler Zustand ist ein Personenzustand, der entweder geeignet ist, eine bestimmte Art von Verhalten zu veranlassen, oder geeignet ist, durch eine bestimmte Art von Stimuli veranlaßt zu werden.[32]

Im langen zweiten Teil seines Buches vom Jahre 1968, den Armstrong in bewußter Anlehnung an Ryle *The Concept of Mind* nennt, führt er eine große Anzahl kausaler Analysen psychologischer Ausdrücke durch. Ziel dieser Analysen ist es zum einen zu zeigen, daß unser Verständnis mentaler Phänomene in der Kenntnis der für sie typischen Ursachen und Wirkungen besteht, und zweitens, daß dies Raum für die Wissenschaften läßt; ihre Aufgabe ist es, die intrinsische Natur der Zustände im Menschen aufzuklären, die dieses für sie jeweils typische Syndrom von Ursachen und Wirkungen besitzen. Die Erwartung des Materialisten Armstrong ist, daß sich erweisen wird, daß es neurale Zustände, Zustände des ZNS sein werden, die so mit den für sie charakteristischen Ursachen und Wirkungen verknüpft sind («central state materialism»).

Lewis findet eine elegante Reformulierung dieser Ideen, der sich sowohl Armstrong[33] wie auch Smart[34] anschließen. Die uns vertrauten psychologischen Ausdrücke sind Ausdrücke für kausale Rollen. Wer also z. B. den Ausdruck «glauben» versteht, der weiß, daß Meinungen Personenzustände sind, die durch Wahrnehmung und Hörensagen und Lesen und Überlegen etc. erworben, modifiziert und wieder aufgegeben werden können, die zusammen mit anderen Meinungen und Wünschen Handlungen veranlassen etc. Die Wissenschaft identifiziert die tatsächlichen

Träger dieser kausalen Rollen, aller Wahrscheinlichkeit nach Gehirnzustände. Also wird sich die Hypothese der Identitätstheoretiker bestätigen, daß mentale Phänomene au fond nichts anderes als Gehirnzustände sind.

Drei Einwände, denen sich auch die verallgemeinerte Fassung der Identitätsthese ausgesetzt sieht, werden im Laufe der 60er und 70er Jahre in unterschiedlichen Versionen gegen alle materialistischen Theorien des Geistes vorgebracht:

1. Aus der Perspektive der kausalen Analyse mentaler Phänomene besitzen diese den Status theoretischer, das heißt zu Erklärungszwecken postulierter Entitäten, analog beispielsweise zu Erbfaktoren (den späteren Genen), die zum Zweck der Erklärung bestimmter immer wiederkehrender Muster vererbter Merkmale von Mendel postuliert wurden. Doch im Gegensatz zu den üblichen theoretischen Entitäten (Gene, Elektronen) haben wir zu den eigenen mentalen Zuständen (oder wenigstens einigen von ihnen) direkten, introspektiven Zugang. Die Annahme ihrer Existenz scheint nicht von ihrer explanatorischen Rolle abzuhängen: Wir finden uns mit mentalen Zuständen vor.[35]

2. Damit eng verbunden ist die Beobachtung, daß Empfindungen qualitative Merkmale besitzen, die sich durch rein kausale Analysen nicht einfangen lassen. Es gibt eine introspektiv klare qualitative Differenz zwischen z. B. «etwas Saures schmecken» und «etwas Süßes schmecken». Die entsprechenden Qualitäten dieser Empfindungen sind dem Bewußtsein unmittelbar gegenwärtig, egal, was im übrigen ihre kausalen Rollen sein mögen (das Problem des phänomenalen, qualitativen, subjektiven Charakters der Erfahrung, kurz: das *Qualia-Problem*).[36]

Dieses Problem ist Anlaß für verschiedene Einwände gegen jede Form von Materialismus. Eine viel diskutierte Version stammt von Saul Kripke[37]: Kripkes Einwand geht seine von vielen als revolutionär empfundene Revision weit verbreiteter Theorien über Referenz, Identität, Analytizität, Modalitäten, apriorische und aposteriorische Wahrheiten voraus. – Kripke unterscheidet zwischen Ausdrücken, die ‹starr› («rigid») bezeichnen, und solchen, die ‹nicht› starr bezeichnen. Ein starrer Designator ist ein Ausdruck, der in jeder möglichen Welt dasselbe Objekt bezeichnet, vorausgesetzt, der Ausdruck besitzt überhaupt eine Denotation. Eigennamen («Goethe») und Ausdrücke für natürliche Arten («Wasser», «Gold») bezeichnen starr. Das heißt: In welcher Weise unsere Welt auch immer hätte anders sein können, als sie es tatsächlich ist, «Goethe» hätte dieselbe Person bezeichnet und «Wasser» denselben

Stoff wie in unserer Welt. Demgegenüber bezeichnen beispielsweise die Ausdrücke «der Autor der *Wahlverwandtschaften*» und «der Stoff, in dem Fische leben» nicht starr: Es gibt eine mögliche Welt, in der Goethe nicht der Autor der *Wahlverwandtschaften* ist, und es gibt eine mögliche Welt, in der Fische nicht im Wasser leben. Also sind die beiden Sätze «Goethe ist der Autor der *Wahlverwandtschaften*» und «Wasser ist der Stoff, in dem Fische leben» bloß kontingent wahr. Notwendig wahr dagegen sind solche Identitätsbehauptungen, in denen beide Ausdrücke starr designieren wie in «Wasser ist H_2O». Wasser hätte nicht etwas anderes als H_2O sein können. Es ist für Wasser wesentlich, daß es der Stoff mit der atomaren Struktur H_2O ist. Wo es kein H_2O gibt, da gibt es auch kein Wasser. Dem steht die Intuition entgegen, daß Wasser auch etwas anderes als H_2O hätte sein können. Kripke hält diese Intuition für eine Illusion und erklärt, wie sie zustande kommt. Wir können uns qualitativ (epistemisch) identische Situationen vorstellen, in denen die klare Flüssigkeit in unseren Seen sich als etwas anderes als H_2O hätte herausstellen können. Das liegt daran, daß wir die Referenz starrer Designatoren («Wasser», «H_2O») mit Hilfe nichtstarrer Designatoren («die klare Flüssigkeit in unseren Seen») festlegen können.

Kripkes Kritik an der Identitätstheorie setzt nun damit ein, daß er «Schmerz» und «Gehirnprozeß δ» für starre Designatoren, also «Schmerz ist Gehirnprozeß δ» für einen notwendig wahren Satz hält. Also muß der Identitätstheoretiker erklären, wie die Illusion zustande kommen kann, der Satz sei kontingent wahr. Diese Erklärung ist nicht möglich; denn sie verlangte, daß man sich eine Situation vorstellt, die qualitativ (epistemisch) mit der uns bekannten Situation identisch ist, in der sich der Gehirnprozeß δ jedoch nicht wie ein Schmerz anfühlt, gleichwohl aber der Schmerz ist. Das ist nicht möglich: Was sich nicht wie ein Schmerz anfühlt, das ist kein Schmerz. Die wesentlichen Eigenschaften von Schmerzen und von Gehirnprozessen sind verschieden. Also können Schmerzen nicht mit Gehirnprozessen identisch sein.

Einen anderen Einwand formuliert Thomas Nagel.[38] Nagel beginnt mit einer Erläuterung von Bewußtsein: Daß ein Lebewesen L Bewußtsein besitzt, heißt, Nagel folgend, daß es für das Lebewesen L irgendwie ist, L zu sein. Die Fakten darüber, wie es für L ist, L zu sein, sind nur demjenigen zugänglich, der Ls subjektive Perspektive entweder teilen kann oder der L hinreichend ähnlich ist, um sich vorstellen zu können, wie es für L ist, L zu sein. Die Beschreibungen, die die Wissenschaften von Phänomenen geben, sind nun genau in dem Sinn objektiv, daß sie von den Verschiedenheiten des Zugangs aus unterschiedlichen subjektiven Perspektiven absehen. Da aber diese subjektive Perspektive konstitutiv für Bewußtsein ist, abstrahieren die Wissenschaften letztlich von allem, was Bewußtsein ausmacht. Also bekommen sie das Merkmal vieler mentaler Phänomene (uns bewußt zu sein) niemals zu fassen. So informieren beispielsweise die jedermann gleichermaßen zugänglichen Fakten über die Fledermausphysiologie nicht darüber, wie es für Fledermäuse ist, sich mit Hilfe von Ultraschallortung im Flug zu orientieren.

Frank Jackson[39] argumentiert für eine ähnliche These. Man stelle sich die folgende Situation vor: Eine perfekt informierte Neurophysiologin hat Zugang zur Welt nur über einige Schwarzweißbildschirme in ihren Arbeitsräumen. Sie weiß alles, was es in den Begriffen ihrer Wissenschaft über das visuelle System der Menschen zu wissen gibt. Man nehme nun weiter an, diese Person erhielte einen Farbbildschirm. Ist es nicht offenkundig, daß sie jetzt etwas Neues lernt, etwas, was sie noch nicht wußte, nämlich, wie farbige Gegenstände in der Welt aussehen? Läßt der Materialist dies nicht aus?

Auf diese drei Einwände replizieren Materialisten mit dem Versuch, die Prämissen der Einwände zu erschüttern, die Behauptungen darüber machen, welche Merkmale für Erfahrung und Bewußtsein wesentlich sind, und mit einer anderen Beschreibung der Fakten: Es geht nicht um verschiedene Typen von Informationen (subjektive versus objektive), sondern um verschiedene Diskriminationsfähigkeiten. Der eine erkennt ein Merkmal aufgrund propositionalen Wissens über es; ein anderer erkennt ein Merkmal aufgrund sensorischer Zustände. Also geht es nicht um verschiedene Typen von Objekten in der Welt, sondern um verschiedene Typen von Repräsentationen von Objekten in der Welt.[40]

Die bisher ausführlichste Auseinandersetzung eines Materialisten mit allen Varianten dieses Einwands stammt von William Lycan.[41]

3. Eine rein kausale Analyse kann das Merkmal der Intentionalität, das viele mentale Zustände besitzen, nicht erklären. – Um diesen Einwand verständlich zu machen, müssen einige Ergebnisse erwähnt werden, die im Zuge der Suche nach einem Kriterium des Mentalen in den 50er und 60er Jahren erarbeitet werden.[42]

Gedanken, Meinungen und Wünsche (generisch: intentionale Zustände) besitzen immer einen Gehalt. Das spiegelt sich darin wider, daß die Verben für Einstellungen (erwarten, hoffen, befürchten, zweifeln, erinnern etc.) mit einem grammatischen Objekt auftreten, typischerweise mit nominalisierten Sätzen, also sprachlichen Ausdrücken der

Form *daß* p (‹p› ist Platzhalter für einen Satz): «Peter glaubt, daß Paris die Hauptstadt Frankreichs ist»; «Peter bezweifelt, daß ihm die Lebensversicherung ausbezahlt wird». Der in die *daß*-Klausel eingebettete Satz gibt den Gehalt der Einstellung wieder. Was Einstellungen desselben Typs (Wunsch, Meinung) voneinander unterscheidet, ist ihr Gehalt. Einstellungstyp (Wunsch, Erwartung etc.) zusammen mit der *daß*-Klausel, die den Gehalt angibt, individuieren eine Einstellung (einen intentionalen Zustand).

Bemerkenswert ist, daß Einstellungen Relationen zwischen Personen (konkrete Gegenstände) und Sachverhalten oder – wie in der angelsächsischen Philosophie üblicherweise gesagt wird – Propositionen (abstrakte Gegenstände) zu sein scheinen, etwas, das ihnen den von Bertrand Russell geprägten Namen *propositional attitudes* (propositionale Einstellungen) einbringt.[43]

Aber im Unterschied zu physischen Relationen (schwerer als; stützt etwas; liegt zwischen) ist die Existenz der von Einstellungsverben bezeichneten Relationen nicht davon abhängig, daß das zweite Glied der Relation existiert, daß also der Sachverhalt besteht, der mit dem in der *daß*-Klausel stehenden Satz bezeichnet wird. Traditionell ausgedrückt: Der Geist kann sich auf Objekte und Sachverhalte richten, die nicht existieren. Franz Brentano nannte diese Eigenschaft von mentalen Zuständen ihre *Intentionalität* und sah in ihr das definierende Merkmal des Mentalen oder Psychologischen.[44] Etwas davon kehrt als logische Eigenart der Sätze wieder, die Einstellungen zuschreiben. Daraus, daß Peter glaubt, daß es eine größte Primzahl gibt, darf man nicht schließen, daß es eine größte Primzahl gibt. Die Wahrheit oder Falschheit des ganzen Satzes ist logisch unabhängig von der Wahrheit oder Falschheit des eingebetteten Satzes. Und noch eine Eigenart ist zu erwähnen: Wenn Peter glaubt, daß Paris die Hauptstadt Frankreichs ist, und wenn Paris die größte Stadt an der Seine ist, dann darf man nicht schließen, daß Peter glaubt, daß die größte Stadt an der Seine die Hauptstadt Frankreichs ist. Es kann sein, daß Peter irrtümlicherweise eine andere Stadt als Paris für die größte an der Seine liegende Stadt hält. Verallgemeinert: Der Wahrheitswert eines Satzes, der einer Person eine Einstellung zuschreibt, bleibt nicht unbedingt erhalten, wenn man in der *daß*-Klausel des Satzes Ausdrücke, die dasselbe bezeichnen, durcheinander ersetzt. Sagt man dagegen «Peter reist nach Paris», dann ändert sich nichts am Wahrheitswert dieses Satzes, wenn man den Ausdruck «nach Paris» durch «in die größte an der Seine gelegene Stadt» ersetzt. Hier kommt es nur darauf an, einen Ausdruck zu benutzen, der dasselbe Objekt bezeichnet wie der zu ersetzende Ausdruck. Bei Einstellungszuschreibungen kommt es dagegen darauf an, denselben Ausdruck zu benutzen, den die Person ‹im Kopf› hat. Davon hängt auch ihr Tun und Lassen ab: Ödipus wollte Iokaste heiraten. Iokaste war seine Mutter. Gleichwohl ist es falsch zu sagen, Ödipus hatte die Absicht, seine Mutter zu heiraten. Hätte Ödipus gewußt, daß Iokaste seine Mutter ist, dann hätte er von der Heirat abgesehen. Im Unterschied zu physischen Relationen generiert also jede sinnverschiedene (intensional verschiedene) Beschreibung des Objekts der Einstellung eine neue Einstellung: Ödipus' Absicht, Iokaste zu heiraten, ist verschieden von der Absicht, seine Mutter zu heiraten.

Man nennt das Ensemble dieser Merkmale von Sätzen, die Einstellungen zuschreiben, ihre Intensionalität (Chisholm 1957). Fügt man die beiden eben erläuterten Stücke Jargons zusammen, dann gewinnt man die folgende These: Intentionale Verben bilden intensionale Kontexte.

Der eingangs genannte Einwand drückt Zweifel daran aus, daß es einer rein kausalen (verallgemeinert: einer rein materialistischen) Analyse zu zeigen gelingt, wie intentionale Zustände gehaltvolle Zustände sein können oder wie sie zu ihren semantischen Merkmalen (Referenz, Bedeutung, Wahrheit / Falschheit) kommen können. Es ist diese Frage, die seit der zweiten Hälfte der 70er Jahre die Diskussionen in der Philosophie des Geistes bestimmt.[45]

Der Funktionalismus

Während der 60er Jahre formulieren die beiden amerikanischen Philosophen Hilary Putnam und Jerry A. Fodor (er ist auch Psychologe) weitere Einwände gegen die Identitätstheorie. Zugleich stellen sie eine neue These über die Natur mentaler Zustände vor, die die Konsequenzen aus ihrer Kritik an der Identitätstheorie zieht.[46]

Die Einwände: Die Identitätstheorie identifiziert Typen mentaler Zustände mit physikalistisch charakterisierten Typen von Zuständen des Gehirns. Der Identitätstheoretiker ist demnach auf die Behauptung festgelegt, daß ein bestimmter Typ von mentalem Zustand, zum Beispiel «Schmerzen haben» oder «eine bestimmte Überzeugung haben», immer in derselben neuralen Struktur realisiert ist. Das ist empirisch unplausibel: Das Gehirn hat u. a. die Fähigkeit, Schädigungen eines Teils und damit verbundene Ausfälle dadurch zu kompensieren, daß andere Teile die ausgefallenen Funktionen übernehmen. Zudem scheint es durchaus möglich zu sein, daß zwei Wesen sich psychologisch sehr ähnlich sind, aber aus verschiedenem Material bestehen: Das eine ist zum Beispiel ein biologisches, das andere ein elektronisches Wesen, aber beide empfinden dasselbe[47] und teilen ihre Überzeugungen, Wünsche und Erwartungen.

Fodor verstärkt die Richtung, in die diese Einwände zielen, mit der Überlegung: Der Identitätstheoretiker erwartet, daß die von ihm ins Auge gefaßte Typenidentität die folgenden Bedingungen erfüllt: Jedem psychologischen Prädikat für einen psychologischen Zustandstyp korrespondiert ein neurophysiologisches Prädikat für einen neuralen Zustandstyp, so daß gilt: Einer ist genau dann in einem psychologischen Zustand vom Typ M, wenn er in einem neuralen Zustand vom Typ N ist. Daß diese Prädikate koextensiv sind, ist ein Gesetz. Und: Für jedes psychologische Gesetz existiert ein entsprechendes neurophysiologisches Gesetz. Damit sind die klassischen Bedingungen[48] für die Möglichkeit der Reduktion einer Wissenschaft (Psychologie) auf eine andere Wissenschaft (Neurophysiologie) erfüllt. Diese Reduktion leistet die vom Identitätstheoretiker gewünschte ontologische Reduktion: Die mentalen Eigenschaften und Objekte sind nichts anderes als physisch-chemische Eigenschaften und Objekte. Der Materialismus fände seine Bestätigung. – Fodor wendet ein, daß die Koextensivität eines psychologischen mit einem neurophysiologischen Prädikat bestenfalls ein Zufall, niemals aber ein Gesetz ist. Der Grund dafür sei: Die Prädikate einer wissenschaftlichen Disziplin geben diejenige Taxonomie ihres Gegenstandsbereichs wieder, die die (bisher) besten Theorien, Generalisierungen und darauf gestützten Erklärungen der Phänomene im Gegenstandsbereich ermöglichen. Es gibt keinen Grund für die Erwartung, daß die in verschiedenen Disziplinen erarbeiteten Taxonomien in der vom Identitätstheoretiker vorgesehenen Weise miteinander korrespondierten. Was dem Psychologen als eine natürliche Unterteilung seines Gegenstandsbereichs erscheint, braucht in dem, was dem Neurobiologen als eine natürliche Unterteilung seines Gegenstandsbereichs erscheint, keine Entsprechung zu finden. Das schließt nicht aus, daß jeder einzelne mentale Zustand («token») mit einem einzelnen neuralen Zustand («token») identisch ist («token identity»). So ist beispielsweise jedes einzelne Matt im Schach mit einer konkreten Figurenstellung identisch, ohne daß dem Matt als Typ einer Endposition (etwa im Unterschied zum Patt) ein bestimmter Typ von Figurenstellung entspräche.

Der erste Vertreter einer funktionalistischen These ist 1960 Putnam.

Er knüpft an an die sich seit den 50er Jahren verbreitende Idee von Symbole manipulierenden und informationsverarbeitenden Mechanismen als Modellen des menschlichen Geistes.[49] Sein Vorschlag lautet, mentale Zustände in Analogie zu logischen Zuständen einer Turingmaschine als funktionale Zustände aufzufassen.

Der englische Mathematiker Alan Turing hat in seiner Arbeit *On Computable Numbers, with an Application to The Entscheidungsproblem* (1936) zum Zwecke der Präzisierung des Begriffs der Berechenbarkeit einer Funktion die Idee einer logischen Maschine eingeführt, die später nach ihm *Turingmaschine* benannt wurde. Eine Turingmaschine ist ein mathematisches Modell einer Rechenmaschine, durch das der Begriff der Berechenbarkeit (einer Funktion) streng definiert werden kann. Eine Funktion f(x) heißt turing-berechenbar, wenn man eine Turingmaschine angeben kann, die für ein Argument x in endlich vielen Schritten den Funktionswert f(x) berechnet. Eine Turingmaschine sieht nun wie folgt aus: Sie besitzt ein unbestimmtes langes Band, das in gleiche Quadrate eingeteilt ist, von denen jedes entweder ein Symbol enthält oder kein Symbol enthält. Die Maschine ist fähig, die folgenden Operationen auszuführen: Sie kann das Band um je ein Quadrat nach links oder nach rechts verschieben; sie kann mit Hilfe eines Lese-Schreib-Kopfs feststellen, ob in dem Quadrat, über dem sie sich gerade befindet (dem Arbeitsfeld), sich ein Symbol befindet, und wenn ja, welches; sie kann das Symbol tilgen und ein neues Symbol hinschreiben. Die Maschine kann auch stoppen. Die Schrittfolge, durch die eine Turingmaschine geht, wenn sie eine bestimmte Funktion berechnet, ist durch ihre Maschinentafel (ihr Programm) bestimmt. Diese (dieses) legt fest, welche Operation die Maschine ausführt, wenn sie sich in dem-und-dem logischen Zustand befindet und auf dem Arbeitsfeld das-und-das Symbol liest, und in welchen anderen logischen Zustand die Maschine infolge der ausgeführten Operation übergeht. Von welchem Typ also ein einzelner logischer Zustand einer Turingmaschine ist, ist funktional definiert, das heißt durch die Rolle, die dieser Zustand in den Operationen spielt, die die Maschine ausführt. Es ist klar, daß physikalisch unterschiedlich gebaute Maschinen durch dieselbe Maschinentafel beschrieben werden können. Zwei Additionsmaschinen können beispielsweise dieselbe Turingmaschine oder dasselbe Programm realisieren und im einen Fall aus Röhren, im anderen Fall aus Chips aufgebaut sein. Mit den Begriffen der Maschinentafel und des Programms (‹software›) ist eine Beschreibungsebene gefunden, die es erlaubt, Maschinenzustände definitiv zu spezifizieren, ohne irgendein physikalisches Detail der Maschine (‹hardware›) zu erwähnen.

Putnams Vorschlag läuft also auf die folgende These hinaus: Für jedes psychologische System läßt sich eine zutreffende Beschreibung mittels einer Maschinentafel geben, so daß gilt: Es besteht eine Eins-zu-eins-Korrespondenz zwischen Typen von Maschinentafelzuständen und Typen von psychologischen Zuständen, in denen das System sich befinden kann. Psychologische Zustände lassen sich demnach mit funktionalen Zuständen des Systems identifizieren, für das die Maschinentafel die zutreffende Beschreibung gibt. Mit dieser Maschinentafel sind die entsprechenden psychologischen Zustände vollständig funktional definiert.

Putnam ist es damit gelungen, Identitätsbedingungen für psychologische Zustände zu formulieren, die diese weder zu eng an den materiellen Aufbau (Typen-Typen-Identitätstheorie) noch zu eng nur an das Verhalten (Behaviorismus) eines psychologischen Systems binden. Gleichwohl bewahrt der Turingmaschinenfunktionalismus die erwünschte Nähe zum Materialismus. Denn jede turing-berechenbare Funktion ist mechanisch realisierbar.

Der Funktionalismus entwickelte sich im Laufe der vergangenen beiden Jahrzehnte nicht in Putnams früher Turingmaschinenversion zur zeitgenössischen Orthodoxie.[50] Der Grund dafür liegt in Merkmalen von Turingmaschinen begründet, die ihre Tauglichkeit als Modelle für psychologische Systeme zu stark einschränken.[51]

Fodor plädiert für einen weiter gefaßten Begriff von Funktionalismus[52]: Was den Zustand eines Lebewesens oder eines Systems zu einem mentalen Zustand eines bestimmten Typs macht, sind die kausalen Relationen, in denen dieser Zustand zu (1) Einwirkungen (‹inputs›) der Umgebung auf das Lebewesen oder System, (2) zu anderen mentalen Zuständen und (3) zum Verhalten (‹output›) des Lebewesens oder Systems steht, kurz: die funktionale Rolle, die der Zustand in der Verhaltenssteuerung des Lebewesens oder des Systems spielt. Ein Lebewesenzustand ist beispielsweise ein Schmerz, wenn er durch eine Verletzung bewirkt wird und seinerseits Stöhnen, Weinen, Flucht u. ä. m. verursacht. Ein Personenzustand ist beispielsweise ein Wunsch, wenn er Entbehrungen geschuldet ist, praktische Überlegungen in Gang setzt und zusammen mit Überzeugungen zum Handeln führt. Also legt die kausale oder funktionale Rolle[53], die der Zustand spielt, fest, welchem mentalen Zustandstyp er angehört. Da verschiedene materielle Substrate Träger derselben Rolle sein können, sind sie irrelevant für die Spezifikation der

Natur mentaler Zustände. Welches nun die kanonische Form funktionaler Charakterisierungen psychologischer Zustände sein soll, ist Fodor zufolge eine Frage der Theoriebildung innerhalb der kognitiven Wissenschaften: Diese ist auf der Suche nach derjenigen Taxonomie ihres Gegenstandsbereichs, die möglichst viele Verallgemeinerungen ermöglicht, die gute Erklärungen stützen.[54]

Blickt man auf Behaviorismus und Identitätstheorie zurück, dann erzielt der Funktionalismus eine gelungene Integration der Vorzüge seiner Vorgänger bei gleichzeitiger Vermeidung ihrer Schwächen:

Was der Funktionalismus mit dem Behaviorismus teilt, ist die relationale Charakterisierung mentaler Zustände. Was den Funktionalismus vom Behaviorismus trennt, ist, daß seine relationale Charakterisierung eines mentalen Zustandstyps andere mentale Zustandstypen erwähnt, also nicht die Hoffnung nährt, solche Erwähnungen zugunsten rein physikalistischer oder behavioristischer Prädikate (für Stimuli und Reaktionen) eliminieren zu können. Den Grund dafür, diese Hoffnung fahrenzulassen, haben Kritiker des Behaviorismus klargelegt[55]: Das Verhalten einer Person legt immer nur zusammen mit Annahmen über die mentale Verfassung dieser Person fest, was sie glaubt oder wünscht. Verhalten für sich allein betrachtet ist mit ganz verschiedenen mentalen Zuständen kompatibel. Wenn wir jemanden mit dem Schirm das Haus verlassen sehen, dann heißt dies nicht unbedingt, daß er sich gegen Regen vorsehen will. Erst zusammen mit der Annahme, daß er Regen erwartet, beginnt sein Verhalten für die Zuschreibung des Wunsches, trocken zu bleiben, zu sprechen. Was jemand also glaubt oder wünscht oder erwartet, ist durch eine große Anzahl seiner anderen mentalen Zustände festgelegt und nicht allein durch die Umgebungseinflüsse und Reaktionen.

Was der Funktionalismus mit der Identitätstheorie teilt, ist die Anerkennung kausal relevanter innerer Zustände. Was der Funktionalismus verwirft, ist, den Stoff oder das Material, in dem mentale Zustände realisiert sind, eine Rolle für die Festlegung spielen zu lassen, von welchem Typ ein mentaler Zustand ist. Der Funktionalismus ist demnach neutral, was den Stoff angeht, in dem ein psychologisches System realisiert ist: Er ist auf keine Aussage darüber festgelegt, welches das Material ist, das die funktional charakterisierten mentalen Zustände realisiert.

Wie oben schon angedeutet, ist es Aufgabe der kognitiven Wissenschaft, genaue Charakterisierungen funktionaler Zustände zu liefern. Dies geschieht im Zuge der funktionalen Analysen psychologischer Fähigkeiten. Die Grundidee[56] solcher Analysen läßt die Umrisse der vom Funktionalismus vorgeschlagenen Lösung des Leib/Seele-Problems deutlicher hervortreten: (1) Für jede psychologische Fähigkeit (Wahrnehmen, Lernen, Erinnern, Überlegen, Sprechen etc.) läßt sich eine funktionale Analyse finden, die diese Fähigkeit in eine Reihe viel einfacherer, subpersonaler, am Ende nicht mehr psychologischer Fähigkeiten zerlegt, deren ‹planvoll› organisierte Interaktion der Ausübung der psychologischen Fähigkeit zugrunde liegt.[57] (2) Jede solche Analyse läßt sich als Computerprogramm hinschreiben. (3) Jedes solche Programm läßt sich mechanisch realisieren. Also ist gezeigt, daß komplex arrangierte Materie im Prinzip als Basis psychologischer Fähigkeiten und mentaler Zustände ausreicht.

(1) wird von der Annahme begleitet, daß das Gehirn eine Hierarchie neuraler Prozessoren beherbergt, die mit Repräsentationen operieren. Natürlich können diese Prozessoren nur auf die physischen Merkmale der Repräsentationen reagieren.[58] Die Repräsentationen besitzen zwar Bedeutung. Doch die postulierten Prozessoren verstehen die Bedeutung dieser Repräsentationen nicht, sondern manipulieren diese allein aufgrund ihrer physischen Merkmale. Diese Prozessoren führen verschiedene Operationen durch: Sie vergleichen Repräsentationen, sie suchen Listen von Repräsentationen durch, sie transformieren Repräsentationen in verschiedener Weise. In den Modellen, die kognitive Psychologen für psychologische Fähigkeiten vorschlagen, werden diese Prozessoren ‹black boxes› oder auch ‹homunculi› genannt. Ein Modell für eine psychologische Fähigkeit ist ein planvoll organisiertes Geflecht solcher Homunculi, deren Interaktion im Austausch, im Prüfen und im Verändern von Repräsentationen (Informationen) besteht (parallel zu [2] oben). Jeder Homunculus ist Platzhalter für ein weiteres Netz einfacherer Homunculi. Die Erwartung ist, daß an der Basis solcher Hierarchien Prozessoren stehen, deren Operieren neurophysiologisch erklärt werden kann (parallel zu [3] oben). (1) ist für den empirischen Charakter des Funktionalismus verantwortlich: Das Los des Funktionalismus ist via (1) an den Erfolg oder Mißerfolg des Forschungsprogramms gebunden, das seit Beginn der 60er Jahre unter dem Titel *Cognitive Science*[59] das Versprechen enthält, Psychologie, Linguistik, Künstliche Intelligenz und Neurobiologie zu einer Wissenschaft vom menschlichen Geist und Gehirn zu integrieren. Umgekehrt erklärt sich die Attraktivität des Funktionalismus gerade dadurch, daß er die passende ‹Ideologie› zu diesem Forschungsprogramm ist. Er erläutert die begrifflichen Grundlagen der

Theorien, die auf einer relativ abstrakten Ebene Modelle für psychologische Fähigkeiten entwerfen.

(2) und (3) drücken die Erwartung aus, daß die Mechanismen, die der planvoll orchestrierten Interaktion der Homunculi zugrunde liegen, sich als Symbolmanipulationen darstellen lassen. (3) sorgt dafür, daß die Analyse der psychologischen Fähigkeit nicht wiederum von psychologischen Fähigkeiten Gebrauch macht, die unanalysiert bleiben. Damit ist Pseudoerklärungen, infiniten Regressen u. ä. m. der Riegel vorgeschoben. Eine als Computerprogramm darstellbare Analyse psychologischer Fähigkeiten ist demnach eine hinreichende Bedingung dafür, daß diese Fähigkeiten ontologisch nicht mehr verlangen als komplex organisierte Materie. Das stützt die materialistische Erwartung, daß Gehirn alles ist, was man für Geist benötigt.

Wie wird der Funktionalismus mit den Schwierigkeiten fertig, die weiter oben erwähnt wurden, mit dem Qualia-Problem und mit dem Problem des Gehalts intentionaler Zustände? Wie können die als Träger der funktionalen Rollen anvisierten neuralen Zustände die Merkmale besitzen, die wir an den beiden charakteristischen Gruppen mentaler Phänomene finden, den Empfindungen auf der einen Seite, den intentionalen Zuständen auf der anderen Seite? Die Funktionalisten konzentrieren sich auf das zweite Problem. Bevor ihre neuesten Beiträge dazu vorgestellt werden, soll das Thema der Natur der Identität von Mentalem mit Physischem aus der Perspektive der Arbeiten der beiden amerikanischen Philosophen Donald Davidson und Jaegwon Kim noch etwas vertieft werden.[60]

Funktionalisten sind Materialisten, weil sie glauben, daß die Träger der funktionalen Rollen in letzter Analyse physische Entitäten sind. Die von den Funktionalisten vertretene Identitätsthese lautet also: Jedes einzelne mentale Phänomen ist identisch mit einem physikalistisch beschreibbaren Phänomen (‹token-token›-Identität). Was diese These motiviert, ist der Wunsch, im Unterschied zur Typen-Typen-Identitätsthese die Möglichkeit zuzulassen, daß ein und derselbe Typ von mentalem Zustand in verschiedenen physischen Zuständen realisiert ist. Was die These in den Augen eines Physikalisten als zu schwach erscheinen läßt, ist die Tatsache, daß sie auch die folgende Möglichkeit zuläßt: Zwei Systeme können alle ihre physischen Merkmale teilen und gleichwohl verschiedene mentale Merkmale besitzen. Diese Möglichkeit zuzulassen, verletzt eine metaphysische These, die natürlicherweise mit einer physikalistischen Überzeugung einhergeht, nämlich: Wenn die physischen Merkmale eines Systems einmal festliegen, dann liegen damit auch die chemischen, biologischen und psychologischen Merkmale des Systems fest.[61] Die physische Verfassung der Welt legt alle anderen Merkmale fest, die wir sonst noch in ihr antreffen mögen. Physikalisten, die keine Typen-Typen-Identitätsthese vertreten, glauben also, daß die ‹token-token›-Identität zwischen Mentalem und Physischem eine zusätzliche Bedingung erfüllt, für die sich in der Literatur der Ausdruck *Supervenienz* eingebürgert hat: Wenn die physischen Merkmale eines Systems fixiert sind, dann auch seine mentalen. Demnach können sich mentale Merkmale eines Systems nicht ändern, ohne daß sich auch physische Merkmale des Systems ändern. Und: Wenn zwei Systeme alle ihre physischen Merkmale teilen, dann teilen sie auch ihre mentalen. Umgekehrt gilt nicht: Wenn zwei Systeme alle ihre mentalen Merkmale teilen, dann teilen sie auch sämtliche ihrer physischen Merkmale.[62]

Supervenienz steht also für eine asymmetrische Relation: Das Physische determiniert das Mentale, ohne daß sich mentale Phänomene auf physische reduzieren ließen. Den Begriff der Supervenienz hat Davidson in seinem Essay *Mental Events* 1970 (dt. Geistige Ereignisse, 1981) in diese Debatte eingeführt.[63] Davidson trägt zudem in dieser Arbeit ein ingeniöses Argument für die Art von ‹token-token›-Identität vor, die die Supervenienzrelation erfüllt. Sein Gedankengang sieht im Aufriß so aus: Es gibt keine psychophysischen Gesetze; es gibt aber wahre singuläre psychophysische Kausalaussagen, also wahre Aussagen, in denen ein mentales Ereignis als Ursache eines physischen oder ein physisches Ereignis als Ursache eines mentalen Ereignisses angeführt werden. Wenn nun Ereignisse kausal interagieren, dann besitzen sie Beschreibungen, unter denen sie Gesetze instanziieren. Im übrigen instanziieren Ereignisse nur unter ihren physikalistischen Beschreibungen Gesetze. Also, glaubt Davidson schließen zu können, sind mentale Ereignisse identisch mit physischen Ereignissen.

Aufgrund der ersten Prämisse nennt Davidson seine materialistische Position zutreffend anomalen Monismus.[64]

Intentionale Zustände: Entwicklungen in den 70er und 80er Jahren

Intentionale Zustände besitzen die folgenden beiden Merkmale: (1) Sie spielen im Denken und Überlegen eine kausale Rolle: Sie veranlassen weitere mentale Zustände und Handlungen. (2) Sie besitzen semantische

Merkmale, sie haben Gehalt, drücken Propositionen aus, besitzen Erfüllungsbedingungen. Nun die Frage: Welche Theorie kann erklären, wie es möglich ist, daß intentionale Zustände sowohl kausal wirksam wie semantisch charakterisierbar sind? Wir scheinen Gefangene des folgenden Dilemmas zu sein: Entweder können wir (wie im Fall der Computer) Mechanismen spezifizieren, die kausal zwischen Systemzuständen vermitteln, die wir semantisch interpretieren können, die aber keine Bedeutung für das System selbst besitzen; dann handelt es sich nicht um genuine Denker (verstehende intentionale Systeme). Oder wir haben es (wie im eigenen Fall) mit genuinen Denkern (verstehenden intentionalen Systemen) zu tun, wissen aber nicht, wie die zugrunde liegende biologische Maschinerie genuine intentionale Zustände ermöglicht.[65]

Der Funktionalismus verspricht einen Ausweg, indem er eine Ebene der Informationsverarbeitung annimmt, die kausale und semantische Elemente ‹irgendwie› integriert. Der vehementeste Kritiker ist hier John Searle.[66] Er wendet gegen den Funktionalismus ein: Es existiert keine explanatorisch nützliche Ebene zwischen Alltagspsychologie auf der einen Seite, Neurobiologie auf der anderen Seite. Die Rede von subpersonalen kognitiven Prozessen ist abwegig. Searle verwirft also die folgenden beiden Behauptungen: Wenn ein Computerprogramm, das die funktionale Analyse einer psychologischen Fähigkeit enthält, auf einer Maschine implementiert wird, dann besitzt die Maschine diese psychologische Fähigkeit, und die hinter dem Programm stehende funktionale Analyse erklärt, worauf diese Fähigkeit beruht. Searle illustriert seine Kritik am Beispiel des Sprachverstehens. Was die Funktionalisten machen, ist analog zum folgenden Szenario: Ich werde in einen Raum eingeschlossen, der eine Eingabestelle und eine Ausgabestelle besitzt. An der Eingabestelle werden mir chinesische Schriftzeichen hereingereicht; an der Ausgabestelle habe ich chinesische Schriftzeichen herauszugeben. Auf welche hereingereichten Schriftzeichen ich welche anderen Schriftzeichen ausgeben muß (ich verstehe kein Chinesisch), lehrt mich ein in deutscher Sprache geschriebenes Regelbuch. Ich kann die dort aufgemalten Schriftzeichen an ihrer Gestalt erkennen und auseinanderhalten. Ich reagiere also auf die Schriftzeichen wie ein Computer: ohne Verständnis der Bedeutung der Symbole. Die Regeln sind jedoch so beschaffen, daß die vor dem Raum stehenden Chinesen den Eindruck gewinnen, sie führten mit jemandem, der Chinesisch versteht, eine normale Unterhaltung. Die von mir aufgrund der Regeln herausgereichten Symbole sind für die Chinesen plausible Antworten auf Fragen, intelligente Bemerkungen zu ihren Bemerkungen, passable Nachfragen oder Kommentare zu ihren Ausführungen etc. Doch offenkundig verstehen weder ich noch sonst eine Komponente, die dieses Chinesisch-verstehen-Imitationssystem bilden, tatsächlich Chinesisch. Konklusion: Die erfolgreiche Imitation oder Simulation einer psychologischen Fähigkeit ist weder eine hinreichende Bedingung dafür, daß die simulierende Maschinerie die simulierte Fähigkeit besitzt, noch dafür, daß eine Erklärung dieser psychologischen Fähigkeit gegeben wurde.

Searles Gedankenexperiment ruft viele Kommentatoren auf den Plan. Kaum jemand folgt jedoch Searles eigenem Vorschlag. Dieser bleibt enigmatisch: Auf der einen Seite verlangt er, daß mentale Phänomene genauso studiert werden müssen wie andere biologische Phänomene[67]; auf der anderen Seite besteht er darauf, daß mentale Phänomene bevorzugt aus der Perspektive der ersten Person studiert werden müssen[68], eine für biologische Phänomene unübliche Methodologie. Zudem: Wenn es zwischen Alltagspsychologie und Biologie keine explanatorisch vermittelnde Ebene gibt, dann läßt sich für jede psychologische Fähigkeit nur ganz uninformativ sagen: Das Gehirn leistet das irgendwie. Wenn mehr dazu gesagt werden soll, dann muß etwas darüber gesagt werden, wie das Gehirn die Leistung erbringt. Und: Das Gehirn ist ja tatsächlich in keiner anderen Lage als die im Raum eingeschlossene Person, versteht demnach die ihm durch die Eingabestelle (die Sinnesorgane) zugespielten Informationen auch nicht. Das Gehirn ist ebenfalls eine rein syntaktische Maschine. Also bleibt am Ende doch nichts anderes übrig als der oben skizzierte, von der *Cognitive Science* eingeschlagene Weg: unter soviel realistischen Annahmen wie möglich Ausschau nach subpersonalen kognitiven Prozessen zu halten, die zusammengenommen die Art von Verhalten ermöglichen, in dem wir als Betrachter die Manifestationen der entsprechenden psychologischen Fähigkeiten erkennen.

Im Gegensatz zu Searle entwickelt Fodor in geradliniger Fortsetzung des Funktionalismus seine *Representational Theory of Mind* als Antwort auf die eingangs gestellte Frage: Wie läßt sich erklären, daß die kausale Rolle intentionaler Zustände ihren Bedeutungen Rechnung trägt?[69]

Fodor beginnt mit dem folgenden Vorschlag: In einem bestimmten intentionalen Zustand sein heißt, in einer Relation zu einer mentalen Repräsentation stehen. Wenn Peter zum Beispiel glaubt, daß Paris die Hauptstadt Frankreichs ist, dann steht er in der für den Einstellungstyp ‹Glauben› typischen Relation zu einer inneren Formel, die dieselbe Bedeutung hat wie der deutsche Satz «Paris ist die Hauptstadt Frankreichs» oder der französische Satz «Paris est la capitale de la France». Diese innere Formel ist ein Ausdruck der Sprache des Denkens (lingua mentis). Das Gehirn beherbergt einen neuralen Code, seine Maschinensprache, die direkt in der neuralen Hardware realisiert ist. Gedanken sind Vorkommnisse von Formeln dieses Codes. Wie die Ausdrücke natürlicher Sprachen besitzen diese Formeln der lingua mentis syntaktische, also letztlich physische Merkmale (z. B. Gestalt). Dies erklärt, weshalb sie in kausale Interaktionen eintreten können (Merkmal [1]). Diese Symbole der lingua mentis besitzen aber auch semantische Merkmale (2). Dies erklärt, weshalb ihre kausale Interaktion die für Denken, Überlegen und Entscheiden charakteristischen rationalen Muster manifestiert oder erfüllt.

Zum Zweck der Erklärung der in diesem Bild vorausgesetzten Tatsache, daß die kausalen Relationen zwischen den Symbolen (verstanden als syntaktische Gebilde) die semantischen und rationalen Relationen zwischen den Symbolen (verstanden als bedeutungsvolle Gebilde) bewahren, bedient sich Fodor der oben skizzierten Grundidee der Rechnertheorie: Computer sind so gebaut, daß bestimmte Abfolgen interner Zustände bei geeigneter Interpretation dieser Zustände Berechnungen oder Schritte innerhalb einer Problemlösung oder Aufgabenbewältigung etc. darstellen. Analog soll sich erweisen, daß die neurobiologisch erklärbare Abfolge neuraler Zustände unter einer bestimmten Interpretation eine Berechnung, eine Überlegung, ein Lernen, ein Erinnern, der Erwerb einer Meinung etc. ist.

Da das Medium unseres Denkens dieser Theorie zufolge eine Sprache ist, faßt Fodor mentale Repräsentationen in Analogie zu Sätzen einer natürlichen Sprache auf, also als Gebilde, deren semantische Eigenschaften (a) den semantischen Eigenschaften der Komponenten geschuldet sind, aus denen sie bestehen, und (b) der Art der Zusammensetzung (Struktur) dieser Komponenten zu größeren Einheiten.[70]

Im übrigen legen die semantischen Merkmale mentaler Repräsentationen die intentionalen und intensionalen Merkmale von Einstellungen (bzw. unseren Berichten über sie) fest, also die Merkmale, die wir an den in den *daß*-Klauseln auftretenden Gebilden finden. Die semantischen Merkmale von Ausdrücken natürlicher Sprachen sind dann der Tatsache geschuldet, daß sie Gedanken ausdrücken. Damit lädt sich Fodor allerdings eine schwere Bürde auf: Er muß zeigen, wie ‹die Natur selbst› die Interpretation der Formeln der Sprache des Denkens festlegt.[71] Denn im Unterschied zum Fall der Rechner können nicht wir die Interpreten der

Ausdrücke der lingua mentis sein. Das wäre offenkundig zirkulär. Und da die semantischen Merkmale von Ausdrücken natürlicher Sprachen von den semantischen Merkmalen der Einstellungen geerbt sind (die diese Merkmale ihrerseits von den mentalen Repräsentationen erben), darf Fodor die semantischen Merkmale der Formeln der lingua mentis nicht als Ergebnis einer Art Internalisierung einer natürlichen Sprache erklären.[72] Die Intentionalität mentaler Repräsentationen ist nicht von etwas anderem abgeleitet, sondern irgendwie ursprünglich.

Trotz dieser Bürde hält Fodor die Lingua-mentis-Hypothese für aussichtsreich. Er hat die folgenden Gründe für seine Zuversicht: Die Repräsentationstheorie des Geistes ist der einzige Vorschlag, der erklärt, weshalb intentionale Zustände die eingangs erwähnten Merkmale (1) und (2) besitzen. Zudem erklärt diese Theorie das Bestehen der offenkundigen strukturellen Analogien zwischen Denken und Sprechen. Ein sprachanaloges System interner Repräsentationen besäße auch genau diejenigen Eigenschaften (Generativität, Systematizität, Produktivität), die die Fähigkeit der Menschen erklären helfen, unbegrenzt neue Gedanken zu bilden, zu verstehen und mitzuteilen. Im übrigen ist Fodors Vorschlag die Theorie, die den mentalen Repräsentationen, die die zeitgenössische kognitive Psychologie in ihren Erklärungen immer postuliert, einen Platz zuweist.[73]

Das Problem der Semantik mentaler Repräsentationen ist ungelöst. Fodor widmet ihm ein ganzes Buch[74], in dem er die bisher gemachten Vorschläge[75] kritisiert und einen eigenen Vorschlag präsentiert. Alle diese Vorschläge starten mit derselben Grundidee: Es ist die Existenz einer kausalen Verknüpfung zwischen Merkmalsvorkommnissen (etwas Rotes) in der Umgebung und Vorkommnissen neuraler Strukturen, die letztere zu einer mentalen Repräsentation mit einem bestimmten Gehalt («Da ist etwas Rotes») macht. Die Entwicklung dieser Grundidee fällt bei jedem Autor etwas anders aus. Die Schwierigkeiten teilen sie allerdings. Nur drei seien hier erwähnt: Welches Glied in der zu einer mentalen Repräsentation hinführenden Kausalkette determiniert den Gehalt der Repräsentation? Wie erklärt man die Fähigkeit, über Dinge nachdenken zu können, zu denen wir nie in einer kausalen Relation stehen: Zahlen und andere Abstrakta, Zukünftiges, Possibilia? Wenn die kausalen Bedingungen für das Auftreten einer Repräsentation zugleich den Gehalt der Repräsentation determinieren, dann kann es niemals zu einer falschen Repräsentation kommen. Tritt sie auf, trifft sie zu. Es gibt aber falsche Repräsentationen.[76]

Eine ganz andere Linie im Umgang mit dem Problem intentionaler Zustände schlägt Daniel Dennett[77] ein. Er bestreitet Fodors Voraussetzung, daß intentionale Ausdrücke tatsächlich existierende Personenzustände bezeichnen. Dennett bestreitet damit ihr Merkmal (1), die kausale Effizienz intentionaler Zustände. Also benötigt er auch keine «representational theory of the mind».

Dennett beginnt die Verteidigung seiner Position damit, drei Einstellungen zu unterscheiden, aus denen heraus wir das Verhalten von Objekten erklären und vorhersagen können. Er illustriert dies am Beispiel eines Schachcomputers. Aus der physikalischen Einstellung («physical stance») heraus erklären und prognostizieren wir das Verhalten der Maschine mit Hilfe der Spezifikation aller einschlägigen physischen Parameter (Materialien, Energien) und den Naturgesetzen. Aus der funktionalen Einstellung («design stance») heraus erklären und prognostizieren wir das Verhalten der Maschine mit Hilfe des Programms; wir folgen den Instruktionen und nehmen an, daß das Verhalten der Maschine so ausfallen wird, wie das aufgrund der Kenntnis des Programms (oder in Fällen wie Autos, Uhren etc.: der Konstruktion einer Maschine) zu erwarten ist. Aus der intentionalen («intentional stance») Einstellung heraus erklären und prognostizieren wir das Verhalten der Maschine mit Hilfe einer psychologischen Charakterisierung. Wir schreiben der Maschine den Wunsch zu gewinnen zu, die Fähigkeit, sich über den aktuellen Spielstand zu informieren, und die Fähigkeit, sich im Lichte dieser Informationen und der Kenntnisse der Spielregeln einen Zug zu überlegen, der sie ihrem Ziel (Spielgewinn) einen Schritt näher bringt. Dann läßt sich bei einem konkreten Spielstand auf vertraute Weise überlegen, was die Maschine als nächstes tun wird: Man überlegt, welcher Zug in ihrer Lage der beste ist.

Dennett nennt nun jedes beliebige Lebewesen oder System, dessen Verhalten man erfolgreich mit Hilfe dieser intentionalen Strategie erklären und vorhersagen kann, *intentionales System*. Welche dieser drei Erklärungseinstellungen man einnimmt, hängt teils von den Interessen ab, die man hat, was man also herausfinden möchte, teils aber von den Verhaltensmustern, mit denen einen ein Lebewesen oder System konfrontiert. Intelligente Lebewesen zum Beispiel legen Verhaltensweisen an den Tag, die man mit Hilfe physikalistischer Erklärungen nicht einfangen kann. Man kann zwar jede einzelne Körperbewegung physikalistisch erklären, aber der rationale Zusammenhang, der sich in den Verhaltensweisen von Menschen zeigt, wird darin weder sichtbar noch erklärt. Solche Muster fangen nur intentionale Erklärungen ein.

Sehen wir uns die einzelnen Erklärungstypen etwas genauer an: Funktionale Erklärungen machen eine Optimalitätsvoraussetzung: Die Maschine ist so gebaut, daß sie unter den gegebenen Bedingungen ihr Ziel erreichen kann, und sie funktioniert tatsächlich dieser Konstruktion entsprechend. Intentionale Erklärungen machen eine vergleichbare Voraussetzung: Der Agent ist rational, das heißt, er hat die Ziele, die er aufgrund seiner Konstitution und seines Platzes in der Welt haben sollte; er hat ebenso die Meinungen, die er haben sollte, und er überlegt richtig. Irrationales Verhalten auf der einen Seite sowie Störungen der Funktion auf der anderen Seite fallen durch die Maschen intentionaler und funktionaler Erklärungsnetze hindurch. Hier bleibt nur die physikalistische, kausale Erklärung übrig. Das ist ein Sinn, in dem physikalistische Erklärungen basal sind. Dem entspricht: Nur physikalistische Erklärungen spezifizieren Mechanismen und Prozesse, die dem Verhalten zugrunde liegen. Fragt man also danach, welches die kausal relevanten Faktoren für die Erzeugung des Verhaltens sind, das je nach Interesse und Komplexität des Verhaltens auch funktional oder intentional erklärt werden kann, dann gibt nur die physikalistische Erklärung die Auskunft.

Dennett wendet die Einsichten in diese Zusammenhänge ohne Umschweife auf das Problem intentionaler Zustände an: Der anhand alltagspsychologischer Handlungserklärungen gewonnene Eindruck, intentionale Zustände seien Ursachen weiterer mentaler Zustände und Ursachen von Handlungen, ist eine Illusion.[78] Psychologische Charakterisierungen und auf sie gestützte Handlungserklärungen sind Manipulationen innerhalb eines bloß heuristisch zu verstehenden, abstrakt rationalistischen Interpretationskalküls und keine naturalistischen Beschreibungen von Zuständen und Prozessen, die tatsächlich und buchstäblich im System angesiedelt sind. Die Theorie intentionaler Systeme erläutert und verteidigt die Anwendung dieses instrumentalistisch aufzufassenden Interpretationskalküls.

Dennett sucht diesen Instrumentalismus wie folgt zu stützen: Wenn Personen oder andere Lebewesen und Systeme mit Hilfe von Einstellungszuschreibungen charakterisiert werden, dann fehlt darin jeder Hinweis auf konkrete Mechanismen und Prozesse. Von Systemen, die aus der Perspektive ihres materiellen Aufbaus und ihrer Funktionsweise vollständig verschieden sind, wird gleichermaßen gesagt «S glaubt, daß p» oder «S wünscht, daß q» u. ä. m. Die Tatsache, daß Personen, Tiere und Maschinen sehr unterschiedliche Mechanismen der Verhaltenssteuerung beherbergen, verhindert nicht, daß alle in gleicher Weise Objekte intentionaler Charakterisierungen sind. Offensichtlich sind solche Charakterisierungen sehr abstrakt, das heißt, sie ignorieren Verschiedenheiten im materiellen Aufbau von Objekten. Solche Charakterisierungen sind keine direkten Beschreibungen kausal relevanter Teile von Objekten.

Dies wird durch die ergänzende Beobachtung gestützt, daß selbst vollständige Unkenntnis der für die Verhaltenssteuerung kausal relevanten Prozesse niemanden daran hindert, intentionale Erklärungen für das Verhalten von Lebewesen oder Systemen zu geben.

Wenn man mehr über die tatsächlich kausal relevanten Faktoren für Verhalten herausfindet, führt dies nicht zu einer systematischen Verbesserung intentionaler Verhaltenserklärungen, sondern vielmehr zur Ersetzung intentionaler Verhaltenserklärungen durch ‹mechanistischere›.

Da Handlungserklärungen nicht durch Gesetze gestützt werden, ist es verfehlt, in ihnen eine Spezies von Kausalerklärungen zu sehen. Die explanatorische Rolle intentionaler Zustände ist auch vollkommen unabhängig von Gesetzen. Wenn man beispielsweise von jemandem sagt: «Er glaubt, daß der Autor der *Wahlverwandtschaften* ein großer Schriftsteller ist», dann beschreibt man einen Teil einer rationalen Struktur, die zusammen mit einem anderen Teil, beispielsweise «Derselbe glaubt auch, daß Goethe der Autor der *Wahlverwandtschaften* ist», die Erwartung begründet, daß die Person auch glaubt, daß Goethe ein großer Schriftsteller ist. Was in solchen Fällen die Übergänge motiviert, ist nicht kausales Wissen, sondern die Einsicht, daß zwischen den Propositionen, die die Objekte der Einstellungen sind, semantische, logische, induktive, epistemische, in einem weiten Sinn also rationale Beziehungen bestehen. Was nun intentionale Charakterisierungen und Erklärungen machen, ist, Personen und andere Lebewesen und Systeme so zu beschreiben, daß man sie in ihrem Verhalten solche rationalen Relationen zwischen Propositionen bewahren sieht, und zwar vollkommen unabhängig von jeder Kenntnis irgendeiner Antwort auf die Frage: Welches ist die zugrunde liegende Maschinerie, die u. a. Verhalten erzeugt, das solchen intentionalen Charakterisierungen und Handlungserklärungen zugänglich ist?

Es ist die Aufgabe der subpersonalen Psychologie, Modelle für Informationsverarbeitungsprozesse zu entwickeln, die unserem Bewußtsein unzugänglich der Ausübung psychologischer Fähigkeiten zugrunde liegen. Langfristig müssen solche Modelle die Auflage erfüllen, daß sich

Mechanismen im Gehirn finden, die die in diesen Modellen postulierten Informationsverarbeitungsprozesse implementieren. Erst hier ist eine realistische Auffassung explanatorischer Konstrukte angebracht.

Währenddem Dennett die zu einer Theorie intentionaler Systeme verfeinerte Alltagspsychologie für ein nützliches Erklärungs- und Prognoseinstrument hält, das seinen Benutzer nur auf die Annahme der Existenz von Personen und Propositionen[79] festlegt, knüpfen P. S. und P. M. Churchland[80] an Sellars These an, daß die Alltagspsychologie den Status einer empirischen Theorie besitzt und ihre Verdienste und Schwächen dementsprechend geprüft werden müssen. Also prüfen sie im Lichte empirischer Daten aus allen einschlägigen Disziplinen, (a) ob die alltagspsychologischen Prädikate tatsächlich natürliche Arten bezeichnen und ob die Alltagspsychologie mithin explanatorisch fruchtbar ist und (b) ob die Lingua-mentis-Hypothese des sich eng an die Alltagspsychologie anschließenden Funktionalismus[81] plausibel ist. Sie kommen für beide Fragen zu einem negativen Ergebnis. P. S. Churchland plädiert statt dessen für einen als Neurophilosophie bezeichneten Ansatz, der gezielt eine Koevolution neurobiologischer und psychologischer Forschungsprogramme anstrebt.

Zu (a): Es ist bemerkenswert, daß wir aufgrund von Alltagspsychologie nicht die leiseste Ahnung davon haben, was den uns vertrauten psychologischen Phänomenen zugrunde liegt: Gesichter erinnern, Sprachen lernen, Bewußtsein, Aufmerksamkeit, Lesen, Sehen, Emotionen u. v. ä. m. sind uns auf der einen Seite ganz selbstverständlich, auf der anderen Seite weiß die Alltagspsychologie nichts Erhellendes über das ‹wie› und ‹woher› zu sagen. Bewußtsein zum Beispiel scheint ein einheitliches Phänomen zu sein («das Licht ist an»); doch machen viele empirischen Befunde unter dieser Annahme kaum Sinn: Es gibt Hirnschädigungen, bei denen Personen nicht bemerken, daß sie blind sind (Sacks 1985); es gibt Hirnschädigungen, bei denen Personen zwar sagen, daß sie ein Objekt nicht sehen, im Verhalten jedoch zeigen, daß sie visuell erworbene Informationen über das Objekt benutzen[82]; es gibt Verletzungen, bei denen Personen komplexe kognitive Fähigkeiten lernen können, ohne ein Bewußtsein davon zu besitzen, auch wenn sie diese Fähigkeiten gerade gebrauchen; es gibt eine unüberschaubar große Menge von Evidenzen dafür, daß Personen bei bewußt durchgeführten Aufgabenlösungen durch ‹subliminale›, ihnen nicht bewußte Informationen beeinflußt werden; ebenso groß ist die Menge der Evidenzen dafür, wie unzuverlässig die Berichte von Personen über die ihnen bewußten Gründe für Entscheidungen, Verhaltensweisen etc. sind.[83]

Ähnlich steht es mit dem Lernen und Erinnern[84]: Was einheitliche Phänomene zu sein scheinen, gliedert sich bei näherem Zusehen in eine Vielfalt verschiedener Dinge auf. Solche Beispiele lassen sich beinahe beliebig vervielfältigen. Churchlands Konklusion ist: Je besser die empirischen Kenntnisse werden, desto mehr werden neue Klassifikationen die gewohnten ablösen; Phänomene, die bisher zu einer Kategorie zu gehören schienen, werden verschiedenen Kategorien zugeordnet, und bisher heterogen erscheinende Phänomene werden als zusammengehörig erkannt. Eine wissenschaftliche Psychologie, die sich für die neurobiologische Basis der von ihr untersuchten Phänomene interessiert, wird neue Beschreibungen und neue Klassifikationen der Gegenstandsbereiche produzieren und damit die mit der Alltagspsychologie verbundene explanatorische Unfruchtbarkeit hinter sich lassen.

Zu (b): Gegen das mit der Lingua-mentis-Hypothese vorgeschlagene Modell für kognitive Prozesse (was intelligentem Verhalten zugrunde liegt) als Manipulation sprachanaloger mentaler Repräsentationen wendet Churchland[85] ein: Aus der Sicht der Evolution ist Sprache ein Spätankömmling; es gab intelligente Lebewesen, bevor Sprache in die Welt kam, und es gibt intelligente Lebewesen, die nicht sprachbegabt sind. Also ist es unwahrscheinlich, daß so etwas wie eine Sprache des Denkens das Medium kognitiver Prozesse ist. Aufgrund der evolutionären Kontinuität zwischen Menschen und ihren Vorfahren muß man auch bei Menschen eine große Anzahl nicht sprachanaloger kognitiver Prozesse annehmen.

Wenn man den Erwerb der ersten Sprache (der Muttersprache) so erklärt wie Fodor, nämlich als Erstellen und Prüfen von Hypothesen darüber, welche Teile der natürlichen Sprache mit welchen Teilen der angeborenen Sprache des Denkens korrelieren, dann folgt daraus, daß man in einem gewissen Sinn keine neuen Begriffe lernen kann.[86]

Wenn Meinungen Relationen zu Sätzen der Sprache des Denkens sind, dann muß für jede Meinung, die jemand hegt, ein Satz gespeichert sein. Natürlich glaubt jeder stillschweigend sehr viel mehr, als was ihm artikuliert gegenwärtig ist. Muß für jede dieser stillschweigend gehegten Meinungen ebenfalls ein Satz in der Sprache des Denkens gespeichert sein? Das überstiege selbst die Kapazitätsgrenzen eines menschlichen Gehirns.[87] Nun reicht die Speicherung von Sätzen natürlich nicht aus; die Sätze müssen auch zugänglich sein, sie müssen zur rechten Zeit verfügbar sein, und die zwischen ihnen bestehenden logischen und anderen Verknüpfungen müssen dem Organismus durchsichtig sein. Es ist nicht abzusehen, wie das überhaupt möglich ist, wenn man sich die Menge von Sätzen vergegenwärtigt, die als Basis des Wissens über die Welt nötig ist, das intelligente Orientierung in ihr ermöglicht.[88]

Churchlands Konklusion: Das Lingua-mentis-Modell für kognitive Prozesse ist in jeder Hinsicht unbefriedigend und als Extrapolation der Alltagspsychologie mit dieser zu verwerfen. Der Nachfolger ist die Wissenschaft, die sich aus der Koevolution von Psychologie und Neurobiologie entwickeln wird: Die befriedigendere Theorie des Geistes/des Gehirns wird entstehen, wenn Psychologen mit Blick auf die von den Neurobiologen entdeckten Strukturen und Funktionen des Gehirns ihre Modelle für kognitive Prozesse entwerfen und wenn Neurobiologen mit einem Blick auf solche Modelle versuchen, ihre Theorien der Hirnfunktionen zu entwerfen. Churchland[89] gibt Beispiele für Entwicklungen, die sie diesen empfohlenen Weg schon beschreiten sieht. Dabei spielen Typen von Repräsentationssystemen eine Rolle, die nichts mit dem Lingua-mentis-Modell gemeinsam haben, wohl aber durch Merkmale der Funktionsweise des Gehirns nahegelegt werden.[90]

Das erfolgreiche Verhalten komplexerer Lebewesen hängt von den kognitiven Strukturen ab, die sie besitzen. Umfang und Art von Lernen, Erinnern, Wahrnehmen, Planen, Überlegen, Schließen etc. determinieren, was für ein Leben ein Lebewesen zu führen in der Lage ist. Es ist offenkundig, daß dabei interne Repräsentationen eine zentrale Rolle spielen. Ebenso offenkundig ist allerdings, daß interne Repräsentation vorläufig noch der Titel für eine heterogene Vielfalt von theoretischen Konstrukten ist, die weiter präzisiert und überprüft werden müssen.

Das langfristige Ziel der Bemühungen ist sowohl die Entwicklung erklärungskräftiger empirischer Theorien als auch eine philosophisch befriedigende Synthese von empirischen Kenntnissen über intelligente Lebewesen mit unserem Bild von uns selbst als freien, rationalen und moralisch verantwortlichen Personen.

Literatur

Das Literaturverzeichnis enthält alle Arbeiten, die im Text erwähnt werden. Die mit einem * versehenen Titel eignen sich besonders dafür, sich zügig selbständig mit dem Thema vertraut zu machen.

Aitchison, J.: Words and the Mind. An Introduction to the Mental Lexicon. Oxford 1988.

Anderson, A. R. (Hg.): Minds and Machines. Englewood Cliffs (N. J.) 1964.

Anscombe, G. E. M.: Intention. Oxford 1957 (dt. Absicht. Freiburg/München 1986).

Armstrong, D. M.: The Nature of Mind (1965). In: Borst: The Mind/Brain Identity Theory, S. 67–79.

–: A Materialist Theorie of Mind. London 1968.

–: Belief, Truth and Knowledge. Cambridge 1973.

–: The Nature of Mind. Brighton 1981.

–: Recent Work on the Relation of Mind and Brain. In: G. Floistad (Hg.): Contemporary Philosophy. A New Survey. Philosophy of Mind, Bd. 4. Den Haag 1983, S. 45–79.

Austin, J. L.: Philosophical Papers. Oxford 1961 (dt. Gesammelte philosophische Aufsätze. Stuttgart 1986).

*Bieri, P. (Hg.): Analytische Philosophie des Geistes. Königstein/Taunus 1981.

–: Intentionale Systeme: Überlegungen zu Daniel Dennetts Theorie des Geistes. In: J. Brandstädter (Hg.): Struktur und Erfahrung in der psychologischen Forschung. Berlin 1987, S. 208–252.

Biro, J. I./Shahan, R. W. (Hg.): Mind, Brain, and Function. Norman (Oklahoma) 1982.

Block, N. (Hg.): Readings in the Philosophy of Psychology. 2 Bde. Cambridge (Mass.) 1980.

Boden, M. A.: Artificial Intelligence and Natural Man. Brighton 1977.

–: Minds and Mechanism. Philosophical Psychology and Computational Models. Brighton 1981.

Bogdan, R. (Hg.): Mind and Common Sense. Philosophical Essays on Common Sense Psychologie. Cambridge 1991.

*Borst, V. C. (Hg.): The Mind/Brain Identity Theory. London 1970.

Brentano, F.: Psychologie vom empirischen Standpunkt. Hamburg 1874.

Chisholm, R.: Perceiving. Ithaca (N. Y.) 1957.

Churchland, P. M.: Scientific Realism and the Plasticity of Mind. Cambridge 1979.

–: Eliminative Materialism and the Propositional Attitudes. In: The Journal of Philosophy 78 (1981), S. 67–90.

–: Reduction, Qualia, and the Direct Introspection of Brain States. In: The Journal of Philosophy 82 (1985), S. 8–28.

Churchland, P. S.: Neurophilosophy. Toward a Unified Science of Mind/Brain. Cambridge (Mass.) 1986.

Cornman, J.: The Identity of Mind and Body (1962). In: Borst, The Mind/Brain Identity Theory, S. 123–129.

–: Mental Terms, Theoretical Terms, and Materialism. In: Philosophy of Science 64 (1968), S. 45–63.
–: Materialism and Sensations. New Haven 1971.
Craik, K.: The Nature of Explanation. Cambridge 1943.
Cummins, R.: The Nature of Psychological Explanation. Cambridge (Mass.) 1983.
Davidson, D.: Essays on Actions and Events. Oxford 1980 (dt. Handlung und Ereignis. Frankfurt/M. 1990).
–: Inquiries into Truth and Interpretation. Oxford 1984 (dt. Wahrheit und Interpretation. Frankfurt/M. 1986).
Dennett, D. C.: Content and Consciousness. London 1969.
–: Brainstorms: Philosophical Essays on Mind and Psychology. Montgomery (VT) 1978.
–: The Intentional Stance. Cambridge (Mass.) 1987.
–: Consciousness Explained. Harmondsworth 1992.
Dretske, F.: Knowledge and the Flow of Information. Oxford 1981.
–: Misrepresentation. In: R. J. Bogdan (Hg.): Belief. Form, Content, and Function. Oxford 1986.
Enç, B.: In Defense of the Identity Theory. In: The Journal of Philosophy 80 (1983), S. 279–298.
Feigl, H.: The ‹Mental› and the ‹Physical›. In: Minnesota Studies in the Philosophy of Science, Bd. II. Minneapolis 1958, S. 370–497 (Um ein Postskriptum erweitert 1967 im Verlag University of Minnesota Press als Monographie erschienen).
Feyerabend, P.: Materialism and the Mind-Body Problem (1963). In: V. C. Borst (Hg.): The Mind/Brain Identity Theory. London 1970, S. 142–156.
Field, H.: Mental Representation (1978). In: Block, Readings in the Philosophy of Psychology. Bd. 2, S. 78–114.
*Fodor, A. J.: Psychological Explanation: An Introduction to the Philosophy of Psychology. New York 1968.
–: The Language of Thought. New York 1975.
–: Representations. Cambridge (Mass.) 1981.
–: The Modularity of Mind. Cambridge (Mass.) 1983.
–: Fodor's Guide to Mental Representation. In: Mind 94 (1985), S. 76–100.
–: Psychosemantics. The Problem of Meaning in the Philosophy of Mind. Cambridge (Mass.) 1987.
*Gardner, H.: The Mind's New Science. A History of the Cognitive Revolution. New York 1985 (dt. Dem Denken auf der Spur. Der Weg der Kognitionswissenschaft. Stuttgart 1989).
Gregory, L. R. (Hg.): The Oxford Companion to the Mind. Oxford 1987.
Gustafson, D. (Hg.): Essays in Philosophical Psychology. London 1967.
Hampshire, St.: Thought and Action. London 1959.

Harman, G.: Thought. Princeton 1973.
* Haugeland, J.: Artificial Intelligence: The Very Idea. Cambridge (Mass.) 1985 (dt. Künstliche Intelligenz – Programmierte Vernunft? Hamburg/New York u. a. 1987).
– (Hg.): Mind Design. Cambridge (Mass.) 1981.
Jackson, F.: Epiphenomenal Qualia. In: Philosophical Quarterly 32 (1982), S. 127–136.
Kemmerling, A.: G. Ryle: Können und Wissen. In: J. Speck (Hg.): Grundprobleme der großen Philosophen. Philosophie der Gegenwart. Göttingen 1975, S. 126–166.
–: Kategorienfehler. In: J. Ritter/K. Gründer (Hg.): Historisches Wörterbuch der Philosophie. Bd. IV. Darmstadt 1976, Sp. 781 f.
Kim, J.: Supervenience and Nomological Incommensurables. In: American Philosophical Quarterly 15 (1978), S. 149–156.
–: Psychophysical Supervenience as a Mind-Body Theory. In: Cognition and Brain Theory 5 (1982), S. 129–147.
–: Concepts of Supervenience. In: Philosophy and Phenomenological Research 45 (1984), S. 153–176.
–: Psychophysical Laws. In: E. LePore/B. McLaughlin (Hg.): Actions and Events. Perspectives on the Philosophy of Donald Davidson. Oxford 1985, S. 369–386.
Kripke, S.: Naming and Necessity. Oxford 1972/1980 (dt. Name und Notwendigkeit. Frankfurt/M. 1981).
Lanz, P.: Menschliches Handeln zwischen Kausalität und Rationalität. Frankfurt/M. 1987.
Lewis, D.: An Argument for the Identity Theory (1966). In: ders.: Philosophical Papers, S. 99–107.
–: Psychophysical and Theoretical Identifications (1972). In: Block, Readings in the Philosophy of Psychology. Bd. 1, S. 206–215.
–: Mad Pain and Martian Pain (1980). In: Lewis, Philosophical Papers, S. 124–132.
–: Philosophical Papers. Bd. 1. Oxford 1983.
Lycan, W.: Consciousness. Cambridge 1987.
– (Hg.): Mind and Cognition. A Reader. Oxford 1991.
Malcolm, N.: Dreaming. London 1959.
McGinn, C.: The Character of Mind. Oxford 1982.
Melden, A. I.: Free Action. London 1961.
Miller, G. A./Galanter, E./Pribram, K. H. (Hg.): Plans and the Structure of Behavior. New York 1960 (dt. Strategien des Handelns. Pläne und Strukturen des Verhaltens. Stuttgart 1973).
* Miller, J. (Hg.): States of Mind. New York 1983.
Nagel, E.: The Structure of Science. London 1961.

Nagel, T.: Physicalism (1965). In: Borst, The Mind/Brain Identity Theory, S. 214–230 (dt. Physikalismus. In: Bieri, Analytische Philosophie des Geistes, S. 56–72).
–: How is it Like to be a Bat? (1974). In: Nagel, Mortal Questions (dt. Wie ist es, eine Fledermaus zu sein? In: Bieri, Analytische Philosophie des Geistes, S. 261–275).
–: Mortal Questions. Cambridge 1979 (dt. Über das Leben, die Seele und den Tod. Königstein/Ts. 1984).
Newell, A.: Physical Symbols. In: Cognitive Science 2 (1980), S. 139–183.
Nisbett, R./Ross, L.: Human Inference: Strategies and Shortcomings of Social Judgement. Englewood Cliffs (N. J.) 1980.
Oksenberg Rorty, A. (Hg.): Explaining Emotions. Berkeley (Cal.) 1980.
Parfit, D.: Reasons and Persons. Oxford 1984.
Peters, R. S.: The Concept of Motivation. London 1958.
Pitcher, G./Wood, A. (Hg.): Gilbert Ryle. A Collection of Critical Essays. London 1970.
Place, U. T.: Is Consciousness a Brain Process? (1956). In: Borst, The Mind/Brain Identity Theory, S. 42–51.
Putnam, H.: Minds and Machines (1960). In: ders.: Language and Reality, S. 362–385.
–: Brains and Behavior (1963). In: ders.: Language and Reality, S. 325–341.
–: The Mental Life of Some Machines (1967). In: ders.: Language and Reality, S. 408–428.
–: The Nature of Mental States. In: ders.: Language and Reality, S. 429–440 (dt. Die Natur mentaler Zustände. In: Bieri, Analytische Philosophie des Geistes, S. 123–135).
–: Mind, Language and Reality. Philosophical Papers, Bd. 2. Cambridge 1975.
–: Reason, Truth and History. Cambridge 1981 (dt. Vernunft, Wahrheit und Geschichte. Frankfurt/M. 1990).
Pylyshyn, Z.: Computation and Cognition: Toward a Foundation for Cognitive Science. Cambridge (Mass.) 1984.
Quine, W. V. O.: From a Logical Point of View. Cambridge (Mass.) 1953 (dt. Von einem logischen Standpunkt. Frankfurt/M. 1979).
–: Word and Object. Cambridge (Mass.) 1960 (dt. Wort und Gegenstand. Stuttgart 1980).
Rorty, R.: Mind-Body Identity, Privacy and Categories (1965). In: Borst, The Mind/Brain Identity Theory, S. 187–213 (dt. Leib-Seele-Identität, Privatheit und Kategorien. In: Bieri, Analytische Philosophie des Geistes, S. 93–120).
–: Philosophy and the Mirror of Nature. Princeton 1979 (dt. Der Spiegel der Natur. Eine Kritik der Philosophie. Frankfurt/M. 1987).
Rosenberg, J.: The Thinking Self. Philadelphia 1986.
*Rosenthal, D. (Hg.): Materialism and the Mind-Body Problem. Englewood Cliffs (N. J.) 1971.

Rosenthal, D. M.: The Nature of Mind. Oxford 1991.
Russell, B.: An Inquiry into Meaning and Truth. The William James Lectures for 1940 delivered at Harvard. London 1940.
* Ryle, G.: The Concept of Mind. London 1949 (dt. Der Begriff des Geistes. Stuttgart 1969).
–: Dilemmas. Cambridge 1954 (dt. Begriffskonflikte. Göttingen 1970).
Sacks, O.: The Man who Mistook his Wife for a Hat. London 1985 (dt. Der Mann, der seine Frau mit einem Hut verwechselte. Reinbek 1987).
v. Savigny, E.: Die Philosophie der normalen Sprache. Frankfurt/M. 1974.
Schiffer, St.: The Remnants of Meaning. Cambridge (Mass.) 1987.
Searle, J.: Minds, Brains, and Programs (1980). In: Haugeland, Mind Design, S. 282–306.
–: Intentionality. An Essay in the Philosophy of Mind. Cambridge 1983 (dt. Intentionalität. Eine Abhandlung zur Philosophie des Geistes. Frankfurt/M. 1987).
–: Minds, Brains, and Science. The 1984 Reith Lectures. London 1984 (dt. Geist, Hirn und Wissenschaft. Frankfurt/M. 1986).
–: The Rediscovery of the Mind. Cambridge (Mass.) 1992.
Sellars, W.: Empiricism and the Philosophy of Mind (1956). In: W. Sellars: Science, Perception, and Reality. London 1963, S. 127–196.
Simon, H.: Models of Man. New York 1957.
–: The Science and the Artificial. Cambridge (Mass.) 1969.
Smart, J. J. C.: Is Consciousness a Brain Process? In: Borst, The Mind/Brain Identity Theory, S. 52–66.
–: Essays Metaphysical and Moral. Selected Philosophical Papers. Oxford 1987.
Stampe, D.: Towards a Causal Theory of Linguistic Representation. In: Midwest Studies in Philosophy 2 (1977), S. 42–63.
Stich, St. P.: From Folk Psychology to Cognitive Science. Cambridge (Mass.) 1983.
Strawson, P. F.: Persons, Minnesota Studies in the Philosophy of Science. Minneapolis 1958.
Thagard, P.: Parallel Computation and the Mind-Body Problem. In: Cognitive Science 10 (1986), S. 301–318.
Vendler, Z.: Res Cogitans. Ithaca (N. Y.) 1972.
–: The Matter of Minds. Oxford 1984.
Williams, B. A. O.: Problems of the Self. Cambridge 1973.
Wittgenstein, L.: Philosophische Untersuchungen. Frankfurt/M. 1971.

Anmerkungen

1 Ich danke Ansgar Beckermann, Peter Bieri, Ulrike Grotzfeld-Lanz, Andreas Kemmerling, Jens Kulenkampff, Charlie Prankel, Oliver Scholz und Ralf Stöcker für ihre Einwände und Verbesserungsvorschläge zu einer früheren Fassung dieser Arbeit.

2 S. «Literatur» weiter oben.

3 Ryle: Autobiographical Note. In: Pitcher, G. / Wood, A. (Hg.): Gilbert Ryle, S. 12 f. Die Philosophie des Geistes bleibt ein Nährboden für metaphilosophische Reflexionen. Das beste Beispiel ist Rortys Philosophy and the Mirror of Nature (dt. Der Spiegel der Natur).

4 Gardner: The Mind's New Science (dt. Dem Denken auf der Spur).

5 Exemplarisch dafür Dennett: The Intentional Stance, und Gregory (Hg.): The Oxford Companion to the Mind. Eine stattliche Reihe sehr guter Beiträge zur Philosophie des Geistes fällt allerdings nicht in diese Rubrik. Viele dieser Arbeiten analysieren und erläutern psychologische Begriffe und ihre Rolle in der Artikulation des menschlichen Selbstverständnisses, ohne daß dabei das Leib / Seele-Problem im Mittelpunkt des Interesses steht. Ich erwähne hier einige Beispiele für solche Arbeiten, die Themen wie Bewußtsein, Selbstbewußtsein, Person, personale Identität, Handlung, Grund, Emotion u. a. m. gewidmet sind: Strawson: Persons; Hampshire: Thought and Action; Williams: Problems of the Self; Vendler: Res Cogitans; ders.: The Matter of Minds; Oksenberg Rorty (Hg.): Explaining Emotions; McGinn: The Character of Mind; Parfit: Reasons and Persons; Rosenberg: The Thinking Self.

6 Quine: From a Logical Point of View; Word and Object.

7 Sellars: Empiricism and the Philosophy of Mind.

8 Sellars wendet hier eine Idee an, die von Rudolf Carnap u. a. im Rahmen der wissenschaftstheoretischen Diskussion um die Bedeutung theoretischer Termini und den ontologischen Status theoretischer Entitäten eingeführt worden ist. Ein Ergebnis dieser Diskussion, das für die Entwicklung der Philosophie des Geistes wichtig wird, ist die Aufgabe von Positionen, die charakteristisch für die Vertreter des logischen Empirismus und Positivismus waren. Vgl. dazu Sellars: The Language of Theories. In: ders.: Science, Perception, and Reality, S. 106–126; Churchland: Scientific Realism and the Plasticity of Mind.

9 Feyerabend: Materialism and the Mind-Body Problem; Rorty: Mind-Body Identity, Privacy and Categories (dt. Leib-Seele-Identität, Privatheit und Kategorien. In: Bieri: Analytische Philosophie des Geistes, S. 93–120); Churchland: Scientific Realism and the Plasticity of Mind; ders.: Eliminative Materialism and the Propositional Attitudes.

10 Ein bedeutender amerikanischer Sprachphilosoph gibt die Überzeugung vieler wieder, wenn er schreibt: «... no successful analysis has ever been given of... any... kind of philosophically interesting statement» (Schiffer: The Remnants of Meaning, S. 161).

11 Boden: Artificial Intelligence and Natural Man; Miller: States of Mind; Haugeland: Artificial Intelligence (dt. Künstliche Intelligenz).

12 Zwei Meilensteine in dieser Entwicklung sind Craik: The Nature of Explanation; Miller / Galanter / Pribram (Hg.): Plans and the Structure of Behavior (dt. Strategien des Handelns. Pläne und Strukturen des Verhaltens).

13 Gardner: The Mind's New Science, S. 260–288 (dt. Dem Denken auf der Spur, S. 276–304); Gregory: The Oxford Companion to the Mind.

14 Cummins: The Nature of Psychological Explanation.

15 Churchland: Neurophilosophy; Thagard: Parallel Computation and the Mind-Body Problem.

16 Der Kürze wegen lasse ich diese Differenzierung (Zustände, Episoden/Ereignisse, Prozesse) im folgenden häufig weg und verwende als Sammelbegriff mentaler oder psychologischer Zustand für beliebige mentale Phänomene.

17 Kemmerling: Kategorienfehler.

18 Descartes argumentiert in der 6. seiner Meditationen dafür, daß die richtige Antwort auf die Frage nach der eigenen Natur oder dem, was man seinem Wesen nach ist, lautet: *Sum res cogitans*.

19 Vgl. die Besprechungen von Austin, Ayer und Hampshire, wiederabgedruckt in Pitcher/Wood (Hg.): Gilbert Ryle.

20 Vgl. dazu v. Savigny: Die Philosophie der normalen Sprache.

21 Anscombe: Intention (dt. Absicht); Austin: Philosophical Papers (dt. Gesammelte philosophische Aufsätze); Gustafson: Essays in Philosophical Psychology; Malcolm: Dreaming; Melden: Free Action; Peters: The Concept of Motivation.

22 Borst (Hg.): The Mind/Brain Identity Theory, S. 43.

23 Borst (Hg.): The Mind/Brain Identity Theory, S. 52–66.

24 Der dritte frühe Verfechter der Identitätsphilosophie ist Herbert Feigl: The ‹Mental› and the ‹Physical›. Sein großer Essay trug viel zur Verbreitung der Identitätstheorie in den USA bei.

25 Smart: Essays Metaphysical and Moral, S. 2.

26 Vgl. dazu Nagel: Physicalism; Churchland: Reduction, Qualia, and the Direct Introspection of Brain States.

27 Cornman: The Identity of Mind and Body; ders.: Materialism and Sensations.

28 Nagel: Physicalism (dt. Physikalismus).

29 Feyerabend: Materialism and the Mind-Body Problem; Rorty: Mind-Body Identity, Privacy and Categories (dt. Leib-Seele-Identität, Privatheit und Kategorien); Churchland: Scientific Realism and the Plasticity of Mind; ders.: Eliminative Materialism and the Propositional Attitudes.

30 Borst (Hg.): The Mind/Brain Identity Theory; Rosenthal: Materialism and the Mind-Body Problem.

31 Armstrong: The Nature of Mind; ders.: A Materialist Theory of Mind; ders.: Belief, Truth and Knowledge; ders.: The Nature of Mind; Lewis: An Argument for the Identity Theory; ders.: Psychophysical and Theoretical Identifications; ders.: Mad Pain and Martian Pain.

32 Armstrong: A Materialist Theory of Mind, S. 82.

33 Armstrong: The Nature of Mind, S. 35 f.

34 Smart: Essays Metaphysical and Moral, S. 3 f.
35 Vgl. dazu Cornman: Mental Terms, Theoretical Terms, and Materialism.
36 Lycan: Consciousness.
37 Kripke: Naming and Necessity (dt. Name und Notwendigkeit).
38 Nagel: How is it Like to be a Bat? (dt. Wie ist es, eine Fledermaus zu sein?).
39 Jackson: Epiphenomenal Qualia.
40 Dennett: Philosophical Essays on Mind and Psychology; Lewis: Philosophical Papers; Churchland: Reduction, Qualia, and the Direct Introspection of Brain States.
41 Lycan: Consciousness.
42 Chisholm: Perceiving; Quine, Word and Object (dt. Wort und Gegenstand); Dennett: Content and Consciousness; Searle: Intentionality.
43 Russell: An Inquiry into Meaning and Truth.
44 Brentano: Psychologie vom empirischen Standpunkt.
45 Fodor: Representations; ders.: Fodor's Guide to Mental Representation; Stich: From Folk Psychology to Cognitive Science; Dennett: The Intentional Stance. Vgl. dazu den letzten Abschnitt.
46 Putnam: Minds and Machines; ders.: Brains and Behavior; ders.: The Mental Life of Some Machines; ders.: The Nature of Mental States; Fodor: Psychological Explanation; ders.: The Language of Thought; ders.: Representations.
47 Putnam (Reason, Truth and History, S. 81; dt. Vernunft, Wahrheit und Geschichte, S. 114) rückt davon wieder ab: Für qualitative mentale Zustände sei die biologische ‹hardware› wichtig.
48 Vgl. Nagel: The Structure of Science.
49 Simon: Models of Man; ders.: The Science and the Artificial; Newell: Physical Symbols; Anderson: Minds and Machines; Boden: Artificial Intelligence and Natural Man; ders.: Minds and Mechanism; Haugeland: Mind Design; ders.: Artificial Intelligence (dt. Künstliche Intelligenz).
50 Wichtige Dissidenten sind Enç: In Defense of the Identity Theory; Churchland: Neurophilosophy.
51 Die einschlägigen, z. T. etwas technischen Argumente findet man in der Arbeit What Psychological States are Not von Block und Fodor, abgedruckt in Fodor: Representations, S. 79–99.
52 Fodor: Psychological Explanation; ders.: The Language of Thought; ders.: Representations.
53 Der so erweiterte Funktionalismus fällt im Prinzip mit der weiter oben skizzierten Theorie von David Lewis zusammen.
54 Fodor: Psychological Explanation, S. 119 f.
55 Putnam: Mind, Language and Reality; Fodor: Psychological Explanation; ders.: Representations; Dennett: Brainstorms; Davidson: Essays on Actions and Events (dt. Handlung und Ereignis); ders.: Inquiries into Truth and Interpretation (dt. Wahrheit und Interpretation).

56 Vgl. Cummins: The Nature of Psychological Explanation.
57 Dennett: Brainstorms, S. 80f.
58 Fodor: Methodological Solipsism Considered as a Research Strategy in Cognitive Psychology. In: ders.: Representations, S. 225–253.
59 Gardner: The Mind's of New Science (dt. Dem Denken auf der Spur).
60 Davidson: Essays on Actions and Events, S. 207–259 (dt. Handlung und Ereignis, S. 291–362); Kim: Supervenience and Nomological Incommensurables; ders.: Psychophysical Supervenience as a Mind-Body Theory; ders.: Concepts of Supervenience.
61 Kim: Supervenience and Nomological Incommensurables, S. 154.
62 Zur Veranschaulichung: Wenn ein Gegenstand A eine Uhr ist und wenn ein anderer Gegenstand B sämtliche physischen Merkmale mit dem Gegenstand A teilt, dann ist auch B eine Uhr. Aber: Wenn sowohl C wie D Uhren sind, dann müssen C und D ihre physischen Merkmale nicht teilen: C mag vollständig aus Kunststoffen bestehen, während D aus Metallen besteht.
63 Davidson: Essays on Actions and Events, S. 214 (dt. Handlung und Ereignis, S. 301, wo «supervenience» mit «Zusätzlichkeit» übersetzt wird). In den vergangenen zehn Jahren hat Kim am meisten zur Präzisierung dieses Begriffs beigetragen – Kim: Supervenience and Nomological Incommensurdbles; ders.: Psychophysical Supervenience as a Mind-Body Theory; ders.: Concepts of Supervenience.
64 Weiterführende Diskussionen des anomalen Monismus findet man in Kim: Psychophysical Laws, und Lanz: Menschliches Handeln zwischen Kausalität und Rationalität.
65 Vgl. dazu Haugeland: Artificial Intelligence, S. 39–41, 117–119 (dt. Künstliche Intelligenz, S. 33–35, 101–102).
66 Searle: Minds, Brains, and Programs; ders.: Minds, Brains, and Science.
67 Searle: Minds, Brains, and Science, S. 10, 41.
68 Searle: Minds, Brains, and Programs, S. 284; ders.: Intentionality (dt. Intentionalität), passim.
69 Fodor: The Language of Thought; ders.: Representations; ders.: Psychosemantics.
70 Vgl. dazu Harman: Thought.
71 Vgl. dazu Dretske: Knowledge and the Flow of Information; ders.: Misrepresentation.
72 Das war Sellars' Weg (Empiricism and the Philosophy of Mind).
73 Fodors Beispiel für eine solche Erklärung (Representations, S. 27f) ist die Erklärung der Tatsache, daß die Häufigkeit des Auftretens eines Worts in einer Sprache direkt proportional ist zur Geschwindigkeit, mit der Probanden das Wort erkennen, wenn es ihnen präsentiert wird: Wir besitzen ein mentales Lexikon, in dem die Wörter in der Reihenfolge ihrer Häufigkeit eingetragen sind. Wird der Proband gefragt, ob ein ihm präsentiertes Gebilde ein Wort

seiner Sprache ist, dann geht er dieses Lexikon von vorn nach hinten durch. Je häufiger das Wort ist, desto früher trifft er es im mentalen Lexikon an und desto schneller antwortet er. Vgl. dazu Aitchison: Words and the Mind.

74 Fodor: Psychosemantics.

75 Stampe: Towards a Causal Theory of Linguistic Representation; Dretske: Knowledge and the Flow of Information; ders.: Misrepresentation.

76 Dretske: Misrepresentation; Fodor: Psychosemantics, S. 97–127.

77 Dennett: Content and Consciousness, ders.: Brainstorms; ders.: The Intentional Stance; vgl. dazu Bieri: Intentionale Systeme.

78 Dennett: The Intentional Stance, S. 58.

79 Wenn die Annahme der Existenz abstrakter Gegenstände ein Problem mit sich bringt, dann teilt die Theorie intentionaler Systeme dieses Problem mit der Mathematik und Physik (Zahlen, Mengen).

80 P. M. Churchland: Scientific Realism and the Plasticity of Mind; ders.: Eliminative Materialism and the Propositional Attitudes; P. S. Churchland: Neurophilosophy.

81 Fodor: The Language of Thought; ders.: Representations; ders.: Psychosemantics; Pylyshyn: Computation and Cognition.

82 ‹blindsight›; Gregory: The Oxford Companion to the Mind, S. 110f.

83 Nisbett/Ross: Human Inference.

84 Churchland: Neurophilosophy, S. 368f.

85 Churchland: Neurophilosophy, S. 386ff.

86 «I once suggested to Chomsky that on his view no one ever *learned* quantum mechanics, but that people, thanks to the structure of their innate endowment, happened to ‹imprint› on quantum mechanics. He agreed» (Dennett: The Intentional Stance, S. 281f).

87 Vgl. Dennett: Brainstorms, S. 90–108.

88 Dennett, a. a. O.

89 Churchland: Neurophilosophy, S. 401–482.

90 Vgl. Thagard: Parallel Computation and the Mind-Body Problem.

Pia Lübcke

Geschichte als Problem

Der Bruch mit dem Positivismus

In den 40er und zu Beginn der 50er Jahre entstand eine Diskussion über das Verhältnis der Gesellschaftswissenschaften – auch der Geschichtswissenschaft – zu den Naturwissenschaften. Der logische Positivismus entwickelte die Idee einer *Einheitswissenschaft*, was unterschiedliche Folgen zeitigte. In einem viel beachteten Artikel aus dem Jahre 1942, *The Function of General Laws in History* (Die Bedeutung universeller Gesetze in den Geschichtswissenschaften), rief Carl G. Hempel die Historiker auf, das naturwissenschaftliche Erklärungsmodell zu übernehmen, wenn sie für sich in Anspruch nehmen wollten, die Tätigkeit eines wahren Wissenschaftlers auszuüben. Geschichtliche Erklärungen müßten gleich anderen wissenschaftlichen Erklärungen mit dem deduktiv-nomologischen Erklärungsmodell im Einklang sein, das heißt, sie müßten im Prinzip in deduktiven Syllogismen mit einem empirisch bestätigten Gesetz als Obersatz, einer Sammlung empirischer Daten als Untersatz und einem historisch wohldokumentierten Ereignis als Konklusion darstellbar sein. Als Beispiel hat Popper[1] folgende Erklärung für die Teilung Polens im Jahre 1772 vorgeschlagen:

(empirisch bestätigtes *Gesetz* als Obersatz)	Wenn zwei Armeen in etwa gleich ausgerüstet und geführt sind, die erste jedoch viel größer ist als die zweite, so wird die erste immer siegen.
(empirische *Daten* als Untersatz)	Die vereinigten preußischen, russischen, österreichischen Armeen waren in etwa so gut ausgerüstet und geführt wie die polnische Armee, aber viel größer als diese.
(historisch wohldokumentierte *Begebenheit* als Konklusion)	Die vereinigten preußischen, russischen und österreichischen Armeen besiegten die polnische Armee.

Standpunkte ähnlich denen von Hempel waren in den 40er und zu Beginn der 50er Jahre weit verbreitet und finden sich unter anderem bei Wissenschaftstheoretikern[2] wie R. B. Braithwaite (1900–1990), Ottar Dahl (geb. 1924), John Hospers (geb. 1918), Paul Oppenheim (1885–1977) und auch bei Karl Popper, der trotz seiner sonstigen Kritik an den logischen Positivisten in diesem Punkt mit ihnen übereinstimmt.[3] Als spätere Ausläufer des Positivismus können ab den 60er Jahren Ernest Nagel (1901–1985) und Morton White (geb. 1917) genannt werden; beide haben – wenn auch in leicht abgeänderter Form – die ursprüngliche Idee weiterentwickelt.[4] Ansonsten jedoch zielte die analytische Philosophie Ende der 50er und Anfang der 60er Jahre in eine andere Richtung.

Nach dem Tod Wittgensteins im Jahre 1951 begann eine Auseinandersetzung mit den logischen Positivisten, die versuchten, die Natur- und Gesellschaftswissenschaften analog zu setzen. Das Werk von Patrick Gardiner (geb. 1922), *The Nature of Historical Explanation* (Der Charakter historischer Erklärungen), von 1952 stellt in diesem Punkt eine Pionierleistung dar. Gardiner setzt bei der Idee Wittgensteins an, wonach es nicht nur eine, sondern zahlreiche verschiedene Formen korrekten Sprachgebrauchs gibt. Der Wissenschaftstheoretiker könne daher nicht davon ausgehen, daß die naturwissenschaftliche Sprache die einzige sei, deren sich die Wissenschaften bedienen könnten. Statt dem Historiker eine naturwissenschaftliche Sprache aufzwingen zu wollen, sollte der Wissenschaftstheoretiker genauer untersuchen, wie der Historiker tatsächlich vorgeht.[5] Gardiner hat damit ein wissenschaftstheoretisches Programm vorgegeben, das mit dem Positivismus bricht. Gardiners eigene Realisierung des Programms ist jedoch nicht sonderlich radikal. Seine Bedeutung ist eher darin zu sehen, daß er die Tür zu einem neuen Wissenschaftsverständnis einen Spaltbreit geöffnet hat.

Zum eigentlichen Durchbruch kam es jedoch erst einige Jahre später, und zwar mit den Werken *Laws and Explanation in History* (Gesetze und Erklärungen in der Geschichte) aus dem Jahre 1957 von William Dray, *Intention* (Absicht) von G. E. M. Anscombe, ebenfalls aus dem Jahr 1957, sowie *The Idea of Social Science and its Relation to Philosophy* (Die Idee der Sozialwissenschaft und ihr Verhältnis zur Philosophie) von Peter Winch von 1958. In diesen Arbeiten versuchen die Verfasser, ausgehend vom Unterschied zwischen der naturwissenschaftlichen Sprache und der von der Geschichtswissenschaft benutzten eher alltagssprachlichen Form der Mitteilung, ein neues Verständnis der Geschichtswissenschaft zu schaffen. Die meisten der jüngeren Wissenschaftsphilosophen gegen

Ende der 50er und Anfang der 60er Jahre ließen sich von dieser Auseinandersetzung zwischen dem Positivismus eines Hempel einerseits, der Philosophie der alltäglichen Sprache andererseits inspirieren.[6]

Mitte der 60er Jahre gab es jedoch eine starke Reaktion auf diese in der Tradition des späten Wittgenstein stehenden Versuche, die sich zum Beispiel in Donald Davidsons wichtigem Aufsatz *Actions, Reasons and Causes* (Handlungen, Gründe und Ursachen) von 1963 widerspiegelt. Später nahm die Diskussion über die Grundlagen der Geschichtswissenschaft verschiedene Formen an, weshalb es schwierig ist, einen gemeinsamen Nenner in der Debatte zu finden. Es scheint jedoch unter den Wissenschaftstheoretikern in stärkerem Maße als zuvor eine Tendenz zur Versöhnung der beiden Pole zu bestehen – zwischen der positivistischen Forderung nach einer Einheitswissenschaft und dem Anspruch einer geschichtswissenschaftlichen Eigenart; denn die Diskussion wird nun differenzierter als früher geführt. Einen wesentlichen Beitrag in Richtung Versöhnung hat Arthur Danto (geb. 1924) mit seinem Werk *Analytical Philosophy of History* (Analytische Geschichtsphilosophie) von 1965 geleistet, in dem er die zwei im Widerstreit befindlichen Richtungen durch das Aufzeigen eines dritten Wegs zusammenzubringen versucht, der den Kardinalfragen beider Theorien Rechnung trägt. Ansonsten sind die Schlichtungsversuche dadurch gekennzeichnet, daß der jeweilige Verfasser schließlich eben doch seine Vorliebe für die eine oder andere Seite der streitenden Parteien zeigt. Morton Whites Buch *Foundations of Historical Knowledge* (Grundlagen geschichtlichen Wissens) von 1965 ist ein Beispiel für eine wissenschaftstheoretische Arbeit, die den Hempelschen Grundgedanken so umzuformulieren versucht, daß der Grundgedanke zwar gewahrt bleibt, die Einwände der andern Seite aber Berücksichtigung finden. G. H. von Wright, der Wittgensteins Professur in Cambridge 1948 übernahm, geht in die andere Richtung. Sein Buch *Explanation and Understanding* (dt. Erklären und Verstehen) aus dem Jahr 1971 ist ein klar konzipierter Versuch, die Tradition des späten Wittgenstein gegen spätere positivistische Gegenargumente zu bewahren.

Eine besondere Wendung nahm die Diskussion in den 70er Jahren, nachdem die angelsächsisch inspirierte analytische Geschichtsphilosophie auf deutschem Boden eingeführt worden war. So geht unter anderem Karl-Otto Apel (geb. 1922) in seinem Werk *Die Erklären-Verstehen-Kontroverse in transzendental-pragmatischer Sicht* (1979) von von Wrights Buch von 1971 aus. Die sprachpragmatische Kritik des Positivismus setzt sich so auch in einer deutschen Spielart fort.

Gesellschaft und Regeln

Einer der einflußreicheren Erben Wittgensteins ist Peter Winch (geb. 1926), der mit seinem Buch *The Idea of a Social Science and its Relation to Philosophy* eine Theorie für die Gesellschaftswissenschaften und damit auch für die Geschichtswissenschaft aufstellte. Winchs Gedankengänge liegen ein wenig außerhalb der übrigen Diskussion und behandeln vorwiegend die Voraussetzungen, unter denen die Formen des menschlichen Zusammenlebens in einer Gesellschaft zu untersuchen sind. Von seiten der Positivisten ist oft gesagt worden, die Philosophie als Wissenschaft habe die Aufgabe, den anderen Wissenschaften ein ‹dienender Geist› zu sein. Gemeint ist damit, daß sich die Philosophie mit Problemen befassen sollte, die vor allem die Methodologie der Wissenschaften betreffen.[7] Winch wendet sich eindeutig gegen diese Auffassung, indem er dafür eintritt, daß die Philosophie in ihrem Versuch, die Erkenntnis gesellschaftlicher Wirklichkeit zu begründen, als eine Wissenschaft anzusehen sei, deren Aufgabe es ist, die Natur der intersubjektiven Beziehungen in der Gesellschaft zu beleuchten. Er vertritt die Meinung, eine Darstellung dieser Beziehungen sei grundsätzlich immer von anderer Qualität als naturwissenschaftliche Erklärungen, weil menschliche Beziehungen im Gegensatz zu natürlichen Prozessen stets von Regeln und nicht nur von Naturgesetzen gesteuert seien.

Winch bemüht sich um die Analyse der Funktion der alltäglichen Sprache für das intersubjektive Verstehen. Wenn ich beispielsweise am Mittagstisch sitze und zu meinem Tischnachbarn «Das Salz» sage, dann weiß er, daß ich in Wirklichkeit «Reiche mir bitte das Salz» meine. Ganz gleich, mit wem ich am Tisch sitze, meine Äußerung würde als Wunsch verstanden werden, das Salz gereicht zu bekommen. Das Beispiel illustriert, daß es klare *Regeln* gibt, die jeder Kommunikation zugrunde liegen. Sowohl das alltägliche als auch das wissenschaftliche Reden unterliegt gewissen Regeln. Kenntnis dieser Regeln hat daher einen besonders grundsätzlichen Charakter.

Auf die Relevanz solcher Regeln hatte schon Wittgenstein hingewiesen, und Winch betrachtet es als seine Aufgabe, diese Einsicht in einer gesellschaftsorientierten Wissenschaft, die alle sozialwissenschaftlichen Disziplinen umfassen sollte, weiterzuentwickeln. Winch bezeichnet diese Wissenschaft als Erkenntnistheorie. Ihre Aufgabe bestehe darin, die generellen Bedingungen menschlichen Lebens zu ermitteln, indem sie die Idee des «Lebens an sich» expliziert. Um ein soziales Phänomen überhaupt verstehen zu können, sei es erforderlich, den Wittgensteinschen Begriff der «Lebensform» verstanden zu haben.

Wenn ein Historiker eine Handlung mit dem Hinweis auf eine Regel erklärt, dann stellt er die Handlung in einen gesellschaftlichen Zusammenhang, in dem die betreffende Regel anerkannt ist. Wir könnten dies als Regelerklärung eines Handlungsablaufs bezeichnen. Regeln werden normalerweise von einer größeren Personengruppe akzeptiert und befolgt, und für den Fall, daß ein oder zwei einzelne Individuen für sich private Regeln aufstellen (etwa in der Form von besonderen Regeln für ihre ‹Räubersprache›), müssen diese Regeln im Prinzip allgemein verständlich und mit Hilfe des kollektiv anerkannten Regelkanons ausdrückbar sein, mit dem die betreffenden Individuen in ihrer Gesellschaft aufgewachsen sind. Eine nähere Erläuterung von Winchs erkenntnistheoretischen Argumenten für diese Behauptungen würde in diesem Zusammenhang zu weit führen, da die Historiographie sich ja doch eher selten mit Ausnahmefällen und den für diese geltenden speziellen Regeln beschäftigen muß. Womit sie sich aber durchaus auseinandersetzen muß, ist die Existenz kleinerer Personengruppen, die einem eigenen, von dem der Machthaber abweichenden Regelkanon gehorchen – wie es beispielsweise mit den serbischen Anarchisten der Fall war, die entgegen den allgemeinen Interessen Serbiens den Studenten Gavrillo Princip veranlaßten, den österreich-ungarischen Thronfolger im August 1914 zu erschießen. Hier ist es Aufgabe des Historikers, sich das Wissen über den ihm selbst fremden sozialen Regelkanon anzueignen. Wenn Winch recht hat, dann ist es dem Historiker immer möglich, sich über einen fremden Regelkanon ins Bild zu setzen, vorausgesetzt, er hat Zugang zu einem ausreichend umfassenden Quellenmaterial.

Es ist indes eine Streitfrage, inwieweit eine Person, um gemäß einer Regel handeln zu können, diese auch kennen muß. Winch behauptet, ein Historiker habe nur dann das Recht, einer Person ein bestimmtes regelkonformes Verhalten zu unterstellen, wenn diese Person selbst über den Begriffsapparat verfügt, den der Historiker benutzt, wenn er ihre Handlungen beschreibt.[8] Da Winch selbst die Folgerungen aus seiner Behauptung offenbar zu weit gingen, relativiert er sein Prinzip mit einer abgeschwächten Formulierung[9], indem er betont, es sei nicht entscheidend, ob die Person die von ihr befolgte Regel selbst formulieren kann, sondern nur, ob für sie eine Unterscheidung zwischen einer richtigen und einer falschen Art, die betreffende Handlung auszuführen, möglich ist.[10] Es ist nach Winch Aufgabe der Gesellschaftswissenschaften, die Regeln zu erläutern, die für das Zusammenleben von Menschen Voraussetzung sind – ganz gleich, ob die betreffenden Menschen sich darüber im klaren sind, welche Regeln sie de facto befolgen. Die spezielle Aufgabe des Historikers ist es, jene fremdartigen Regeln zu erläutern, die von den Menschen früherer Generationen eingehalten werden mußten, damit sie einander verstehen konnten. Erst mit solchen Erklärungen besteht die berechtigte Hoffnung, vergangene Handlungen und Ereignisse zu verstehen. So hat Winch beispielsweise darauf verwiesen, daß Regelerklärungen einen wesentlichen Bestandteil des Arbeitsbereichs eines Historikers ausmachen. Winch ist ein typischer Denker aus der Tradition des späteren Wittgenstein, insofern er die Eigenart gerade dieses Erklärungstyps unterstreicht und bestreitet, daß Regelerklärungen in traditionelle Ursachenerklärungen transformierbar sind. Winch ist es damit gelungen, einen wesentlichen Unterschied zwischen den Natur- und den Geisteswissenschaften aufzuzeigen, was gleichzeitig auch den Bruch mit dem Traum einer Einheitswissenschaft bedeutet. Die Vertreter dieser Wittgensteinschen Tradition verweisen aber auch auf weitere Unterschiede zwischen Natur- und Geisteswissenschaften, durch die man aus derlei Träumen gerissen wird.

Ursächliche Erklärungen und der Mord von Sarajevo

In den eher idealistisch geprägten wissenschaftstheoretischen Überlegungen zur Geschichte ist es seit jeher Tradition gewesen, zwischen den Naturwissenschaften, die allgemeine Gesetze zu formulieren versuchen, und den Geisteswissenschaften, die das Individuelle zu erklären versuchen, zu unterscheiden. Folgt man dieser Tradition, dann bedeutet das, daß beispielsweise der Ereignisverlauf, der zum Ausbruch des Ersten Weltkriegs führte, etwas absolut Einmaliges, durch und durch Individuelles darstellt. Traditionellerweise lag dieser Ansicht die Auffassung zugrunde, die Natur- und Geisteswissenschaften bedienten sich auch völlig verschiedener wissenschaftlicher Methoden. Gerade diese Auffassung aber wird von den Positivisten bestritten. Auch wenn wir akzeptieren, daß Unterschiede bestehen zwischen Wissenschaften, deren Aufgabe es ist, allgemeine Gesetzmäßigkeiten festzulegen, und Wissenschaften, die sich in der Hauptsache auf individuelle Geschehnisabläufe konzentrieren, so schließt dies nicht aus, daß die individuellen Ereignisse unter ein allgemeines Gesetz subsumiert werden können (ein sog. covering law). Solange kein logischer Beweis dafür erbracht ist, daß sich individuelle Ereignisse grundsätzlich nicht allgemeinen Gesetzen (einer ‹Regularität›) unterordnen lassen, so lange hat man auch keine Grundlage für eine prinzipielle Unterscheidung zwischen naturwissenschaftlichen und geisteswissenschaftlichen Methoden.

Diesem Einwand stellte sich Dray (geb. 1921), indem er nach einer methodologischen Kritik der Regularitätstheorie suchte.[11] Seiner Meinung nach ist ein geschichtliches Ereignis immer in einem komplexeren Zusammenhang (Kontext) zu sehen, der mehrere mitwirkende Ursachen für das Ereignis enthält. Dadurch wird es schwierig, Gesetzmäßigkeiten aufzustellen, die nicht nur den individuellen Fall betreffen, sondern auch andere ähnliche Situationen. Wenn wir zum Beispiel annehmen, die Ursache für den Ausbruch des Ersten Weltkriegs sei der Mord an Erzherzog Ferdinand im Juli 1914 in Sarajevo gewesen, dann ist nur sehr schwer erkennbar, welches allgemeine Gesetz einer solchen Aussage gegebenenfalls entsprechen würde. Wäre ein Gesetz denkbar, in dem es hieße: «Wenn ein Erzherzog in Sarajevo ermordet wird, wird ein Weltkrieg ausbrechen»? Nein – denn ein solches Gesetz wäre viel zu leicht zu falsifizieren. Man könnte höchstens zwei andere Wege beschreiten. Entweder man formulierte das Gesetz vollkommen vage und tautologisch: «Wenn ein Erzherzog in Sarajevo ermordet wird, wenn die Welt sich am Rande eines Kriegs befindet und wenn ein plötzlicher Mord diesen Krieg entfachen wird, dann wird ein Weltkrieg ausbrechen.» Ein solches Gesetz wäre absolut nichtssagend und nutzlos. Oder aber man formulierte das Gesetz immer spezieller, so daß es am Ende nur für einen einzigen Fall gilt, nämlich den, den wir zu erklären versuchen. Wenn wir bei unserem Beispiel, der Ursache für den Ersten Weltkrieg, bleiben, dann könnte man sich ein Gesetz mit folgendem Wortlaut vorstellen: «Wenn ein Mord am Regenten eines Nachbarlandes verübt wird, wenn zwischen den beiden beteiligten Parteien ein sehr gespanntes Verhältnis besteht, wenn aufgrund weltweiter Bündniszugehörigkeiten beider Länder eine internationale Einmischung in die Angelegenheit erfolgt, wenn zwischen zweien der sich gegenüberstehenden Großmächte aufgrund eines früheren Kriegs eine alte Feindschaft besteht, wobei die eine Macht (in unserem Beispiel: Frankreich seit dem Deutsch-Französischen Krieg 1870–1871) den Wunsch nach Rache hat und wenn dieses und jenes seit dem Ende der Napoleonischen Kriege bis zum Mord von Sarajevo aufgerechnet wird, dann wird ein Weltkrieg ausbrechen.» Je spezifischer wir das Gesetz formulieren, desto geringer ist die Chance einer möglichen Falsifizierung. Andererseits wird es für ein solches Gesetz auch immer weniger mögliche Fälle geben, und es ist anzunehmen, daß es am Ende nur einen einzigen möglichen Fall gibt, auf den das Gesetz angewendet werden kann. Wir haben es also mit einem Trilemma zu tun:

1. Das Gesetz ist viel zu einfach, methodologisch zwar brauchbar, aber in der Realität viel zu leicht zu falsifizieren; oder:
2. Das Gesetz ist viel zu vage und tautologisch und somit methodologisch uninteressant; oder:
3. Das Gesetz ist äußerst spezifisch und hat unter Umständen nur ein einziges mögliches Fallbeispiel.

Soviel zu Drays Argumentation, warum der Historiker die Regularitätstheorie nicht anwenden kann. Sie findet ihre Bestätigung auch in der Praxis der Historiker, die im allgemeinen nicht gewillt sind anzuerkennen, daß sie durch die Anwendung von ‹covering laws› (gesetzmäßigen Regularitäten) ihre Erklärungen ‹wissenschaftlich sicherer› gestalten können.

Weiter behauptet Dray[12]: Auch wenn wir die Regularitätstheorie als generelles Erklärungsmodell für die Geschichtsschreibung akzeptierten, ist zu bedenken, daß nicht alle Erklärungen eine Antwort auf die Frage *Warum kam es notwendigerweise zu diesem Ereignis?* (‹Why necessary?›) geben. Eine Hempelsche Voraussetzung ist aber, daß der seriöse Wissenschaftler jede Erklärung aufgrund von Gesetzen formuliert, die angeben, daß etwas unter bestimmten Bedingungen zwangsläufig geschehen muß. Beispiel: «Dieser Mord in Sarajevo mußte zwangsläufig zum Ausbruch des Ersten Weltkriegs führen.» Das Problem ist nur, daß Historiker oftmals Erklärungen geben, die eher auf die Beantwortung der Frage *Wie wurde ein bestimmtes Ereignis möglich?* (‹How possible?›) abzielen. Beispiel: «Wie war es möglich, daß der Mord am Erzherzog zum Kriegsausbruch führen konnte?» Eine solche Frage impliziert, daß sich etwas anderes als der Kriegsausbruch hätte ereignen können. Es gilt nicht als selbstverständlich, daß der Schuß in der serbischen Hauptstadt derart katastrophale Folgen haben mußte. Solche Erklärungen können natürlich nicht einem Gesetz (covering law) zugeordnet werden, da ein solches Gesetz eine Notwendigkeits- und nicht nur eine Möglichkeitsbeziehung zwischen Ursache und Wirkung vorsieht. Gleichzeitig ist zu beachten, daß ‹Wie-war-es-möglich-Erklärungen› im Gegensatz zu ‹Weshalb-zwangsläufig-so-Erklärungen› keine Voraussagen von Ereignissen ermöglichen. Dray behauptet also, es gebe eine Art geschichtlicher Erklärungen, die per definitionem nicht den Vorschriften der Regularitätstheorie unterworfen werden können.

Motiv und Handlung

Wenn wir näher untersuchen, was in Wahrheit hinter der Aussage «Der Mord von Sarajevo führte zum Krieg» steckt, erkennen wir, daß wir es mit einzelnen menschlichen Handlungen zu tun haben. Es war ja der Student Gavrillo Princip, der zum Töten motiviert war, einen Mord verübte, der wiederum andere Menschen (die Politiker) zur gegenseitigen Übermittlung ultimativer Kriegserklärungen motivierte. Der Hauptunterscheidungspunkt zwischen Natur- und Geschichtswissenschaften besteht offensichtlich darin, daß sich die Naturwissenschaften mit physischen, chemischen und biologischen Prozessen befassen, die Geschichtswissenschaft jedoch mit den Motiven und Handlungen von Menschen. Auf diesen entscheidenden Punkt kommt Dray in seiner Arbeit nach seiner eher allgemein gehaltenen Kritik der Hempelschen und Popperschen Wissenschaftstheorie zu sprechen.[13] Da menschliche Handlungen und Motive zum Arbeitsgebiet des Historikers gehören, reicht ihm der naturwissenschaftliche Begriffsapparat nicht. Der Historiker arbeitet nicht allein mit ursächlichen Erklärungen, sondern auch mit dem, was als Motiverklärungen bezeichnet wird. Allerdings ist wiederholt angeführt worden, daß eine Motiverklärung ohne weiteres in eine Ursachenerklärung umgeschrieben werden kann: «Es waren Princips Motive, die seine unglückselige Handlung verursachten.» Dray hat es zwar verstanden, den Unterschied zwischen Ursachen- und Motiverklärungen deutlich zu machen; er war jedoch nicht in der Lage, den Einwand, Ursachen- und Motiverklärungen seien grundsätzlich gleich aufgebaut, zu entkräften.

Die Diskussion dieser Frage war zum Zeitpunkt des Erscheinens von Drays Buch nicht neu. Gilbert Ryle hatte in seinem Werk *The Concept of Mind* (dt. Der Begriff des Geistes) zu widerlegen versucht, daß Motive Ursachen sein können. Was sind dann aber Motive? Laut Ryle ist ein Motiv eine Disposition, in bestimmten Situationen auf bestimmte Weise zu reagieren.[14] Eine Aussage über eine Disposition ist keine Ursachenerklärung. Wenn ich zum Beispiel frage, weshalb ein Glas zu Bruch ging, dann kann ich sagen, das Glas ging zu Bruch, weil es gegen eine Tischkante geschlagen wurde. Ich kann aber auch sagen, daß es zu Bruch ging, weil es zerbrechlich war. Im ersten Fall gebe ich eine Ursachenerklärung, im zweiten mache ich eine Aussage über die Disposition des Glases. Im zweiten Fall bezieht sich das Wort «weil» nicht auf eine Ursache, sondern bezeichnet ein sogenanntes gesetzähnliches Urteil (‹a law-like proposition›). Ein solches gesetzähnliches Urteil sagt etwas darüber aus, wie ein Glas sich verhalten wird, wenn es beispielsweise gegen einen Tisch geschlagen wird. Für Ryle sind Motiverklärungen also keine Ursachenerklärungen, sie sind seiner Ansicht nach vielmehr solche gesetzähnlichen Urteile.

Daß Gavrillo Princip mit seinen anarchistischen Neigungen prahlte, bedeutet demnach, daß er für ein solches Verhalten disponiert war. Unser Wissen über ihn basiert also nicht auf einem Wissen über versteckte ‹innere mentale Ursachen› in seiner Person, sondern auf einem allgemeinen Wissen über seine Verhaltensneigungen in bestimmten Situationen. Damit hat Ryle es ermöglicht, eine Motiverklärung zu testen, und er hat gleichzeitig ein Argument dafür gefunden, daß Motiverklärungen nicht Ursachenerklärungen sind.

Positionen, die denen von Ryle ähnlich sind, finden sich unter anderem bei Gardiner[15] und zum Teil bei Dray.[16] Anscombe (geb. 1919)[17] gehört dagegen zu seinen Kritikern. Wenn nämlich Ryle mit seiner Auffassung von Motiverklärungen als gesetzähnlichen Urteilen recht hätte, so folgert sie, dann könnte bei einer Person unmöglich ein bestimmtes Motiv nur ein einziges Mal in ihrem Leben eine bestimmte Tat auslösen. Eine Person, die nur ein einziges Mal einen Besuch bei einer Tante als Notlüge vorschiebt, um einer unangenehmen Verabredung zu entgehen, müßte notwendigerweise generell als für Lügen disponiert angesehen werden. Unlust auf eine Verabredung ist aber für den Betreffenden vielleicht noch nie ein Motiv zum Lügen gewesen und auch nur in dieser besonderen Situation Anlaß für eine vielleicht einmalige Notlüge. Nach Ryles Analyse aber ergäbe sich daraus bereits ein Grund zur Aussage, daß die Person als generell lügenhaft zu betrachten ist, weil sie für lügenhaftes Verhalten disponiert sei. Eine derartige Betrachtungsweise ist natürlich unangemessen. Selbst wenn die gleiche Situation nochmals entstünde, wäre es nicht von vornherein sicher, daß die Person wieder lügt. Mehrere Philosophen haben daraus den Schluß gezogen, Ryles Analyse müsse aufgegeben werden, weil sie nicht berücksichtige, daß es sich bei Motiven um einmalige Vorkommnisse handeln könne, die eine Voraussage auf das Verhalten einer Person in anderen ähnlich gelagerten Situationen ausschließen.

Der logische Zusammenhang

Ryles Ansichten zu verwerfen ist eine Sache, eine andere ist das Aufzeigen einer alternativen Lösung des Problems. Verschiedene Wissenschaftstheoretiker haben denn auch auf andere Weise versucht, zwischen Ursachen und Motiven zu unterscheiden. Seit David Hume (1711–1776) herrscht allgemeiner Konsens darüber, daß zwischen Ursache und Wirkung eine logische Unabhängigkeit besteht. «Der Mord von Sarajevo» und «Der Ausbruch des Ersten Weltkriegs» sind zwei logisch voneinander unabhängige Größen. Das Problem liegt allerdings in der Frage, ob Motive auch unabhängig von der Handlung sind, zu denen sie führen. Ist eine Handlung logisch abhängig vom Motiv, von dem sie ausgelöst wird, kann eine Motiverklärung keine Ursachenerklärung sein; denn letztere besteht immer aus mindestens zwei logisch unabhängigen Größen.

Diese Überlegung wird allgemein als *the logical connection argument* (das logische Verknüpfungsargument) bezeichnet. Das Argument kommt in mehreren Versionen vor; hier soll von den beiden wichtigsten die Rede sein. Nach Melden (1910–1993)[18] kann man ein Motiv nicht identifizieren, ohne die Handlung zu kennen, zu der das Motiv führte. Demnach wäre es unmöglich, Princips Motiv zu erwähnen, ohne gleichzeitig seine Handlung einzubeziehen. Motiv und Handlung werden also logisch miteinander verbunden, wobei die Möglichkeit, daß das Motiv die Ursache der Handlung ist, entfällt. Dem Problem kann eine sprachphilosophische Form gegeben werden. Eine Motiverklärung hat die Form einer Aussage, in der behauptet wird, «A ist das Motiv für B». Die Frage ist nun, ob dies eine synthetische oder eine analytische Aussage ist. Melden behauptet, eine Erklärung, in der die beteiligten Elemente logisch voneinander abhängig sind, müsse selbstverständlich *analytisch* sein, da vom Motiv unabhängig von der Handlung nicht gesprochen werden könne. Eine Ursachenerklärung – etwa «A ist die Ursache für B» – ist dagegen *synthetisch,* weil Ursache und Wirkung logisch unabhängig sind, so daß man von der Wirkung sprechen kann, ohne dabei auf die Ursache hinzuweisen. Es gibt, mit anderen Worten, keinen logisch notwendigen Zusammenhang zwischen Ursache und Wirkung.

Die Diskussion dieses Themas brachte eine Flut von Publikationen hervor. Während der letzten 20 Jahre wurde dabei das ‹logical connection argument› zunehmend in Zweifel gezogen, insbesondere von Donald Davidson (geb. 1917), der behauptet, es sei nicht unmittelbar einzusehen, daß Motiverklärungen im Gegensatz zu Ursachenerklärungen analytisch aufgebaut sind. Davidson weist darauf hin, daß sowohl synthetische als auch analytische Aussagen in die jeweils andere Form umgeschrieben werden können. Seine Beweisführung verläuft folgendermaßen: Wir gehen aus von der Aussage «A verursachte B», wobei A und B jeweils unabhängige Größen in einer normalen Ursachenerklärung sind. Das heißt also, die «Ursache von B» ist gleich «A». Folglich kann die Aussage «A verursachte B» in «Die Ursache von B verursachte B» – eine analytische Aussage – umgeschrieben werden.[19] Eine analytische Aussage kann umgekehrt wiederum in eine synthetische umgeschrieben werden.

Davidsons Einwand und die Gegenargumente von Melden geben weiterhin Stoff für Diskussionen, weil nach wie vor strittig ist, ob Meldens Definition wirklich den Kern des Unterschieds von Motiv- und Ursachenerklärungen trifft.[20]

Zu den Wissenschaftstheoretikern, die sich trotz der Kritik am ‹logical connection argument› einer Version des Arguments anschließen, gehört von Wright, der allerdings die Stärken des Arguments anders interpretiert als Melden. Nach der Ansicht von Wrights liegt die Stärke des Arguments nicht darin, daß wir das Motiv bzw., wie er sagt, die Intention unabhängig von der Handlung nicht erwähnen können, sondern vielmehr darin, daß wir überhaupt nicht *verifizieren* können, ob eine Person eine Absicht hat, ohne die von der Person ausgeführte Handlung zu berücksichtigen. Umgekehrt können wir ihr Verhalten nur verstehen, wenn wir versuchen, dieses Verhalten mit einer bestimmten Intention zu verbinden. Demnach gehören Intentionen und Handlungen zusammen, weil wir nur prüfen können, ob eine bestimmte Intention existiert, indem wir prüfen, ob eine entsprechende Handlung da ist.[21] Eine Intention steht nicht ‹hinter› oder ‹neben› der Handlung; nur indem wir das Verhalten einer Person im Zusammenhang sehen, können wir entscheiden, welche Intentionen und welche Handlungen gegebenenfalls im Spiel sind. Der Zusammenhang, von dem hier die Rede ist, hat die Form eines sogenannten praktischen Schlusses oder Syllogismus.[22] In einem solchen ‹praktischen Syllogismus› sind die Absichten Teil der Prämissen zusammen mit einer Angabe der tatsächlichen Umstände, unter denen versucht wird, die Intention in die Tat umzusetzen. In der Konklusion erscheint dann die Handlung, die erklärt werden soll. Eine Erklärung des Mordes von Sarajevo könnte zum Beispiel folgende Form haben[23]:

1. Princip beabsichtigte, einen Mord zu verüben.
2. Princip meinte, er könne seinen Mord nicht verüben, ohne eine Mordwaffe zu haben und sich so hinzustellen, daß er ein freies Schußfeld auf den Herzog bekommt.

---

3. Princip kaufte eine Pistole und stellte sich ganz vorn an den Straßenrand, als die Wagenkolonne des Herzogs vorbeifuhr.

Diese Erklärung eignet sich allerdings nicht, um Voraussagen zu machen. Wir wissen, daß tatsächlich ein Mord verübt worden ist, und müssen nun die Absicht erklären, die der Handlung zugrunde liegt. Wir können eine Erklärung aus der Intention also erst abgeben, nachdem die Handlung bereits ausgeführt worden ist (post actu). Von Wright interessieren besonders die Umstände, die die Echtheit oder Ernsthaftigkeit der einer Person unterstellten Absicht beleuchten. Nicht nur Princip hatte die Absicht, den Herzog zu töten. Auch etliche seiner Landsleute und politischen Gesinnungsgenossen hätten diese Absicht haben können, aber sie haben den Mord nicht ausgeführt. Princip allein dagegen hat, im Gegensatz zu seinen Landsleuten, alle Vorbereitungen und Pläne getroffen, um seine Intention in die Tat umsetzen zu können. Aus einer vorhandenen Absicht folgt also logisch noch nicht zwingend, daß man eine bestimmte Tat verübt. Die Echtheit einer Intention muß in den Vorbereitungen zur Tatausführung erkennbar sein.

Aus von Wrights ‹praktischem Syllogismus› ergibt sich allerdings ein Problem. Er ist formal betrachtet nicht gültig. Nach den allgemeinen Bedingungen für den korrekten Aufbau von Syllogismen muß garantiert sein, daß, unabhängig vom Inhalt der Prämissen, immer dann, wenn die Prämissen wahr sind, auch die Konklusion wahr ist. In von Wrights ‹praktischem Syllogismus› könnten jedoch die Prämissen wahr und die Konklusion falsch sein. Von Wright könnte aber antworten, daß es bei ihm keinen notwendigen logischen Zusammenhang zwischen Intention und Handlung gibt. Wie bereits erwähnt, wird das Verhältnis von Absicht und Handlung erst aktuell, wenn die Handlung bereits ausgeführt worden ist. Unter diesen Umständen ist es in der Tat schwierig zu verstehen, wie von Wright das ‹logical connection argument› unterstützen kann. Von Wright sagt selbst dazu: «Nur wenn eine Handlung bereits vorliegt und eine praktische Argumentation zu ihrer Erklärung oder Rechtfertigung konstruiert wird, nur dann haben wir eine logisch schlüssige Argumentation.»[24] Aus diesen Worten wird deutlich, daß von Wrights Konstruktion eher methodologisch als streng logisch ist. Auch wenn es keinen streng logischen Zusammenhang zwischen Intention und

Handlung gibt, kann der praktische Syllogismus, methodologisch gesehen, in all den Fällen ein brauchbares Werkzeug sein, in denen ein Historiker die impliziten Komponenten eines Handlungsablaufs aufzudecken hat. Von Wright hat sein Schlußschema zwar in mehrfacher Hinsicht verfeinert, unter anderem, indem er einen Zeitfaktor einführte.[25] Seine grundsätzliche methodologische Betrachtungsweise hat er jedoch beibehalten.

Versöhnung

Auf den ersten Blick sieht es so aus, als ob eine unüberwindliche Kluft bestünde zwischen den Anhängern der sogenannten ‹covering law theory› (deduktiv-nomologisches Erklärungsmodell) und den in der Tradition des späten Wittgenstein stehenden, antinomologischen Geschichtstheoretikern. Danto ist einer jener Geschichtstheoretiker, die versucht haben, eine Brücke zwischen den beiden Auffassungen zu schlagen, indem er die Forderungen beider Seiten nach einer angemessenen geschichtlichen Erklärung berücksichtigt. Sein Beitrag findet sich in dem bereits erwähnten Werk *Analytical Philosophy of History*[26]. Erstens meint Danto, ein Teil der Meinungsverschiedenheiten sei auf unterschiedliche semantische Interpretationen zurückzuführen. Zweitens ist er der Ansicht, es gebe Unterschiede im allgemeinen Geschichtsverständnis der streitenden Parteien.

Danto beginnt seine Analyse mit einer trivialen Beobachtung. Er weist darauf hin, daß ein geschichtliches Ereignis (oder besser: geschichtliches ‹Objekt›) an sich gar nicht erklärt werden kann. Nur unter einer bestimmten Beschreibung seien geschichtliche Objekte erklärbar. Es sei beispielsweise sinnlos, nach einer Erklärung des amerikanischen Bürgerkriegs zu fragen, so wie es sinnlos sei, nach einer Erklärung für den Bogen Papier in meiner Schreibmaschine zu fragen. Dagegen können wir uns bestimmte Aspekte eines Phänomens sehr wohl erklären lassen. So kann man durchaus nach einer Erklärung dafür suchen, warum der Bürgerkrieg ausgebrochen ist, oder sich fragen, weshalb auf diesem Blatt Papier schwarze Krakelzeichen sind. Die Ausdrücke ‹der amerikanische Bürgerkrieg› und ‹der Bogen Papier in meiner Schreibmaschine› sind hinweisende Ausdrücke[27] und als solche weder wahr noch falsch. Folglich können sie in Hempelschen Argumentationen auch nicht als Konklusionen auftreten. Als Konklusion auftreten könnten sie nur, wenn über den von ihnen bezeichneten Gegenstand eine bestimmte Aussage gemacht würde. Da aber jedes Phänomen auf viele Arten beschrieben werden kann, steht keineswegs fest, daß das Phänomen unter jeder möglichen Beschreibung unter ein allgemeines Gesetz zu subsumieren ist.

Danto argumentiert für seinen Standpunkt, indem er ein für eine geschichtliche Erklärung typisches Beispiel heranzieht.[28] Während eines nationalen Festaktes in Monaco waren die Straßen mit monegassischen Flaggen geschmückt; neben diesen wehten aber auch amerikanische Flaggen. Außer diesen beiden waren keine anderen vertreten. Man könnte sich fragen, weshalb gerade nur diese beiden Flaggen gezeigt wurden. Eine plausible Erklärung dafür wäre beispielsweise, daß Fürst Rainier III. eine amerikanische Schauspielerin – Grace Kelly – geheiratet hat. Hier würde Dray den Einwand erheben, es gebe seines Wissens kein allgemeines Gesetz, das die beiden Phänomene – die Flaggen und die Vermählung – verbinde. Danto aber behauptet, es sei in diesem Beispiel möglich, jedes einzelne Ereignis so umzuschreiben, daß die Umschreibung durch ein Gesetz abgedeckt werden kann. Nach einer solchen Umschreibung sei es zudem möglich, sie in eine deduktive Form zu bringen:

1. Die Monegassen hängten ihre eigenen Flaggen Seite an Seite mit amerikanischen.
2. Die Monegassen ehrten eine Fürstin von amerikanischer Abstammung.
3. Angehörige einer Nation ehrten eine Fürstin mit einer von der eigenen sich unterscheidenden nationalen Herkunft.

Wir können (1) als die Beschreibung eines Ereignisses ansehen, des zu erklärenden Ereignisses nämlich. Wir können als nächstes (2) als die Beschreibung, die den Inhalt von Beschreibung (1) erklärt, bezeichnen. Beschreibung (3) ist eine Beschreibung dieses bestimmten Ereignisses, muß aber auch für zahlreiche andere ähnliche Ereignisse als zutreffend angesehen werden. Wir haben es hier also mit zwei Arten von Beschreibungen zu tun: (1) ist die Beschreibung, die erklärt werden soll; (2) und (3) sind Beschreibungen, die erklären. Zwischen (2) und (3) besteht außerdem ein Unterschied, nämlich daß (2) konkret, (3) jedoch allgemein ist. Wie man sieht, fällt es nicht schwer, von (2) auf (3) zu schließen, wohingegen es beim Schließen von (1) auf (2) Probleme gibt. Wollen wir nun ein Gesetz formulieren, das (1) mit (2) verbindet, so könnte es, ausgehend von der abstrakten Beschreibung (3), folgende Form haben: «Wann immer eine Nation einen Fürsten von anderer nationaler Abkunft hat als derjenigen seiner eigenen Bürger, werden diese Bürger bei gegebenen Anlässen jenen Fürsten in einer angemessenen Art und Weise ehren.»[29]

Wir können also die Präsenz beider Flaggen auf folgende Weise erklären:

1. Die Fürstin Grace von Monaco ist von nicht-monegassischer Abstammung.
2. Der monegassische Nationalfeiertag ist ein passender Anlaß zur Ehrung des Fürstenpaars.
3. Flaggen des Geburtslandes einer Person aufzuhängen ist eine passende Art und Weise, die betreffende Person zu ehren.

---

4. Am monegassischen Nationalfeiertag hängen nicht-monegassische, amerikanische Flaggen neben den monegassischen.

Danto ist sich darüber im klaren, daß diese Erklärung keinen formal gültigen Schluß darstellt, hat allerdings auch nichts dagegen, ihn als ‹Erklärungsskizze› zu bezeichnen (vgl. den Hempel-Ausdruck ‹explanation sketch›). Eine Erklärungsskizze hat den Vorteil, daß sie nicht unmittelbar die Form eines deduktiven Schlusses haben muß, aber dennoch auf die Formulierung eines Gesetzes zielt, weshalb sie gegebenenfalls in eine vollständige Schlußfolgerung umgeschrieben werden kann.

Damit liefert Danto einen Schlichtungsvorschlag in der Auseinandersetzung von Dray und Hempel.[30] Einerseits akzeptiert Danto die Möglichkeit, daß Erklärungen in vollständige Argumente umgeschrieben werden können und man deshalb sagen könne, sie enthielten in sich eine Gesetzesskizze. Andererseits unterscheidet Danto eindeutig zwischen dem, was er als das eigentliche Ereignis bezeichnet, und der Beschreibung des Ereignisses. So soll auch nicht das Ereignis an sich erklärt werden, sondern vielmehr die Beschreibung des Ereignisses, wodurch Danto die Bedenken Drays aus dem Wege räumen kann. Ein gegebenes Gesetz soll also nicht das Ereignis abdecken, sondern lediglich für bestimmte Aussagen über das Ereignis gelten. Bei seinen Überlegungen zur Frage, wie Phänomene zu beschreiben seien, liefert uns Danto auch eine Theorie, in welcher Weise ‹Gesetze› in geschichtliche Erklärungen einfließen. Damit baut er den Anhängern und Gegnern Hempels, die er der Wortklauberei bezichtigt, eine Brücke. Allerdings waren seine Bemühungen nicht sehr erfolgreich. Seine Neuformulierung des Problems als eine Frage verschiedener Aussageformen hat dagegen weitgehende Zustimmung gefunden. Das Problem stellt sich daher auch heute noch dar als die Frage nach der richtigen Interpretation des Verhältnisses von verschiedenen Beschreibungsarten.

Texte

Anscombe, G. E. M.: Intention. 2nd ed. Oxford 1979 (dt. Absicht. Freiburg/München 1986).
Apel, K.: Die Erklären-Verstehen-Kontroverse in transzendentalpragmatischer Sicht. Frankfurt/M. 1979.
Braithwaite, R. B.: Scientific Explanation. Cambridge 1955.
Danto, A. L.: Analytical Philosophy of History. Cambridge 1965 (dt. Analytische Philosophie der Geschichte. Frankfurt/M. 1974) *(=APG)*.
Davidson, D.: «Actions, Reasons, and Causes». The Journal of Philosophy, Vol. 60, No. 23, 1963 (nachgedruckt in: M. Brodbeck [ed.]: Readings in the Philosophy of the Social Sciences. New York 1968, p. 44–58).
–: Inquiries into Truth and Interpretation. Oxford 1984 (dt. Wahrheit und Interpretation. Frankfurt/M. 1986).
–: Essays on Actions and Events. Oxford 1980 (dt. Handlung und Ereignis. Frankfurt/M. 1985).
Dray, W.: Laws and Explanation in History. Oxford 1957 *(=LEH)*.
Gardiner, P.: The Nature of Historical Explanation. Oxford 1968 *(= NHE)*.
Gean, W. D.: «The Logical Connection Argument and De Re Necessity». In: American Philosophical Quarterly, 12, 1970.
Goldman, A. I.: A Theory of Human Action. Prentice-Hall 1970.
Hempel, C. G.: «The Function of General Laws in Historical Explanation». In: Journal of Philosophy, Vol. 39, 1942 (nachgedruckt in: P. Gardiner [ed.]: Theories of History. Glencoe 1959).
–: Philosophie der Naturwissenschaften. München 1977.
–: Aspekte wissenschaftlicher Erklärung. Berlin/New York 1977.
–: Grundzüge der Begriffsbildung in der empirischen Wissenschaft. Düsseldorf 1974.
Kenny, A.: Will, Freedom and Power. Oxford 1975.
Louch, A. R.: Explanation and Human Actions. Oxford 1966.
Mackie, J. L.: «Causes and Conditions». In: American Philosophical Quarterly, Okt. 1965.
Melden, A. I.: Free Action. London 1961.
Peacocke, Ch.: Holistic Explanation. Oxford 1979.
Popper, K.: The Open Society and its Enemies. Vol. II, London 1945, 1973 (dt. Die offene Gesellschaft und ihre Feinde. Band II. München 1975).
–: The Poverty of Historicism. London 1972 (dt. Das Elend des Historizismus. Tübingen 1987).
Ryle, G.: The Concept of Mind. London 1963 (dt. Der Begriff des Geistes. Stuttgart 1969).
Taylor, C.: The Explanation of Behavior. London 1964.
White, M.: Foundation of Historical Knowledge. New York 1965.

Winch, P.: The Idea of a Social Science and its Relation to Philosophy. London 1958 (dt. Die Idee der Sozialwissenschaft und ihr Verhältnis zur Philosophie. Frankfurt/M. 1966) *(= ISW)*.

v. Wright, G. H.: Explanation and Understanding. London 1971 (dt. Erklären und Verstehen. Frankfurt/M. 1974) *(= EV)*.

Anthologien

Dray, W.: Philosophy of History. Prentice-Hall 1964.

Gardiner, P. (ed.): Theories of History. Glencoe (Ill.) 1959.

Literatur

Acham, K.: Analytische Geschichtsphilosophie. Eine kritische Einführung. Freiburg/München 1974.

Faber, K. G.: Theorie der Geschichtswissenschaft. München 1982.

Olsen, J.-H.: Causations and the Explanatory Patterns of Human Actions, Kopenhagen 1975.

Stoutland: «The Logical Connection Argument». In: American Philosophical Quarterly Monograph Series, Nr. 4, 1970.

Anmerkungen

1 Vgl. Popper 1975, Band II, S. 327.
2 Braithwaite 1955; Hospers, J.: An Introduction to Philosophical Analysis. Englewood Cliffs (N. Y.) 1967.
3 Popper 1975.
4 Nagel, E.: The Structure of Science. New York 1961; White 1965.
5 Gardiner, *NHE*, S. 24 und 89 ff.
6 Z. B. Melden 1961.
7 Winch, *ISW*, S. 12–20.
8 Winch, *ISW*, S. 34 ff u. 117 f.
9 Winch, *ISW*, S. 76 f.
10 Winch, *ISW*, S. 45 f u. 76 f.
11 Dray, *LEH*, chapter II.
12 Dray, *LEH*, chapter VI.
13 Dray, *LEH*, chapter V.
14 Vgl. Ryle, G.: Der Begriff des Geistes. Stuttgart 1969, S. 108–120.

15 Gardiner, *NHE*, S. 124.
16 Dray, *LEH*, S. 16 u. 144–150.
17 Anscombe 1986, S. 33–35.
18 Melden 1961, S. 52 f u. 78 ff.
19 Davidson 1968, S. 53 f.
20 Davidson 1968, S. 53 f.
21 Vgl. v. Wright, *EV*, III. Kap., S. 83–121.
22 v. Wright, *EV*, S. 93 ff.
23 Vgl. v. Wright, *EV*, S. 93.
24 v. Wright, *EV*, S. 110.
25 v. Wright, *EV*, S. 99 ff.
26 Danto, *APG*, S. 321–370.
27 Danto, *APG*, S. 348 ff.
28 Danto, *APG*, S. 351 ff.
29 Danto, *APG*, S. 353 ff.
30 Danto, *APG*, S. 354 ff.

5. *ETHIK UND POLITISCHE PHILOSOPHIE*

Jørgen Husted

Richard Mervyn Hare
Die Sprache der Moral

Die tiefgreifende Änderung in der Auffassung von Sprache, die sich in der angelsächsischen Philosophie im ersten Jahrzehnt nach dem Zweiten Weltkrieg vollzog, setzte sich innerhalb der Moralphilosophie schnell durch. Bereits 1952 konnte R. M. Hare (geb. 1919) mit seinem Buch *The Language of Morals* (dt. Die Sprache der Moral, 1983) aufzeigen, wie das neue Sprachverständnis sich auf eine moralphilosophische Theorie übertragen ließ, die in allen Punkten die bisher geltende Theorie – den Emotivismus der Neopositivisten – übertraf. Es gelang Hare, seine Kritik an der Theorie des Emotivismus mit dem Versuch zu verbinden, dessen Hauptziel, die Eigenart der Moral aus der Analyse ihrer Sprache zu bestimmen, auf einer höheren Ebene weiterzuverfolgen. Die Theorie Hares gilt zu Recht als der Höhepunkt dieser Bemühungen, die die englischsprachige Moralphilosophie seit der Jahrhundertwende im wesentlichen kennzeichnen.

Vermitteln zwischen Freiheit und Vernunft

In *The Language of Morals* wie auch in der jüngeren Publikation *Freedom and Reason* (dt. Freiheit und Vernunft, 1983) von 1963 schreibt Hare im Vorwort, es sei die Aufgabe der Moralphilosophie, die logische Struktur der Moralsprache aufzudecken, um so eine bessere Beurteilung moralischer Fragen zu ermöglichen. Hare will in erster Linie nicht selber moralisieren, sondern die Qualität der moralischen Diskussion verbessern. Dies klingt enttäuschend, wenn man bedenkt, daß es seit den Anfängen der Philosophie in der Antike quer durch die Geschichte des Abendlandes hindurch das Anliegen der Philosophie war – man denke nur an Platon, Spinoza oder Kant –, Grundfragen zu diskutieren wie «Wie soll ich leben?», «Was ist gut, und was ist böse?» oder «Was soll ich tun?». Hare scheint nun aber gerade diese Fragen völlig zu vernachlässigen.

Es soll hier zunächst daran erinnert werden, daß die positivistische Moralphilosophie auf der Überzeugung gründet, daß moralische Urteile keinen Anspruch auf objektive und allgemeine Geltung haben und aufgrund ihrer Natur auch keinen haben können. Moral ist gemäß dieser Auffassung etwas Relatives; moralische Ansprüche lassen sich weder mit dem Hinweis auf einen Sinn des Daseins noch auf eine ewige Natur des Menschen begründen. Vielmehr sei Moral von nicht-moralischen Faktoren abhängig – biologischen, kulturellen, sozialen oder sonstigen –, so daß es keinen Sinn macht, von ‹der› Moral zu sprechen, sondern lediglich von einer Reihe verschiedener Moralsysteme, die jeweils ihre eigene bedingte Gültigkeit für bestimmte Personen, Klassen, Gesellschaften und Zeitalter hätten. Es sei allgemein davon auszugehen, daß jeder aufgeklärte Mensch diese Überzeugung teilen muß, weshalb die wesentlichste Aufgabe der Moralphilosophie darin bestehe, Konsequenzen aufzuzeigen, die aus dem jeweils vorherrschenden System folgen. Ist die Moral etwas grundsätzlich Relatives, kann es keinen allgemein verbindlichen Grund für ein bestimmtes Moralsystem geben; vielmehr besteht eine freie, nicht schon von Moralvorstellungen bestimmte Wahl zwischen verschiedenen Moralsystemen. Im Grunde genommen wäre also – um mit dem Nihilisten Iwan aus Dostojewskis *Brüder Karamasow* zu sprechen – alles erlaubt.

Jean-Paul Sartre, der von einer ähnlichen Moralauffassung her argumentiert, erläutert die Bedingungen der Moral anhand seines berühmten Beispiels des jungen Mannes, der während des Krieges seinen Rat suchte.

Er stehe vor der Wahl, nach England zu fliehen und sich den freien französischen Truppen anzuschließen oder in Frankreich zu bleiben, um seine kränkliche Mutter zu pflegen, die vollständig auf seine Hilfe angewiesen ist. Auf die Frage des jungen Mannes «Was soll ich tun?» kannte Sartre, getreu seiner eigenen Moralphilosophie, nur eine Antwort: «Sie sind frei, wählen Sie, das heißt erfinden Sie. Keine allgemeine Moral kann Ihnen angeben, was Sie zu tun haben.»[1]

Der Begriff der Freiheit drängt sich hier als zentraler auf. Denn das Fehlen einer bindenden Moral ist für Sartre gleichbedeutend mit der Freiheit des Menschen. Daß es keine allgemein gültige Moral gibt, die festlegt, was zu tun ist, bedeutet nicht nur im negativen Sinn, daß ein jeder sich selbst überlassen ist, sondern auch, positiv gesehen, daß es nichts gibt, was den einzelnen Menschen seiner Handlungsfreiheit berauben könnte, indem es die Verantwortung für seine Handlungen übernähme. Diese Einsicht kommt der Erkenntnis der grundlegenden Freiheit des Menschen gleich, sich durch eigene Entscheidungen selbst zu erschaffen. Der Mensch hat nicht zuerst Pflichten und dann die Freiheit, sie zu erfüllen oder auch nicht. Der Mensch hat zuerst die Freiheit und dann, wenn er sich verpflichtet, Verpflichtungen.

Hares Ansichten über die Aufgaben der Moralphilosophie sind denen Sartres ähnlich. Auch er ist der Überzeugung – wir kommen später auf die Gründe zu sprechen –, es gebe keine allgemein gültige Moral, die vorschreibe, was in konkreten Situationen getan werden soll. Und ebenso wie Sartre unterstreicht auch Hare, daß Freiheit daher der zentrale Begriff sein und jeder Pflicht voraufgehen müsse. Das Fehlen einer allgemein gültigen Moral bedeutet aber, daß es bei der Frage «Was soll ich tun?» nicht darum geht festzustellen, was meine Pflicht ist, sondern daß ich mich auf das festlege, wozu ich mich verpflichten will. Das wiederum bedeutet auch, daß wir, wenn wir moralisch Stellung beziehen, sehr viel weiter gehende Freiheiten haben als bei der Beantwortung der Frage, ob die Erde sich dreht oder nicht. Würden wir behaupten, die Erde stehe still, könnte man uns Informationen vorlegen, die wir, solange wir an dieser Behauptung festhalten, nicht ohne uns selbst zu widersprechen akzeptieren könnten. Bei einer moralischen Stellungnahme gibt es keine zwingenden oder objektiven Gründe: Die einzige Sicherheit gegenüber dem moralischen Problem ist, daß nichts und niemand uns die Antwort geben kann, sondern nur wir als die jeweils Betroffenen selbst.

Durch diesen Zusammenhang zwischen Freiheit und moralischer Stellungnahme wird Hare allerdings mit Konsequenzen konfrontiert, die den bisherigen Ausführungen zu widersprechen scheinen. Wer ein moralisches Problem zu lösen versucht wie der junge Mann, der sich von Sartre beraten lassen will, ist sich darüber im klaren, daß seine Wahl von Bedeutung ist. Die Wahl ist nicht gleichgültig und nicht beliebig wie etwa die Auswahl einer Briefmarke aus einem ganzen Bogen. Die Erkenntnis, daß die Wahl von gewisser Wichtigkeit ist, beinhaltet auch die Verpflichtung, seinen gesunden Menschenverstand und seine Fähigkeiten zu gebrauchen, um die bestmöglichen Gründe für die Wahl zu finden. Würde der junge Mann in Sartres Beispiel sein Problem durch das Werfen einer Münze entscheiden, so könnte bei dieser Art von Entscheidung nicht von einer moralischen Wahl gesprochen werden, selbst dann nicht, wenn der junge Mann später die Verantwortung für die Entscheidung und ihre Konsequenzen übernommen hätte. Auch die moralische Freiheit ist gewissermaßen eine Freiheit mit Einschränkungen: Im Begriff der moralischen Entscheidung selbst liegt die einschränkende Forderung, seine Vernunft zu gebrauchen. Mit der Vernunft kommt auch die Ernsthaftigkeit ins Spiel; nicht alles ist erlaubt. Auf der einen Seite sind wir frei, andererseits haben wir nicht die Freiheit, alles mögliche zu tun. Hier liegt eine Art Paradox vor: Wie kann ich in meiner Entscheidung zwischen A und B grundsätzlich frei sein, wenn es mir doch gleichzeitig obliegt, Gründe zu finden, die so eindeutig wie möglich für eine Präferenz des einen vor dem anderen sprechen?

Das hier aufgezeigte Spannungsverhältnis zwischen einer völligen Freiheit in moralischen Fragen und der Forderung, daß die Entscheidung das Ergebnis eines rationalen Prozesses sein soll, hat Moralphilosophen – unter ihnen auch Sartre – dazu verleitet, einen der beiden Begriffe, Freiheit oder Vernunft, aus dem Bereich der Moralanalyse zu verabschieden. Damit, so die Meinung von Hare, verliert man jedoch die Moral aus den Augen. Um sie verstehen zu können, ist es entscheidend, daß beide Begriffe einbezogen werden und das Zusammenspiel zwischen ihnen verdeutlicht wird. Der Moralphilosoph hat die Aufgabe, dieses besondere Beziehungsverhältnis von Vernunft und Freiheit aufzudecken und uns zu helfen, sowohl die Scylla der grenzenlosen Freiheit als auch die Charybdis der entmündigenden Vernunft zu umschiffen.

Für die analytische Philosophie bedeutet Klärung von Begriffen das Aufdecken der logischen Strukturen ihrer alltagssprachlichen Verwendung. Hares moralphilosophische Grundthese – er nennt sie Universalisierungsthese – handelt deshalb von der logischen Struktur im moralischen Sprachgebrauch. Obgleich diese These nicht unmittelbar auf die

Beantwortung der Frage «Was soll ich tun?» abzielt, wird sich bald zeigen, daß Hare dem jungen Mann in Sartres Beispiel ein wenig mehr zu sagen weiß als nur «Sie sind frei, entscheiden Sie selbst!»

Moralurteile sind Vorschriften

Hares Grundthese bezüglich der Sprache der Moral umfaßt zwei Unterthesen. Die erste besagt: Moralische Aussagen sind präskriptiv. Die Frage nach den Eigenschaften moralischer Aussagen erhält mit dieser Unterthese eine erste Antwort. Im konkreten Fall fällt es uns relativ leicht, zwischen moralischen und nicht-moralischen Aussagen zu unterscheiden. Aber aufgrund welcher Faktoren treffen wir diese Unterscheidung? Welches sind die allgemeinen Merkmale, die die moralischen Aussagen kennzeichnen und die sie von allen anderen unterscheiden?

Daß moralische Aussagen an bestimmten Wörtern oder grammatikalischen Satztypen erkennbar sein sollen, kann von vornherein ausgeschlossen werden. Ein und derselbe Satz: «Du sollst nach England reisen» kann seiner grammatischen Form nach als moralisches Urteil wie auch als Beschreibung dessen, was ein anderer gesagt hat, das heißt als deskriptives Urteil, interpretiert werden. Hare richtet deshalb seine Aufmerksamkeit auf die sprachliche Funktion moralischer Urteile: Was für eine Handlung führen wir aus, wenn wir moralische Aussagen machen, gibt es eine bestimmte Aktivität, der die Sprache moralischer Aussagen als Werkzeug dient? Auffällig ist, daß mit moralischen Aussagen immer eine *Wertung* verbunden ist – im Unterschied zu *Beschreibungen*. Wenn «Du sollst nach England reisen» moralisch gemeint ist, so drückt diese Aussage eine Wertung in dem Sinn aus, daß die entsprechende Handlung gebilligt und damit positiv gewertet wird. Wird der Satz nicht-moralisch, deskriptiv verstanden, dann handelt es sich bloß um die Beschreibung dessen, was ein anderer gesagt hat. Wertungen und Beschreibungen sind demnach eindeutig zwei unterschiedliche Aktivitäten. Wenn moralische Urteile also eng mit Bewertungen verknüpft sind, ist es naheliegend, sich mit der Unterscheidung von Bewertung und Beschreibung näher zu beschäftigen. Dies haben viele Moralphilosophen denn auch getan.

Hare dagegen bleibt nicht schon bei dieser Differenzierung stehen, da sie seiner Ansicht nach die Eigenart moralischer Urteile nicht erschöpfend kennzeichnet. Folgende Betrachtungen führen ihn zu einer weiteren Charakterisierung: Wenn wir jemanden fragen «Welches ist die moralische Überzeugung der Person X?», dann wäre das beste Vorgehen zur Beantwortung dieser Frage, die Handlungsweisen der Person X zu untersuchen. Moralische Aussagen sind verbindlich. Eine moralische Aussage wie «Ich distanziere mich von jeglicher Diskriminierung von Ausländern» bindet den Sprecher an bestimmte Handlungen, entweder hier und jetzt oder aber dann, wenn die entsprechenden Umstände eintreten. Eine Person, deren Handlungen zu ihren erklärten Moralprinzipien im Widerspruch stehen, dementiert sich sozusagen selbst: Ihre Handlungen zeigen, daß sie nicht meint, was sie sagt. Wenn jemand willkürlich andere diskriminiert, dann kann er die Aussage «Ich distanziere mich von jeglicher Diskriminierung von Ausländern» nicht ernst meinen bzw. die Aussage kann nicht als ernst gemeint aufgefaßt werden, selbst wenn die betreffende Person vielleicht glaubt, das heißt, sich einbilden kann, daß sie sich von jeglicher Diskriminierung distanziert. Wenn sich moralische Aussagen einer Person in dieser Weise nicht nur als unaufrichtig entlarven, sondern durch entsprechende, ihnen zuwiderlaufende Handlungen selbst dementieren – also ein Fehlschlag bezüglich des sprachlich verfolgten Zwecks sind –, dann müssen moralische Aussagen in einem ausgesprochen engen Verhältnis zu Handlungen stehen.

Um dieses Verhältnis näher zu erläutern, nimmt Hare den Imperativ zu Hilfe. Äußerungen wie: «Schließ die Tür!» stehen zu Handlungen ebenfalls in einem engen Verhältnis, und in diesem Fall ist die Beschaffenheit der Beziehung durchschaubar. Zwischen «Schließ die Tür!» und dem Schließen der Tür besteht nach Hare folgendes Verhältnis: Wenn sich eine Person mit diesem Imperativ an eine andere Person wendet, dann besteht die Zustimmung dieser zweiten Person zu diesem Imperativ darin, daß sie die Handlung ausführt oder zumindest beschließt, es zu tun. Eine Bekundung der Zustimmung mit Worten – etwa «Wird gemacht!» – ist ohne die entsprechende nachfolgende Handlung nichts wert; denn erst die Handlung zeigt, daß die Zustimmung ernst gemeint war. Die Verbindung zwischen Äußerung und Handlung ist also von der Art, daß das Akzeptieren der Äußerung in der Ausführung der entsprechenden Handlung besteht. Die Erklärung dafür ist denkbar einfach: Mit der Äußerung eines Imperativs wird ein Befehl ausgesprochen, der einer Person sagt, was sie tun soll, und weil die sprachliche Funktion eines Befehls somit darin besteht, eine Handlung vorzuschreiben, kommt die Ausführung der Handlung einem Akzeptieren und die Nicht-Ausführung einer Ablehnung des Befehls gleich.

Imperative sind nicht die einzigen sprachlichen Mittel, um jemandem zu sagen, was zu tun ist. Die Sprache ermöglicht zahlreiche andere Äußerungen mit derselben generellen Funktion. Wir benutzen sie, um Anweisungen, Bitten, Aufforderungen, Rezepte, Appelle und ähnliches auszudrücken, und auch, um mit Hilfe von Imperativen Gebote oder Befehle auszusprechen. Äußerungen, deren Funktion darin besteht, Fragen der Was-soll-ich-tun?-Kategorie zu beantworten, werden von Hare insgesamt als *präskriptive* (vorschreibende oder handlungsanleitende) Äußerungen bezeichnet, wobei es für eine präskriptive Äußerung kennzeichnend ist, daß man sich durch sein Einverständnis mit einer solchen Äußerung zu einer bestimmten Handlung verpflichtet. Im Kontrast dazu stehen die *deskriptiven* (beschreibenden) Äußerungen, deren generelle Funktion es ist, Was-sind-die-Tatsachen?-Fragen zu beantworten. Mit einer deskriptiven Äußerung macht man eine Aussage, gibt man eine Beschreibung, eine Auskunft oder einen Bericht, wobei eine deskriptive Äußerung dadurch gekennzeichnet ist, daß derjenige, der sie akzeptiert, sich bindet, etwas zu glauben, nicht aber, etwas zu tun.

Hare behauptet nun also, moralische Aussagen seien präskriptiv.[2] Die bereits erwähnte Verbindung von Worten und Handlungen im moralischen Sprachgebrauch hat nicht nur Ähnlichkeit mit der beschriebenen Verknüpfung von präskriptiven Äußerungen und Handlungen; sie hat auch die gleiche Beschaffenheit und die gleiche Erklärung: Durch das Akzeptieren einer moralischen Aussage verpflichtet man sich, eine bestimmte Handlung auszuführen, da die Aussage kraft ihrer Funktion dazu dient, die Handlung vorzuschreiben. Die Argumentation für diese Behauptung – den erwähnten ersten Teil der Hareschen Grundthese über die Sprache der Moral – basiert auf den offengelegten Bedingungen, die unserem Gebrauch von moralischen Aussagen zugrunde liegen.

Zum einen weist Hare darauf hin, daß es bei der Art und Weise, in der wir moralische Aussagen anwenden – etwa: «Du solltest dich als Blutspender zur Verfügung stellen» – nicht möglich ist, diese Aussagen zu akzeptieren und gleichzeitig den entsprechenden Imperativ («Stelle dich als Blutspender zur Verfügung!») abzulehnen. Wollte jemand die erste Aussage akzeptieren, die zweite aber ablehnen, so fänden wir uns durchaus berechtigt zu sagen, dies sei ebenso widersprüchlich, wie es widersprüchlich ist, die Aussage: «Dänemark ist ein Königreich» zu akzeptieren, zugleich aber die Aussage: «Es gibt mindestens ein Königreich» abzulehnen. Die Art des Einwandes zeigt, daß es sich hier um ein logisches Verbot handelt. Man macht sich eines inneren Widerspruchs schuldig, wenn man die moralische Aussage akzeptiert und den Imperativ ablehnt. Dies ist für Hare ein Hinweis darauf, daß moralische Aussagen logischerweise Imperative beinhalten müßten. Nun ist es für ihn ein leichtes, die präskriptive Funktion der Aussage nachzuweisen, denn wenn moralische Aussagen Imperative beinhalten, dann schließt das Akzeptieren einer moralischen Aussage die Zustimmung zum entsprechenden Imperativ ein, und das bedeutet, daß man sich mit dem Akzeptieren der Aussage logisch zur Ausführung der im Imperativ geforderten Handlung verpflichtet. Sollte man es unterlassen, die Handlung auszuführen, so wäre dies der Beweis dafür, daß das Einverständnis mit der moralischen Aussage nicht ernst gemeint war.

Dieselbe Einsicht ergibt sich auch aus dem folgenden Aspekt unseres Gebrauchs moralischer Aussagen. Der Aussage «Du solltest dich als Blutspender zur Verfügung stellen» kann man in einer bestimmten Situation zu Recht mit den Worten entgegentreten: «Das kannst du von mir nicht verlangen, denn ich erfülle die Bedingungen für einen Blutspender nicht.»

Oder um mit Kant zu sprechen: ‹Sollen› setzt ‹Können› voraus. Wenn eine Person aus irgendeinem Grund der Möglichkeit beraubt ist, eine bestimmte Handlung auszuführen, dann macht es keinen Sinn zu sagen, sie solle sie ausführen. Diese Eigenart des Gebrauchs moralischer Aussagen bestätigt nach Hare die These, daß moralische Aussagen präskriptiv sind. Er weist darauf hin, daß nicht nur Imperative, sondern präskriptive Äußerungen überhaupt ein ‹Können› voraussetzen. Dies ist nicht verwunderlich, denn präskriptive Äußerungen kommen gemäß ihrer Funktion erst dort zum Tragen, wo sich die Frage «Was soll ich *tun*?» stellt, so daß zu erwarten ist, daß sie – als Bedingung für die rechte ‹Inszenierung› der sprachlichen Situation – ein ‹Können› voraussetzen. Wenn es nicht klar ist, daß es in meiner Macht steht, eine bestimmte Handlung auszuführen, macht es keinen Sinn zu fragen, ob ich sie ausführen muß oder soll.

Hare legt auf diesen Punkt großen Wert. Daß das moralische Sollen ein Können voraussetzt, bestätigt nicht nur seine These, sondern entkräftet zugleich die alternativen Auffassungen, nach denen moralische Aussagen eine deskriptive Funktion haben. Wenn «Du solltest Blutspender werden» deskriptiv wäre – mit dem Inhalt: «Moralisch bist du eigentlich verpflichtet, Blutspender zu werden» –, dann wäre die «Kann»-Voraussetzung gänzlich irrelevant, wie sie es bei «Du schuldest mir 1000 Mark» im Sinne von «Juristisch bist du verpflichtet, mir 1000 Mark zu bezahlen» der Fall ist.

Moralische Aussagen setzen allgemeine Regeln voraus

Kennzeichnet die erste Hälfte der Hareschen Grundthese die moralischen Aussagen als eine Art von präskriptiven Äußerungen, so dient die andere Hälfte dazu, sie von anderen präskriptiven Äußerungstypen abzugrenzen. Zusammen präzisieren die beiden Unterthesen somit die Eigenart moralischer Aussagen, indem sie sie als eine bestimmte Art von präskriptiven Äußerungen charakterisieren. Das abgrenzende Kennzeichen, von Hare als das der Universalisierbarkeit («universalizability») bezeichnet, soll Gegenstand der nachfolgenden Betrachtungen sein.

Wie schon gesagt, verpflichtet eine präskriptive Aussage denjenigen, der sie akzeptiert, in einer bestimmten Weise zu handeln. Dies gilt sowohl bei «Unterlasse es, in diesem Abteil zu rauchen!» als auch bei «Du solltest in diesem Abteil nicht rauchen». Bei der normalen Anwendung einer moralischen Aussage wie der eben angeführten gilt die Besonderheit, daß sie auch den Sprecher selbst verpflichtet, obgleich sie an einen anderen gerichtet ist. Wir würden uns berechtigt fühlen zu sagen: «Wie kannst du sagen, ich solle hier nicht rauchen, wenn du doch selbst hier sitzt und rauchst?» Man kann moralische Aussagen offensichtlich nur unter gewissen Bedingungen treffen, etwa daß man bereit ist, auch sich selbst dem moralischen Urteil zu unterwerfen, das man anderen gegenüber geltend macht. Wodurch ist diese Forderung begründet? Einige werden sicherlich sagen: durch die Moral, und auf das übergeordnete Moralprinzip hinweisen, das besagt, daß man sich anderen gegenüber so verhalten soll, wie man wünscht, daß sie sich gegenüber einem selbst verhalten. Diese Antwort weist Hare jedoch zurück, denn in seinen Augen gibt es für diese Forderung eine rein logische Begründung.[3]

Dies mag anhand eines Vergleichs zwischen moralischen Äußerungen und Imperativen deutlich werden. Im Fall eines Imperativs hat die angesprochene Person keinerlei Anspruch auf eine Begründung. Wenn der Sprecher irgendein Recht zur Erteilung des Befehls hat, dann kann er «Weshalb?»-Fragen mit dem simplen Hinweis «Weil ich es so will!» zurückweisen. Es besteht gegenüber dem Sprecher auch kein Anspruch auf konsequentes Verhalten: Er kann in einer anderen, aber ähnlichen Situation durchaus etwas anderes sagen, beispielsweise den entgegengesetzten Befehl erteilen, ohne seine Beweggründe darlegen zu müssen. Auch kann vom Sprecher nicht gefordert werden, das mit dem Imperativ Geforderte selbst zu tun oder zu unterlassen. Logisch betrachtet ist derjenige, der einen Imperativ ausspricht, weder zu einer Begründung oder zu den befehlsimpliziten Konsequenzen noch zur Selbstapplikation, der Anwendung des Befehls auf sich selbst, gezwungen: Es mag unhöflich, unbillig oder sonstwie verfehlt erscheinen, wenn jemand seinen eigenen imperativen Forderungen nicht nachkommt, aber darum geht es hier nicht. Bei einer moralischen Aussage allerdings wie «Du solltest in diesem Abteil nicht rauchen» haben die drei genannten Forderungen ihre Berechtigung. Hier kann ich eine «Weshalb?»-Frage nicht zurückweisen, wenn ich möchte, daß meine Aussage ernst genommen wird. Eine unbegründete Zurückweisung des Einwandes, man sei nicht konsequent, ist auch nicht möglich, und wie oben angesprochen, muß auch der Forderung, sich den eigenen präskriptiven Aussagen zu unterwerfen, nachgekommen werden. Nach Hares Ansicht haben alle diese drei Forderungen ihren Grund in ein und derselben logischen Forderung an denjenigen, der ein moralisches Urteil fällt. Ein Nicht-Erfüllen dieser Forderung ist keine Verletzung einer moralischen Ordnung, die von anständigen Leuten zu respektieren ist, sondern vielmehr Ausdruck dafür, daß die Aussage als moralische Aussage nicht ernst gemeint war.

Die grundlegende Bedingung für das Äußern eines moralischen Urteils ist ganz einfach die, daß ein moralisches Urteil nicht willkürlich, nicht aus der Luft gegriffen sein darf, sondern aufgrund bestimmter Besonderheiten der jeweiligen Situation zu fällen ist. Um als moralisches Urteil gelten zu können, muß die Aussage bestimmte, aus der Situation, über die geurteilt wird, hervorgehende Bedingungen erfüllen.

Es ist leicht einzusehen, wie aus dieser grundlegenden Forderung die drei anderen Forderungen nach Begründung, Konsequenz und persönlicher Verpflichtung sich herleiten. Die Forderung nach einer Begründung ist die Forderung, daß man die Besonderheiten einer Situation anzugeben vermag, die die Gründe für das moralische Urteil abgeben. Die Konsequenzforderung bedeutet, daß man bereit sein muß, in ähnlichen Situationen dasselbe Urteil zu fällen; sie beruht darauf, daß die Gründe, die in einer bestimmten Situation als gut erachtet werden, es als wahrscheinlich erscheinen lassen, daß sie auch in jeder ähnlichen Situation gut sind. Schließlich ist die Forderung nach persönlicher Verpflichtung eine Folge der Konsequenzforderung in Verbindung mit der präskriptiven Funktion: Was man anderen vorschreibt, die in einer bestimmten Situation sind, muß man notwendigerweise auch als für einen selbst gültig akzeptieren, sollte man in derselben Situation sein oder in dieselbe Situation kommen.

Die grundlegende Forderung, daß ein moralisches Urteil über eine konkrete Situation in bestimmten Besonderheiten dieser Situation begründet sein muß, beinhaltet somit die Verpflichtung, für jede gleichgeartete Situation, die die genannten Besonderheiten und ansonsten keine relevanten Unterschiede zur konkreten Situation aufweist, dasselbe Urteil zu fällen; denn es macht keinen Sinn zu sagen, der Hinweis auf diese Besonderheiten der konkreten Situation sei die Begründung des Urteils, wenn man nicht akzeptiert, daß dieselben Besonderheiten auch in einer gleichartigen Situation urteilsbegründend sind. Ein präskriptives Urteil über eine konkrete Situation mit diesen und jenen Besonderheiten impliziert, mit anderen Worten, ein allgemeines Urteil, das in allen gleichartigen Situationen als begründet zu gelten hat. Das heißt, man kann nicht, ohne sich selbst zu widersprechen, in einer gleichen Situation ein anderes Urteil fällen wollen.

Die logische Verpflichtung, bei einem moralischen Urteil über eine konkrete Situation jede gleichgeartete Situation in derselben Weise zu beurteilen, kann auch anders ausgedrückt werden. Daß man durch die Beurteilung einer konkreten Situation gleichzeitig jede gleichartige Situation mit beurteilt, bedeutet, daß man sich der allgemein formulierten Regel verpflichtet: «Jeder, der sich in einer Situation der hier beschriebenen Art mit den Besonderheiten A, B und C befindet, sollte eine Handlung dieser und jener bestimmten Art ausführen (unterlassen).» Im Beispiel des moralischen Urteils «Du solltest in diesem Abteil nicht rauchen» verpflichtet der Sprecher sich mit seinem Urteil über die konkrete Situation zur Einhaltung einer allgemeinen Regel, deren Inhalt aus seiner Urteilsbegründung hervorgehen wird. Die Begründung kann sein, daß Kinder anwesend sind, daß ein Mitreisender krank ist, daß man sich in einem Abteil für Nichtraucher befindet oder was auch immer. Im ersten Fall würde der Sprecher sich mit seinem Urteil und seiner Begründung dafür also auf die ganz allgemeine Regel «Jeder, der sich in einem Abteil mit Kindern befindet, sollte das Rauchen unterlassen» verpflichten. Entsprechend verhält es sich mit den anderen Beispielen. Mit seinem Urteil über die konkrete Situation erläßt der Sprecher die Vorschrift, daß jede Person in der gleichen Situation es unterlassen sollte zu rauchen; durch seine Begründung, die die relevanten Besonderheiten der Situation hervorhebt, definiert er den betreffenden Situationstyp, so daß diese beiden Dinge zusammen – Vorschrift und Situationstyp – eine allgemeine Handlungsvorschrift und insofern eine Verpflichtung auf eine Handlungsregel ergeben, die an alle gerichtet und ganz allgemein, das heißt ohne Bezugnahme auf individuelle Konstanten wie Ort und Zeit, formulierbar ist.

Das ist es, was Hare mit der Universalisierbarkeit moralischer Aussagen meint. Damit eine Aussage als moralische Aussage gelten kann, muß sie in der hier beschriebenen Art und Weise verallgemeinert – universalisiert –, das heißt in eine Regel umgesetzt werden können, die vorschreibt, in einem bestimmten Typ von Situation eine bestimmte Handlung auszuführen oder zu unterlassen. Wie eine gegebene moralische Aussage zu universalisieren ist, muß nicht aus der Aussage selbst ersichtlich sein – im Beispiel «Du solltest in diesem Abteil nicht rauchen; schließlich sind Kinder anwesend» ist es ersichtlich; aber der Sprecher muß immer bereit sein, diesbezügliche Fragen zu beantworten und so gut als möglich die in der moralischen Aussage vorausgesetzte Regel zu formulieren versuchen.

Hares Grundthese der moralischen Sprache, die Universalisierbarkeitsthese, wird nun von selbst deutlich: Moralische Aussagen sind dadurch gekennzeichnet, daß sie sowohl präskriptiv als auch universalisierbar sind. Moralisch zu urteilen heißt, sich auf eine allgemeine Handlungsregel zu verpflichten. Die *Freiheit* der moralischen Stellungnahme bezieht sich auf die Präskriptivität der moralischen Aussagen, die *Vernunft* auf ihre Universalisierbarkeit. Das Zusammenspiel der beiden Grundeigenschaften der moralsprachlichen logischen Struktur ist das Thema von Hares Theorie über moralische Argumentation.

Moralische Argumentation

Die moralische Stellungnahme in einer konkreten Situation – «Ich sollte nach England gehen und mich den Freien Franzosen anschließen» – bedeutet nicht nur, daß bestimmte Merkmale der Situation hervorgehoben werden – nämlich die situationsspezifischen Tatsachen, die zur Begründung des moralischen Urteils dienen –, sondern auch die Verpflichtung auf eine allgemeine Handlungsregel, ein Moralprinzip. Die beiden Komponenten, begründende Tatsachen und allgemeine Regel, hängen untrennbar zusammen: Das Auswählen bestimmter Tatsachen als Gründe für ein Urteil verpflichtet einen auf die Regel (Universalisierung), und die Regel hat die Funktion aufzuzeigen, unter welchen Bedingungen das Urteil gilt, das heißt welche Tatsachen vorliegen müssen, damit die allgemeine Regel Anwendung findet. Die Frage ist deshalb, wie wir zu dieser Beurteilungsgrundlage für unsere Stellungnahme in konkreten Situationen kommen. Was ist die Struktur jener Überlegungen oder Argumente, die uns veranlassen, einer Beurteilungsgrundlage vor einer anderen den Vorzug zu geben – und damit dieses bestimmte Urteil zu fällen und nicht ein anderes? Oder anders ausgedrückt: Wie entscheiden wir, ob wir uns auf ein sich in diesem Zusammenhang anbietendes Moralprinzip verpflichten wollen?

Hare meint, diese Fragen mit Hilfe seiner Universalisierbarkeitsthese beantworten zu können. Die Pointe dieser These besteht ja gerade darin, daß sie die logische Struktur moralischer Aussagen aufdeckt und das moralische Urteilen somit als disziplinierte und rationale Aktivität darstellt, wobei die Einsicht gewahrt bleibt, daß wir alle die grundlegende Freiheit haben, unsere moralischen Stellungnahmen selbst zu bestimmen. Der Anspruch der These, das Spannungsverhältnis zwischen Freiheit und Vernunft in moralischen Stellungnahmen zu klären, soll deshalb hier auf die Probe gestellt werden.

Die Grundstruktur seiner moralischen Überlegungen und Argumentation beschreibt Hare wie folgt:

> «Wenn wir uns in einem konkreten Fall in der Frage, was wir tun sollten, zu entscheiden versuchen, dann halten wir dabei (...) nach einer Handlung Ausschau, auf die wir uns selbst festlegen können (Präskriptivität), von der wir aber auch zugleich bereit sind, sie als Beispiel für einen Handlungsgrundsatz zu akzeptieren, der auch für andere in ähnlichen Umständen als Vorschrift zu gelten hat (Universalisierbarkeit). Wenn wir uns irgendeinen Handlungsvorschlag ansehen und finden, daß seine Universalisierung Vorschriften ergibt, die wir nicht akzeptieren können, weisen wir diese Handlung als eine Lösung für unser moralisches Problem zurück – wenn wir die Vorschrift nicht universalisieren können, kann sie kein ‹sollte› werden.»[4]

Die Überlegungen zielen also nicht darauf ab, für die konkrete Situation eine passende Maxime aus irgendeinem tieferliegenden, festen Prinzipienfundus moralischer Grundgesetze abzuleiten, sondern das in Frage kommende Prinzip einer kritischen Überprüfung zu unterziehen, indem wir prüfen, ob wir die aus ihm folgenden Konsequenzen (Präskriptivität) nicht nur in der gegebenen konkreten Situation, sondern in allen gleichartigen Situationen zu akzeptieren bereit sind (Universalisierung). Können wir die Konsequenzen, die sich aufgrund der Universalisierung für das Prinzip ergeben, nicht akzeptieren, so können wir auch das Prinzip und seine Anwendung in der gegebenen Situation nicht akzeptieren.

Zur Verdeutlichung gibt Hare das nachfolgende Beispiel aus der Bibel (Matthäus, 18,23):

«A schuldet B Geld, und B schuldet C Geld, und nach dem Gesetz steht es Gläubigern frei, ihre Schulden dadurch einzutreiben, daß sie ihre Schuldner ins Gefängnis stecken. B fragt sich: ‹Kann ich behaupten, daß ich diese Maßnahme gegen A ergreifen sollte, um ihn dadurch zum Zahlen zu bringen?› Ohne Zweifel ist er geneigt, dies zu tun, oder er will es tun. Würde es infolgedessen keine Frage des Universalisierens von seinen Vorschriften geben, dann würde er bereitwillig der singulären Vorschrift zustimmen: ‹Laß mich A ins Gefängnis stecken.› Wenn er aber versucht, diese Vorschrift in ein Moralurteil umzuwandeln und also zu sagen: ‹Ich sollte A ins Gefängnis stecken, weil er mir nicht zahlen will, was er mir schuldet›, dann wird ihm deutlich, daß das auch die Annahme des Grundsatzes einschließt: ‹Jeder in meiner Lage sollte seinen Schuldner ins Gefängnis stecken, wenn er nicht zahlt.› Danach bemerkt er, daß C ihm (B) gegenüber in der gleichen Lage eines Gläubigers ist, der sein Geld noch nicht zurückerhalten hat; und daß die Fälle sonst identisch sind; und daß dann, wenn jeder in dieser Lage seine Schuldner ins Gefängnis stecken sollte, somit auch C ihn (B) ins Gefängnis stekken sollte. Die moralische Vorschrift ‹C sollte mich ins Gefängnis stecken› anzunehmen, würde ihn darauf festlegen (da er, wie wir gesehen haben, das Wort ‹sollte› dabei präskriptiv gebrauchen muß), auch die singuläre Vorschrift anzunehmen: ‹Laß C mich ins Gefängnis stecken›; und dies zu akzeptieren ist er nicht bereit. Ist er es aber nicht, dann kann er auch nicht das ursprüngliche Urteil annehmen, daß er (B) A wegen dessen Schulden ins Gefängnis stecken sollte. Man beachte, daß diese ganze Begründung zusammenbrechen würde, wenn ‹sollte› hier nicht universalisierbar *und präskriptiv* gebraucht würde; denn wenn es nicht präskriptiv verwendet würde, dann wäre der Schritt von ‹C sollte mich ins Gefängnis stecken› auf ‹Laß C mich ins Gefängnis stecken› nicht gültig.»[5]

Auf diese Weise überprüft eine Person ihre moralischen Ansichten, indem sie untersucht, ob ihre Konsequenzen in bestimmten konkreten Fällen akzeptabel sind. Diese kritische Prüfung erfordert Einsicht in die für diesen konkreten Fall relevanten Tatsachen, ein Einhalten des logischen Rahmens der Überlegung (Präskriptivität und Universalisierung), und sie setzt voraus, daß jede der von der Handlung betroffenen Personen die Neigungen hat, die sie nun einmal hat: Wäre B im dargelegten Beispiel ein völlig apathischer Mensch, dem es völlig gleichgültig wäre, was mit ihm selbst oder anderen geschieht, dann würde das Argument ihn nicht im geringsten berühren. Wie Hare es in seiner Diskussion des Beispiels abschließend formuliert: «Diese drei Bestandteile, erstens die Tatsachen, zweitens die Logik und drittens die Neigungen, ermöglichen es uns, ein wertendes Urteil abzulehnen.»

Im obigen Beispiel kommt B zur Einsicht, daß er das moralische Urteil «Ich sollte A inhaftieren lassen, weil er seine Schulden nicht bezahlt» nicht fällen kann, weil er sieht, daß dies eine Konsequenz hätte, die er nicht zu akzeptieren bereit ist, nämlich «C soll mich inhaftieren lassen!» Daß B ins Gefängnis müßte, wäre die *faktische* Konsequenz des erwogenen moralischen Urteils; denn C mit seinen nicht erfüllten Forderungen gegen B ist ja eine Realität. In vielen, um nicht zu sagen, in den meisten Fällen wird die Entscheidung nicht auf tatsächlichen, sondern vielmehr auf gedachten – *hypothetischen* – Konsequenzen beruhen, Konsequenzen also, die mein Urteil für mich selbst hätte, wenn ich in dieser oder jener relevanten Situation wäre. Dieser für Hares Darstellung wesentliche Punkt soll nun anhand von drei Beispielen verdeutlicht werden.

Hans spielt jede Nacht Klavier, und Franz – sein Nachbar – appelliert an dessen besseres Ich: «Nimm doch Rücksicht auf uns andere! Denke daran: Was du nicht willst, daß man dir tu, das füg auch keinem andern zu. Du würdest es auch nicht gut finden, wenn ich deine Nachtruhe durch Klavierspielen störte.» Hans erwidert: «Nur zu! Das würde mich überhaupt nicht stören.» Franz appelliert hier an Hans, die Sache von einem moralischen Standpunkt aus zu betrachten. Die Antwort von Hans jedoch zeigt, daß er diesen Standpunkt nicht teilt. Würde Hans nämlich glauben, er könne seine Antwort mit dem moralischen Urteil begründen «Es muß mir gestattet sein, die ganze Nacht Klavier zu spielen, ganz gleich, ob ich die Nachtruhe anderer, die schlafen wollen, störe», so befände er sich im Irrtum; denn seine Antwort signalisiert keine Bereitschaft, die Konsequenz dieses Urteils zu akzeptieren, wenn es universalisiert wird. Moralisch gäbe ihm das Urteil ja das Recht, die ganze Nacht zu spielen, ungeachtet der störenden Wirkung auf andere, die schlafen wollen, und somit gäbe es jedem anderen das gleiche Recht, so daß er, Hans, zu folgender Konsequenz Stellung nehmen müßte: «Selbst wenn ich nachts schlafen wollte, hätte mein Nachbar das gute Recht, Klavier zu spielen und meine Nachtruhe zu stören.» Aber mit seiner Antwort an Franz bezieht Hans eben nicht Stellung zu dieser hypothetischen Konsequenz; sie kann somit auch nicht ein Ausdruck für eine moralische Stellungnahme sein. Wäre seine Stellungnahme moralischer Art, müßte Hans sich nicht fragen, ob er in seiner tatsächlichen Situation etwas gegen nächtliches Klavierspielen einzuwenden hätte, sondern vielmehr, ob er, wenn er an Franz' Stelle wäre – also jemand wäre, der nachts gern schlafen wollte –, etwas gegen störendes Klavierspiel hätte. Er müßte auch selbst bereit sein, sich dem moralischen Urteil zu unterwerfen, das er für andere fällt. Dies ist der entscheidende Punkt. Die Universalisierung eines moralischen Urteils beinhaltet insbesondere, daß der Urteilende sich an die Stelle jedes Betroffenen setzen muß, um seine Bereitschaft, die Konsequenzen des Urteils zu akzeptieren, zu überprüfen. Anders ausgedrückt: Die Universalisierung verlangt von jedem moralisch Urteilenden, daß er selbst willens ist, den Bedürfnissen, Interessen und Neigungen anderer dasselbe Gewicht einzuräumen wie seinen eigenen. Dies ist, wohlgemerkt, keine moralische Forderung, sondern eine logische Bedingung für den moralischen Status des Urteils.

Zweites Beispiel: Ein Vermieter erwägt, seinen Mieter, einen mittellosen Studenten, auf die Straße zu setzen, weil dieser seine Miete nicht rechtzeitig bezahlt hat. Wenn der Vermieter nun sagt: «Das ist nicht nur juristisch korrekt, sondern auch moralisch richtig», dann muß er sich selbst fragen: «Wenn ich an der Stelle des Studenten, also ein mittelloser Mieter wäre, der seine Miete nicht bezahlt hat, würde ich es dann billigen, daß mir aus diesem Grunde gekündigt würde?» Gemäß der Universalisierungsforderung kann man ja nicht behaupten, eine Handlung sei in einer gegebenen Situation moralisch richtig, es sei denn, man würde sie richtig finden, ganz gleich, welche Rolle man in der Situation selbst spielte, also welche Partei man selbst wäre. Wenn der Vermieter bereit ist, diese Frage mit «Ja» zu beantworten, dann ist er nach Hare moralisch nicht angreifbar. – Zu beachten ist hier, daß der Vermieter sich selbst fragen muß, ob er die Handlung auch dann richtig finden würde, wenn er an der Stelle des Studenten wäre und dessen Neigungen teilte, und nicht, ob es ihm selbst, aufgrund seiner eigenen Neigungen, recht wäre, auf die Straße gesetzt zu werden. Seine Antwort, die ihn zu dem moralischen Urteil berechtigte, könnte sehr wohl lauten: «Ja, ich fände es in Ordnung, auch wenn ich es natürlich zutiefst bedauern würde.» Oftmals ist es ja so, daß wir eine Handlung als moralisch richtig akzeptieren müssen, obgleich die Konsequenzen für uns unangenehm sind.

Das dritte Beispiel führt uns zu Hares Begriff des Fanatikers.[6] Ein weißer amerikanischer Südstaatler, Mitglied des Ku-Klux-Klans, sagt: «Man sollte jeden einzelnen Schwarzen ausrotten.» Damit die Aussage moralisch gemeint sein kann, muß der Südstaatler bereit sein zu akzeptieren, daß er selbst ausgerottet werden müßte, wäre er ein Schwarzer. Hare meint nun, daß jeder vernünftige Mensch, der diesen Gedanken ernsthaft erwägt und sich selbst fragt: «Kann ich wirklich billigen, daß ich ausgerottet werden müßte, wenn der einzige Unterschied zwischen meinem jetzigen Dasein und meinem imaginären Dasein darin bestünde, daß ich ein Schwarzer wäre?», diese Frage mit «Nein» beantworten müßte. Würde ein vernünftiges Klan-Mitglied zu dieser Selbsterkenntnis gelangen, sähe es auch ein, daß seine Aussage «Ich sollte jeden einzelnen Schwarzen ausrotten» nichts anderes als ein Gefühlsausbruch gewesen sein kann, dem keine Handlungen folgen dürfen.

Es kann jedoch keineswegs ausgeschlossen werden, daß der Rassist allen Ernstes die Ausrottung jedes einzelnen Schwarzen befürwortet und auch der Meinung ist, er selbst müßte ausgerottet werden, wäre er ein Schwarzer. Für diesen Fall hat Hare den Begriff des Fanatikers geprägt. Ein Fanatiker ist eine Person, die in einem derartigen Maß von einem Ideal erfüllt ist, daß sie bereit ist, sich – zur Verwirklichung des Ideals – über alles andere hinwegzusetzen, nicht nur über die Wünsche und Bedürfnisse anderer, sondern auch über die eigenen. Die «Sollens»-Aussagen eines Fanatikers erfüllen die Forderung nach Präskriptivität und Universalisierbarkeit, weshalb die Kritik, sie seien moralisch unhaltbar, nicht greift, so abstoßend man sie ansonsten auch finden mag. Dabei muß es sich bei Fanatikern nicht notwendigerweise um derartige Extreme handeln, wie Angehörige des Ku-Klux-Klans, der SS oder von Kamikaze-Verbänden es sind. Als Fanatiker können ebensogut ganz alltägliche Menschen bezeichnet werden, etwa eine Hausfrau, die sich ihr eigenes Leben und das ihrer Familie mit ihren Idealen bürgerlich vornehmer Sitten zur Hölle macht, oder ein Geschäftsmann, Politiker, Bürokrat oder Wissenschaftler. Das einzige Mittel gegen Fanatismus besteht darin, die Begründungen des Fanatikers zu analysieren und die Konsequenzen des Fanatismus aufzudecken, in der Hoffnung, daß die Vernunft am Ende doch Sieger bleiben wird.

Im Bereich der präskriptiven Äußerungen, zu denen die moralischen Aussagen zu zählen sind, macht es keinen Sinn, von Wahrheit und Falschheit zu sprechen. Das einzige, was verlangt werden kann, ist Konsequenz. Wenn eine Person Moralprinzipien huldigt, die jede Rücksicht auf andere vermissen lassen, dann kann der Hinweis auf die logische Struktur, die Präskriptivität und die Universalisierbarkeit, in gewissen Fällen – und nach Ansicht von Hare sind es gar nicht so wenige – eine starke dialektische Waffe sein, um die betreffende Person zum Verwerfen ihrer Prinzipien zu zwingen, dann nämlich, wenn die Person zur Erkenntnis gebracht werden kann, daß sie letzten Endes doch nicht bereit ist, die Konsequenzen ihrer Prinzipien zu akzeptieren und die Folgen der von ihr vorgeschlagenen Handlung für sich selbst in Kauf zu nehmen. Die Kritik betrifft jedoch allein die Art und Weise, wie die Person ihre Moralprinzipien verwaltet, der Inhalt ihrer Prinzipien aber ist der Kritik nicht direkt zugänglich.

Wie man sieht, ist Hares Theorie der Moral nicht darauf angelegt, unsere moralischen Probleme für uns zu lösen. Aber sie zeigt, daß es unsere Probleme sind und daß das, was wir als moralisch richtig erachten, letzten Endes ausschließlich von unseren eigenen grundlegenden Entscheidungen abhängt. Es gibt keinerlei inhaltliche Beschränkung dafür, wie unsere grundlegenden Entscheidungen aussehen sollen, und prinzipiell gibt es in der logischen Struktur nichts, das uns hindert, absolut willkürliche Beschlüsse zur Grundlage unseres moralischen Handelns zu erheben. Jedes übergeordnete Prinzip, das man auch für sich selbst zu akzeptieren bereit ist, kann als präskriptive Prämisse für eine moralische Argumentation fungieren und somit eine Handlung begründen. Die moralsprachliche Logik verstehen heißt einsehen, daß der Anwender dieser Begriffsstruktur sich selbst zu keiner bestimmten moralischen Überzeugung verpflichtet. Die Begriffsstruktur schreibt vor, daß es für eine moralische Entscheidung immer eine Begründung geben muß; aber welcher Art diese Begründung zu sein hat, darüber schweigt sie sich aus. In moralischen Fragen gibt es keine höhere Autorität als den einzelnen selbst: Jeder einzelne ist der souveräne Urheber seiner moralischen Wertungen, also Herrscher und Untertan zugleich.

Es wird nun deutlich, daß Hare der Antwort Sartres an den jungen Mann «Sie sind frei, entscheiden Sie selbst!» zustimmen muß. Als Moralphilosoph kann Hare ebensowenig wie Sartre inhaltlich moralische Anweisungen weitergeben. Hare wird aber den Satz wie folgt erweitern können: «Aber bedenken Sie, wenn Sie eine moralische Entscheidung treffen: Sie müssen genaustens abwägen, ob Sie Ihr Urteil auch für sich selbst akzeptieren würden, wenn Sie an der Stelle der anderen betroffenen Personen wären. Sie können nicht beliebig entscheiden, wenn Sie moralisch urteilen wollen!» (X)

Die Auseinandersetzung mit dem Emotivismus

Wie bereits erwähnt, betrachtet Hare es als die Aufgabe der Moralphilosophie aufzuzeigen, wie die Begriffe Freiheit und Vernunft im Zusammenhang mit moralischen Stellungnahmen ihren Einfluß geltend machen und zusammenspielen. Seine eigene Theorie zielt auf eine Lösung dieser Aufgabe, während die Kritik an den beiden relevanten Gegenpositionen – dem Emotivismus der Neo-Positivisten und dem ethischen Naturalismus – deren Versagen in eben diesem Punkt offenlegt. Die Emotivisten geben der Freiheit den Vorrang vor der Vernunft, die Naturalisten tun das Umgekehrte.

Nach Ansicht der Emotivisten ist die sog. moralische Argumentation ein Vorwand für etwas ganz anderes, nämlich Manipulation. Das folgt aus ihrer Grundthese zur Moralsprache, nach der die sprachliche Funktion moralischer Aussagen darin besteht, Mittel zu sein für die Beeinflussung der emotionalen Haltungen von Personen und damit indirekt auch ihrer Handlungen. Grob gesagt wird nach dieser These die moralische Aussage «Du solltest in diesem Abteil nicht rauchen» mit «In diesem Abteil zu rauchen ist zutiefst verwerflich!» oder etwas weniger gesittet: «Rauchen? In diesem Abteil? Das ist zum Kotzen!» gleichgesetzt. Der Sprecher bezweckt unter allen Umständen eine bestimmte Wirkung beim Zuhörer – daß dieser nämlich Widerwillen gegen das Rauchen empfindet und es deshalb unterläßt –, wobei das Mittel eine Äußerung ist, die durch den Ausdruck des Mißbehagens des Sprechers geeignet ist, den Hörer zu beeinflussen. Der übergeordnete Aspekt bei der Wahl des sprachlichen Instruments ist allein die Zweckdienlichkeit, weshalb Begriffe wie Begründung und Konsequenz in diesem Zusammenhang fehl am Platze sind. Der moralische Sprachgebrauch ist in die Sparte Werbung und Propaganda einzuordnen, das heißt, es macht keinen Sinn, moralisch zu argumentieren.

Hare stimmt mit den Emotivisten darin überein, daß moralische Aussagen aufgrund ihrer sprachlichen Funktion charakterisiert werden müssen, das heißt unter Hinweis auf die Art von Handlungen, die sie kraft ihrer besonderen Bedeutung auszuführen helfen sollen. Aber weiter reicht die Übereinstimmung nicht.[7] Sein Einwand gegen die Grundthese der Emotivisten läßt sich anhand der Äußerung «Ich verspreche, morgen zu bezahlen» verdeutlichen. Wenn eine Person diese Äußerung unter normalen Umständen macht, führt sie damit eine Handlung aus, nämlich die Abgabe eines Versprechens. Vielleicht führt sie auch eine andere Handlung aus, etwa die Beruhigung ihres Zuhörers. Die erste Handlung kann als erfolgreich ausgeführt gelten, wenn die Äußerung abgegeben und verstanden worden ist. Die zweite dagegen hängt von Umständen ab, auf die der Sprecher keinen Einfluß hat, etwa daß der Zuhörer ihm vertraut. Der Unterschied läßt sich so formulieren: Die erste Handlung besteht in der Äußerung selbst, während die zweite – sofern erfolgreich – mit Hilfe der Äußerung ausgeführt wird, oder um genau zu sein: mit Hilfe der Handlung, die durch die Äußerung ausgeführt wird. Wenn also eine der beiden Handlungen als mit der Bedeutung der Äußerung verknüpfbar angesehen werden soll, dann muß es die erste sein und nicht die zweite. Die Äußerung zielt, vom sprachlichen Standpunkt her gesehen, darauf ab, ein Versprechen abzugeben, und erst wenn es klar ist, daß sie diese sprachliche Funktion hat, kann sie – mit Glück oder List – auch zu anderen Zwecken eingesetzt werden.

Mit dem Hinweis auf diesen Unterschied beweist Hare, daß die Grundthese der Emotivisten von der falschen Art von Handlungen ausgeht: Auf die Gefühle und Handlungen eines anderen einzuwirken ist etwas, das man zuweilen mit Hilfe von Äußerungen, auch von moralischen Aussagen, tun kann, nicht jedoch durch das Aussprechen von Äußerungen. Hare bietet folgende Alternative an: Die sprachliche Funktion moralischer Aussagen besteht darin, als Mittel für das Vorschreiben von Handlungen zu dienen, womit die Unterscheidung eindeutig eingehalten wird. Der Sinn der Äußerung «Du solltest in diesem Abteil nicht rauchen» zum Beispiel besteht darin, einen Rat zu geben oder eine Vorschrift zu erteilen. Hare hat mit diesem Argument eine Handhabe gefunden, die Theorie der Emotivisten zurückzuweisen, indem er von deren eigenen Voraussetzungen ausgeht und aufgrund dieser Voraussetzungen zeigt, daß es Sinn macht, moralisch zu argumentieren. Im Gegenzug weist er den Emotivisten nach, daß sie sich durch ihr Ausschließen des Begriffes der Vernunft selbst der Möglichkeit berauben, den Begriff der Freiheit im moralischen Zusammenhang zu erklären. Moralische Freiheit ist im Zusammenhang mit den Begriffen Wahl, Verpflichtung und Entscheidung zu sehen, Begriffen also, die durchwegs eine Begründung erfordern. Dadurch, daß die Emotivisten den Begriff der Vernunft ausschließen, sind sie gezwungen, moralische Freiheit aufgrund von Gefühlen, Neigungen und ähnlichem zu erklären, Faktoren also, auf die das Individuum kaum einen direkten Einfluß hat.

Kritik am Naturalismus

Hares Ablehnung des Emotivismus hindert ihn nicht daran, mit diesem in zwei grundlegenden Punkten übereinzustimmen, nämlich daß die Begriffe Wahrheit, Falschheit, zwingender Grund und Beweis im Bereich der Moral keine sinnvolle Anwendung finden und daß Moral nicht inhaltlich zu definieren ist. In diesen zwei Punkten vertreten Hare und die Emotivisten eine antinaturalistische Position, die zum ethischen Naturalismus, dessen bekannteste Vertreter die Utilitaristen des 19. Jahrhunderts, Jeremy Bentham und John Stuart Mill, sind, in klarem Widerspruch steht.

Die ethischen Naturalisten behaupten, daß unsere Freiheit in der Beurteilung moralischer Fragen nicht größer ist als beispielsweise in der naturwissenschaftlichen Frage, ob die Erde rund ist. Ebenso wie unsere Kenntnis bestimmter Tatsachen unterliegen auch unsere moralischen Wertungen festen Kriterien, die nicht vom Beschluß des einzelnen abhängig sind. Die Naturalisten behaupten, moralische Wertungen könnten zwingend und letztgültig begründet oder verworfen werden unter Verweis auf Beschreibungen tatsächlicher Gegebenheiten, Informationen also, die mit Hilfe der üblichen empirisch-wissenschaftlichen Verfahren überprüft werden können. Gemeint sind hier Informationen über die Natur des Menschen – seine Bedürfnisse, seine Entwicklung, die Bedingungen, unter denen er sich entfaltet – sowie über die Einrichtungen und Funktionen der Gesellschaft. Die Vorstellung, es bestehe ein strenger, logischer Zusammenhang zwischen moralischen Aussagen und Beschreibungen von Tatsachen, basiert auf der Überzeugung, daß es möglich ist, moralische Grundtermini – ‹gut›, ‹richtig›, ‹sollte› – mit Hilfe von Ausdrücken zu formulieren, die in wissenschaftlich überprüfbaren Aussagen vorkommen. Ebenso, wie es naheliegend erscheint, daß der wertende Ausdruck ‹guter Pfeifenreiniger› mit Hilfe von ausschließlich beschreibenden Ausdrücken definiert werden kann, etwa ‹sehr saugfähiger Pfeifenreiniger, feste Fasern, kräftiger und doch geschmeidiger Draht...›, meinen die Utilitaristen, es sei möglich, eine ‹moralisch richtige Handlung› als ‹Handlung, die zu größtmöglichem Glück für möglichst viele Menschen führt› zu definieren (Nutzenprinzip). Für die Naturalisten gibt es daher keine prinzipiell unüberschreitbare Schwelle zwischen wissenschaftlich-beschreibenden ‹Ist›-Aussagen und moralisch-wertenden ‹Sollens›-Aussagen. Setzt man eine angemessene Kenntnis von Tatsachen über den Menschen und die Gesellschaft voraus, so ergäbe sich aufgrund dieser These die Möglichkeit, eine objektive, allgemeingültige Moral zu formulieren und zu begründen, die mit Hilfe von traditionellen, wissenschaftlichen Methoden überprüfbar wäre.

Jede Form des Naturalismus wie auch jede andere Theorie, die Sollensaussagen auf deskriptive Aussagen zurückführt, steht in grundlegendem Widerspruch zu Hares Theorie, die moralischen Aussagen eine präskriptive Funktion unterstellt. Hare greift den Naturalismus denn auch an diesem entscheidenden Punkt an. Eines seiner stärksten Argumente gegen die Auffassung, moralische Aussagen seien deskriptiv, ist bereits erwähnt worden: So wie wir moralische Aussagen benutzen, setzt ein moralisches Sollen ein Können voraus; diese Forderung ist sinnvoll, sofern moralische Aussagen präskriptiv sind, jedoch gänzlich unverständlich, sofern sie deskriptiv sind. Ein weiteres starkes Argument zielt darauf ab zu beweisen, daß es unmöglich ist, wertende Ausdrücke ausschließlich mit Hilfe beschreibender Ausdrücke zu definieren.[8] Um die Sache zu vereinfachen, wählt Hare als Beispiel eine nicht-moralische Wertung – den Ausdruck «gute Erdbeere» – und gibt sich dann eine naturalistische Definition dieses Ausdrucks. «Eine Erdbeere, die süß, saftig, rot, fest und groß ist.» Die Aussage «Dies ist eine gute Erdbeere» sollte demnach das gleiche bedeuten wie «Diese Erdbeere ist süß, saftig, rot, fest und groß». Hare zeigt nun auf, daß die Anwendung des Wortes «gut» in aller Regel dazu dient, die als «gut» bezeichnete Sache anzupreisen und zu empfehlen. Häufig begründen wir unser Lob; in bezug auf eine Erdbeere könnten wir zum Beispiel sagen: «Diese Erdbeere ist gut, weil sie süß, saftig, rot, fest und groß ist.» Wäre nun aber die Definition der Naturalisten korrekt, dann ist es unmöglich, unsere Bewertungen zu begründen; denn in dem Fall würde in unserem Beispiel die Begründung nichts anderes besagen als: «Diese Erdbeere ist süß, saftig, rot, fest und groß, weil sie süß, saftig, rot, fest und groß ist.» Diese Aussage ist jedoch in keiner Weise geeignet, das Lob, geschweige denn das begründete Lob über eine Erdbeere auszudrücken. Die naturalistische Definition würde die wertende Aussage ihrer ganzen wertenden Kraft berauben, und deshalb – eben weil die wertende Aussage diese Kraft tatsächlich besitzt – kann die deskriptive Analyse nicht richtig sein. Um es noch prägnanter zu formulieren: Wenn die Naturalisten mit ihrem deskriptivistischen Ansatz recht hätten und eine Definition wertender Ausdrücke mit Hilfe von beschreibenden Ausdrücken möglich wäre, dann wären wir in der merkwürdigen Situation, daß wir die wertenden Ausdrücke überhaupt nicht mehr bräuchten: Die Ergänzung «...und es ist eine gute Erdbeere» würde der Aussage «Diese Erdbeere ist süß, saftig, rot, fest und groß» nichts hinzufügen. In Wirklichkeit benutzen wir aber eine solche Ergänzung zu einem bestimmten Zweck, um nämlich der Beschreibung eine Empfehlung folgen zu lassen.

Es ist wichtig festzuhalten, daß Hare mit den Naturalisten darin übereinstimmt, daß wertende Aussagen immer begründbar sein müssen und daß wir sie unter Hinweis auf ‹natürliche› (empirisch feststellbare) Eigenschaften des betreffenden Gegenstandes, der betreffenden Handlung oder Situation begründen. Eine moralische Aussage wie «Du solltest in diesem Abteil nicht rauchen» muß mit dem Hinweis auf anwesende Kinder oder einen kranken Mitreisenden begründet werden können. Der Unterschied besteht aber darin, daß Begründungsregeln für die Naturalisten *Beschreibungsregeln* sind – Definitionen der gleichen Art wie im Beispiel der «guten Erdbeere» –, die bestimmen, was als Grund geltend gemacht werden kann, während es für Hare eben *Prinzipien* sind, die derjenige, der ein Werturteil fällt, selbst wählen und denen er sich auch selbst unterziehen muß: Erst durch diese Wahl entscheidet es sich, was als Grund gelten kann. Für den Naturalisten sind diese beiden Aktivitäten, Beschreibung und Wertung, logisch miteinander verknüpft, für Hare jedoch sind sie voneinander unabhängig.

Nach Hares Betrachtungsweise kann keine Beschreibung, mag diese auch noch so umfassend und ausführlich sein, uns zu einer bestimmten Wertung zwingen. Ganz gleich, welche Beschreibung eines Gegenstandes oder einer Handlung ich akzeptiert habe, es steht mir nach wie vor frei – ohne mir selbst zu widersprechen –, jede mögliche Bewertung zu akzeptieren oder abzulehnen. Jede Wertung setzt nämlich eine Norm, einen Standard oder eine andere Bewertungsgrundlage voraus, nach der die Bewertung erfolgen kann; denn mit Wertungen werden gerade die bezüglich der Norm relevanten Aspekte eines Gegenstandes oder einer Handlung hervorgehoben. Daher können Beschreibungen, die nicht schon als Begründung für eine Wertung dienen, niemals zu einer bestimmten Wertung verpflichten. Hare muß deshalb den Naturalismus ablehnen.

Der neue Naturalismus

Hares Antinaturalismus war typisch für seine Zeit. Mit seiner logischen Argumentation – die weitgehend auch von anderen post-emotivistischen Moralphilosophen wie P. H. Nowel-Smith (geb. 1914) und Stephen Toulmin (geb. 1922) geteilt wird – geht eine metaphysische Vorstellung einher, die in diesem Jahrhundert weit verbreitet ist. Der logischen Unterscheidung zwischen Beschreibungen und Bewertungen entspricht die Unterscheidung zwischen Tatsachen und Werten. Die metaphysische Frage nach dem Ort der Werte in unserem Dasein stellt sich aufgrund der Überzeugung, daß Werte von Tatsachen nicht nur zu unterscheiden sind, sondern als unabhängig von der Wirklichkeit, das heißt von dem, was der Fall ist, verstanden werden müssen. Werte sind nicht etwas, das wir vorfinden und als gegebene Bestandteile der Wirklichkeit zur Kenntnis nehmen, sie entstehen vielmehr aus uns selbst – aus unseren Entscheidungen, Beschlüssen und Handlungen; würden sie neben den Tatsachen als gegebene Bestandteile der Wirklichkeit existieren, verlören sie ihren Status als Werte. So heißt es in Ludwig Wittgensteins Tractatus: «Der Sinn der Welt muß außerhalb ihrer liegen. In der Welt ist alles, wie es ist, und geschieht alles, wie es geschieht; es gibt *in* ihr keinen Wert – und wenn es ihn gäbe, so hätte er keinen Wert.»[9] Auch bei Sartre findet sich in *L'être et le néant* (dt. Das Sein und das Nichts) ein ähnlicher Gedanke, der in Aussagen zum Ausdruck kommt wie: «der Wert (kommt) durch die menschliche Wirklichkeit in die Welt» – «nichts (läßt) den Wert existieren ... – wenn es nicht jene Freiheit ist, die gleichzeitig auch mich selbst existieren läßt.»[10]

Für die Naturalisten dagegen sind Werte Bestandteile der Welt. Nicht wir entscheiden über die Grenze zwischen gut und böse, falsch und richtig, Tugend und Laster. Die Werte existieren als Entitäten in der Realität, und zwar als das, was der Selbsterhaltung des Menschen dient: Nahrung, Unterkunft, Geborgenheit, Betreuung, Beschäftigung. Anders ausgedrückt: Wenn wir moralische Wertungen vornehmen, dann sind wir an bestimmte zu berücksichtigende Tatsachen gebunden – nämlich an das, was Menschen dient bzw. ihnen schadet. Der Utilitarist Jeremy Bentham schrieb seinerzeit über die Worte ‹sollen›, ‹richtig›, ‹falsch› und andere derselben Kategorie, daß sie nur Sinn (meaning) und Inhalt hätten, sofern sie auf der Grundlage des Nutzenprinzips angewendet werden.[11] Hätte Bentham dies 1980 geschrieben und nicht 1780, so wäre diese Aussage unverkennbar an die Adresse Hares gerichtet gewesen. Moral ist aufgrund ihres Inhalts zu verstehen, nicht aufgrund ihrer Sprache: Die Moralsprache wäre ohne Sinn, wenn sie nicht dazu diente, unsere richtungweisenden Wertungen von Handlungen mit unseren Beschreibungen der Bedingungen für menschliches Wohlergehen zu verknüpfen.

Interessanterweise hat Benthams Standpunkt auch in jüngster Zeit Anhänger gefunden, die die Diskussion mit Hare aufgenommen haben. Unter ihnen ist Philippa Foot (geb. 1920), eine Kollegin Hares an der Universität Oxford, wohl die bedeutendste, da sie ihre Theorie mit Hilfe einer Argumentation stützt, die Hares Theorie an der Basis trifft.[12] Ihre abweichenden Vorstellungen betreffen sowohl Hares Darstellung der Eigenart von moralischen Aussagen als auch sein Modell der moralischen Argumentation. Was den ersten Punkt betrifft, so weist Foot darauf hin, daß das logische Netz – Präskriptivität und Universalisierbarkeit –, das

Hare auswirft, um damit die moralischen Aussagen und Prinzipien einzufangen, viel zu grobmaschig ist; der erzielte Fang wird nämlich auch ein Prinzip wie «Man sollte niemals einen Igel im Mondschein betrachten» enthalten: Wenn nur derjenige, der dieses Prinzip anführt, bereit ist, es sowohl präskriptiv als auch universalisierbar anzuwenden, dann muß Hare es aufgrund seiner formalen Kriterien als moralisch anerkennen. Nach Foot muß das Netz engmaschiger gemacht werden, und dies hat durch inhaltliche Kriterien zu geschehen.

	Kognitivismus (Moralische Wertungen können wahr oder falsch sein. Moralische Wertungen können Erkenntnisse ausdrücken.)	**Non-Kognitivismus** (Moralische Wertungen können weder wahr noch falsch sein. Moralische Wertungen können keine Erkenntnis ausdrücken.)
Naturalismus (Einige moralische Wertungen können aus Aussagen, die keine moralischen Wertungen enthalten, abgeleitet werden [oder mit deren Hilfe eine logisch ausreichende Begründung erhalten].)	Searle Foot Toulmin	
Non-Naturalismus (Moralische Wertungen können nicht aus Aussagen, die keine moralischen Wertungen enthalten, abgeleitet werden [oder mit deren Hilfe eine logisch ausreichende Begründung erhalten].)	Moore Ross	Ayer Stevenson Hare

Übersicht über die wichtigsten moralphilosophischen Positionen. Zu beachten ist, daß in der Literatur zu diesem Thema eine gewisse Uneinigkeit darüber herrscht, wie die Begriffe zu präzisieren sind. Die obige Übersicht ist daher nur eine von mehreren möglichen Präzisionen (vgl. S. 76).

Nach Ansicht von Philippa Foot erfüllt Hares Modell der moralischen Argumentation bei weitem nicht die in seiner Zielsetzung erhobenen Ansprüche, den Nachweis nämlich, weshalb von einer rationalen Aktivität zwischen zusammenwirkenden Personen gesprochen werden kann. Wenn A ein moralisches (präskriptives) Urteil über eine gegebene Situation gefällt hat und B dieses zurückweist, dann muß A zum einen diejenigen Charakteristika der Situation benennen, die nach seiner Ansicht das Urteil begründen, zum anderen das allgemeine Prinzip formulieren, das vorausgesetzt wird und das den Übergang von den Gründen zur Konklusion vermittelt. A's Gründe sind nur kraft des vorausgesetzten Prinzips Gründe, das heißt kraft einer neuen Präskription von seiten A's. Wenn B dies immer noch nicht akzeptiert, dann muß A eine Begründung mit Hilfe eines noch übergeordneteren Prinzips finden, es folgt also eine dritte Präskription durch A und so weiter, bis A's letzte Moralprinzipien aufgedeckt sind. Letzten Endes muß also jedes moralische Argument auf einer unbegründeten präskriptiven Prämisse beruhen, die es dem Gesprächspartner freistellt, sie abzulehnen: In letzter Konsequenz kann B die Argumentation A's zu Fall bringen, indem er dessen letztes Moralprinzip ablehnt und damit die Relevanz sämtlicher angeführten Gründe bestreitet. Das gleiche kann A mit einer Argumentation von B tun, so daß am Ende dieser langen Diskussion kein anderes Ergebnis vorliegt, als daß Aussage gegen Aussage steht. Nach Foots Ansicht verdient dieses Hin und Her zweier Parteien die Bezeichnung Argumentation nicht. Für sie besteht der grundlegende Fehler des Hareschen Modells darin, daß die Diskussionsteilnehmer frei bestimmen können, was als moralisch relevante Tatsache gelten soll und was nicht. Und hier kommt wieder die naturalistische Perspektive zum Tragen: Solange wir uns nicht gewissen inhaltlichen Beschränkungen unterwerfen und bei unseren Begründungen von vornherein darauf achten, was den Menschen dient, können wir nicht den Anspruch erheben, moralisch zu argumentieren.

Das angeführte Beispiel, das Foot gegen die Grundfesten der Hareschen Position ins Feld führt, sieht auf den ersten Blick recht harmlos aus. Sie bittet ihren Leser, die Anwendung des Wortes ‹unverschämt› zu betrachten. Wann ist es korrekt, von einer Person zu sagen, sie habe sich unverschämt verhalten? Das, so Foot, sei immer dann der Fall, wenn das Verhalten einer Person eine andere Person durch mangelnden Respekt kränkt. Wenn jemand während einer Besprechung einen anderen, der ihm nichts Böses getan hat, bespuckt, dann ist dies sicher ein unverschämtes Verhalten. Daraus folgt: Wenn ich bestimmte Beschreibungen einer Situation akzeptiere – «A tat dieses und jenes und kränkte dadurch B, indem er einen Mangel an Respekt zeigte» –, dann kann ich die Aussage «A's Verhalten war unverschämt» nicht bestreiten. Eine Ablehnung der zweiten Aussage wäre der Beweis, daß man den Begriff der Unverschämtheit, so wie er durch seine allgemeinen Anwendungskriterien festgelegt ist, nicht verstanden hat. Foot muß nun lediglich noch aufzeigen, daß eine Aussage wie «A's Verhalten war unverschämt» eindeutig eine wertende Aussage ist, die wir anwenden, um auf eine bestimmte Art unsere Verurteilung der betreffenden Verhaltensweise auszudrücken. Nun hat Foot, was sie braucht, nämlich ein scheinbar unbestreitbares Beispiel dafür, daß eine wertende Konklusion logisch aus einer oder mehreren beschreibenden Prämissen folgt.

Mit diesem und einer Reihe weiterer Beispiele stützt Foot ihre fundamentale Kritik an Hares Theorie, die ja darauf beruht, daß Beschreiben und Werten nicht nur verschiedene, sondern überdies voneinander unabhängige Tätigkeiten sind. Foot kann Fälle aufzeigen, in denen wertende Aussagen logisch aus beschreibenden folgen und in denen der Sprachbenutzer somit keinerlei Freiheit hat, seine Bewertungsgrundlage selbst zu wählen. Das Kränkungs-Kriterium im Zusammenhang mit ‹unverschämt› aufzugeben hieße, den Begriff der Unverschämtheit des Inhalts zu berauben, den er nun einmal hat. Diese Darstellung lehnt sich erkennbar eng an das angeführte Bentham-Zitat an, wonach die moralischen Worte ohne das Nutzen-Prinzip ihres Inhalts beraubt wären. Foot pflichtet Bentham voll und ganz bei: «Ich weiß nicht, was jemand mit der Aussage, dieses oder jenes sei seine Pflicht, meinen könnte, wenn er nicht versuchen würde, zu zeigen, daß es einen wesentlichen Unterschied machen würde, wenn er das Besagte nicht täte. Wie kann man Fragen wie ‹Warum ist es bedeutungsvoll?›, ‹Wem schadet es?›, ‹Was für Vorteile bringt es?› oder ‹Warum ist es wichtig?› einfach beiseite schieben wollen?»[13] Ihrer Ansicht nach besteht die wesentlichste Aufgabe der Moralphilosophie gerade in der sorgfältigen Untersuchung der Zusammenhänge zwischen Begriffen wie Pflicht, Bedeutsamkeit, Schaden, Nutzen und Vorteil. Diese Begriffe sind in verschiedener Weise bereits miteinander verknüpft, weshalb es dem einzelnen auch nicht freisteht, sich zu entscheiden, wie er seine moralischen Urteile begründen will, ebenso, wie man nicht festlegen kann, was als schädlich und was als nützlich anzusehen ist.

In den letzten zwei Jahrzehnten ist Philippa Foots Kritik an der Hareschen Theorie aufgegriffen und verschärft worden, sowohl von ihr selbst als auch von anderer Seite, beispielsweise von J. R. Searle und G. J. Warnock (geb. 1923). Die Diskussion dauert an, trotz Hares wiederholter und ebenso einleuchtender Replik. Wenn man bedenkt, daß der Kernpunkt des Streits – die Beziehung zwischen Wertung und Beschreibung –

seit David Humes *Treatise* aus dem Jahr 1739 auf der philosophischen Tagesordnung steht, kann es kaum verwundern, daß auch eine über zwei Jahrzehnte geführte Debatte es nicht vermocht hat, eine endgültige Klärung herbeizuführen.

Texte Hares

The Language of Morals. Oxford 1952 (dt. Die Sprache der Moral. Frankfurt/M. 1983) *(= SM)*.

Freedom and Reason. Oxford 1963 (dt. Freiheit und Vernunft. Frankfurt/M. 1983) *(= FV)*.

Practical Inferences. London 1971 (darin eine umfassende Bibliographie von Hares wissenschaftlichen Artikeln bis 1971).

Essays on Philosophical Method. London 1971.

Essays on the Moral Concepts. London 1972.

Applications of Moral Philosophy. London 1972.

Moral Thinking. Its Level, Method, and Point. Oxford 1981.

Essays in Ethical Theory. Oxford 1989.

Essays on Political Morality. Oxford 1989.

Literatur

Berlich, A.: Universeller Präskriptivismus. Richard M. Hares analytische Ethik. St. Ingbert 1985.

Biesenbach, H.: Zur Logik der moralischen Argumentation. Die Theorie Richard M. Hares und die Entwicklung der analytischen Ethik. Düsseldorf 1982.

Brandt, R. B.: Ethical Theory. Englewood Cliffs 1959.

Craemer-Ruegenberg, I.: Moralsprache und Moralität; zu Thesen der sprachanalytischen Ethik. Diskussion, Kritik, Gegenmodell. Freiburg/München 1975.

Foot, Ph. (ed.): Theories of Ethics. Oxford 1967.

Hudson, W. D.: Modern Moral Philosophy. London 1970.

McIntyre, A.: A Short History of Ethics. London 1967.

Seanor, D./Fotion, N. (eds.): Hare and Critics. Essays on Moral Thinking. Oxford 1988.

Warnock, G. J.: Contemporary Moral Philosophy. London 1967.

–: The Object of Morality. London 1971.

Wolf, J.-C.: Sprachanalyse und Ethik. Eine Kritik der Methode und einiger Folgeprobleme sowie der Anwendung des universalen Präskriptivismus von Richard Mervin Hare. Bern/Stuttgart 1983.

Anmerkungen

1 Sartre, J.-P.: Ist der Existentialismus ein Humanismus? In: Drei Essays. Frankfurt/Berlin 1986, S. 19.
2 Hare, *SM*, Teil I und II; Hare, *FV*, 4. Kap.
3 Hare, *FV*, 2. und 3. Kap.
4 Hare, *FV*, S. 108 f.
5 Hare, *FV*, S. 109 f.
6 Hare, *FV*, 9. Kap.
7 Vgl. Hare, *SM*, S. 31 ff.
8 Hare, *SM*, S. 116.
9 Wittgenstein, L.: Tractatus logico-philosophicus, 6.41. In: Werkausgabe Bd. I. Frankfurt/M. 1984, S. 82.
10 Sartre, J.-P.: Das Sein und das Nichts. Hamburg 1962, S. 148 f.
11 Bentham, J.: An Introduction to the Principles of Morals and Legislation, chapter I, 10. London/New York 1982, p. 13.
12 Foot, P.: Virtues and Vices and Other Essays in Moral Philosophy. Berkeley/Los Angeles 1978, chapter VII and VIII.
13 Foot 1967, p. 105 f.

Niels Christian Stefansen

Der moderne amerikanische Liberalismus

Gleichheit oder Freiheit?

Mit John Rawls' *A Theory of Justice* (dt. Eine Theorie der Gerechtigkeit) aus dem Jahr 1972 und Robert Nozicks *Anarchy, State and Utopia* (dt. Anarchie, Staat, Utopia) aus dem Jahr 1974 ist im Rahmen der analytischen Philosophie eine neue und fortgeschrittene Form des Liberalismus entstanden. Rawls (geb. 1921) und Nozick (geb. 1938) teilen grundsätzlich die Auffassung, die Gesellschaft lasse sich am besten auf der Basis von Grundsätzen gestalten, die selbst keine bestimmte Auffassung davon voraussetzen, was gutes Leben sei. In der Gesellschaft sollte alles vom Begriff des Rechten geleitet sein, welcher beispielsweise in einer Anzahl von gesicherten Rechten seinen konkreten Ausdruck findet. Rawls' und Nozicks Ablehnung des Guten als eines grundlegenden gesellschaftlichen Ziels beruht nicht auf einem Skeptizismus in bezug auf die Möglichkeit, das Gute erkennen und bestimmen zu können. Ihre Ablehnung ist eher moralisch als erkenntnistheoretisch bedingt. Der Glaube, daß eine bestimmte Auffassung über gutes Leben allen Menschen gemeinsam sein könnte, wäre moralisch anmaßend, ein Übergriff auf die Würde und die Rechte des einzelnen. Da in ihren Theorien das Rechte Vorrang vor dem Guten hat, kann Gerechtigkeit in der Gesellschaft nicht damit begründet werden, daß die gerechte Gesellschaftsordnung eine bestimmte Lebensform oder ein anderes Gut verwirklicht. Deshalb sind Rawls und Nozick auch Kritiker des Utilitarismus, nach dessen Theorie das Gute in der Form des Nutzens das Rechte bestimmt. Sie haben beide ein besonderes Verhältnis zu Kant, dem großen Kritiker aller Varianten der Vorstellung, Moral und Recht hätten mit Glückseligkeit, Lebensqualität oder sonstigen Annehmlichkeiten, die erlebt und berechnet werden können, zu tun.

Eine Gemeinsamkeit zwischen Kant und den beiden Amerikanern besteht darin, daß sie politische Philosophie in einer abstrakten und gänzlich unhistorischen Weise betreiben. Da sie sich aber weder als Soziologen noch als Historiker noch als Journalisten, sondern eben als Philosophen verstehen, kann die Feststellung, ihre Betrachtungsweise sei ahistorisch, nicht von vornherein als Einwand gegen sie verwendet werden.

In zahlreichen anderen Punkten bestehen aber zwischen Rawls' und Nozicks Konzepten große Unterschiede. Ihre politischen Vorstellungen darüber, wie die Gesellschaft am besten gestaltet, die wirtschaftlichen und sozialen Güter verteilt werden sollten, sind sehr verschieden und in vielen Punkten miteinander nicht vereinbar. Rawls tritt dafür ein, daß der Staatsmacht eine ziemlich weitreichende Verteilungsaufgabe übertragen wird, wobei die Belange der sozial Schwächsten besondere Berücksichtigung finden sollen – eine Politik, wie sie seit einigen Generationen in den skandinavischen Wohlfahrtsstaaten praktiziert wird. Demgegenüber ist Nozick ein Verfechter des liberalen Minimalstaats, in dem der Staat allein für die Sicherung und Aufrechterhaltung von Gesetz und Ordnung, nicht aber für die Verteilung sozialer Güter zuständig ist.

Die Bücher der beiden Gerechtigkeits-Theoretiker sind auch formal sehr verschieden. Rawls' umfangreiches Werk ist systematisch, fast schon monumental aufgebaut. Rawls versucht, sukzessiv und sorgfältig eine Theorie der Gerechtigkeit zu entwickeln. Auf dem Weg dorthin berücksichtigt er aber so viele Einwände, folgt so vielen verschiedenen Spuren, unternimmt so viele Abstecher, daß die Systematik des Ganzen verschleiert und abgeschwächt wird. Der stetige Gedankenfluß wird begleitet von scharfsinnigen Fußnoten, die den getragenen akademischen, oft geradezu feierlich anmutenden Ernst, der Rawls' Buch im Ganzen prägt, noch unterstützen.

Nozicks Buch ist von ganz anderer Art. Es ist ausgesprochen vielschichtig, enthält Alltägliches sowohl wie Sublimes. Thematisch reicht es von kritischen Anmerkungen zum Verzehr von Fleisch bis zum Vorschlag, den Mietspiegel abzuschaffen. Es ist als Stilgattung auch schwer zu erfassen, da Nozick sich um Dinge wie Stil und Darstellung offenbar nicht kümmert. Nozick beginnt mit einer Vitalität und Unbekümmertheit, wie sie bei Philosophen nur selten anzutreffen ist. Er spielt Denkmodelle durch, wie es bisher keiner getan hat, kritisiert eingehend und scharf Alternativen, bringt eigene Denkansätze ein und weicht wieder von ihnen ab – manchmal am entscheidenden Punkt.

John Rawls:
Eine Theorie der Gerechtigkeit

Das zentrale Problem in Rawls' umfangreichem Werk ist das philosophische Problem der Gerechtigkeit. Unter welchen Bedingungen kann die Grundstruktur der Gesellschaft gerecht genannt werden? Die Grundstruktur der Gesellschaft bildet den Rahmen für die Entfaltung seiner Bürger. Sie besteht aus grundlegenden Rechten und Freiheiten der Bürger im Verhältnis zueinander sowie aus Regeln für die Verteilung der in gesellschaftlicher Zusammenarbeit geschaffenen Güter. Da die Grundstruktur einen entscheidenden Einfluß auf die Lebensmöglichkeiten des einzelnen hat – welche Position er für sich erwarten kann, wie gut er sich im Leben durchsetzen wird –, ist das Problem, ob die Grundstruktur gerecht ist oder nicht, für Rawls die zentrale Frage, die sich der politischen Philosophie stellt.

Eine der traditionellen Antworten auf diese Frage, die utilitaristische nämlich, lehnt Rawls ab. Nach Ansicht der Utilitaristen wäre die Gesellschaft gerecht, wenn ihre Grundstruktur so aussähe, daß für alle Individuen ein größtmöglicher Netto-Nutzen gewährleistet wäre. Nach Rawls' Ansicht aber nehmen die Utilitaristen das Personsein des einzelnen zu wenig ernst. Dies zeigt sich am deutlichsten bei dem Versuch, den Begriff der Netto-Nutzen-Verteilung zu erläutern. So ist es utilitaristischen Grundsätzen gemäß in gewissen Situationen richtig und in Ordnung, Einzelpersonen zum Wohle der Gesamtheit zu opfern. Dies wiederum hängt mit dem Menschenbild des Utilitaristen zusammen. Nach Rawls' Auffassung betrachten die Utilitaristen den Menschen als eine bloß passive Größe, die Lust oder Unlust empfinden, nicht aber als selbständiges Wesen, das über sein eigenes Leben entscheiden kann.

Rawls möchte eine Alternative zum Utilitarismus anbieten, wobei er sich einer anderen moralphilosophischen Tradition, der kantianischen, zuwendet und diese auf seine ganz besondere Weise interpretiert und weiterentwickelt. In Übereinstimmung mit Kant möchte Rawls jeden Menschen als einen Zweck an sich und niemals nur als Mittel behandelt wissen. Die Stärke von Rawls ist es, daß er sich, im Gegensatz zu den meisten Kritikern des Utilitarismus, nicht damit begnügt, dessen Mängel aufzuzeigen. Er nimmt die Mühe auf sich, eine alternative Theorie zu entwerfen und systematisch deren Hauptpunkte zu durchdenken.

Rawls' Theorie der Gerechtigkeit ist auf den ersten Blick einfach. Sie befaßt sich mit der Frage, welche Art von Gesellschaft rationale Personen bevorzugen würden, wenn ihnen die Möglichkeit gegeben wäre, die Gesellschaft von Grund auf neu zu gestalten. Solche rational denkenden Personen würden sich natürlich für eine Gesellschaft entscheiden, in der weitestgehend ihre Interessen und Bedürfnisse Berücksichtigung fänden. Eine gerechte Gesellschaftsordnung aber sollte universal bzw. unparteiisch sein, das heißt, die Gesellschaft sollte bewußt so gestaltet werden, daß nach Möglichkeit den Wünschen und Bedürfnissen aller Mitglieder der Gesellschaft Rechnung getragen wird. Um dieses Ziel zu erreichen und um korrigierend auf die egoistischen Neigungen einzuwirken, führt Rawls ein gedankliches Experiment durch, das seine Wurzeln im traditionellen politischen Gedankengut der schon auf die Antike zurückgehenden sog. Vertragstheorien der Gesellschaft hat.

Wir stellen uns eine Gruppe von Personen vor, die zusammenkommen, um gemeinsam eine gesellschaftliche Grundstruktur zu entwerfen und die Regeln für sie zu definieren. Dieser Zustand wird von Rawls als Urzustand[1] bezeichnet. Die hypothetischen Grundgesetzgeber haben in vielerlei Hinsicht Ähnlichkeit mit uns. Sie haben Bedürfnisse, Fehler, Ängste und Einsichten wie wir auch. Sie sind, mit einem Wort, ganz und gar menschlich. Abgesehen von einem einzigen Punkt: Sie wissen nicht, wer sie selbst sind! Sie kennen ihre eigenen Bedürfnisse, Wünsche, Fähigkeiten und ihre gesellschaftliche Position nicht. Sie wissen nicht, ob sie alt oder jung, männlich oder weiblich, talentiert oder unbegabt sind. Sie kennen nicht einmal ihre eigenen Wertvorstellungen, sprich: ihre Ansichten darüber, was im Leben wertvoll ist. Sie sind von ihrer eigenen Persönlichkeit durch einen Schleier des Nichtwissens abgetrennt. Dieser konstruierte bizarre Gedächtnisverlust erfüllt für Rawls den Zweck, den Gedanken der unparteiischen Entscheidung zu veranschaulichen. Wenn wir unsere besonderen Wünsche, Bedürfnisse und Begabungen nicht kennen, dann können sie unsere rationale Entscheidung für die grundlegenden gesellschaftlichen Prinzipien nicht dahin gehend beeinflussen, daß wir uns für Prinzipien entscheiden, die eine für uns selbst besonders vorteilhafte Position garantieren. Da wir in der Entscheidungssituation unsere eigenen Interessen nicht kennen, können wir sie auch schwerlich berücksichtigen! Im Gegenteil, schon aus eigenem Interesse wären wir gehalten, uns für eine Gesellschaft zu entscheiden, in der die Interessen aller gewahrt würden. Es wäre die Entscheidung für eine Gesellschaft, in der wir in jeder möglichen sozialen Position zu leben bereit wären, eine Gesellschaft, die so eingerichtet wäre, daß auf alle in gleichem Maß Rücksicht genommen würde.

Eine solche unparteiische Entscheidung nennt Rawls fair, und er bezeichnet seine Theorie der Gerechtigkeit als eine Theorie der Fairness. Natürlich glaubt er nicht, daß sich zu irgendeinem Zeitpunkt Menschen zu einer verfassunggebenden Versammlung wie der eben beschriebenen tatsächlich zusammengefunden haben. Die Idee des Urzustandes dient im Rahmen der Rawlschen Konzeption dazu herauszufinden, wann eine Gesellschaft als gerecht anzusehen ist. Sie ist ein philosophisches Gedankenexperiment.

Die Prinzipien, über die im Urzustand Einigkeit erzielt werden kann, werden von Rawls als gerecht bezeichnet. Welches aber sind diese Prinzipien? Es handelt sich um zwei fundamentale Grundsätze der Gerechtigkeit. Der erste verlangt, daß «jedermann... gleiches Recht auf das umfangreichste System gleicher Grundfreiheiten haben (soll), das mit dem gleichen System für alle anderen verträglich ist»[2]. Dabei geht es im großen und ganzen um die traditionellen westeuropäischen Freiheitsrechte wie das Recht auf freie Meinungsäußerung, Religionsfreiheit, Rechtssicherheit und gleiches Wahlrecht. Bei dem anderen Grundsatz der Gerechtigkeit, der als Differenz- oder Unterschiedsprinzip bezeichnet wird, geht es darum, daß «soziale und wirtschaftliche Ungleichheiten... so zu gestalten (sind), daß a) vernünftigerweise zu erwarten ist, daß sie zu jedermanns Vorteil dienen, und b) sie mit Positionen und Ämtern verbunden sind, die jedem offen stehen»[3]. Das Differenzprinzip bedeutet, daß die einzige akzeptable Begründung für soziale Ungleichheiten, etwa im Lohn- und Gehaltsbereich, darin besteht, daß diese Ungleichheiten den am schlechtesten Gestellten zum größten Nutzen gereichen. Der Grund dafür, Ungleichheiten überhaupt zuzulassen, besteht nach Rawls darin, daß es in einer ungleichen Gesellschaft der am schlechtesten gestellten Gruppe unter Umständen durchaus besser gehen kann, als dies in einer Gesellschaft möglich wäre, in der der Grundsatz der Gleichheit streng gehandhabt und konsequent durchgeführt würde.

Für Rawls versteht es sich von selbst, daß es zwischen den Menschen in sozialer Hinsicht keine Unterschiede geben dürfte. Diese Forderung ist ein Ausdruck der Gerechtigkeit und bedarf keinerlei Begründung. Ungleichheit dagegen verlangt nach einer Begründung und kann nur dann als legitim angesehen werden, wenn die Ungleichheit für die sozial Schwächsten von Vorteil ist. Für Rawls spielt der Gleichheitsgedanke eine entscheidende Rolle, hat vielleicht sogar den höchsten Stellenwert. Nicht ganz einfach zu durchschauen ist dabei allerdings, ob die Gleichheitsforderung für ihn eine Schlußfolgerung ist, zu der er im Laufe seines

Buchs gelangt, oder eine Prämisse, die als Ausgangspunkt für seine Argumentation dient, ohne daß sie selbst begründet wird.

Die beiden Grundsätze der Gerechtigkeit sind nicht gleichrangig; der erste ist dem zweiten vorgeordnet. Das Differenzprinzip darf nicht auf Kosten der Freiheit erfüllt werden. Dies ist u. a. ein Punkt, in dem Rawls die Überlegenheit seiner Theorie gegenüber dem Utilitarismus sieht. Seine Theorie schließt aus, daß das Recht des einzelnen etwa der Erzielung eines höheren Bruttosozialprodukts geopfert werden darf – und dies auch dann nicht, wenn die Erhöhung des Sozialproduktes den sozial Schwächsten im materiellen Bereich zum Vorteil gereichen würde.

Die beiden Grundsätze der Gerechtigkeit sollen mit Hilfe von verschiedenen gesellschaftlichen Institutionen in die Praxis umgesetzt werden. Dabei soll der erste Grundsatz durch eine rechtliche Festschreibung der individuellen Freiheitsrechte verwirklicht werden. Das Differenzprinzip erfordert eine organisierte Verteilung der gesellschaftlichen Güter. Dies soll u. a. erreicht werden, indem das Steuersystem, das Sozialwesen und der Bildungsbereich so gestaltet werden, daß dem repräsentativen Individuum aus der am schlechtesten gestellten Gruppe am besten damit gedient ist. So eingerichtet ergeben die gesellschaftlichen Institutionen eine Vorgehensweise, durch die definiert ist, was gerecht ist. Rawls' Vorstellungen von Gleichheit und sozialer Wohlfahrt sowie seine Hervorhebung der Bedeutung sozialer Institutionen entsprechen ziemlich genau den Gedanken, die den skandinavischen Wohlfahrtsstaaten zugrunde liegen. Historisch betrachtet scheint dies ein Zufall zu sein, mit dem sich Rawls nicht weiter befaßt. Auch kümmert er sich nicht weiter um die notorischen Schwierigkeiten, welche die praktische Umsetzung der Wohlfahrtsideale mit sich gebracht hat.

Hinter dem Schleier des Nichtwissens – die Methode

Einem skeptischen Leser wird sich gegenüber Rawls' Herleitung seiner Gerechtigkeitsprinzipien die naheliegende Frage stellen: «Weshalb sollte ich an die Beschlüsse, die von diesen fiktiven Einzelpersonen im Urzustand gefaßt werden, gebunden sein? Was haben diese Beschlüsse mit mir zu tun?» Erst auf der letzten Seite des Buchs geht Rawls auf diese Frage ein. Sie scheint ihm offenbar selbst einiges Kopfzerbrechen zu bereiten.

Rawls faßt den Urzustand als den archimedischen Punkt der Theorie der Gerechtigkeit auf. Er ergibt sich gemäß seiner Darstellung aus einer Anzahl wahrer, überzeugender und überschaubarer Prämissen, aus denen die beiden Grundsätze der Gerechtigkeit folgen.[4] Wenn es sich aber als so schwierig erweist, eine Verbindung zu knüpfen zwischen dem Urzustand und unserem jetzigen Zustand, dann haben wir nicht viel gewonnen, wenn uns anhand von spieltheoretischen Raffinessen aufgezeigt wird, daß die beiden Grundsätze eine Folge der rationalen Entscheidung im Urzustand sind. Also müssen die beiden Grundsätze entweder auf eigenen Füßen stehen und uns aus eigener Kraft überzeugen, oder sie bedürfen der Unterstützung durch andere, relevantere Argumente.

Die Gedankenspiele bezüglich der rationalen Entscheidung im Urzustand erfahren im Verlauf des Buchs quasi eine Verselbständigung. Sie werden in ziemlich unterschiedliche Richtungen fortentwickelt, erweitert und abgeändert. Rawls beginnt mit der einfachen und nachvollziehbaren Feststellung, daß moralische und politische Wertungen unparteiisch zu erfolgen haben.[5] Daß Grundsätze und Wertungen eben nicht auf die eigenen besonderen Verhältnisse zugeschnitten sein dürfen, kann in der moralischen Diskussion als unbestritten vorausgesetzt werden.

Zunächst dient der Schleier der Unwissenheit im Urzustand als Veranschaulichung einer unparteiischen Entscheidung. Da niemand seine individuelle Persönlichkeit oder seine eigenen besonderen Verhältnisse kennt, können diese Dinge ihn in seiner rationalen Entscheidung nicht beeinflussen; auf diese Weise ist gesichert, daß sie unparteiisch gefällt wird. Diese Konstruktion ist natürlich nur eine von verschiedenen Methoden, Unparteilichkeit zu erreichen (vgl. die Forderung Hares, die besagt, daß moralische Urteile universalisierbar sein müssen).

Wie dicht soll dieser Schleier der Unwissenheit sein, welche Gegebenheiten dürfen die Einzelpersonen nicht kennen? Ist jedes Wissen über die Gesellschaft, in der man zu leben haben wird, moralisch irrelevant? Um eine rationale Entscheidung überhaupt treffen zu können, müssen wir doch irgend etwas kennen oder wünschen. Was aber wäre das?

Der Schleier der Unwissenheit ist bei Rawls sehr dicht. Es kennt keiner seinen Platz in der Gesellschaft, seine Klassenzugehörigkeit oder seinen sozialen Status, auch nicht sein Schicksal bei der Verteilung natürlicher Vorteile und Fähigkeiten wie Intelligenz, Stärke oder ähnliches. Die Personen kennen auch nicht ihre eigenen Auffassungen darüber, was gut oder wertvoll ist, ebensowenig ihre besonderen psychologischen Neigungen. Diese negativ bestimmte Gleichheit ist es, die die Gewähr für eine unparteiische Entscheidung bieten soll.

Damit eine rationale Entscheidung überhaupt erfolgen kann, sind den Personen jedoch gewisse gesellschaftliche Grundgüter bekannt, sprich:

Dinge, bei denen man davon ausgehen kann, daß jeder rational denkende Mensch sie brauchen wird und lieber mehr als weniger davon haben will, Güter also wie Rechte und Freiheiten, Macht und Chancen, Einkommen und Vermögen und nicht zuletzt Selbstachtung.

Die fiktiven Verhandlungsteilnehmer des Urzustands wissen auch, daß jedes Individuum einen Lebensplan mit konkreten Wünschen und Zielen hat, wobei ein jeder daran interessiert sein wird, daß die größtmögliche Wahrscheinlichkeit, die persönlichen Lebensziele verwirklichen zu können, garantiert ist. Aber natürlich ist ihnen dieser eigene Lebensplan nicht bekannt. Die gesellschaftlichen Grundgüter sind Mittel, die den verschiedenen Lebensplänen förderlich sein können. Des weiteren haben die einzelnen Personen ein gewisses allgemeines Wissen über Mensch und Gesellschaft, eine Art von Wissen, wie es etwa von den Gesellschaftswissenschaften formuliert wird.

Damit sich aber in dieser rationalen Entscheidung auch unsere gesellschaftlichen Probleme widerspiegeln, baut Rawls zusätzlich einige Einschränkungen und Vorbedingungen ein, die normalerweise das wirkliche gesellschaftliche Leben beeinflussen. So setzt er beispielsweise eine mäßige Ressourcenknappheit voraus. Bliebe diese Bedingung ausgespart, so fehlte jede Basis für Interessenkonflikte und somit auch für eine gerechte Lösung dieser Konflikte. Im weiteren geht Rawls davon aus, daß soziale Zusammenarbeit möglich sein muß; wäre sie es nicht, so wäre das Problem der Gerechtigkeit unlösbar.

Natürlich können die Entscheidungen der Personen im Urzustand nicht durch Nächstenliebe oder andere moralische Gedanken motiviert sein. Wären sie es, so würden sie bei ihren Grundsatzentscheidungen von vornherein die Interessen ihrer Mitmenschen berücksichtigen – ihre Wahl entsprechender moralischer Prinzipien könnte dann kaum überraschen. Interessant ist aber gerade die Frage, ob allein die rationale, auf reinem Interessenkalkül beruhende Entscheidung zu moralischen Grundsätzen führen kann, ohne daß moralische Wertungen bereits in den Entscheidungsprämissen impliziert sind. Die einzelnen Personen dürfen deshalb nur von ihrem Eigeninteresse geleitet sein. Rawls versucht, von einer sehr allgemeinen Basis aus zu argumentieren, von der er annimmt, daß sie jedes rational denkende Individuum akzeptieren kann. Im Rahmen des Gedankenexperiments bedeutet dies, daß die fiktiven Individuen des Urzustands keine Eigenschaften haben, die sozial oder historisch bedingt und somit zufällig sind. Für Rawls sind solche zufälligen Eigenschaften moralisch ohne Bedeutung – wiederum ein kantianisches Charakteristikum. Unterschiede in bezug auf Geschlecht und Rasse als zufällig und moralisch irrelevant auszuschließen, ist relativ einfach. Schon schwieriger einzusehen ist es, warum die persönlichen Auffassungen der Individuen darüber, was gut und wertvoll ist, ebenfalls moralisch irrelevant sein sollen und somit ausgeschlossen werden müssen. Da der einzelne seine Position in der Gesellschaft nicht kennt, wird er sich schwerlich Sondervorteile verschaffen können, selbst wenn er seine eigene Auffassung über Gut oder Schlecht einsetzt, weil er unter dieser Voraussetzung eine Auffassung des Guten ins Spiel bringen muß, die für alle akzeptabel sein sollte. Wenn ihm später klar wird, daß die Grundsätze der Gerechtigkeit seinen Vorstellungen von Gut und Schlecht widersprechen, daß er selbst aber diesen Grundsätzen zugestimmt hat, weil seine eigenen Auffassungen hinter dem Schleier des Nichtwissens vor ihm verborgen gehalten worden sind, dann wäre er kaum der Ansicht, daß dies eine besonders faire Vorgehensweise ist.[6]

Als Ersatz für die Berücksichtigung der individuellen Vorstellungen des Guten bietet Rawls die gesellschaftlichen Grundgüter an, die jeder rationale Mensch begehren wird, ungeachtet der Dinge, die er sich ansonsten wünscht. Sie sollen Gewähr dafür bieten, daß im Urzustand Einigkeit erzielt wird – eine Einigkeit, die nur äußerst schwer erreicht werden kann, wenn den einzelnen Personen ihre jeweiligen eigenen Auffassungen über Gut und Schlecht bekannt wären. Wenn jedoch Einigkeit nur auf dem Wege der Unterdrückung von moralisch relevanten Informationen möglich ist, deutet dies darauf hin, daß die Idee des Urzustands keineswegs derart frei von moralischen Implikationen ist, wie Rawls uns dies glauben machen will.

Die Personen, die in seinem Gedankenexperiment im Urzustand die Bevölkerung bilden, erscheinen zumindest nicht als jene Individualisten, die wir aus der liberalen Tradition von Locke (1632–1704) bis Hayek (1899–1992) kennen. Rawls entwirft sie als freie und rationale Personen, wobei jede Person für sich ihre eigenen Ziele wählt und die gesellschaftlichen Grundgüter als Mittel zu deren Verwirklichung betrachtet, und zwar ungeachtet der Frage, wie diese Ziele konkret beschaffen sind.

Soweit es um die Gleichheit geht, ist Rawls ganz konsequent. Jede Form der Ungleichheit wird im Urzustand eliminiert. Und noch einige andere Dinge gleich mit dazu. Rawls kritisiert die traditionelle liberale Vorstellung, nach der die Verteilung von Gütern unter den Bedingungen eines freien Markts, bestimmt durch Angebot und Nachfrage, erfolgen und nur durch einige wenige und einfache Gesetzesvorschriften reguliert werden soll. Ein solches System sei ungerecht, weil es in entscheidenden Punkten von Faktoren beherrscht wird, die vom moralischen Standpunkt aus betrachtet als willkürlich anzusehen sind.[7] Derlei Faktoren (etwa ein geerbtes Vermögen) seien historische und soziale Zufälligkeiten und daher moralisch irrelevant. Selbst natürliche Fähigkeiten und Eigenschaften und das, was der einzelne aus ihnen macht (etwa die Fähigkeit, neue Produkte zu erfinden bzw. weiterzuentwickeln), sei nicht etwas, das dieser sich als Verdienst anrechnen könne und auf das er im Urzustand einen rechtmäßigen Anspruch habe. Der Gedanke eines individuellen Verdienstes wird destruiert und verworfen. Die Entwicklung natürlicher Fähigkeiten sei in hohem Maße auf soziale Faktoren zurückzuführen, weshalb der einzelne nicht behaupten kann, sie seien sein eigenes Verdienst. Diese kausale Betrachtungsweise wird konsequent und mit Vehemenz verfochten. Selbst der Charakter des einzelnen, der eine Entwicklung der natürlichen Fähigkeiten erst ermöglicht, sei nicht eine Größe, die der einzelne sich verdient hat, sondern gehe in hohem Maße auf die Familie und andere soziale Gegebenheiten zurück, auf die das Individuum keinen Einfluß hat.[8] Individuelle Vorzüge seien durch willkürliche Faktoren bedingt, letztlich handle es sich bei deren Verteilung um ein genetisches Lotteriespiel. Individueller Erfolg basiere immer auf irgend etwas, von dem man nicht sagen könne, die betreffende Person habe es sich verdient. Damit man etwas verdient hat, muß man es sich offenbar von A bis Z verdient haben, wie ein Kritiker anmerkt.[9] Aufgrund dieses Regreß-Arguments betrachtet Rawls die natürlichen Fähigkeiten und Eigenschaften als gemeinsamen oder kollektiven Aktivposten. Dies bedeutet, daß diejenigen, die mehr Glück haben, ihre Vorteile in sozialer Zusammenarbeit, so, wie es das Unterschiedsprinzip vorsieht, mit denen teilen müssen, die weniger Glück haben. Ein weiterer Aspekt des gleichen Gedankengangs ist der, daß moralisches Verdienst nicht die Verteilung von Gütern bestimmen kann; vielmehr muß diese als auf sozialer Zusammenarbeit basierend angesehen werden, die durch die Grundsätze der Gerechtigkeit reguliert wird.[10]

Mit diesen Forderungen destruiert Rawls das traditionelle liberale Bild des Individualisten, der kraft eigenen Könnens ein souveränes Verfügungsrecht über das, was er sich selbst erarbeitet, erwirbt. Statt dessen entsteht das Bild einer radikalen Gleichheitsphilosophie. Die fundamentale Gleichheit wird uns mit der Idee des Urzustands andeutungsweise vor Augen geführt, als eine Situation, in der die Menschen von allen individuellen Unterschieden und zufälligen Eigenschaften befreit sind.

Leider wird der Gleichheitsgedanke nie ganz klar formuliert, aber sein Kern drückt sich aus in der Forderung, daß alle Menschen einen Anspruch darauf haben, gleichen Einfluß auf die politischen Institutionen, welche ihr Leben steuern werden, zu nehmen und von diesen Institutionen in gleichem Maße wie alle andern geachtet zu werden.[11]

Je mehr substantielle moralische Überlegungen in den Urzustand einbezogen werden, desto schwieriger wird es, den Anspruch aufrechtzuerhalten, es handele sich bei der Prinzipienwahl einzig und allein um eine rationale Entscheidung – eine Entscheidung, die nach Rawls' eigenen Intentionen aufgrund von Annahmen getroffen wird, die weit verbreitet, allgemein anerkannt und unter Umständen sogar trivial sind. Es wäre aber sicherlich verfehlt zu behaupten, Rawls' Vorstellungen von Gleichheit seien weit verbreitet und trivial.

Die zwei Grundsätze der Gerechtigkeit – das Ergebnis

Im Urzustand werden sich die rationalen Personen laut Rawls für die zwei Grundsätze der Gerechtigkeit entscheiden. Nach dem ersten Grundsatz soll jedermann gleiches Recht auf das umfangreichste System gleicher Grundfreiheiten haben, das mit dem gleichen System für alle anderen verträglich ist. Der zweite Grundsatz verlangt, daß soziale und wirtschaftliche Ungleichheiten so zu gestalten sind, daß sie den am schlechtesten Gestellten die größten Vorteile bringen und mit Positionen und Ämtern verbunden sind, die jedem offenstehen, und zwar so, daß für die Erreichung solcher Positionen eine weitgehende Chancengleichheit für alle gegeben ist.[12] Dabei hat der erste Grundsatz Vorrang vor dem zweiten, und bestimmte Freiheiten dürfen nur zugunsten des Gesamtsystems der Freiheiten eingeschränkt werden. Als Beispiel führt Rawls an, es könne berechtigt sein, die Gewissensfreiheit zugunsten der Aufrechterhaltung von Gesetz und Ordnung einzuschränken. Ansonsten jedoch befaßt er sich nicht allzu eingehend mit dem Problem konkurrierender bzw. kollidierender Freiheiten.[13]

Die Überlegungen, die zur Entscheidung für die zwei Grundsätze der Gerechtigkeit führen, werden geleitet vom sogenannten Maximin-Kriterium (*Max*imum *mini*morum, d. h Maximierung des Minimums), wobei es nach Ansicht von Rawls durchaus plausibel ist, das Maximin-Kriterium im Urzustand zu befolgen. Dieses Kriterium, das von Entscheidungstheoretikern für Entscheidungen unter den Bedingungen der Ungewißheit vorgeschlagen wurde, besagt, daß wir die verschiedenen Möglichkeiten nach ihrem Maximalverlust, sprich: dem denkbar größten Mißerfolg, ordnen und uns dann für die Möglichkeit mit dem Minimum des Maximalverlustes, sprich: mit dem geringsten Mißerfolg, entscheiden sollen. Wir sollen uns somit weder am höchsten Gipfel noch am höchsten Durchschnitt, sondern vielmehr am absoluten Bodensatz orientieren.

Auf das Problem der Gerechtigkeit angewendet bedeutet das Maximin-Kriterium, daß es rational ist, sich für eine Gesellschaftsform zu entscheiden, in der die am schlechtesten gestellte Gruppe – im Vergleich zu den am schlechtesten gestellten Gruppen anderer Gesellschaftsformen – am wenigsten schlecht gestellt ist. Besser ein Minimum an Sicherheit als die Möglichkeit – aber dann eben ohne Sicherheitsnetz –, das Maximum zu erreichen.

Rawls nennt drei Gründe, weshalb es plausibel ist, sich im Urzustand an das Maximin-Kriterium zu halten.[14] Es greift in Situationen, in denen ein Wissen um die Wahrscheinlichkeit der verschiedenen Möglichkeiten nicht möglich oder bestenfalls äußerst unsicher ist; ebenso kommt es in Situationen zur Geltung, in denen sich die Person, die sich entscheidet, herzlich wenig dafür interessiert, was sie über das von der Regel garantierte Mindestmaß hinaus eventuell hätte erreichen können. Schließlich paßt das Kriterium auf Situationen, in denen die verschiedenen Entscheidungsmöglichkeiten zu Ergebnissen führen, die von der betreffenden Person aller Wahrscheinlichkeit nach nicht akzeptiert werden können.

Der Schleier der Unwissenheit soll jedes Wissen um Wahrscheinlichkeiten ausschließen. Die beiden Komponenten – die Theorie über die Grundgüter, von denen alle Menschen stets mehr haben wollen, in Verbindung mit der Vorstellung vom Vorrang der Freiheit, durch die abgesichert werden soll, daß die Freiheit nicht zugunsten einiger, die dadurch besser gestellt würden, verkauft wird – sollen beide den Wert der Verbesserung, die über das garantierte Minimum hinaus erreicht werden könnte, reduzieren.

Alle diese Überlegungen und Annahmen sind eingehender Kritik unterzogen worden.[15] So wurde unter anderem der Einwand erhoben, die Anwendung des Maximin-Kriteriums sei sehr viel eingeschränkter, als Rawls annehme, weshalb die Entscheidung für die beiden Grundsätze dadurch nicht abgesichert werden könne. Rawls' Prämissen seien außerdem willkürlich und auf dessen eigene Ziele zugeschnitten. Da man im Urzustand beispielsweise nicht weiß, wie weit die Gesellschaft entwickelt ist, kann man auch nicht wissen, welches Minimum durch die Maximin-Strategie garantiert ist. Wie können wir aber unter diesen Umständen annehmen, daß uns das über das garantierte Minimum hinaus Erreichbare nicht interessiert – oder daß wir das unter dem garantierten Minimum Liegende als völlig unannehmbar betrachten werden?[16]

Soweit die vorgebrachte Kritik wesentliche Punkte berührt, muß Rawls sein Vorhaben, die beiden Grundsätze der Gerechtigkeit allein aus der rationalen Entscheidung im Urzustand abzuleiten, revidieren und den Weg einer eher traditionellen politischen Philosophie einschlagen, in der die eigenen Voraussetzungen klar expliziert und die aus ihnen hergeleiteten Konsequenzen auf nachvollziehbare Weise entwickelt werden. Möglicherweise ergäbe sich dann auch eine wesentliche Revision der Grundprinzipien. Betrachten wir zum Abschluß noch einmal das Differenzprinzip und die an dieses Prinzip anknüpfende Kritik von Nozick.

Fair Play?

Der Gedanke, der dem Unterschiedsprinzip zugrunde liegt, ist der, daß Ungleichheiten nur akzeptabel sind, wenn sie der am schlechtesten gestellten Gruppe Vorteile bringen. Unterschiede in der Verteilung von Einkommen sind somit nur dann zu rechtfertigen, wenn sie sich zugunsten der Schwächsten auswirken, das heißt, eine wirtschaftliche Struktur ist dann gerecht, wenn es der am schlechtesten gestellten Gruppe innerhalb dieser Struktur besser geht als der am schlechtesten gestellten Gruppe in jeder anderen Wirtschaftsstruktur. Ein etwas vereinfachendes Beispiel mag den Gedankengang verdeutlichen: Nehmen wir zunächst an, das durchschnittliche Gehalt für die Leiter einer Fabrik betrage 80000 DM und der Lohn der Arbeiter 40000 DM. Nun wird das Gehalt der Leiter auf 120000 DM erhöht, was die neuen Unternehmensleiter dazu motiviert, die Produktivität zu steigern, was wiederum eine Erhöhung des Lohns der Arbeiter auf 42500 DM ermöglicht. Wenn dies der einzige Weg ist, den Lohn der Arbeiter zu erhöhen, dann sind solche Einkommensunterschiede laut Rawls gerechtfertigt. Bei ansonsten gleichen Bedingungen geht es den Arbeitern unter dem neuen System wirtschaftlich besser als unter dem alten, und da das Unterschiedsprinzip befolgt wurde, ist die zweite Regelung gerecht, und niemand hat Grund zur Klage.

Robert Nozick hat die Frage aufgeworfen, ob das Unterschiedsprinzip fair ist.[17] Rawls gibt hierfür folgende zentrale Begründung[18]: Das Wohlbefinden aller ist abhängig von irgendeiner Form der geordneten Zusammenarbeit; gäbe es diese Zusammenarbeit nicht, so wäre für niemanden ein befriedigendes Leben möglich. Deshalb sollte die Verteilung von Gütern so sein, daß sie bei allen, die am System teilnehmen – auch den am schlechtesten Gestellten –, die Bereitschaft zur Zusammenarbeit fördert. Daß dies so sein wird, kann man nur dann erwarten, wenn angemessene (faire) Bedingungen eingehalten werden. Die beiden Grundsätze der Gerechtigkeit scheinen eine faire Übereinkunft zu sein. Unter den Bedingungen dieser Übereinkunft können diejenigen, die in bezug auf Begabung oder gesellschaftliche Position besser gestellt sind – Vorteile, die sie sich nicht selbst erarbeitet haben –, von anderen, weniger Begünstigten, eine Bereitschaft zur Zusammenarbeit erwarten. Dies muß im Interesse dieser wie jener Gruppe liegen, da ein brauchbares System der Zusammenarbeit eine notwendige Vorbedingung für das Wohl aller ist.

Die Bessergestellten haben Vorteile aus der Zusammenarbeit mit den Schwächeren, und die letzteren haben Vorteile aus der Zusammenarbeit mit den ersteren. Durch eine generelle gesellschaftliche Zusammenarbeit haben also beide Parteien einen Nutzen. Aber ist der Nutzen auch für beide gleich? Nozick weist hier darauf hin, daß nicht zwangsläufig die Bessergestellten den größten Nutzen aus einer generellen gesellschaftlichen Zusammenarbeit haben. Vielmehr ist es durchaus denkbar, daß die Gruppe mit dem stärksten wirtschaftlichen Unternehmergeist und der größten Kreativität ohne die Zusammenarbeit mit den Schwächsten glänzend zurechtkäme, wohingegen der umgekehrte Fall kaum denkbar ist. Die am schlechtesten Gestellten gewinnen durch die generelle gesellschaftliche Zusammenarbeit mehr als die Bessergestellten. Und dieses Nutzengefälle wird noch verstärkt, wenn man, wie Rawls, ein Unterschiedsprinzip einführt, durch das die Schwächeren eindeutig begünstigt werden. Nozick findet es daher irreführend, hier von einem fairen Übereinkommen zu sprechen. Durch das Unterschiedsprinzip werden die wirtschaftlich Bessergestellten als Mittel zur Wohlfahrt für die Schwächeren herangezogen. Es ist seiner Meinung nach nicht nachvollziehbar, wie Rawls sein Unterschiedsprinzip als unparteiisch bezeichnen kann. Nozick bemerkt kritisch, es handle sich bei diesem Prinzip um einen moralischen Grundsatz, in dem Rawls seine persönlichen egalitären Vorstellungen zum Ausdruck bringt.

Soweit Nozick. Das Werk von Rawls ist weiterhin umstritten. Die Diskussion in neue Bahnen zu lenken, ist die noch zu lösende Aufgabe der Moralphilosophie.

Robert Nozick: der Minimalstaat

Eines von Nozicks Grundthemen ist das Verhältnis zwischen Individuum und Staat. Welchen Umfang und welche Grenzen gibt es für die rechtmäßigen Funktionen des Staates? Läßt der Staat sich überhaupt moralisch begründen, oder ist er im Grunde seines Wesens ein unmoralisches Monster?

Nozick leitet sein brillantes und verwirrendes Buch *Anarchy, State and Utopia* (dt. Anarchie, Staat, Utopia) ein mit der Aussage, der Mensch habe gewisse unantastbare Freiheitsrechte, unter anderem das Recht, über sein eigenes Leben zu bestimmen. Diese Rechte sind so absolut, daß die einzige Staatsform, für die es eine Rechtfertigung geben kann, der Minimalstaat ist, dessen Hauptaufgabe darin besteht, dafür zu sorgen, daß die fundamentalen Rechte nicht verletzt werden. Jede Staatsform, die über den Minimalstaat hinausgeht – was auf alle jetzigen Staaten zutrifft –, wird abgelehnt; jede Form staatlicher Verteilungspolitik, etwa zugunsten der Schwächsten in der Gesellschaft, wird als falsch und ungerecht bezeichnet. Soziale Güter, die von der Staatsmacht zur Verfügung gestellt und über Steuern finanziert werden, wie kostenlose Ausbildung, ärztliche Versorgung und die allgemeine Altersrente, stellen eine Verletzung der Rechte des einzelnen dar; das gleiche gilt für Pflichten, die dem Bürger auferlegt werden, etwa die Wehrpflicht.

Weder Nozicks Voraussetzungen noch seine extrem liberalistischen Folgerungen sind neu. Die Voraussetzungen teilt er weitgehend mit Philosophen wie John Locke, während die meisten seiner Folgerungen sich bei verschiedenen populistischen Steuerverweigerungsbewegungen wiederfinden. Seine Argumente aber sind häufig originell, seine Kritik oftmals scharfsinnig und fundamental. Nozick erfüllt in hohem Maße die sokratische Forderung, daß der Philosoph den Zufriedenen aufzurütteln habe, um ihn dazu zu bringen, sich die grundsätzlichen Fragen aufs neue zu stellen.

Für manche Generationen galten die Verteilungspolitik des Wohlfahrtsstaates und die Sicherung der Gleichheit in fortschrittlichen Kreisen als selbstverständlich. Und wenn es Kritik gab, so höchstens deshalb, weil Umverteilung und Gleichheit nicht konsequent genug verwirklicht waren. Dieser Auffassung stellt Nozick sich in seinem Buch entgegen. Dennoch ist fraglich, ob Arbeitgeberverbände oder zum Beispiel der Deutsche Industrie- und Handelstag sich vorbehaltlos hinter Nozick stellen würden. Zum einen treten diese Organisationen für einen gemäßigten Wohlfahrtsstaat ein – in sozialen Härtefällen muß der Staat eine gewisse Auffangfunktion ausüben –, zum anderen tritt Nozick dafür ein, daß die Ungerechtigkeiten aus der Vergangenheit beseitigt werden sollen, was leicht zu einer radikalen Veränderung der gegenwärtigen Zustände führen könnte. Würden etwa die Forderungen verschiedener Indianerstämme nach ihren ursprünglichen Gebieten erfüllt, wären die Landkarten neu zu zeichnen.

Rechte: die Souveränität des Individuums

Nozick unterstützt die Prämisse, daß das Individuum grundlegende Rechte hat. Dem einzelnen bleibt es überlassen, in völliger Souveränität über sich selbst und sein eigenes Leben zu bestimmen, was auch das Recht auf Selbstzerstörung einschließt.[19] Dieses Recht wird auch negativ formuliert, nämlich von Gewalt und sonstiger physischer Schädigung verschont zu bleiben. Das grundlegende Recht auf Selbstbestimmung des einzelnen wird als eine unantastbare moralische Sphäre aufgefaßt, die den einzelnen Menschen umgibt, die ihn andererseits in seinem Handeln gegenüber anderen einschränkt. Meine Handlungen gegenüber anderen Individuen unterliegen gewissen Beschränkungen (side constraints), die sich aus der Tatsache ergeben, daß ich deren grundlegende Rechte ebensowenig verletzen darf wie diese die meinen.[20] Wenn wir handeln, muß die Bedingung, die Rechte anderer nicht zu verletzen, Vorrang vor der Verfolgung eines wie auch immer gearteten Ziels haben.

Die Beschränkungen meiner Handlungen sind ein Ausdruck dafür, daß andere Personen unantastbar sind. Dies ist die Nozicksche Version der Vorstellung Kants, nach der man einen Menschen niemals nur als Mittel behandeln darf. Aber was wir im eigenen Leben als durchaus richtig ansehen: etwas Unangenehmes zu tun, um damit ein höheres Gut zu erreichen, warum sollte dies nicht auch vom Standpunkt des gesamtgesellschaftlichen Nutzens aus betrachtet legitim sein: daß einigen Menschen Lasten auferlegt werden, die der Gesellschaft Vorteile bringen?[21] Weshalb nicht Millionärseinkommen besteuern, um alleinstehenden Müttern zu helfen? Dies ist nach Auffassung von Nozick darum illegitim, weil es einen solchen abstrakten gesellschaftlichen Gesamtnutzen nicht gibt. Es gibt keine gesellschaftliche Größe – den Staat oder die Nation –, die Unannehmlichkeiten in Kauf nehmen könnte, um ein höheres Gut zu erreichen. Nozick formuliert einen weiteren, relevanteren Einwand: Es gibt nur verschiedene, individuelle Menschen, jeder mit seinem eigenen Leben. Eine Person zugunsten von anderen Personen zu benutzen – dies trägt nicht hinreichend der Tatsache Rechnung, daß der Betreffende als separates Individuum zu respektieren ist und daß er nur dieses, sein eigenes Leben hat. Ihm selbst entstünde durch sein Opfer kein zusätzlicher Nutzen, weshalb er nicht gezwungen werden kann, das Opfer auf sich zu nehmen; am allerwenigsten von einem Staat, der von ihm Treue verlangt und deshalb die Neutralität zwischen seinen Bürgern zu wahren hat. Selbst wenn es das Ziel wäre, daß insgesamt so wenig Rechte wie möglich in der Gesellschaft verletzt werden, darf dieses Ziel nicht auf Kosten der Rechte des einzelnen angestrebt werden. Ebenso wie Rawls lehnt Nozick daher alle utilitaristischen Überlegungen und Berechnungen ab.

Die moralischen Beschränkungen unserer allgemeinen Handlungsfreiheit haben ihre Begründung in verschiedenen Grundeigenschaften der menschlichen Person; dazu gehören Rationalität, freier Wille sowie die Fähigkeit, nach moralischen Grundsätzen zu handeln.[22] Der Mensch ist ein Geschöpf, das imstande ist, langfristige Pläne für sein Leben zu entwerfen, und das aufgrund von abstrakten, von ihm selbst formulierten Prinzipien Überlegungen anstellen und Beschlüsse fassen kann – ein Geschöpf, das sich in seinen Handlungen von seinen eigenen Vorstellungen darüber leiten läßt, was für es selbst und für andere ein passendes Leben ist. Mit diesem abstrakten, rationalistischen Menschenbild liegt Nozick auf einer Linie mit Rawls. Nozick sieht in dem Umstand, daß eine Person ihr Leben gemäß einem Plan gestaltet, das Mittel, durch das der Betreffende ein für ihn sinnvolles Dasein erreicht. Nur ein Geschöpf mit der Fähigkeit, das eigene Leben planmäßig zu gestalten, kann ein sinnvolles Leben haben.

Nozick deutet indirekt an, weshalb es richtig sei, dem einzelnen Menschen moralisch gesehen das Recht auf Selbstbestimmung zuzubilligen – dem Individuum zuzugestehen, daß es in gewissem Sinne quasi sein eigenes Eigentum und nicht das irgendeines anderen ist.[23] Denn hätte ich nicht das Recht, unter anderem über meinen eigenen Körper zu verfügen, wie könnte ich dann etwaige Forderungen anderer zurückweisen, die mir zum Beispiel die Nieren abverlangen nach dem Motto: «Nun hast du sie 35 Jahre lang benutzt, und da sie immer noch funktionstüchtig sind, ist es nunmehr an der Zeit, daß weniger günstig gestellte Mitbürger mit Hilfe unseres hervorragenden Transplantationsverfahrens in den Genuß dieses Organs kommen»? Da ich mir meine Nieren nicht selbst erarbeitet, sie mir nicht ‹verdient› habe – daß ich sie habe, ist ein von mir unabhängiger biologischer Zufall –, wie könnte ich dann für mich das Sonderrecht beanspruchen, sie ein Leben lang benutzen zu dürfen? Wäre es denn nicht nur recht und billig, wenn sie, ebenso wie alle anderen gemeinschaftlichen Ressourcen oder Vermögenswerte, so verteilt werden, daß möglichst viele einen möglichst großen Nutzen davon hätten?

Nozicks Vorstellungen vom souveränen Selbstbestimmungsrecht des einzelnen geben auf solche Fragen eine überzeugende Antwort. Er geht jedoch noch einen Schritt weiter mit der Behauptung, daß das Recht des Menschen auf Selbstbestimmung auch das Recht beinhalte, sich ein Auskommen zu verschaffen, weil das erste Recht sonst rein formal wäre. Kraft eigener Fähigkeiten und Talente, welche ein Teil seiner selbst sind und nicht ein gemeinschaftlicher Aktivposten, wie Rawls behauptet, kann der Mensch sich diese natürlichen Ressourcen zunutze machen, so daß die durch sie erarbeiteten Güter zu seinem privaten Eigentum werden. Die Ausnutzung der Erdressourcen durch den einzelnen Menschen ist dagegen nur dann gerecht bzw. moralisch vertretbar, wenn sie so erfolgt, daß andere durch sie nicht schlechter gestellt werden, als sie es wären, wenn diese Nutzung nicht erfolgt wäre.[24]

Nozick nennt verschiedene empirische Gründe dafür, daß privates Eigentumsrecht und eine kapitalistische Marktwirtschaft dazu führen werden, daß diejenigen, denen die freie Nutzung der natürlichen Ressourcen nicht länger offensteht, weil diese bereits von anderen erworben wurden, nicht schlechter gestellt sind, als sie es sonst wären. Der freie Markt mit privatem Eigentumsrecht wird für eine effektive Nutzung der knappen Ressourcen sorgen und zu Erfindungsreichtum und neuem Denken ermuntern.

Der besitzlose Proletarier wird durch die Entscheidungen anderer unter Umständen vor der Wahl stehen, zu verhungern oder für einen kargen Lohn zu arbeiten. Sofern die anderen sich bei der Ausübung ihrer Rechte im erlaubten Rahmen bewegt haben, trifft er aber seine Entscheidung selbst unter diesen mißlichen Umständen freiwillig. Unter ungünstigen Bedingungen überleben zu müssen, mag zwar hart sein; nach Nozicks Auffassung aber ist dies nicht ungerecht.[25]

Obwohl die Möglichkeit des einzelnen, ein sinnvolles Leben zu führen, die Grundlage für seine Rechte ist, ist es nach Nozick auch dann ausgeschlossen, daß die Staatsmacht einzelnen ihrer Bürger noch so geringe Lasten auferlegt, wenn dies die einzige Möglichkeit wäre, daß andere, zum Beispiel Schwerbehinderte, ein sinnvolles Leben führen oder überhaupt leben könnten. Nozicks bevorzugte Argumentationsform in dieser Diskussion besteht darin, jeweils einige konkrete Alltagssituationen zu analysieren, über deren Bedeutung die meisten der im Westen lebenden Menschen – oder zumindest Nozick und seine gleichgesinnten Leser – sich einig sind, und aus diesen Situationen jeweils einige allgemeine Betrachtungen abzuleiten. Dies hat natürlich Kritiker verleitet, Fragen wie die folgende zu stellen: Angenommen, das Leben einer Person könnte nur gerettet werden, indem das Eigentumsrecht einer anderen Person, etwa über eine bestimmte Medizin, verletzt wird.[26] Was dann? Nozick antwortet darauf in einer Randbemerkung, daß die scheinbar absoluten Beschränkungen unserer Handlungsweisen gegenüber den Rechten anderer in gewissen Extremfällen gelockert werden können, um abschreckende moralische Katastrophen zu vermeiden. Der Gedanke wird jedoch nicht weiter vertieft. Es bleibt der Gesamteindruck, daß es sich um absolute Rechte handelt. Leider geht Nozick an keiner Stelle seines Buchs genauer darauf ein, wie der moralische Status dieser Rechte fundiert ist. Hat das Eigentumsrecht, moralisch betrachtet, den gleichen Stellenwert wie das Recht des einzelnen auf Selbstbestimmung, so gerät die Plausibilität der Nozickschen Ausgangslage in Gefahr. Hat aber das zweite Vorrang vor dem ersten, so wird der gedankliche Zusammenhang zweifelhaft, weil die Unantastbarkeit des Eigentums eine notwendige Voraussetzung für Nozicks Ablehnung einer jeden Staatsform ist, die – wie der Wohlfahrtsstaat – über den Minimalstaat hinausgeht.

Von der Anarchie zum Minimalstaat

Wenn die Rechte des einzelnen so umfassend sind, wie dies von Nozick unterstellt wird, hat dann der Staat überhaupt noch eine Existenzberechtigung? In einer Gesellschaft, in der es keine Staatsmacht, sprich: kein legitimes Gewaltmonopol gibt, hat jeder das Recht, sich gegen Übergriffe auf seine Person oder sein Eigentum zu schützen.[27] Diese private Ausübung von Recht und Gesetz führt allerdings leicht zu chaotischen Zuständen mit einer endlosen Folge von Vergeltungstaten und Ersatzansprüchen. Da ein solcher Zustand instabil und für alle unerfreulich ist, regt Nozick an, daß die Menschen sich in Schutzvereinigungen zusammenschließen, in denen die Streitigkeiten der Mitglieder intern entschieden und die Mitglieder selbst gegen Angriffe von außen verteidigt werden. Aufgrund eines einfachen Marktmechanismus kann eine solche Schutzvereinigung innerhalb eines gewissen Territoriums eine Monopolstellung erreichen und dadurch zu einem Staatsgebilde werden. Der Staat entsteht somit als eine nicht von vornherein geplante Konsequenz menschlicher Handlungen; er ist keine bewußte Konstruktion.

Ein Staat kann entstehen, ohne daß irgendwelche Rechte verletzt werden, weil die Mitglieder ihr privates Ausübungsrecht der Schutzvereinigung übertragen. Wie aber verhält es sich mit denjenigen, die sich nicht der Vereinigung anschließen, aber dennoch auf ihrem Gebiet leben? Hat die Vereinigung das Recht, sie zur Mitgliedschaft zu zwingen? Dies wird von Nozick verneint. Allerdings hat die Vereinigung das Recht, sie von der Ausübung von Selbstjustiz abzuhalten und sie daran zu hindern, andere in Gefahr zu bringen. Voraussetzung für dieses Recht ist jedoch, daß die betreffenden Personen einen Ausgleich für die Einschränkungen ihrer Entfaltungsfreiheit erhalten, die ihnen von der Vereinigung auferlegt werden. Die subtile Auflösung dieses komplizierten Problems ist einer der theoretischen Höhepunkte des Buchs.[28] Diejenigen, die schlechter gestellt werden, weil ihnen verboten wird, Handlungen auszuführen, die vielleicht anderen schaden könnten, müssen eine Entschädigung erhalten für die ihnen auferlegten Einschränkungen. Diese Entschädigung beinhaltet unter anderem, daß die Vereinigung Nicht-Mitgliedern, also Personen, die sich an den Kosten für das Rechtswesen nicht beteiligen, einen kostenlosen Rechtsschutz gewährt. Aber sie können nicht zur Mitgliedschaft gezwungen werden, und es bleibt ihnen unbenommen, eigene kleine Gemeinschaften zu bilden, in die sich die Vereinigung nur einmischen darf, wenn dies zum Schutz der eigenen Mitglieder unumgänglich ist.

Dieses ist der Nozicksche Minimalstaat; er stellt die umfassendste Form legitimierbarer Staatsmacht dar, denn jeder weitergehende Staat würde die persönlichen Rechte des einzelnen verletzen. Die Besteuerung von Arbeitseinkommen ist nach Nozicks Auffassung praktisch mit Zwangsarbeit gleichzusetzen.[29] 50 Prozent eines Arbeitseinkommens in Form von Steuern zu beanspruchen heißt, den Betreffenden zu zwingen, die Hälfte seiner Zeit für andere zu arbeiten. Ist die Steuer progressiv, so mindert das diesen Zwang keineswegs; denn es bedeutet lediglich, daß man gezwungen wird, einen Teil der Früchte jener Arbeit abzuliefern, die über die bloße Sicherung des Existenzminimums hinaus geleistet wird. Überdies bedeutet es, daß das Steuersystem den Unglücklichen, der für seine Vergnügungen bezahlen muß, härter trifft als den Glücklichen, der sich mit den kostenlosen Freuden des Lebens zufriedengibt. In einem demokratischen Wohlfahrtsstaat hat der einzelne – laut Nozick – kein souveränes Verfügungsrecht über sich selbst (self-owner-ship); vielmehr hat jeder ein Teil-Eigentumsrecht bzw. Aktienanteile an jedem anderen, weil jeder in irgendeiner Form Anspruch auf soziale Güter hat, von denen der bei weitem überwiegende Teil aus der Arbeit anderer stammt.

Verteilungsgerechtigkeit: jeder nach seinen Präferenzen, jedem nach seiner Anerkennung

In einer freien Gesellschaft gibt es keine zentrale Verteilung von Gütern oder anderen Dingen, weil keine Person oder Gruppe berechtigt ist, alle Ressourcen zu kontrollieren und darüber zu befinden, wie sie verteilt werden sollen. Es erfolgt ebensowenig eine Zuteilung oder Verteilung von Gütern, wie es eine Zuteilung von Ehepartnern in einer Gesellschaft gibt, in der Personen selbst entscheiden, welchen Partner sie ehelichen möchten.[30] Die Zuteilung der Güter in einer freien Gesellschaft ist das Produkt vielerlei individueller Entscheidungen, die die verschiedenen Personen berechtigterweise treffen.

Nach Auffassung Nozicks müssen die Güter gemäß der *Anspruchstheorie* verteilt werden. Dies bedeutet, daß nur die Güter, die Menschen in rechtmäßiger Weise erworben haben, verteilt werden sollen. Wenn eine Person ein Gut rechtmäßig erworben, beispielsweise selbst produziert oder es von einem anderen Produzenten bekommen hat, dann hat der Staat überhaupt kein Recht, es an andere zu verteilen. Die gerechte Verteilung hängt deshalb von der Art und Weise ab, in der das Gut in die Hände des Besitzers gekommen ist, also von seiner Vorgeschichte. Die meisten anderen Theorien über die Verteilungsgerechtigkeit richten ihr Augenmerk allein auf das Ergebnis der Verteilung, wobei das wesentliche Interesse dem Schlüssel gilt, gemäß welchem die Güter verteilt werden (vgl. Rawls' Unterschiedsprinzip).

Nozick zählt drei Problemkreise auf, die Gerechtigkeit in bezug auf Besitz betreffen.[31] Da wäre zunächst der ursprüngliche Erwerb von Besitz, das heißt die Aneignung von ‹herrenlosen› Gütern. Dieser Problemkreis umfaßt unter anderem die bereits früher angeschnittene Frage, wieweit natürliche Ressourcen und andere besitzerlose Güter in ein Eigentumsverhältnis übergehen können und durch welchen Prozeß dieser Übergang vonstatten geht. Als nächstes geht es um die Problematik der Übertragung von Besitztümern, so um die Frage, wie eine Person einen Besitz von jemand anderem erwerben kann, dem der betreffende Besitz noch gehört. Nozicks Grundsatz der Verteilungsgerechtigkeit besagt, daß eine Verteilung gerecht ist, sofern ein jeder ein Anrecht auf die Besitztümer hat, die ihm gemäß der Verteilung gehören. Oder anders und konkret ausgedrückt:

1. Wer ein Besitztum im Einklang mit dem Grundsatz der gerechten Aneignung erwirbt, hat Anspruch auf dieses Besitztum.
2. Wer ein Besitztum im Einklang mit dem Grundsatz der gerechten Übertragung von jemandem erwirbt, der Anspruch auf das Besitztum hat, hat Anspruch auf das Besitztum.
3. Ansprüche auf Besitztümer entstehen lediglich durch (wiederholte) Anwendungen der Regeln (1) und (2).[32]

Wäre die Welt vollkommen gerecht, so würde dies bedeuten, daß alle faktischen Situationen im Einklang mit den beiden Grundsätzen der Gerechtigkeit, also (1) und (2), entstanden wären. Aber schließlich haben schon immer Diebe, Betrüger und große oder kleine Gewalttäter auf dieser Welt ihr Unwesen getrieben. Dieser bunte Haufen ist Gegenstand des dritten Nozickschen Problemkreises: die Berichtigung von Ungerechtigkeit bezüglich Besitztum. Nur hier kann eine Umverteilung in Frage kommen. Wenn jetzige Besitzverhältnisse durch frühere ungerechte Handlungen zustande gekommen sind, wie können dann die Sünden der Vergangenheit wieder korrigiert werden? Dieses äußerst komplizierte und brisante Problem handelt Nozick erstaunlicherweise auf weniger als eineinhalb Seiten ab, in denen im großen und ganzen lediglich festgestellt wird, daß dies ein sehr wichtiges Problem sei.[33] An anderer Stelle meint er in einer ironischen Passage, die Einführung des Sozialismus als Strafe für die Sünden der Vergangenheit wäre wohl doch eine zu drastische; ein umfassenderer Staat als der Minimalstaat über einen begrenzten Zeitraum könnte aber notwendig werden, um die Ungerechtigkeiten der Vergangenheit wiedergutzumachen.[34] Dies ermöglichte eine Verteilungspolitik, die sich von der von Rawls vorgeschlagenen gar nicht so sehr unterscheidet. Wie bei einigen anderen heiklen Punkten leitet Nozick aber auch hier schnell und geschickt auf ein anderes Thema über.

Die Grundsätze der *Verteilungsgerechtigkeit* unterteilt Nozick in zwei Arten.[35] Er stellt sog. strukturierte (patterned) Grundsätze den nichtstrukturierten bzw. historische den nichthistorischen (ergebnisorientierten) gegenüber. Ein Verteilungsgrundsatz ist strukturiert, wenn er bestimmt, daß die Verteilung gemäß einer natürlichen Dimension erfolgen soll, daß zum Beispiel jedem nach seinem moralischen Verdienst oder nach seiner Leistung gegeben werden soll. Ein strukturierter Grundsatz kann entweder historisch sein – wenn die Verteilung aufgrund einer Dimension früherer Handlungen erfolgt, etwa Nutzen gemäß Verdienst oder Leistung – oder nicht-historisch, was dann der Fall ist, wenn die Verteilungsdimension nicht auf frühere Handlungen zurückgeht, also beispielsweise vorgenommen wird nach Intelligenz oder Rasse. Der Anspruchsgrundsatz ist kein strukturierter Grundsatz, weil es hier keine einzelne natürliche Dimension gibt, aus der sich die Verteilungen, die aus dem Grundsatz folgen, ableiten.

Nozicks eigene Theorie ist historisch und nicht strukturell – vereinfacht ausgedrückt: Jeder nach seinen Präferenzen, jedem nach seiner Anerkennung!

Nozick versucht, die Alternativen zu seiner eigenen Theorie, also die strukturierte und die ergebnisorientierte Verteilung, anhand eines bildhaften Beispiels zu kritisieren.[36] Nehmen wir eine Verteilung V_1 an, die als gerecht gilt, weil sie mit irgendeinem Verteilungsgrundsatz oder dem Grundgesetz der Ergebnisorientiertheit im Einklang steht. Nun betritt Wilt Chamberlain – ein amerikanischer Basketballspieler – die Szene. Basketballfans geraten in Verzückung, wenn sie ihn spielen sehen, und kaufen bereitwillig Tickets für seine Spiele. Mit den Mannschaften, mit denen er spielt, trifft Wilt nun ein Abkommen, gemäß dem von jedem verkauften Ticket 25 Cents direkt an ihn gehen sollen: Nach der Saison hat sich eine andere Verteilung V_2 ergeben, weil Wilt Chamberlain Einnahmen aus seinem Sport gehabt hat, die die Einkommen der anderen bei weitem übersteigen. Und V_2 steht zu V_1 im Widerspruch. Ist V_2 ungerecht? Falls jeder Person das Recht zugebilligt worden wäre, was sie im Rahmen von V_1 hatte, zu nutzen, unabhängig davon, ob die daraus resultierende Verteilung mit einer bestimmten Struktur oder einem bestimmten Ergebnis übereinstimmt, muß V_2 als gerecht angesehen werden; denn viele Menschen haben sich ganz und gar freiwillig dazu entschieden, 25 Cents von ihrem Geld an Chamberlain abzugeben. Sie hätten das Geld auch für eine Kinokarte oder eine Zeitung ausgeben können. Wenn V_1 eine gerechte Verteilung war und die Menschen freiwillig von ihr zu V_2 überwechselten, indem sie Teile der ihnen unter V_1 zugestandenen Anteile jemand anderem zukommen ließen, dann wäre demzufolge auch V_2 gerecht. Der Anschein der Ungerechtigkeit entsteht nur dann, wenn man den einzelnen einerseits freies Verfügungsrecht über ihre Güter zugesteht, andererseits verlangt, daß die aus der Ausübung dieses Rechts resultierende Verteilung gemäß dem ursprünglichen strukturierten und ergebnisorientierten Verteilungsgrundsatz hätte erfolgen sollen.

Nozicks Schlußfolgerung ist die, daß es eine Durchsetzung von ergebnisorientierten Grundsätzen oder eine strukturelle Verteilung ohne eine permanente Einmischung in das Leben der Menschen nicht geben kann.

Um eine bestimmte Struktur aufrechtzuerhalten, müßte der Staat sich immer wieder einmischen, um die Menschen daran zu hindern, Mittel entsprechend den eigenen Wünschen zu veräußern; oder er müßte einschreiten, um gewissen Menschen Mittel wegzunehmen, die ihnen zuvor andere freiwillig übertragen hatten.

Nozicks Beispiel ist von erheblicher intuitiver Überzeugungskraft, aber es fragt sich, wieviel es eigentlich beweist. Er beschwört das Schreckgespenst einer tyrannischen Staatsmacht herauf, die willkürlich und unberechenbar den Menschen in seiner freien Entfaltung behindert, indem sie Teile seines Eigentums beschlagnahmt. Kritiker haben jedoch darauf hingewiesen, daß staatliche Eingriffe keineswegs willkürlich erfolgen müssen und durchaus berechenbar sein können, etwa in der Form einer Einkommenssteuer nach einer bestimmten Skala oder Tabelle.[37] Im Rahmen eines solchen Systems wird die überwiegende Mehrzahl kapitalistischer Transaktionen zwischen erwachsenen Menschen auch weiterhin möglich sein. Im weiteren scheint ein erheblicher Unterschied darin zu bestehen, ob man Chamberlains Einkünfte einer Besteuerung unterzieht, deren Prinzipien ihm von vornherein bekannt sind, oder ob man den Leuten verbietet, ihm zu zahlen, was er verlangt, und sie somit daran hindert, ihn spielen zu sehen.

Schließlich steht die Frage offen, warum Nozick den Menschen unter V_1 die absolute Freiheit unterstellt, mit ihrem Besitz nach eigenem Ermessen zu verfahren – ein Recht, welches sie nach den Strukturtheorien, auf deren Annahmen V_1 angeblich basiert, ja gerade nicht besitzen. Wenn dem so ist, dann zeigt Nozick nur, daß sein eigener Anspruchsgrundsatz mit den Strukturgrundsätzen nicht vereinbar ist, daß also die Strukturgrundsätze vom Anspruchsgrundsatz aus als falsch bewertet werden müssen – ein Ergebnis, das kaum überraschen wird und nur schwerlich als faires Argument dienen kann.[38]

Aber die Frage ist verzwickter, als es zunächst scheint. Denn Nozick kann mit Recht darauf verweisen, daß die Dinge, die von Menschen in welcher Form auch immer produziert oder verarbeitet wurden, nach den strukturellen Verteilungsgrundsätzen als eine Art Massen-Eintopf zur gemeinsamen Verköstigung aller angesehen werden – was nichts anderes heißt, als daß diese Theorien die Ansprüche der Arbeitenden auf ihre eigenen Produkte systematisch ignorieren. Ein springender Punkt hierbei ist natürlich die Frage, wie umfassend diese Ansprüche sein sollen. Wie bereits erwähnt, schenkt sich Nozick aber eine systematische Diskussion des Problems verschiedener konkurrierender Ansprüche.

Nozicks Stärke besteht darin, auf originelle Art und Weise allgemein anerkannte Wahrheiten ins Wanken gebracht zu haben. Seine eigenen Lösungsvorschläge enden aber ihrerseits oftmals mit offenen Fragen – eine Eigenschaft, die sie mit einem Großteil der besten zeitgenössischen Philosophien – aber auch den Philosophien vergangener Zeiten – teilen.

Texte

Rawls, J.: A Theory of Justice. Oxford 1972 (dt. Eine Theorie der Gerechtigkeit. Frankfurt/M. ^{4}1988) *(= TG)*.
–: Fairness to Goodness. In: Philosophical Review 84 (1977), p. 536–554.
–: Gerechtigkeit als Fairness. Hg. von O. Höffe. Freiburg/München 1977.
–: Kantian Constructivism in Moral Theory. In: The Journal of Philosophy 77 (1980), p. 515–572.
– (et al.): Liberty, Equality and Law: selected Tanner lectures on Moral Philosophy, ed. by S. M. MacMurrin. Salt Lake City 1987.
–: Die Idee des politischen Liberalismus. Aufsätze 1978–1989. Frankfurt/M. 1989.
Nozick, R.: Anarchy, State and Utopia. Oxford 1974 (dt. Anarchie, Staat, Utopia. München 1976?) *(= ASU)*.
–: Philosophical Explanations. Oxford 1981.
–: The examined life. Philosophical meditations. New York 1989.
–: The Normative Theory of Individual Choice. New York etc. 1990.

Bibliographie

Wellbank, J. H./Snock, D./Mason, T.: John Rawls and his critics: an annotated bibliography. New York/London 1982.

Literatur

Ackermann, B. A.: Social Justice in the Liberal State. London 1980.
Brehmer, K.: Rawls' «Original position» oder Kants «Ursprünglicher Kontrakt»: die Bedingungen der Möglichkeit eines wohlgeordneten Zusammenlebens. Königstein/Ts. 1980.
Corlett, A. (ed.): Equality and Liberty. Analyzing Rawls and Nozick. Basingstoke/London 1991.
Daniels, N. (ed.): Reading Rawls. Critical Studies on Rawls' «A Theory of Justice». Oxford 1975.

Dworkin, R.: Die Bürgerrechte ernstgenommen. Frankfurt/M. 1984.
Engin-Deniz, E. v.: Vergleich des Utilitarismus mit der Theorie der Gerechtigkeit von John Rawls. Innsbruck 1991.
Höffe, O. (Hg.): Über John Rawls' Theorie der Gerechtigkeit. Frankfurt/M. 1977.
Kern, L.: Neue Vertragstheorie. Zur rationalen Rekonstruktion politisch-ethischer Grundprinzipien. Königstein/Ts. 1980.
Kley, R.: Vertragstheorien der Gerechtigkeit. Eine philosophische Kritik der Theorien von John Rawls, Robert Nozick und James Buchanan. Stuttgart 1989.
Koller, P.: Neue Theorien des Sozialkontrakts. Berlin 1987.
Kuehn, H.-J.: Soziale Gerechtigkeit als moralphilosophische Forderung. Zur Theorie der Gerechtigkeit von John Rawls. Bonn 1984.
Kukathas, C./Pettit, Ph. (eds): Rawls. A Theory of Justice ans its Critics. Cambridge 1990.
Luper-Foy, S.: The Possibility of Knowledge. Nozick and his Critics. Totowa 1987.
Manz, H. G. v.: Fairness und Vernunftrecht. Rawls' Versuch der prozeduralen Begründung einer gerechten Gesellschaftsordnung im Gegensatz zu ihrer Vernunftbestimmung bei Fichte. Hildesheim/Zürich/New York 1990.
Miller, D.: Social Justice. Oxford 1976.
Paul, J. (ed.): Reading Nozick. Essays on «Anarchy, State and Utopia». Oxford 1982.
Sattig, A.: Kant und Rawls. Eine kritische Untersuchung von Rawls' Theorie der Gerechtigkeit im Lichte der praktischen Philosophie Kants. Mannheim 1985.
Strahlmann, M.: Nozicks Kritik an Rawls' Gerechtigkeitstheorie. Göttingen 1989.
Wettstein, H.: Über die Ausbaufähigkeit von Rawls' Theorie der Gerechtigkeit. Basel 1979.
Wildermuth, A./Jäger, A. (Hg.): Gerechtigkeit. Themen der Sozialethik. Tübingen 1981.
Wolff, J.: Robert Nozick. Property, Justice and the Minimal State. Cambridge 1991.
Wolff, R. P.: Understanding Rawls. A Reconstruction and Critique of «A Theory of Justice». Princeton 1977.

Anmerkungen

1 Rawls, *TG*, S. 34–39, 140 ff, 193 f u. 637.
2 Rawls, *TG*, S. 81.
3 Rawls, *TG*, S. 81.
4 Rawls, *TG*, S. 634.

5 Rawls, *TG*, S. 29f, 142 u. 214–217.
6 T. Nagel in: N. Daniels (ed.) 1975, S. 8ff.
7 Rawls, *TG*, S. 92ff.
8 Rawls, *TG*, S. 121–129.
9 Nozick, *ASU*, S. 207.
10 Rawls, *TG*, S. 124ff u. 344–350.
11 Vgl. R. Dworkins Auseinandersetzung mit Rawls' Gerechtigkeitsidee in: Bürgerrechte ernstgenommen, S. 252–302.
12 Rawls, *TG*, S. 105f.
13 Vgl. H. L. A. Hart: Rawls on Liberty and its Priority. In: N. Daniels (ed.) 1975, S. 230–252.
14 Rawls, *TG*, S. 177–185.
15 Vgl. R. P. Wolff: Understanding Rawls, S. 163ff; oder Nagel, Hare und Lyons in: N. Daniels (ed.) 1975.
16 T. Nagel in: N. Daniels (ed.) 1975, S. 12.
17 Nozick, *ASU*, S. 176–184.
18 Rawls, *TG*, S. 103f.
19 Nozick, *ASU*, S. 11, 25ff u. 64.
20 Nozick, *ASU*, S. 44ff.
21 Nozick, *ASU*, S. 42ff.
22 Nozick, *ASU*, S. 56–59.
23 Nozick, *ASU*, S. 157–163 u. 191.
24 Nozick, *ASU*, S. 163–167.
25 Nozick, *ASU*, S. 214–241.
26 Vgl. J. J. Thomson; Some Ruminations on Right. In: J. Paul (ed.) 1982, S. 130–147.
27 Nozick, *ASU*, S. 25f.
28 Nozick, *ASU*, Kap. 4 u. 5.
29 Nozick, *ASU*, S. 159ff.
30 Nozick, *ASU*, S. 144.
31 Nozick, *ASU*, S. 143ff.
32 Nozick, *ASU*, S. 144.
33 Nozick, *ASU*, S. 145f.
34 Nozick, *ASU*, S. 212f.
35 Nozick, *ASU*, S. 146–152.
36 Nozick, *ASU*, S. 152–155.
37 O. O'Neil in: J. Paul (ed.) 1982, S. 309–310; T. Nagel in J. Paul (ed.) 1982, S. 199.
38 O. O'Neil in: J. Paul (ed.) 1982, S. 308–309; T. Nagel in: J. Paul (ed.) 1982, S. 201–202.

6. *SPRACHE UND ONTOLOGIE*

Oliver R. Scholz

Willard Van Orman Quine
Naturalisierter Empirismus

Zu Leben und Werk

Willard Van Orman Quine, am 25.6.1908 in Akron (Ohio) geboren, begeisterte sich als Kind für Geographie, für ferne Länder, bald auch für fremde Sprachen, ihre Verwandtschaft und die rätselhafte Herkunft ihrer Wörter und Wortbedeutungen; der Umgang mit Karten und Wörterbüchern blieb ein Steckenpferd Quines, welches nicht völlig beziehungslos neben seinen professionellen Interessen stand. Im Blick auf die frühen Jahre bemerkt Quine:

«The continuing charme of geography was due not only to the exotic, but to structure. I was interested in boundaries, and in where you get to when you proceed thus and so... An interest in foreign languages, like an interest in stamps, accorded with my taste for geography. Grammar, moreover, appeals to the same sense that is gratified by mathematics, or by the structure of boundaries and road networks.» («Die anhaltende Faszination, die von der Geographie ausging, verdankte sich nicht allein den Reizen des Fremden; sie hatte vielmehr auch mit Strukturen zu tun. Mich interessierten Grenzziehungen und die Frage, wo man landet, wenn man auf diese oder jene Art vorgeht... Ein Interesse an fremden Sprachen wie auch an Briefmarken entsprach meiner Vorliebe für Geographie. Zudem spricht die Grammatik denselben Sinn an, der an Mathematik oder an der Struktur von Grenzen und Verkehrsnetzen seine Freude hat.»)[1]

An der High School zieht Quine den «Scientific Course» den anderen Optionen («Classical, Technical, Commercial Course») vor. Er entwickelt schriftstellerische Neigungen, die er in verschiedenen Richtungen auslebt. Erste philosophische Interessen sollen durch die Lektüre von Edgar Allan Poes *Eureka* sowie durch eine gewisse Beunruhigung angesichts der Unplausibilität religiöser Lehren geweckt worden sein. Zu den ersten philosophischen Werken, die Quine las, gehörte *Pragmatism* von William James. Im Oberlin College legte er das Hauptgewicht auf die Fächer Mathematik und Philosophie. Er wurde auf die Werke von Bertrand Russell aufmerksam, von dem zu hören war, er habe eine «mathematische Philosophie». Quine las sowohl die Schriften populären wie auch diejenigen logischen Inhalts und machte sich mit den Arbeiten anderer Logiker und Mathematiker vertraut. Im Mittelpunkt der Aufmerksamkeit stand längere Zeit natürlich ein Werk: die *Principia Mathematica*, Frucht gemeinschaftlicher Anstrengungen von Russell und Alfred North Whitehead. Letzterer lehrte Philosophie in Harvard; so wechselte Quine 1930 an die Harvard University, der er bis heute angehört. Dort hörte er auch H. M. Sheffer, einen angesehenen Logiker, und C. I. Lewis, der ebenfalls ein guter Kenner der neuen Logik war, der sich aber vor allem mit erkenntnistheoretischen und ethischen Fragen beschäftigte und bei dem man mancherlei über die Denkrichtungen des Pragmatismus und des Naturalismus lernen konnte. Im Jahre 1931 begegnete Quine seinem ersten großen Lehrmeister, Bertrand Russell, zum ersten Male persönlich, als dieser in Harvard eine Vorlesung hielt – eine Begegnung, welche Quines Bewunderung für Russell noch vermehrte. Quine promovierte 1932 bei Whitehead mit der Arbeit *The Logic of Sequences: A Generalization of Principia Mathematica*.

Ein Stipendium ermöglichte 1932/33 eine Studienreise nach Europa. Herbert Feigl, aus Wien nach Amerika gekommen, und andere Freunde hatten Quine geraten, den Wiener Kreis, den Kern des logischen Empirismus, zu besuchen. Während seiner fünf Monate Aufenthalt in Wien lernte er unter anderem Moritz Schlick, Kurt Gödel, Hans Hahn, Hans Reichenbach und Alfred Jules Ayer kennen. (Otto Neurath, dessen Ideen ihn stark beeinflussen sollten, hielt sich damals in Moskau auf; Quine traf erst einige Jahre später mit ihm zusammen.) Die Wiener Diskussionen bereiteten Quine bestens auf seine erste Begegnung mit dem damals in Prag tätigen Rudolf Carnap und den in Warschau ansässigen polnischen Logikern – vor allem Stanislaw Lesniewski, Jan Lukasiewicz und Alfred Tarski – vor. Die Aufenthalte in Prag und Warschau erscheinen

Quine im Rückblick als «the intellectually most rewarding months I have known» («die in intellektueller Hinsicht lohnendsten Monate, die ich erlebt habe»).[2] Carnaps früher Ruhm verdankte sich in erster Linie seinem Buch *Der logische Aufbau der Welt* (1928), in dem eine wirkliche Durchführung des empiristischen Programms unter Zuhilfenahme der neuen logischen Resultate versucht wurde. Zur Zeit von Quines Besuch vollendete er gerade sein zweites Hauptwerk *Die logische Syntax der Sprache.*[3] Nicht bloß aufgrund dieser und anderer Werke, sondern wohl auch aufgrund des tiefen Eindrucks, den seine Persönlichkeit auf Quine hinterließ, wurde und blieb Carnap der größte philosophische Einfluß und in den Punkten der Nichtübereinstimmung der vornehmste Gegner. In Warschau tauschte sich Quine mit den führenden Logikern aus, Diskussionen, die bereits für die veröffentlichte Fassung seiner Dissertation – nun unter dem Titel *A System of Logistic* (1934) – fruchtbar wurden.

Nach seiner Rückkehr wurde Quine Junior Fellow in Harvard, ein Arrangement, welches gute Forschungsbedingungen sicherte. Einige Jahre arbeitete er als Faculty Instructor mit Lehrverpflichtungen im Bereich der mathematischen Logik. Wohl auch aus dieser Beschäftigung gingen später mehrere handbuchartige Darstellungen der Logik hervor. Ein beträchtlicher Teil der herausragenden Logiker und Philosophen, die Quine auf seiner prägenden Europareise kennengelernt hatte, emigrierten in die Vereinigten Staaten, als sich der Nazi-Terror ausbreitete. Einige hielten sich kürzere oder längere Zeit in Harvard auf, das zu einer Hochburg des logischen Empirismus wurde. Tarski erhielt durch Quines Fürsprache eine Stelle an der Harvard University; Carnap war schon von Prag aus nach Chicago gegangen. Wie anregend diese Harvarder Jahre gewesen sein mögen, läßt eine Nennung ‹philosophischer Ereignisse› im Jahre 1940 nur ahnen: Russell hielt die William James Lectures in Harvard; Carnap kam als Gastprofessor für ein Jahr; im Herbst diskutierten Russell, Carnap, Tarski und Quine das Manuskript von Carnaps *Introduction to Semantics* (Tarski und Quine griffen dabei bereits die Unterscheidung zwischen analytischen und synthetischen Urteilen an).

Nach Diensten bei der Navy zwischen 1942 und 1945 kehrte Quine an seine angestammte Wirkungsstätte zurück; 1948 wurde er dort Full Professor, 1956 erhielt er die Edgar-Pierce-Professur. Seine Lehr- und Forschungstätigkeit in Harvard wurde jedoch immer wieder durch Vorträge und Vorlesungsreihen in all die Länder unterbrochen, die ihn als Kind bereits auf den Landkarten fasziniert hatten.

Quine gehört, auch was den Umfang seines Œuvres angeht, zu den produktivsten amerikanischen Philosophen der Gegenwart. Zu den knapp anderthalb Dutzend Monographien und ungezählten Artikeln treten noch viele erhellende Repliken, Diskussionsbeiträge und Rezensionen. Als Hauptwerk wird zu Recht allgemein das 1960 erschienene *Word and Object* (dt. Wort und Gegenstand, 1980) betrachtet, in dem die sprachphilosophischen, logischen, ontologischen und erkenntnistheoretischen Ergebnisse zu einem Gesamtbild zusammengefügt werden. Mit einigem Recht könnte man *The Roots of Reference* (von 1974; dt. Die Wurzeln der Referenz, 1989) Quines zweites Hauptwerk nennen; an das dritte Kapitel von *Word and Object: The Ontogenesis of Reference* anknüpfend, wird in einem Zuge skizziert, wie, empiristisch gesehen, der Erwerb einer Sprache respektive einer Theorie ausgehend von Sinnesreizungen vonstatten gehen könnte.

Der einflußreichste Aufsatz ist zweifellos *Two Dogmas of Empiricism*, inzwischen ein Klassiker – wenigstens innerhalb der analytischen Philosophie. Zusammen mit einem anderen Klassiker – *On What There Is* – bildet er das Herzstück der Aufsatzsammlung *From a Logical Point of View* (1953; dt. Von einem logischen Standpunkt, 1979). Spätere Anthologien sind: *Selected Logic Papers* (1966), *The Ways of Paradox and Other Essays* (1966, 2. erweiterte Auflage 1976) sowie neuerdings *Theories and Things* (1981) mit zahlreichen Arbeiten zu Detailfragen und klärenden Retraktationen. Dazwischen lag die immens wirksame Sammlung *Ontological Relativity and Other Essays* (1969; dt. Ontologische Relativität und andere Schriften, 1975); neben dem Titelessay, der vieldiskutierte Thesen aus *Word and Object* wiederaufnimmt und weiterentwikkelt, hat besonders der Aufsatz *Epistemology Naturalized* (Naturalisierte Erkenntnistheorie) lebhafte Grundlagendiskussionen entfacht.

Einführenden Charakter hat das gemeinsam mit Joseph Ullian verfaßte Bändchen *The Web of Belief* (1970). Eine Fülle nicht nur biographischer, sondern auch wissenschaftsgeschichtlicher Details breitet Quines voluminöse Autobiographie *The Time of My Life* (1985) aus.[4] Ein – so der Untertitel – *intermittently philosophical dictionary*, konzipiert in der Tradition von Voltaires *Dictionaire philosophique portatif*, ist Quines bislang[4a] letztes Buch. Es trägt den anspielungsreichen, wohl auch mit Selbstironie gewürzten, Titel *Quiddities* und erschien im Jahre 1987.

Der rote Faden

Quines philosophische Arbeit wird zu einer Einheit, gewinnt als Ganze Konturen, wenn man sie als den Versuch begreift, zu einem durchgängigen, wirklich konsequenten Empirismus zu gelangen. Quine knüpft einerseits an den überkommenen neuzeitlichen Empirismus – sowohl in seiner klassischen britischen Gestalt wie auch in der Gestalt des logischen Empirismus – an; er ist aber auf der anderen Seite bestrebt, ihn von nicht erreichbaren Zielen abzubringen, von empiristisch nicht ausweisbaren Begriffen und Dogmen zu befreien und durch einen gangbaren, dem heutigen Stand der empirischen Wissenschaften angemessenen und mit ihm Tuchfühlung haltenden Empirismus zu ersetzen.[5] Diese generelle Interpretationsidee gibt auch einen brauchbaren Leitfaden zu einer einführenden Darstellung von Quines Philosophie ab.

Unserem Ansatz, Quine als Erneuerer des Empirismus vorzustellen, scheint das Bild von Quine, dem Logiker, entgegenzustehen. Bereits ein Überfliegen der Titel einiger Monographien – *A System of Logistic, Mathematical Logic, Elementary Logic, O Sentido da Nova Logica, Methods of Logic, Set Theory and Its Logic, Philosophy of Logic* etc. – erweckt ja den Eindruck, Quine sei es in erster Linie um Logik, zuzüglich Mengenlehre und Philosophie der Logik, zu tun. Dazu sei folgendes angemerkt: Unbestreitbar ist natürlich, daß Quine unter anderem über die Logik und Mathematik zur Philosophie gefunden und zahlreiche bedeutende Beiträge zur mathematischen und philosophischen Logik geliefert hat. Ein beträchtlicher Teil der aus diesen Bemühungen hervorgegangenen Schriften verfolgt jedoch in erster Linie didaktische und popularisierende Ziele: Die Ergebnisse der neuen Logik sollen weiter verbreitet, verständlicher vermittelt, ihre Wegbereiter bekannter gemacht werden. Quine hebt selbst hervor: «... the pedagogical motive has dominated my work in logic.» («... der pädagogische Antrieb beherrschte meine Arbeiten in der Logik.»)[6] Und die Richtung, die die eigenständigeren logischen Arbeiten nehmen, das Streben nach einem klareren Symbolismus, nach mehr Einfachheit, nach ontologischer Sparsamkeit und Durchschaubarkeit, ist ganz im Sinne eines logisch aufgeklärten und auch sonst geläuterten Empirismus; die Bemühungen auf logischem Gebiete fügen sich in das Gesamtprojekt durchaus ein. Eine solche Funktionalisierung der logischen Ergebnisse zeigt sich gerade auch in den Hauptwerken *Word and Object* und *The Roots of Reference*.

Empirismus der Ideen – Locke und seine Nachfolger

Um deutlicher zu sehen, an welchen Positionen des überkommenen Empirismus Quine festhält, welche er verwirft oder modifiziert, müssen wir uns in aller Kürze einige Hauptpunkte des empiristischen Programms in Erinnerung rufen.[7] Am besten gehen wir von *An Essay Concerning Human Understanding* (dt. Versuch über den menschlichen Verstand) aus, dem Hauptwerk John Lockes in der theoretischen Philosophie. Nachdem Locke im ersten Buch *Of Innate Notions* (Über angeborene Begriffe) versucht hat, die cartesianische Lehre von den angeborenen Ideen und Prinzipien ad absurdum zu führen, nimmt er zu Beginn des zweiten Buches *Of Ideas* (Über die Ideen) Stellung zu der Frage, worauf denn nun – positiv – menschliche Erkenntnis beruht, denn das selbstgesteckte Ziel war ja «to enquire into the Original, Certainty, and Extent of humane Knowledge» («Ursprung, Gewißheit und Umfang der menschlichen Erkenntnis zu untersuchen») (I,1,2).[8] Da die Materialien, aus denen der menschliche Geist Wissen fabrizieren kann, bei Locke «ideas» (Ideen) heißen, stellt sich die Grundfrage in der folgenden Form: Wie wird der Geist mit all diesen Ideen ausgestattet? Locke: «To this I answer, in one word, from *Experience*: In that, all our Knowledge is founded; and from that it ultimately derives it self» («Ich antworte darauf mit einem einzigen Worte: aus der *Erfahrung*. Auf sie gründet sich unsere gesamte Erkenntnis, von ihr leitet sie sich letztlich her») (II,1,2).[9] Im folgenden unterscheidet er zwei Erkenntnisquellen, für ihn beides Arten von «experience», von Erfahrung:

> «Our Observation employ'd either about *external, sensible Objects; or about the internal Operations of our Minds, perceived and reflected upon by our selves, is that, which supplies our Understandings with all the materials of thinking.* These two are the Fountains of Knowledge, from whence all the *Ideas* we have, or can naturally have, do spring» («Unsere Beobachtung, die entweder auf äußere sinnlich wahrnehmbare Objekte gerichtet ist oder auf innere Operationen des Geistes, die wir wahrnehmen und über die wir nachdenken, liefert unserem Verstand das gesamte *Material* des Denkens. Dies sind die beiden Quellen der Erkenntnis, aus denen alle Ideen entspringen, die wir haben oder naturgemäß haben können») (II,1,2).[10]

Die beiden Erkenntnisquellen sind also: «sensation», die äußere, sinnliche Erfahrung, und «reflection», die innere Erfahrung. Weitere Ressourcen gibt es für den Menschen nicht:

«The Understanding seems to me, not to have the least glimmering of any *Ideas*, which it doth not receive from one of these two. *External Objects furnish the Mind with the* Ideas *of sensible qualities*, which are all those different perceptions they produce in us: And the *Mind furnishes the Understanding with* Ideas *of its own Operations*» («Der Verstand scheint mir nicht den leisesten Schimmer von irgendwelchen Ideen zu haben, die er nicht aus einer dieser Quellen empfängt. Die *äußeren Objekte* versehen den Geist mit den Ideen der sinnlich wahrnehmbaren Qualitäten; diese Ideen sind all die verschiedenen Wahrnehmungen, die die äußeren Objekte in uns erzeugen; *der Geist* versieht den Verstand mit den Ideen seiner eigenen Operationen») (II,1,5).[11]

Der «way of ideas» ist auch bestimmend für Lockes Ansätze zu einer semantischen Theorie. Am Ende des zweiten Buches berichtet Locke, daß ihm erst im Zuge der Arbeiten am *Essay* die besondere Bedeutung der Sprache für sein erkenntniskritisches Vorhaben klargeworden sei, derentwegen vor Buch IV «Of Knowledge and Opinion» (Vom Wissen und der Wahrscheinlichkeit) ein Buch «Of Words» (Von den Wörtern) eingeschoben wird:

«... upon a nearer approach, I find, that there is so close a connexion between *Ideas* and Words; and our abstract *Ideas*, and general Words, have so constant a relation one to another, that it is impossible to speak clearly and distinctly of our Knowledge, which all consists in Propositions, without considering, first, the Nature, Use, and Signification of Language; ...» («Bei näherem Einblick finde ich aber, daß zwischen den Ideen und den Wörtern ein so enger Zusammenhang besteht und daß unsere abstrakten Ideen und unsere allgemeinen Wörter sich so beständig aufeinander beziehen, daß ich unmöglich klar und deutlich von unserer Erkenntnis reden kann, die ausschließlich aus Sätzen besteht, ohne zuvor Beschaffenheit, Verwendung und Bedeutung der Sprache zu untersuchen; ...») (II,33,19).[12]

Die «ideas» sind Dreh- und Angelpunkt in der lockeschen Sprach- und Bedeutungstheorie. Ideen und Wörter als die großen Werkzeuge der Erkenntnis («as the great Instruments of Knowledge») bilden den Gegenstand eines eigenen Wissenschaftszweigs, von Locke «Semiotik» oder «Logik» genannt, der zu Physik (Naturphilosophie) und Ethik hinzutritt. (Zu der Semiotik oder «Doctrine of Signs» trägt gerade der Essay bei.) Die Ideen sind Zeichen der Dinge, über die der Geist nachdenkt. Aus zwei Gründen haben wir jedoch auch Zeichen nötig, welche nun wiederum für Ideen stehen – «to communicate our Thoughts to one another, as well as record them for our own use, signs of our *Ideas* are also necessary» («sowohl für den Austausch unserer Gedanken als auch für ihre Aufzeichnung zu unserem eigenen Gebrauch [sind] Zeichen für unsere Ideen notwendig») (IV,21,4).[13] Solche Zeichen sind die Wörter, die demnach zum einen als Mitteilungszeichen (um anderen die je privaten Ideen bekanntzumachen), zum anderen als Merkzeichen dienen.

Der Bezug auf Ideen liefert für die Wörter dann auch eine Art Sinnkriterium. Bedeutungsvoll sind sprachliche Zeichen insoweit, als hinter ihnen Ideen (gleichsam als Bedeutungsgaranten) stehen; andere Laute, wären sie auch artikuliert, bleiben bedeutungslose Geräusche.

Besondere Schwierigkeiten macht die zwar nicht neue, aber durch Locke sehr wirksam gewordene Auffassung, die in dem folgenden berühmt-berüchtigten Satz zum Ausdruck kommt: «*Words, in their primary, or immediate signification, stand for nothing but the* Ideas *in the mind of him that uses them*» («Die Wörter vertreten also ihrer primären oder unmittelbaren Bedeutung nach nur die Ideen im Geiste dessen, der sie benutzt») (III,2,2).[14] Allenfalls in zweiter Linie stehen die Wörter mithin für die Ideen im Geiste anderer Denker und Sprecher und gegebenenfalls für Gegenstände außerhalb des Geistes.

Bevor wir zu weiteren Bestandteilen des britischen Empirismus und seiner Nachgeschichte übergehen, wollen wir kurz Quines Haltung gegenüber dem «Empirismus der Ideen» umreißen.

Hinwendung zu äußeren Gegebenheiten

Quine wendet sich entschieden gegen den mentalistischen Ansatz des britischen Empirismus. Ein Empirismus, der sich auf Ideen im Geiste stützt, die dem jeweiligen Subjekt per Introspektion zugänglich seien, ist in Quines Augen nicht konsequent. Ein solcher sollte sich statt dessen – soweit wie möglich – an das halten, was für jedermann offen beobachtbar ist, an das, was intersubjektiv zugänglich ist. Quine rät daher zu einer durchgängigen Hinwendung zu äußeren Gegebenheiten; von einer Berufung auf «ideas» und innere Erfahrung wird Abstand genommen.

Die Externalisierung des Empirismus soll alle Bereiche erfassen, vor allem die Sprach- und Bedeutungstheorie. Bei semantischen Fragen sieht sich der Empirist Quinescher Prägung zunächst auf das beobachtbare Verhalten von Sprechern, insbesondere deren sprachliches Verhalten, verwiesen. Sprachverhalten ist in einem doppelten Sinn etwas Äußerliches: Es ist nichts Innerliches, im Geiste Verborgenes; und es ist nichts Privates, sondern etwas Soziales:

«... language, unlike the idea, is conspicuously external. Language is a social art, acquired on evidence of social usage.» («Im Unterschied zur Vorstellung [Idee] ist die Sprache deutlich etwas Äußeres. Die Sprache ist eine soziale Kunstfertigkeit, die durch die Beobachtung des sozialen Gebrauchs erworben wird.»)[15]

Bei der Untersuchung sprachlicher Bedeutung ist behavioristisch vorzugehen:

«The externalizing of empiricism... begets a behaviorizing of meaning. This, for all its repercussions, is simply a proposal to approach semantical matters in the empirical spirit of natural science.» («Die Externalisierung des Empirismus... führt zu einem verhaltensorientierten Zugang zur Bedeutung. Dabei handelt es sich – allen Erschütterungen zum Trotz – schlicht und einfach um einen Vorschlag, Fragen der Bedeutung im empirischen Geiste der Naturwissenschaften anzugehen.»)[16]

Quines Spielart des Behaviorismus steht in unmittelbarem Zusammenhang zu seinem neuen Empirismus:

«Empiricism of this modern sort, or behaviorism broadly so called, comes of the old empiricism by a drastic externalization. The old empiricist looked inward upon his ideas; the new empiricist looks outward upon the social institution of language... What matters, as I see it, is just the insistence upon couching all criteria in observation terms.» («Ein Empirismus dieser modernen Art – bzw. ein Behaviorismus in einem weiten Sinne – entsteht aus dem althergebrachten Empirismus durch eine drastische Hinwendung zu Äußerem. Richtete der alte Empirist den Blick nach innen auf seine Vorstellungen (Ideen), so blickt der neue Empirist nach außen auf die soziale Institution der Sprache... Entscheidend ist meiner Ansicht nach einfach, daß auf einer Definition aller Kriterien durch Beobachtungsbegriffe bestanden wird.»)[17]

In der Sprachtheorie hat der behavioristische Standpunkt einen anderen Stellenwert als in der Psychologie: «In psychology one may or may not be a behaviorist, but in linguistics one has no choice.» («In der Psychologie steht es uns frei, ob wir Behavioristen sind oder nicht; in der Linguistik hingegen haben wir keine Wahl.»)[18] Die Begründung dieser These baut darauf auf, daß wir beim Spracherwerb selbst notgedrungen «Behavioristen unter Behavioristen» sind:

«Each of us learns his language by observing other people's verbal behavior and having his own faltering verbal behavior observed and reinforced or corrected by others. We depend strictly on overt behavior in observable situations. ... Our mental life between checkpoints is indifferent to our rating as a master of the language.» («Jeder von uns erwirbt seine Sprache, indem er das Sprachverhalten anderer Leute beobachtet und indem sein eigenes stockendes Sprechen von anderen beobachtet und ‹verstärkt› bzw. korrigiert wird. Wir sind dabei ganz strikt auf offen zutage liegendes Verhalten in beobachtbaren Situationen angewiesen... Unser Seelenleben zwischen solchen Kontrollpunkten ist ohne Belang dafür, ob wir als Wesen eingestuft werden, die die Sprache beherrschen.»)[19]

Die Annahme angeborener Strukturen oder Mechanismen steht keineswegs im Konflikt mit Quines Empirismus und dem zugehörigen Behaviorismus. Ausdrücklich betont Quine, daß Lernen durch Konditionierung ohne gewisse angeborene Dispositionen (insbesondere Ähnlichkeitsstandards) gar nicht möglich ist:

«... the behaviorist is knowingly and cheerfully up to his neck in innate mechanisms of learning-readiness. The very reinforcement and extinction of responses, so central to behaviorism, depends on prior inequalities in the subject's qualitative spacing, so to speak of stimulations.» («... der Behaviorist steckt bis zum Hals in angeborenen Lernbereitschaftsmechanismen; das weiß und begrüßt er. Schon die für den Behaviorismus so zentrale ‹Verstärkung› bzw. ‹Löschung› von Reaktionen beruht sozusagen auf vorgängigen Ungleichheiten bei der qualitativen Verortung der Reize durch das Subjekt.»)[20]

Weiterhin gesteht Quine zu, daß dem Spracherwerb spezifische angeborene Strukturen zugrunde liegen:

«... it has long been recognized that our innate endowments for language learning go yet further than the mere spacing of qualities.» («... es ist längst anerkannt worden, daß unsere spracherwerbsbezogene angeborene Ausstattung über das bloße Eigenschaftsverorten noch hinausgeht.»)[21]

Er lehnt es jedoch ab, solche angeborenen Voraussetzungen als «Ideen» zu bezeichnen.

Philosophie des Geistes

Quine befürwortet auch in der Psychologie ein behavioristisches Vorgehen; vor allem betont er, daß ein Rückgriff auf «Ideen» zu nichts führt:

«I think the behaviorists are right in holding that talk of ideas is bad business even for psychology. The evil of the idea idea is that its use, like the appeal in Molière to a virtus dormitiva, engenders an illusion of having explained something.» («Meiner Ansicht nach liegen die Behavioristen richtig, wenn sie das Gerede von Ideen selbst in der Psychologie für faulen Zauber halten. Die Idee der Idee ist deshalb von Übel, weil ihr Gebrauch – wie die Berufung auf eine virtus dormitiva bei Molière – die Illusion erzeugt, etwas erklärt zu haben.»)[22]

(Im übrigen verdeutlichen Bemerkungen wie: «... I see no interest in restricting the term ‹behaviorism› to a specific psychological schematism of conditioned response» [«Ich sehe keinen Sinn darin, den Terminus ‹Behaviorismus› auf einen besonderen psychologischen Schematismus konditionierter Reaktionen einzuschränken»][23], daß Quine einem entwicklungsfähigen offenen Behaviorismus das Wort redet; in erster Linie geht es dabei wiederum darum, daß die empiristischen Standards hochgehalten werden.)

Gleichzeitig nimmt Quine für seine Philosophie des Geistes natürlich den Stand der naturwissenschaftlichen, in diesem Fall der neurophysiologischen Forschung ernst. Dem körperlichen Verhalten und den anderen äußeren Anzeichen, aufgrund deren wir unser mentalistisches Vokabular anwenden, liegen danach bekanntlich neuronale Zustände zugrunde. Die Neurophysiologie ist für die Erklärungen zuständig. Unsere mentalistischen Begriffe können gleichwohl nicht durch die Tatsache gehaltvoll sein, daß sie sich ‹letztlich› auf neuronale Zustände beziehen. Wir haben dieses Vokabular alle aufgrund von Verhaltensindizien zu gebrauchen gelernt, ohne etwas von neurophysiologischen Sachverhalten wissen zu müssen. Man kann es vollkommen beherrschen und zugleich die abwegigsten oder überhaupt keine Meinungen über das Gehirn besitzen.

Begreiflicherweise werden mit den alltagspsychologischen Prädikaten, die an äußerem Verhalten gelernt wurden, Phänomene zusammenklassifiziert, welche – neurophysiologisch gesehen – sich himmelweit unterscheiden mögen. Zudem bieten bereits die äußeren Gelegenheiten, bei denen beispielsweise das Prädikat «... glaubt, daß ...» angewendet wird, eine bunte Mischung: «The empirical content of ascriptions of belief is thus heterogeneous in the extreme, and the physiological mechanisms involved are no less so.» («Der empirische Gehalt von Glaubenszuschreibungen ist demnach äußerst heterogen; und die beteiligten neurophysiologischen Mechanismen sind es nicht minder.»)[24]

Gegen den «Mythos vom Museum»

Eine Theorie, welche sich – wie die Lockesche – auf «ideas» als im menschlichen Geist gegebene Entitäten beruft, leistet einer irrigen Bedeutungstheorie Vorschub, für die Quine die despektierliche Bezeichnung «museum myth» (bzw. «gallery myth»)[25] geprägt hat. Gemäß dieser

Auffassung, diesem «Mythos vom Museum», verhalten sich der sprachliche Ausdruck und seine Bedeutung, die zugrundeliegende Idee, wie das Schildchen zu dem Exponat in einem Museum: «Every term and every sentence is a label attached to an idea, simple or complex, which is stored in the mind.» («Jeder Ausdruck und jeder Satz ist ein Schildchen, das an einer einfachen oder zusammengesetzten Idee angeheftet wird, die im Geiste gespeichert ist.»)[26]

Durch dieses Modell wird nach Quine eine semantische Theorie suggeriert, die sich, geht man Bedeutungsfragen empirisch nach, nicht halten läßt. Es ist eine Vorstellung von feststehenden Bedeutungen; semantische Beziehungen wie innersprachliche und zwischensprachliche Bedeutungsgleichheit wären demnach vollkommen bestimmt. Zwei sprachliche Ausdrücke sind (im Sinne dieser Vorstellung) bedeutungsgleich, und zwei Ausdrücke verschiedener Sprachen sind Übersetzungen voneinander, wenn sie für dieselbe Idee stehen, gleichsam verschiedene Schildchen oder Etiketten für dasselbe sind. (Wie wir unten sehen werden, hat das Gedankenexperiment von der Erstübersetzung unter anderem die kritische Funktion, diesen «Mythos vom Museum» ad absurdum zu führen.)

Der «Mythos vom Museum» ist nicht nur für den ideentheoretischen Empirismus kennzeichnend; er lebt in verschiedenartigen Gewandungen fort. Entscheidend ist nicht, ob das Wörtchen «idea» vorkommt, sondern ob – in welcher Terminologie auch immer – unkritisch an dem Bild von im Geist festliegenden Bedeutungen (bzw. Bedeutungsgaranten) festgehalten wird: «... man in his study of language falls back on the old-time mentalistic semantics to fill in where his scientific explanations leave off» («Der Mensch greift bei der Erforschung der Sprache auf die althergebrachte mentalistische Semantik zurück, wenn ihn seine wissenschaftlichen Erklärungen im Stich lassen»); unausrottbar bleibt «an unconscious old-fashioned acceptance of the idea idea: one sentence is a translation of another if it expresses the same idea, the same thought, the same meaning, the same proposition.» («eine unbewußte altmodische Anerkennung der Idee der Idee: ein Satz ist eine Übersetzung eines anderen, wenn er dieselbe Idee ausdrückt, denselben Gedanken, dieselbe Bedeutung, dieselbe Proposition.»)[27] Quine lehnt alle derartigen Verbrämungen des «Mythos» ab.

Das Vertrauen auf die «Ideen» hat weitere Nachteile, die wenigstens kurz erwähnt werden sollen. Es führt zu einem verfehlten Bild von Kommunikation, demzufolge es dabei einzig um einen Transport von Ideen von einem Geist in den anderen ginge. Schließlich suggeriert der «Mythos vom Museum» eine falsche Theorie des Spracherwerbs, nach der einfach gelernt würde, mit vorgängig existierenden Ideen irgendwann einmal Wörter zu verknüpfen. Ohnehin vereitelt der «way of ideas» eine Einsicht in Lernvorgänge: «Questions of the mechanics of learning subside into idle questions of the causal connections of ideas.» («Fragen bezüglich der Lernmechanismen sinken herab zu müßigen Fragen über die kausale Verknüpfung von Ideen.»)[28] Endlich wird auch die Neigung verstärkt, all die verschiedenen Redeteile in semantischer Hinsicht gleich zu behandeln; stets scheint es ja nur auf den Bezug zu einer Idee anzukommen. Locke beispielsweise fiel bei seiner Behandlung der Wortarten weit hinter die differenzierten Analysen etwa mancher mittelalterlichen Philosophen zurück. Für ihn gibt es im Grunde nur Wörter, die für Ideen stehen, und andere, die dazu gebraucht werden «to signify the *connexion* that the mind gives to *Ideas, or Propositions, one with another*» («um die *Verbindung* zu bezeichnen, die der Geist zwischen den verschiedenen Ideen oder Sätzen herstellt») (III,7,1).[29]

Fassen wir kurz die grundlegenden Unzulänglichkeiten des britischen Empirismus der Ideen (aus Quines Sicht) zusammen. Der unkritische Mentalismus, der von der Existenz von Ideen ausgeht, ist nicht konsequent empiristisch; als Empirist sollte man sich weitestgehend an für jedermann offen zutage liegende, äußere Gegebenheiten halten. Überhaupt herrscht ein zu einfaches Bild des Erfahrungsbezugs von Sprachen und Theorien vor. Ein solcher Bezug kann nicht Idee für Idee oder Begriff für Begriff festgemacht werden.

Fortschritte des Empirismus

Gegenüber Lockes Empirismus der Ideen sind im weiteren Verlauf der Geschichte einige Fortschritte erzielt worden, die Quine besonders herausstreicht und sich zu eigen macht.

Ein erster Schritt liegt in der Verschiebung des Hauptinteresses von den Ideen zur Sprache. Schon die ersten Kritiker Lockes hatten den Eindruck geäußert, das meiste von dem, was Locke über die Ideen ausführe, beträfe in Wirklichkeit die Sprache. Die angestrebte sprachliche Wende war zuerst eine Hinwendung zu Wörtern. Dieser Schachzug umging zwar einige Schwierigkeiten des Mentalismus; es blieben jedoch andere Probleme. Es fragte sich natürlich, ob jedes Wort selbständig einen Erfahrungsbezug oder eine Bedeutung hat. Offenkundige Schwierigkeiten bereiten Präpositionen, Konjunktionen und andere Partikel. Weder Lockes Behauptung, sie bezeichneten Verknüpfungen zwischen Ideen oder Propositionen, noch die fehlgeleiteten, wenngleich heroischen Versuche, sie als degenerierte konkrete Terme auszugeben – der Philologe John Horne Tooke flüchtete hierzu in abenteuerliche Etymologien –, vermochten zu überzeugen. Näher liegt es, sie als synkategorematische Ausdrücke zu behandeln, denen isoliert gar kein Sachbezug noch eine Bedeutung zugeordnet zu werden braucht, sondern die nur im Zusammenhang eines Satzes Sinn haben und definiert werden können.

Ein zweiter Fortschritt besteht demnach in der Verschiebung des semantischen und erkenntnistheoretischen Hauptinteresses von Wörtern zu ganzen Sätzen. Quine zufolge hat in dieser Hinsicht Jeremy Bentham mit seiner Methode der «paraphrasis» einen Durchbruch erzielt; bei Bentham liest man: «In language... the integer to be looked for is an entire proposition.» («In der Sprache... ist die Ganzheit, die man zu beachten hat, der vollständige Satz.»)[30] Die entscheidende Einsicht Benthams wird von Quine folgendermaßen gekennzeichnet: «He recognized that to explain a term we do not need to specify an object for it to refer to, nor even specify a synonymous word or phrase; we need only show, by whatever means, how to translate all the whole sentences in which the term is to be used.» («Er erkannte, daß wir, um einen Term zu erklären, nicht einen Gegenstand, auf den er sich beziehen soll, und nicht einmal ein synonymes Wort bzw. eine synonyme Redewendung anzugeben brauchen; wir müssen einfach irgendwie zeigen, wie alle ganzen Sätze zu übersetzen sind, in denen dieser Term zu verwenden ist.»)[31] Auf diese Weise konnte Bentham in seiner «theory of fictions» auch solche Ausdrücke als synkategorematische behandeln, welche, oberflächlich gesehen, bezeichnenden Ausdrücken glichen. So konnten eine Reihe überflüssiger und in die Irre führender Vergegenständlichungen vermieden werden. Die Ausweitung und Systematisierung der Idee synkategorematischer Ausdrücke in Benthams Theorie der Kontextdefinition und in Freges Anwendungen des Kontextprinzips sowie Russells Theorie der unvollständigen Symbole führten zu beträchtlichen Fortschritten in der Sprachanalyse. Infolgedessen richtete die Erkenntnistheorie – insbesondere die empiristisch orientierte – ihr Hauptaugenmerk zunehmend ebenfalls auf Sätze.

Derjenige, welcher das empiristische Programm, verstanden als Versuch, die (wissenschaftlichen) Begriffe auf Begriffe zurückzuführen, welche sich auf unmittelbare Erfahrung beziehen, am weitesten vorantrieb, zeigte auch am deutlichsten die Grenzen dieses Programms auf. Die Rede ist von Rudolf Carnap, der, angeregt durch Russells Skizze *Our Knowledge of the External World* (1914), daranging, den «logischen Aufbau der Welt» zu rekonstruieren. Im Vorwort zur zweiten Auflage von 1961 kennzeichnet Carnap das Vorhaben wie folgt:

«Das Hauptproblem betrifft die Möglichkeit der rationalen Nachkonstruktion von Begriffen aller Erkenntnisgebiete auf der Grundlage von Begriffen, die sich auf das unmittelbar Gegebene beziehen... In meinem Buch handelt es sich um die... These, daß es grundsätzlich möglich sei, alle Begriffe auf das unmittelbar Gegebene zurückzuführen. Die Aufgabe, die ich mir stellte, war aber nicht die, zu den zahlreichen allgemein-philosophischen Argumenten, die man bisher für diese These angegeben hatte, noch weitere hinzuzufügen. Vielmehr war meine Absicht, zum ersten Mal den Versuch zu unternehmen, ein Begriffssystem der behaupteten Art wirklich aufzubauen; also zunächst einige einfache Grundbegriffe zu wählen, etwa Sinnesqualitäten und Beziehungen, die in den unverarbeiteten Erlebnissen vorzufinden sind, und dann auf dieser Grundlage Definitionen für weitere Begriffe verschiedener Arten aufzustellen.»[32]

Obwohl Quine die herausragende Bedeutung des «Aufbaus» anerkennt, lehnt er das reduktionistische Programm Carnaps ab. Quine stößt sich nicht bloß daran, daß viele wissenschaftliche Begriffe, etwa Dispositionsbegriffe wie «löslich», nicht auf die angestrebte Weise definiert werden können, wie Carnap selbst bereits in den 30er Jahren erkannt hat; nein, Quine hadert mit der Grundidee insgesamt. Wie wir später sehen werden, will er an die Stelle des Projekts einer rationalen Nachkonstruktion, die bewußt Fiktionen – wie Carnap es übrigens selber nennt – in Kauf nimmt, eine streng empirische Untersuchung unseres Theorienerwerbs setzen.

Empirismus der Wahrheiten und der Begründung

Wie Lorenz Krüger herausgearbeitet hat, lassen sich bereits bei Locke zwei Seiten des Empirismus unterscheiden: «Lockes *Essay* gibt Anlaß, den Empirismus in zwei Schritten zu betrachten: zunächst die Behauptung, daß die Bedeutung aller wissenschaftlich zulässigen Ausdrücke in Beziehung auf die Erfahrungsbasis zu bestimmen ist, sodann die Behauptung, daß die Prüfung der Wahrheit aller Aussagen unter Rückgriff auf die Erfahrung vorzunehmen ist.»[33] Es zeigt sich, daß genaugenommen mindestens zwei, allerdings miteinander verzahnte Unterscheidungen im Spiel sind: Zunächst geht es um die Unterscheidung zwischen Ideen (bzw. Begriffen oder Begriffswörtern) und Aussagen (bzw. Sätzen), sodann um «eine weitere Unterscheidung im Bereich dessen, worauf sich eine empiristische These beziehen kann: einerseits auf die Erklärung der Bedeutung der Bausteine unserer Erkenntnis (Wörtern bzw. Ideen sowohl wie Aussagen bzw. gedachten Propositionen), andererseits auf die Begründung der Wahrheit von Aussagen.»[34] Während wir uns bisher mit dem Empirismus der Ideen und dem der Bedeutung beschäftigt haben, wenden wir uns nun dem Empirismus der Aussagen und dem der Begründung zu.

Blicken wir dazu nochmals auf Lockes *Essay* zurück. Die «Wortwahrheiten» («truths of words») (daneben gibt es auch Gedankenwahrheiten, «truths of thought») zerfallen in zwei Gruppen: (a) in diejenigen, welche «rein verbal und trivial» («purely verbal, and trifling») sind, und (b) in diejenigen, welche «real und lehrreich» («real and instructive») sind (IV,5,6).[35] Den «trivialen Sätzen» («trifling propositions») widmet Locke ein eigenes Kapitel, das achte des vierten Buches. Es kennzeichnet sie, daß sie «add no light, to our Understandings, bring no increase to our Knowledge» («unserem Verstand kein Licht hinzufügen, unserer Erkenntnis keinen Zuwachs bringen.») (IV,8,1).[36] Sie sind «von selbst einleuchtend» («self-evident») in dem folgenden Sinne: «necessarily... assented to, as soon as understood» («Ihnen wird notwendig zugestimmt, sobald sie verstanden werden.») (IV,7,4).[37] Locke erblickt in ihnen nichts als eine nichtige Tändelei mit Worten – «they teach nothing but what every one, who is capable of Discourse, knows without being told» («sie lehren nichts, was nicht jeder, der zu sprechen imstande ist, weiß, ohne daß es ihm gesagt wird») (IV,8,3).[38]

Werfen wir einen Blick auf Lockes Beispiele. Offenkundig trivial sind Fälle wie «eine Seele ist eine Seele», schematisch: «ein F ist ein F» bzw. «Was ein F ist, ist ein F». Neben solchen «rein identischen» Sätzen gibt es eine heiklere Gruppe von Fällen: «*Secondly*, Another sort of Trifling Propositions is, *when a part of the complex* Idea *is predicated of the Name of the whole*; a part of the Definition of the Word defined» («Zweitens: Eine andere Art trivialer Sätze liegt vor, *wenn ein Teil einer komplexen Idee von dem Namen der ganzen ausgesagt wird*, oder ein Teil der Definition von dem definierten Wort») (IV,8,4).[39] Wie in dem Fall «Blei ist ein Metall».

Bekanntlich treffen sonst so verschiedene Philosophen wie Leibniz, Hume und Kant, um nur die bekanntesten zu nennen, ähnlich gelagerte Unterscheidungen. Am wirkmächtigsten erwies sich die Lehre von den zweierlei Wahrheiten sicherlich in der Gestalt von Kants Einteilung der Urteile in analytische und synthetische. Rufen wir uns deshalb die bekannteste Erläuterung ins Gedächtnis: «Entweder das Prädikat B gehört zum Subjekt A als etwas, was in diesem Begriffe A (versteckterweise) enthalten ist; oder B liegt ganz außer dem Begriff A, ob es zwar mit demselben in Verknüpfung steht» (KrV B 10).[40] Urteile des ersten Typs heißen analytische bzw. Erläuterungsurteile, die des zweiten Typs synthetische bzw. Erweiterungsurteile.

Bekanntlich überkreuzt sich die Analytisch-Synthetisch-Unterscheidung bei Kant mit der nicht minder grundlegenden Einteilung der Erkenntnisse in solche a priori und solche a posteriori. Für Erfahrungsunabhängigkeit oder Apriorizität gibt Kant zwei «Kennzeichen» an: «Notwendigkeit und strenge Allgemeinheit sind ... sichere Kennzeichen einer Erkenntnis a priori, und gehören auch unzertrennlich zueinander» (KrV B 4).[41]

Während alle analytischen Urteile Erkenntnisse a priori sein sollen, gibt es unter den synthetischen Urteilen Kant zufolge nicht bloß Erkenntnisse a posteriori, sondern auch solche a priori. Empiristen bestreiten typischerweise die Möglichkeit synthetischer Wahrheiten a priori. Wenn sie überhaupt a priori wißbare Wahrheiten anerkennen, dann sind es solche, die analytisch sind; gerade weil sie aufgrund der Bedeutungen der in ihnen enthaltenen Ausdrücke als wahr erkannt werden können, sollen sie ohne allen Erfahrungsgebrauch einsehbar sein. Die meisten Empiristen vertreten einen gemäßigten oder ‹dualistischen› Empirismus, der in besonderen Bereichen auch Wahrheiten a priori zuläßt – vor allem in der Logik und Mathematik. Entscheidend sind die synthetischen Wahrheiten a posteriori; daneben gibt es noch gewisse Wahrheiten a priori, die sich jedoch ihrem analytischen Charakter verdanken. (John Stuart Mill versuchte allerdings, den Empirismus konsequent auch auf die Sätze der Logik und Mathematik auszudehnen. Wie wir noch sehen werden, gesteht Quine der Logik und Mathematik ebenfalls keinen prinzipiellen Sonderstatus zu, wenngleich er sich Mills zu einfacher Strategie nicht anschließen kann, der zufolge logische und mathematische Sätze im Grunde Verallgemeinerungen empirischer Aussagen sind.)

Das Festhalten an der Analytisch-Synthetisch-Unterscheidung gehört insbesondere zum Grundbestand des logischen Empirismus. Ein Hauptangriffsziel der Quineschen Kritiken sind die Auffassung und der Gebrauch der Distinktion bei Rudolf Carnap. Quine kann geradezu von einem «Dogma des Empirismus» sprechen, womit freilich nicht gesagt sein soll, es handle sich um ein Dogma nur des Empirismus.

Kritik an der Lehre von den zweierlei Wahrheiten

In Quines Kritik an der Unterscheidung zwischen analytischen und synthetischen Wahrheiten – und damit verschwisterten Dichotomien! – lassen sich mindestens drei Argumentationsstränge unterscheiden: (1) Zum einen werden die eher formalen Unzulänglichkeiten gängiger Definitions- bzw. Explikationsvorschläge aufgezeigt – am eingehendsten in *Two Dogmas*; (2) in *Word and Object* und später wird vorgeführt, welche Residua des Analytizitätsbegriffs zu gewinnen sind, wenn man konsequent empiristisch vorgeht (in *The Roots of Reference* wird sich eine weitere Möglichkeit zeigen, einen empiristisch akzeptablen, jedoch erkenntnistheoretisch harmlosen, Analytizitätsbegriff zu gewinnen); (3) in *Two Dogmas, Word and Object* und vielen späteren Arbeiten wird ein Bild wissenschaftlicher Theorien entwickelt, in dem es eine strikte Trennung von zwei Arten von Wahrheiten nicht gibt; kritisch gewendet, beinhaltet dieser Strang die Diagnose, daß der Analytisch-Synthetisch-Unterscheidung ein verfehltes Bild wissenschaftlicher Theorien und ihres Erfahrungsbezugs zugrunde lag.

In diesem Abschnitt umreißen wir zunächst das erste Bündel der Einwände; Bemerkungen zum dritten Bündel werden dann zum konstruktiven Teil überleiten. Zunächst ein Wort zu Kants Explikationen. Die Rede vom «Enthaltensein» ist in bezug auf Begriffe metaphorisch und daher vieldeutig und erläuterungsbedürftig. Zudem erscheint die Erläuterung zu eng, da sie auf Subjekt-Prädikat-Sätze zugeschnitten ist. Auf Sätze über Relationen, unter denen wenigstens prima facie auch analytische Wahrheiten sein können (z. B. «Wenn Henry der Vater von Peter ist, so ist Peter nicht der Vater von Henry»), ist Kants Explikation so ohne weiteres nicht anwendbar. Die weitere Angabe, ein Satz sei analytisch, wenn seine Negation kontradiktorisch sei, hilft nicht weiter, da ‹kontradiktorisch› im hier benötigten weiten Sinn genauso klärungsbedürftig ist wie «analytisch».

Quine geht nun davon aus – ob zu Recht oder zu Unrecht, ist an dieser Stelle nicht zu untersuchen –, daß die folgende Explikation im Sinne Kants wäre: «a statement is analytic when it is true by virtue of meanings and independently of fact.» («Eine Aussage ist analytisch, wenn sie aufgrund von Bedeutungen und unabhängig von Tatsachen wahr ist.»)[42] Damit wird die Verbindung zwischen dem Analytizitäts- und dem Bedeutungsbegriff ausdrücklich gezogen.

Die Aussagen, die nach allgemeiner philosophischer Ansicht als analytische Wahrheiten auszuzeichnen sind, zerfallen in zwei Klassen. Erstens gibt es logisch wahre Sätze wie «Alle unverheirateten Männer sind unverheiratet» oder «Entweder ist er verheiratet, oder er ist nicht verheiraet», das heißt, solche Sätze, die allein aufgrund der Bedeutung der logischen Partikel wahr sind, deren Wahrheit mithin gar nicht auf den beschreibenden Ausdrücken beruht. Wenn man vorweg angegeben hat, welche Ausdrücke zu den logischen Ausdrücken zählen, kann man etwa so definieren: Ein Satz S ist genau dann logisch wahr (oder formal wahr), wenn gilt: (a) S ist wahr, (b) durch die Ersetzung nicht-logischer Ausdrücke in S durch andere nicht-logische Ausdrücke (derselben grammatischen Kategorie) entstehen stets wiederum wahre Sätze. Die Auszeichnung logisch oder formal wahrer Sätze ist somit verhältnismäßig gut verständlich. (Freilich wäre an unserer Erläuterung noch manches zu präzisieren; und es darf auch nicht vergessen werden, daß jede solche Bestimmung relativ auf die vorgängige Auszeichnung der logischen Partikel bleibt.)

In beträchtliche philosophische Schwierigkeiten führt dagegen die Beschäftigung mit einer zweiten Klasse von Sätzen, die gemeinhin als analytisch angesehen werden. Zu denken ist an Fälle wie «Kein Junggeselle ist verheiratet», «Katzen sind Tiere» und dergleichen. Offenkundig handelt es sich nicht um logische Wahrheiten im eben erläuterten Sinn, denn augenscheinlich spielen die Bedeutungen der nicht-logischen Ausdrücke eine Rolle. Auf den ersten Blick scheint es jedoch leicht zu sein, solche Sätze in logische Wahrheiten zu überführen, indem man nämlich für bestimmte nicht-logische Ausdrücke in geeigneter Weise bedeutungsgleiche Ausdrücke einsetzt, für «Junggeselle» im obigen Beispiel etwa «unverheirateter Mann». So gelangt man zu dem folgenden Definitionsvorschlag: Ein Satz ist analytisch wahr genau dann, wenn er logisch wahr ist oder durch Ersetzung synonymer Ausdrücke füreinander in eine logische Wahrheit überführt werden kann.

Der Haken bei diesem Vorschlag liegt freilich in dem Begriff der Synonymie. Wenn man von Synonymie als einer Relation spricht, kann man zwar eine platte Vergegenständlichung von Bedeutungen umgehen; erklärt ist diese Beziehung gleichwohl so wenig wie der Bedeutungsbegriff. Es hilft auch nichts, wenn man auf den Begriff der Definition ausweicht und sagt: Ein Satz ist analytisch (wahr) genau dann, wenn er logisch wahr ist oder unter Zuhilfenahme von Definitionen in eine logische Wahrheit überführt werden kann. Wie Quine an verschiedenen Arten von Definitionen verdeutlicht, wird auf diese Weise der Rückgriff auf den klärungsbedürftigen Synonymiebegriff nur verschleiert. Wörterbuchdefinitionen, um damit zu beginnen, sind schlicht empirische Berichte über Bedeutungsgleichheiten; die Synonymie von Ausdrücken wird hierbei nicht erklärt, sondern angenommen. Bei Explikationen, einer anderen Art von Definitionen, bei der angestrebt wird, das Definiendum präziser zu fassen, ist das Voraussetzen von Synonymien etwas weniger offenkundig, da die explikative Definition ja nicht einfach eine Synonymie zwischen Definiendum und Definiens berichtet. Nichtsdestoweniger muß vorausgesetzt werden, daß gewisse bevorzugte, nämlich besonders klare Kontexte des Definiendums synonym sind mit dem entsprechenden Kontext des Definiens. Stipulative Definitionen schließlich, mit denen ein neues Zeichen etwa als Abkürzung eines älteren längeren Ausdrucks eingeführt wird, sind zwar besonders durchsichtige Verfahrensweisen; allerdings dürfte klar sein, daß die wenigsten der als analytisch angesehenen Aussagen auf derartigen Definitionen beruhen, so daß auch ein solcher Rückgriff auf Definitionen nicht zu einer Aufhellung des Terminus ‹analytisch› beiträgt.

Da wir mit dem Überwechseln auf den Definitionsbegriff keinen Schritt weiter gekommen sind, stehen wir erneut vor der Aufgabe, ‹Synonymie› zu klären. Ein untersuchenswerter Ansatz besteht darin, die Synonymie sprachlicher Ausdrücke in ihrer Austauschbarkeit salva veritate, das heißt unbeschadet der Wahrheit (der Sätze, in denen sie vorkommen) zu suchen. Man sieht allerdings leicht, daß keine zwei verschiedenen Wörter in wirklich allen Kontexten salva veritate ausgetauscht werden können; man denke nur an Zitatkontexte. Stellt man derlei Kontexte einstweilen zurück, bleibt die Frage, ob Austauschbarkeit salva veritate hinreichend für Synonymie – genauer: für kognitive Synonymie – ist (von der Gleichheit aller möglichen Assoziationen, stilistischer Aspekte etc. wird ohnehin abgesehen).

Nun könnte man zwar kognitive Synonymie mit Hilfe des Analytizitätsbegriffs definieren: Daß «Junggeselle» und «unverheirateter Mann» kognitiv synonym sind, hieße dann, daß die Feststellung «Alle und nur die Junggesellen sind unverheiratete Männer» analytisch ist. Nur sind wir ja gerade dabei, ‹analytisch› erst mit Hilfe des Synonymiebegriffs zu klären – und Synonymie mit Hilfe des Prädikats ‹austauschbar salva veritate›. Es ergibt sich dabei ein Dilemma, das mit der Relativität der Austauschbarkeitsbedingung zusammenhängt:

«The condition of interchangeability *salva veritate* varies in its force with variations in the richness of the language at hand... Interchangeability *salva veritate* is meaningless until relativized to a language whose extent is specified in relevant respects.» («Die Bedingung der Austauschbarkeit salva veritate variiert in ihrer Stärke mit den Veränderungen in dem Reichtum der jeweiligen Sprache... Austauschbarkeit salva veritate bedeutet so lange nichts, als sie nicht auf eine Sprache relativiert wird, deren Umfang in den relevanten Hinsichten angegeben worden ist.»)[43]

In extensionalen Sprachen ist Austauschbarkeit salva veritate nicht hinreichend für den Begriff von kognitiver Synonymie, der gebraucht würde, um Analytizität zu definieren. In reichhaltigeren intensionalen Sprachen (mit Modaloperatoren wie ‹notwendig› und dergleichen) liefert Austauschbarkeit salva veritate eine hinreichende Bedingung für (kognitive) Synonymie. Nur ist eine solche Sprache nicht klarer als der Terminus ‹analytisch›.

Damit hat sich die gesamte Strategie, Analytizität mit Hilfe von Synonymie zu erläutern, als Irrweg erwiesen. Quine gibt ein düsteres Zwischenresümee:

«Analyticity at first seemed most naturally definable by appeal to a realm of meanings. On refinement, the appeal of meanings gave way to an appeal to synonymy or definition. But definition turned out to be a will-o'-the-wisp, and synonymy turned out to be best understood only by dint of a prior appeal to analyticity itself. So we are back at the problem of analyticity.» («Analytizität schien zuerst am natürlichsten unter Berufung auf ein Reich von Bedeutungen definierbar. Bei einer verfeinerten Analyse wurde die Berufung auf Bedeutungen ersetzt durch eine Berufung auf Synonymie oder Definition. Doch Definition stellte sich als ein Irrlicht heraus, und Synonymie, so ergab sich, läßt sich am besten kraft vorgängiger Berufung auf Analytizität selbst begreifen. Wir sind somit wieder beim Problem der Analytizität angelangt.»)[44]

Quine hebt hervor, daß das Prädikat analytisch nicht allein schwer durch andere, klarere Begriffe zu definieren ist, sondern bereits seine Anwendung selbst unklar ist, so daß häufig nicht zu entscheiden ist, ob eine Aussage analytisch ist oder nicht. Er wisse nicht, ob die Aussage «Alles Grüne ist ausgedehnt» analytisch sei, bekennt Quine freimütig und fügt hinzu, dies liege nicht an einem unzureichenden Verständnis von «grün» oder «ausgedehnt», sondern an der Unklarheit von «analytisch». Wie Quine nun noch zu zeigen unternimmt, ist diese Unentschiedenheit bei der Aufteilung von Wahrheiten in analytische und synthetische nicht der Vagheit der Ausdrücke der normalen Sprache geschuldet. Die Hoffnung, die Analytisch-Synthetisch-Unterscheidung sei klar, wenn wir es mit einer präzise aufgebauten künstlichen Sprache mit expliziten semantischen Regeln zu tun haben, ist trügerisch. Quines ausführliche Kritik, auf deren Wiedergabe wir schon aus Raumgründen verzichten, mündet in das Fazit: «Semantical rules determining the analytic statements of an artificial language are of interest only insofar as we already understand the notion of analyticity; they are of no help in gaining this understanding.» («Semantische Regeln zur Bestimmung der analytischen Aussagen einer künstlichen Sprache sind nur insofern interessant, als wir den Begriff der Analytizität bereits verstehen; dabei, dieses Verständnis zu erlangen, bieten sie keine Hilfe.»)[45]

Aufschlußreich für die Stoßrichtung seines Angriffs auf die Analytisch-Synthetisch-Dichotomie ist eine Motivationsanalyse, die Quine nun gibt. Naheliegend – und ohne weiteres auch gar nicht falsch – ist die Vorstellung, die Wahrheit (einer Aussage) hinge ganz allgemein von der Beschaffenheit der Sprache wie auch von (meist) außersprachlichen Tatsachen ab. Diese Vorstellung führt leicht zu der Idee, bei der Wahrheit einer Aussage könne man generell zwischen einer sprachlichen und einer Tatsachenkomponente unterscheiden. Ist man einmal soweit gegangen, liegt auch der Gedanke nicht mehr fern, im Grenzfall könne die Tatsachenkomponente gleichsam leer sein; derlei Aussagen könnten dann analytische heißen. – So eingängig diese Gedankenfolge sein mag, bislang scheint es jedenfalls nicht gelungen zu sein, eine klare Unterscheidung zwischen analytischen und synthetischen Wahrheiten zu treffen. Vielleicht sind die Schwierigkeiten mit der Unterscheidung ja ein Symptom für grundlegende Irrtümer in unserem Bild von den Beziehungen zwischen Sprache und Welt.

Über eine Betrachtung der Verifikationstheorie der Bedeutung, die von amerikanischen Pragmatisten und logischen Empiristen des Wiener Kreises vertreten wurde, versucht Quine, den Dogmen des überkommenen Empirismus auf den Grund zu gehen. Er legt die folgende Formulierung zugrunde, in der auch schon die Beziehung zur Idee der analytischen Sätze kenntlich gemacht wird: «The verification theory of meaning... is that the meaning of a statement is the method of empirically confirming or infirming it. An analytic statement is that limiting case which is confirmed no matter what.» («Die Verifikationstheorie der Bedeutung... besagt, daß die Bedeutung einer Aussage die Methode ihrer empirischen Bestätigung bzw. Entkräftung ist. Eine analytische Aussage ist jener Grenzfall, der auf jeden Fall bestätigt ist.»)[46] Für Synonymie ergibt sich entsprechend: Zwei Sätze sind synonym, wenn sie in bezug auf die Methode der empirischen Bestätigung bzw. Entkräftung übereinstimmen. Um zu sehen, was an der Verifikationstheorie dran sein mag, fragt sich Quine nun, wie die Methoden, die verglichen werden müssen, beschaffen sind. Anders gefragt: «What... is the nature of the relation between a statement and the experiences which contribute or detract from its confirmation?» («...welcher Art ist die Beziehung zwischen einer Aussage und den Erfahrungen, die zu ihrer Bestätigung beitragen bzw. ihr abträglich sind?»)[47] Diese Beziehung ist es gerade, von der sich viele traditionelle Empiristen eine zu einfache Vorstellung machen. Die unkritischste Auffassung ist – mit Quines Ausdruck – der radikale Reduktionismus, dem zufolge jeder einzelne sinnvolle Ausdruck übersetzbar ist in einen Ausdruck über unmittelbare Erfahrung. Die britischen Empiristen hatten einen Idee-für-Idee-Reduktionismus im Auge; sprachlich gewendet ergibt dies einen Term-für-Term-Empirismus. Selbst nach dem Scheitern von Carnaps Reduktionsprojekt im *Logischen Aufbau* überleben schwächere Formen des Reduktionismus. Die Vorstellung besteht weiter, jeder (synthetischen) Aussage sei eindeutig ein bestimmter Bereich von möglichen Sinnesreizungen zugeordnet, welche diese Aussage bestätigen würden (und entsprechend ein anderer Bereich von Sinnesreizungen, welche die Aussage entkräften würden). Jeder Satz sei – nur für sich genommen – der Bestätigung respektive Entkräftung oder gar Widerlegung fähig. Sowohl das Dogma des Reduktionismus als auch das Dogma einer scharfen Analytisch-Synthetisch-Unterscheidung zementieren ein verkehrtes, weil zu einfaches Bild des Erfahrungsbezugs von Theorien und Sprachen.

Richtig ist, daß die Wahrheit wissenschaftlicher Theorien als Ganzer sowohl sprach- als auch tatsachen- bzw. erfahrungsabhängig ist. Nur kann diese doppelte Abhängigkeit nicht bis in die einzelnen Aussagen verfolgt werden. Auf den letzten Seiten von *Two Dogmas* hat Quine in verblümter Redeweise sein alternatives Bild von Theorien skizziert. (Ein beträchtlicher Teil der Hauptwerke *Word and Object* und *The Roots of Reference* war der Aufgabe gewidmet, die Skizze auszumalen und einige der verwendeten Metaphern durch wörtlichere Beschreibungen zu ersetzen.) Wir begnügen uns zunächst damit, Quines eingängige Bilder hierhin zu setzen und kurz zu kommentieren:

«The totality of our so-called knowledge or beliefs, from the most casual matters of geography and history to the profoundest laws of atomic physics or even of pure mathematics and logic, is a man-made fabric which impinges on experience only along the edges. Or, to change the figure, total science is like a field of force whose boundary conditions are experience.» («Die Gesamtheit unseres sogenannten Wissens bzw. unserer Überzeugungen – von den beiläufigsten Dingen der Geographie und Geschichte bis hin zu den grundlegendsten Gesetzen der Atomphysik oder sogar der reinen Mathematik und Logik – ist ein von Menschen gewirkter Stoff, welcher nur an seinen Rändern auf die Erfahrung trifft. Oder – um das Bild zu wechseln –: die Gesamtheit Wissenschaft ist wie ein Kraftfeld, dessen Randbedingungen Erfahrungen sind.»)[48]

Die Gesamtheit der Meinungen wird nicht wie in vielen traditionellen Erkenntnistheorien als Gebäude gedacht, welches auf einem unveränderlichen Fundament Stockwerk für Stockwerk errichtet würde, sondern vielmehr als dynamisches Kräftefeld, bei dem nur graduell zwischen Erfahrungsnähe und -ferne zu unterscheiden ist, prinzipiell aber jeder Satz revidierbar bleibt. Selbst Sätze der Logik und Mathematik wie auch der Ontologie sind nicht jenseits dieses Feldes angesiedelt; wenn sie nicht so leicht revidiert werden, so liegt das nicht an einer besonderen Wahrheitsgarantie, sondern hat pragmatische Gründe; ihre Aufgabe oder Änderung zöge umständlichere Modifikationen des Gesamtsystems nach sich.

Der holistischen Auffassung Quines zufolge ist eine Theorie mindestens in den folgenden Hinsichten eine Ganzheit: (a) Eine Theorie ist als Ganze der (primäre) Träger von Bedeutung (bzw. empirischem Gehalt). (b) Als Ganze wird sie durch die sensorischen Belege gestützt. (c) Bei widerstreitenden Erfahrungen steht sie als Ganze vor dem Tribunal, ohne daß vorweg feststünde, welche Theorieteile zu revidieren sind. (In diesem Punkt kann sich Quine auf den französischen Physiker und Wissenschaftshistoriker Pierre Duhem berufen, der eine Wissenschaftslehre entwickelte, die durch die Ergebnisse seiner historischen Forschungen motiviert war. Eine Kernthese besagt, ein experimentum crucis sei in der Physik nicht möglich; das heißt, Sätze, die über das Ergebnis eines einzelnen Experimentes berichten, reichten für sich genommen niemals aus, um die Aufgabe einer Theorie zu erzwingen. Es gibt, mit anderen Worten, keine eindeutige Zuordnung zwischen [einzelnen] Sätzen über experimentelle Befunde und [einzelnen] Sätzen der Theorie, die durch diese Befunde unmittelbar widerlegt bzw. gestützt würden.) (d) Als Ganze hat die Theorie empirische Konsequenzen, die als Voraussagen dienen können. – Wie für den Holismus Otto Neuraths, für den auch noch die Protokollsätze revidierbar blieben, ist für die Quinesche Spielart ein konsequenter Fallibilismus kennzeichnend.

Die Überreste des Empirismus

Weder aus den Unzulänglichkeiten des ‹Ideen-Empirismus› noch aus dem Scheitern der fundamentalistischen, reduktionistischen oder rekonstruktiven Programme des logischen Empirismus zieht Quine die Konsequenz, der empiristische Standpunkt sei samt und sonders aufzugeben. Von unerreichbaren Zielen abgelenkt und von fremden Einflüssen befreit, behält der empiristische Standpunkt dennoch seine Pointen; ja, sie treten deutlicher hervor denn je. Daß Erkenntnis auf Erfahrung beruht, ist, in dieser Allgemeinheit ausgesprochen, durchaus zutreffend. Nur machten sich die traditionellen Empiristen, wenn Quine recht hat, falsche, vor allem grob vereinfachte Vorstellungen vom Erfahrungsbezug von Sprachen und Theorien. In *Epistemology Naturalized* nennt Quine zwei Glaubensartikel des Empirismus, an denen trotz alledem festzuhalten sei: (a) «whatever evidence there is for science is sensory evidence» («alle Anhaltspunkte, die es für die Wissenschaft gibt, sind Anhaltspunkte aus der Sinneswahrnehmung»), (b) «all inculcation of meanings of words must rest ultimately on sensory evidence» («jegliche Bedeutungsgebung für Wörter (muß) letztlich auf Anhaltspunkten aus der Sinneswahrnehmung beruhen»).[49] In *Roots of Reference* formuliert er die Maxime eines «relativen Empirismus» :«Don't venture farther from sensory evidence than you need to.» («Wage dich nicht weiter von den Sinnesdaten weg als nötig.»)[50] Dieser relative Empirismus setzt sich ab von einem absoluten, das heißt reduktionistischen Empirismus.

Die neue Grundfrage

Die Grundfrage für Quines Empirismus lautet: Wie gelangen wir von den Sinnesreizungen zu unserer Theorie über die Welt? – Statt von Ideen, Eindrücken, Empfindungen, Sinnesdaten o. ä. spricht Quine von Sinnesreizungen, da nach dem Stand der naturwissenschaftlichen Forschung Reizungen der Sinnesrezeptoren am Anfang der Erkenntnisprozesse stehen. Zu beachten ist, daß Quine die Grundfrage in einem ‹genetischen› Sinn versteht: Er will untersuchen, wie Theorien der Natur bzw. die theoretischen Teile der Sprache erworben werden. Theorien sind Quine zufolge sprachlich verfaßt; statt über Theorien in abstracto zu reden, spricht man besser von konkreten Theorieformulierungen: «Die zu untersuchende Beziehung ist somit nicht mehr diejenige zwischen Empfindung und Theorie, sondern vielmehr die zwischen Sinnesreizungen und Theorieformulierung: auf der einen Seite haben wir den Reiz am Nervenende und auf der anderen Sätze z. B. über Elektronen, Schwerkraft etc.»[51] Quines Grundfrage wird klarere Konturen bekommen, wenn wir auf zwei Haltungen zu sprechen kommen, die für das Projekt fundamental sind, die bisher aber nur anklangen: Quines Naturalismus und sein Physikalismus.

Naturalismus und Physikalismus

Zu den Grundhaltungen, mit denen Quine sein empiristisches Projekt verfolgt, gehört der Naturalismus. Was verbirgt sich hinter diesem von Quine aufgegriffenen Etikett? Man kann von Hans Blumenbergs Erläuterung ausgehen: «Allgemein philosophisch kann man als Naturalismus eine Verständnisweise des Menschen, der Geschichte, der Kultur und Kunst, der Erkenntnis und der Moral mittels der Kategorien, die für die Naturerklärung ausgebildet worden sind, bezeichnen.»[52] Naturalisten in diesem Sinn waren (mit gewissen Abstrichen) bereits Francis Bacon und Thomas Hobbes. Besonders konsequent verfocht den Naturalismus – gerade auch in der Ethik und der Religion – David Hume, dessen Ehrgeiz darin bestand, der Newton der Wissenschaften vom Menschen zu werden: «...'tis at least worth while to try if the science of man will not admit of the same accuracy which several parts of natural philosophy are found susceptible of.» («es ist zumindest einen Versuch wert zu prüfen, ob die Wissenschaft vom Menschen nicht dieselbe Genauigkeit zuläßt, die verschiedene Teile der Naturphilosophie erwiesenermaßen zulassen.»)[53] Stand Humes Naturalismus noch in erklärter Opposition zu dem christlich-mittelalterlichen Supra-Naturalismus, so «lebt der Naturalismus, der vor allem in den USA Vertreter findet, jetzt immer mehr aus der Identifikation mit der naturwissenschaftlichen Denkweise» – so Gawlick im *Historischen Wörterbuch der Philosophie*.[54] Diese amerikanische Tradition des Naturalismus bildet wohl den unmittelbaren Anknüpfungspunkt für Quine (wenngleich er gelegentlich noch den Supranaturalismus ausdrücklich als noch immer in Frage kommenden Gegner hinstellt: «Mentalism, supernaturalism, and other unwholesome cultures thrive in dark places.» [«Mentalismus, Supranaturalismus und andere verderbliche Kulturen gedeihen in dunklen Winkeln.»][55]) So hat er sich für sein naturalistisches Credo auf John Dewey berufen: «With Dewey I hold that knowledge, mind and meaning are part of the same world that they have to do with, and that they are to be studied in the same empirical spirit that animates natural science. There is no place for a prior philosophy.» («Mit Dewey bin ich der Meinung, daß Erkenntnis, Geist und Bedeutung Teile derselben Welt sind, mit der sie sich befassen, und daß sie in demselben empirischen Geiste erforscht werden müssen, der auch die Naturwissenschaften belebt. Für eine Erste Philosophie gibt es keinen Platz.»)[56] Quine legt Nachdruck auf die Vorstellung von der einen einheitlichen Natur, dem System der Welt, wie er manchmal – auf eine alte Redeweise anspielend – sagt, und auf die Vorstellung von einer methodisch und inhaltlich einheitlichen Wissenschaft der Natur.

Was bedeutet nun dieser Naturalismus für die Philosophie und ihre Disziplinen? Auch die Philosophie als Wissenschaft von der Wissenschaft ist eine empirische Wissenschaft wie andere mehr. Besonders in dem Aufsatz *Epistemology Naturalized* verficht Quine das Programm einer Naturalisierung der Erkenntnistheorie – und im Grunde der Philosophie überhaupt. In Absetzung insbesondere vom rekonstruktiven Empirismus Carnaps formuliert Quine seine Alternative:

«But why all this creative reconstruction, all this make-believe? The stimulation of his sensory receptors is all the evidence anybody has had to go on, ultimately, in arriving at his picture of the world. Why not just see how this construction really proceeds? Why not settle for psychology?» («Aber, wozu all diese erfinderischen Rekonstruktionen, all dieser Schein? Letztlich sind ja die Reizungen der eigenen Sinnesrezeptoren das einzige, was man hatte, um zu seinem Bild von der Welt zu kommen. Warum sollte man nicht einfach zu ermitteln suchen, wie diese Konstruktion wirklich vor sich geht? Warum sich nicht mit Psychologie begnügen?»)[57]

An die Stelle einer rationalen Nachkonstruktion soll eine getreue Darstellung der tatsächlichen Verbindungen zwischen Sinnesreizungen und unseren Theorieformulierungen treten; diese Beschreibung muß selbst von empirischen Wissenschaften, vor allem der Psychologie geliefert werden. (Dieses Vorgehen läuft deshalb nicht auf einen Begründungszirkel hinaus, da gar nicht beansprucht wird, irgend etwas zu begründen.) Hoffnungen, die wissenschaftlichen Wahrheiten aus Sätzen über Sinneserfahrung zu deduzieren, oder alle deskriptiven Begriffe durch Beobachtungsterme – zuzüglich logischer und mengentheoretischer Mittel – zu definieren, werden aufgegeben. «Better to discover how science is developed and learned than to fabricate a fictitious structure to a similar effect.» («Besser entdecken, wie die Wissenschaften in Wirklichkeit entwickelt und gelernt werden, als eine fiktive Struktur mit einem ähnlichen Effekt fabrizieren.»)[58]

Aus den bisherigen Ausführungen dürfte klar sein, daß Quine auch die Ontologie nicht als «Erste Philosophie» betreiben kann und will. Sein Beitrag zur Ontologie, deren Grundfrage er auf die Form «Was gibt es?» bringt, hat mehrere Seiten. Zunächst wird ein Kriterium für ontologische Festlegungen vorgeschlagen, das heißt ein Kriterium dafür, was einer Theorie zufolge existiert – wie kann man an einer Theorie ablesen, auf welche (Arten von) Entitäten sie sich festlegt, auf welche ‹Ontologie› sie sich verpflichtet? Eine frühe Formulierung des Kriteriums lautet: «entities of a given sort are assumed by a theory if and only if some of them must be counted among the values of the variables, in order that the statements affirmed in the theory be true.» («... eine Theorie [nimmt] Entitäten einer bestimmten Art dann und nur dann [an], wenn einige davon zu den Werten der Variablen gerechnet werden müssen, um die Wahrheit der in der Theorie behaupteten Sätze zu sichern.»)[59] Eingängiger ist die Kurzfassung: existieren heißt, der Wert einer gebundenen Variablen zu sein («to be is to be the value of a bound variable»).

Offenbar ist das Kriterium unmittelbar nur anzuwenden, wenn die fragliche Theorie in prädikatenlogischer Fassung vorliegt. Wissenschaftliche Theorien werden am besten in einer kanonischen Form ausgedrückt; nach Quine reicht die Prädikatenlogik erster Stufe dafür aus. Nur in einer solchen Form treten die ontologischen Festlegungen deutlich zutage. (Bei umgangssprachlich formulierten Theorien hätte man auf weniger deutliche Indizien – wie Relativpronomen u. ä. – zu achten.)

Es fragt sich nun noch, warum Quine die ontologischen Verpflichtungen in den Variablen verortet. Das hängt auch damit zusammen, daß Quine für singuläre Terme, die kein zuverlässiger Indikator sind, über eine Eliminierungsstrategie verfügt. Man kann darin eine Weiterentwicklung von Bertrand Russells Theorie der Kennzeichnungen (im Rahmen seiner «theory of descriptions») sehen. In einem ersten Schritt werden die singulären Terme – falls sie nicht selbst schon Kennzeichnungen sind – in Kennzeichnungen überführt, um dann zugunsten von Quantoren, Variablen und Prädikaten eliminiert zu werden. In den Werten der gebundenen Variablen spiegelt sich die Ontologie wider, in den Prädikaten das, was Quine die «Ideologie» nennt.

Der zweite Beitrag zur Ontologie im Rahmen des naturalistischen Empirismus besteht in der Empfehlung von Maßstäben der ontologischen Zulässigkeit. Zwei Prinzipien sind hier hervorzuheben. Das erste fordert klare Identitätskriterien; der Merkvers lautet in diesem Falle: Keine Entität ohne Identität («no entity without identity»). Der zweite von Quine hochgehaltene Grundsatz ist das altbekannte Prinzip der ontologischen Sparsamkeit, das zu Ehren desjenigen Philosophen, der als erster systematischen Gebrauch davon gemacht hat, «Ockhams Rasiermesser» genannt wird. Es fordert, nicht mehr Entitäten anzunehmen, als (für Erklärungszwecke u. ä.) unbedingt notwendig ist.

Schließlich nimmt Quine Stellung zu der ontologischen Kernfrage, was denn nun existiere, was also gemäß der Theorie, die er für die beste – oder wenigstens eine korrekte – Theorie hält, als existierend angenommen werden muß. Die ontologische Grundfrage ist für ihn selbst eine genuin wissenschaftliche Frage, welche innerhalb unseres «Systems der Welt» zu beantworten ist. Kurz gesagt, gibt es Quine zufolge physische Gegenstände und Mengen. Seiner Ansicht nach kommt man mit diesen Entitäten aus, mit weniger aber nicht. Auch lassen sich hinreichend klare Identitätskriterien angeben. Mengen sind identisch, wenn sie dieselben Elemente enthalten. Die Identitätskriterien für physische Objekte sind mit dem Fortschreiten der physikalischen Forschung verändert, verfeinert worden.

Quines naturalistische Grundhaltung wird ergänzt durch den Physikalismus. Sein Begriff des Tatsächlichen ist entschieden physikalistisch (dieser Umstand wird bei der These von der Übersetzungsbestimmtheit und damit zusammenhängenden Kernthesen zu berücksichtigen sein): «Where positions and states of bodies do not matter, there is no fact of the matter.» («Wo Positionen und Zustände von Körpern nichts zur Sache tun, dort gibt es auch keine Tatsachen.»)[60] In bezug auf den Status des Geistigen bedeutet dies etwa: «there is no mental difference without a physical difference.» («Ohne einen physischen Unterschied gibt es auch keine geistigen Unterschiede.»)[61]

Was an Sprachen und Theorien ist empirisch bestimmt?

Die komplizierten und von Sprüngen durchsetzten Beziehungen zwischen Sinnesreizungen und Theorien (oder den theoretischen Teilen der Sprache) versucht Quine vor allem an zwei anschaulichen Konkretisierungen nachzuzeichnen. Erstens an dem kindlichen Spracherwerb: Wie gelangt ein Kind, das seine Muttersprache lernt, von den in unmittelbarem Zusammenhang mit Sinnesreizungen erlernten Anfängen zu den theoretischeren Gefilden der Sprache? Zweitens an der erstmaligen Interpretation oder Übersetzung einer völlig fremden Sprache (die von Menschen mit uns völlig fremden Lebensformen gesprochen wird): Wie gelangt ein Sprachforscher zu einer Übersetzungsanleitung für diese Sprache, wenn er sich streng an die empiristisch-behavioristischen Methoden hält? Was an einer solchen Übersetzung ist empirisch bestimmt; und an welchen Punkten tun sich Alternativen auf, zwischen denen mit rein empirischen Mitteln nicht mehr entschieden werden kann?

Im Zuge der Bearbeitung dieser Fragen hat Quine ein komplexes begriffliches Instrumentarium entwickelt, von dem hier nur das Nötigste angeführt werden kann. Besonders grundlegend ist eine Einteilung der Sätze nach behavioristischen Gesichtspunkten und die Entwicklung eines empirischen (residualen) Begriffs der Bedeutung und anderer semantischer Begriffe.

Von allergrößter Bedeutung sind die sogenannten Beobachtungssätze, da sie am Anfang des Spracherwerbs wie der Theorienbildung stehen und auch für den Erstübersetzer den Einstieg bieten: «Observation sentences are the gateway to language, as to science.» («Die Beobachtungssätze sind das Eingangstor zur Sprache wie auch zur Wissenschaft.»)[62] Wurde für den logischen Empirismus des Wiener Kreises der Charakter und Status der Protokollsätze, die elementare Beobachtungen wiedergeben sollen, zu einem zentralen philosophischen Anliegen, so bemüht sich Quine um die einwandfreie Charakterisierung der Beobachtungssätze.

Erinnern wir uns zunächst an einige Pointen, die in der Wahl der Beobachtungssätze als Ausgangspunkt liegen. Wenn wir von Beobachtungs*sätzen* sprechen, so hat das den Vorteil, daß von etwas Äußerem, Öffentlichem, Intersubjektivem die Rede ist. Quine wählt bewußt auch nicht Beobachtungs*begriffe* zum Ausgangspunkt, da Sätze semantische Priorität vor Prädikaten haben; an erster Stelle werden Sätze durch Sinnesreize bestimmt, nicht Begriffe. Aber, wird sich mancher fragen, muß man nicht zuvor ‹Beobachtung› definiert haben, um Beobachtungssätze charakterisieren zu können, und beruft man sich nicht so doch wieder auf subjektive, private Beobachtungen (in Form von Sinnesdaten, Empfindungen o. ä.)? Die sich andeutende Schwierigkeit kann jedoch umgangen werden. Der Begriff des Beobachtungssatzes kann unmittelbar, nämlich ohne vermittelnden Rückgriff auf den Beobachtungsbegriff, charakterisiert werden, in behavioristischer Manier. Dieser Kennzeichnung müssen jedoch noch einige Erläuterungen vorausgeschickt werden.

Unter dem Verhalten von Sprachbenutzern ist das Zustimmungs- und Ablehnungsverhalten besonders aufschlußreich. Ist man erst einmal zu einer verläßlichen Hypothese darüber gelangt, welche Verhaltensweisen in einer Gruppe als Zustimmung und Ablehnung (womöglich auch Urteilsenthaltung) gelten, so verfügt man über ein ergiebiges Verfahren, um die Semantik der fremden Sprache zu erforschen. Man kann dann im Prinzip beliebige Sätze zur Beurteilung vorlegen und die jeweilige Reaktion verzeichnen. Dabei kann man beobachten, ob und in welcher Weise Ablehnung und Zustimmung von in der Umgebung zugänglichen Sinnesreizen abhängen. (Auch für das Kind, das seine Sprache lernt, spielt Zustimmungs- und Ablehnungsverhalten eine herausragende Rolle, da es rasch an die Stelle von anderweitiger Belohnung bzw. Bestrafung tritt.) Wir werden nun sehen, wie Zustimmung und Ablehnung in die Definitionen des empirischen Bedeutungsbegriffs und der verschiedenen Satzarten eingehen.

Grundlage für einen empirischen Begriff der Bedeutung sind bei Quine gewisse Mengen von Sinnesreizungen. Eine Sinnesreizung r gehört zu der affirmativen Reizbedeutung eines Satzes S (für einen Sprecher P) genau dann, wenn gilt: Es gibt eine Reizung r′ derart, daß der Sprecher P, würde ihm r′ widerfahren, den daraufhin zur Beurteilung vorgelegten Satz S ablehnen würde, widerführe ihm danach r, er hingegen S zustimmen würde. Die Definition der negativen Reizbedeutung gewinnt man durch Vertauschung von «ablehnen» und «zustimmen». Die Reizbedeutung eines Satzes (für einen Sprecher P zu einem Zeitpunkt t) ist dann einfach das geordnete Paar aus affirmativer und negativer Reizbedeutung. (Auf weitere strenggenommen erforderliche Kautelen verzichten wir, da es hier nur um den Grundgedanken geht.)

Es wird als Grenzfälle Sätze geben, denen ein Sprecher nach jeder beliebigen Reizung beipflichten, und solche, die er angesichts jeder Reizung ablehnen würde. Diese Extreme kann man als reizanalytische resp. reizkontradiktorische Sätze bezeichnen, um damit anzudeuten, daß man in diesen Begriffen behavioristische Nachfolger oder Residua der problematischen Termini «analytisch» bzw. «kontradiktorisch» vor sich hat. (Man kann sich leicht ausmalen, daß in diesem Sinne reizanalytische Sätze nicht genau denselben Umfang haben werden wie die analytischen Wahrheiten der Tradition.)

Mit den so gewonnenen Begriffen «Reizbedeutung» und «reizanalytisch» können nun weitere semantische Begriffe verhaltenstheoretisch definiert werden. Reizsynonymie für Sätze läßt sich einfach als Gleichheit der Reizbedeutung fassen; zwei singuläre Terme (Eigennamen, Kennzeichnungen o. ä.) «a» und «b» sind reizsynonym, wenn der Satz «a = b» reizanalytisch ist; zwei Prädikate «F» und «G» sind reizsynonym, wenn der Satz «Alle Fs sind Gs, und alle Gs sind Fs» reizanalytisch ist.

Zurück zu den Beobachtungssätzen. Sie bilden eine Unterklasse der Situations- und Gelegenheitssätze («occasion sentences»), welche – im Unterschied zu festen Sätzen («standing sentences») – Zustimmungs- und Ablehnungsverhalten nur dann hervorrufen, wenn in der Zeitspanne, in welcher sie zur Beurteilung vorgelegt werden, eine entsprechende Sinnesreizung vorliegt. (Unter den festen Sätzen wiederum sind die zeitlosen oder ewigen Sätze von besonderer Bedeutung. Ihre Wahrheitswerte sind für immer festgelegt; ein ewiger Satz ist also ein fester Satz, der für alle Zeiten wahr oder falsch bleibt. Nicht nur Aussagen wie «2 + 5 = 7» fallen darunter, sondern auch naturwissenschaftliche Gesetze, ferner Aussagen über einzelne Ereignisse, sofern sämtliche indexikalischen Elemente durch explizite nicht-indexikalische Angaben ersetzt sind.)

Innerhalb der Situationssätze ist die Ausgrenzung der Beobachtungssätze eine graduelle Angelegenheit. Quine hat eine Reihe mehr oder weniger zuverlässiger Kriterien ausprobiert. Beobachtungssätze sind die Sätze, die am engsten mit (gleichzeitiger) Sinneserfahrung verknüpft sind; ihre Bedeutung ist weitgehend unabhängig von anderer (gespeicherter) Information. Sie haben am ehesten so etwas wie eine selbständige Bedeutung. In bezug auf Beobachtungssätze wird die Konformität in einer Gruppe am größten sein. Den graduellen Charakter könnte man daran festmachen: Ein Situationssatz ist in desto höherem Maße ein Beobachtungssatz, je genauer seine Reizbedeutung unter den verschiedenen Sprechern übereinstimmt. Beobachtungssätze sind die Gelegenheitssätze, bei denen die Gelegenheit nicht bloß intersubjektiv zugänglich ist, sondern bei denen alle beobachtenden Subjekte im wesentlichen in derselben Position für die Beurteilung sind.

Angesichts der Schwierigkeiten aller dieser Bestimmungen neigte

Quine in späteren Jahren dazu, das entscheidende Charakteristikum in der besonderen Art und Weise ihres Erwerbs und ihrer Lern- und Lehrbarkeit zu sehen: «Beobachtungssätze sind solche Gelegenheitssätze, die ostensiv lehr- und lernbar sind.»[63] Ihr Erwerb kommt dem direkten Konditionieren am nächsten.

Hier bietet sich die Gelegenheit, in aller Kürze anzudeuten, worin das Interesse des Modellfalls des kindlichen Spracherwerbs für Quines empiristisches Projekt liegt. Seiner Auffassung nach spielen zwei Verfahren die herausragende Rolle: die Methode der Ostension und das analogische Konstruieren. Das erste Verfahren kann nach dem behavioristischen Schema von Verstärkung bzw. Abschwächung (oder gar Löschung) der Reaktion aufgefaßt werden. Das Kind lernt Sätze als unstrukturierte Ganzheiten mit bestimmten Reizbündeln zu verknüpfen. Induktiv wird gelernt, welche Reizmuster mit der richtigen Verwendung verschiedener unstrukturierter Ausdrücke einhergehen. (Wie oben erwähnt, geht Quine davon aus, daß diese Lernvorgänge durch vielfältige angeborene – teils allgemeine, teils spracherwerbsspezifische – Voraussetzungen ermöglicht werden. Er hofft, daß sich solche angeborenen Dispositionen durch empirische Tests genauer bestimmen lassen.) Gäbe es nur dieses Lernverfahren, so würde das Kind niemals zu unserer Sprache gelangen. Der größte Teil der Sprache muß auf andere, mit Sinnesreizungen weniger eng verknüpfte Weise gelernt werden. Das Kind ist dabei beständig auf Analogien, auf analogisches Konstruieren, angewiesen und damit auf Sprünge, die empirisch nicht bestimmt sind. Quine hat die Beziehungen zwischen den mit der Methode der Ostension und den durch analogisches Konstruieren lernbaren Sätzen im einzelnen untersucht. Dies ist ein geeignetes Feld für einen empiristischen Philosophen, da sich hier die empirische Anbindung der Sprache, vor allem aber die nicht-empirischen Sprünge verfolgen lassen. Die beim Spracherwerb sich zeigende Lockerung des Erfahrungsbezugs sprachlicher Ausdrücke hatte Quine zuvor schon anhand des Gedankenexperiments der Erstübersetzung untersucht, dem wir uns nun abschließend zuwenden wollen.

Vor allem in *Word and Object* hat Quine ein Gedankenexperiment benutzt, um in anschaulicher Weise seine kritischen und konstruktiven Erörterungen zur sprachlichen Bedeutung zu bündeln. Stellen wir uns vor, wir stoßen auf eine Gemeinschaft, von der wir annehmen, sie verfüge über eine gemeinsame Sprache. Diese Sprache sei uns jedoch vollkommen fremd; es gibt keinen einzigen Menschen, der sowohl ihre als auch unsere Sprache versteht, und natürlich keinerlei Übersetzungshandbücher, Grammatiken oder Wörterbücher für diese fremde Sprache. Ferner können wir nicht davon ausgehen, daß die fremde Sprache mit unserer Sprache oder auch sonst die Lebensformen ihrer Sprecher mit den unseren irgendwelche Verwandtschaft haben. Die einzigen Anhaltspunkte, die wir haben, um herauszufinden, was diese Wesen sagen, worüber sie sprechen und was sie darüber sagen, ist ihr öffentliches Verhalten (in Wechselwirkung mit der für alle beobachtbaren Umgebung), wobei – wie erwähnt – das Zustimmungs- und Ablehnungsverhalten in Reaktion auf vorgelegte Fragen besonders aufschlußreich sein kann. Man soll sich nun vorstellen, man müßte ein Übersetzungshandbuch für diese Sprache entwickeln, das schließlich für jeden Ausdruck der fremden Sprache eine Übersetzung in unsere Sprache liefert. Auf diese Weise müßte ja herauszufinden sein, wieviel an sprachlicher Bedeutung empirisch ausweisbar ist, und damit auch, an welchen Punkten ein empirisch nicht entscheidbarer Spielraum für Übersetzungen oder – allgemeiner – Interpretationen bleibt, welcher nur unter Rückgriff auf empirisch nicht mehr determinierte Prinzipien geschlossen, gleichsam übersprungen werden kann.

Vor dem Hintergrund dieses Gedankenexperiments stellt Quine nun seine vieldiskutierte These von der Unbestimmtheit der Übersetzung auf.[64] In einer Fassung lautet sie: Anweisungen zur Übersetzung einer Sprache in eine andere (etwa unsere) können, auch wenn jede von ihnen mit allen physikalisch angebbaren Tatsachen oder Anhaltspunkten, insbesondere mit dem gesamten Verhalten und allen Verhaltensdispositionen der Mitglieder der Sprachgemeinschaften verträglich ist, untereinander so unverträglich sein, daß sie als Übersetzungen eines Satzes der fremden Sprache jeweils Sätze der eigenen Sprache angeben, die zueinander in keinerlei Äquivalenzbeziehung stehen.[65] Da das gesamte Tatsachenmaterial ausgeschöpft ist, Übersetzungen jedoch in dem angegebenen drastischen Maße divergieren können, sind Übersetzungen – allgemeiner gesagt: Bedeutungen – empirisch unbestimmt.

Unter Rückgriff auf einige oben eingeführte Begriffe können die Hauptergebnisse des Gedankenexperiments von der Erstübersetzung etwas detaillierter aufgeführt werden: (A) Beobachtungssätze können in empirisch hinreichend bestimmter Weise übersetzt werden. Hypothesen darüber, daß ein Satz unserer Sprache dieselbe Reizbedeutung für Mitglieder unserer Sprachgemeinschaft hat, wie der zu übersetzende Satz sie für Angehörige dieser Sprachgemeinschaft hat, unterliegen nur der üblichen empirischen Unterbestimmtheit (s. u.), die bei allen wissenschaftlichen Hypothesen vorkommt. (B) Wenn der Sprachforscher die fremde Sprache gelernt hat, gilt das Entsprechende für alle Situationssätze. Lernt er sie nicht, so kann er zumindest für alle Situationssätze feststellen, ob sie reizsynonym sind. (C) Aussagenlogische Verknüpfungen (soweit sie auf die übliche Weise wahrheitsfunktional sind) können übersetzt werden. (D) Die Extremfälle der reizanalytischen bzw. -kontradiktorischen Sätze können erkannt werden, so daß sichergestellt werden kann, daß jeder reizanalytische bzw. -kontradiktorische Satz der fremden Sprache mit einem reizanalytischen bzw. -kontradiktorischen Satz unserer Sprache übersetzt wird. – In (A)–(D) ist aufgezählt, wieviel an einer Übersetzung empirisch determiniert ist, das heißt grundsätzlich durch die empirischen Anhaltspunkte bestätigt oder entkräftet werden könnte. Offenkundig ist zu einer vollständigen Übersetzung beträchtlich mehr erforderlich. Gebraucht wird ein System von sog. analytischen Hypothesen, mit dessen Hilfe beliebige Sätze, letztlich beliebige Ausdrücke, übersetzt werden können. Der Unbestimmtheitsthese zufolge kann es nun sehr viele Systeme solcher analytischer Hypothesen geben, die mit allen empirischen Anhaltspunkten im Einklang sind und einander dennoch gegenseitig ausschließen. Eine Entscheidung zwischen diesen alternativen Anleitungen wäre selbst empirisch nicht bestimmt.

Die semantische Unbestimmtheit betrifft nicht allein die Satzbedeutung, sondern auch den Sachbezug von Ausdrücken. Selbst wenn der Ein-Wort-Satz «Gavagai», ein Beobachtungssatz der fremden Sprache, dieselbe Reizbedeutung hat wie unser Beobachtungssatz «Hase» (bzw. «Da, ein Hase!»), so reicht dies nicht aus, um in einem absoluten Sinn sagen zu können, der Term «gavagai» (zum Zwecke der Unterscheidung kleingeschrieben) beziehe sich auf Hasen. Mit den empirischen Anhaltspunkten wären auch eine ganze Reihe anderer Sachbezüge verträglich: «gavagai» könnte sich auch auf nicht abgetrennte Hasenteile, Zeitabschnitte von Hasen o. ä. beziehen. Entscheiden könnte man zwischen derartigen Alternativen allenfalls, wenn zuvor die grammatischen Konstruktionen und Partikeln eindeutig übersetzt wären, die den Individuationsapparat der fremden Sprache ausmachen (Ausdrücke wie «ist dasselbe... wie», «gehört zu» etc.). Nur unterliegen solche Konstruktionen selbst der Übersetzungsunbestimmtheit. Hier zeigt sich eine der Stellen, bei denen durch kompensierende Änderungen – hier: in der Sachbezugszuschreibung oder in der Übersetzung des Individuationsapparats – mehrere empirisch ununterscheidbare Konstellationen möglich sind.

Mit der empirischen Unerforschlichkeit bzw. Unbestimmtheit von

Sachbezugszuschreibungen («inscrutability of reference» – mit Quines Terminus) hängt zusammen, daß man nicht absolut sagen kann, welches die Ontologie einer Theorie ist. Genauso wie man nur insofern dingfest machen kann, über welche Gegenstände jemand mit den von ihm verwendeten Ausdrücken spricht, als man seine Terme in unsere zu übersetzen versucht, kann man nur insofern sagen, was die Gegenstände einer Theorie sind, als man so gut wie eben möglich versucht, diese Theorie durch eine andere zu interpretieren. Es handelt sich jeweils nicht darum, die Sachbezüge fremder Ausdrücke bzw. die Ontologie einer Theorie auf einen neutralen archimedischen Punkt zurückzubeziehen, sondern vielmehr darum, eine Verbindung zwischen zwei gleichberechtigten Systemen herzustellen. Angesichts dieser ontologischen Relativität ergibt sich für die Theorienauffassung, daß es bei Theorien vor allem auf ihre inneren Zusammenhänge, ihre Struktur ankommt, weniger auf die Wahl der Gegenstände, die wir mit ihr vornehmen. In Quines eigenem «System der Welt» wird die ontologische Relativität freilich durch seinen Naturalismus und Physikalismus eingeschränkt.

Um die Unbestimmtheitsthese und ihre Korollarien recht zu verstehen, muß man sich klarmachen, daß gerade nicht die bedauerliche Unbestimmtheit bzw. Unerforschlichkeit einer Tatsache behauptet wird. Es ist nicht so, daß es sich bei den Bedeutungen und Sachbezügen um im verborgenen festliegende Tatbestände handelt, hinter die wir traurigerweise nicht kommen können. Vielmehr dient das Gedankenexperiment der Erstübersetzung gerade dazu, die Vorstellung von Bedeutungen und Bedeutungsbeziehungen als irgendwo festliegenden Gegebenheiten, also den «Mythos vom Museum» in seinen verschiedenartigen Gestalten, zu widerlegen. Irrige Vorstellungen von Bedeutung, Übersetzung, Sachbezug etc. sollten damit diskreditiert werden; geht man streng empirisch vor, dann zeigt sich: «Translation is not the recapturing of some determinate entity, a meaning, but only a balancing of various values.» («Übersetzen ist nicht das Wiedergewinnen einer festliegenden Entität, einer Bedeutung, sondern nur ein Ausbalancieren verschiedenartiger Werte.»)[66]

Man darf ferner nicht aus den Augen verlieren, auf welche Züge des Gedankenexperiments es für Quines Argumentation ankommt und welche nur Zwecken der Veranschaulichung und Dramatisierung dienen. Wie Quine vor allem in *Ontological Relativity* hervorhebt, betreffen die Unbestimmtheitsthesen insbesondere nicht bloß fremde oder gar nur radikal fremde Sprachen. Auch in der eigenen Sprache sind die Bedeutung und der Sachbezug von Ausdrücken empirisch nicht bestimmt.

Freilich besagt die These von der Übersetzungsunbestimmtheit nicht, es gebe überhaupt keine Gesichtspunkte, nach denen man mit einem gewissen Recht eine der konkurrierenden Übersetzungen den anderen vorziehen könnte. Neben naheliegenden Prinzipien, die Einfachheit, Kürze und ähnliche allgemeine Tugenden empfehlen, ist das sog. Prinzip der Nachsicht («principle of charity» – mit einem Ausdruck Neil Wilsons, den Quine und seine Nachfolger übernommen haben) hervorzuheben. Die Maxime, genauer handelt es sich um eine ganze Familie von Interpretationsprinzipien, hält den Interpreten dazu an, den zu verstehenden Subjekten nicht ohne besondere Gründe Irrationalität, Inkonsistenzen, krasse Irrtümer u. ä. zu unterstellen; denn, so lautet eine Begründung: «one's interlocutor's silliness, beyond a certain point, is less likely than bad translation.» («daß die Dummheit des Gesprächspartners über einen bestimmten Punkt hinaus weniger wahrscheinlich ist als eine schlechte Übersetzung.»)[67] Zum Beispiel wäre es methodisch abwegig, den fremden Sprechern laufend logische Widersprüche zuzuschreiben.

Allerdings vermutet Quine, daß selbst unter optimaler Ausnutzung derartiger Prinzipien eine Vielzahl empirisch gleichwertiger, einander aber ausschließender Übersetzungen übrigbleibt. Vor allem muß man sich darüber im klaren sein, daß derlei Maximen empirisch nicht ausweisbar sind.

Quine setzt die These von der Unbestimmtheit der Übersetzung ab von der wohl weniger strittigen Behauptung der empirischen Unterbestimmtheit physikalischer Theorien. Theorien sind danach durch alle möglichen Beobachtungen unterbestimmt; auf derselben empirischen Grundlage, selbst wenn sie nicht nur die gemachten, sondern alle überhaupt möglichen Beobachtungen umfaßte, können konkurrierende Theorien entwickelt werden, die sich nicht nur in Belanglosigkeiten unterscheiden, sondern einander logisch ausschließen. Diese Unterbestimmtheit ist schon deshalb zu erwarten, weil die Beobachtungskriterien so locker und lückenhaft sind. Die Differenz zwischen solcher Theorienunterbestimmtheit und der Übersetzungsbestimmtheit hat mit Quines physikalistischem Begriff des Tatsächlichen zu tun. Während bei Konflikten zwischen physikalischen Theorien ein Streit um Tatsachen vorliegt, handelt es sich bei der Unbestimmtheit von Übersetzungen hinsichtlich Bedeutungen und Sachbezug nicht um die Unbestimmtheit von Tatsachen, sondern um einen Spielraum, der bleibt, wenn alle Tatsachen ausgeschöpft sind: «The facts of nature outrun our theories as well as all possible observations, whereas the traditional semantics outruns the facts of language.» («Die Tatsachen der Natur gehen über unsere Theorien wie auch über alle möglichen Beobachtungen hinaus, wohingegen die traditionelle Semantik über die Tatsachen der Sprache hinausgeht.»)[68] Kürzer als Quine selbst kann man das Ergebnis seiner Kritik des traditionellen Empirismus vom Standpunkte eines naturalisierten Empirismus nicht zusammenfassen.

Texte Quines

A System of Logistic. Cambridge (Mass.) 1934.

Review of Carnap. Die logische Syntax der Sprache. In: The Philosophical Review 44 (1935), S. 394–397.

Mathematical Logic. New York 1940.

Elementary Logic. Boston 1941.

Review of Russell. An Inquiry into Meaning and Truth. In: Journal of Symbolic Logic 6 (1941), S. 29f.

O Sentido da Nova Logica. São Paulo 1944.

Methods of Logic. New York 1951.

From a Logical Point of View. Cambridge (Mass.) 1953 (dt. Von einem logischen Standpunkt. Frankfurt/M. 1979).

Word and Object. Cambridge (Mass.) 1960 (dt. Wort und Gegenstand. Stuttgart 1980).

Set Theory and Its Logic. Cambridge (Mass.) 1963.

The Ways of Paradox and Other Essays. New York 1966.

Selected Logic Papers. New York 1966.

Ontological Relativity and Other Essays. New York 1969 (dt. Ontologische Relativität und andere Schriften. Stuttgart 1975).

Linguistic Philosophy. In: S. Hook (ed.): Language and Philosophy. New York 1969, S. 95–98.

Zus. mit J. S. Ullian: The Web of Belief. New York 1970.

Philosophy of Logic. Englewood 1970.

Philosophical Progress in Language Theory. In: Metaphilosophy 1 (1970), S. 2–19.

On the Reasons for Indeterminacy of Translation. In: Journal of Philosophy 67 (1970), S. 178–183.

The Roots of Reference. La Salle (Ill.) 1974 (dt. Die Wurzeln der Referenz. Frankfurt/M. 1989).

On Empirically Equivalent Systems of the World. In: Erkenntnis 9 (1975), S. 313–328.

Theories and Things. Cambridge (Mass.) 1981 (dt. Theorien und Dinge. Frankfurt/M. 1985).
Gegenstand und Beobachtung. In: D. Henrich (Hg.): Kant oder Hegel? Stuttgart 1983, S. 412–422.
The Time of My Life. An Autobiography. Cambridge (Mass.) 1985.
States of Mind. In: The Journal of Philosophy 82 (1985), S. 5–8.
Indeterminacy of Translation Again. In: The Journal of Philosophy 84 (1987), S. 5–10.
Quiddities. An Intermittently Philosophical Dictionary. Cambridge (Mass.) 1987.

Literatur

Gibson, R. F.: The Philosophy of Quine. An Expository Essay. Tampa 1982.
–: Enlightened Empiricism. An Examination of W. V. Quine's Theory of Knowledge. Tampa 1988.
Hahn, L. E./Schilpp, P. A. (eds.): The Philosophy of W. V. Quine. La Salle (Ill.) 1986.
Kemmerling, A.: Die These von der Übersetzungsunbestimmtheit. In: Savigny, E. v. (Hg.): Probleme der sprachlichen Bedeutung. Kronberg/Ts. 1976, S. 125 bis 142.
Kirk, R.: Translation Determined. Oxford 1986.
Koppelberg, D.: Die Aufhebung der Analytischen Philosophie. Quine als Synthese von Carnap und Neurath. Frankfurt/M. 1987.
Lauener, H.: Willard Van Orman Quine. München 1982.
Romanos, G.: Quine and Analytic Philosophy. Cambridge (Mass.) 1983.
Shahan, R. W./Swoyer, C. (eds.): Essays on the Philosophy of W. V. Quine. Norman 1979.

Weitere Literatur

Bentham, J.: Works. Ed. by J. Bowring. 1838–1843 (Neudruck 1962, Bd. 8).
Blumenberg, H.: Naturalismus I. Naturalismus und Supranaturalismus. In: Die Religion in Geschichte und Gegenwart. 3. Aufl. 4. Bd.: Kop – O. Tübingen 1960, Sp. 1332–1336.
Carnap, R.: Der logische Aufbau der Welt. Hamburg 1928, 2. Aufl. 1961.
–: Logische Syntax der Sprache. Wien/New York 1934.
–: Meaning and Necessity. Chicago 1947, 2. Aufl. 1956.
Duhem, P.: La Théorie Physique. Son Objet – Sa Structure. Paris 1906.
Gawlick, G.: Naturalismus. In: Historisches Wörterbuch der Philosophie. Hg. von J. Ritter et al. Bd. 6: Mo–O. Basel/Stuttgart 1984, Sp. 517–519.

Hume, D.: A Treatise of Human Nature. Ed. by P. H. Nidditch. Oxford 1978.
Kant, I.: Kritik der reinen Vernunft. Hg. von R. Schmidt. Hamburg 1971.
Krüger, L.: Der Begriff des Empirismus. Erkenntnistheoretische Studien am Beispiel John Lockes. Berlin/New York 1973.
Locke, J.: An Essay concerning Human Understanding. Ed. by P. H. Nidditch. Oxford 1975 (dt.: Versuch über den menschlichen Verstand. 2 Bde. Hamburg 1911/1913, [4]1981).
Neurath, O.: «Protokollsätze». In: Erkenntnis 3 (1932–33), S. 204–214.

Anmerkungen

1 Quine, in: Hahn/Schilpp (eds.): The Philosophy of W. V. Quine, S. 4 u. 6 (eigene Übersetzung).

2 Quine, in: Hahn/Schilpp (eds.): The Philosophy of W. V. Quine, S. 12 (eig. Übs.).

3 Vgl. Quines Besprechung «Review of Carnap».

4 Dort findet man neben umfassenden biographischen auch umfassende bibliographische Informationen.

4a Diese Angabe bezog sich auf das Frühjahr 1988, den Zeitraum, in dem dieser Aufsatz abgeschlossen wurde. Zwischenzeitlich erschien noch das schmale, aber bedeutsame Bändchen *The Pursuit of Truth* (Cambridge/Mass. 1990), in welchem neben Rekapitulationen auch Modifikationen zu finden sind. (Die Anmerkung wurde im Juni 1992 hinzugefügt.)

5 Weiter zu berücksichtigende Einflüsse – neben den beiden europäischen Gestalten des Empirismus – bilden der amerikanische Pragmatismus sowie gewisse Spielarten des Naturalismus und Behaviorismus.

6 Quine, in: Hahn/Schilpp (eds.): The Philosophy of W. V. Quine, S. 644 (eig. Übs.).

7 Quine, der sich ansonsten wenig um philosophiehistorische Fragen kümmert, deutet in einigen Arbeiten wenigstens in Umrissen an, wie sich für ihn die Entwicklung des Empirismus darstellt. Vgl. besonders «Naturalisierte Erkenntnistheorie» (Quine: Ontologische Relativität, Kap. 3), «Philosophical Progress in Language Theory» und «Fünf Marksteine des Empirismus» (Quine: Theorien und Dinge, Kap. 7).

8 Locke: Essay, S. 43 (dt. Versuch Bd. I, S. 22).

9 Locke: Essay, S. 104 (dt. Versuch Bd. I, S. 108).

10 Locke: Essay, S. 104 (dt. Versuch Bd. I, S. 108).

11 Locke: Essay, S. 106 (dt. Versuch Bd. I, S. 109).

12 Locke: Essay, S. 401 (dt. Versuch Bd. I, S. 507; Übs. geringfügig verändert).

13 Locke: Essay, S. 721 (dt. Versuch Bd. II, S. 438). Vgl. schon III,2,2 (Übs. geringfügig geändert).

14 Locke: Essay, S. 405 (dt. Versuch Bd. II, S. 5; Übs. geringfügig geändert).

15 Quine: Philosophical Progress in Language Theory, S. 3 (eig. Übs.).
16 Quine: Philosophical Progress in Language Theory, S. 8 (eig. Übs.).
17 Quine: Linguistic Philosophy, S. 97 (eig. Übs.).
18 Quine: Indeterminacy of Translation Again, S. 5 (eig. Übs.).
19 Quine: Indeterminacy of Translation Again, S. 5 (eig. Übs.).
20 Quine: Linguistic Philosophy, S. 96 (eig. Übs.).
21 Quine: Philosophical Progress in Language Theory, S. 5 (eig. Übs.).
22 Quine: From a Logical Point of View, S. 48 (dt. Von einem logischen Standpunkt, S. 53; Übs. verändert).
23 Quine: Linguistic Philosophy, S. 96 (eig. Übs.).
24 Quine: States of Mind, S. 7 (eig. Übs.).
25 Vgl. z. B. Quine: Ontological Relativity, S. 27f, 30 (dt. Ontologische Relativität, S. 42, 45); Quine: Philosophy of Logic, S. 12, 14.
26 Quine: Ontological Relativity, S. 80 (dt. Ontologische Relativität, S. 112; Übs. leicht verändert). Vermutlich spielt Quine überdies darauf an, daß Ideen im britischen Empirismus oft als bildartige Zeichen gedacht wurden.
27 Quine: The Roots of Reference, S. 36 (dt. Die Wurzeln der Referenz, S. 60f; Übs. leicht verändert).
28 Quine: The Roots of Reference, S. 34 (dt. Die Wurzeln der Referenz, S. 58; Übs. leicht verändert).
29 Locke: Essay, S. 471 (dt. Versuch Bd.II, S. 94).
30 Bentham: Works, Bd. 8, S. 188 (eig. Übs.).
31 Quine: Ontological Relativity, S. 72 (dt. Ontologische Relativität, S. 101; Übs. geringfügig verändert).
32 Carnap: Der logische Aufbau der Welt, S. XI.
33 Krüger: Der Begriff des Empirismus, S. 15.
34 Krüger: Der Begriff des Empirismus, S. 17f.
35 Locke: Essay, S. 576 (dt. Versuch Bd.II, S. 236; Übs. geändert).
36 Locke: Essay, S. 609 (dt. Versuch Bd.II, S. 281; Übs. geändert).
37 Locke: Essay, S. 592 (dt. Versuch Bd.II, S. 258; Übs. geändert).
38 Locke: Essay, S. 611 (dt. Versuch Bd.II, S. 284).
39 Locke: Essay, S. 612 (dt. Versuch Bd.II, S. 286).
40 Kant: Kritik der reinen Vernunft, S. 45.
41 Kant: Kritik der reinen Vernunft, S. 40.
42 Quine: From a Logical Point of View, S. 21 (dt. Von einem logischen Standpunkt, S. 27).
43 Quine: From a Logical Point of View, S. 29f (dt. Von einem logischen Standpunkt, S. 35f; Übs. geändert).
44 Quine: From a Logical Point of View, S. 32 (dt. Von einem logischen Standpunkt, S. 38; Übs. leicht verändert).
45 Quine: From a Logical Point of View, S. 36 (dt. Von einem logischen Standpunkt, S. 41).

46 Quine: From a Logical Point of View, S. 37 (dt. Von einem logischen Standpunkt, S. 42).
47 Quine: From a Logical Point of View, S. 38 (dt. Von einem logischen Standpunkt, S. 43).
48 Quine: From a Logical Point of View, S. 42 (dt. Von einem logischen Standpunkt, S. 47; Übs. leicht verändert).
49 Quine: Ontological Relativity, S. 75 (dt. Ontologische Relativität, S. 105; Übs. geändert).
50 Quine: The Roots of Reference, S. 138 (dt. Die Wurzeln der Referenz, S. 191).
51 Quine: Gegenstand und Beobachtung, S. 413.
52 Blumenberg: Naturalismus, Sp. 1332.
53 Hume: Treatise, S. 645 (eig. Übs.; die Stelle steht am Anfang von Humes «Abstract»).
54 Gawlick: Naturalismus, Sp. 517.
55 Quine: The Roots of Reference, S. 36 (dt. Die Wurzeln der Referenz, S. 60; Übs. leicht verändert).
56 Quine: Ontological Relativity, S. 26 (dt. Ontologische Relativität, S. 41; Übs. leicht verändert).
57 Quine: Ontological Relativity, S. 75 (dt. Ontologische Relativität, S. 105; Übs. leicht verändert).
58 Quine: Ontological Relativity, S. 78 (dt. Ontologische Relativität, S. 109).
59 Quine: From a Logical Point of View, S. 103 (dt. Von einem logischen Standpunkt, S. 100).
60 Quine, in: Shahan / Swoyer (eds.): Essays on the Philosophy of W. V. Quine, S. 162 (eig. Übs.).
61 Quine, in: Shahan / Swoyer (eds.): Essays on the Philosophy of W. V. Quine, S. 163 (eig. Übs.).
62 Quine: The Roots of Reference, S. 40 (dt. Die Wurzeln der Referenz, S. 65).
63 Quine: Gegenstand und Beoachtung, S. 414.
64 Vgl. neuerdings die Diskussion in Kirk: Translation Determined; sowie Kemmerling: Die These von der Übersetzungsunbestimmtheit, und Koppelberg: Die Aufhebung der analytischen Philosophie, Kap. 4.
65 Quine: Word and Object, Kap. 2; On the Reasons for Indeterminacy of Translation; Indeterminacy of Translation Again.
66 Quine: On Empirically Equivalent Systems of the World, S. 322 (eig. Übs.).
67 Quine: Word and Object, S. 59 (dt. Wort und Gegenstand, S. 115).
68 Quine: Indeterminacy of Translation Again, S. 10 (eig. Übs.).

Joachim Schulte

Peter Frederick Strawson

Strawson (geb. 1919) war als Nachfolger Gilbert Ryles von 1968 bis zu seiner Emeritierung 1987 Waynflete Professor of Metaphysical Philosophy an der Universität Oxford, vorher – seit 1948 – Fellow des University College in Oxford. Aufgrund seiner Lehrtätigkeit und seiner Publikationen zählt er zu den einflußreichsten Vertretern der neueren analytischen Philosophie. Wer in den 50er und 60er Jahren von «Oxford philosophy» redete, meinte eine Philosophie im Stile Strawsons, das heißt – um es auf eine Formel zu bringen – Aristoteles plus Hume plus Kant plus Common sense plus eine gehörige Portion Skepsis gegenüber extravaganter Metaphysik einerseits, der selbstgenügsamen Entwicklung formaler Systeme andererseits. Strawson zeichnet dabei aus, daß er keine Scheu hat vor der großen Perspektive und mitunter weitreichenden Unterscheidungen.

Strawsons Stil ist stets behutsam, dabei überaus höflich, so daß man die gelegentliche Polemik kaum bemerkt. Es kommt vor, daß er bei seinen eher ‹grammatischen› Untersuchungen ad hoc schematische Darstellungsweisen erfindet, die sich auch dem gutwilligen Leser nicht einprägen wollen, während manche seiner ausgetüftelten Beispiele so treffend und prägnant sind, daß sie immer wieder faszinieren.

Zu Strawsons ‹großen› Themen gehören u. a. der Gegensatz von Einzelnem und Allgemeinem und der damit einhergehende Funktionsunterschied von Subjekt und Prädikat. Beide Themen werden verknüpft in seinem Hauptwerk *Individuals*. Über Subjekt und Prädikat hat er 1974 eine eigene Monographie veröffentlicht. Die wichtigsten Aufsätze wurden in zwei Bänden gesammelt: *Logico-Linguistic Papers* (1971) und *Freedom and Resentment* (1974). Der erste dieser Bände enthält neben dem klassischen Aufsatz *On Referring* und weiteren sprachphilosophischen Arbeiten vier Texte zur Wahrheitsproblematik (vor allem in Auseinandersetzung mit J. L. Austin); der zweite umfaßt neben dem bedeutenden Titelessay einen Text zu Themen der Philosophie Kants und

Humes (*Imagination and Perception*), die große Rezension von Wittgensteins *Philosophischen Untersuchungen*, eine Auseinandersetzung mit Ryles Kategorienbegriff u. a. m. Strawsons unbekümmert-kritisches und zugleich respektvolles Kantbuch *The Bounds of Sense* von 1966 erregte seinerzeit großes Aufsehen, ist im englischen Sprachbereich längst als Standardwerk anerkannt und dürfte auch hierzulande mehr Kantinterpreten beeinflußt haben, als offiziell zugestanden wird.

Um einen Einblick in Strawsons Art des Philosophierens zu geben, sollen im folgenden drei maßgebende Texte vorgestellt werden: Strawsons ‹Jugendwerk› über das Bezugnehmen; ein verblüffendes Kapitel aus der ‹deskriptiven› Metaphysik; und der mustergültige Beitrag zur Moralphilosophie *Freedom and Resentment*.

Die Theorie des «Bezeichnens»

Die vermutlich bekannteste Arbeit Strawsons ist seine frühe, 1950 erschienene Abhandlung *On Referring* (auf deutsch «Über das Bezugnehmen», eleganter vielleicht «Bezeichnen» [1]). Diese seit langem zum Klassiker avancierte Studie weist viele Facetten auf. Nicht zuletzt deshalb hat sie auch außerhalb der Sprachphilosophie im engeren Sinn gewirkt, vor allem im Bereich der Logik und Linguistik. Der Ausgangspunkt dieser Arbeit ist eine Kritik an Russells Theorie der Kennzeichnungen, die über viele Jahrzehnte als unangefochtenes Paradigma der philosophischen Analyse galt. Im Zuge dieser Kritik begründet Strawson einige Thesen über den Gebrauch sprachlicher Ausdrücke, bringt eine Reihe von grundlegenden Unterscheidungen zwischen Arten und Verwendungsebenen sprachlicher Ausdrücke ins Spiel, deutet einen fundamentalen Unterschied zwischen logischem Subjekt und logischem Prädikat an und bricht insgesamt eine Lanze für die Idee, das Studium der normalen Sprache sei philosophisch mindestens ebenso gewinnbringend wie die Beschäftigung mit formalen Systemen, denn – so der Schlußsatz von *On Referring* – «die normale Sprache kennt keine exakte Logik».

Im Zentrum von Strawsons Abhandlung steht der «eindeutig Bezug nehmende» Gebrauch von Ausdrücken wie Demonstrativ- und Personalpronomen, Eigennamen und Kennzeichnungen (also Ausdrücken vom Typ «der erste Mensch auf dem Mond», der «gegenwärtige Kanzler», «der letzte Burgtheaterdirektor» usw.). Russell war nach Strawson bei seiner Analyse der Kennzeichnungen davon ausgegangen, daß das, was im Satz an *grammatischer* Subjektstelle steht, in Fällen wie «Der gegenwärtige König von Frankreich ist weise» nicht als *logisches* Subjekt gewertet werden dürfe; denn sonst werde man zur Annahme eines ontologisch überaus fragwürdigen Reichs nicht existierender Wesenheiten gezwungen, von denen solche Sätze angeblich handeln. Nach Russell haben solche Sätze im Grunde eine ganz andere logische Form, die es gestattet, sie im Fall der Nichtexistenz des durch den grammatischen Subjektausdruck scheinbar bezeichneten Gegenstands einfach für falsch zu erklären, ohne dubiose ontologische Voraussetzungen machen zu müssen. Nach Russells Analyse besteht ein Satz wie der eben genannte in Wirklichkeit aus einer Konjunktion dreier Sätze, nämlich:

1. Es gibt einen König von Frankreich.
2. Es gibt nicht mehr als einen König von Frankreich.
3. Es gibt nichts, was König von Frankreich und nicht weise ist.

Da eine Konjunktion, die wenigstens ein falsches Glied enthält, ihrerseits falsch ist, erhält der Satz «Der gegenwärtige König von Frankreich ist weise» angesichts der Tatsache der Nichtexistenz eines solchen Königs den Wahrheitswert *falsch*: Ontologische Probleme in bezug auf nichtexistente Objekte bleiben aus.

Strawson moniert an dieser Analyse vor allem zweierlei: Erstens spricht Russell zu sorglos von Sätzen und ihren Bedeutungen. Eine genauere Betrachtung des Gebrauchs sprachlicher Ausdrücke zeigt, daß hier viel feiner differenziert werden muß. Zweitens verwechselt Russell das, was ein Satz sagt (bzw. was eine bestimmte Verwendung des Satzes sagt), mit den Bedingungen des sinnvollen Gebrauchs dieses Satzes bzw. den «Implikationen» eines solchen Gebrauchs.

Der erste Kritikpunkt führt zu einer Reihe nützlicher Unterscheidungen: In einem bestimmten Sinn ist der Satz «Der Kanzler ist Liberaldemokrat» stets der gleiche, egal, ob ich ihn heute oder vor 30 Jahren geäußert habe; egal, ob er von dir oder von mir geäußert wird. In diesem Sinn ist der Satz Typus oder Schema. Er hat eine Bedeutung, die sich allgemein angeben läßt, zum Beispiel indem man die Bedingungen nennt, unter denen er wahr ist bzw. wäre. Als solcher ist dieser Satz jedoch weder wahr noch falsch; es wird nichts Bestimmtes mit ihm behauptet. Einen ganz anderen Status gewinnt er jedoch, wenn er in einer Äußerungssituation von diesem oder jenem Sprecher verwendet wird. Es kann sein, daß der Satz «Der Kanzler ist Liberaldemokrat» heute eine wahre Behauptung zum Ausdruck bringt, während die durch ihn gemachte Aussage vor 20 Jahren falsch gewesen wäre. Ebenso kann der Satz «Ich bin Liberaldemokrat» eine wahre Aussage zum Ausdruck bringen, wenn *ich* ihn ausspreche, während der schematisch gleiche Satz der Aufstellung einer falschen Behauptung dient, wenn *du* ihn äußerst. Zu unterscheiden ist also zwischen (1) dem Satz als solchem (Typus oder Schema), (2) dem Gebrauch dieses Satzes (Behauptung oder Aussage), (3) der Äußerung des Satzes. Dementsprechend kann man eindeutig Bezug nehmend verwendbare Ausdrücke als solche von ihrem spezifischen Gebrauch und ihrer Äußerung unterscheiden. Der Ausdruck «der Kanzler» hat eine allgemein erklärbare Bedeutung, bezieht sich als solcher jedoch auf niemanden. Je nachdem, in welchem Kontext er geäußert wird, bezieht er sich auf diesen oder jenen oder niemanden. Von selbst bezieht sich ein Ausdruck auf gar nichts; erst dadurch, daß er von einem Sprecher gebraucht wird, kann er auf etwas oder jemanden Bezug nehmen.

Der zweite Kritikpunkt – wonach Russell den Inhalt eines geäußerten Satzes mit den Bedingungen oder Voraussetzungen seines sinnvollen Gebrauchs verwechselt – führt zur Entwicklung eines besonders folgenreichen Gedankens: Wenn ich jetzt den Satz «Der gegenwärtige König von Frankreich ist weise» äußere, so ist das, was ich sage, nicht gleichbedeutend mit der Existenzbehauptung «Es gibt gegenwärtig einen und nur einen König von Frankreich, und dieser König ist weise», sondern die Existenz genau eines gegenwärtigen Königs von Frankreich wird von meiner Äußerung «impliziert», wie Strawson sagt. (Andere Autoren sprechen lieber von Voraussetzungen oder Präsuppositionen der Äußerung. In der von H. P. Grice aufgestellten Theorie gehören diese Präsuppositionen zu einer ganzen Reihe von «Gesprächsimplikaturen», conversational implicatures.[2]) Eine Konsequenz dieser Auffassung ist, daß die Äußerung eines solchen Satzes nicht wahr oder falsch zu sein braucht. Wenn es gar keinen König von Frankreich gibt, nehme ich mit einer Äußerung des Satzes «Der gegenwärtige König von Frankreich ist weise» auf niemanden Bezug (stets abgesehen von dem Gebrauch solcher Ausdrücke als Spitznamen etc., etwa des Präsidenten der französischen Republik). Die Äußerung schlägt also in gewisser Weise fehl, ist aber nicht falsch. Wenn sich ein eindeutig Bezug nehmend gebrauchter Ausdruck in Subjektposition auf nichts bezieht, steht die Wahrheit oder Falschheit der betreffenden Aussage gar nicht zur Debatte: Sie läßt eine «Wahrheitswertlücke»[3]. Eine solche Aussage ist – um einen Ausdruck Wittgensteins zu adaptieren – ein mißlungener Zug im Sprachspiel.

Bezeichnend für Strawsons philosophischen Ansatz ist eine Folgerung, die er in dem Aufsatz *On Referring* nur andeutet; sie betrifft die ganz unterschiedliche Funktion von eindeutig Bezug nehmenden Ausdrücken einerseits, beschreibenden oder zuschreibenden Ausdrücken andererseits. Strawson markiert diesen Unterschied, indem er betont, daß die Erfüllung der Bedingungen des richtigen be- oder zuschreibenden Gebrauchs eines Ausdrucks durch die Verwendung dieses Ausdrucks mit ausgesagt wird, während es sich beim eindeutig Bezug nehmenden Gebrauch anders verhält – die Erfüllung der Bedingungen des richtigen Gebrauchs dieser Ausdrücke wird durch ihre Verwendung nicht mit ausgesagt, sondern eben «impliziert» oder vorausgesetzt. Die Bedingung des richtigen beschreibenden Gebrauchs eines Ausdrucks ist erfüllt, sofern dieser oder jener Gegenstand der durch den betreffenden Ausdruck bezeichneten Menge angehört bzw. sofern der Gegenstand die durch diesen Ausdruck bezeichnete Eigenschaft besitzt. Wenn ich sage: «Der Kanzler ist Liberaldemokrat», so ist die Erfüllung der Bedingung des richtigen Gebrauchs des hier verwendeten zuschreibenden Ausdrucks in der Behauptung mit ausgesagt: Die Person muß zur Menge der Liberaldemokraten gehören. Die Bedingung des korrekten eindeutig Bezug nehmenden Gebrauchs von «der Kanzler» dagegen ist nicht mit ausgesagt. Denn daß es zur Zeit tatsächlich einen und nur einen Kanzler gibt, ist eine Voraussetzung, deren Erfüllung der Gebrauch des Satzes lediglich «impliziert». Von dieser Funktionsunterscheidung ausgehend, unternimmt Strawson in zahlreichen späteren Arbeiten aus häufig wechselnder Perspektive immer wieder den Versuch, die unterschiedlichen Rollen von logischem Subjekt und logischem Prädikat herauszuarbeiten.[4]

«Deskriptive Metaphysik»

Strawson bezeichnet einen Teil seiner philosophischen Untersuchungen als Beiträge zu einer «deskriptiven» Metaphysik.[5] Der Ausdruck Metaphysik soll dabei vor allem die Reichweite des im wesentlichen analytischen Unternehmens andeuten: Es geht um eine Darstellung der allgemeinen Grundzüge unseres Begriffsrahmens oder, wie Strawson zu sagen pflegt, unseres Begriffsschemas (conceptual scheme). Einige der zentralen Begriffe, die Strawson behandelt, würde mancher vielleicht lieber der Erkenntnistheorie zurechnen, zum Beispiel «Raum», «Zeit», «Identifizieren», «Wiedererkennen». Andererseits sind eine Reihe von Strawsons Prioritätsthesen mit ontologischen Ansprüchen verbunden, die die Bezeichnung Metaphysik zumindest teilweise rechtfertigen. Deskriptiv ist Strawsons Metaphysik, weil es ihr – im Gegensatz zu ihrer ‹revisionären› Konkurrentin – nicht darum geht, ein besseres oder geeigneteres Begriffssystem zu entwerfen, sondern die wesentlichen Merkmale unseres eigenen Begriffsschemas möglichst umfassend und in ihrem Zusammenhang darzustellen. Dem Vorwurf, dieses sozusagen konservative Verfahren könne eigentlich nichts weiter leisten als eine recht beschränkte, affirmative Wiedergabe von kulturspezifischen Vorurteilen, die womöglich nur zu einer bestimmten Zeit in Oxford anerkannt wurden, kann sich Strawson in zweierlei Weise entziehen: Erstens steckt er den Rahmen seiner Untersuchung so weit, daß die zu untersuchenden Begriffe einem nachgerade ahistorischen Bereich angehören und nicht ausschließlich einer bestimmten Kultur oder Sprache zuzuordnen sind. Soweit (Vor-)Urteile dabei überhaupt ins Spiel kommen, handelt es sich um Gemeinplätze, die jeder anerkennt, gleichviel, ob Muselman oder Christ, ob Bauer, Fabrikarbeiter oder Professor. Zweitens ist die deskriptive Metaphysik nicht konservativ im Sinne einer gleichsam bloß abbildenden Reproduktion des faktisch Gegebenen, sondern sie enthält insofern ein bemerkenswert spekulatives Element, als sie vielfach über eine Analyse des tatsächlichen Sprachgebrauchs hinausgeht, um allgemeine Zusammenhänge herzustellen, die zwar weder hypothetisch noch imaginär sind, aber andererseits auch nicht immer durch Hinweise auf das gewöhnliche Sprecherverhalten belegt werden können. Diese spekulative Seite seines Vorgehens hat Strawson nach eigenem Bekunden im wesentlichen Kant abgeschaut, und daher spricht er durchaus zustimmend von einem «transzendentalen Verfahren» oder von «transzendentalen Argumenten», durch die es gelingen soll, die Grundstruktur unseres Begriffsschemas in seinen Zusammenhängen darzustellen, ohne diesem Schema eine strikt deduktive Ordnung zu unterstellen. Die Untersuchung soll zeigen, inwieweit unser Begriffsschema ein Ganzes ist, dessen Teile sich wechselseitig stützen und ergänzen.[6]

Als den bestimmenden Fundamentalkontrast in Strawsons Denken könnte man den Gegensatz von Einzelnem und Allgemeinem ansehen. Daß die eine Seite dieses Paars unmöglich ohne die andere auskommen kann, ist stets vorausgesetzt, dennoch ist nicht zu verkennen, daß Strawsons Sympathie dem Einzelnen gehört. Bezeichnend dafür ist der Titel von Strawsons Hauptwerk: *Individuals*. In diesem Buch will Strawson zunächst den Nachweis erbringen, daß bestimmte Arten von Einzeldingen – materielle Körper und Personen – in unserem Begriffsschema eine grundlegende Stellung einnehmen, der gegenüber andere zweitrangig und abgeleitet erscheinen. Anschließend und ergänzend will er zeigen, welches die allgemeinen Merkmale eines Gegenstands der sprachlichen Bezugnahme – eines «logischen Subjekts» – sind. Dabei unterstreicht Strawson den traditionellen Gegensatz zwischen Subjekt und Prädikat und kommt in Anlehnung an Freges Unterscheidung zwischen «gesättigt» und «ungesättigt» zu dem Schluß, daß dem logischen Subjekt eine Art Vollständigkeit eignet, die dem Prädikat unweigerlich abgeht.

Paradigmatische Ausdrücke, die die Stelle des logischen Subjekts einnehmen können, bezeichnen Gegenstände, die unter «sortale» Universalien fallen, das heißt unter Universalien, die ein Unterscheidungs- und Zählprinzip mit sich bringen. Anders ausgedrückt, die Paradebeispiele für logische Subjektausdrücke sind mit Identitätskriterien verknüpft, die eine klare Entscheidung darüber ermöglichen, ob man es mit einem oder mehreren, mit ein und demselben oder einem anderen Gegenstand der betreffenden Art zu tun hat. «Sokrates», wollen wir annehmen, bezeichnet einen Menschen, und der sortale Ausdruck «Mensch» ist mit Kriterien verbunden, die die meisten Fragen nach Anzahl und Identität bestimmter Menschen zu beantworten gestatten. Im Gegensatz dazu bedürfen etwa Massentermini wie «Schnee» oder «Wein» mehr oder weniger komplizierter Ergänzungen, um zu ebenso «kompletten» Bezeichnungen zu werden wie der Name «Sokrates» oder die Kennzeichnung «der Ritter mit der eisernen Hand» und die Anwendung von Identitätskriterien zu gestatten wie «der gestern in Graz gefallene Schnee» oder «die eben geleerte Flasche Wein». Aus seinen Überlegungen zu diesem Thema zieht Strawson die Konsequenz, daß die mit sortalen Ausdrücken verbundenen Bezeichnungen in unserer Sprache eine besonders fundamentale Rolle spielen, während die entsprechenden Gegenstände – materielle Körper und Personen – eine ontologische Vorrangstellung einnehmen. Eine Sprache ohne die paradigmatischen Ausdrücke zur Bezugnahme auf Einzelgegenstände wäre dementsprechend nicht nur komplizierter, sondern in gewissem Sinne ärmer und – verglichen mit einer Sprache wie der unseren – weniger vollkommen, ja nachgerade unzulänglich.

Strawson will den begrifflichen Rahmen unseres Denkens und unserer Wahrnehmung erkunden, indem er die Grenze der Anwendbarkeit zentraler Begriffe aufzuzeigen versucht. Auch in dieser Hinsicht erinnert sein Vorgehen an den transzendentalen Ansatz Kants. Die von Kant angenommenen Formen der Anschauung sind Raum und Zeit, wobei die Zeit die Form des inneren Sinns ausmacht, der Raum die Form des äußeren Sinns. Um besser zu verstehen, was es mit der Annahme des Raums als Form des äußeren Sinns auf sich hat, stellt Strawson eine Reihe von Gedankenexperimenten an, die gerade dadurch, daß unsere Begriffe dabei aufs äußerste strapaziert werden, zeigen soll, was diese Begriffe zu leisten vermögen (*Individuals*, Kap. 2)[7]. Die Grundannahme dieser Gedankenexperimente ist eine Welt, in der nur Geräusche, Töne, Klänge gehört werden. In unserer normalen Umwelt halten wir es für selbstverständlich, daß die Wahrnehmung von Tönen es gestattet, diese Töne zu lokalisieren und zum Beispiel zu sagen, der Kinderschrei komme von rechts, das Hundegebell von hinten, das Pfeifen von links usw. Man braucht aber nur flüchtig über diesen Sachverhalt nachzudenken, um zu erkennen, daß derart lokalisierende Aussagen zur Verifikation wie zum Verständnis ihres Sinns einen allgemein zugänglichen Raum voraussetzen, in dem zumindest auch der Gesichts- und der Tastsinn des Sprechers und der eventuellen Hörer eingesetzt werden können. Was wie rein akustische Wahrnehmung wirkt, verdankt sich in Wirklichkeit einem komplexen Wechselspiel der Leistungen verschiedener Sinne. Davon müssen wir bei Strawsons Gedankenexperiment absehen und voraussetzen, daß in der zu betrachtenden Welt nichts weiter gegeben ist als Töne wechselnder Höhe, Lautstärke und Klangfarbe – keine Gesichtseindrücke, keine Tastempfindungen, keine Geschmäcke und keine Gerüche.

Nun stellt sich die Frage, ob in solch einer Welt in einem ähnlichen Sinn von Einzeldingen die Rede sein kann wie in unserer eigenen. Sind die Klänge, die in dieser Welt wahrgenommen werden, den paradigmatischen Gegenständen unserer Welt hinreichend ähnlich? Möglich wäre es, in der Dimension der Zeit zu unterscheiden, wann Töne oder Komplexe von Tönen anfangen und aufhören. Das ist aber offensichtlich nicht genug, um von Gegenständen zu sprechen. Durch die bloße Feststellung, daß etwas – «dies hier» oder «das da» – anfängt oder aufhört, kann man keine Gegenstände im eigentlichen Sinn dingfest machen. Nun können wir freilich annehmen, daß in dieser reinen Klangwelt spezifische Töne oder Tonkomplexe wiedererkannt werden; doch es ist unklar, wie man in diesem Fall den Unterschied zwischen qualitativer und numerischer Gleichheit plausibel darstellen soll. Vorstellbar ist, daß ich zum Zeitpunkt t_1 die Klangfolge A höre, zur Zeit t_2 die Klangfolge B und zur Zeit t_3 wieder A. Ferner ist denkbar, daß ich mir zur Zeit t_3 im klaren bin darüber, daß ich jetzt das gleiche höre wie früher schon einmal; aber ist dieses A bloß qualitativ das gleiche wie vorher oder numerisch identisch mit ihm?[8] Dieser Gedanke des Wiedererkennens eines numerisch gleichen Gegenstands läßt sich in unserer reinen Klangwelt nicht reproduzieren: Was fehlt, ist der ‹Raum›, in dem der betreffende Gegenstand während der Wahrnehmungsunterbrechung bleiben oder aufgehoben werden könnte. Und aus den Unterbrechungen plus abwechselnd gleichen und verschiedenen Tonfolgen kann ich einen entsprechenden Raum nicht aufbauen.

Strawson stellt nun die Frage, ob sich in einer solchen reinen Klangwelt nicht ein Analogon unseres Raums konstruieren ließe, in dem Orientierung und mithin das Verschwinden und Wiederauftauchen des numerisch gleichen Klangs möglich und kohärent denkbar wäre. Ein solches Raum-Analogon läßt sich, wie Strawson in diesem brillant ausgetüftelten Gedankenexperiment darlegt, tatsächlich konstruieren, wenn man annimmt, daß ich in dieser Welt stets einen Führungston höre, der in seiner Höhe je nach dem vernehmbaren Einzelkomplex von Klängen variiert. Dieser Führungston wäre vergleichbar dem ständigen Pfeifton vieler Funkgeräte oder alter Radioapparate. Nun würde die Höhe dieses Führungstons die Angabe ermöglichen, ob ich das numerisch gleiche A oder nur ein qualitativ gleiches A wiederhöre. Der Einzelkomplex A_1, können wir zum Beispiel annehmen, würde vom Führungston in der Höhe c′ begleitet; der Einzelkomplex A_2 vom Führungston in der Höhe c″ usw. Anhand dieser Variationen ließe sich das Wiederauftauchen der numerisch gleichen vom Erklingen einer qualitativ gleichen Tonfolge unterscheiden.

Bei der weiteren Ausführung dieses Gedankenexperiments zeigt sich, daß trotz der gelungenen Konstruktion des Raum-Analogons eine Reihe von Elementen fehlt, um diese reine Klangwelt in die Nähe unserer eigenen Erlebniswelt zu rücken. Es ist zwar möglich, wie Strawson darlegt, durch das Hinzufügen immer neuer Bedingungen Ansatzpunkte für Begriffe wie ‹Handeln› und ‹Kausalität› in die reine Klangwelt einzuführen. Problematisch bleibt jedoch der Nachweis, ob die erfolgreiche Konstruktion eines solchen Analogons der Wiedererkennungsmöglichkeit von Einzeldingen es notwendig macht, das wiedererkennende Bewußtsein als unserem eigenen hinreichend ähnlich aufzufassen, nämlich als ein nicht solipsistisches Bewußtsein, das wesentlich Gebrauch macht von der Unterscheidung zwischen sich selbst und den von ihm angetroffenen Gegenständen, kurz: ein Bewußtsein, das ‹ich› sagen kann und mit dem Gebrauch dieses Ichbegriffs stets zugleich eine Grenze zieht zwischen sich selbst und seinen Objekten.

An diesem Punkt bricht Strawson das Gedankenexperiment ab. Der transzendentale Ansatz reicht aus, um zu zeigen, daß bestimmte Begriffe (die mit dem Wiedererkennen von Einzeldingen, mit einem die Dinge beherbergenden Raum, mit Kausalität und vielen anderen Bedingungen zusammenhängen) gegeben sein müssen, sofern ein dem unseren in etwa ähnliches Begriffsschema und die entsprechende Erfahrung möglich sein sollen. Die Darstellung des Gedankenexperiments soll nicht zur Konstruktion einer irgendwie gleichwertigen denkbaren Gegenwelt führen, sondern Licht werfen auf unser eigenes Begriffsschema durch Aufzeigen der Begriffe, die für eine der unseren wenigstens teilweise analoge Erfahrung notwendig sind.

Moralphilosophie

Ganz eigenständig ist Strawsons Ansatz in seiner heute noch sehr stark nachwirkenden Arbeit über Determinismus und Freiheit (*Freedom and Resentment*).[9] Auch in dieser Abhandlung bewährt sich Strawsons Fähigkeit, erstaunlich konkrete Detailüberlegungen auf einen umfassenden Anwendungsbereich zu beziehen. Er begnügt sich nicht mit Gedanken zur klassischen Fragestellung, ob unsere moralischen Begriffe wie Verantwortung und Pflicht etwa überhaupt sinnvoll sind, falls die These des Determinismus zutrifft, sondern er gibt der Problematik insgesamt ein neues Gesicht und setzt sich wie nebenbei für eine Neubewertung der so lange vernachlässigten moralischen Gefühle ein.

Zunächst unterscheidet Strawson im Hinblick auf die These des Determinismus vier verschiedene Positionen: (1) die Position dessen, der nicht weiß, was diese These eigentlich besagt; (2) die Position des Pessimisten, der meint, die Wahrheit der deterministischen These werde den Grundbegriffen unserer Moral den Boden entziehen; (3) die Position des Optimisten, der die Wahrheit des Determinismus für vereinbar erklärt mit unseren Begriffen von Pflicht und Verantwortung; (4) die Position des moralischen Skeptikers, der diese Begriffe allgemein für unfundiert hält, egal, ob die These des Determinismus zutrifft oder nicht. Strawson selbst bekennt sich zur Position (1), macht aber geltend, daß er (wie wohl auch die meisten anderen) den Determinismus immerhin ausreichend versteht, um eine Versöhnung der übrigen Positionen anzustreben.

Der althergebrachte Gegensatz zwischen Pessimisten und Optimisten in bezug auf die These des Determinismus läuft nach Strawsons Rekonstruktion darauf hinaus, daß der Optimist zur Begründung unseres

Pflicht- und Verantwortungsbegriffs nichts weiter vorzubringen hat als die unbestrittene Leistungsfähigkeit der mit diesem Begriff verknüpften Verfahren zur Regulierung gesellschaftlich erwünschten Verhaltens. Der Pessimist bestreitet mit einigem Recht die Angemessenheit dieser Art von Begründung. Nach seiner Auffassung muß ein ganz anderer (metaphysischer) Freiheitsbegriff ins Spiel kommen: ein Begriff, der die Falschheit des Determinismus nach sich zieht. Strawson geht es nun darum, diese beiden Positionen in Einklang zu bringen um den Preis, daß der Pessimist seinen unausgewiesenen Freiheitsbegriff aufgibt, während der Optimist die Berufung auf das Argument der sozialtechnischen Leistungsfähigkeit wenn nicht fallenläßt, so doch um eine umfassendere Darstellung der sittlichen Wirklichkeit erweitert. Zur Verdeutlichung dieser umfassenderen Darstellung der moralischen und sozialen Wirklichkeit stützt sich Strawson auf einen ‹Gemeinplatz›, der trotz seiner Vagheit wichtige Folgen hat für die Kontroverse zwischen Optimisten und Pessimisten. Dieser Gemeinplatz betrifft die zentrale Bedeutung, die wir in unserem Handeln, Denken und Fühlen den auf uns selbst und Dritte gerichteten Einstellungen, Absichten und Reaktionen anderer beimessen.

Von diesem Gemeinplatz ausgehend, betont Strawson die besondere Wichtigkeit solcher reaktiven Einstellungen und Gefühle wie Übelnehmen (resentment) und Dankbarkeit (zwischen denen freilich zahlreiche Zwischenstufen liegen). Unsere normalen menschlichen Beziehungen und Institutionen sind von derartigen reaktiven Einstellungen und Gefühlen gekennzeichnet. Sie verleihen vielen Verhaltensweisen und Einrichtungen Hintergrund und Sinn. Loben und Strafen, Schuld- und Verantwortungszuweisungen sind von Einstellungen und Empfindungen wie Übelnehmen und Dankbarkeit abhängig. Es gibt jedoch eine Reihe von Situationen, in denen wir diese Einstellungen modifizieren oder zeitweilig bzw. überhaupt suspendieren, was dann häufig Änderungen der sozialen Konsequenzen nach sich zieht: Notlagen, äußerer Zwang, ‹höhere› Gewalt usw. sind Entschuldigungs- oder Entlastungsgründe, die uns zur Enthaltung von normalen Reaktionen veranlassen können, ohne daß wir unsere Einstellung zu dem Betreffenden als einer im Grunde verantwortlichen und handlungsfähigen Person ändern. Anders steht es, wenn jemand nach unserem Urteil zum Beispiel unter dem Einfluß starker Medikamente steht, eine schwere emotionale Krise durchmacht oder vorübergehend geistesgestört ist. In solchen Fällen suspendieren wir unsere normalen reaktiven Empfindungen wenigstens teilweise für die

Dauer der Ausnahmesituation. Noch stärker verändert sich das Bild, wenn wir es mit Menschen zu tun haben, deren Persönlichkeit durchgehend und gravierend gestört ist, wenn es sich um kleine Kinder handelt, um Senile oder schwer Schizophrene. Hier enthalten wir uns tendenziell aller oder der meisten reaktiven Gefühle und nehmen eine ‹objektive› Einstellung an, in der wir den Betreffenden eher als Objekt der Betreuung, Pflege und Hilfe, nicht aber als Objekt unserer gewöhnlichen Reaktionen ansehen. Wem wir mit dieser objektiven Einstellung begegnen, der scheidet aus vielen normalen Kommunikationssituationen aus. Weder ein volles Liebesverhältnis noch ein richtiger Streit, weder ein vorurteilsloser Meinungsaustausch noch eine gleichberechtigte Freundschaftsbeziehung sind in diesem Fall möglich.

Mit Hilfe dieser Vorüberlegungen ist eine erste Antwort auf die Frage des Determinismus möglich: Wären wir durch die Überzeugung von der Wahrheit des Determinismus gezwungen, generell gegenüber allen anderen Menschen die ‹objektive› Einstellung anzunehmen und damit die Grundlage unserer Pflicht- und Verantwortungsbegriffe zu zerstören? Hierauf gibt Strawson eine doppelte (hier freilich überaus verkürzte) Antwort: Erstens sind unsere normalen Verhaltensweisen, Überzeugungen, Empfindungen und Institutionen viel zu stark geprägt von den üblichen reaktiven Einstellungen und Gefühlen, als daß man sich realistisch vorzustellen vermag, die letztlich bloß theoretische Überzeugung von der Wahrheit des Determinismus könnte zur allgemeinen Annahme einer objektiven Einstellung führen. Zweitens spielt in den Fällen, in denen wir unsere normale Einstellung tatsächlich ändern und uns zu einer Person oder zu einer Reihe von Personen objektiv verhalten, eine etwaige Überzeugung von der Wahrheit des Determinismus keine Rolle. Die – trotz aller sonstigen Gefühle – objektive Einstellung zu Kleinkindern oder zu Geistesgestörten nehmen wir nicht deshalb an, weil wir glauben, das Verhalten solcher Personen sei in einem für die philosophische Determinismusthese relevanten Sinn ‹determiniert›.

Wollte man gegen diese Ausführungen Strawsons einwenden, es handele sich bei seinen Antworten nur um die Nennung von Fakten und vielleicht eine von diesen Fakten ausgehende Projektion, während die eigentliche Fragestellung die rationale Rechtfertigung verschiedener Antworten auf die Herausforderung des Determinismus betreffe, so würde Strawson erwidern, daß seine Darlegungen weit tiefer gehen und ebendiese Frage nach der rationalen Rechtfertigung in diesem Zusammenhang unterbinden: Unsere reaktiven Einstellungen und Gefühle sind derart bestimmend für unsere Vorstellungen von menschlichem Leben, daß eine theoretisch-rationale Infragestellung dieses ganzen Rahmens weder menschlich noch begrifflich nachvollziehbar oder denkbar ist. Fragen der rationalen Rechtfertigung gehören anderen Ebenen und engeren Bereichen an. Der reaktive Kontext verleiht solchen Fragen erst Sinn, kann seinerseits aber nicht in ähnlicher Weise problematisiert werden.

Die bisher vom normalen zwischenmenschlichen Fall ausgehenden Erwägungen überträgt Strawson sodann auf zwei weitere Ebenen: Analog zu den geschilderten reaktiven Einstellungen und Gefühlen kann man diese auch ‹stellvertretend› oder ‹sympathetisch› im Hinblick auf andere empfinden, so daß man, wenn dem anderen Unrecht widerfährt, Empörung darüber empfindet, obwohl man selbst nicht unmittelbar betroffen ist. Ein weiterer Schritt ist die Entwicklung von Anforderungen an sich selbst im Hinblick auf andere, woraus sich Pflicht- und Verantwortungsgefühle und im Falle der Nichterfüllung oder Pflichtverletzung Gewissensbisse, Reue und Schamgefühle ergeben. Alle diese Einstellungen und Empfindungen lassen sich ohne weiteres in hinreichend verallgemeinerter Form betrachten, so daß sie das Prädikat ‹moralisch› verdienen. Die argumentativ ausschlaggebende Seite dieser Betrachtung ist, daß diese verschiedenen Einstellungen, Gefühle, Reaktionen und Forderungen sowohl begrifflich (‹logisch›) als auch menschlich miteinander verknüpft sind und miteinander stehen und fallen. Wer anderen nichts übelnähme oder nichts übelnehmen könnte, wäre ein Heiliger oder in moralischer Hinsicht ein Idiot, wie Strawson sagt. Wer im Hinblick auf andere keine Entrüstung, keine Verantwortung, keine Reue empfände oder empfinden könnte, müßte ein ausgepichter moralischer Skeptizist sein.

Auf dieser erweiterten Ebene ergeben sich ebenfalls Gründe und Anlässe, die stellvertretenden Analoga unserer ursprünglichen reaktiven Gefühle zu suspendieren und zu bestimmten Personen oder Personengruppen eine objektive Einstellung anzunehmen. Was die Frage des Determinismus angeht, zeigt sich auch auf dieser Ebene, daß die eventuelle Überzeugung von der Wahrheit des Determinismus schlicht belanglos ist, wenn es um die Entscheidung für oder gegen die objektive Einstellung (oder eine ihrer zahlreichen Vorstufen) geht. Die Frage, ob es dann rational gerechtfertigt sei, daß wir in diesen Fällen Empörung oder Reue, in jenen dagegen aus Gründen der Objektivität unserer Einstellung weder das eine noch das andere empfinden, erweist sich erneut als grundsätzlich verfehlt, da sie die fundamentale Verflochtenheit der ursprünglichen reaktiven Einstellungen und ihrer stellvertretenden Analoga auf menschlicher wie auf begrifflicher Ebene völlig verkennt. Wer hier rationale Rechtfertigung verlangt und womöglich behauptet, unser mitfühlendes oder objektives Verhalten sei aufgrund seiner Determiniertheit (in einem beliebigen Sinn von ‹determiniert›) rational gerechtfertigt, übersieht, daß ein dem unseren völlig ‹entgegengesetztes› Verhalten hier gar nicht vorstellbar ist; doch von rationaler Rechtfertigung kann nur dort sinnvoll die Rede sein, wo die Umstände und die Begriffe Alternativen zulassen. Ob ich in einem speziellen Fall eine reaktive oder eine objektive Einstellung an den Tag legen soll oder nicht, das kann ich rational erwägen; mit der Wahrheit des Determinismus wird meine Entscheidung aber nichts zu tun haben. Ob ich jedoch überhaupt reaktiv empfinde und zu objektiven Einstellungen imstande bin, ist keine Frage rationaler Rechtfertigung und hat mit der Wahrheit oder Falschheit irgendeiner deterministischen These nichts zu tun: Eine menschliche Alternative zu diesen Empfindungen und Einstellungen gibt es nicht.

Damit ist das anfangs gezeichnete Bild des Optimisten um eine Dimension erweitert worden. Nicht nur vom gesellschaftlichen Nutzen und der Leistungsfähigkeit bestimmter Normen ist die Rede, sondern das gesamte moralische Vokabular der Verpflichtung und Verantwortung, Schuld, Reue, Sühne usw. wird verständlich, sobald man den Bereich der ‹moralischen Empfindungen› und ihrer begrifflichen Zusammenhänge in Betracht zieht. Wenn der Optimist sein Bild derart erweitert, kann er seinerseits darauf pochen, daß die pessimistische Annahme eines nicht einholbaren metaphysischen Freiheitsbegriffs (‹nichtkausale Willensakte› und dgl.) überflüssig, ja witzlos ist. Die ganze Determinismusfrage wird in diesem Zusammenhang belanglos, während eine Versöhnung zwischen Pessimisten und Optimisten möglich erscheint, sobald beide Seiten erkennen, daß unsere mit Pflicht und Verantwortung zusammenhängenden Praktiken nicht bloß berechnend eingesetzte Hilfsmittel zur Steuerung des Sozialverhaltens sind, sondern Ausdruck unserer reaktiven Einstellungen und Gefühle.

Texte Strawsons

Indroduction into Logical Theory. London 1952.
Individuals: An Essay in Descriptive Metaphysics. London 1959 (dt. Einzelding und logisches Subjekt. Stuttgart 1972).
The Bounds of Sense, London 1966 (dt. Die Grenzen des Sinns. Meisenheim 1981).
Logico-Linguistic Papers. London 1971 (darin On Referring, dt. Bezeichnen. In: P. F. Strawson: Logik und Linguistik. München 1974).
Freedom and Resentment and Other Essays. London 1974 (darin Freedom and Resentment, dt. Freiheit und Übelnehmen. In: U. Pothast [Hg.]: Freies Handeln und Determinismus. Frankfurt/M. 1978).
Subject and Predicate in Logic and Grammar. London 1974.
Scepticism and Naturalism. London 1985 (dt. Skeptizismus und Naturalismus. Frankfurt/M. 1987).
Analysis and Metaphysics. Oxford 1992.
Eine Bibliographie bis 1980 findet sich in der von Zak van Straaten herausgegebenen Festschrift Philosophical Subjects. Essays presented to P. F. Strawson. Oxford 1980.

Anmerkungen

1 Die Übersetzung wirft augenscheinlich Probleme auf, die sich daraus ergeben, daß neuerdings von manchen Linguisten, ja sogar von Philosophen im Deutschen als vermeintliche Entsprechung des englischen «reference» das Wort «Referenz» (mit dem Verb «referieren» – auf, über, zu?) verwendet wird. Diese angebliche Übersetzung ist nicht nur verfehlt und unschön, sondern der philosophischen Auseinandersetzung mit dieser Thematik selbst hinderlich: Wäre «reference» ein Terminus technicus, könnte ihn jeder nach Belieben und gemäß dem zu erwartenden Nutzen definieren, ohne daß eine inhaltliche Auseinandersetzung über den Begriff möglich wäre. Es gäbe also gar keine philosophische Problematik der Bezugnahme! (Eine ausführliche Behandlung von Problemen der Bezugnahme sowie eine detaillierte Kritik an einigen Auffassungen Strawsons finden sich in Ernst Tugendhats Vorlesungen zur Einführung in die sprachanalytische Philosophie. Frankfurt/M. 1976.)

2 Vgl. Strawsons Introduction to Logical Theory, 6.III.7. Zu Grice vgl. die Arbeiten in dem von G. Meggle herausgegebenen Band Handlung, Kommunikation, Bedeutung. Frankfurt 1979, sowie «Implizieren». In: J. Schulte (Hg.): Philosophie und Sprache. Stuttgart 1981, S. 147–154.

3 Zum Begriff der Wahrheitswertlücke vgl. W. V. Quine: Mr. Strawson on Logical Theory (1953). In: The Ways of Paradox. New York 1966, S. 135–155,

sowie Kap. V, §§ 37 f von Quines Word and Object (dt. Wort und Gegenstand. Stuttgart 1980). Vgl. ferner Strawsons Identifying Reference and Truth-Values (1964). In: Logico-Linguistic Papers, S. 75–95.

4 Vgl. vor allem The Asymmetry of Subjects and Predicates (1970). In: Logico-Linguistic Papers, S. 96–115; Subject and Predicate in Logic and Grammar. Hierzu P. T. Geach: Strawson on Subject and Predicate. In: van Straaten (Hg.): Philosophical Subjects, S. 174–188, sowie Strawsons Replik im gleichen Band, S. 292–294.

5 Vgl. Wolfgang Künne: P. F. Strawson: Deskriptive Metaphysik. In: J. Speck (Hg.): Grundprobleme der großen Philosophen. Gegenwart III. Göttingen 1975, S. 168–207.

6 Vgl. Scepticism and Naturalism, Kap. 1, Abschn. 5. Vgl. ferner insbes. den 3. Teil (Philosophischer Skeptizismus. I. Skeptische Argumente. II. Transzendentale Argumente) in dem von Peter Bieri herausgegebenen Band Analytische Philosophie der Erkenntnis. Frankfurt/M. 1987.

7 Vgl. Gareth Evans: Things without the Mind – A Commentary upon Chapter Two of Strawson's *Individuals*. In: van Straaten (Hg.): Philosophical Subjects, S. 76–116, sowie Strawsons Replik im gleichen Band, S. 273–282.

8 Zur Erläuterung des Unterschieds zwischen qualitativer und numerischer Gleichheit: Wenn ich heute die Siebte von Beethoven im Konzertsaal höre und morgen wieder, höre ich im qualitativen Sinne zweimal das gleiche Stück; doch es handelt sich um zwei numerisch verschiedene Aufführungen. Wenn ich bei einer Aufführung der Siebten während des ersten Satzes hinausgehe, um mich im Foyer zu laben, und nach wenigen Minuten in den Konzertsaal zurückkehre, höre ich im numerischen Sinne das gleiche Stück.

9 Vgl. die ausführliche Auseinandersetzung mit dieser Abhandlung in Ulrich Pothast: Die Unzulänglichkeit der Freiheitsbeweise. Frankfurt/M. 1980, S. 152–175.

Jørgen Husted

Michael Anthony Eardley Dummett
Realismus und Antirealismus

Die beiden Pole der Philosophie

In der modernen Sprachphilosophie gibt es zwei gegensätzliche Standpunkte, die zwei entsprechend verschiedene Sichtweisen von Sprache vertreten. Die Vertreter des einen, Frege und der frühe Wittgenstein, betrachten Sprache als Mittel zur Darstellung oder vielmehr zur Wiedergabe der Wirklichkeit; die Sprache hat zwar noch weitere Funktionen, diese erste gilt ihnen aber als die grundlegende Bedingung für alle übrigen Funktionen. Die wichtigste Aufgabe der Sprachphilosophie besteht daher darin, die Wirkungsweise der Sprache als Repräsentationsmittel der Wirklichkeit zu erläutern. Die andere Sprachauffassung findet sich beim späteren Wittgenstein, bei Alltagssprachphilosophen und Sprechakt-Theoretikern, etwa bei Austin, Strawson und Searle. Sie besagt, daß die konstituierenden Regeln der Sprache nicht primär eine Repräsentation der Wirklichkeit, sondern Handlungen verschiedenster Art ermöglichen sollen: So wie die Regeln des Schachspiels eine bestimmte Spielpraxis ermöglichen, ermöglichen auch die Sprachregeln zahlreiche Formen des sozialen Miteinanders; Sprache soll der Wirklichkeit nicht gegenübergestellt, sondern vielmehr als ein Teil von ihr gesehen werden, als Mittel des sozialen Umgangs. Aufgabe der Sprachphilosophie ist es deshalb, die Sprache durch eine Beschreibung ihrer vielen Sonderfunktionen, von denen keine grundlegender als die andere ist, als ein solches Mittel darzustellen.

Beide Positionen haben je ihren eigenen Grundsatz. Der erste lautet: «Die Bedeutung eines Satzes ist seine Wahrheitsbedingung.» Der Grundsatz der anderen Position lautet: «Der Sinn eines Ausdrucks ist sein Gebrauch.» Üblicherweise werden diese beiden Grundsätze als unvereinbar und als Grundlage zweier völlig verschiedener sprachphilosophischer Konzeptionen aufgefaßt.

Die sprachphilosophischen Untersuchungen Michael Dummetts (geb. 1925) zeichnen sich dadurch aus, daß sie auf beiden genannten Prinzipien aufbauen. Nach Dummetts Auffassung handelt es sich um zwei Grundeinsichten, die bei jedem Versuch, sich einen tiefen und systematischen Einblick in die Wirkungsweise der Sprache zu verschaffen, eine Rolle spielen müssen. Die Aufgabe besteht darin, sie in ihrem Zusammenspiel zu erforschen, und nicht darin, zwischen ihnen zu wählen.

Ein weiteres besonderes Kennzeichen von Dummetts Position ist das Herausstellen der Sprachphilosophie als philosophischer Grunddisziplin. Die Sprachphilosophie soll nicht den gleichen Stellenwert haben wie andere Spezialdisziplinen der Philosophie, etwa Moralphilosophie, Gesellschaftsphilosophie, Bewußtseinsphilosophie, Wissenschaftsphilosophie usw.: Ihr philosophischer Status beruht weniger darauf, daß sie die philosophische Untersuchung der Sprache zu ihrem Gegenstand hat, als vielmehr darauf, daß sie den Rahmen für die Erörterung jener Fragen schafft, die traditionellerweise die Philosophie als solche definieren.

Die umfangreichen Arbeiten Dummetts befassen sich durchgängig mit der Erforschung einer bestimmten antithetischen Argumentationsstruktur, deren zwei Positionen von Dummett als bedeutungstheoretischer Realismus und bedeutungstheoretischer Antirealismus bezeichnet werden. In seinem Werk beschäftigt er sich sowohl mit der Auslegung der beiden oben genannten Prinzipien als auch mit der Begründung seiner weitreichenden Forderung in bezug auf die Funktion der Sprachphilosophie.

Dummett glaubt, eine gemeinsame Struktur in einer Reihe metaphysischer Debatten, wie sie in zahlreichen philosophischen Bereichen (zum Beispiel Erkenntnistheorie, Bewußtseinsphilosophie, Wissenschaftstheorie, mathematische Philosophie) vorherrschen, gefunden zu haben.[1] Diese Debatten werden gern als Realismusdebatten bezeichnet, da sie zwischen realistischen Positionen und solchen, die in der einen oder anderen Form den Realismus bestreiten, ausgetragen wurden. Diese Positionen, von Dummett mit dem Etikett antirealistisch versehen, werden häufig als idealistisch oder verifikationistisch bezeichnet und tragen, je nach philosophischer Disziplin, verschiedene Namen: Phänomenalismus (Erkenntnistheorie), Behaviorismus (Bewußtseinsphilosophie), Instrumentalismus oder Positivismus (Wissenschaftstheorie) und Intuitionismus (mathematische Philosophie). Die Themen, um die es in diesen Debatten geht, kreisen in erster Linie um die Frage nach der Existenz bestimmter Entitäten. So bestreiten die Phänomenalisten die Existenz physischer, äußerer Gegenstände als eigentlicher Bestandteile der Wirklichkeit.

Die Behavioristen hingegen bestreiten die Existenz von Bewußtseinsphänomenen wie visuellen Erlebnissen, Schmerzempfindungen und Vorstellungen als subjektive, innere und grundsätzlich private Größen. In der Wissenschaftstheorie wiederum lehnen Instrumentalisten und Positivisten die Existenz theoretischer, sinnlich nicht wahrnehmbarer Größen ab. Die mathematischen Intuitionisten schließlich negieren die objektive Existenz abstrakter mathematischer Größen.

Die Frage nach der Existenz bestimmter Arten von Entitäten wird zuweilen auch als die Frage formuliert, wie es zu verstehen sei, daß bestimmte Ausdrücke einen Bezug zu solchen Entitäten haben. Die Realisten behaupten, die Antirealisten hingegen bestreiten, daß die sprachlichen Ausdrücke für die umstrittenen Entitäten – Ausdrücke für äußere, von uns unabhängige Gegenstände, innere Wahrnehmungen, theoretische und abstrakte Größen – einen Bezug zu irgendeiner Art von Wirklichkeit haben.

Die den unterschiedlichen Auffassungen letztlich zugrundeliegende und die Positionen somit verbindende Frage ist nach Dummetts Ansicht jene nach den Begriffen der Wahrheit und Falschheit, letztlich aber des *Sinns*. Dummett weist darauf hin, daß die Uneinigkeit auf zwei unterschiedliche Annahmen bezüglich der Begriffe Wahrheit und Falschheit zurückgeht, wobei es sich um unterschiedliche Auslegungen desselben unstrittigen Prinzips handelt. Es lautet: Ein Satz ist dann und nur dann wahr (falsch), wenn es etwas gibt, kraft dessen er wahr (falsch) ist.

Die Uneinigkeit betrifft die generelle Bestimmung dessen, was Wahrheit und Falschheit ausmacht. Die Antirealisten bestehen darauf, diese Bestimmung müsse unter Hinweis auf unsere Erkenntnisfähigkeit beschrieben werden: Das, was Wahr- oder Falschheit ausmacht, muß grundsätzlich für uns erkennbar sein. Die antirealistische Auslegung des Prinzips lautet daher: Ein Satz ist dann und nur dann wahr (falsch), wenn es eine für uns grundsätzlich erkennbare Situation gibt, aufgrund derer wir in der Lage wären, den Satz zu akzeptieren, zu behaupten (abzulehnen, zu bestreiten). Das heißt: Damit etwas eine Tatsache ist, ist es sowohl notwendig als auch hinreichend, daß wir ihr Gegebensein im Prinzip mit Hilfe der uns zur Verfügung stehenden Mittel feststellen können.

Dagegen ist für die Realisten die Erkennbarkeit dessen, was unsere Sätze wahr oder falsch macht, absolut irrelevant. Unsere Sätze sind wahr oder falsch aufgrund einer objektiven, von uns unabhängig existierenden Wirklichkeit, die ihre bestimmten Eigenschaften hat, ob wir diese nun erkennen können oder nicht. Der Satz «An seinem dritten Geburtstag erwachte Cäsar auf dem Bauch liegend» hat, so sollte man meinen, einen bestimmten Wahrheitswert – er ist wahr, oder er ist falsch; tatsächlich aber ist es uns vollkommen unmöglich, auf irgendeine Weise dessen Wahrheit oder Falschheit feststellen zu können. Der bestimmte Wahrheitswert des Satzes und unsere Möglichkeiten, diesen Wahrheitswert festzustellen, scheinen voneinander eindeutig unabhängig zu sein.

Diese Uneinigkeit über die Beschaffenheit der Begriffe Wahrheit und Falschheit widerspiegelt sich deutlich in den Realismusdebatten. Die Weigerung der Antirealisten, die Existenz der umstrittenen Entitäten anzuerkennen, fußt ja gerade darauf, daß ein solches Akzeptieren die antirealistische Auslegung des genannten Prinzips verletzen würde. Die Realisten teilen diese Vorbehalte nicht, da nicht feststellbare Wahrheiten und Falschheiten aus ihrer Sicht metaphysisch kein Problem darstellen. Für sie hat die mangelnde Feststellbarkeit allein erkenntnistheoretische Konsequenzen: sie markiert eine Beschränkung unserer Möglichkeiten, Wissen über die Wirklichkeit zu erlangen, nicht aber eine Beschränkung der Wirklichkeit selbst.

Eine so grundlegende Uneinigkeit ist natürlich schwierig zu diskutieren und noch schwerer beizulegen. Man fährt sich leicht fest, und viele Philosophen haben denn auch gemeint, sie müßten sich hier einfach für eine Seite entscheiden – einen philosophischen Ausgangspunkt wählen, der in seinen Konsequenzen entwickelt, jedoch nicht aus anderen und tiefer liegenden Überlegungen heraus begründet werden könne.

An dieser Stelle setzt Dummett seine sprachphilosophischen Betrachtungen an. Sein wichtigster Punkt ist der, daß die Frage, welche Begriffe von Wahrheit und Falschheit wir zugrunde legen, als die Frage verstanden werden muß, wie die Inhalte unserer Sätze festgelegt sind. Die grundsätzlichen Annahmen über Wahrheit und Falschheit, die die metaphysische Uneinigkeit definieren, müssen, mit anderen Worten, in einem sprachphilosophischen Kontext artikuliert und beurteilt werden. Bei genauer Betrachtung handelt es sich nämlich um grundsätzliche Annahmen über die Art und Weise, wie wir es vermocht haben, unseren Sätzen die Inhalte zu geben, aufgrund deren sie jene Ansprüche an die Wirklichkeit stellen, die ihre Wahrheit oder Falschheit bestimmen. Eine Bestimmung der Begriffe von Wahrheit und Falschheit, die auf unsere Sätze angewendet werden, ist gleichzeitig auch eine Bestimmung der Art von Bedeutung, die unsere Sätze haben. Mit anderen Worten: Die metaphysischen Realismusdebatten handeln in Wirklichkeit vom Begriff der Bedeutung.

Bedeutung und Wahrheit

Dummett definiert den bedeutungstheoretischen Realismus anhand dreier Thesen zum Begriff der Bedeutung, die er aus der Sprachphilosophie Freges ableitet. Einfachheitshalber bezeichnen wir sie als die Objektivitätsthese, die Wahrheitsbedingungsthese und die Realismusthese.[2]

Frege stellte fest, daß die Bedeutung von Sätzen eine objektive und öffentlich zugängliche Größe sein müsse, wenn die Sätze als Werkzeuge für Kommunikation dienen sollen. Es muß mit anderen Worten zu jedem Satz eine objektive und öffentlich zugängliche Tatsache geben, damit ein Satz wie «Hamburg ist eine Hafenstadt» die Bedeutung erhält, die er nun einmal hat. Wenn ein Sprecher in einer gegebenen Situation einen Satz ausspricht, dann muß das, was der Sprecher sagt – im Unterschied zu dem, was der Sprecher mit dem Gesagten vielleicht sagen will –, aufgrund der ausgesprochenen Worte bestimmbar sein: Die Worte müssen einen Inhalt fixieren – den ausgedrückten Gedanken –, und zwar gänzlich unabhängig von der Identität des Sprechers, seinen Motiven, der Äußerungssituation usw. Wären diese Bedingungen nicht erfüllt, so wäre eine Kommunikation in der Form, in der sie täglich zwischen Menschen stattfindet, überhaupt nicht möglich. In ihrem Vorbringen und ihrem Verständnis von Äußerungen müssen die kommunizierenden Parteien generelle und gemeinsame Regeln befolgen, wobei allen Parteien bewußt sein muß, daß sie dies tun. Zumindest müssen sie effektive Vorgehensweisen beherrschen, um entscheiden zu können, ob sie es tun oder nicht. Dies ist der Gedankengang, der hinter der *Objektivitätsthese* steht, die in aller Kürze besagt, daß Bedeutung etwas Objektives ist.

Vor diesem Hintergrund warf Frege die Frage auf, mit welchen Begriffen die betreffenden bedeutungstheoretischen Tatsachen als Grundlagen für Sätze und damit für sprachliche Ausdrücke im allgemeinen erfaßt werden können. Eine Spezifikation all dieser Tatsachen in Relation zu den Ausdrücken einer gegebenen Sprache kann als *Bedeutungstheorie* der betreffenden Sprache bezeichnet werden. Die Frage, um die es hier geht, ist somit die der Benennung der grundlegenden Begriffe dieser Bedeutungstheorie. Freges Überlegungen führten ihn zu den Begriffen

Wahrheit und Falschheit. Wahrheit (Falschheit) ist eine objektive Eigenschaft an dem, was ein Sprecher sagt; sie ist vollkommen unabhängig von der Identität, dem Wissen, den Gründen oder Motiven des Sprechers. Wenn die Äußerung einmal gemacht worden ist, gibt es kein Zurück – das Gesagte steht im Raum. Ob es wahr oder falsch ist, hängt allein von der Bedeutung der Worte und der Beschaffenheit der Wirklichkeit ab und ist absolut unabhängig davon, was der Sprecher mit dem Gesagten meint, unabhängig auch von seinen Ansichten über die Beschaffenheit der Wirklichkeit. Damit es nun aber eine objektive Sache sein kann, daß ein Satz wahr (falsch) ist, wenn er denn wahr (falsch) ist, muß es ebenso eine objektive Sache sein, daß der Satz unter diesen oder jenen bestimmten Bedingungen wahr und unter allen anderen falsch ist. Hierin sah Frege den Schlüssel, um die objektiven Satz-Tatsachen auszusondern, die die Bedeutung von Sätzen festlegen – also jene Satz-Tatsachen, die ich kenne, wenn ich einen Satz verstehen und anwenden kann. Einen Satz verstehen heißt, seine Wahrheitsbedingung kennen, also wissen, daß der Satz wahr ist, wenn dies oder jenes der Fall ist, und daß er sonst falsch ist. Den Satz «Es regnet» verstehen, heißt wissen, was gegeben sein muß, damit es regnet – um sagen zu können, daß es regnet, wenn es regnet, und daß es nicht regnet, wenn es nicht regnet. Diese Überlegung steht hinter der *Wahrheitsbedingungsthese*, nach der die Wahrheitsbedingungen eines Satzes dessen Sinn bestimmen.[3]

Es bleibt noch die *Realismusthese* zu erläutern, die sich ebenfalls mit Hilfe der zwei Begriffe «wahr» und «falsch» ausdrücken läßt, die laut der vorherigen These die Grundbegriffe bei der Erläuterung sprachlicher Bedeutung sind. Die Realismusthese besagt, daß jeder Satz einen bestimmten Wahrheitswert hat und daß diese Eigenschaft völlig unabhängig davon ist, ob wir wissen oder überhaupt die Möglichkeit haben zu wissen, daß der Satz diese Eigenschaft hat.

Die Eigenschaft eines Satzes, wahr (falsch) zu sein, das heißt, einen bestimmten Wahrheitswert zu haben, vergleicht Frege mit der Eigenschaft eines Tisches, eine bestimmte Länge zu haben. Bei der Messung der Länge eines Tisches gehen wir nach einem bestimmten Verfahren vor. Wir führen einen Test durch, um die Länge zu bestimmen, und dieses Verfahren führt uns zu der Feststellung, der Tisch habe diese bestimmte Eigenschaft, und er hat sie, laut Frege, vor und unabhängig von unserer Durchführung des Verfahrens und unserer Fähigkeit, es durchzuführen. Nach der Realismusthese muß die Wahrheit (Falschheit) eines Satzes genauso aufgefaßt werden: Wenn wir die Wahrheit (Falschheit) eines Satzes feststellen, kommt dies der Feststellung einer Eigenschaft gleich, die der Satz vor und unabhängig sowohl von unserer Feststellung als auch von unserer Fähigkeit, dies festzustellen, hat. Der Satz ist wahr, oder er ist falsch, und daß er das eine oder das andere ist, ist etwas, das wir eventuell feststellen, und nicht etwas, das wir erwirken oder festlegen. Daß der Satz den Inhalt hat, den er nun einmal hat, hängt natürlich von uns und unseren Festlegungen ab; aber daß der Satz aufgrund seines bestimmten Inhalts wahr oder falsch ist, ist ausschließlich eine Frage der Relation zwischen ihm und der Wirklichkeit: Aufgrund seines Inhalts stellt der Satz Forderungen an die Beschaffenheit der Wirklichkeit, und er ist wahr oder falsch, je nachdem, ob die Wirklichkeit diese Forderungen erfüllt oder nicht. Ein Satz wie «Der Turm des Hamburger Rathauses ist viereckig» bezieht sich auf einen identifizierbaren Gegenstand und schreibt ihm eine wohldefinierte Eigenschaft zu, die er hat oder nicht hat. Ein Satz wie «An seinem dritten Geburtstag erwachte Cäsar auf dem Bauch liegend» ist in seiner Forderung an die Wirklichkeit nicht weniger bestimmt; auch dieser Satz hat einen bestimmten Wahrheitswert, wenngleich wir in unserer heutigen Zeit, im Gegensatz zu Cäsars Mutter damals, jeder Möglichkeit beraubt sind, diesen festzustellen. Unser diesbezügliches Unvermögen hat auf den Wahrheitswert des Satzes keinerlei Auswirkung. Dieses Unvermögen bleibt auch ohne Einfluß auf unser Verständnis des Satzes: Obwohl wir uns für den Wahrheitswert nicht entscheiden können, wissen wir, was gegeben sein muß, damit er wahr ist, und unser Wissen sagt uns auch, daß der Satz entweder wahr oder falsch sein muß.

Soweit die Realismusthese. Auf die Frage nach der allgemeinen Beschaffenheit dessen, was unsere Sätze wahr oder falsch macht, antworten die Realisten: Tatsachen in der Wirklichkeit, das heißt Tatsachen, deren Eintreten oder Nichteintreten objektiv ist in dem Sinn, daß unser Wissen darüber oder vielmehr unsere Fähigkeit, ein solches Wissen zu erlangen, völlig irrelevant ist. Im bedeutungstheoretischen Kontext ergibt sich daraus die These, unsere Sätze seien mit solchen Bedeutungsinhalten versehen, daß jeder Satz entweder wahr oder falsch sei.

Natürlich ist die Realismusthese genau der Punkt, den die bedeutungstheoretischen Antirealisten ablehnen. Aus der Annahme, jeder Satz sei wahr oder falsch, folgt, daß ein Satz wahr sein kann, obwohl wir keine Mittel haben, seine Wahrheit zu erkennen. Dies wird von den Antirealisten bestritten: Für sie kann der Wahrheitswert eines Satzes nur darin bestehen, daß unsere Wahrheitskriterien erfüllt sind. Sie verwerfen die

Auffassung, daß sich unsere Sätze in ihrem Inhalt auf für uns nicht erkennbare Tatsachen beziehen, und weisen statt dessen darauf hin, daß das, was mit unseren Sätzen gemeint ist, nur von Tatsachen bestimmt sein kann, deren Eintreten oder Nichteintreten wir grundsätzlich immer erkennen können.

Worin liegt nun aber der Irrtum in der Ansicht der Realisten, ein Satz könne wahr (falsch) sein, obwohl wir keine Möglichkeit haben, seine Wahrheit (Falschheit) zu erkennen? So, wie der antirealistische Einwand hier skizziert ist, macht er den Eindruck einer simplen Wiederholung des antirealistischen Standpunkts in den metaphysischen Debatten, den Eindruck eines metaphysisch motivierten Vorurteils gegen Tatsachen, die für uns nicht erkennbar sind.

Dummett formuliert nun ein sprachphilosophisches Argument, das die bedeutungstheoretische Kritik des Antirealismus untermauert. Das Argument hat die Form einer aus sprachphilosophischen Prämissen folgenden ‹metaphysischen› Konklusion. Zu diesem Zweck vertieft Dummett Wittgensteins Bestimmung von Bedeutung in ihrem Verhältnis zum Gebrauch.

Wittgensteins Erbe

Dummett weist zunächst darauf hin, daß die beiden Aspekte sprachlicher Ausdrücke, die sich als ihre Bedeutung und ihre Verwendung beschreiben lassen, mit einem dritten Begriff, dem des Verstehens oder Verständnisses (understanding), verbunden werden können.[4]

Mit der Explikation der Bedeutung eines Ausdrucks werden die ihm zugehörigen Tatsachen spezifiziert, die jedem bekannt sein müssen, der den Ausdruck versteht. Die Bedeutungsexplikation spezifiziert den Wissensinhalt des Sprechers, der in nichts anderem besteht als im Verständnis, das der Sprecher bezüglich des Ausdrucks hat. Bei der Erklärung des Gebrauchs des Ausdrucks in der sprachlichen Praxis dagegen wird die praktische Fähigkeit des Sprechers spezifiziert, den Ausdruck gebrauchen zu können: Die Spezifikation der Verwendungsweise eines Ausdrucks durch einen Sprecher erläutert dessen Verständnis des jeweiligen Ausdrucks. Die Bedeutungsexplikation wie auch die Erklärung des Gebrauchs sprachlicher Ausdrücke beziehen sich auf dasselbe praktische Können des Sprechers, nämlich auf seine Beherrschung einer unumschränkten Verwendung des Ausdrucks. Die Bedeutungsexplikation kommt bei der Darstellung des theoretischen Aspekts eines sprachlichen Ausdrucks zum Tragen, die Erklärung des Gebrauchs bei der Darstellung ihres praktischen. Hier läßt sich eine Parallele zur Darstellung gewisser anderer praktischer Fähigkeiten ziehen, denen in ähnlicher Weise sowohl ein theoretischer als auch ein praktischer Aspekt zugeschrieben werden kann. Wenn eine Person die Division, also das Teilen von Zahlen, gelernt hat, kann diese von ihr erworbene Fähigkeit von zwei Seiten her beschrieben werden, nämlich einerseits hinsichtlich des theoretischen Beherrschens der Rechenregeln, andererseits hinsichtlich des praktischen Beherrschens des Rechenvorgangs: Die erworbene Fähigkeit besteht in einem theoretischen Wissen der Bedeutung spezifischer Regeln und Gesetze wie auch einem praktischen Wissen der Anwendung dieser Gesetze; beides muß in der Darstellung des Verstehens Berücksichtigung finden.

Dummett stellt nun die Frage, ob besondere Anforderungen an die beiden Darstellungsarten, jene des Inhalts und jene der Anwendung, gestellt werden, wenn das von ihnen repräsentierte Wissen die Fähigkeit, eine Sprache zu sprechen, darstellen soll. Dummett beantwortet diese Frage positiv; denn das Wissen des Sprechers, das sein Verständnis eines Ausdrucks ausmacht, muß sich in der relevanten sprachlichen Praxis voll und ganz manifestieren können. Anders ausgedrückt: Die Darstellung dessen, was der Sprecher weiß, muß in eine Darstellung dessen münden können, was der Sprecher kann. Diese Konklusion beruht insbesondere auf zwei Argumenten, von denen eines direkt an die Objektivitätsthese anknüpft.

Damit Gedanken über die Sprache mitteilbar sein können, müssen die sprachlichen Ausdrücke für Gedanken, also die Sätze, objektive und allgemein erfaßbare Inhalte haben. Das setzt voraus, daß es effektiv entscheidbar ist, ob zwei Sprecher einen gegebenen Ausdruck auf die gleiche Weise auffassen und daß ein Sprecher eindeutig zu erkennen geben kann, wie er einen gegebenen Ausdruck auffaßt. Das setzt seinerseits voraus, daß die Bedeutung eines Ausdrucks eindeutig durch bestimmte Merkmale in seiner Anwendung bestimmt ist, so daß von der Anwendung auf die Bedeutung geschlossen werden kann. Ein Bestandteil der Bedeutung, der nicht in dieser Weise in der Anwendung offenkundig würde, wäre nicht kommunizierbar. Also muß das Wissen eines Sprechers, das sein Verstehen eines Ausdrucks ausmacht, voll und ganz in seiner sprachlichen Praxis manifestierbar sein, in seiner Fähigkeit, Sätze anzuwenden oder auf die Sätze anderer, in denen der Ausdruck vorkommt, zu reagieren.[5]

Auch Dummetts zweites Argument handelt vom Verstehen. Wenn von einem Sprecher gesagt wird, er verstehe einen Ausdruck, dann wird ihm ein Wissen unterstellt: Er weiß etwas über den Ausdruck, und durch diese Kenntnis erklärt sich seine Fähigkeit, den Ausdruck anzuwenden. Welche Form aber hat diese Kenntnis? In gewissen Fällen ist das Wissen des Sprechers explizit und äußert sich in der Fähigkeit, das, was er über den betreffenden Ausdruck aufgrund seines Verständnisses desselben weiß, mit Hilfe anderer Worte auszudrücken. So kann ein Sprecher sein Verständnis des Wortes «Unkraut» nachweisen, indem er das Synonym «wildwüchsige Pflanzen in bestellter Erde» verwendet und einen Satz wie «In diesem Jahr gibt es zahlreiche Fälle von wildwüchsigen Pflanzen in bestellter Erde» benutzt, um die Bedingung dafür zu formulieren, daß der Satz «In diesem Jahr gibt es viel Unkraut» wahr ist. Dabei wird natürlich vorausgesetzt, daß der Sprecher die Ausdrücke versteht, die er zur Formulierung des betreffenden Wissens anwendet. Andererseits kann zweifellos nicht generell gelten, daß das Verstehen von Ausdrücken die Form eines expliziten Wissens hat und in der Fähigkeit besteht, Ausdrücke mit Hilfe anderer Ausdrücke zu erklären. Denn dies führte in einen Zirkel. In vielen Fällen, zumeist aber in solchen, in denen es um das Verstehen grundsätzlicher Ausdrücke geht, muß von einem impliziten Wissen gesprochen werden, einem Wissen also, das der Sprecher hat, ohne es selbst erklären zu können. In der Regel besteht deshalb das Verständnis in einem impliziten Wissen, das nur in Ausnahmefällen explizit werden kann.[6]

Der Umstand, daß das Wissen eines Sprechers, das ihm ermöglicht, sprachliche Ausdrücke kompetent anzuwenden, im Regelfall die Form eines impliziten Wissens hat, ist nichts Einzigartiges. So beherrschen viele Leute eine komplizierte Technik, was durchaus dazu berechtigt, diesen Personen eine Kenntnis der Prinzipien dieser Technik zu unterstellen, auch wenn sie selbst nicht imstande sind, diese Prinzipien zu formulieren und anderen zu verdeutlichen. Als Konsequenz daraus betont Dummett, daß es keinen Sinn macht, einer Person ein implizites Wissen zu unterstellen, wenn es nicht möglich ist zu spezifizieren, wie sich dieses Wissen manifestiert – woran es sich zeigt, daß die Person dieses Wissen hat. Damit die Unterstellung eines impliziten Wissens sinnvoll ist, muß ein erkennbarer Unterschied auszumachen sein zwischen dem Verhalten bzw. den praktischen Fähigkeiten von jemandem, dem dieses Wissen unterstellt wird, und jemandem, dem dieses Wissen abgesprochen wird.

So kommt Dummett wiederum zum gleichen Ergebnis wie im vorherigen Argument: Das Wissen eines Sprechers, das sein Verständnis eines sprachlichen Ausdrucks bildet, muß sich in der sprachlichen Praxis des Sprechers manifestieren können. Anders ausgedrückt: Nach Dummetts Auffassung muß die Leistung einer Bedeutungstheorie darin bestehen, die Explikation des Verständnisses, welches ein kompetenter Sprecher von den von ihm verwendeten sprachlichen Ausdrücken hat, so zu gestalten, daß diese Explikation exakt als eine Darstellung dessen sich präsentiert, was der Sprecher kann, das heißt als die Beschreibung der Fähigkeit des Sprechers, die verstandenen Ausdrücke zu gebrauchen.

Die antirealistische Herausforderung

Die Ausformung des Wittgensteinschen Ansatzes als einer Konsequenz der Objektivitätsthese gibt Dummett die Grundlage für seine Kritik am bedeutungstheoretischen Realismus. Nach letzterem besteht das Verständnis eines Satzes in der Kenntnis seiner Wahrheitsbedingungen. Für zahlreiche Sätze hätte diese Annahme aber zur Folge, daß das implizite Wissen, welches diese Theorie dem Sprecher als Inhalt seines Verständnisses der Sätze unterstellt, sich nicht in relevanter Weise in der sprachlichen Praxis manifestieren könnte, nämlich überall dort nicht, wo der Sprechende nicht darüber entscheiden kann, ob die Wahrheitsbedingungen des von ihm geäußerten Satzes erfüllt sind oder nicht. Die Manifestation des Satzverständnisses in der Praxis ist jedoch nach Dummetts Analyse Grundvoraussetzung dafür, daß von einem Satzverstehen gesprochen werden kann, und Grundvoraussetzung auch der Objektivitätsthese des bedeutungstheoretischen Realismus. Dies bedeutet aber nichts anderes als: Dessen Objektivitätsthese steht im Widerspruch zu seiner Realismusthese.[7]

Dummett unterscheidet zwei Satzarten, zunächst die sog. effektiv entscheidbaren Sätze. Damit ein Satz effektiv entscheidbar ist, müssen wir die Garantie haben, daß wir innerhalb eines endlichen Zeitraums – wenigstens im Prinzip – den Wahrheitswert des Satzes feststellen können. Wenn wir Sätze dieser Art verstehen, beherrschen wir Verfahren, die, zur Anwendung gebracht, uns innerhalb einer gewissen Zeit in den Stand versetzen, die Wahrheit oder Falschheit des Satzes zu erkennen. Beispiele für solche Sätze sind «Der Hund des Nachbarn hat ein Gewicht von 7 Kilo», «Auf der Insel Fehmarn stehen 17000 Tannenbäume», «Der Blutdruck des Patienten ist ungewöhnlich hoch» oder «Peter ist deutscher Staatsangehöriger». Wir wissen, was wir tun müssen, um die Wahrheitswerte solcher Sätze zu ermitteln, und wir wissen, daß wir dies im Prinzip tun können und dabei ein bestimmtes Ergebnis erzielen. Für diese Sätze gilt, daß ihre Wahrheitsbedingungen nicht erfüllt oder unerfüllt sein können, ohne daß wir imstande wären, dies zu erkennen.

Den Gegensatz dazu bilden die vielen Sätze, für die wir über kein Verfahren verfügen, um über ihren Wahrheitswert zu entscheiden. Natürlich können wir trotzdem nach bestem Wissen versuchen, die Frage nach dem Wahrheitswert zu entscheiden; aber wir haben keine Gewähr dafür, daß uns dies gelingt. Bei vielen Sätzen wissen wir sogar von vornherein, daß wir ihren Wahrheitswert nie endgültig feststellen können: Wir können lediglich mehr oder weniger gute Gründe haben, einen solchen Satz als wahr oder falsch anzusehen. Sätze, die eine Verallgemeinerung über unbegrenzte Gegenstandsbereiche in Raum und Zeit enthalten, etwa «Alle Raben sind schwarz», lassen keine endgültige Feststellung ihrer eventuellen Wahrheit zu – wir haben keine Möglichkeit, sie zu verifizieren, es könnte uns höchstens gelingen, sie zu falsifizieren. Bei gewissen Sätzen dieser Art ist weder eine Verifikation noch eine Falsifikation möglich, beispielsweise bei den Sätzen «Jedes Geschehen hat seine Ursache» oder «Jeder Mensch hat einen Doppelgänger». Als weitere Satztypen dieser Kategorie können genannt werden: Sätze über Ereignisse aus der Vorzeit, Sätze, in denen Bewußtseinsphänomene anderer Personen beschrieben werden, etwa «Peter hat Zahnschmerzen», und irreale Konditionalsätze wie «Wenn Hitler 1940 in England einmarschiert wäre, dann hätte Deutschland den Krieg gewonnen». Diese Sätze können verallgemeinernd als unentscheidbare Sätze bezeichnet werden. Ihre Gemeinsamkeit besteht darin, daß es für sie keine effektive Entscheidungsmethode gibt. Bei bestimmten von ihnen ist grundsätzlich keine Entscheidung möglich, bei anderen kann – mit etwas Vorstellungskraft – der Wahrheitswert zumindest vermutet werden.

Das für die unentscheidbaren Sätze charakteristische Fehlen von Entscheidungsmethoden bedeutet nicht, daß keine Kriterien zur Beurteilung ihrer Wahrheit oder Falschheit vorhanden sind. Beim Satz «Peter hat Zahnschmerzen» spezifizieren diese Kriterien die Bedingungen, deren Erfülltsein wir als Grundlage für die Behauptung des Satzes ansehen: Peter zeigt ein entsprechendes Verhalten, klagt über Zahnschmerzen, hat vielleicht einen schlechten Zahn. Es ist objektiv tatsächlich entscheidbar, ob diese Kriterien in einer gegebenen Situation erfüllt sind oder nicht. Wenn wir aber diese Kriterien kennen, ist es durchaus möglich – obschon die vorliegenden Informationen es uns erlauben, den Satz aufgrund der erfüllten Kriterien zu behaupten –, daß eine spätere Ergänzung unseres Wissensstandes uns dazu zwingen kann, die Behauptung zurückzunehmen oder den Satz sogar zu bestreiten. Wenn Peter ein guter Simulant ist, dann sorgt er ja gerade dafür, daß die Kriterien erfüllt sind. Mit anderen Worten: Wir wissen in Fällen dieser Art, daß die Kriterien nicht schlüssig sind. Den Kontrast dazu in bezug auf Schlüssigkeit bilden die Kriterien eines effektiv entscheidbaren Satzes wie «Der Hund des Nachbarn wiegt 7 Kilo». Wenn wir eine Situation herbeigeführt haben, in der das Erfülltsein der Kriterien nachgewiesen wird – der Hund steht auf einer Waage, die 7 Kilo anzeigt –, können neue Informationen nur dann zu einer anderen Beurteilung führen, wenn bestimmte bisherige Informationen aufgegeben werden, wenn es sich beispielsweise herausstellt, daß die Waage ungenau anzeigt.

Diese Unterscheidung zwischen effektiv entscheidbaren und unentscheidbaren Sätzen bringt für den bedeutungstheoretischen Realismus Schwierigkeiten mit sich. Bezüglich der effektiv entscheidbaren Sätze könnte man gerade unter Hinweis auf die Entscheidungsmethoden sagen, daß die Wahrheitsbedingungen solcher Sätze nicht erfüllt sind oder vielmehr nicht unerfüllt sein können, ohne daß wir imstande sind, dies zu erkennen. Die Frage ist nun, ob für die nicht entscheidbaren Sätze entsprechend gilt, daß ihre Wahrheitsbedingungen erfüllt oder unerfüllt sein können, ohne daß wir die Möglichkeit haben, dies zu erkennen. Für die Realisten, die behaupten, jeder Satz sei entweder wahr oder falsch, ist es denkbar einfach: Das Fehlen einer Entscheidungsmethode zeigt, daß die Wahrheitsbedingungen erfüllt sein können, auch wenn wir das nicht festzustellen vermögen. Wie wissen wir aber überhaupt, daß jeder Satz entweder wahr oder falsch ist?

Diese Frage beantwortet der Realist mit dem Hinweis auf den Inhalt der Sätze, der aufgrund des bedeutungsrealistischen Modells im Verstehen besteht; und Verstehen eines Satzes heißt für den Realisten, Kenntnis der Wahrheitsbedingungen zu haben, also zu wissen, unter welchen Bedingungen der Satz wahr und unter welchen er falsch ist. Ob diese Bedingungen erfüllt sind oder nicht, ist objektiv vorgegeben – die Wirklichkeit hat diese bestimmte Beschaffenheit, oder sie hat sie nicht, unabhängig davon, ob wir es wissen oder auch nur die Möglichkeit haben, es zu wissen. Für den Realisten ist die Unterscheidung zwischen entscheidbaren und unentscheidbaren Sätzen bei der Erläuterung des Verstehensbegriffs nicht von grundsätzlicher Bedeutung. Das Verstehen eines entscheidbaren Satzes umfaßt neben dem Kern, der Kenntnis der Wahrheitsbedingungen, zusätzlich die Beherrschung der Entscheidungsmethode. Das Verständnis eines unentscheidbaren Satzes dagegen umfaßt nur die Kenntnis der Wahrheitsbedingungen. Mehr ist über diesen Unterschied nicht zu sagen.

Dummett jedoch verfolgt diesen Unterschied weiter. Was bei den effektiv entscheidbaren Sätzen zur Annahme berechtigt, jeder Satz dieser Art sei entweder wahr oder falsch – habe eine erfüllte oder nicht erfüllte Wahrheitsbedingung –, ist seiner Ansicht nach ja gerade ihre Entscheidungsmethode. Bei den unentscheidbaren Sätzen dagegen ist diese Annahme nicht berechtigt, da es in jenen Fällen weder Entscheidungsmethoden noch etwas anderes mit einer entsprechenden Funktion gibt.

Wie Dummett nachgewiesen hat – und dies ist zugleich auch die Pointe der Antirealisten –, muß das Wissen eines Sprechers, welches sein Verständnis eines Satzes bildet, in seiner Verwendungspraxis sprachlicher Ausdrücke voll und ganz erkennbar sein. Dummett fragt deshalb die Realisten, welche praktischen Fähigkeiten es seien, die dazu berechtigen, einem Sprecher eine implizite Kenntnis von Wahrheitsbedingungen, die entweder erfüllt sind oder nicht, zu unterstellen.

Bei einem effektiv entscheidbaren Satz wie «Der Hund des Nachbarn wiegt 7 Kilo» hat der Sprecher eine praktische Kenntnis von Situationen, die den Satz entweder als wahr oder als falsch erweisen. Wenn er mit den entsprechenden Situationen konfrontiert wird, kann er sie als solche erkennen, indem er den Satz behauptet oder bestreitet. Dabei ist es klar, daß nicht zu jeder Zeit eine Situation von entweder der einen oder der anderen Art vorliegt: Die praktische Kenntnis reicht daher nicht aus, um dem Sprecher eine theoretische Kenntnis einer Wahrheitsbedingung zu unterstellen, die zu jeder Zeit erfüllt ist oder nicht. Der Sprecher hat in bezug auf den Satz aber noch eine andere praktische Fähigkeit, nämlich die praktische Beherrschung der Entscheidungsmethode.

Zusammen berechtigen diese beiden praktischen Fähigkeiten die Unterstellung der theoretischen Kenntnis der Wahrheitsbedingung im Sinne einer Bedingung, die zu jeder gegebenen Zeit erfüllt ist oder nicht: Denn weil durch sie gewährleistet ist, daß der Sprecher immer zu einer bestimmten Entscheidung kommen kann, ist es angemessen zu sagen, daß der Sprecher damit eine Bedingung kennt, deren Erfüllung bzw. Nichterfüllung immer eine entscheidbare Sache ist.

Das Verständnis des Sprechers offenbart sich in der Art, wie er die

Entscheidungsmethode anwendet sowie in seinen sprachlichen Reaktionen auf das Ergebnis.

Bei unentscheidbaren Sätzen stellt sich die Sache anders dar. Auch hier gibt es praktische Fähigkeiten, aber nicht von der richtigen Art. Sie betreffen Situationen, in denen unsere Kriterien, aufgrund deren wir die Wahrheit der betreffenden Sätze behaupten oder bestreiten, nicht erfüllt sind. Denn selbst wenn bei einem gegebenen unentscheidbaren Satz für uns in gewissen Fällen die Möglichkeit besteht zu erkennen, daß seine Wahrheitsbedingung erfüllt oder nicht erfüllt ist, kann die Fähigkeit eines Sprechers, diese Situationen als solche zu erkennen, dennoch keine Grundlage dafür sein, ihm eine generelle Kenntnis über eine erfüllte oder nicht erfüllte Wahrheitsbedingung zu unterstellen. Denn weil es sich um unentscheidbare Sätze handelt, kann die Wahrheitsbedingung in gewissen Fällen auch erfüllt oder nicht erfüllt sein, ohne daß das erkennbar ist: Auch ein generelles Wissen davon, was es heißt, daß die Bedingung erfüllt oder nicht erfüllt ist, kann deshalb nicht aus der Fähigkeit geschlossen werden, in entsprechenden Fällen ihre Erfüllung bzw. Nichterfüllung zu erkennen. Daß ein Sprecher weiß, wann die Bedingung erkennbar erfüllt (unerfüllt) ist, heißt noch nicht, daß er auch weiß, wie es sich verhält, wenn sie nicht erkennbar erfüllt (unerfüllt) ist.

Die realistische Annahme, jeder Satz sei wahr oder falsch, bedeutet in dem Fall der unentscheidbaren Sätze, daß die Wahrheitsbedingungen eines solchen Satzes in nicht erkennbarer Weise erfüllt (unerfüllt) sein können. Das Verständnis eines solchen Satzes, welches sich in der Auslegung des impliziten Wissens um eine erfüllte oder unerfüllte Wahrheitsbedingung expliziert, kann sich daher in der sprachlichen Praxis nicht manifestieren. Wenn es sich bei der Bedingung für die Wahrheit eines Satzes um eine Bedingung handelt, bei der wir uns nicht in eine Lage versetzen können, sie als erfüllt (unerfüllt) zu erkennen, wann immer sie erfüllt (unerfüllt) ist, dann ist eine Unterstellung eines impliziten Wissens darüber, was diese Bedingung besagt, nicht haltbar, weil keine praktische Fähigkeit vorhanden ist, dieses Wissen zu manifestieren.

Der Realist kann nicht bloß darauf bestehen, daß diese Sätze entweder wahr oder falsch sind. Denn so, wie die Begriffe der Wahrheit und Falschheit in unseren Sätzen zur Anwendung kommen, behaupten wir mit ihnen etwas über die Bedeutung, die unsere Sätze haben. Sich über die Bedeutungen unserer Sätze zu äußern kommt aber, wie wir gesehen haben, einer Äußerung über das Verständnis unserer Sätze gleich. Und hier gibt es Grenzen: Wir können uns nur ein Verständnis zusprechen, wenn wir zeigen können, wie es sich ausdrückt. Wenn also der Realist darauf bestehen möchte, daß Sätze entweder wahr oder falsch sind, dann muß er aufzeigen, wie dies in unserem Verständnis, das sich bei unserer Anwendung der Sätze offenbart, deutlich wird. Die Beweislast liegt aber beim Realisten, und es besteht Grund zur Annahme, daß er den Beweis nicht antreten kann.

Der Antirealist kommt aus diesem Grund nach Dummett zu Recht zum Schluß, daß die Realismusthese eine Verletzung der Objektivitätsthese darstellt. Um die Objektivitätsthese einhalten zu können, müssen wir einräumen, daß die Bedeutung von Sätzen nur im Verhältnis zu Situationen festlegbar ist, deren Eintreten oder Nichteintreten wir grundsätzlich immer zu erkennen imstande sind. Die Begriffe der Wahrheit oder Falschheit, die bei der Bestimmung der Wahrheitsbedingungen unserer Sätze nötig sind, setzen voraus, daß die Wahrheit (Falschheit) eines Satzes uns prinzipiell seine Wahrheit (Falschheit) erkennen läßt. Diese sprachphilosophische Schlußfolgerung hat metaphysische Konsequenzen: Sie bedeutet, daß wir nicht von der Vorstellung ausgehen können, unsere Sprache habe die Möglichkeit, von einer festgelegten, objektiven Wirklichkeit zu sprechen, gemessen an der das, was wir sagen, wahr oder falsch ist, unabhängig davon, ob wir über ein Mittel verfügen, diese Wahrheit oder Falschheit zu erkennen.

Die sprachphilosophische Diskussion des Realismus

Der Realist schuldet uns eine Erklärung dafür, wie sich im praktischen Umgang eines Sprechers mit gewissen Sätzen zeigen kann, daß seine Anwendung der Sätze von einem Begreifen unerkennbarer Wahrheitsbedingungen gesteuert wird. Denn wenn ich die Einsicht, Anwendung und Bedeutung sprachlicher Ausdrücke hingen miteinander zusammen, akzeptiere, akzeptiere ich auch, daß das sprachliche Verständnis einer Person keinen Bestandteil umfassen kann, der nicht im Gebrauch zum Ausdruck käme, den diese Person bei entsprechenden Gelegenheiten von den Sätzen der Sprache macht. Ein Verständnisfragment, das sich in der erkennbaren Anwendung nicht offenbaren läßt, ist nicht objektiv und nicht mitteilbar. Es ist daher gar kein Bestandteil des Verständnisses.

Der Antirealist verweist weiter darauf, daß wir als Realisten uns selbst Ausdrucksmöglichkeiten zutrauen, die wir nicht besitzen können. Wir verallgemeinern ein Verständnismodell, das auf einige Sätze paßt, auf alle übrigen Sätze. In der Annahme, es sei uns gelungen, unsere Sätze mit einem solchen Inhalt zu versehen, daß jeder Satz entweder wahr oder falsch ist, werden wir im Fall der unentscheidbaren Sätze zu der Auffassung verleitet, der Inhalt dieser Sätze habe auch einen klaren Wahrheitswert. Die Begrenztheit unserer Erkenntnismöglichkeit nehmen wir zwar zur Kenntnis; daß dies aber eine Einschränkung unserer Ausdrucksmöglichkeiten bedeutet, stellen wir in Abrede. Der Antirealist hingegen bestreitet, daß wir uneingeschränkte Ausdrucksmöglichkeiten haben: Sie anzunehmen entbehrte jeder Grundlage. Wir würden von einem Hund ja auch nicht sagen, daß er sich auf Weihnachten freut, wenn es in seinem Verhalten und in seinen Fähigkeiten kein für uns erkennbares Element gäbe, das zu einer derartigen Unterstellung berechtigt. Wieso sollten wir also, wenn es um uns selbst geht, soviel großzügiger sein?

Im Bereich der mathematischen Philosophie stehen sich Platonisten und Intuitionisten gegenüber.[8] Die Intuitionisten, die den antirealistischen Standpunkt vertreten, behaupten, daß die Anwendung des unhaltbaren realistischen Verständnismodells auf die unentscheidbaren Sätze der Mathematik für die platonische Auffassung verantwortlich ist, nach der diese Sätze aufgrund gegebener infiniter Begriffsstrukturen wahr oder falsch seien. Endlichen Wesen, wie wir es sind, seien diese Strukturen nur indirekt und nur in Ansätzen zugänglich. Wir müßten, so gut wir es nun einmal vermögen, die Symptome, die auf ihre Beschaffenheit schließen lassen, zu ermitteln versuchen. Die Existenz eines Beweises (Gegenbeweises) ist es, was nach Meinung der Intuitionisten die Wahrheit (Falschheit) eines mathematischen Satzes ausmacht, und entsprechend ist das Verständnis eines mathematischen Satzes generell als die Fähigkeit zu bestimmen, zu entscheiden, ob eine vorliegende mathematische Konstruktion als Beweis (Gegenbeweis) für diesen Satz gelten kann oder nicht. Nach Meinung der Intuitionisten gibt es keine Vorabgarantie, daß jeder mathematische Satz entweder wahr oder falsch ist, ebenso wie es keine Garantie dafür gibt, daß es für jeden derartigen Satz einen Beweis oder Gegenbeweis gibt. Ihre Kritik hat daher unmittelbare Konsequenzen für die mathematische Beweispraxis, die in wesentlichen Punkten revidiert werden muß.

Die einander entgegengesetzten Positionen der Platonisten und Intuitionisten werden gern mit Hilfe zweier Bilder dargestellt. Auf dem einen wird der Mathematiker mit einem Astronomen oder Geographen verglichen, der in einer von seiner Tätigkeit unabhängig existierenden Wirklichkeit auf Entdeckung geht. Auf dem anderen Bild erscheint der Mathematiker als Erfinder, Bildhauer oder Schriftsteller, dessen Tätigkeit die Funktion der Formgebung erfüllt. Diese Bilder stimmen mit den traditionellen metaphysischen Redewendungen sowohl der Realisten als auch der Idealisten überein. Für Dummett ist es entscheidend, daß es sich dabei nur um suggestive Bilder oder Metaphern handelt: Die eigentliche Substanz in der Sache, das, was eine eigentliche Diskussion ermöglicht, ist die bedeutungstheoretische Uneinigkeit, also letzten Endes die Frage nach einem passenden Modell für unser Verständnis unentscheidbarer Sätze.

Besonders schwierig ist die Realismusproblematik bei Sätzen, mit denen anderen Personen Bewußtseinsphänomene zugeschrieben werden, etwa «Peter hat Zahnschmerzen».[9] Die orthodoxe realistische Auslegung des Inhalts eines solches Satzes als einer Äußerung bei einem bestimmten Anlaß besagt unter anderem, daß, wenn dieser Satz wahr ist, er aufgrund eines Sachverhalts wahr ist, der strenggenommen keiner anderen Person als Peter zugänglich ist. Der Sprecher kann sich bestenfalls aufgrund indirekter Anhaltspunkte über den Sachverhalt äußern; aber was seine Äußerung wahr oder falsch macht, ist von diesen Anhaltspunkten unabhängig.

Der Realist sieht in dieser Auslegung kein Problem. Dummett läßt ihn folgenden Gedankengang vollziehen: Der Inhalt von «Peter hat Zahnschmerzen» ist durch seine Wahrheitsbedingung festgelegt, und ich kenne sehr wohl die Bedingung, die erfüllt sein muß, damit der Satz wahr ist: Bei Peter muß es genauso sein wie bei mir selbst, wenn ich Zahnschmerzen habe. Der Satz «Peter hat Zahnschmerzen», zu einem gegebenen Zeitpunkt geäußert, ist in bestimmter Weise wahr oder falsch: Zu dem besagten Zeitpunkt ist es bei Peter so wie bei mir, wenn ich Zahnschmerzen habe, oder es ist nicht so. Gleichzeitig ist mir klar, daß der Satz auch dann wahr sein kann, wenn ich über keinerlei Mittel verfüge, um seine Wahrheit zu erkennen, vielleicht weil Peter gelähmt ist oder sich trotz Zahnschmerzen stoisch verhält. Ebenso kann er falsch sein, obgleich er nach meiner besten Überzeugung wahr ist, nämlich dann, wenn Peter simuliert. Der Satzinhalt ist demnach nicht im Verhältnis zu der Grundlage festgelegt, in bezug auf die ich seine Wahrheit oder Falschheit beurteilen kann: Diese Grundlage ist notwendigerweise nur indirekt erschließbar. Mein Verständnis der Bedeutung des Satzes ist unabhängig von meinem Wissen darüber, was meine eventuelle Beurteilungsgrundlage ausmacht.

Das, was die Unterstellung von Bewußtseinszuständen bei Drittpersonen wahr oder falsch macht, sind für den Realisten also Sachverhalte, die sich unserer Erkenntnis entziehen, nämlich die inneren, privaten Empfindungen anderer. Für den Antirealisten ist es unbegreiflich, wie bei einem realistischen Verständnis insbesondere von Bewußtseinsphänomenen unsere sprachliche Kompetenz bestimmt werden soll. Der Realist dagegen begründet dies folgendermaßen: Jeder einzelne von uns weiß, was es heißt, wenn eine Person Zahnschmerzen hat, weil wir diesen Zustand aus eigener Erfahrung kennen. Anders ausgedrückt: Für den Realisten muß unser Verständnis des Inhalts von «Peter hat Zahnschmerzen» auf der Grundlage unseres Verständnisses des Inhalts von «Ich habe Zahnschmerzen» erklärt werden.

Nach Ansicht von Dummett hat diese realistische Antwort auf die antirealistische Herausforderung keine Aussicht auf Erfolg. In ihrer Darstellung des Verständnisses von «Ich habe Zahnschmerzen» und anderen Rückgriffen auf die 1. Person steht und fällt sie nämlich mit der Theorie über die private, ostensive Definition, die Wittgenstein mit Hilfe seines sogenannten Privatsprachen-Arguments überzeugend widerlegt hat. Ein weiterer Punkt, der von Dummett bislang nur ansatzweise behandelt worden ist, betrifft die Frage, wie eine antirealistische Auslegung aussehen muß, ob sie ihrerseits überhaupt einer Begründung fähig ist.[10] Festzuhalten gilt es allerdings, daß die Schwierigkeiten, die bei einer antirealistischen Auslegung von Unterstellungen bestimmter Bewußtseinszustände auftreten, nicht als positive Argumente für eine realistische Auslegung angesehen werden können.

Aus Dummetts Perspektive ist der Realismus im Fall von Aussagen über Bewußtseinszustände im Grunde genommen ein bedeutungstheoretischer Realismus bezüglich der betreffenden Satztypen. Denn er nimmt an, die Bedeutung dieser Sätze bestehe darin, daß sie entweder wahr oder falsch sind. Bei den effektiv entscheidbaren Sätzen läßt sich diese Annahme aufrechterhalten, wobei jedoch die antirealistische Überlegung, zumindest nach Ansicht von Dummett, zeigt, daß es keinerlei Vorabgarantien für eine generelle Geltung des Realismus gibt. Die Aufgabe besteht deshalb darin, für ausgewählte Satztypen zu untersuchen, inwieweit Besonderheiten bei der Anwendung dieser Sätze aufgezeigt werden können, die – ähnlich wie bei der effektiven Entscheidbarkeit – in der einen oder anderen Weise eine realistische Auslegung rechtfertigen könnten.

Dummett bemerkt, daß unsere Intuition gern zu einer realistischen Sicht neigt. So werden sicherlich die meisten von uns der Ansicht sein, daß ein Satz wie «An seinem dritten Geburtstag erwachte Cäsar auf dem Bauch liegend» notwendigerweise einen bestimmten Wahrheitswert haben muß, also wahr oder falsch sein muß, ungeachtet der Frage, ob wir diesen Wahrheitswert kennen können oder nicht. Gleiches gilt sicherlich für den Satz «Peter hat Zahnschmerzen». Dieser Umstand hat dem Realismus zu allzu leichten und daher langfristig nicht dauerhaften Siegen verholfen. Wichtiger ist jedoch, daß diese scheinbare Allianz zwischen Realismus und gesundem Menschenverstand einer tiefgreifenden und systematischen Untersuchung der Argumente für und wider oftmals im Wege gestanden hat. Denn gerade in den Fällen, in denen uns antirealistische Überlegungen weit hergeholt und als völlig widersinnig erscheinen, die realistische Auffassung dagegen als das einzig Vernünftige erscheint, ist es wichtig, daß die verschiedenen Positionen und ihre mögliche Rechtfertigung einer genauen Erforschung unterzogen werden. Dadurch lassen sich die Begriffe und Theorien entwickeln und die Einsichten gewinnen, die bei der Behandlung jener Bereiche unabdingbar sind, in denen sich die Realismusproblematik als besonders schwierig und folgenreich zeigt, grundlegende Anhaltspunkte jedoch fehlen.

Die Realismusproblematik ist nicht auf die traditionellen Gebiete der Philosophie beschränkt. Sie meldet sich in Debatten, die ganz neue Bereiche betreffen. Dazu gehören Diskussionen über die Interpretation einzelner Zweige im Rahmen der theoretischen Wissenschaften, etwa der Auslegung der Quantenmechanik. Auch Diskussionen über die Auslegung von Beschreibungen des geltenden Rechts weisen Züge dieser Problematik auf; im Bereich der Jurisprudenz zeigt sie sich insbesondere bei der Zuschreibung krimineller Handlungen. Auch bei der Suche nach einem Objektivitätsbegriff in einer Wissenschaft wie der Psychiatrie spielt die Realismusproblematik eine nicht unbedeutende Rolle.

Vom Anspruch, die Realismusproblematik mit seinem sprachphilosophischen Ansatz gelöst zu haben, weit entfernt, möchte Dummett nicht einmal über das Ergebnis mutmaßen. Im Vorwort zu einer 1978 erschienenen Aufsatzsammlung schreibt er:

«Normalerweise erzielt man in der Philosophie keine Fortschritte, indem man immer bessere Vermutungen über das Endergebnis einer philosophischen Untersuchung anstellt, sondern indem man die Argumente und Gegenargumente, die uns zu diesem Ergebnis führen, immer tiefer analysiert. Mit der Meinung eines Philosophen über das vermutlich zu erwartende Ergebnis ist nicht viel anzufangen: Was zählt, ist, ob er uns dem Endziel näher bringt. Der Weg dorthin ist sehr verschlungen, und wenn wir diesen Weg ein paar Schritte gehen, kann es sehr wohl passieren, daß wir uns plötzlich in entgegengesetzter Richtung zu dem Punkt blickend finden, an dem der Weg möglicherweise endet, so daß unsere Mutmaßungen darüber, wo der Weg endet, unsicherer sind als vor den Schritten, die wir unternommen haben: Dennoch war es sehr wichtig, daß wir diese Schritte unternommen haben, denn ohne sie würden wir das Ende des Weges niemals erreichen.»[11]

Texte Dummetts

Frege: Philosophy of Language. London 1973 *(= Frege)*.
Elements of Intuitionism. Oxford 1977 *(= EI)*.
Truth and Other Enigmas. London 1972 *(= TOE)*.
What is a Theory of Meaning? In: Guttenplan, S. (ed.): Mind and Language. Oxford 1975 *(= WTM I)*.
What is a Theory of Meaning? In: Evans, G./McDowell, J. (eds.): Truth and Meaning. Oxford 1976 *(= WTM II)*.
Wahrheit: 5 philosophische Aufsätze. Stuttgart 1982.
Ursprünge der analytischen Philosophie. Frankfurt/M. 1988.

Literatur

Evans, G./McDowell, J. (eds.): Truth and Meaning. Oxford 1976.
Harrison, B.: An Introduction to Philosophy of Language. London 1979.
Platts, M.: Ways of Meaning. London 1979.
Rössler, B.: Die Theorie des Verstehens in Sprachanalyse und Hermeneutik. Untersuchungen am Beispiel M. Dummetts und F.D.E. Schleiermachers. Berlin 1990.
Taylor, B.M. (ed.): Michael Dummett. Contributions to Philosophy. Dordrecht etc. 1987.
Wright, C.: Wittgenstein on the Foundations of Mathematics. London 1980.

Anmerkungen

1 Dummett, *TOE*, Preface, chapter 10 (Realism, 1963) and chapter 21 (The Reality of the Past, 1969); Dummett, *Frege*, chapter 13 and 19.
2 Dummett, *Frege*, chapter 5 and 6; Dummet, *WTM II*, p. 127–137.
3 Dummett, *TOE*, chapter 1 (Truth, 1959) and chapter 9 (Frege's Distinction between Sense and Reference, 1975).

4 Dummett, *Frege*, p. 92 f; Dummett, *WTM I*; Dummet, *WTM II*, p. 76–89; Dummett, *TOE*, chapter 14 (The Philosophical Basis of Intuitionistic Logic, 1973).

5 Dummett, *TOE*, p. 216 ff.

6 Dummett, *WTM II*, p. 80; Dummett, *Frege*, p. 460 ff.

7 Dummett, *WTM II*, p. 81 ff; Dummett, *Frege*, p. 464 ff; Dummett, *TOE*, p. XXVIII ff.

8 Dummett, *TOE*, chapter 1 (Truth, 1959) and chapter 14 (The Philosophical Basis of Intuitionistic Logic, 1973); Dummett, *EI*, p. 360–389.

9 Dummett, *TOE*, p. XXXII ff.

10 Dummett, *WTM II*, p. 101–114.

11 Dummett, *TOE*, p. XXXIX.

KRITISCHER RATIONALISMUS,
WISSENSCHAFTSGESCHICHTE,
ERLANGER SCHULE

Jan Riis Flor

Karl Raimund Popper
Kritischer Rationalismus

In der analytischen Philosophie im weiteren Sinn herrschten der logische Positivismus und der britische Empirismus zwischen den beiden Weltkriegen vor. Nach dem Zweiten Weltkrieg dagegen wurde die analytische Philosophie bis in die 60er Jahre hauptsächlich von zwei Arten der Opposition gegenüber dem logischen Positivismus geprägt. Auf der einen Seite entstanden neue Theorien über die wissenschaftliche Erkenntnis. Erwähnt werden können hier Philosophen wie K. R. Popper (1902 bis 1994), N. R. Hanson (1924–1967), S. E. Toulmin (geb. 1922) und T. S. Kuhn (geb. 1922). Auf der anderen Seite entwickelte sich – unter anderem unter Einwirkung des späten Wittgenstein – ein neues Verständnis der bedeutungstheoretischen Fragestellungen und eine daraus folgende neue Haltung zu philosophischen Überlegungen und Analysen überhaupt. In Werken innerhalb verschiedener Bereiche und von sehr unterschiedlicher Art wurde diese Auffassung und Haltung von Philosophen wie J. Wisdom (geb. 1904), G. Ryle (1900–1976), J. L. Austin (1911 bis 1960) und P. F. Strawson (geb. 1919) erarbeitet.

Diese Verallgemeinerungen müssen allerdings relativiert werden, um Mißverständnissen vorzubeugen. Zum einen spielten und spielen die grundsätzlichen Auffassungen des logischen Positivismus weiterhin eine bedeutende Rolle. Zum zweiten schließen die beiden Oppositionsarten einander gegenseitig nicht aus. Im Gegenteil, für Hanson und Toulmin gilt zum Beispiel, daß ihr Aufbegehren gegen gewisse Teile der Wissenschaftstheorie in einer anderen bedeutungstheoretischen Auffassung verwurzelt ist. Erwähnt werden soll auch, daß zahlreiche Denker sich nur schwerlich unter den genannten Arten einordnen lassen. Vereinfacht ausgedrückt besteht die Opposition gegen den logischen Positivismus darin, daß die Bestimmung der Wissenschaft als Prozeß stärker betont wird als die Charakterisierung formaler Züge bei Theorien, die als wissenschaftliche Produkte aufgefaßt werden. Das bedeutet zum einen, daß man sich mehr für den Prozeß der Entdeckung interessiert hat und nicht nur für eine ‹rationale Rekonstruktion› der Schritte, durch die die hervorgebrachten Theorien begründet werden können. Zum zweiten hat das gesteigerte Interesse am Wissenschaftsprozeß dazu geführt, daß man versucht hat, die Entwicklung (Evolution) der Wissenschaften in ihren verschiedenen Dimensionen durch einen Vergleich von Modellen für den Wissenschaftsprozeß mit den Entwicklungstheorien in anderen Bereichen zu erläutern. Popper und Kuhn waren bei dieser Diskussion die führenden Akteure.

Die Ideen nehmen Form an

Poppers Wurzeln liegen in Wien, wo er 1902 geboren wurde. Bezeichnend für ihn ist, daß seine akademische Laufbahn erst 1937 begann, als er Dozent für Philosophie an der University of New Zealand in Christchurch wurde.[1] Davor hatte er sich zahlreichen anderen Tätigkeiten gewidmet. Nachdem er mit 17 Jahren in ein Studentenwohnheim zog, das in einem unbenutzten Trakt eines ehemaligen Militärkrankenhauses eingerichtet worden war, arbeitete er viele Jahre lang im sozialen Bereich für notleidende Kinder, unter anderem unter der Leitung von Alfred Adler (1870–1937). Er ließ sich zum Volksschullehrer ausbilden, beschloß anschließend jedoch, Möbeltischler zu werden. 1928 erwarb er den Doktorgrad an dem zur Universität Wien gehörenden pädagogischen Institut, aufgrund einer Abhandlung über methodische Probleme in der Psychologie des Denkens und dem «Rigorosum in Psychologie, Philosophie- und Musikgeschichte».[2] Darüber hinaus hatte er sich mit vielen anderen Dingen beschäftigt: Literatur, Geschichte, Physik und Mathematik. In den beiden zuletzt genannten Fächern legte er sein pädagogisches Examen ab und war anschließend als Lehrer tätig, bis er sich aufgrund seiner jüdischen Abstammung und angesichts des sich ausbreitenden Nationalsozialismus gezwungen sah, nach Neuseeland auszuwandern.[3]

Die Ereignisse in den Jahren während des Ersten Weltkriegs und danach brachten für Popper einige entscheidende Impulse, die besonders in zwei Bereichen für sein Denken und seine Haltung Bedeutung erlangen sollten. Bereits als junger Mann hatte er sich innerhalb verschiedener linker Kreise eifrig an der politischen Diskussion beteiligt. Eine kurze Zeit lang verstand er sich selbst als Kommunist. Einige der turbulenten Begebenheiten im Jahr 1919 veranlaßten ihn dann jedoch, die offizielle kommunistische Ideologie in Frage zu stellen. Seine kritischen Überlegungen führten ihn in ein Dilemma: Wenn der Kommunismus, theoretisch auf Marx und Engels aufbauend, als wissenschaftliche Theorie aufgefaßt wird, dann hat die tatsächliche Entwicklung – unter anderem der Verlauf der Russischen Revolution – diese Theorie widerlegt. In dem Fall müßte sie entweder aufgegeben oder zumindest erheblich revidiert werden, wenn man an ihrem wissenschaftlichen Charakter festhalten wollte. Begnügt man sich damit, an der Theorie lediglich jene kosmetischen Veränderungen vorzunehmen, die erforderlich sind, damit die Theorie zu den tatsächlichen Verhältnissen nicht in offenkundigem Widerspruch steht, so verliert sie ihren Status als wissenschaftliche Theorie. Denn nichts ist leichter, als für die eigenen Standpunkte bestätigende Beispiele zu finden, wenn es das ist, was man anstrebt. Dieses Problem sollte einen prägenden Einfluß auf den politischen Standpunkt Poppers erlangen, den er in seiner Autobiographie wie folgt zusammenfaßt:

«Mehrere Jahre lang blieb ich Sozialist, selbst nachdem ich den Marxismus verworfen hatte; und gäbe es eine Form des Sozialismus, die mit individueller Freiheit verbunden wäre, so wäre ich weiterhin Sozialist. Denn nichts könnte besser sein, als ein bescheidenes, einfaches und freies Leben in einer Gesellschaft von Gleichen. Es dauerte seine Zeit, bis mir klar wurde, daß dies nichts als ein schöner Traum ist; daß Freiheit wichtiger ist als Gleichheit; daß der Versuch, Gleichheit zu verwirklichen, eine Gefahr für die Freiheit bedeutet und daß in dem Fall, wo die Freiheit verloren ist, nicht einmal Gleichheit unter den Unfreien sein wird.»[4]

Poppers Verständnis der Wissenschaftlichkeit einer Theorie wurde jedoch auch von anderer Seite beeinflußt. Während seines Physikstudiums hatte er Einblicke in die Newtonsche Mechanik gewonnen, wobei ihn ihre Kohärenz und ihre Eigenschaft, eine Vielfalt von Phänomenen erklären zu können, beeindruckten. Er hatte sich aber auch allmählich in die Einsteinsche Relativitätstheorie eingearbeitet. 1919 ereignete sich eine Sonnenfinsternis, die sehr willkommen war, um die verschiedenen Vorhersagen prüfen zu können, die man aufgrund von Newtons bzw. Einsteins Theorien über die Brechung des Lichts mathematisch berechnen konnte. Die Messungen sprachen offensichtlich für die Einsteinsche Theorie. Für Popper war es entscheidend, daß es in der Tat möglich war, eine Alternative zur Newtonschen Theorie zu erarbeiten, die einerseits der Newtonschen Theorie so ähnlich war, daß sie – unter gewissen Voraussetzungen – diese annäherungsweise enthielt, die andererseits in gewissen Bereichen mit der Newtonschen Theorie unvereinbar war, so daß durch empirische Untersuchungen prinzipiell die Möglichkeit bestand zu entscheiden, ob der einen oder der anderen der Vorzug zu geben sei.

Popper zog hieraus drei Schlüsse:

- Von keiner wissenschaftlichen Theorie kann man wissen, daß sie wahr ist.
- Eine wissenschaftlich-empirische Theorie zeichnet sich dadurch aus, daß sie zu empirisch feststellbaren Tatsachen im Widerspruch stehen kann.
- Eine rationale Haltung ist allgemein durch eine kritische Einstellung gekennzeichnet.

Gegen Ende der 20er und zu Beginn der 30er Jahre kam Popper mit einigen Mitgliedern des Wiener Kreises in Kontakt, u. a. mit Feigl (1902–1988), Kraft (1880–1975), Carnap (1891–1970). Einigen zentralen Gedanken dieser Schule stand er außerordentlich kritisch gegenüber – hierunter auch Wittgensteins *Tractatus*. Seiner Kritik schloß sich auch Carnap teilweise an. In dieser Zeit schrieb er ein größeres erkenntnistheoretisches Manuskript: *Die beiden Grundprobleme der Erkenntnistheorie*. Poppers Onkel nahm hieraus eine Auswahl vor, die 1934 unter dem Titel *Logik der Forschung* erschien.[5] Dieses Buch wurde allgemein positiv aufgenommen und wird nach wie vor als das philosophische Hauptwerk Poppers angesehen.

Seine hauptsächliche Arbeit während seines Aufenthalts in Neuseeland – bis er 1946 einen Lehrstuhl an der London School of Economics and Political Science erhielt – hat Popper im Bereich der praktischen Philosophie geleistet. Hierzu zählen die Werke *The Open Society and Its Enemies* (dt. «Die offene Gesellschaft und ihre Feinde», erschienen 1945) und *The Poverty of Historicism* (dt. «Das Elend des Historizismus», zunächst in der Zeitschrift *Economica* 1944/45 erschienen). Beide Werke enthalten eine leidenschaftliche Befürwortung der Demokratie und eine scharfe Kritik jeglicher totalitären Weltanschauung. In England hat er seine Grundideen in zahlreichen Artikeln weiterentwickelt, von denen die wichtigsten in *Conjectures and Refutations* (Mutmaßungen und Widerlegungen) und *Objectice Knowledge, An Evolutionary Approach* (dt. «Objektive Erkenntnis», 1973) gesammelt sind.

Die Logik der Lösungsversuche

Das Grundschema der Popperschen Überlegungen über das Wachstum von Erkenntnis und Rationalität auf verschiedenen Gebieten ist denkbar einfach. Es gibt keinen eindeutigen, sicheren und absoluten Ausgangspunkt für die Erkenntnis. Weder Sinneswahrnehmungen noch Vernunftsdenken noch die allgemeine Auffassung (Common sense) können ein unerschütterliches Fundament des Wissens sein. Ebensowenig gibt es eine sichere Methode, um einen begehbaren Weg zu neuen Erkenntnissen aufzuzeigen. Popper hält insbesondere die Induktion für einen Mythos.

Vereinfacht können Poppers Überlegungen wie folgt dargestellt werden: Einer oder mehreren Personen (überhaupt Organismen) stellt sich ein Problem in einer bestimmten Problemsituation, die durch gewisse Hintergrundinformationen und eine entsprechende Erwartungshaltung bestimmt ist. Das in der gegebenen Situation vorhandene Hintergrundwissen ist teilweise von dem zu lösenden Problem abhängig. Umgekehrt ist die Art und Weise, in der sich das Problem stellt, teilweise durch das Hintergrundwissen der Person in der gegebenen Situation bestimmt. Was in der Situation als Hintergrundwissen angenommen wird, ist nichts Absolutes. Jeder Teil der Situation läßt sich problematisieren, ein pauschales Infragestellen allen Hintergrundwissens auf einmal ist jedoch nicht möglich. Die Person, der sich das Problem stellt, kann dieses in mehr oder weniger rationaler Weise lösen. Handelt es sich um einen theoretischen Zusammenhang, so tut die Person dies durch die versuchsweise Aufstellung einer Theorie. In einem praktisch gelagerten Fall wird sie in irgendeiner Weise handeln. Oftmals wird ein Problem die Erprobung sowohl theoretischer als auch praktischer Lösungen erfordern. Die erprobte Lösung kann nun einer Kritik oder einer Fehlereliminierung ausgesetzt werden. Ungeachtet, ob das Problem zunächst bestehenbleibt oder nicht, wird sich die Problemsituation geändert haben, so daß sich neue Probleme einstellen können. Diese Struktur der Problemlösung kann im folgenden Schema zusammengefaßt werden:

Problem 1 → korrigierbare Theorie → Fehlerelimination → Problem 2

So können Ratten dem Problem Rattengift begegnen, indem sie versuchen, eine Art zu entwickeln, die gegenüber diesem Gift resistent ist. Für einen fußballbegeisterten Jungen, der auf dem Weg zu einem Spiel ist, kann ein platter Fahrradreifen ein Problem darstellen. Je nach seinem

Wissensstand und seinem technischen Geschick kann der Junge das Problem zu lösen versuchen, indem er andere Verkehrsmittel benutzt oder das Fahrrad repariert. Wenn er die Reparatur mittels eines über das Loch geklebten Kaugummis vorzunehmen versucht, dann wird dieser Lösungsansatz mit großer Wahrscheinlichkeit eine ausgesprochen handfeste Fehlereliminierung erfahren. In einem anderen Zusammenhang wird eine Reifenpanne kein Problem, sondern vielmehr eine Problemlösung darstellen – etwa dann, wenn man zu einer Besprechung unterwegs ist, für die einem eine gute Entschuldigung für zu spätes Erscheinen nur recht wäre.

Das letzte Beispiel mag unterstreichen, daß das Schema nicht zu starr aufgefaßt werden darf. Je nach Lage der Dinge kann der Ausgangspunkt in einem anderen Glied des Schemas genommen werden. In dem Fall könnte die Struktur wie folgt aussehen:

Korrigierbare Theorie 1 → Fehlerelimination → Problem → korrigierbare Theorie 2

Es muß auch betont werden, daß oftmals mehrere Lösungsversuche, mehrere zu erprobende Theorien gleichzeitig entwickelt werden und daß die Prüfung der Frage, in welcher Weise die verschiedenen Theorien das Problem lösen, das Urteil darüber, welche Theorie eventuell bevorzugt werden soll, entscheidend beeinflussen wird. Wichtig zu sehen ist, daß Probleme und Theorien sich Hand in Hand entwickeln und daß Wachstum der Erkenntnis stets auch Modifikation früherer Erkenntnis ist.

Kühne Mutmaßungen und konkrete Widerlegungen

Aus dieser Grundhaltung heraus versucht Popper, einige zentrale Fragen in bezug auf den Charakter und die Methode empirisch-wissenschaftlicher Erkenntnis zu beantworten. Für Popper muß es Ziel der Wissenschaft sein, durch kritische Auseinandersetzung immer kühnere und interessantere Theorien zu erarbeiten, wobei diese neuen zu erprobenden Theorien weniger fehlerhaft und näher an der Wahrheit sind als ihre Vorgänger. Für die Wissenschaft bedeutet dies, daß es Theorien zu entwickeln gilt, die es uns ermöglichen, tiefergehende und umfassendere Erklärungen abzugeben und die uns präzisere Voraussagen und bessere technische Anwendungsmöglichkeiten geben können.[6]

Aufgrund dieser Überlegung betont Popper, es sei für den empirisch-wissenschaftlichen Charakter einer Theorie entscheidend, daß es einen intersubjektiv feststellbaren Sachverhalt gibt, der zur Theorie im Widerspruch stehen kann. In dem Fall ist die Theorie empirisch *falsifizierbar*. Eine erklärende Theorie wird einen oder mehrere streng allgemeine Sätze (Gesetze) enthalten wie «Alle Körper ziehen einander an» oder «In einem geschlossenen System ist die Energie konstant». Der Satz muß sich auf alle Raum-Zeit-Bereiche beziehen. Ein Satz wie «Alle Bleistifte in meiner Schublade sind rot» wird von Popper nicht als streng allgemeiner Satz gewertet.[7] Ein streng allgemeiner Satz ist falsifizierbar, wenn es einen möglichen Basissatz gibt, der zu ihm im Widerspruch steht. Ein Basissatz kann zu einem allgemeinen Satz in Widerspruch stehen, nicht aber aus ihm abgeleitet werden, und er bringt einen intersubjektiv beobachtbaren Sachverhalt zum Ausdruck. Basissätze haben die Form «Zu einer bestimmten Zeit und an einem bestimmten Ort tritt dieses oder jenes ein bzw. existiert dieses oder jenes».[8] Beispiel: «In meiner Küche befindet sich am 11. Juni 1989 eine grüne Spitzmaus.» Dieser mögliche Basissatz steht im Widerspruch zum allgemeinen Satz «Keine Spitzmaus ist grün» («Für alle Spitzmäuse gilt, daß sie nicht grün sind») und gilt als möglicher *Falsifikator* dieser Theorie. Poppers Abgrenzungskriterium (das Demarkationsprinzip) für empirische Wissenschaften kann nun wie folgt formuliert werden: Eine Theorie ist nur dann empirisch wissenschaftlich, wenn die Klasse ihrer möglichen Falsifikatoren nicht leer ist.

Poppers Lösung des Abgrenzungsproblems wird vielleicht am besten deutlich, wenn man sie mit den zum Teil gleich gearteten Bestrebungen der logischen Positivisten vergleicht. Poppers Kriterium ist kein Sinnkriterium. Das Falsifikationsprinzip besagt nicht, daß alle anderen Aussagearten erkenntnismäßig sinnlos oder leer sind. Auch besagt die Definition der Testaussagen als Basissätze nicht, sie seien sicher oder von einer kritischen Hinterfragung ausgenommen. Zwar ist Popper insoweit ein Empirist, als er die Basissätze als Prüfstein für Theorien und die vorläufige Annahme eines Basissatzes als Ausdruck unserer Wahrnehmungserlebnisse bestimmt. Er unterstreicht jedoch, daß die Annahme eines Basissatzes nicht durch unsere Erlebnisse begründet werden kann: Zwischen Aussagen und Erlebnissen gibt es keine logischen Relationen. Folglich beinhaltet die Annahme eines Basissatzes immer ein Entscheidungsmoment und ist insoweit konventionell. An jedem Basissatz ist Kritik möglich, die die Annahme anderer Basissätze bedeutet, und es gibt für diese Kritik keine naturgegebene oder absolute Grenze. Schließlich meint Popper, daß dasjenige, was in einer Problemsituation als Basissatz angesehen wird, von dem entsprechenden Hintergrundwissen abhängt.

Poppers Definition des Falsifizierbarkeitsprinzips als Abgrenzungsprinzip soll nicht als Beschreibung dessen aufgefaßt werden, wie der wissenschaftliche Prozeß tatsächlich verlaufen ist bzw. wie sich die Forscher verhalten. Eine solche Auffassung der wissenschaftlichen Methodenlehre wird von Popper als *naturalistisch* bezeichnet. Das Abgrenzungsprinzip ist auch nicht als Definition dessen zu verstehen, was mit den Worten ‹empirische Wissenschaft› gemeint ist. Falsifizierbarkeit als Abgrenzungsprinzip ist als Vorschlag (proposal) zu verstehen, der die Hauptrichtlinie dafür angibt, wie empirische Wissenschaft am rationalsten betrieben werden sollte, wenn der Zweck der Wissenschaft erfüllt werden soll. Das bedeutet, daß Popper die Methodenlehre als *normativ* auffaßt. Es geht um die Erarbeitung einer Folge von methodologischen Regeln, mit denen angegeben wird, wie Forscher wissenschaftliche Sätze zu behandeln haben, um das Ziel der Wissenschaften zu erreichen: gemäß dem Vorschlag Poppers also Regeln dafür, wie die Prüfbarkeit (Falsifizierbarkeit) der aufgestellten Theorien bestmöglich bewahrt bzw. verbessert werden kann. Dieser Vorschlag und diese Regeln sind im allgemeinen nicht beweisbar, können jedoch durch logische und philosophisch-metaphysische Überlegungen unterstützt werden, die wiederum einer kritischen Diskussion unterzogen werden können.[9]

Deutlich werden mag dies anhand eines der vom Abgrenzungsprinzip verursachten Probleme. Im Regelfall ist es nicht so, daß man nur einen einzigen Allsatz aufstellt und überprüft. In den meisten Fällen handelt es sich um eine umfassendere Theorie. Das bedeutet: Obwohl man einen Basissatz formulieren kann, der zu einer Konsequenz der Theorie im Widerspruch steht, ist damit noch nicht ohne weiteres klar, mit welchen Elementen der Theorie der betreffende Basissatz unvereinbar ist. Es ist deshalb auch nicht ohne weiteres klar, welche Elemente der Theorie als falsifiziert und widerlegt angesehen werden müssen, wenn der Basissatz akzeptiert wird. In dem Fall wäre die Theorie in ihrer Gesamtheit als falsifiziert und widerlegt anzusehen, wenn der Basissatz akzeptiert wird. Nun ist es aber oft so, daß noch andere Aussagen einbezogen werden müssen, wenn aus einer Theorie eine Konsequenz abgeleitet werden soll, die mit einem Basissatz eindeutig unvereinbar ist. So kann eine Aussage über die Position des Mondes zu einem bestimmten Zeitpunkt als Basissatz angenommen werden. Wenn die Aussage jedoch zur Überprüfung der Newtonschen Mechanik und Schwerkrafttheorie herangezogen werden soll, dann müssen Aussagen über die Entfernung zwischen Mond und Erde und deren Einwirkung zu einem bestimmten Zeitpunkt (sogenannte Randbedingungen) einbezogen werden. Werden keine weiteren Aussagen berücksichtigt, so hat man in unserem Beispiel stillschweigend eine Zusatzhypothese angewandt, nämlich die, daß keine anderen Kräfte als die der Erdanziehung auf den Mond einwirken.

Stellt sich heraus, daß aus der Newtonschen Theorie sowie den erwähnten Randbedingungen und Zusatzhypothesen eine Aussage, die sich zum Basissatz im Widerspruch befindet, abgeleitet werden kann, so heißt dies keineswegs, daß die Newtonsche Theorie damit widerlegt wurde. Es bestehen vereinfacht gesagt folgende Möglichkeiten: (1) Man kann die Basisaussage zurückweisen. Soweit man für die Ablehnung eine Begründung geben möchte, kann man eine Zusatzhypothese einführen – etwa, der Basissatz sei nicht aufgrund von Beobachtungen oder Experimenten, sondern aufgrund von Grimms Märchen formuliert worden, der Beobachter sei nicht verläßlich oder eine ähnliche Begründung. (2) Man kann die Randbedingungen ablehnen. Diese Ablehnung kann von Zusatzhypothesen begleitet werden, die erläutern, weshalb man die vermuteten Randbedingungen ablehnen muß. (3) Man kann den ursprünglich eingeführten Zusatzhypothesen die Anerkennung verwehren – gegebenenfalls kann man statt dessen andere einführen. (4) Man kann die Newtonsche Theorie zurückweisen oder modifizieren. Der entscheidende Punkt ist, daß die Annahme eines Basissatzes, der mit den in der Testprozedur enthaltenen Aussagen unvereinbar ist, in der Regel nicht zur Ablehnung dessen zwingt, was gemeinhin als der zentrale Gedanke der zu überprüfenden Theorie aufgefaßt wird.

Das bedeutet erstens, daß zwischen der Falsifizierbarkeit und der tatsächlichen Falsifikation bzw. Widerlegung einer Theorie klar unterschieden werden muß.[10] Es müssen methodologische Regeln eingeführt werden, in denen die Erfordernisse für die Annehmbarkeit eines Basissatzes genannt sind. Hier führt Popper die Regel ein, daß ein möglicher Basissatz nur dann als Falsifikator anzuerkennen ist, wenn er nicht nur mit der aufgestellten Theorie unvereinbar ist, sondern überdies eine mit der Theorie unvereinbare falsifizierende Hypothese bestätigt. Wenn wir eine Theorie überprüfen, dann überprüfen wir eigentlich immer mindestes zwei Theorien: die ursprüngliche Theorie und die falsifizierende Hypothese. Zum anderen zeigt der genannte Fall die Notwendigkeit der Einführung von methodologischen Regeln auf, die festlegen, welche Modifikationen von Randbedingungen, Zusatzhypothesen und der Theorie selbst zulässig sind. Denn Popper betont selbst, daß es vom rein logischen Standpunkt her immer möglich ist, an einer Theorie festzuhalten, etwa indem man in geeigneter Weise Hilfshypothesen einführt.[11]

Versuche, eine Theorie auf diese Weise konsequent zu schützen, werden von Popper (nach Hans Albert, geb. 1921) als Immunisierungsstrategien bezeichnet. Man sollte auf die Anwendung solcher Strategien verzichten.[12] Eine hiermit verknüpfte Regel besagt, daß die zur Bewältigung eines speziellen Problems in einer Theorie eingeführten Hilfshypothesen – sogenannte Ad-hoc-Hypothesen – überprüfbar sein müssen, und zwar unabhängig von der Theorie, zu deren Schutz sie eingeführt wurden.[13]

Das Induktionsproblem

Der Grundgedanke des Abgrenzungsprinzips wird von Popper auch bei der Lösung des Induktionsproblems oder, allgemeiner, des Problems der Formulierung von Kriterien für Fortschritt in der Wissenschaft genutzt. Der Gedanke ist, daß zwischen Verifizierbarkeit und Falsifizierbarkeit bzw. zwischen Verifikation und Falsifikation eine Asymmetrie besteht.[14] Die Logik besagt hier, daß von der Wahrheit eines singulären Satzes in der Form eines Basissatzes, zum Beispiel «An diesem Ort zu dieser Zeit befindet sich ein eierlegendes Säugetier», auf die Falschheit eines Allsatzes geschlossen werden kann, zum Beispiel «Kein Säugetier legt Eier». Dagegen kann von der Wahrheit bzw. Falschheit eines Basissatzes allein nicht auf die Wahrheit eines Allsatzes geschlossen werden. Wie bereits erwähnt, vertritt Popper den methodologischen Standpunkt, die Prüfungsaussagen der empirischen Wissenschaften hätten die Form von singulären Sätzen, wobei er glaubt, methodologische Regeln für die Annehmbarkeit dieser Sätze angeben zu können.

Ausgehend von seiner empiristischen Grundhaltung, akzeptiert Popper im wesentlichen Humes Auffassung des Induktionsproblems: Wie kann es zulässig sein, von Erfahrungen einzelner Tatsachen auf etwas zu schließen, das wir noch nicht erfahren haben? Popper formuliert die Problematik jedoch wie folgt um: Ist es zulässig, aufgrund von Basissätzen eine allgemeine Theorie als wahr anzusehen? Popper beantwortet diese Frage im großen und ganzen wie Hume: Es ist in keinem Fall zulässig, eine allgemeine Theorie auf der Grundlage von Basissätzen (Erfahrungen) als wahr (bzw. wahrscheinlich) anzusehen.[15]

Popper glaubt jedoch, Richtlinien dafür aufzeigen zu können, wann es in einigen Problemsituationen rational ist, einer oder mehreren Theorien vor anderen den Vorzug zu geben. In Fällen, in denen es rational ist, bestimmte Basissätze zu akzeptieren, wird es auch rational sein, die falsifizierte Hypothese abzulehnen und die geprüfte Theorie als falsch einzustufen. Generell meint Popper, in einer Problemsituation, in der einem mehrere Theorien zur Lösung ein und desselben Problems angeboten werden, könne es unter Umständen rational sein, einer Theorie vor den anderen den Vorzug zu geben, und zwar aufgrund einer kritischen Diskussion des Bewährungsgrads dieser Theorien.[16] Der Bewährungsgrad einer Theorie richtet sich nach folgenden Umständen: (1) Die Art, in der sie das Problem löst: Unter ansonsten gleichen Voraussetzungen ist eine Theorie immer dann zu bevorzugen, wenn durch sie mehrere Probleme bzw. die Probleme exakter gelöst werden als durch andere. (2) Die Prüfbarkeit der Theorien: Diese ist bestimmt durch den Umfang, in welchem sie geprüft werden können. Die Prüfbarkeit ist dadurch bestimmt, wieviel die Theorie ausschließt, das heißt durch die Klasse der möglichen Falsifikatoren. Eine ganz andere Frage ist, ob es in einer bestimmten Situation technisch und politisch möglich ist, einen Test durchzuführen.[17] (3) Die Strenge der Prüfungen, denen die Theorie unterzogen wurde: Die Strenge einer Prüfung richtet sich danach, wie unwahrscheinlich der betreffende Basissatz, ausgehend von dem entsprechenden Hintergrundwissen, in der Problemsituation ist.[18] (4) Die Art, in der die Theorie die durchgeführten Prüfungen bestanden hat.

Es muß betont werden, daß vom Bewährungsgrad einer Theorie zu einem bestimmten Zeitpunkt nicht auf das Ergebnis künftiger Prüfungen geschlossen werden kann. Entscheidend für Popper ist auch, daß der Bewährungsgrad einer Theorie nicht als Wahrscheinlichkeit bestimmt werden kann.[19]

Popper versteht die wissenschaftliche Vorgehensweise als rationale Ausnutzung der *Trial and error-Methode* (Methode von Versuch und Irrtum) – eine Prozedur, die er als Charakteristikum allen organischen Wachstums und jeglichen Lernens ansieht. Er formuliert dieses gern wie folgt:

«Der Hauptunterschied zwischen Einstein und einer Amöbe ist der, daß Einstein *bewußt auf Fehlerbeseitigung aus ist*. Er versucht, seine Theorien zu widerlegen: Er verhält sich ihnen gegenüber *bewußt kritisch* und versucht sie daher möglichst scharf, nicht vage zu *formulieren*. Dagegen kann sich die Amöbe nicht kritisch gegenüber ihren Erwartungen oder Hypothesen verhalten, weil sie sich ihre Hypothesen nicht *vorstellen* kann: Sie sind ein Teil von ihr.»[20]

Methodologie und Metaphysik

Das Poppersche Abgrenzungsprinzip ist nicht etwa in destruktiver Absicht gegen die Philosophie oder die Metaphysik gerichtet. Es soll in erster Linie Pseudowissenschaften als solche erkennen lassen, also Standpunkte und Theorien, mit denen ihre Anhänger den Anspruch erheben, sie hätten den gleichen erklärenden Charakter wie physikalische Theorien, die aber in Wahrheit nicht überprüfbar sind bzw. als nichtüberprüfbar behandelt werden. Nach Auffassung Poppers sind (vulgärer) Marxismus sowie einige der Freudschen und Adlerschen psychologischen Theorien pseudowissenschaftlich.[21]

Metaphysische oder philosophische Ideen können nach Ansicht Poppers auf dreierlei Weisen eine positive Rolle im Erkenntnisprozeß und in der gesellschaftlichen Entwicklung spielen. Erstens sind viele empirisch-wissenschaftliche Theorien aus Ideen entstanden, die in ihren ersten Formen metaphysisch waren. Popper nennt als Beispiel den Atomismus.[22] Zweitens lassen sich eine Reihe der traditionellen philosophischen Probleme vorteilhaft in methodologische Fragen umformulieren. Ein Beispiel ist die Objektivitätsforderung, die zur methodologischen Regel umformuliert werden kann, welche besagt, daß nur intersubjektiv nachprüfbare Sätze in die Wissenschaft eingeführt werden dürfen.[23] Drittens können philosophische Standpunkte methodologische Vorschläge und Regeln unterstützen. Als Beispiel kann der realistische Gedanke genannt werden, es gebe eine von unseren Gedanken und Erlebnissen unabhängige Welt. Oder anders ausgedrückt: Es gibt eine Wirklichkeit, die der Welt, so wie sie sich uns darstellt, zugrunde liegt. Verknüpft mit dem Verständnis des Erkenntnisfortschritts als einer immerwährenden Annäherung an die Wahrheit und dem Verständnis der Wahrheit einer Aussage als deren Übereinstimmung mit einer Tatsache bildet diese Auffassung die Basis für mehrere von Poppers methodologischen Vorschlägen.[24]

Popper betont, daß philosophische Standpunkte und Ideen als Antworten auf philosophische Fragen zu verstehen sind. Philosophische Fragen wurzeln seiner Ansicht nach stets in dringenden theoretischen oder praktischen Problemen außerhalb der Philosophie.[25] Dies hängt untrennbar mit Poppers übergeordnetem Verständnis von Philosophie, Wissenschaft, Kunst und Politik zusammen. Die Haltung ist mit der Bezeichnung *kritischer Rationalismus* versehen worden – mittlerweile die gängige Bezeichnung für die Standpunkte Poppers und anderer Gleichge-

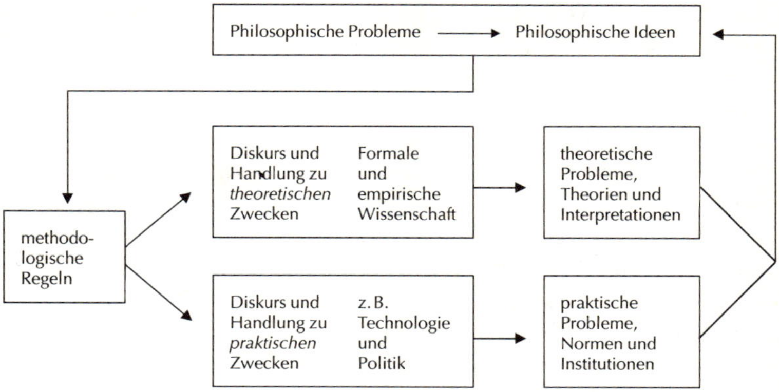

Die Übersicht zeigt das Verhältnis der verschiedenen Problemtypen und Antworten, wie sie von Popper gesehen werden.

sinnter.[26] Rationalismus ist in diesem Fall als Gegensatz zum Irrationalismus und nicht etwa zum Empirismus im weiteren Sinn zu sehen. Dieser Rationalismus besagt, daß man möglichst viele Probleme zu lösen versucht, indem man an das Denken und die Erfahrung appelliert, nicht aber an Leidenschaften und Gefühle.[27] Dieser optimistische und in sich nicht näher begründete Glaube wird jedoch von Poppers Fehlbarkeitsglauben relativiert: der sokratischen Einsicht, daß wir (fast) nichts wissen; daß alle unsere nichttrivialen Vermutungen und Theorien auf tönernen Füßen stehen, nichts als fehlbare Mutmaßungen sind; daß all jene Traditionen und Institutionen unvollkommen sind, welche sich – gewollt oder ungewollt – als zu überprüfende Lösungen unserer praktischen Probleme herauskristallisiert haben.[28] Rationalismus und Fallibilismus finden ihren Ausdruck in der kritischen Haltung: Bei der Lösung eines Problems geht es im Regelfall nicht darum, die Lösung zu beweisen bzw. direkt zu verifizieren, sondern vielmehr darum, in der Problemlösung Fehler zu finden; eine Problemlösung, die einstweilen der Kritik standgehalten hat, kann bis auf weiteres als bewahrungswürdig angesehen werden und die Grundlage weiterer theoretischer und praktischer Arbeit bilden.[29]

Für Popper spielt der Gedanke einer fortwährenden Annäherung an die Wahrheit als regulatives Prinzip eine wichtige Rolle. Obwohl eine Problemlösung von der Kritik unter Beschuß geraten ist, sollte man sie nicht völlig ablehnen; oftmals wird sie auch weiterhin eine gewisse Geltung behalten. Vom theoretischen Standpunkt aus ist die widerlegte Theorie das Maß, an dem die Anforderungen an eine neue und bessere Theorie präzisiert werden können. Diese neue Theorie muß nämlich die Probleme lösen können, welche mit Hilfe der alten Theorie auch gelöst werden konnten; sie muß darüber hinaus imstande sein, die Probleme zu lösen, die die alte Theorie nicht zu lösen vermochte; sie muß die Prüfungen überstehen, bei denen die alte gescheitert ist, und schließlich muß sie – im Rahmen der empirischen Wissenschaft – einige neue Phänomene erklären können. Popper behauptet überdies, daß es mit wissenschaftlichem Wachstum vorbei wäre, wenn nicht ab und zu einige Theorien für eine Zeitlang neue Prüfungen bestünden.[30]

Im praktischen Bereich kann es oftmals rational erscheinen, sich einer widerlegten Theorie zu bedienen. Das gilt besonders dann, wenn man aufzeigen kann, daß die alte Theorie unter bestimmten Umständen annähernd in der neuen enthalten ist. In dem Fall kann nämlich, ausgehend von der neuen Theorie, eine Begründung dafür gegeben werden, daß man unter eben diesen Umständen die alte Theorie mit Erfolg anwenden kann. So können die Keplerschen Gesetze zur Berechnung der Umlaufbahnen von Planeten zu mancherlei Zwecken angewendet werden, obwohl sie im Verhältnis zur Newtonschen Mechanik und Schwerkrafttheorie nur annähernd korrekt sind. Ebenso ist die Newtonsche Physik in den meisten Fällen einsetzbar, obgleich sie im Verhältnis zur Theorie Einsteins nur annähernd korrekt ist.

Popper meint – es kommt bereits in seinem Zitat über Einstein und die Amöbe zum Ausdruck –, der wesentlichste Unterschied zwischen einer organisch-biologischen Problemlösung und einer wissenschaftlichen bestehe darin, daß Menschen sich kraft ihrer Sprache zu Problemen und Problemlösungen verhalten – einer Sprache, die zu beschreibenden und argumentativen Zwecken eingesetzt werden kann. In diesem Zusammenhang unterscheidet Popper zwischen objektiver und subjektiver Erkenntnis. Erkenntnis im subjektiven Sinne ist ein Geistes- oder Bewußtseinszustand bzw. eine Neigung, sich in bestimmten Situationen in einer bestimmten Weise zu verhalten oder zu reagieren. Erkenntnis im objektiven Sinne ist gleich dem Inhalt von Problemen, Theorien und Argumenten als solchen.[31] Sobald ein Problem oder eine Theorie formuliert ist, ist es bzw. sie auch intersubjektiv zugänglich und damit möglicher Gegenstand einer kritischen Diskussion. Ein Gedanke o. ä. ist als Prozeß oder Zustand oder Neigung eines Organismus zwar offen für eine Fehlereliminierung in Form eines unzweckmäßigen Verhaltens, das im Extremfall sogar zum Tod führen kann. Er kann jedoch nicht Gegenstand intersubjektiver, kritischer Diskussion sein. Nach Ansicht Poppers ist wissenschaftliche Erkenntnis als Erkenntnis im objektiven Sinn zu sehen. Der Versuch, Kriterien für Erkenntnis im subjektiven Sinn zu erarbeiten, wäre ziemlich gleichgültig und irrelevant. Wichtig ist die Ausarbeitung von Anforderungen an interessante Probleme, bessere Problemlösungen und strenge Kritik.[32]

Geschichte und Gesellschaft

Poppers Kritik einer metaphysischen Idee, des *Historizismus*, ist ein geeigneter Einstieg in seine praktische Philosophie und seine Auffassung der Geschichts- und Gesellschaftswissenschaften. Der Historizismus geht von der Annahme aus, daß es geschichtliche Gesetzmäßigkeiten bzw. Entwicklungsmuster gebe. Durch das Wissen um diese Gesetze oder Muster sei es möglich, die entscheidenden Veränderungen einer Gesellschaft oder der Menschheit in groben Zügen vorherzusagen. Die Erzeugung derartiger Vorhersagen sei darum vorrangiges Ziel aller Gesellschafts- und Geschichtswissenschaften.[33]

Vereinfacht gesagt, können die historizistischen Standpunkte auf zwei verschiedene Arten unterteilt werden. Erstens: Es gibt unterschiedliche Auffassungen darüber, in welcher Richtung sich die gesellschaftlichen Phasen auf der Bühne der Geschichte abspielen. Es kann zwischen drei Hauptformen unterschieden werden, wobei es zwei lineare Formen gibt: In der einen wird die Geschichte im großen und ganzen als kontinuierliche Talfahrt, in der anderen als Aufstieg aufgefaßt. Es gibt den Golden-Age-Standpunkt (Paradies-Mythos): In der guten alten Zeit wandelten die Menschen als Halbgötter umher – zumindest die eigentlichen Menschen, nämlich die auserwählte Rasse bzw. das auserwählte Volk. Seitdem ist es in betrüblicher Weise mit uns bergab gegangen. Die andere lineare Auffassung ist die Vorstellung vom tausendjährigen Reich: Irgendwann in der Zukunft wird sich die Gesellschaft zu einer idealen Gesellschaft entwickelt haben, es wird das Paradies auf Erden sein – wenigstens für die auserwählte Schicht. Danach wird es keine Entwicklung im eigentlichen Sinn mehr geben. Die dritte Auffassung ist die zyklische: Jede Gesellschaft bzw. die Menschheit in ihrer Gesamtheit durchläuft in einer bestimmten Reihenfolge verschiedene Phasen, die sich nach einem immer gleichbleibenden Muster vollziehen.

Die andere Unterteilung der historizistischen Standpunkte erfolgt nach dem, was als ‹Motor› bzw. als treibende Kraft der geschichtlichen Entwicklung angesehen wird. Dabei kann es sich um verschiedene theistische Formen handeln, nämlich dann, wenn der Wille oder Plan irgendeiner Gottheit das Werk vorantreibt und inszeniert. Demgegenüber stehen eine Reihe verschiedener naturalistischer Versionen: die biologistische Auffassung etwa in der Form, daß der Verlauf der Phasen durch den Kampf zwischen den Rassen bestimmt ist, wobei das Ergebnis von vornherein feststeht, weil eine Rasse sich gegenüber allen anderen als überlegen erweist. Diese Auffassung war Teil der nationalsozialistischen Ideologie. Schließlich gibt es eine ökonomische Auffassung, zum Beispiel, daß jegliche Entwicklung durch den ökonomischen Klassenkampf vorangetrieben wird.[34]

Nach Ansicht Poppers bildet ein ähnlich geartetes Gedankenmuster die Basis für das sogenannte holistische Verständnis der Geschichts- und Gesellschaftswissenschaften.[35] Die Holisten behaupten, es sei die Aufgabe dieser Wissenschaften, aufgrund historisch-empirischer Studien und Analysen Gesetzmäßigkeiten für die geschichtliche Entwicklung zu formulieren, um auf solcher Grundlage Vorhersagen über die entscheidenden gesellschaftlichen Veränderungen zu machen.[36] Andererseits ist es ein wesentlicher Teil dieser Auffassung, daß diese Gesetzmäßigkeiten und Vorhersagen nicht von gleicher Art wie jene der Naturwissenschaften sein können. Dies ist zum einen dadurch begründet, daß die Entwicklung der Menschheit einmalig ist. An keiner anderen Stelle haben wir die Möglichkeit, einen entsprechenden Prozeß zu studieren. Hiermit zusammenhängend wird behauptet, daß die Entwicklung einer Gesellschaft mit einer Form von Änderungen und Neuerungen verbunden sein wird, die nicht die Merkmale natürlicher Prozesse aufweisen. Zwischen Revolutionen, Handelskriegen und Industrialisierung mag zwar eine gewisse Ähnlichkeit bestehen; in entscheidenden Punkten werden sie sich aber immer unterscheiden, weil die Geschichte einer jeden Gesellschaft immer etwas Einmaliges ist und weil die Art und Weise, in der ein entscheidender Vorgang sich abspielt, immer von der gesellschaftlichen Entwicklung geprägt sein wird.[37] Zum zweiten rührt die Besonderheit der Gesellschaftswissenschaften daher, daß gesellschaftliche Größen (Klassen, Kunstrichtungen, Regierungsformen usw.) sich nicht in der gleichen Art und Weise analysieren lassen wie naturwissenschaftliche Objekte. Eine Beschreibung der gesellschaftlichen Größen allein aufgrund der Merkmals- und Verhältnisbestimmung ihrer Elemente ist nicht möglich, weshalb die Änderung einer gesellschaftlichen Größe auch nicht lediglich als Umordnung derselben Elemente beschrieben werden kann. Die Änderung muß vielmehr etwas Neues im eigentlichen Sinn beinhalten.

Der Behauptung, die gesellschaftliche Entwicklung sei etwas Besonderes, weil sie aus einmaligen, geschichtlichen Veränderungen und Neuerungen bestehe, setzt Popper entgegen, daß etwas Entsprechendes sich auch bei natürlichen Prozessen abspielt. So gibt es gewisse Regelmäßigkeiten in der Natur, die in bestimmten Regionen für bestimmte Perioden auftreten, nicht aber in anderen Regionen oder Perioden. Für manchen von uns ist der Wechsel zwischen Tag und Nacht von geradezu schlagender Regelmäßigkeit. Es verhält sich damit allerdings ganz anders, wenn man den Polarkreis kreuzt. Dem holistischen Standpunkt hält Popper entgegen, es sei ein Mißverständnis zu glauben, man könne in irgendeinem Bereich ‹Ganzheiten› studieren, wenn hiermit alle Aspekte und Merkmale dieses Bereichs gemeint seien. Bei den ‹Ganzheiten›, welche in den Gesellschaftswissenschaften – wie in allen anderen Wissenschaften auch – untersucht werden könnten, handle es sich immer um ausgewählte Aspekte bzw. Merkmale der zu erforschenden Dinge. Im gleichen Sinne, in dem in den Gesellschaftswissenschaften ‹Ganzheiten› studiert werden, würden auch im Bereich der Naturwissenschaften Ganzheiten untersucht wie Gletscherwanderungen, galaktische Bewegungen, Verläufe von Bergketten oder Atome.[38]

Das Poppersche Hauptargument gegen den Historizismus betrifft die Bedeutung des Erkenntnisfortschritts für die gesellschaftliche Entwicklung. Er bestreitet nicht, daß eine Formulierung von soziologischen Gesetzen möglich ist. Diese beträfen vorwiegend die Zusammenhänge zwischen den unbeabsichtigten Konsequenzen unserer Handlungen und seien von der gleichen Art wie physikalische Gesetze, träten also in der Form von allgemeinen Bedingungssätzen auf. So ließen sich marktwirtschaftliche Gesetze von verschiedener Art formulieren, je nachdem, um welche Art von Markt es sich handelt. Dies bedeutet andererseits, daß solche Gesetze für bedingungslose Vorhersagen nicht geeignet sind. Die Initialbedingungen können sich ständig ändern – oder wir selbst können Veränderungen herbeiführen. Derartige Veränderungen sind unter anderem vom Fortschritt der wissenschaftlichen Erkenntnis abhängig, welcher von den Inhalten her prinzipiell nicht vorhersagbar ist. Die theoretischen Gesellschaftswissenschaften müssen grundsätzlich die gleichen Methoden anwenden wie die theoretischen Naturwissenschaften, und zwar die rationale Nutzung der Trial-and-error-Methode (also das Prinzip der empirischen Lösung) mit dem Ziel, zu erklärenden, allgemeinen Theorien zu kommen, mit denen man sich der Wahrheit annähert.[39] Die historischen Wissenschaften sind gekennzeichnet durch ihr Interesse, einzelne Vorgänge oder Abläufe zu analysieren, zu beschreiben und zu erklären. Eine Darstellung von Handlungen bzw. Handlungsabläufen sollte auch nach der Trial-and-error-Methode erfolgen. Das Verstehen einer menschlichen Handlung bedarf im Regelfall zweierlei Voraussetzungen: Zum einen müssen wir Kenntnis von der Problemsituation haben, in der sich die handelnde Person befindet; wir müssen also die objektiven Umstände kennen, unter denen die Handlung ausgeführt werden soll. Zum zweiten müssen wir etwas über die Meinungen, Erwartungen, Präferenzen etc. der handelnden Person wissen, also darüber im Bilde sein, wie diese Person ihre Situation selbst sieht und einschätzt. Aufgrund dieser Kenntnisse sind wir nun imstande, eine – vereinfachte und idealisierte – ‹rationale Rekonstruktion› der Problemsituation der handelnden Person vorzunehmen, wobei wir uns auf ihre eigene Auffassung ihrer Situation beziehen. Die Erarbeitung einer solchen Rekonstruktion (eines Modells) bezeichnet Popper als *Situationslogik* oder auch Situationsanalyse.[40]

Ein Historiker versucht nun aber nicht, eine willkürliche Reihe von Vorgängen zu beschreiben und zu erklären. Er wählt vielmehr Vorgänge bzw. Vorgangsabläufe aufgrund eines Standpunkts bzw. einer generellen Interpretation aus. Diese gibt einerseits den Aspekt der Geschichte an, der untersucht werden soll, etwa die Geschichte der Tracht in dieser oder jener Gesellschaft, andererseits einen Leitgedanken, aus dem hervorgeht, unter welchen Gesichtspunkten die Vorgänge betrachtet werden bzw. welche Vorgangsabläufe in erster Linie als wichtig angesehen werden. So kann die Geschichte der Tracht als durch wirtschaftliche Verhältnisse bedingte Entwicklung angesehen werden. Für Popper ist es entscheidend, daß derartige Leitgedanken oder generelle Interpretationen nicht in der gleichen Weise wie allgemeine Theorien experimentell überprüfbar sind, was aber dennoch eine kritische Auseinandersetzung mit Hilfe des zugänglichen Materials nicht ausschließt.

Individualismus und rationale Reformen

In Zusammenhang mit seiner Kritik des Historizismus kritisiert Popper auch den Kollektivismus: den Standpunkt, das Individuum spiele im Verhältnis zu den sozialen Gesamtheiten (Armee, Partei, Kirche), von denen es ein Teil ist, lediglich eine untergeordnete Rolle. Nach Poppers Meinung beruht der Appell des Kollektivismus auf einer Verwechslung von Individualismus mit Egoismus einerseits, Altruismus mit Kollektivismus andererseits. Der Gegensatz von Kollektivismus ist nicht Egoismus, sondern Individualismus: Jedes Individuum ist wertvoll, oder – um mit Kant zu sprechen – keine Person darf als bloßes Mittel zu einem Zweck angesehen werden. Individualismus ist mit Altruismus, also mit Solidarität mit in Not Geratenen und Leidenden vereinbar. Umgekehrt setzt Altruismus nicht Kollektivismus voraus. Vielmehr führt Kollektivismus nur allzuleicht zu totalitären Anschauungen und zu Machtmißbrauch. Wenn das Allgemeine, das Ganze alles ist, das Individuum jedoch nicht mehr als ein austauschbares Mosaiksteinchen, dann wird sehr bald der Anspruch erhoben, rebellische Individuen, die sich dem herrschenden Verständnis einer vollständigen Unterwerfung des einzelnen unter das Kollektiv widersetzen, entfernen zu dürfen.[41]

Im Bereich der politischen Philosophie werden Historizismus und Kollektivismus häufig zur Stützung einer utopischen Haltung benutzt. Mit *Utopismus* bezeichnet man den Standpunkt, Änderungen der bestehenden gesellschaftlichen Verhältnisse könnten sich am besten anhand eines allumfassenden Entwurfs für eine ideale Gesellschaft, einer Utopie also, vollziehen. Utopisches Planen sowie Versuche, den Plan in die Tat umzusetzen, enthalten folgende charakteristische Elemente[42]: Die Utopie muß anhand einer durchgreifenden Analyse der Ursachen allen menschlichen Leidens und Unglücks sowie der Bedingungen, die zur Gewährleistung einer harmonischen und glückseligen Gesellschaft erfüllt sein müssen, dargestellt werden. Das Übel soll an seiner Wurzel gepackt werden. Der Utopist wird auch häufig dafür plädieren, daß ein Neuaufbau auf der Grundlage der bestehenden gesellschaftlichen Institutionen und Verhaltensmuster nicht möglich ist. Getreu dem holistischen Standpunkt glaubt er, alle gesellschaftlichen Institutionen seien durchgängig geprägt vom generellen Unglück der Gesellschaft als ganze: die Rechtsprechung, das Bildungswesen, die ökonomischen Strukturen sowie die Formen der politischen Führung. Also muß man die alten Institutionen und Handlungsmuster völlig beseitigen. Notfalls müssen auch die Menschen geändert werden – dann nämlich, wenn sie so korrupt sind, daß viele von ihnen die neue ideale Gesellschaft nicht recht zu würdigen wissen. Das bedeutet schließlich auch, daß die utopischen Politiker und Führer über die gesamte Gesellschaft die totale Kontrolle ausüben sowie die Bereitschaft zeigen müssen, totalitäre Machtmittel anzuwenden, um jeden Versuch einer Konterrevolution im Keim zu ersticken.

Ausgehend von der antiholistischen und antikollektivistischen Haltung Poppers wird klar, daß es eine praktikable und wertvolle Aufgabe ist, auf der Grundlage der bewahrungswürdigsten wissenschaftlichen Theorien die größten Übel einer Gesellschaft zum Nutzen einzelner Individuen zu bekämpfen. Ein rationaler Plan für die Neuordnung der gesamten Gesellschaft in all ihren Aspekten sei unmöglich: nicht nur, weil wir nicht für alle Aspekte planen könnten, sondern auch, weil wir niemals auch nur annäherungsweise gründliche und ausreichende Kenntnisse über die unbeabsichtigten Folgen unserer Vorgehensweisen hätten. Auf was könnte denn der Utopist zurückgreifen, wenn die Prozesse nicht so ablaufen, wie er es sich gedacht hatte? Er müßte sich mit Plankorrekturen behelfen – was im klaren Widerspruch zur Idee dieser Art von Utopie stünde. Außerdem müßten derartige Folgen kaschiert oder mit Hilfe von Ausflüchten zu erklären versucht werden, etwa durch Schaffung eines Sündenbocks: konterrevolutionäre Intriganten, Saboteure, Minderheiten etc. Solche Ausflüchte sind eine typische Anwendung dessen, was Popper als Verschwörungstheorie bezeichnet. Diese besagt, daß alle sozialen Phänomene – insbesondere solche, die nicht ins Konzept der Herrschenden passen – als das Ergebnis von geplanten Aktivitäten einer konspirativen Gruppe erklärt werden können und auch erklärt werden müssen. Der Utopist muß darum die Bevölkerung und deren Verhalten unter permanenter Kontrolle halten, und zwar in einem Umfang, der in dem ursprünglichen Plan für die ideale Gesellschaft so nicht vorgesehen war. Bei den geringsten Anzeichen von Abweichlertum und Nichtkonformität auf dem Weg zum gesteckten Ziel – zur Utopie nämlich – müssen sofort Gegenmaßnahmen in der Form weiterer Kontrollen und Unterdrückungsmechanismen eingeleitet werden. Dies führt nicht nur dazu, daß es auch den Herrschenden selbst zuweilen schwerfallen kann, sich in dem Dickicht des bürokratischen Kontrollapparates zurechtzufinden, sondern – da letztlich niemand da ist, um die Kontrollierenden zu kontrollieren – auch dazu, daß der Utopist am Ende nicht mehr überprüfen kann, ob seine edlen Absichten auch in die Tat umgesetzt werden; denn diejenigen, die sich hierzu äußern könnten, sind gründlich zum Schweigen gebracht worden.

Die offene Gesellschaft

Eine Planung für die Gesellschaft als ganze ist nicht möglich. Durch rationales Ausnutzen der Trial-and-error-Methode kann man jedoch versuchen, die schlimmsten sozialen Übel (Armut, Krankheit, Krieg etc.) zu bekämpfen. Auf der Grundlage bestehender Traditionen und Institutionen, aus denen sich die Probleme ergeben, können Traditionen geändert und neue Institutionen eingeführt werden, die die Übel verringern. Diese Vorgehensweise ist deshalb angemessen, weil es möglich ist, die erzielten Ergebnisse zu prüfen und aus den begangenen Fehlern zu lernen. Daß der Glaube an und die Hoffnung auf eine bessere Gesellschaft eine gewisse Bedeutung haben, stellt Popper nicht in Abrede. Es ist jedoch gefährlich und töricht zu glauben, alle Konflikte und Interessengegensätze ließen sich abschaffen. Wer dies glaubt, wird von seinen Träumen leicht geblendet, und am Ende versucht man nicht, seine Utopie den Menschen anzupassen, sondern umgekehrt: Die Menschen haben sich der Utopie zu unterwerfen.

Von einem historizistischen Standpunkt aus betrachtet, sollten die politischen Machthaber und Berater diejenigen sein, die besondere Einsichten in den Gang der Geschichte haben – eine Elite also. Die Frage, wer mit Gesetzgebung und Regierung betraut sein soll, wird zum Hauptproblem. Nach Poppers Ansicht ist dies jedoch nicht das zentrale politische Problem. Getreu der Maxime des Lord Acton – Macht korrumpiert, absolute Macht korrumpiert absolut – sieht er das zentrale Problem in der Frage, wie man die Regierenden und Verwaltenden kontrolliert. Wie können die Regierten die Machtentfaltung der Regierenden im Zaum halten?

Die Antwort Poppers lautet: durch demokratische Institutionen und eine Regierungsform, bei der die Regierten die Machthaber wählen und absetzen können, und zwar ohne Gewaltanwendung, sondern unter Zuhilfenahme von Institutionen, die dies so gut wie möglich durch gesetzlich verankerte Rechte sicherstellen. Dazu gehören Meinungs- und Demonstrationsfreiheit, ein gewisses allgemeines Bildungsniveau usw. Für die Bewahrung einer solchen Regierungsform auf Dauer kann es keine Garantien geben; aber man kann für die Bewahrung und den Ausbau dieser Regierungsform kämpfen.[43]

Demokratische Institutionen – von mehr oder weniger unvollkommener Art – sind ein entscheidender Charakterzug einer offenen Gesellschaft. Der Unterschied zwischen offenen und geschlossenen Gesellschaften (als Idealtypen) ist einer der Leitgedanken der Popperschen allgemeinen Interpretation der politischen Geschichte und Wissenschaftsgeschichte Westeuropas. Eine offene Gesellschaft ist durch folgende Gegebenheiten gekennzeichnet:

- die Zulassung und Ermöglichung öffentlich vorgetragener Vorschläge zur Lösung der gesellschaftlichen Probleme;
- die Zulassung und Ermöglichung öffentlicher Kritik dieser Vorschläge ohne restriktive Rücksichtnahme auf Personen, Klassen, Parteien oder etablierte Institutionen;
- die Zulassung und Ermöglichung von Reformansätzen auf der Grundlage der kritisch diskutierten Vorschläge;
- die Untersuchung der Ergebnisse einer Reform zwecks Überprüfung der vorgetragenen Vorschläge.

Nach Poppers Auffassung entstand eine offene Gesellschaft in Westeuropa erstmals im antiken Athen, und zwar nicht fehlerlos und vollkommen, so daß alle späteren Veränderungen und später entstandenen gesellschaftlichen Strukturen eine Verschlechterung gewesen wären, sondern in hohem Maße fehlbar und unvollkommen: mit Sklaverei, Unterdrückung von Frauen, Armut, Imperialismus usw. Hinzu kommt, daß es über lange Zeiträume hinweg nicht gelang, die eingeführten demokratischen Institutionen zu bewahren und auszubauen.

Eine geschlossene Gesellschaft ist in erster Linie durch eine magische bzw. irrationale Haltung zu den gesellschaftlichen Traditionen und Sitten gekennzeichnet. Traditionen und Sitten werden als naturgegeben oder göttlichen Ursprungs aufgefaßt, man begegnet ihnen mithin in der gleichen Weise wie den Bahnen von Himmelskörpern oder anderen Regelmäßigkeiten in der Natur. Infolgedessen weisen Sitten und Bräuche ein außerordentlich hohes Maß an Rigidität und Stabilität auf, wobei die relativ selten vorgenommenen Änderungen denn auch gern zu religiösen Umkehrungen bzw. zur Einführung eines neuen magischen Tabus hochstilisiert werden. Es ist ein Charakteristikum, daß fast alle gesellschaftlichen Verhaltensweisen in dieser Weise sittenbestimmt und mit Tabus belegt sind. Das bedeutet auch, daß die Personen in einer geschlossenen Gesellschaft sich selten im unklaren darüber sind, was sie zu tun und zu lassen haben: Sie haben das zu tun, was die Tradition vorschreibt, und die Tabus einzuhalten. Für persönliche Stellungnahmen, für Zweifel oder Eigenverantwortung bleibt kein Spielraum: Die ‹Beschlüsse› werden von der Allgemeinheit gefaßt, eventuell durch die Magiker (Parteiführer, Priester, Technokraten), welche getreu der Tradition die Allgemeinheit vertreten und in ihrem Namen handeln.[44]

Umgekehrt ist genau dieser Umstand für Popper eines der wesentlichsten Motive für Historizismus, Kollektivismus und Utopismus. Eine offene Gesellschaft beinhaltet eine Form der Belastung, die es in einer geschlossenen nicht gibt: die Belastung nämlich, die in persönlicher Stellungnahme und Eigenverantwortung liegt, und auch die Anstrengung, die dem einzelnen bei dem Versuch, die fortwährend auftauchenden Probleme rational zu lösen, abverlangt wird. Die offene Gesellschaft beinhaltet eine Form des ‹abstrakten Beisammenseins›, die es in einer geschlossenen Gesellschaft nicht gibt. In einer offenen Gesellschaft ist der einzelne nicht in zwangsläufige gesellschaftliche Mechanismen – in Sitten und Tabus nämlich – eingebettet, er geht nicht in verschiedenen Gemeinschaften auf, die ohne weiteres seine grundlegenden sozialen Bedürfnisse befriedigen. In einer offenen Gesellschaft besteht darum auch die Möglichkeit, daß viele Menschen in Anonymität und Isolation als unglückliche und einsame Menschen ihr Dasein fristen.[45]

Nach Poppers Ansicht müssen wir uns klarmachen, daß man nicht gleichzeitig auf zwei Stühlen sitzen kann: Wir können nicht einerseits die Freiheiten und Möglichkeiten, die uns durch die demokratischen Institutionen gegeben sind, in Anspruch nehmen wollen und zugleich die Geborgenheit eines durch und durch ritualisierten und regulierten Kollektivs genießen:

«Wir können niemals zur angeblichen Unschuld und Schönheit der geschlossenen Gesellschaft zurückkehren. Unser Traum vom Himmel läßt sich auf Erden nicht verwirklichen. Sobald wir beginnen, uns auf unsere Vernunft zu verlassen, sobald wir beginnen, unsere kritischen Fähigkeiten zu üben, sobald wir den Appell persönlicher Verantwortung fühlen und damit die Verantwortung, beim Fortschritt des Wissens zu helfen, in diesem Augenblick können wir nicht mehr zu einem Zustand der Unterwerfung unter die Stammesmagie zurückkehren. Für die, die vom Baume der Erkenntnis gekostet haben, ist das Paradies verloren. Je mehr wir versuchen, zum heroischen Zeitalter der Stammesgemeinschaft zurückzukehren, desto sicherer landen wir bei Inquisition, Geheimpolizei und einem romantisierten Gangstertum. Wenn wir erst mit der Unterdrückung von Vernunft und Wahrheit beginnen, dann müssen wir mit der brutalsten und heftigsten Zerstörung alles dessen enden, das menschlich ist. *Es gibt keine Rückkehr in einen harmonischen Naturzustand. Wenn wir uns zurückwenden, dann müssen wir den ganzen Weg gehen – wir müssen zu Bestien werden.*»[46]

Texte Poppers

–: Logik der Forschung. Wien 1934, 7., verb. und verm. Aufl. Tübingen 1982 *(= LF)*.
–: The Poverty of Historicism. In: Economica, New Series. Vol. 11. London 1944, p. 86–103, p. 119–137; vol. 12. London 1945, p. 69–89. Published in book form, London ²1960 (dt. Das Elend des Historizismus. 4. Aufl. Tübingen 1974) *(= EH)*.
–: The Open Society and its Enemies. Vol. I–II. London 1945 (dt. Die offene Gesellschaft und ihre Feinde. Bern 1957/58, 4. Aufl. München 1975) *(= OG)*.
–: Conjectures and Refutations. The Growth of Scientific Knowledge. London 1963, 2nd and rev. ed. 1965 *(= CR)*.
–/Marcuse, H.: Revolution oder Reform? Eine Konfrontation. Hg. v. F. Stark. München 1971.
–: Objective Knowledge. An Evolutionary Approach. Oxford 1972 (dt.: Objektive Erkenntnis. Ein evolutionärer Entwurf. Hamburg 1973, 4., verb. und erg. Aufl. 1984) *(= OE)*.
–: Intellectual Autobiography; Replies to my Critics. In: The Philosophy of Karl Popper, ed. by P. A. Schilpp. Book I–II. La Salle (Ill.) 1974, p. 3–181, 961–1197 *(= Auto) (= RC)*.
–/Eccles, J. C.: The Self and its Brain. Heidelberg/Berlin/London/New York 1977 (dt. Das Ich und sein Gehirn. München/Zürich 1982).
–: Die beiden Grundprobleme der Erkenntnistheorie. Hg. v. T. E. Hansen. Tübingen 1979; darin: Einleitung 1978 *(= E78)*.
–: Ausgangspunkte. Meine intellektuelle Entwicklung. Hamburg 1979.
–: Auf der Suche nach einer besseren Welt. Vorträge und Aufsätze aus dreißig Jahren. München/Zürich 1984.
–: Realism and the Aim of Science. London etc. 1983.
–: Qantum Theory and the Schism in Physics. Totowa 1982.

Bibliographie

Hansen, T. E.: Bibliography of the Writings of Karl Popper. In: The Philosophy of Karl Popper, ed. by P. A. Schilpp. Book II. La Salle (Ill.) 1974, p. 1201–1287.

Literatur

Ackermann, R. J.: The Philosophy of Karl Popper. Amherst 1976.
Bouveresse, R./Barreau, H. (eds.): Karl Popper. Science et philosophie. Paris 1991.

Bunge, M. A. (ed.): The Critical Approach to Science and Philosophy. New York 1964.
Burke, T. E.: The Philosophy of Popper. Manchester 1983.
Cornforth, M.: The Open Philosophy and the Open Society. London 1968.
Currie, G. / A. Musgrave (eds.): Popper and the Human Sciences. Dordrecht/Boston/Lancaster 1985.
Döring, E.: Karl R. Popper. Einführung in Leben und Werk. Hamburg 1987.
Hahn, R.: Die Theorie der Erfahrung bei Popper und Kant. Freiburg/München 1982.
Magee, B.: Karl Popper. Übers. v. A. Krais. Tübingen 1986.
Michalos, A. C.: The Popper-Carnap Controversy. The Hague 1971.
Munz, P.: Our Knowledge of the Growth of Knowledge. Popper or Wittgenstein. London etc. 1985.
O'Hear, A.: Karl Popper. London/Boston 1980.
Radnitzky, G./Bartley, W. W. (eds.): Evolutionary Epistemology, Rationality and the Sociology of Knowledge. La Salle (Ill.) 1987, ²1988.
Salamun, K.: Karl R. Popper und die Philosophie des Kritischen Rationalismus. Zum 85. Geburtstag von Karl R. Popper. Amsterdam 1989.
Schäfer, L.: Karl R. Popper. München 1988.
Schilpp, P. A. (ed.): The Philosophy of Karl Popper. Book I–II. La Salle (Ill.) 1974.
Schneider W. L.: Objektives Verstehen. Rekonstruktion eines Paradigmas. Gadamer, Popper, Toulmin, Luhmann. Opladen 1991.
Schriftenreihe zur Philosophie Karl Poppers und des Kritischen Rationalismus. Bd. 1 (1991).
Sievering, U. O. (Hg.): Kritischer Rationalismus heute. Frankfurt/M. 1988.
Wallner, F. (Hg.): Karl Popper. Philosophie und Wissenschaft. Wien 1985.
Wellmer, A.: Methodologie als Erkenntnistheorie. Frankfurt/M. 1967.
Williams, D. E.: Truth, Hope and Power. The Thought of Karl Popper. Toronto etc. 1989.

Anmerkungen

1 Popper, *Auto*, S. 87 ff.
2 Popper, *Auto*, S. 57 ff.
3 Popper, *Auto*, S. 62, 83 ff und 88.
4 Popper, *Auto*, S. 27.
5 Popper, *Auto*, S. 67.
6 Popper, *OE*, S. 198 ff und 362 ff.
7 Popper, *LF*, S. 34 f.
8 Popper, *LF*, S. 66 f.

9 Popper, *LF*, Kap. II.
10 Popper, *LF*, S. 54f.
11 Popper, *LF*, S. 49.
12 Popper, *RC*, S. 983.
13 Popper, *RC*, S. 986f.
14 Popper, *LF*, S. 15f; Popper, *OE*, S. 13.
15 Popper, *OE*, S. 3ff; Popper, *RC*, S. 1018ff.
16 Popper, *LF*, S. 211ff; Popper, *OE*, S. 17ff.
17 Popper, *CR*, S. 385ff.
18 Popper, *CR*, S. 390f.
19 Popper, *LF*, S. 201ff.
20 Popper, *OE*, S. 25.
21 Popper, *CR*, S. 33ff.
22 Popper, *LF*, S. 222f.
23 Popper, *LF*, S. 28.
24 Popper, *RC*, S. 980f.
25 Popper, *CR*, S. 66f.
26 Popper, *OG* II, S. 281ff.
27 Popper, *OG* II, S. 275f.
28 Popper, *E78*, S. XV und XXIX.
29 Popper, *E78*, S. XXX.
30 Popper, *CR*, S. 240–248.
31 Popper, *OE*, S. 112; vgl. Popper, *RC*, S. 1027ff.
32 Vgl. Popper, *OE*, S. 147.
33 Popper, *EH*, S. 2; Popper, *OG* I, S. 23f und 31f.
34 Popper, *OG* I, S. 31ff.
35 Popper, *EH*, S. 14ff.
36 Popper, *EH*, S. 29ff.
37 Popper, *EH*, S. 8ff.
38 Popper, *EH*, S. 64ff.
39 Popper, *EH*, S. 102ff; vgl. Popper, *OG* II, S. 323ff.
40 Popper, *EH*, S. 116f; Popper, *OG* II, S. 122f; Popper, *OE*, S. 184f.
41 Vgl. Popper, *OG* I, S. 143ff.
42 Popper, *OG* I, S. 213ff.
43 Popper, *OG* I, S. 169ff.
44 Popper, *OG* I, S. 231ff.
45 Popper, *OG* I, S. 234f.
46 Popper, *OG* I, S. 267f.

Jan Riis Flor

Thomas S. Kuhn
Entwicklung durch Revolution

Die Poppersche Kritik der logisch-positivistischen Auffassung von Wissenschaft und Erkenntnis machte sich bereits ab den 30er Jahren geltend. Als ernsthafte ‹Gegenbewegung› hat sich der kritische Rationalismus aber erst gegen Ende der 50er Jahre etablieren können.

Während dieser Zeit erschienen zahlreiche Abhandlungen, die eine etwas anders gelagerte Kritik an der logisch-positivistischen Wissenschaftsphilosophie übten. In mehreren dieser Abhandlungen wurde die Ansicht vertreten, es gebe zahlreiche kritikwürdige Übereinstimmungen zwischen der logisch-positivistischen und der Popperschen Wissenschaftsauffassung. Schriften aus dieser Zeit, die solche gemeinsamen Züge zu identifizieren und zu kritisieren versuchten, waren beispielsweise *Philosophy of Science* (Wissenschaftsphilosophie) von S. E. Toulmin, *Patterns of Discovery* (Entdeckungsmuster) von N. R. Hanson, sowie eine Reihe von Artikeln von P. K. Feyerabend, z. B. *Explanation, Reduction and Empiricism* (Erklärung, Reduktion und Empirismus). In diesen und ähnlichen Veröffentlichungen wurde großer Wert darauf gelegt, die eher abstrakten Überlegungen zur Wesensart wissenschaftlicher Methoden, Theorien und Gesetze anhand von Beispielen aus der Wissenschaftsgeschichte zu belegen. Oftmals geschah dies sogar so, daß die eher theoretischen Überlegungen am Leitfaden eines Beispiels aus der Geschichte der Wissenschaft entwickelt und illustriert wurden. Dies wurde damit gerechtfertigt, daß man angeblich nicht zu unterscheiden vermochte zwischen Prinzipien, welche allein die Begründung wissenschaftlicher Aussagen betrafen, und Überlegungen, die sich allein auf die Entdeckung wissenschaftlicher Begriffe und Theorien bezogen. Dadurch befand man sich im Widerspruch zum logischen Positivismus und zu Popper, der die Auffassung vertrat, die Wissenschaftsgeschichte sei im Bereich der empirischen Wissenschaften anzusiedeln. Infolge der engeren Verknüpfung von Wissenschaftsphilosophie und Wissenschaftsgeschichte versuchte man nun, ein Demarkationsprinzip anzugeben, das eher auf einer psychologisch-soziologischen Charakteristik der wissenschaftlichen Institutionen basierte als auf logischen Zügen der wissenschaftlichen Produkte.

Das falsche Bild

Das Werk, das das größte Aufsehen erregte und weitreichende Wirkungen und Diskussionen auch über den Kreis der Wissenschaftsphilosophen hinaus hervorrief, ist Thomas S. Kuhns *The Structure of Scientific Revolutions* (dt. «Die Struktur wissenschaftlicher Revolutionen») von 1962. Kuhn (geb. 1922) hatte ursprünglich theoretische Physik studiert. Später interessierte er sich für wissenschaftsgeschichtliche Problemstellungen, und in Verbindung mit diesen Untersuchungen begann er sich mit der Wissenschaftsphilosophie zu beschäftigen. Er schrieb ein Buch über den Übergang vom alten zum neuen Weltbild, *The Copernican Revolution* (1957), sowie mehrere wissenschaftsphilosophische und wissenschaftsgeschichtliche Abhandlungen. Von diesen sind einige in *The Essential Tension* (dt. «Die Entstehung des Neuen») gesammelt. 1970 erschien *The Structure of Scientific Revolutions* in einer 2. Auflage mit einem langen Nachwort. Hier – und auch in anderen Aufsätzen – versuchte Kuhn, seinen Standpunkt gegenüber der heftigen Kritik, die sein Buch ausgelöst hatte, zu erklären und zu verteidigen. Das führte dazu, daß er einige seiner Grundthesen aus dem Buch abschwächte bzw. relativierte. Im folgenden wird hauptsächlich auf die 1. Auflage eingegangen, da hauptsächlich diese im Brennpunkt der Kritik gestanden hat.

Aufgrund seiner wissenschaftsgeschichtlichen Studien kam Kuhn zur Überzeugung, daß mit dem vorherrschenden Bild der Wissenschaft etwas nicht stimmen könne: daß es systematisch die Entwicklung verdrehe, welche in Wirklichkeit die großen Entdeckungen und deren allgemeine Anerkennung ermöglicht habe. Betont werden sollte, daß Kuhn seine Beispiele aus der Physik heranzieht, wobei er zu glauben scheint, seine Betrachtungen hätten für alle Naturwissenschaften und vermutlich auch für die Gesellschaftswissenschaften Gültigkeit.[1]

Kuhn erhebt in erster Linie Einspruch gegen die kumulative Auffassung, nach der die Wissenschaft, nachdem sie erst einmal ins Rollen gebracht worden war, eine Unzahl von Tatsachen angehäuft bzw. immer allgemeinere Theorien aufgestellt habe. Diese kumulative Auffassung wird oft mit dem Standpunkt verknüpft, es liege in der Natur der Wissenschaften, daß sie es in immer höherem Maße vermocht habe, sich von Vorurteilen zu befreien und abergläubische Elemente auszumerzen.

Kuhn bringt seine Kritik ausgehend von seinen wissenschaftsgeschichtlichen Untersuchungen vor, wonach es keine nicht-historischen allgemeinen Kriterien dafür gibt, was Aberglaube und was wahre Wissenschaft ist. Die Wissenschaft sei keine kontinuierliche Anhäufung von Tatsachen bzw. immer allgemeineren Theorien gewesen, die sich nach ‹dem› wissenschaftlichen Durchbruch eingestellt hätten. Vielmehr hätten die wissenschaftlichen Disziplinen sich diskontinuierlich aufgrund einer Reihe größerer oder kleinerer Revolutionen entwickelt. Diese Revolutionen hätten nicht nur dazu geführt, daß Altbewährtes leicht verändert und richtiggestellt worden sei, in erster Linie hätten sie jeweils einen Bruch mit alten Fragestellungen und Auswertungen von Antworten bedeutet. Die Revolutionen seien zukunftsorientiert gewesen, insofern sie durch Neuabsteckung des Problemrahmens bestimmte neue Fragestellungen und Untersuchungsmethoden ermöglicht hätten.[2]

An die Stelle der kumulativen Auffassung der wissenschaftlichen Entwicklung tritt in Kuhns Theorie eine evolutionäre Betrachtungsweise dieser Entwicklung. Die Bezeichnung ‹Evolution› wählt Kuhn bewußt, um eine Analogie zwischen der wissenschaftlichen Entwicklung und der Entwicklung von Organismen herzustellen. Ähnlich wie die verschiedenen Arten von Lebewesen voneinander abstammen, ‹entstammt› eine wissenschaftliche Revolution der Forschung der vorausgegangenen Periode. Dies bedeutet, daß trotz der Unterbrechung des kumulativen Prozesses durch die wissenschaftlichen Revolutionen – sowohl in bezug auf Theorien als auch auf Daten – gleichwohl ein nachweisbarer Zusammenhang in der wissenschaftlichen Entwicklung besteht. Denn für jedes Glied in dieser Entwicklungskette läßt sich nachweisen, daß und wie es aus dem vorherigen entstanden ist. Dagegen ist es nicht möglich, mit Sicherheit vorauszusagen, wie ein Glied ein neues wird hervorbringen können, sofern man sich selbst in diesem Glied (d. h. in dieser Entwicklungsphase) befindet.[3]

Paradigmen und Normalwissenschaft

Vor allem zwei Begriffe, die sich gegenseitig bedingen und beleuchten, bilden in der Kuhnschen positiven Wissenschaftstheorie den fundamentalen Kern, um den sich alles dreht: der Begriff der Forschergemeinschaft (scientific community) und der Begriff des Paradigmas. Damit mehrere Forscher eine Forschergemeinschaft bilden können, gilt als Voraussetzung, daß sie gewisse Gemeinsamkeiten haben. Allerdings ist etwas erst dann als Gemeinsamkeit, genauer als Paradigma anzusehen, wenn mehrere Wissenschaftler eine durch dieses Paradigma bestimmte Forschung betreiben.[4] Als Beispiele für Paradigmen können Klassiker wie Ptolemäus' *Amalgest* und Newtons *Principia mathematica philosophiae naturalis* genannt werden. Es wird behauptet, diese wiesen jene beiden Merkmale auf, die ein Paradigma definieren. Die Ergebnisse und Methoden der beiden Werke seien einmalig genug gewesen, um die Anhänger derart in ihren Bann zu ziehen, daß diese an konkurrierenden wissenschaftlichen Aktivitäten kein Interesse mehr gefunden hätte. Außerdem hätten sie der neu konstituierten Forschergemeinschaft mit ihren offenen Fragen genügend zu lösende Probleme geboten.[5]

Ein Paradigma kann nicht ohne weiteres mit einer Theorie gleichgesetzt werden, sofern Theorie als System von Aussagen verstanden wird. Über theoretische Überlegungen hinaus muß ein Paradigma erfolgreiche Problemlösungen enthalten, damit eine Gruppe von Wissenschaftlern zu einer Gemeinschaft wird, deren Forschung sich fortan aus diesem Paradigma ableitet. Zwischen einer ‹Gruppe von Forschern› und einer ‹Forschergemeinschaft› bestehen zwei Unterscheidungsmerkmale. Das eine besteht darin, daß bei einer ‹Forschergemeinschaft› wegen des gemeinsamen Paradigmas Grundsatzdiskussionen unter den Mitgliedern über die Grundlage ihrer Forschung entfallen können. Innerhalb dieser Gemeinschaft wird ein größeres Vorverständnis vorhanden sein als bei einer eher disparaten Gruppe, so daß eine weitgehende Übereinstimmung darüber bestehen wird, welche Forschungsergebnisse als Erfolg und welche als Mißerfolg zu werten sind. Der andere Unterschied besteht darin, daß die beschriebene Einigkeit ein relativ festgelegtes Initiationsprogramm hervorbringt, dem man sich unterziehen muß, um die betreffende Disziplin kennenzulernen, was wiederum dazu beiträgt, den Zusammenhalt innerhalb der Gemeinschaft zu stärken. Im Ergebnis werden die gleichen Lehrbücher gelesen, die gleichen Beispiele für Problemlösungen diskutiert und dieselben Vorbilder hochgehalten.[6]

Aufgrund dieser Beobachtungen unterscheidet Kuhn zwischen vorparadigmatischer Wissenschaft bzw. Forschung in einer vorwissenschaftlichen Phase und reifer Wissenschaft. Forschung in jedem Bereich ist vorparadigmatisch, wenn es mehrere konkurrierende Schulen gibt, von denen jede für sich eine Art Paradigma beansprucht, wobei aber von eigentlichen wissenschaftlichen Fortschritten nicht gesprochen werden kann.

Als Beispiel einer vorparadigmatischen Periode führt Kuhn die Erforschung der Elektrizität in der ersten Hälfte des 18. Jahrhunderts an, aber auch einige moderne Gesellschaftswissenschaften.[7] Aus der vorparadigmatischen Phase geht die Forschung unter Umständen in ein entwickeltes oder reifes Stadium über. Dies kann eintreten, wenn die Forschung das Paradigma so weit vertieft hat, daß der Durchbruch von Fortschritten offenkundig wird, worunter die Anhänger konkurrierender Schulen zu leiden haben. Kuhn behauptet jedoch nicht, Forschung wäre schon deshalb fortschrittlicher, weil eine Gruppe von Wissenschaftlern für sich festlegt, in gewissen fundamentalen Dingen auf ihrem Gebiet übereinzustimmen. Seine Überlegungen dürfen nicht als ein Patentrezept für die Etablierung einer verbindlichen Wissenschaft mißverstanden werden.[8]

Im Bereich der modernen Wissenschaft unterscheidet Kuhn zwei Arten der Forschung: die normalwissenschaftliche und die außerordentliche. Unter normalwissenschaftlicher Forschung versteht er die Forschungstätigkeit einer wissenschaftlichen Gruppe unter dem Einfluß eines Paradigmas, wobei die Gruppe die Entwicklung neuer Theorien im Bereich eines alternativen Paradigmas nicht wünscht und auch nicht berücksichtigt.[9] Charakteristisch für diese Art der Forschung ist, daß die gestellten Aufgaben und die Richtlinien für die Auswertung der Antworten aus dem Paradigma abgeleitet sind. So bildet sich für eine Gruppe ein Paradigma dadurch, daß es für die Formulierung konkreter Probleme sowie deren Lösung aussichtsreich erscheint. Entsprechend besteht ein normalwissenschaftlicher Vorgang darin zu untersuchen, inwieweit und in welchem Umfang diesem Anspruch Genüge getan werden kann. Kuhn legt jedoch Wert auf die Feststellung, daß die Gruppe es als gegeben annimmt, daß der Anspruch erfüllt werden kann.[10]

Normalwissenschaftliche Vorgänge konzentrieren sich theoretisch und experimentell auf drei Punkte. Zum ersten wird versucht, exakte Bestimmungen der relevanten Daten zu geben, zum Beispiel Positionen von Himmelskörpern oder Linsenkonstanten. Zum zweiten werden Methoden und Instrumente entwickelt, mit deren Hilfe eine bessere Übereinstimmung zwischen Theorien und Fakten erzielt werden kann; Beispiele wären die Konstruktion von Atwoods Maschine zum Demonstrieren des Kräftegesetzes oder die Entwicklung einer mathematischen Technik zur Behandlung des Zwei-Körper-Problems. Zum dritten versucht man, zu einer ausführlichen Ausarbeitung bzw. Artikulation der paradigmatischen Theorien zu gelangen. Für die normalwissenschaftliche Forschung in diesem Bereich gilt insbesondere, daß sie theoretisch und experimentell zugleich ist. Als Beispiele seien die Bestimmung physischer Konstanten oder quantitativer Gesetze wie das Coulombsche elektrostatische Kräftegesetz genannt. In ihren Ausprägungen eher theoretisch – dabei immer noch in diesen Bereich gehörend – sind Versuche, elegantere, zweckmäßigere oder leichter zu durchschauende Darstellungen des Paradigmas zu geben. Die verschiedenen Ausprägungen der Newtonschen Mechanik mögen hier als Beispiele dienen. Diese Auffassung führt Kuhn dazu, sich von einer scharfen Trennung von Theorie und Empirie zu distanzieren: Es gibt keine wissenschaftlich relevanten ‹reinen› Beobachtungssätze.[11]

Probleme im Bereich der normalwissenschaftlichen Forschung sind also dadurch gekennzeichnet, daß es als selbstverständlich angesehen wird, daß sie eine Lösung haben, wobei man von vornherein zu wissen glaubt, innerhalb welcher Grenzen die Antwort in etwa zu finden sein muß. Darüber hinaus gibt es gewisse Vorschriften über die Art und Weise, wie Antworten auf die Fragen zu suchen sind, und es gibt Normen dafür, wie die Antworten zu bewerten sind. Kuhn behauptet deshalb, nicht so sehr das Renommee des Paradigmas stehe bei solchen Versuchen der Problemlösung auf dem Spiel, sondern der Ruf des Wissenschaftlers. Problemlösungen im Bereich der Normalwissenschaft werden als Rätsellösungen («puzzlesolving») und die Probleme als Rätsel («puzzles») bezeichnet.[12]

Wissenschaftliche Revolutionen

Eine außerordentliche Forschung liegt vor, wenn die normalwissenschaftliche Forschung einer Forschergemeinschaft in eine Krise gerät oder wenn Anomalien offenkundig werden. Für eine Forschergemeinschaft wird ein Phänomen dann zur Anomalie – im Gegensatz zu einem Rätsel –, wenn das Phänomen scheinbar nicht dem Paradigma zugeordnet werden kann und wenn es in der Gemeinschaft Zweifel an der Leistungsfähigkeit des Paradigmas auszulösen vermag. Eine Krise entsteht, wenn eine Anzahl Anomalien als ausreichend bedrohlich empfunden wird – falls nicht, würden sie vielleicht lediglich verdrängt oder übersehen – oder wenn sich in der Gruppe ernsthaft das Gefühl ausbreitet, mit den paradigmatischen Theorien könne etwas nicht stimmen.[13]

Das Wissen um Anomalien ist Voraussetzung und unter Umständen Auftakt zur Entdeckung neuer Fakten, so wie Krisen Voraussetzung und Ausgangspunkt für die Erfindung («Invention») neuer Theorien darstellen.[14] Außerordentliche Forschung versucht, die Anomalien zu beheben bzw. die Krisen zu beenden. Sie ist deshalb nicht durch Rätsellösung gekennzeichnet. Vielmehr werden von geltenden Theorien neue Versionen entwickelt und grundlegende Begriffe einer philosophischen Analyse unterworfen. Hinzu kommt, daß die Forschergemeinschaft mehr oder weniger spekulative Theorien zu entwerfen versucht, mit denen sie Anhänger gewinnen und eine neue Gemeinschaft um sich scharen kann. Gelingt dies, dann hat sich eine wissenschaftliche Revolution, ein Paradigmenwechsel, vollzogen.

Eine wissenschaftliche Revolution muß immer Entdeckungen oder Erfindungen beinhalten, welche Phänomene erklären, die im Verhältnis zu dem alten Paradigma Anomalien waren, oder die einer Krise ein Ende setzen. Umgekehrt bedeuten Entdeckungen oder Erfindungen auch immer, daß eine wissenschaftliche Revolution stattgefunden hat. Als Beispiele werden nicht nur die großen Umwälzungen genannt, die sich mit Namen wie Kopernikus, Newton, Lavoisier und Einstein verbinden, sondern auch die Entdeckung von Sauerstoff und Röntgenstrahlen. Als Beispiel für eine Entdeckung aufgrund einer Reihe von Anomalien wird die Entwicklung der Leydnerflasche (Hochspannungskondensator) genannt. Diese trug dazu bei, daß die Disziplin der Elektrizitätslehre von einem vorwissenschaftlichen in ein reiferes Stadium überging. Beispiele für Revolutionen, die aus Krisen entstanden sind, wären die Entwicklung der besonderen Relativitätstheorie zu Beginn dieses Jahrhunderts auf dem Hintergrund der Krisen der Äthertheorien oder die Kopernikanische Revolution, welche aufgrund der Krise der ptolemäischen Astronomie entstanden ist.[15] Eine wissenschaftliche Revolution trägt also in der Regel folgende Merkmale:

- Die Forschergemeinschaft gibt eine bisher wohlverdiente und ehrwürdige Theorie auf, indem sie eine neue Theorie einführt, die die alte ersetzt, weil sie mit dieser nicht vereinbar ist;
- die Auffassungen darüber, was als relevante Probleme bzw. angemessene Problemlösungen angesehen werden kann, haben sich allgemein geändert;

– die Art, die Welt wissenschaftlich zu betrachten und aufzufassen, hat sich so grundlegend gewandelt, daß die wissenschaftliche Forschung sozusagen in einer anderen Welt stattfindet.[16]

Kuhns Wissenschaftsideal

Im Zusammenhang mit der Entwicklung des skizzierten Begriffsapparates hat Kuhn einige Standpunkte formuliert, die weit über die wissenschaftsphilosophischen Kreise hinaus haben aufhorchen lassen. Dies nicht zuletzt deshalb, weil viele zu der Ansicht gelangten, diese Standpunkte brächten jene Rationalität und Objektivität ins Wanken, die man allgemein als die grundlegenden Qualitätsmerkmale der wissenschaftlichen Tradition der westlichen Länder betrachtet hatte.

Kuhn behauptet, alle Wissenschaft sei in erster Linie durch das Vorhandensein der Normalwissenschaft gekennzeichnet. Das wissenschaftliche Unternehmen («the scientific enterprise») unterscheide sich von anderen Unternehmen wie Kunst, Religion oder Philosophie im wesentlichen durch seine institutionalisierte Rätsellösung aufgrund eines Paradigmas.[17] Die Normalwissenschaft ist es, welche die Wissenschaft auszeichnet, und nicht etwa (wie zahlreiche Positivisten meinten) schlicht und einfach die sogenannte experimentelle induktive Methode oder (wie Popper meint) die Falsifizierbarkeit von Theorien. Hier sollte auch angeführt werden, daß Kuhn zwar in keiner Weise die Bedeutung äußerer Einflüsse sozialer, wirtschaftlicher oder gedanklicher Art oder etwa die Bedeutung des technologischen Fortschritts für die Entwicklung der wissenschaftlichen Disziplinen bestreitet, wohl aber der Ansicht ist, seine Grundthesen würden sich durch die Berücksichtigung solcher Gegebenheiten nicht wesentlich ändern.[18] Kuhn bestreitet demnach nicht, daß das Verständnis der Zusammenhänge zwischen Wissenschaft und ökonomischer Produktion oder anderen kulturellen Faktoren (Ideologien z. B.) wichtig sein kann, um nachzuvollziehen, wie sich die verschiedenen wissenschaftlichen Disziplinen über verschiedene Perioden entwickelt haben. Er bestreitet jedoch, daß solche Zusammenhänge in bezug auf die Frage, was Wissenschaft ist, ein definierendes Kriterium darstellen.

Im Zusammenhang mit diesem Demarkationskriterium formuliert Kuhn sein methodologisches Wissenschaftsideal. Es besagt, die beste und sicherste Methode, wissenschaftliches Wissen hervorzubringen, sei die normalwissenschaftliche Forschung aufgrund eines Paradigmas. Diese

Forschung wird – sofern das Paradigma unzureichend ist – Anomalien bzw. Krisen hervorrufen, also außerordentliche Forschung, und es wird sich eine wissenschaftliche Revolution ereignen, wenn ein alternatives Paradigma gefunden wird, innerhalb dessen sich eine neue normalwissenschaftliche Tradition etablieren kann.[19]

Bezüglich dieses Punkts sind im wesentlichen zwei Probleme diskutiert worden: zum einen die Frage, inwieweit denn tatsächlich ein so klarer Unterschied zwischen Normalwissenschaft und außerordentlicher Wissenschaft bestehe, wie Kuhn behauptet. Anders ausgedrückt geht es um die Frage, inwieweit Paradigmen sich mit ausreichender Klarheit bestimmen und identifizieren lassen. Fraglich ist insbesondere, ob nicht in vielen Fällen davon gesprochen werden kann, daß innerhalb einer wissenschaftlichen Disziplin auf der Basis von mehreren alternativen Paradigmen Forschung betrieben worden ist, ohne daß sich diese Forschung deswegen in einem vorwissenschaftlichen Stadium befunden hätte. Zum zweiten scheint es zumindest bezweifelbar, ob mit Hilfe der Rätsellösungsstrategie eines gegebenen Paradigmas sichergestellt werden kann, daß nicht klassifizierbare Phänomene als Anomalien erkannt werden können, wenn doch die der Forschung zugrundeliegenden Standards und Methoden vom Paradigma selbst bestimmt werden. Die Einwände gegen Kuhn beziehen sich hier auf den Umstand, daß es sehr wohl denkbar ist, daß Phänomene, die im Verhältnis zu dem ursprünglichen Paradigma Anomalien sind, nur dann überhaupt aufgedeckt werden können, wenn gleichzeitig ernsthaft von einem alternativen Paradigma aus geforscht wird.

Ist Wissenschaft objektiv?

Ein weiterer schwerwiegender Einwand betrifft die Behauptung Kuhns, sukzessive Paradigmen vor und nach einer wissenschaftlichen Revolution seien in vielerlei Hinsicht unvergleichbar.[20] Es ist also nicht nur davon die Rede, daß eine frühere Theorie durch eine neue korrigiert wird, wodurch sich eine gewisse Unvereinbarkeit zwischen den Theorien ergibt. Es geht auch nicht nur darum, daß neue Experimental- oder Berechnungstechniken eingeführt werden, so daß neue Tatsachen entdeckt bzw. frühere Meßergebnisse und Berechnungen korrigiert werden. Es geht vielmehr darum, daß die Wissenschaftler geradezu in einer anderen Welt leben. Die Unvergleichbarkeit hat nach Kuhn im wesentlichen drei

Gründe. Die Forschergruppen, welche mit den alternativen Paradigmen arbeiten, werden nicht nur darüber uneinig sein, welche Theorie am besten zur Lösung der Probleme geeignet ist, sondern auch darüber, welche Probleme ein akzeptables Paradigma erklären können muß. Sie werden sich darüber streiten, was überhaupt ein Problem ist. Kuhn führt als Beispiel die Newtonsche Schwerkrafttheorie an, die mit ihrem Durchbruch die Frage, warum es eine Schwerkraft gibt, aus dem wissenschaftlichen Problemhorizont verdrängte, eine Frage, die im Rahmen der Theorien von Aristoteles und Descartes als zentral erschienen war und nach Beantwortung verlangt hatte. Diesen Sachverhalt bezeichnet Kuhn als Standardunvergleichbarkeit oder Inkommensurabilität.[21]

Im weiteren ist Kuhn der Meinung, eine wissenschaftliche Revolution habe einen teilweisen Zusammenbruch der Kommunikation zwischen Forschergruppen zur Folge. Dies sei unter anderem darauf zurückzuführen, daß im Verlauf einer wissenschaftlichen Revolution ein *Bedeutungswandel* in dem Sinn erfolgen kann, daß trotz der Beibehaltung alter Bezeichnungen (Worte) sich die Relationen zwischen diesen Bezeichnungen und damit ihre Bedeutungen verändern. So meint Kuhn, die Bezeichnungen ‹Erde› und ‹Bewegung› hätten im Laufe der Kopernikanischen Revolution ihre Bedeutung geändert.[22]

Der dritte und wichtigste Grund, den Kuhn für die Unvergleichbarkeit angibt, besagt, daß Forschergruppen vor und nach einer Revolution verschiedene Welten zu erforschen scheinen. Kuhn erklärt nicht näher, was hierunter im einzelnen zu verstehen ist, behauptet aber zumindest, daß die Mitglieder unterschiedlicher Gruppen Verschiedenes wahrnehmen, wenn sie ein und dasselbe betrachten. Dies kann in dem relativ harmlosen Sinn verstanden werden, daß das Gesehene immer vom Blickwinkel des Betrachters abhängt. An einigen Stellen allerdings formuliert Kuhn explizit die Ansicht, daß Forscher unterschiedlicher Gruppen nicht nur etwas Verschiedenes sehen, wenn sie dasselbe betrachten, sondern daß diese Verschiedenheit sich erst aus der Tatsache ergibt, daß ihnen aufgrund ihres Paradigmas die Augen für anderes geöffnet worden sind.[23]

Erzielt die Wissenschaft Fortschritte?

Ein dritter wesentlicher Einwand gegen Kuhn betrifft das Problem der Wahl zwischen alternativen Paradigmen und den mit diesen verknüpften Theorien. In diesem Zusammenhang tritt auch die Frage auf, in welchem

Sinn die Wissenschaft Fortschritte erzielt, falls in bezug auf Wissenschaft überhaupt von Fortschritt gesprochen werden kann. Kuhn meint, es gehe bei dieser Wahl primär um die Frage, welches Paradigma die künftige normalwissenschaftliche Forschung steuern soll. Doch obgleich es seiner Meinung nach gewisse notwendige Bedingungen dafür gibt, wann ein Paradigma akzeptabel ist – es muß zum Beispiel im Prinzip überprüfbar sein – und es Gründe gibt, die bei einer solchen Paradigmenwahl schwer wiegen – zum Beispiel daß das Paradigma zur Erläuterung der Anomalien oder zur Vorhersage ganz neuer Phänomene geeignet ist –, gibt es dennoch nichts, was beweisen könnte, daß es richtig wäre, dieses, bzw. falsch wäre, jenes Paradigma zu wählen.[24]

Der Grund, weshalb laut Kuhn nicht von einem Beweis die Rede sein kann, ist der, daß jeder Beweis im Gegensatz zu einem bloßen ‹guten Grund› sich auf ein bestimmtes Paradigma beziehen müßte und somit ein Zirkelschluß wäre:

«Die Wahl... zwischen konkurrierenden Paradigmata (erweist) sich als eine Wahl zwischen unvereinbaren Lebensweisen der Gemeinschaft. Da sie diesen Charakter hat, kann die Wahl nicht nur von den Bewertungsverfahren, die für normale Wissenschaft charakteristisch sind, bestimmt werden, denn... jene Verfahren hängen zum Teil von einem bestimmten Paradigma ab, und dieses Paradigma ist strittig. Wenn Paradigmata in eine Diskussion über die Wahl von Paradigmata eingehen – und sie müssen es ja –, dann ist ihre Rolle notwendigerweise zirkulär. Jede Gruppe verwendet ihr eigenes Paradigma zur Verteidigung eben dieses Paradigmas.»[25]

Diesen Gedankengang weiterführend, behauptet Kuhn, die Zirkularität habe zur Folge, daß jeweils die im zur Debatte stehenden Problemgebiet engagierten Gruppen zugleich als letzte Entscheidungsinstanz in bezug auf die Paradigmenwahl fungieren.[26]

Die Frage nach einem eventuellen Fortschritt der Wissenschaft betrachtet Kuhn unter folgendem Gesichtspunkt: Wie kann man sagen, daß die Wissenschaft Fortschritte erzielt, nicht aber die Kunst oder die Philosophie? Kuhn teilt diese Frage in zwei Bereiche: Wie kann es Fortschritte im Bereich der normalwissenschaftlichen Forschung geben? Und: Wie kann es Fortschritte durch wissenschaftliche Revolutionen geben?

Bezüglich der normalwissenschaftlichen Forschung behauptet Kuhn, Forschungsergebnisse, welche den Standards im Bereich der entsprechenden normalwissenschaftlichen Tradition gerecht würden, müßten von der betreffenden Gruppe zwangsläufig als Erfolg gewertet werden. Diese Art von Fortschritt unterscheidet sich nicht grundsätzlich von der

Art von Fortschritt, wie sie im Bereich nichtwissenschaftlicher Unternehmen auftreten kann. Auch in anderen Bereichen nämlich tritt das Phänomen auf, daß sich Gemeinschaften auf der Basis bestimmter ideeller Gefüge bilden, die den Paradigmen wissenschaftlicher Gruppen ähnlich sind. Allerdings entwickeln sich im Bereich der Kunst oder Philosophie sehr viel eher konkurrierende Schulen oder Traditionen, was zur Folge hat, daß sich so etwas wie Fortschritt im Bereich der Normalwissenschaft leichter bemerkbar macht.[27]

In bezug auf die wissenschaftlichen Revolutionen äußert Kuhn zwei Ansichten, die sich zu widersprechen scheinen. Zunächst behauptet er, es gebe einen relativ klaren Sinn, in welchem er Fortschritt durch Revolutionen bejahen würde – wenn auch post festum. Ein unbefangener Betrachter wird, ausgehend von allgemein anerkannten Kriterien, beurteilen können, welche paradigmatische Theorie in einem bestimmten Bereich vor den anderen da war. Zu diesen Kriterien gehören solche wie Genauigkeit der Vorhersage, Grad der Spezialisierung, Anzahl konkreter Problemlösungen. Dies bedeutet, daß die Entwicklung, solange das wissenschaftliche Unternehmen überhaupt funktioniert, sich nur in einer Richtung vollzieht und unumkehrbar ist.

Andererseits sagt Kuhn jedoch ausdrücklich, er sehe keinen Grund zu der Annahme, die Wissenschaft würde sich durch Revolutionen der ‹Wahrheit› nähern; mehr noch, er glaubt kaum, in dieser Frage überhaupt einen Sinn erkennen zu können.[28]

Dazu führt er drei Argumente an. Zum einen ist es für ihn schwer nachvollziehbar, wie beispielsweise eine Feld-Theorie der ‹Wahrheit näherkommen› sollte als eine vorausgegangene Stoff- oder Kräftetheorie. Das rührt daher, daß er im ontologischen Sinn keine eindeutige Entwicklungslinie in der Geschichte der sich faktisch ablösenden Theorien zu erkennen glaubt. Dies gilt insbesondere für Theorien über die Beschaffenheit etwaiger letzter Entitäten des Universums. Er führt als nächstes an, die Grundlage für Aussagen bezüglich einer hypothetischen Annäherung von Theorien an die ‹Wahrheit› müsse auf einem Vergleich der empirischen Konsequenzen dieser Theorien beruhen. In diesem Zusammenhang verweist Kuhn darauf, daß es möglich sein müsse, aus einer begrenzten Anzahl von aus einer Theorie T_1 abgeleiteten empirischen Konsequenzen eine mit T_1 nicht vereinbare Theorie T_2 zu konstruieren, aus welcher die entsprechende Menge empirischer Sätze ebenfalls ableitbar wäre. Drittens behauptet Kuhn, ein derartiger Vergleich von Theorien setze voraus, daß es eine neutrale Beobachtungssprache gibt, mit deren Hilfe ein solcher Vergleich erfolgen kann. Aus Kuhns Auffassung einer grundsätzlichen Unvergleichbarkeit von Paradigmen folgt jedoch, daß eine solche Sprache nicht bzw. nur in sehr begrenztem Umfang möglich ist. Er fügt in diesem Zusammenhang sogar hinzu, daß diese These – falls sie sich durchsetzt – den Begriff der Wahrheit zugunsten des Paradigmenbegriffs relativieren müßte. Aus dieser Perspektive würde es überhaupt keinen Sinn mehr machen zu fragen, inwieweit eine bestimmte paradigmatische Theorie wahr ist oder nicht – es sei denn, man würde die Frage aus der Theorie selbst heraus beantworten.[29]

Texte Kuhns

The Copernican Revolution. Planetary Astronomy in the Development of Western Thought. Cambridge 1957 (dt. Die kopernikanische Revolution. Braunschweig 1981).

The Structure of Scientific Revolutions. Chicago 1962, ²1970 (dt. Die Struktur wissenschaftlicher Revolutionen. Frankfurt/M. 1973, 2. rev. und um d. Postskriptum von 1969 erg. Aufl. 1988) *(= SWR)*.

Logic of Discovery or Psychology of Research? In: Criticism and the Growth of Knowledge, ed. by I. Lakatos and A. Musgrave. Cambridge 1970, p. 1–20 (dt. Logik der Forschung oder Psychologie der wissenschaftlichen Arbeit? In: Kritik und Erkenntnisfortschritt. Hg. v. I. Lakatos u. A. Musgrave. Braunschweig 1974, S. 1–24) *(= LF/PW)*.

Reflections on my Critics. In: Criticism and the Growth of Knowledge, ed. by I. Lakatos and A. Musgrave. Cambridge 1970, p. 231–278 (dt. Bemerkungen zu meinen Kritikern. In: Kritik und Erkenntnisfortschritt. Hg. v. I. Lakatos u. A. Musgrave. Braunschweig 1974, S. 223–269) *(= BK)*.

The Essential Tension. Selected Studies in Scientific Tradition and Change. Chicago 1977 (dt. Die Entstehung des Neuen. Studien zur Struktur der Wissenschaftsgeschichte. 2. Aufl. Frankfurt/M. 1988).

Was sind wissenschaftliche Revolutionen? München 1982.

Literatur

Andersson, G.: Kritik und Wissenschaftsgeschichte: Kuhns, Lakatos' und Feyerabends Kritik des Kritischen Rationalismus. Tübingen 1988.

Barnes, B.: Kuhn and Social Science. London 1982.

Bayertz, K. (Hg.): Wissenschaftsgeschichte und wissenschaftliche Revolution. Köln 1981.

Bayertz, K.: Wissenschaftstheorie und Paradigmenbegriff. Stuttgart 1981.

Cohen, I. B.: Revolution in Science. Cambridge 1985.

Diederich, W. (Hg.): Theorien der Wissenschaftsgeschichte. Beiträge zur diachronischen Wissenschaftstheorie. Frankfurt/M. 1974.

Diemer, A. (Hg.): Die Struktur wissenschaftlicher Revolutionen und die Geschichte der Wissenschaften. Meisenheim 1977.

Feyerabend, P. K.: Der wissenschaftstheoretische Realismus und die Autorität der Wissenschaften. Ausgewählte Schriften, Bd. 1. Braunschweig 1978; darin: Kuhns Struktur wissenschaftlicher Revolutionen. Ein Trostbüchlein für Spezialisten?, S. 153–204.

Gutting, G. (ed.): Paradigms and Revolutions. Applications and Appraisals of Thomas Kuhn's Philosophy of Science. Notre Dame 1980.

Hacking, I. (ed.): Scientific Revolutions. Oxford 1981.

Hoyningen-Huene, P.: Die Wissenschaftsphilosophie Thomas S. Kuhns: Rekonstruktion und Grundlagenprobleme. Braunschweig/Wiesbaden 1989.

Hoyningen-Huene, P./Hirsch, I.: Wozu Wissenschaftsphilosophie? Berlin 1988.

Krige, J.: Science, Revolution and Discontinuity. Sussex 1980.

Lakatos, I./Musgrave, A. (Hg.): Kritik und Erkenntnisfortschritt. Braunschweig 1974.

Naumann, H. (Hg.): Der moderne Strukturbegriff. Materialien zu seiner Entwicklung. Darmstadt 1973.

Scharnberg, M.: The Myth of Paradigm-shift, or How to Lie with Methodology. Uppsala 1984.

Schmidt, W.: Struktur, Bedingungen und Funktionen von Paradigmen und Paradigmenwechsel. Eine wissenschafts-historisch-systematische Untersuchung der Theorie T. S. Kuhns am Beispiel der Empirischen Psychologie. Frankfurt/Bern 1981.

Schramm, A.: Theoriewandel oder Theoriefortschritt? Zur Diskussion um Thomas S. Kuhns «Die Struktur wissenschaftlicher Revolutionen». Wien 1975.

Stöker, E.: Wissenschaftsgeschichte als Herausforderung: Marginalien zur jüngsten wissenschaftstheoretischen Kontroverse. Frankfurt/M. 1976.

Anmerkungen

1 Kuhn, *SWR*, S. 7 und 11 f.
2 Kuhn, *SWR*, S. 16, 97 f, 115 f u. 152.
3 Kuhn, *SWR*, S. 171–185; *BK*, S. 256 f.
4 Kuhn, *SWR*, S. 187–193.

5 Kuhn, *SWR*, S. 25.
6 Kuhn, *SWR*, S. 26, 151 ff u. 188 f.
7 Kuhn, *SWR*, S. 25, 28 ff; *BK*, S. 236.
8 Kuhn, *BK*, S. 237.
9 Kuhn, *SWR*, S. 25 f u. 38 f.
10 Kuhn, *SWR*, S. 37 ff.
11 Kuhn, *SWR*, S. 39–50.
12 Kuhn, *SWR*, S. 49–51, 93 und 155 ff; *LF/PW*, S. 7.
13 Kuhn, *SWR*, S. 79–103.
14 Kuhn, *SWR*, S. 65 f, 80 u. 97 ff.
15 Kuhn, *SWR*, S. 20 f, 80 ff u. 85–89.
16 Kuhn, *SWR*, S. 21.
17 Kuhn, *SWR*, S. 220; *LF/PW*, S. 6.
18 Kuhn, *SWR*, S. 11 f.
19 Kuhn, *SWR*, S. 79, 90 u. 110.
20 Popper: Normalwissenschaft und ihre Gefahren. In: Lakatos/Musgrave (Hg.) 1974, S. 51–57; Feyerabend: Kuhns Struktur wissenschaftlicher Revolutionen – ein Trostbüchlein für Spezialisten? In: Lakatos/Musgrave (Hg.) 1974, S. 191–222.
21 Kuhn, *SWR*, S. 159 ff.
22 Kuhn, *SWR*, S. 160 f.
23 Kuhn, *SWR*, S. 125 u. 134 ff.
24 Kuhn, *SWR*, S. 166 u. 168; *BK*, S. 252 ff.
25 Kuhn, *SWR*, S. 106.
26 Kuhn, *BK*, S. 229.
27 Kuhn, *SWR*, S. 171–185.
28 Kuhn, *BK*, S. 256 f.
29 Kuhn, *SWR*, S. 216 ff; *BK*, S. 256 f.

Stig Alstrup Rasmussen

Die Erlanger Schule

Wie die meisten philosophischen und wissenschaftstheoretischen Schulen offenbart sich auch die Erlanger Schule als eine bestimmte Schule oder Richtung mehr den Außenstehenden als ihren eigenen Anhängern und Mitarbeitern. Daß sie einer Schule angehören sollen, die sich unkritisch gemeinsamen, fundamentalen und gar dogmatischen Grundsätzen verpflichtet weiß, davon wollen gerade ihre Anhänger am wenigsten wissen. Ihre Gemeinsamkeit ist in ihren Augen mit der Bezeichnung «Erlanger Schule»[1] weitgehend auch schon erschöpft. Zwar ist es richtig, daß die Anhänger der Schule keineswegs besonders dogmatisch sind und sich auch durchaus voneinander unterscheiden; dennoch muß von einer für Philosophen und Wissenschaftstheoretiker ungewöhnlich homogenen Gruppe gesprochen werden. Dies gilt sowohl in geographischer, soziologischer Hinsicht als auch in bezug auf das Forschungsprogramm.

Alle bedeutenden Mitglieder sind Deutsche; die meisten sind mit den Universitäten in Erlangen und Konstanz verbunden. Das gilt insbesondere für den Gründer und die überragende Persönlichkeit der Schule, Paul Lorenzen (geb. 1915). Er war ursprünglich Mathematiker an der Universität Bonn, wo er in den Fachgebieten der Algebra und der mathematischen Grundlagendisziplinen arbeitete. 1946 bis 1956 war er Professor für Philosophie in Erlangen; erst in den 60er Jahren erlangte Lorenzen entsprechenden philosophischen Einfluß und hatte ‹Schüler› mit eigenständigen, aber durch ihn inspirierten Ideen, so daß von einer nach seinem Wirkungsort benannten «Schule» gesprochen werden konnte.

Das Programm

Das gemeinsame wissenschaftstheoretische Programm legt fest, welche Probleme in welcher Reihenfolge zur Behandlung kommen sollen, sowie die Kriterien dafür, wie akzeptable Lösungen auszusehen haben. Es ist daher möglich, eine Arbeitsteilung vorzunehmen und einzelnen Problemstellungen gesondert nachzugehen. Der eigentliche Charakter des Programms macht eine solche Arbeitsteilung auch erforderlich. Die Erlanger Schule versucht, eine sogenannte *konstruktive Wissenschaftstheorie* aufzustellen. Das bedeutet nicht, daß sie andere wissenschaftstheoretische Bestrebungen als destruktiv erachtet. Die Bezeichnung rührt daher, daß allen Wissenschaften nachgesagt wird, sie würden in unterschiedlichen Bedeutungen dieses Wortes ihre Gegenstände konstruieren. Der Gegenstandsbereich einer Wissenschaft ist, mit anderen Worten, nicht etwas, das einfach nur da ist. Zwar ist es nicht falsch zu sagen, in den Wissenschaften würden wahre Aussagen über die Wirklichkeit gemacht. Es wäre auch irreführend zu sagen, in den Wissenschaften würde die Wirklichkeit konstruiert. Allerdings ist die Wirklichkeit nicht ohne weiteres einer wissenschaftlichen Erkenntnis zugänglich. Bezüglich dieses generellen Standpunkts ist die Erlanger Schule eine Erbin der erkenntnistheoretischen Transzendentalphilosophie Immanuel Kants (1724–1804), in erster Linie dessen theoretischem Hauptwerk, der *Kritik der reinen Vernunft* von 1781 bzw. 1787, verpflichtet, insbesondere aber der Kantischen Transzendentalphilosophie, wie sie von dem ansonsten wenig beachteten deutschen Philosophen Hugo Dingler (1881–1954) vermittelt worden ist.[2]

Die Wissenschaftstheorie hat die Aufgabe, die notwendigen Konstruktionsverfahren zu erläutern und kritisch und methodisch zu begründen. Sie soll außerdem die für die Wissenschaft erforderlichen Argumentationsformen kritisch begründen. Bei dieser Arbeit wird auf eine unmittelbare Praxisrelevanz der Wissenschaftstheorie Wert gelegt. Die Erlanger Schule stellt der wissenschaftlichen Praxis Begriffe und Methoden zur Verfügung, die es ermöglichen sollen, diese Praxis im doppelten Sinn des Wortes (Gründung und Begründung) zu begründen. Die Durchführung des Programms erfordert deshalb eine sehr eingehende Kenntnis der einzelnen Wissenschaften. Hinzu kommt, daß das Programm nicht nur die Mathematik, sondern im Prinzip sämtliche Wissenschaften umfaßt – die Naturwissenschaften, die Gesellschafts- und sogenannten Geisteswissenschaften ebenso wie die Philosophie und die Wissenschaftstheorie. Da niemand alle diese Wissenschaften beherrschen kann, drängte sich schon deshalb eine Arbeitsteilung innerhalb der Schule auf.

Das Erlanger Programm umfaßt also alle Wissenschaften, grenzt sich aber durch seinen Begriff von Wissenschaftlichkeit gegen außen ab. Es kritisiert bestehende Wissenschaften oder Teile davon wegen ihrer mangelhaften Wissenschaftlichkeit, insbesondere wegen ihrer fehlenden methodologischen Begründung. Schon aus diesem Grund unterscheidet sich die Wissenschaftstheorie der Erlanger Schule von der analytischen Wissenschaftstheorie einschließlich des kritischen Rationalismus Karl Poppers. Ihm wird von der Erlanger Schule vorgeworfen, er analysiere und beschreibe lediglich die bestehende Wissenschaft, enthalte sich aber jedes Begründungsversuchs und jeder Kritik. Bestehende Wissenschaften, so die Erlanger Schule, setzten sich aber dort der Kritik aus, wo sie Ziele verfolgten, die sich im Verhältnis zur gesellschaftlichen Praxis nicht normativ – ethisch und politisch – begründen ließen. Wissenschaften aber müßten kritisch und normativ begründet werden. Die Erlanger Schule erklärt sich in diesem Punkt einig mit der sogenannten kritischen Theorie oder Frankfurter Schule, der sie aber wiederum mangelnde methodische bzw. sprachliche Strenge vorwirft.[3] Die Wissenschaften, einschließlich der Wissenschaftstheorie, unterliegen also der Forderung sowohl nach methodischer Begründung als auch nach normativer Rechtfertigung. In dem Maße, wie sie diese doppelte Forderung nicht erfüllen, sind sie unvernünftig.

Von den Wissenschaften, die die Erlanger Schule bislang einer Analyse unterzogen hat, ist keine dem Vorwurf mangelnder Rationalität entgangen. Dies gilt nicht zuletzt für die bestehende Philosophie und Wissenschaftstheorie, die zum großen Teil entschieden abgelehnt wird. Der akzeptierte Rest wird im Rahmen des Begründungsprogramms einer methodischen Rekonstruktion unterzogen – in der gleichen Weise wie andere Wissenschaften. Die Arbeit der Schule besteht im wesentlichen in dieser methodischen Rekonstruktion der grundlegenden Teile der Wissenschaft.

Das Erlanger Programm umfaßt eine allgemeine Wissenschaftstheorie und eine Reihe besonderer Wissenschaftstheorien – die sog. Protowissenschaften (aus dem Griechischen: *protos*, erstmals) – für jede Gruppe von Wissenschaften. In der allgemeinen Wissenschaftstheorie werden Begriffe, Methoden und Argumentationsformen behandelt, die allen Wissenschaften gemeinsam sind. Es werden allgemeine Anforderungen formuliert, die jede Wissenschaft erfüllen muß, und es wird untersucht, was die Begründung und Rechtfertigung einer solchen Anforderung im allgemeinen beinhalten soll. Die beiden Hauptzweige dieser allgemeinen Wissenschaftstheorie sind die Logik im weitesten Sinn sowie die Ethik; erstere dient der Begründung von Aussagen in einer theoretischen Argumentation, letztere der Rechtfertigung von Handlungen, Zielen und

Normen in einer praktischen Argumentation – entsprechend Kants Unterscheidung zwischen theoretischer und praktischer Vernunft. Von Kant übernimmt die Erlanger Schule auch die These vom Primat der praktischen Vernunft vor der theoretischen. Die Erlanger Schule begründet diese These damit, daß jede theoretische Argumentation im Prinzip in eine praktische Beratung über Handlungsziele eingebettet ist. Die *Rechtfertigung* einer wissenschaftlichen Aktivität hat daher Vorrang vor der methodischen *Begründung* dieser Wissenschaft.[4]

Jede wissenschaftliche Erkenntnis erscheint in einer sprachlichen Form. Zur allgemeinen Wissenschaftstheorie gehört daher auch die Sprachphilosophie, die mit der Theorie über Begründung und Rechtfertigung eng verknüpft ist und so gesehen von der Ethik und Logik im weiteren Sinn nicht getrennt werden kann. Die Logik soll nämlich nicht nur die Lehre von den logischen Schlüssen, sondern darüber hinaus – wie vor dem Durchbruch der modernen Logik um die Jahrhundertwende – auch die Lehre von den Begriffen und Urteilen umfassen. Die grundlegenden Teile der Erlanger Sprachphilosophie handeln gerade von dieser Thematik. Nur erfolgt die Bearbeitung auf einer modernen sprachphilosophischen Grundlage, die ihre Anregungen insbesondere vom späten Ludwig Wittgenstein (1889–1951) erhalten hat.

Die für die Erlanger Schule charakteristische enge Verknüpfung der Sprachphilosophie mit der Ethik ist der angelsächsischen analytischen Ethik wie auch der Frankfurter Schule verpflichtet. Besonders in der neueren angelsächsischen Philosophie ist es üblich, zwischen normativer Ethik und Metaethik zu unterscheiden. Die erste befaßt sich mit einer systematischen Formulierung und Rechtfertigung handlungsleitender Normen wie: «Es ist unrecht zu stehlen». Die Metaethik setzt sich damit auseinander, wie solche Normen sich überhaupt rechtfertigen lassen. Die Ethik der Erlanger Schule ist nun zum einen eine Metaethik, die im übrigen die Form einer Rekonstruktion der Kantischen Lehre des kategorischen Imperativs als dem grundlegenden Prinzip der Moral hat.[5] Im Gegensatz zu Kant hält die Erlanger Schule es aber nicht für möglich, eine normative Ethik situationsunabhängig zu formulieren. Handlungsleitende Normen des Verhaltens sind nur auf der Grundlage gesellschaftswissenschaftlicher Erkenntnis formulierbar. Es ist geradezu die Aufgabe der Gesellschaftswissenschaften, Normensysteme zu rechtfertigen, und zwar aufgrund von Einsichten in soziale Mechanismen und geschichtliche Gegebenheiten.[6] Mit dieser Auffassung von Metaethik nähert sich die Erlanger Schule den Überlegungen der jüngeren Frankfurter Schule zu den Bedingungen sprachlicher Kommunikation. Das Hauptproblem praktischer Beratungen besteht nach Auffassung der Erlanger darin, bei Interessenkonflikten rationale Lösungen zu finden durch die Rechtfertigung von Handlungen, Zielen und Normen. Die Ethik hat deshalb die Aufgabe, übergeordnete und richtungweisende Regeln für solche praktischen Beratungen zu formulieren, und da diese sprachlicher Art sind, muß die Ethik eng mit der Sprachphilosophie verknüpft sein.

Die Protowissenschaften suchen, wie gesagt, nach den Grundlagen der einzelnen Fachwissenschaften. Diese werden in Gruppen mit artverwandten Grundlagenproblemen eingeteilt. Meistens wird eine Grobeinteilung in mathematische, technische und schließlich gesellschafts- und geschichtswissenschaftliche Wissenschaften vorgenommen. Letztere sind in einem umfassenden Sinn zu verstehen und werden daher zuweilen auch als *Kulturwissenschaften* bezeichnet. Eigentlich müßte also von ‹Protomathematik›, ‹Prototechnik› usw. gesprochen werden, aber in der Praxis wird das Präfix ‹Proto-› nur vor Bezeichnungen für Einzelwissenschaften gestellt, zum Beispiel – und besonders – ‹Protophysik›.

Weiter wird gemäß philosophischer Tradition unterschieden zwischen materialen und formalen Wissenschaften. Besagt diese Unterscheidung normalerweise, daß materiale Wissenschaften, im Unterschied zu den formalen, einen besonderen Gegenstandsbereich, eine ‹Materie›, haben, so unterscheidet die Erlanger Schule die formalen und die materialen Wissenschaften nach den verschiedenartigen Begründungstypen für deren Aussagen. Eine Wissenschaft ist formal, wenn sie sich bei der Argumentation für ihre Aussagen ausschließlich auf Regeln für die Manipulation von Formeln beruft. Die einzigen formalen Wissenschaften sind die formale Logik und die Mathematik im engeren Sinn: Arithmetik, klassische Analysis (Differential- und Integralrechnung) sowie die abstrakten Disziplinen Mengenlehre, Algebra und Topologie, nicht aber Geometrie. Die materialen Wissenschaften begründen ihre Aussagen mit Hilfe weiterer Regeln sowie empirischer Daten, das heißt durch Sinneserfahrung.

Status

Wie bereits erwähnt, war der Gründer der Erlanger Schule ursprünglich Mathematiker. So ist es nur natürlich, daß Lorenzen sich in seinen frühen Arbeiten mit den Grundlagen dieser Disziplin befaßte. Inspiriert durch Herman Weyl (1895–1955) und insbesondere Hugo Dingler, versucht er in seinen Aufsätzen aus der ersten Hälfte der 50er Jahre die Mathematik als konstruktive Wissenschaft zu begründen.[7] In seinem ersten Hauptwerk, *Einführung in die operative Logik und Mathematik* von 1955, kommt eine andere Terminologie zur Anwendung: Die Mathematik – und also auch die formale Logik – wird als operative Wissenschaft bezeichnet. Diese unterschiedliche Namengebung ist jedoch nicht sachlich begründet, und in späteren Arbeiten ist «konstruktiv» wieder die gängige Bezeichnung. Die formalen Wissenschaften befassen sich mit der schematischen Konstruktion von Gegenständen mittels konkreter Zeichen oder Symbolen. So werden beispielsweise Zahlen auf dieser Grundlage durch Abstraktion konstruiert. Diese Rekonstruktion der Mathematik hat Lorenzen auch weiterhin beschäftigt, was zur Erarbeitung einer Metamathematik führte. Diese Bezeichnung geht auf den Mathematiker David Hilbert (1862–1946) zurück. Die Disziplin befaßt sich mit der mathematischen Analyse formaler Systeme wie der Zahlentheorie. Sein Ansatz hat es Lorenzen ermöglicht, zu einem Teil dieses Fachbereichs, der von grundlegendem philosophischen Interesse ist, Wesentliches beizutragen.

In Zusammenarbeit mit Kuno Lorenz (1932–1994) hat Lorenzen außerdem die dialogische Begründung der Logik[8] erarbeitet. Wenn die Logik als eine operative Wissenschaft betrachtet wird, dann hat sie mit der Transformation von Formeln zu tun. Eine noch grundlegendere Betrachtungsweise ist der Ausgangspunkt für die dialogische Begründung. Die Logik soll eine allgemeine Argumentationslehre sein. Argumente können nun aber als schematisierte Dialoge zwischen zwei Diskussionsteilnehmern betrachtet werden, wobei es möglich ist, Regeln des logischen Schließens zu begründen, indem man sie als vernünftig erweist im Hinblick auf den Zweck derartiger Dialoge.

Die Erlanger Schule hat sich sowohl horizontal wie auch vertikal entwickelt. Was die Entwicklung in die Breite angeht, haben ihre Mitglieder unter Mitwirkung Lorenzens mehrere Wissenschaften unter die Lupe genommen und die sog. Protowissenschaften für verschiedene Einzelwissenschaften entwickelt. Insbesondere haben Lorenzen und Peter Janich (geb. 1942) – in geringerem Umfang auch Friedrich Kambartel (geb. 1935) – die verschiedenen Teile der Protophysik entwickelt, darunter eine konstruktive Auffassung der Geometrie.[9] Von den Mitgliedern der Schule haben die meisten – insbesondere Oswald Schwemmer (geb. 1941) – außerdem zur Theorie der Gesellschafts- und Geschichtswissenschaften Grundlegendes beigetragen, selbstverständlich in enger Anlehnung an die Auffassung von Ethik ihrer Schule.[10]

Die Erlanger Schule hat sich aber nicht mit der Behandlung einer Wissenschaft nach der anderen gemäß dem Programm von Paul Lorenzen innerhalb der Grundlagen der formalen Wissenschaften begnügt. Darüber hinaus hat sie im Sinne einer Tiefenentwicklung auch versucht, die allgemeinen wissenschaftstheoretischen Prinzipien explizit zu formulieren. Diese Prinzipien sind mehrfach umformuliert und revidiert worden, auch aufgrund der Kritik Außenstehender. Diese Bestrebungen haben zu dem allgemeinen Erlanger Programm der Rekonstruktion der Wissenschaften geführt. Besonders Lorenz und der ehemalige Theologe Wilhelm Kamlah (1905–1976) haben in Zusammenarbeit mit Lorenzen den sprachphilosophischen Teil des Programms entwickelt.[11] Fragen und Probleme der Begründung sind insbesondere von Jürgen Mittelstrass (geb. 1936) behandelt worden – wiederum nach entsprechenden Anregungen durch Lorenzen.

Aufgrund dieser Arbeiten war die Schule nach und nach imstande, Lehrbücher in Übersichtsform auf unterschiedlichen Stufen zu verfassen; dazu gehört in erster Linie Lorenzens und Schwemmers *Konstruktive Logik, Ethik und Wissenschaftstheorie* von 1973. Als etablierte Schule mit dem Bedürfnis, ihre Standpunkte gegenüber Anhängern und Gegnern deutlich zu markieren, bemühte sie sich insbesondere um eine Klärung ihres Verhältnisses zur philosophischen Tradition. Dieses Bemühen hat seinen Ausdruck in den Rekonstruktionen klassischer philosophischer Texte[12] sowie in historischen Monographien gefunden, etwa dem großen Werk von Mittelstrass: *Neuzeit und Aufklärung* (1970).

Lebhaft waren auch die Debatten mit Vertretern anderer Richtungen. Auf Kritik gestoßen ist die allgemeine Begründungstheorie der Erlanger insbesondere bei den kritischen Rationalisten mit Hans Albert (geb. 1921) an der Spitze[13] sowie bei den analytischen Wissenschaftstheoretikern in Deutschland, hier vor allem bei Wolfgang Stegmüller (1923–1991).[14] Von den Neomarxisten ist insbesondere in bezug auf die Ethik, Teile der Sprachphilosophie sowie zu den Überlegungen zur Grundlage der Gesellschaftswissenschaften Kritik laut geworden.[15] Dem Programm einer Protophysik wird von mehreren Seiten widersprochen[16], und der bedeutendste noch lebende Vertreter der deutschen hermeneutischen Phänomenologie, Hans-Georg Gadamer (geb. 1900), spricht den sprachphilosophischen Beiträgen der Erlanger Schule jegliche Bedeutung ab.[17]

Auf der anderen Seite gibt es Anzeichen für ein gestiegenes positives Interesse im In- und auch im Ausland. Die Schule ist nicht länger nur in Erlangen aktiv, sondern ihre Mitarbeiter sind an mehreren Universitäten, insbesondere in Konstanz tätig. Ein relativ frühes Interesse in England führte dazu, daß Lorenzen 1967 bis 1968 nach Oxford eingeladen wurde, um sein Programm dort vorzustellen, und diesem Interesse ist die Herausgabe eines der Hauptwerke der Schule in englischer Sprache gefolgt.[18]

Die methodische Ordnung der Erkenntnis

Von Hugo Dingler hat die Erlanger Schule die Forderung übernommen, daß die Wissenschaften methodisch begründet werden müssen. Diese Forderung beinhaltet, daß eine Begründung schrittweise und zirkelfrei zu erfolgen hat.[19] Sie muß außerdem vollständig sein. Die schrittweise Begründung soll jede Stufe der Begründung explizit ausführen. Dies ist von besonderer Bedeutung, weil für jeden Begründungsschritt eine Rechtfertigung, eine Angabe des Grundes, weshalb er vollzogen werden muß, verlangt wird. Die Zirkelfreiheit bedeutet, daß bei der Begründung pragmatische Zirkel zu vermeiden sind. Da dieser Grundsatz voraussetzt, daß die Begründungsstufen in einer gewissen Reihenfolge vorgenommen werden, spricht man auch vom Prinzip der pragmatischen Ordnung einer Begründung.[20] Dieses Prinzip setzt allgemein voraus, daß sachlich primäre Begründungsstufen vor sekundären Stufen liegen müssen.

Aus dem Grundsatz der Zirkelfreiheit ergeben sich u. a. die üblichen Verbote, Termini zirkulär zu definieren und das, was man beweisen möchte, vorauszusetzen. Er reicht jedoch noch weiter, weshalb auch von pragmatischen Zirkeln gesprochen wird. Es sei hier an eine der Hauptbedeutungen des griechischen ‹Pragma› erinnert, nämlich Handlung oder Tat. Das Prinzip verbietet die Durchführung einer Begründungsstufe, solange sachlich vorausgehende Stufen noch nicht durchgeführt worden sind. Zirkuläre Definitionen und Argumente, als Handlungen eines Sprechers betrachtet, stellen als Verletzung dieses Prinzips Sonderfälle dar. Die pragmatische Ordnung verbietet beispielsweise auch, eine Wissenschaft als experimentierfähig anzusehen, bevor ihre experimentelle Ausrüstung hinreichend definiert worden ist.

Insbesondere die Forderung nach Vollständigkeit der Begründung ist umstritten und hat zum Vorwurf geführt, die Mitglieder der Erlanger Schule seien dogmatische ‹Neo-Dinglerianer›. Von seiten der kritischen Rationalisten ist das sog. Münchhausen-Trilemma ins Feld geführt worden, um zu zeigen, daß die Forderung nach Vollständigkeit zu Dogmatismus führt.[21] Ein Trilemma ist ein dreigliedriges Argument, wovon jedes der Glieder die beiden andern ausschließt. Der Name ‹Trilemma› ist ein Analogon zum Begriff des Dilemmas als Bezeichnung für ein entsprechendes zweigliedriges Argument. Das Münchhausen-Trilemma erhielt seinen Namen nach dem Lügenbaron Münchhausen, der sich an seinen eigenen Haaren aus dem Sumpf herauszog. Es handelt sich um ein altbekanntes Argument, das auf den Kantianer Jacob Fries (1773–1843) zurückgeht und deshalb auch Friessches Trilemma genannt wird.

Das Argument soll zeigen, daß es unmöglich ist, eine Aussage vollständig zu begründen. Man begründet eine Aussage, indem man andere Aussagen zur Unterstützung der ersten anführt. Wenn die Begründung vollständig sein soll, müssen die begründenden Aussagen ihrerseits wieder begründet werden. Daraus ergeben sich drei Möglichkeiten. Erstens: Die Kette der Begründungen setzt sich bis ins Unendliche fort. Ein solcher *unendlicher Regreß* ist jedoch unannehmbar, weil die ursprüngliche Aussage nie begründet wird. Oder man führt zweitens an irgendeiner Stelle der Argumentation eine Behauptung an, die vorher schon einmal benutzt wurde. Von dieser Aussage kann man zwar sagen, sie sei bereits vorläufig begründet worden; wenn sie nun aber erneut auftritt, dann wird sie ja benutzt, um sich selbst zu begründen. Man argumentiert in diesem Falle zirkulär, was nicht erlaubt ist. Drittens kann die Begründung willkürlich auf irgendeiner Stufe abgebrochen werden. In dem Fall muß man aber gewisse Aussagen ohne eine Begründung akzeptieren. Diese werden somit als Dogmen behandelt, die nicht zur Diskussion stehen. Dieser Dogmatismus ist der einzige Ausweg, wenn die Forderung nach Vollständigkeit aufrechterhalten werden soll.

Die Erlanger Schule akzeptiert zwar dieses Trilemma-Argument, behauptet aber, daß das Begründungsprogramm der Schule davon nicht betroffen sei. Das hängt damit zusammen, daß das Argument nach Ansicht der Schule nur für einen bestimmten Begründungstyp Gültigkeit hat. Was den ersten Punkt anbelangt, so betont Mittelstrass, daß die Forderung nach Vollständigkeit sich ausschießlich auf die Form der Begründung bezieht. Dagegen distanziert die Schule sich von Dinglers Auffassung, nach der aus einer vollständigen Begründung eine absolut sichere Erkenntnis resultiert. Irren ist immer möglich, und auch bei einem vollständig begründeten Ergebnis kann aufgrund neuer Erkenntnisse gegebenenfalls zu Recht auf einer Revision des Ergebnisses bestanden werden.

Zum zweiten vertritt die Erlanger Schule den Standpunkt, das Argument treffe nur einen Sonderfall der Begründung, und zwar das logische

Schlußfolgern, die Deduktion, sowie abgeschwächte Formen der Ableitung von Aussagen aus anderen Aussagen. Dieser Einwand setzt daher einen enggefaßten Begriff von Begründung voraus, den Begriff der sog. deduktiven Begründung.[22] In der Erlanger Schule wird jedoch mit einem weiter gefaßten Begründungsbegriff gearbeitet. Unter der Begründung eines Satzes ist im Regelfall die Angabe eines Verfahrens zu verstehen, mit dessen Hilfe der Satz gegen jeden möglichen Einwand, jedes Gegenargument, verteidigt werden kann. Zudem wird vorausgesetzt, daß die Argumentation im Rahmen eines rationalen Dialogs stattfindet. Behauptet man, eine Aussage sei begründet, so hat man damit noch nicht vorhergesagt, daß man künftig jeden faktischen Dialog bezüglich dieser Aussage ‹gewinnen› wird. Man verpflichtet sich nicht, irrationale Diskussionsteilnehmer zu überzeugen. Dagegen verpflichtet man sich, jeden vernünftigen Einwand zu widerlegen.[23]

Der Begründungsbegriff der Erlanger Schule ist so weit gefaßt, daß er nicht nur Begründungen für Aussagen tangiert, sondern auch Rechtfertigungen für Handlungen, Zwecke und Normen. Ethik und Logik haben daher im weitesten Sinne die Aufgabe zu erläutern, worin die Vernünftigkeit eines Dialogs besteht. Vernünftig ist ein Dialog, wenn er gemäß dem sog. Vernunfts- oder Transsubjektivitätsprinzip geführt wird. Die Forderung nach Transsubjektivität schreibt den Dialogteilnehmern ein Überschreiten (lat. *transcendere*) ihrer eigenen Subjektivität vor, bei ihrem Versuch, eine vernünftige kommunikative Gemeinschaft herzustellen.[24]

Das Vernunftsprinzip ist dreigliedrig bzw. dreistufig. Verlangt wird zunächst, daß die Dialogteilnehmer sich auf einen gemeinsamen Sprachgebrauch einigen, daß sie Worte und Begriffe in der gleichen Weise benutzen. Zweitens wird gefordert, daß die Dialogteilnehmer die Sätze selbst akzeptieren müssen, welche die Gegenpartei als wahr oder gültig annehmen soll. Drittens verlangt das Prinzip eine Verallgemeinerung der ersten beiden Schritte, die also im Prinzip unter Berücksichtigung jedes möglichen Dialogpartners erfüllt sein müssen. Das bedeutet, daß der Sprachgebrauch allgemein erlernbar sein muß und kein Satz als Grund oder Einwand akzeptiert wird, sofern er nicht für jeden annehmbar sein kann.[25] Durch dieses Prinzip werden individuell und kulturell bedingte Unterschiede außer Kraft gesetzt. Die Vernunft ist lehr- und lernbar.[26]

Nun ist die allgemeine Formulierung des Transsubjektivitätsprinzips eine Sache. Eine ganz andere ist es, im Detail aufzuzeigen, was es erfordert, ihm zu folgen. Wird dafür die Bezeichnung ‹Logik› benutzt, so ist es eben die Aufgabe der Logik darzustellen, wie der Sprachgebrauch transsubjektiv gemacht werden kann. Logik ist die Vorschule der Vernunft.[27] Diese Aufgabe, das Herstellen von Transsubjektivität, wird mit der methodischen und kritischen Rekonstruktion unserer sprachlichen Argumentationsmittel ausgeführt.

Das Fundament

Bevor wir uns mit dieser Rekonstruktion eingehender beschäftigen, soll noch eine Besonderheit des Erlanger Begründungsbegriffs hervorgehoben werden, die in engem Zusammenhang steht mit der besonderen Form, die die sprachliche Rekonstruktion aufweist. Dies berührt zugleich einen zentralen Differenzpunkt mit den kritischen Rationalisten. Für diese nämlich dürften die obigen Ausführungen kaum eine befriedigende Antwort auf das Münchhausen-Trilemma geben. Der entscheidende Punkt wird vom wichtigsten Wortführer der kritischen Rationalisten, dem österreichisch-englischen Philosophen Karl Popper (geb. 1902), folgendermaßen formuliert: «Sätze (können) nur durch Sätze logisch begründet werden.»[28] Nach Popper kann man deshalb nicht davon sprechen, daß Beobachtungen oder Erfahrungen Aussagen begründen, eine Einsicht, die auch gegen die Erlanger Schule geltend gemacht werden kann. Denn auch wenn man einräumt, daß die Begründung einer Aussage aus einem Verteidigungsverfahren gegen jeden möglichen Einwand besteht, sind andere Aussagen dennoch weiterhin das einzige, was als Unterstützung für und als Einwand gegen eine Aussage angeführt werden kann. Popper und die kritischen Rationalisten bestreiten deshalb, daß eine Begründung vollständig sein kann, es sei denn, die Erlanger Schule könnte Aussagen anführen, die durch etwas anderes als Aussagen verteidigt werden.

Eben dies glaubt aber die Erlanger Schule bewerkstelligen zu können. Ihr Standpunkt wird auf verschiedene Weise formuliert. In einer der frühesten Programmpräsentationen der Schule, in *Methodisches Denken* von 1965, formuliert ihn Lorenzen, anknüpfend an die deutsche hermeneutische Tradition, mit den Worten Diltheys, die Erkenntnis könne «hinter das Leben nicht zurückgehen». Gemeint war damit ursprünglich, daß Erkenntnis letztendlich nicht begründet werden könne. Nach Ansicht von Lorenzen ist diese Konsequenz aber nicht zwingend. So ist es zwar richtig – und darin geht Lorenzen mit der Hermeneutik wie auch mit der Logistik einig –, daß das «Leben» bzw. die «natürliche Sprache» unhintergehbar ist. Lorenzen verdeutlicht dies anhand der These Ludwig Feuerbachs (1804–1872) und Karl Marx' (1818–1883), wonach die Praxis den Vorrang vor aller Theorie habe.[29] Die Konsequenz hieraus bedeute aber nicht den Verzicht «auf einen methodischen Anfang unseres Denkens (oder Erkennens)», es bedeute nicht, «daß wir gezwungen wären, diese natürliche Sprache mit ihren Regeln an den Anfang eines geplanten methodischen Aufbaus zu setzen»[30].

Lorenzens Interpretation und Inanspruchnahme des Diltheyschen Philosophems einer Unhintergehbarkeit des «Lebens», des praktischen Lebenszusammenhanges des Menschen, wurde später auch von seinen Schülern, so von Jürgen Mittelstrass, übernommen. Jede Begründung von Aussagen wie auch von Handlungen, Zwecken und Normen habe ihr Fundament in der Praxis. Mittelstrass spricht in diesem Zusammenhang davon, die Praxis habe einen transzendentalen Charakter.[31] Diese Kantische Wendung meint hier, daß Praxis der Erkenntnis vorausgeht, sie ermöglicht und ihr Grenzen setzt. Die Praxis ist daher selbst nicht theoretisch begründbar, wenngleich sie durch theoretische Einsicht geleitet, aufgeklärt und ‹stabilisiert› werden kann.[32]

Für die Erlanger Schule jedoch ist der Begriff der Praxis von der marxistischen Auslegung weit entfernt. Gemeint ist mit Praxis auch nicht all das, was wir tagtäglich tun. Es handelt sich vielmehr um eine Sammelbezeichnung für eine Reihe von Arten des elementaren Könnens bzw. der Fähigkeiten zu elementaren Aktivitäten sowie deren unmittelbaren Einsatz. In erster Linie geht es hier um die Sprachfähigkeit, die die Grundlage jeder theoretischen oder praktischen Aktivität ist. Der Mathematik liegt außerdem die Fähigkeit, Operationen mit konkreten Zahlenzeichen durchzuführen, sowie die Fähigkeit zu zählen zugrunde. Die Physik beruht auf der vortheoretischen, handwerklich-technischen Fähigkeit, physische Gegenstände zu handhaben und zu verarbeiten. Die Erlanger Schule hat nicht versucht, einen endgültigen Katalog fundamentaler Praxisformen aufzustellen, aber die obigen Ausführungen deuten den Inhalt des Praxisbegriffs an.

Die erwähnten Praxisformen selbst begründen nicht Aussagen, da sie nur ausgeübt werden. Die Praxis ist jedoch die Basis der Begründung. Um die Begründung in die Wege leiten zu können, müssen die elementaren Praxisformen gedeutet, das heißt, ihre Funktion muß gefunden werden. Letzten Endes müssen sie eine Rolle in der Befriedigung grundlegender, von der Kultur unabhängiger menschlicher Bedürfnisse spielen, wobei allerdings nicht jede faktisch vorliegende Praxis unmittelbar auf diesem Hintergrund gedeutet werden kann. Praxisformen und Bedürfnisse haben nämlich eine Geschichte. Die komplizierte Aufgabe der Deutung von Praxisformen ist einer besonderen gesellschaftswissenschaftlichen Disziplin zuzuordnen, die sich mit der Interpretation von Kultur beschäftigt.[33]

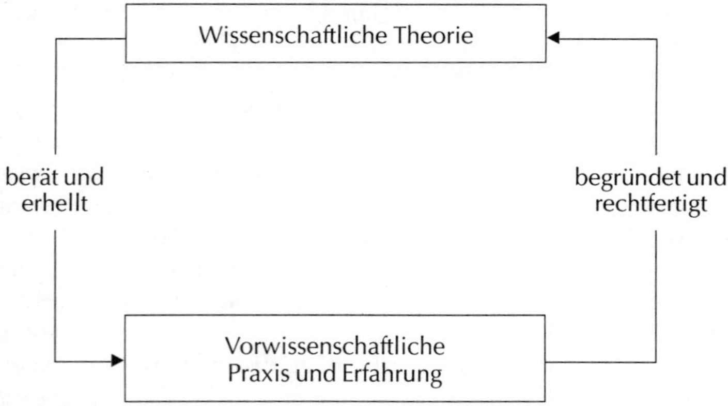

Nach Auffassung der Erlanger Schule haben wissenschaftliche Theorien die Aufgabe, vorwissenschaftliche Praxisformen zu erhellen und anzuleiten. Die Theoriebildung erfolgt unter dem Anspruch, daß sie – ausgehend von der vorwissenschaftlichen Praxis – normativ zu rechtfertigen und methodisch zu begründen sein muß.

Bei der Begründung theoretischer Erkenntnis aufgrund der Praxis muß davon ausgegangen werden, daß die erwähnte Deutung bereits in ausreichendem Umfang erfolgt ist. Im Rahmen des Erlanger Programms kann keine theoretische Wissenschaft begründet werden, ohne daß man den vernünftigen Sinn der Praxisform kennt, in der die Begründung ihren Ausgangspunkt hat. Im Lichte dieser übergeordneten Zielsetzung ist es möglich, die betreffende Praxis als Handlungsweise gemäß einer Norm oder einer Handlungsvorschrift zu verstehen. Diese Norm wird dann als der betreffenden Handlungsform ‹innewohnend› betrachtet. Diese impliziten, praxisanleitenden Normen sind es, mit deren Hilfe eine direkte Begründung von Aussagen möglich ist und die in der theoretischen Erkenntnis von grundlegender Art sind. Das meint das Prinzip des Vorrangs der Praxis vor aller Theorie.

Derselbe Gedanke wird zuweilen so ausgedrückt, daß die Wissenschaften ein normatives Fundament haben.[34] Weil deren Normen befolgt werden, sind gewisse fundamentale Aussagen wahr. Andere Aussagen lassen sich wiederum mit Hilfe dieser fundamentalen Aussagen begründen, und auf diesem Wege wird eine vollständige methodische Begründung der Wissenschaften ermöglicht. Die Begründung gilt dann als durchgeführt, wenn das normative Fundament der Wissenschaften geklärt ist, so daß daraus hervorgeht, wie ihre Aussagen in rationalen Dialogen kritisch befragt und verteidigt werden können.

Die Rolle der Sprache

Die Rekonstruktion der Wissenschaften besteht aus einer Rekonstruktion ihrer sprachlichen Ausdrucks- und Argumentationsmittel. Ziel ist die fortschreitende Verwirklichung des Transsubjektivitätsprinzips in wissenschaftlichen Dialogen über Aussagen und Normen. Diese Rekonstruktion nimmt ihren Ausgangspunkt im grundlegenden Teil unserer «lebensweltlichen Praxis», nämlich der elementaren Sprachfähigkeit, die in jeder wissenschaftlichen Begründungspraxis enthalten ist. Dagegen kann die Sprachfähigkeit selbst nicht begründet werden.

Der Umstand, daß keine Begründung über die Fähigkeit des Sprachgebrauchs hinausgehen kann (Unhintergehbarkeit der Sprache), wurde von Mittelstrass eingehend behandelt.[35] Es sei jedoch betont, daß der genannte Umstand die Möglichkeit, einen bestimmten vorliegenden Sprachgebrauch relativ weitgehend zu begründen und zu revidieren, nicht ausschließt. Im Gegenteil, genau dies ist Bestandteil des Erlanger Programms einer Rekonstruktion der wissenschaftlichen Sprachmittel. Auch meint die Unhintergehbarkeit nicht, daß etwas falsch daran wäre, sich wissenschaftlich begründend mit Sprache im Sinne der Phonologie oder Morphologie auseinanderzusetzen. Es gibt physiologische, psychologische und soziologische Voraussetzungen, auf denen die menschliche Fähigkeit, artikulierte Laute zu formen und mittels dieser zu kommunizieren, beruht, und sich für diese Voraussetzungen zu interessieren, ist absolut legitim. Was dagegen weder problematisiert noch begründet werden kann, ist die Fähigkeit, etwas Wahres über einen Sachverhalt zu sagen – die Tatsache, daß Sprache im Grunde verläßlich ist.

In diese Richtung zielen die Überlegungen von Mittelstrass in bezug auf den fundamentalen Sprechakt, die Prädikation, das heißt, den Akt, etwas über einen Gegenstand zu sagen, indem man ihm ein Prädikat gibt – etwa die Aussage, dieser oder jener Gegenstand sei blau. Es ist, so Mittelstrass, nicht möglich, zu problematisieren oder zu begründen, warum wir imstande sind, diesen Sprechakt erfolgreich auszuführen. Mittelstrass zeigt dies, indem er die beiden Hauptarten der denkbaren Begründungsversuche seinerseits zu widerlegen versucht.

Beim sog. realistischen Begründungsversuch wird behauptet, die Vergabe von Prädikaten müsse durch die vorsprachliche Beschaffenheit der Welt begründbar sein. Die Welt ist nun einmal so eingerichtet, daß Gegenstände vorsprachlich aufgeteilt werden können in diejenigen, die blau sind, und diejenigen, die es nicht sind. Behauptet jemand von einem Gegenstand, er sei blau, so trifft das eben dann zu, wenn der bezeichnete Gegenstand zur Gruppe der blauen Gegenstände gehört. Die in der Welt geltende vorsprachliche Aufteilung in relativ stabile Klassen von Gegenständen erklärt also, wie es möglich ist, etwas Wahres über etwas zu sagen. Wäre die Welt total chaotisch, so wäre dies nicht möglich.

Mittelstrass lehnt diesen Begründungsversuch ab, weil er voraussetzt, daß wir einen von der Sprache unabhängigen Zugang zur Welt haben, was aber nicht der Fall sei. Die «vorsprachliche» Struktur der Welt wird in diesem Begründungsversuch ja gerade sprachlich beschrieben. Die Begründung ist daher zirkulär, und der gesamte Versuch mündet in lauter Tautologien.[36] Von einer vorsprachlichen und sprachunabhängigen Aufteilung der Wirklichkeit kann deshalb nicht gesprochen werden. Die Sprache ist und bleibt die Grundlage aller Unterscheidungssysteme, aller Kategorisierungen der Welt. Und eben das ist es, was dazu verleiten kann, es mit dem anderen, dem sog. *nominalistischen* Vorschlag zur Begründung der Prädikationsfähigkeit zu versuchen. Man könnte nun nämlich sagen, daß es nur dann möglich ist, etwas Wahres über die Welt zu sagen, weil die Welt ihre Struktur erst durch die Sprache erhält. Die vorsprachliche Welt sei eine nicht-strukturierte Welt. Auch ein solcher Begründungsversuch wird von Mittelstrass bestritten. Zum einen gibt er keine Antwort darauf, wie die eine Art, die Welt aufzuteilen, angemessener sein kann als eine andere.[37] Zum anderen äußert sich dieser Versuch nur scheinbar nicht über die vorsprachliche Struktur der Welt. In Tat und Wahrheit aber glaubt man, auch bei diesen Begründungsversuchen von der ‹Welt an sich› sprechen zu können. Der Unterschied besteht darin, daß der Realist der ‹Welt an sich› eine Struktur beimißt, der Nominalist dagegen eine Struktur in Abrede stellt. In beiden Fällen aber muß von einem sinnlosen Versuch gesprochen werden.[38]

Wir können uns zweifellos immer darauf einigen, anders zu sprechen, als wir es tun; aber wie es überhaupt und grundsätzlich möglich ist, in den Besitz einer brauchbaren Sprache zu kommen – diese Frage können wir nicht nur nicht beantworten, sie läßt sich nicht einmal adäquat stellen. Damit haben wir auf vollständige Begründungen im erwähnten Sinn aber nicht verzichtet. Im Gegenteil, der Umstand, daß die Begründungen irgendwo aufhören müssen – nämlich bei unserer «lebensweltlichen Praxis» –, ist selbst die Voraussetzung dafür, vollständige Begründungen geben zu können.

Was die konkrete Durchführung des Programms zur Rekonstruktion der wissenschaftlichen Sprachmittel anbelangt, knüpft die Erlanger Schule an Wittgensteins Gedanken der *Sprachspiele* an, wonach wir den Sinn eines Wortes kennen, wenn wir mit dem Gebrauch des Wortes vertraut sind und es in entsprechenden Situationen richtig anwenden können. Bereitet uns das Verständnis der ‹Bedeutung› eines bestimmten Worttyps Probleme, so müssen wir uns in einfache, idealisierte Situationen hineinversetzen, in denen diese Worte benutzt werden. Sprachspiele sind solche Situationen, und wir verstehen die betreffenden Worte, wenn uns die ‹Spielregeln› ihrer Anwendung in den relevanten Sprachspielen geläufig sind und wir imstande sind, diese Regeln zu befolgen.

Die Erlanger Schule übernimmt diese Auffassung der Sprache und wendet sie systematisch an. Das sprachliche Rekonstruktionsprogramm besteht darin, für jeden benötigten Worttyp einen Sprachspieltyp anzugeben, in dessen Rahmen die Benutzung der Wörter gelehrt und ihre transsubjektive Anwendung gesichert werden kann. Bestimmte Sprachspiele können nur ‹gespielt› werden, wenn man vorher bereits andere Sprachspiele beherrscht. Die Rekonstruktion erfolgt daher als eine geordnete Kette von Sprachspielbeschreibungen, beginnend mit dem Sprachspiel für die einfachsten sprachlichen Mittel. Da die einfachsten Sprachspiele zum Einführen vorwissenschaftlicher Ausdrucksmittel geeignet sind, wird dabei gleichzeitig die Wirkungsweise von Ausdrücken aus sog. natürlichen Sprachen, zum Beispiel der deutschen Normalsprache, veranschaulicht. Ein Nebenprodukt des Rekonstruktionsprogramms ist daher eine begründete, rationale Bedeutungstheorie für «natürliche Sprachen».[39]

Wie bereits erwähnt, stellt die Prädikation die einfachste Sprachhandlung dar. Diese kommt dadurch zustande, daß sich Sprecher mittels eines

Nominators auf jenen Gegenstand beziehen, über den etwas gesagt, das heißt, dem ein Prädikat angesprochen werden soll – die Erlanger Schule bezeichnet diesen Ausdruck auch als Prädikator. Nominator und Prädikator werden zu einem Elementarsatz verbunden, und zwar mit Hilfe eines Ausdrucks, der lediglich diese eine Funktion hat und ansonsten nichts bedeutet, einer sog. Kopula. Beispiele für Elementarsätze sind: «Dieser Backstein ist rot» und «Bello ist nicht schwarz». Der Prädikator ist in diesen beiden Fällen «rot» bzw. «schwarz», die Kopula ist «ist» bzw. «ist nicht», die Nominatoren sind «dieser Backstein» und «Bello». Diese Beispiele veranschaulichen übrigens auch die beiden Hauptgruppen von Nominatoren: Eigennamen wie «Bello» und Kennzeichnungen wie «dieser Backstein», wobei letzterer sich aus dem Prädikator «Backstein» und dem Indikator «dieser» zusammensetzt.

Die erwähnten sprachlichen Elemente sind Elemente der einfachsten Satzart. Das Rekonstruktionsprogramm muß deshalb mit der Erklärung beginnen, wie diese Sprachelemente eingeführt werden sollen, damit die Transsubjektivität gewährleistet ist. Es muß also ein Lehr-Sprachspiel für Prädikatoren und Nominatoren angegeben werden. Die Kopula dagegen wird nicht gesondert in einem besonderen Situationstyp gelehrt, eben weil sie isoliert betrachtet keine Bedeutung hat. Sie wird bei der Lehre der ersten Prädikatoren und Nominatoren quasi «mitgelehrt».[40]

Nun bestehen allerdings erhebliche Unterschiede in bezug auf die Zugänglichkeit jener Gegenstände, zu deren Benennung die Nominatoren herangezogen werden und über die die Prädikatoren etwas aussagen. Allgemein gilt, daß es am einfachsten ist, Sprachelemente einzuführen, die in einem sog. empragmatischen Sprachgebrauch verwendet werden können.[41] Dabei werden sprachliche Ausdrücke so angewendet, daß ein wechselseitiges Verständnis auch aufgrund der nichtsprachlichen Handlungen der Sprachanwender gewährleistet werden kann, weil ihr Vorhaben scheitern muß, wenn sie die Worte nicht in der gleichen Weise anwenden. Sind Jens und Uwe beispielsweise dabei, ein Haus zu bauen, wobei Jens die Maurerarbeiten verrichtet und Uwe für Werkzeuge und Material sorgt, so wird Jens von Zeit zu Zeit seinen Gehilfen auffordern, bestimmte Gegenstände herbeizuschaffen, indem er ihm «Backsteine», «Mörtel» und ähnliche Wörter zuruft. Dabei ist es klar, daß Uwes Handlungen Jens unmittelbar zeigen, ob sie beide ihre Prädikatoren in der gleichen Weise benutzen. Der empragmatische Sprachgebrauch unterliegt also einer direkten Handlungskontrolle. Dagegen ist dies beim sog. epipragmatischen Sprachgebrauch nicht der Fall, wo in einer handlungsvorbereitenden Weise beispielsweise von Situationen, Gegenständen und Handlungen gesprochen wird. Unter gewissen Umständen werden zwar in der epipragmatischen Sprache nur Ausdrücke benutzt, die auch empragmatisch hätten angewandt und eingeführt werden können; dabei kommen jedoch auch noch andere Ausdrücke zum Einsatz.

Empragmatisch anwendbare Prädikatoren werden durch die Angabe von Beispielen und Gegenbeispielen exemplarisch eingeführt.[42] Will eine Person einer anderen die Anwendung des Wortes «Baumstumpf» entsprechend der von ihr selbst benutzten Anwendung beibringen, so bringt sie dazu Beispiele und Gegenbeispiele, wobei sie zu erkennen gibt, was das eine und was das andere ist. Die Lehre ist beendet, wenn der Lernende die Reihe der Beispiele und Gegenbeispiele selbst fehlerfrei fortsetzen kann. Indikatoren wie «dieser» und «dieses» werden im Zusammenhang mit «Zeigehandlungen» eingeführt. Stehen bereits einige Prädikatoren zur Verfügung, so lassen sich aus diesen und den Indikatoren Kennzeichnungen zusammensetzen. Von hier aus kann dann weitergegangen werden zur Einführung von Eigennamen durch die Ausführung von «Taufhandlungen», indem man beispielsweise das, was der Ausdruck «dieser Hund» in einer gegebenen Situation bezeichnet, Bello tauft. Wenn die Elemente der Elementarsätze dem empragmatischen Sprachgebrauch zuzuordnen sind, dann bereitet ihre Einführung also keinerlei Probleme. Die Sprachrekonstruktion wird erst dann auf die Probe gestellt, wenn Methoden zur Einführung von Nominatoren und Prädikatoren, die empragmatisch nicht kontrollierbar sind, angegeben werden müssen. Es gibt verschiedene Gründe, weshalb eine solche Kontrolle unmöglich sein kann; dazu Näheres im nächsten Abschnitt.

Zuvor soll kurz von der Einführung eines weiteren Ausdrucktyps die Rede sein, und zwar von den logischen Konstanten oder Operatoren.[43] Zu diesen gehören die sog. logischen Junktoren «nicht», «und», «oder», «wenn... dann» und «dann und nur dann, wenn», die Quantoren «alle» und «es gibt» sowie die Modalausdrücke «notwendigerweise» und «möglicherweise». Sie werden zur Bildung von zusammengesetzten Ausdrükken aus elementareren benutzt, zum Beispiel zur Bildung zusammengesetzter Sätze aus Elementarsätzen. Das Wesentliche an ihnen ist, daß ihr Vorhandensein von strategischer Bedeutung dafür ist, wie man für und wider die Wahrheit oder Gültigkeit der Sätze argumentieren kann. Sie sind also entscheidend für unsere Argumentationspraxis, und die Theorie der logischen Ausdrücke, die formale Logik, kann daher als eine Theorie eben dieser Praxis betrachtet werden. Die Argumentationspraxis ist folglich eine Begründungspraxis der formalen Logik, die wiederum aufgrund ihrer Aufklärungs- und Beratungsfunktion dieses Teils unserer «lebensweltlichen Praxis» ihre Berechtigung hat.

Bei der dialogischen Rechtfertigung der Logik geht die Erlanger Schule davon aus, daß jeder Argumentationsablauf als ein idealisierter, rationaler Dialog zwischen zwei Teilnehmern dargestellt werden kann, und zwar jeweils zwischen dem Proponenten und dem Opponenten. Derartige Dialoge werden durch drei übergeordnete Regeln gesteuert.[44] Die Anfangsregel besagt, daß der Dialog durch das Vorbringen einer Aussage von seiten des Proponenten eingeleitet wird. Die allgemeine Dialogregel legt fest, wie die Teilnehmer ihre gegenseitigen Aussagen angreifen oder sich gegen Angriffe verteidigen können. Schließlich wird durch die Gewinnregel definiert, welche abschließenden Dialogpositionen den ‹Sieg› für den Proponenten oder den Opponenten bedeuten. Die logischen Konstanten oder Operatoren können nun eingeführt werden, indem für ihre Anwendung in solchen Dialogen besondere Regeln angegeben werden. Bringt der Proponent beispielsweise eine Behauptung in der Form «p und q» vor, wobei «p» und «q» zufällige Sätze sind, so gibt die Regel für die Anwendung von «und» dem Opponenten das Recht, vom Proponenten zu fordern, daß dieser sowohl «p» als auch «q» verteidigt, und der Proponent unterliegt in dieser Dialog-Auseinandersetzung, wenn er dazu nicht imstande ist.

Wenn geklärt ist, wie für und wider eine Aussage in einem Dialog argumentiert werden kann – weil alle Teile systematisch eingeführt wurden –, wird die Aussage als dialogdefinit bezeichnet.[45] Die Regeln für die Anwendung logischer Ausdrücke sorgen dafür, daß zusammengesetzte Sätze, die aus dialogdefiniten Teilsätzen bestehen, selbst dialogdefinit werden. Dabei ist klar, daß es drei Möglichkeiten für eine Argumentation in bezug auf zusammengesetzte, dialogdefinite Sätze gibt. Zum einen kann es sein, daß in jedem rationalen Dialog über einen solchen Satz der Proponent Sieger bleibt, ohne einen richtigen Elementarsatz begründen zu müssen. In dem Fall ist der Satz logisch wahr. Verliert dagegen der Proponent jeden Dialog, ohne daß der Opponent einen Elementarsatz begründen muß, so ist der Satz logisch falsch. Schließlich kann der Ausgang des Dialogs von Elementarsätzen abhängen; in diesen Fällen ist der Satz kontingent. Da logische Wahrheiten wahr sind allein aufgrund der Art, wie wir bestimmte Worte benutzen – die logischen Konstanten nämlich –, werden sie traditionsgemäß als analytische Wahrheiten bezeichnet. Da die Einsicht ihrer Wahrheit außerdem erfahrungsunabhängig ist, sind sie a priori wahr.

Wird das System der logischen Wahrheiten als eine Logik bezeichnet, so erweist es sich, daß scheinbar relativ geringfügige Änderungen in den allgemeinen Bestimmungen der Dialogregel über die Angriffs- und Verteidigungsmöglichkeiten des Proponenten sowie in den Regeln für die Anwendung von «nicht» und «wenn ... dann» zu verschiedenen Logiken führen. Zwei davon, nämlich die sog. klassische und konstruktive Logik, sind alte Bekannte. Die klassische Logik gilt in Bereichen, in denen jede Aussage entweder wahr oder falsch ist, was in der philosophischen Tradition praktisch eine durchgängige Anforderung an Aussagen gewesen ist. Die konstruktive Logik ist formal identisch mit der sog. intuitionistischen Logik, von der unter anderem L. E. J. Brouwer (1881–1966) und A. Heyting (1898–1982) behaupten, sie sei die der Mathematik zugrunde liegende Logik. Die dritte Logik, die streng-konstruktive, ist dagegen eine Entdeckung der Erlanger Schule, ebenso wie der zuvor angedeutete Zusammenhang zwischen verschiedenen Logiken, gemäß dem die bekannten Logiken als Sonderfälle der streng-konstruktiven betrachtet werden können.[46]

Die Sprache der Wissenschaften

Eines der einfachsten Mittel zur Präzisierung des Sprachgebrauchs zu wissenschaftlichen Zwecken sind die unterschiedlichen Arten von Definitionen, von denen wiederum die explizite Definition die einfachste ist. Stehen bereits die Prädikatoren P und Q zur Verfügung, so kann ein neuer Prädikator, R, mit Hilfe der folgenden Definitionsregel eingeführt werden: Für jeden Gegenstand soll gelten, daß er R ist, dann und nur dann, wenn er sowohl P als auch Q ist. In diesem Fall sollen einem Gegenstand also zwei Prädikatoren zugeschrieben werden können, damit ihm auch R zugeschrieben werden kann. Mehr als ein Prädikator ist zur Definition darum erforderlich, weil keine Veranlassung bestünde, den neuen Prädikator einzuführen, wenn er sich mit Hilfe eines einzelnen bekannten Prädikators definieren läßt. In einem solchen Fall wären die beiden Prädikatoren per definitionem synonym. Wie bereits erwähnt, sind logische Wahrheiten analytisch und a priori erkennbar. Das gilt auch für Sätze, bei denen die Wahrheit allein mit Hilfe von Logik und Definitionen einzusehen ist, etwa «Alle Junggesellen sind unverheiratet». Derartige Wahrheiten werden von der Erlanger Schule als formalanalytisch bezeichnet.[47]

Eine andere Methode zur Präzisierung des Sprachgebrauchs besteht in der sog. Normierung von Prädikatoren im Verhältnis zueinander. In den einfachsten Fällen erfolgt diese Normierung mittels einer begründeten Regel in der folgenden Form: Für jeden Gegenstand soll gelten, daß er, wenn er P ist, auch Q ist. Sätze, deren Wahrheit allein aufgrund von Logik, Definitionen und Normierungen einzusehen sind, werden als material-analytische Wahrheiten bezeichnet.[48] Ein Beispiel wäre: «Rote Gegenstände sind nicht blau». Auch diese Wahrheiten sind a priori erkennbar. Beachtet werden sollte jedoch, daß die Begründung der Normierung mit Rücksicht darauf erfolgt, wie eine Normierung zweckmäßigerweise vorgenommen werden kann, und daß diesbezügliche Einsichten von vorwissenschaftlicher Erfahrung abhängig sind. Dies ist es, was sich hinter der Formulierung «material»-analytische Wahrheiten verbirgt.[49]

Die zuletzt erwähnten Methoden bringen die Rekonstruktion der wissenschaftlichen Sprachmittel jedoch nicht wesentlich weiter. Denn unter diesen gibt es eine Reihe von Ausdrücken, die sich nicht empragmatisch kontrollieren lassen; dabei ist insbesondere an Ausdrücke für abstrakte und ideale Gegenstände zu denken. Zu den abstrakten Gegenständen gehören Phoneme, Begriffe, Mengen, Fakten und Zahlen. Die idealen Gegenstände umfassen beispielsweise geometrische Orte, Linien, Flächen, Räume und Körper. Sämtliche theoretischen Wissenschaften beruhen auf der Möglichkeit, von solchen Gegenständen zu sprechen, weshalb diese Sprechweise im Rekonstruktionsprogramm enthalten sein muß. Andererseits sind abstrakte und ideale Gegenstände nicht in der gleichen unmittelbaren Weise zugänglich, wie dies bei den konkreten Dingen unserer Umwelt der Fall ist. Traditionsgemäß sind ideale Gegenstände oft mit einem gewissen Argwohn betrachtet worden. Die Erlanger Schule versucht, einen transsubjektiven Sprachgebrauch in bezug auf diese Gegenstände zu ermöglichen, ohne daß sie sich verpflichtet, die Existenz dieser Gegenstände unabhängig von unserer Erkenntnisaktivität nachzuweisen. Sie sind gewissermaßen das Ergebnis unserer konstruktiven Aktivität.

Es gibt eine lange Tradition, die die Abstraktion als eine geistige Leistung betrachtet, die darin besteht, von gewissen Aspekten einer Sache oder eines Gegenstandes zugunsten der Konzentration auf einen einzelnen Aspekt abzusehen.[50] Die Erlanger Schule weist diese Auffassung zurück, wenngleich diese Sichtweise nach ihrem eigenen Verständnis ein Teil der Abstraktion ist. Ausgehend von Freges Modell der Definition natürlicher Zahlen betrachtet man die Abstraktion als eine besondere

Weise des Sprechens. Der Kerngedanke dieser Abstraktionstheorie ist, daß das Sprechen über abstrakte Gegenstände als abstrahierendes Sprechen über konkrete Gegenstände aufgefaßt wird. Abstrahieren heißt demnach, so zu sprechen, daß das Gesagte nur einen einzelnen Aspekt des besagten Gegenstands betrifft. Das Sprechen über abstrakte Gegenstände wie Zahlen, Begriffe und Fakten kann als abstrahierendes Sprechen jeweils über konkrete Zahlwörter, Prädikatoren und Sätze verstanden werden. Das heißt nicht, daß wir über diese abstrakten Gegenstände nicht in der gewohnten Weise sprechen dürfen. Die Rekonstruktion zeigt ja gerade, daß es sich dabei um eine harmlose *façon de parler* handelt.[51]

Sprechen wir von Begriffen, so sprechen wir, wie bereits angedeutet, in abstrahierender Weise von Prädikatoren. Weiter oben war davon die Rede, wie Prädikatoren eingeführt werden können. Stellen wir uns nun vor, daß die eingeführten Prädikatoren im Verhältnis zueinander normiert würden, so wäre klar, welche Prädikatoren in gleicher Weise angewendet würden, das heißt synonym wären. Über diese normierte Sprechpraxis können wir nun sprechen. Das bedeutet, daß wir etwas über die Prädikatoren sagen, indem wir ihnen andere Prädikatoren zuordnen – wie in den beiden Sätzen: «‹Hagestolz› beginnt mit ‹H›», und «‹Hagestolz› kann man zu Recht von jedem unverheirateten Mann über dreißig sagen». Die Abstraktion kommt dadurch zustande, daß wir unser Sprechen über Prädikatoren in wohlgeordneter Weise beschränken. Wir ordnen einem Prädikator nur solche Prädikatoren zu, die wir auch allen mit diesem Prädikator synonymen Prädikatoren zuordnen würden. In diesem Fall sprechen wir in abstrahierender Weise von diesem Prädikator, und wir können uns erlauben zu sagen, daß wir über einen Begriff sprechen, den der Prädikator ausdrückt. Um zu verstehen zu geben, daß wir dies tun, führen wir das Wort ‹Begriff› ein und plazieren es vor die Prädikatoren, von denen wir abstrahierend sprechen – etwa: «der Begriff ‹Hagestolz›». Das Wort ‹Begriff› ist ein Beispiel für einen besonderen Worttyp, durch den abstrahierende Sprache angedeutet wird, nämlich die sog. Abstraktoren.[52]

Im oben genannten Beispiel kann der erste Satz nicht zum abstrahierenden Sprechen über «Hagestolz» angewendet werden; denn «Hagestolz» ist synonym mit dem zusammengesetzten Prädikator «unverheirateter Mann über dreißig», und dieser Prädikator beginnt ja nicht mit «H». Dagegen kann der zweite Satz abstrahierend benutzt werden; denn «unverheirateter Mann über dreißig» kann anstelle von «Hagestolz» eingesetzt werden, ohne daß der Wahrheitswert des Satzes sich ändert.

Ähnliches gilt für alle anderen Prädikatoren, die mit «Hagestolz» synonym sind. Folglich können wir uns zu Recht die Behauptung erlauben, der Begriff «Hagestolz» könne jedem unverheirateten Mann über dreißig zugeordnet werden.

Allgemeiner formuliert sprechen wir von den Gegenständen a, b, c, . . ., wenn wir von jedem von ihnen – etwa von a – nur das sagen, was wir über jeden der anderen auch sagen würden, wenn er in dieser oder jener Hinsicht äquivalent mit a wäre. In den vorhergehenden Beispielen waren die Gegenstände Prädikatoren, und die Äquivalenzbeziehung war die Synonymie. Abstraktionen können nur dort eingeführt werden, wo eine solche Äquivalenzbeziehung gegeben ist.[53]

Dieses Abstraktionsverfahren hat eine lange Reihe von Anwendungen. Von der Tatsache oder dem Sachverhalt zu sprechen, daß Cäsar über den Rubikon ging, heißt, abstrahierend über den wahren Satz «Cäsar ging über den Rubikon» zu sprechen. Die Äquivalenzbeziehung, die der Abstraktion zugrunde liegt, ist wiederum die Synonymie, aber in diesem Fall zwischen Sätzen.[54] Von Mengen zu sprechen heißt, von konkreten Ansammlungen von Gegenständen in einer solchen Weise zu sprechen, daß sie als identisch angesehen werden, wenn sie die gleichen Elemente aufweisen.[55]

Die Grundlage der Mathematik

Im letzten Beispiel wird der zentrale Stellenwert des Abstraktionsvorgangs in der Erlanger Auffassung von Mathematik deutlich. Bereits bei der Begründung der simplen Arithmetik der natürlichen Zahlen spielt die Abstraktion eine wichtige Rolle. Die Grundlage dieser Arithmetik ist eine bereits etablierte, vorwissenschaftliche Zählpraxis und die erlernte Fähigkeit, mit konkreten Zahlwörtern oder Zählzeichen zu operieren. Diese Praxis stellt die Begründungsbasis der Arithmetik dar, und sie ist es auch, die durch die wissenschaftliche Disziplin der Arithmetik aufgeklärt und angeleitet werden soll. Die erste Stufe bei der Rekonstruktion der Arithmetik besteht in der transsubjektiven Einführung der Zählzeichen und der Festlegung von Rechenregeln für sie.[56] Dies geschieht durch das Angeben eines Konstruktionsverfahrens für eine potentiell unendliche Anzahl von Zählzeichen. Dabei ist es im Prinzip belanglos, welches Aussehen diese Zählzeichen haben. Normalerweise benutzen wir «1», «2», «3» usw.; aber das Konstruktionsverfahren wird durchschaubarer, wenn wir statt dessen Striche nehmen, also «/», «//», «///» usw. Das Konstruktionsverfahren kann nun mit Hilfe von zwei Regeln angegeben werden, und zwar einer Anfangsregel und einer Fortsetzungsregel. Die erste besagt, daß «/» das erste Zählzeichen ist. Die Fortsetzungsregel besagt, daß, wenn wir bereits ein aus n Strichen bestehendes Zählzeichen konstruiert haben, es erlaubt ist, ein Zählzeichen mit $n + 1$ Zählzeichen zu konstruieren. Danach werden Regeln eingeführt, die eine Entscheidung darüber zulassen, welches von zwei zufälligen Zählzeichen das größere ist, und die festlegt, wie Summen und Produkte aus den eingeführten Zählzeichen berechnet werden. Man stellt sicher, daß die Operationen so ablaufen, wie es die Arithmetik normalerweise vorschreibt. Es kann bewiesen werden, daß die konstruierte Arithmetik Peanos fünf Axiome erfüllt.[57]

Das ist jedoch nur die erste Stufe bei der Rekonstruktion der Arithmetik; denn diese ist die Wissenschaft der Zahlen, und bislang wurden lediglich Zählzeichen eingeführt. An dieser Stelle hält die Abstraktion Einzug. Die Reihe der Zählzeichen ist bereits eingeführt, und aufgrund der Rechenregeln können wir von diesen Zählzeichen sprechen. Die Abstraktion besteht in diesem Fall darin, daß über jedes Zählzeichen nur das gesagt werden kann, was mit Hilfe der Konstruktionsregeln begründet werden kann. In solchen Aussagen wird insofern abstrahierend von den Zählzeichen gesprochen, als sie konstruktionsäquivalent sind. In Fällen, in denen ausschließlich so gesprochen wird, können wir uns die Aussage erlauben, daß von Zahlen die Rede ist, etwa bei der konstruktionsäquivalenten Aussage «/ + // = ///». Folglich ist dies eine arithmetische wahre Aussage über Zahlen. Dagegen wird in «/ ist schrägstehend» nicht von Zahlen gesprochen.[58]

Erwähnt wurde bereits, daß die Erlanger Schule zwischen logischen, formal-analytischen und material-analytischen Wahrheiten, die alle a priori gelten, unterscheidet. Auch die Wahrheiten der Arithmetik gelten a priori, weil über ihren Wahrheitswert erfahrungsunabhängig entschieden werden kann. Analytisch wahr sind sie allerdings nicht, sondern – und hier folgt die Erlanger Schule wiederum einem ursprünglich auf Kant zurückgehenden Sprachgebrauch – synthetisch. Diese Definition hat ihre Berechtigung, weil unter Berufung auf Konstruktionsregeln für und wider arithmetische Sätze argumentiert werden kann. Da diese Regeln die Manipulation mit formalen Ausdrücken betreffen, werden die wahren Sätze der Arithmetik als formal-synthetische Wahrheiten a priori bezeichnet.[59] Die Erlanger Schule läßt somit Kants Interpretation der Mathematik wieder aufleben, nach der diese aus synthetischen A-priori-Aussagen besteht, deren Wahrheit auf unserer konstruktiven Aktivität beruht.

Philosophie und Physik

Auch die Aussagen der Geometrie, die, wie bereits erwähnt, nicht der Mathematik, sondern der Protophysik zugeschrieben werden, sieht die Erlanger Schule als synthetisch wahre A-priori-Aussagen an. Bei der Rekonstruktion der Geometrie werden andere Wege gegangen als bei der Rekonstruktion der Arithmetik. Entsprechend wird mit anderen Mitteln für und wider geometrische Aussagen argumentiert. Man beruft sich hier auf gewisse Prinzipien oder Behauptungen, die in einer vorwissenschaftlichen, handwerklich-technischen Herstellungs- und Hantierungspraxis begründet sind. Um den Unterschied zur Mathematik im engeren Sinn zu markieren, werden geometrische Aussagen als material-synthetische Wahrheiten bezeichnet. Auch sie gelten a priori, jedoch aus anderen Gründen als bei den anderen Arten erfahrungsunabhängiger Erkenntnis.[60]

Wenn die Geometrie der Protophysik zugeordnet wird, dann deshalb, weil die Erlanger Schule die Auffassung vertritt, daß sie von der Physik als empirischer Wissenschaft vorausgesetzt wird. In der Physik sollen Erklärungen für Phänomene der materialen Welt gefunden werden. Zu diesem Zweck formuliert die Physik hypothetische Gesetzmäßigkeiten über allgemeine Zusammenhänge zwischen diesen Phänomenen. Aus Gründen der Präzision werden diese Gesetzmäßigkeiten quantitativ – im Regelfall in der Form funktionaler Zusammenhänge – formuliert. Die Gesetzmäßigkeiten müssen allerdings begründet oder einer Prüfung unterzogen werden, was dadurch geschieht, daß Aussagen aus ihnen abgeleitet werden, die mit dem Ausgang der kontrollierten Beobachtungen oder Experimente direkt konfrontiert werden. Da die Gesetzmäßigkeiten als mathematische, funktionale Zusammenhänge formuliert sind, muß die Experimentalphysik quantitative Daten sammeln können. Sie muß also messen und wägen.

All das stimmt mit der üblichen Auffassung der Physik als hypothetisch-deduktiver Wissenschaft gut überein. Der Erlanger Schule geht es besonders darum aufzuzeigen, daß die Physik, wenn sie experimentell imstande sein soll, quantitative Daten zu sammeln, davon ausgehen muß, daß solche Daten transsubjektiv zugänglich sind. Die Verläßlichkeit der Meßergebnisse muß also gegeben sein. Das bedeutet, daß eine Terminologie eingeführt werden muß, mit deren Hilfe die Meßergebnisse eindeutig beschrieben werden können. Die Protophysik hat nun die Aufgabe, diese Terminologie einzuführen und die Zusammenhänge zwischen den eingeführten Ausdrücken zu untersuchen. Sie ist daher eine Theorie über physikalische Messungen. Da die Experimente der Physik nur aufgrund einer solchen Protophysik möglich sind, muß die empirische Physik offenbar diese philosophische Wissenschaft voraussetzen. Da die Protophysik der empirischen Physik vorausgeht, sie ermöglicht und ihr bestimmte grundsätzliche Grenzen setzt, kann man von ihr – mit einem Ausdruck von Kant, dem wir schon früher begegnet sind – sagen, sie betreffe die *transzendentalen* Bedingungen der Physik. Offenkundig können die protophysikalischen Wahrheiten nicht von physikalischen Meßergebnissen abhängen, weil diese ja im Gegenteil die Protophysik voraussetzen. In diesem Sinne sind protophysikalische Sätze *a priori* wahr. Wie wir später noch sehen werden, sind sie jedoch nicht im absoluten Sinne a priori wahr, weil sie auf vorwissenschaftlicher Erfahrung beruhen. Sie sind es nur in dem eingeschränkten und relativen Sinn, als sie unabhängig sind von wissenschaftlicher Erfahrung, zu deren Ermöglichung sie beitragen.

Nun gibt es in der Physik drei grundlegende Arten der Messung, und zwar die Messung einer Länge bzw. räumlichen Ausdehnung, der Zeit bzw. zeitlichen Ausdehnung und der Masse bzw. stofflichen Menge – die beispielsweise in den Einheiten Meter, Sekunde und Kilogramm gemessen werden können. Mit jedem dieser Begriffe ist eine protophysikalische Teildisziplin verbunden, und zwar jeweils die Geometrie, Chronometrie und Hylometrie.[61] Diese Begriffe sind aus dem Griechischen abgeleitet und bedeuten die Lehre der Landvermessung, die Lehre der Zeitmessung und die Lehre der Stoffmessung. Die buchstäbliche Bedeutung des Wortes ‹Geometrie› spiegelt möglicherweise den geschichtlichen Ursprung dieser Wissenschaft als der Theorie der Landvermessung wider. Die grundlegende dieser drei Disziplinen ist die Geometrie, weil die Chronometrie diese voraussetzt und die Hylometrie sie beide voraussetzt.

Ein Beispiel aus der Hylometrie – übrigens der am wenigsten entwikkelte Teil des protophysikalischen Programms – mag die Problematik verdeutlichen. In einem Artikel polemisiert P. Janich gegen die Auffassung, die sich unter anderem bei W. Stegmüller findet[62]: Es sei eine er-

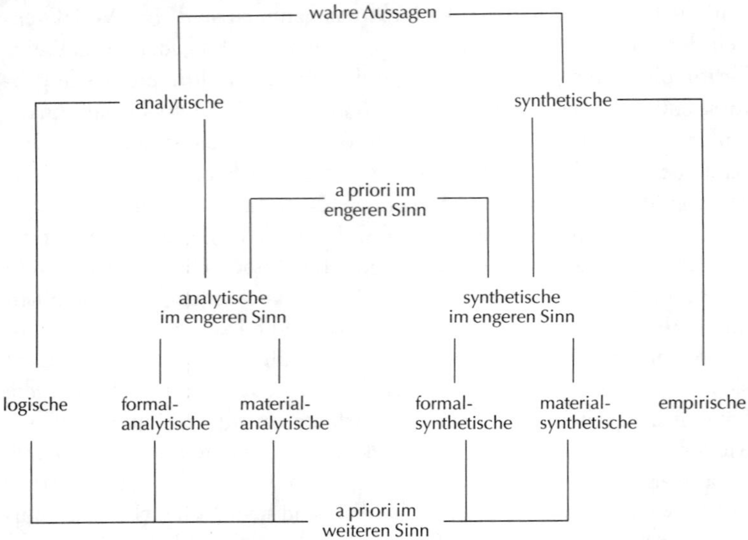

Das Schema zeigt die Erlanger Einteilung von Wahrheiten (nach P. Lorenzen und O. Schwemmer: Konstruktive Logik, Ethik und Wissenschaftstheorie, S. 271). Die Einteilung richtet sich nach der Art der Gründe, die beim Angriff auf bzw. der Verteidigung von Aussagen gültig angeführt werden können. Die Wahrheit logischer Wahrheiten läßt sich allein mit Hilfe der Dialogregeln, die jede rationale Diskussion bestimmen, nachweisen. Formal-analytische Wahrheiten lassen sich allein durch Anwendung logischer Dialogregeln und eigentlicher Definitionen erschöpfend begründen. Material-analytische Wahrheiten sind wahr aufgrund von Dialogregeln, eigentlichen Definitionen und Normierungen für Prädikatoren. Bei Verteidigung und Angriff in Dialogen über formal-synthetische Wahrheiten (z. B. arithmetische Aussagen) sind alle diese Mittel zulässig. Das charakteristische neue Mittel ist die Berufung auf formale Konstruktionsregeln. Material-synthetische Wahrheiten (z. B. protophysische Wahrheiten) berufen sich außerdem auf geometrische Homogenitätsbehauptungen, Funktionsnormen von Meßgeräten u. ä. Schließlich ist es ein Charakteristikum der empirischen Wahrheiten, daß sie mit systematisch gewonnenen Erfahrungen begründet werden.

fahrungswissenschaftliche Wahrheit, daß die Relation «leichter als» transitiv ist. Gemeint ist folgende Eigenschaft der Relation: Wenn a leichter ist als b und b leichter ist als c, dann ist a leichter als c. Stegmüller ist der Ansicht, daß diese allgemeine Aussage mittels einer Waage überprüft werden kann, und wenn sie wahr ist, so sei dies auf die besondere

Beschaffenheit der Welt zurückzuführen; denn sie hätte auch falsch sein können. Dagegen wendet Janich ein: Wenn sie falsch wäre, hätten wir auch keine Ahnung, was eine Waage ist. Stellen wir uns einmal vor, daß wir drei Körper, a, b und c, wägen und dabei feststellen, daß a leichter ist als b und b leichter ist als c, daß sich jedoch c im direkten Vergleich mit a als leichter erweist als a. Wir würden daraus nicht folgern, daß «leichter als» nicht transitiv ist. Vielmehr würden wir daraus schließen, daß mit der Waage etwas nicht in Ordnung ist. Entweder handelt es sich um ein anderes Instrument, das wir mit einer Waage verwechseln, oder sie ist falsch hergestellt bzw. falsch bedient worden. Die Transitivität von «leichter als» ist daher nicht etwas empirisch Überprüfbares, sondern lediglich eine Gerätefunktionsnorm – eine Norm, der die Waage entsprechen muß, um überhaupt als Waage anerkannt zu werden.

Die Protophysik hat die Aufgabe, solche Normen zur Festlegung physikalischer Meßgeräte zu formulieren. Die Hylometrie legt fest, was eine Waage ist. Die Chronometrie legt fest, was eine Uhr oder ein Chronometer ist. Schließlich ist es die Aufgabe der Geometrie, festzulegen, was ein Maßstab ist. Wie bereits erwähnt, ist die Hylometrie nicht besonders weit entwickelt.[63] Die Chronometrie hingegen ist entwickelt und abgerundet, vorausgesetzt, der geometrische Teil des Programms wird noch durchgeführt.[64] Es gibt aber Anzeichen dafür, daß das geometrische Programm nur in einer abgeschwächten Form verwirklicht werden kann.

Wie bei den anderen Wissenschaften basiert die Begründung der Geometrie auch auf einem Teil unserer elementaren lebensweltlichen Praxis, und zwar der handwerklich-technischen Herstellungspraxis.[65] Im Zusammenhang mit dieser Praxis wird empragmatisch eine vorwissenschaftliche ‹geometrische› Terminologie gelehrt, z. B. Ausdrücke wie «ebene Oberfläche», «gerade Linie». Diese Ausdrücke werden handwerklichen Herstellungsvorgängen entlehnt. So ist Glasern schon seit jeher bekannt, daß annähernd ebene Flächen durch wechselweises Schleifen dreier Glasstücke gegeneinander erzielt werden können, bis ihre Oberflächen jeweils paarweise zueinander passen. Keine in dieser oder einer ähnlichen Weise vorgebrachte Fläche wird jemals vollkommen eben im geometrischen Sinn werden. Man kann sich diesem Idealzustand aber so weit nähern, daß es für vorgegebene praktische Zwecke keinen Unterschied macht, eine noch bessere Annäherung jedoch immer möglich ist.

Es gibt also vorwissenschaftliche Herstellungsverfahren, die es uns ermöglichen, uns idealen geometrischen Normen, die nirgendwo auf der Welt in der Praxis vorkommen, asymptotisch zu nähern. Damit haben wir auch die Möglichkeit, kontrolliert und wissenschaftlich über sie zu sprechen. Unter einer geometrisch ebenen Fläche verstehen wir eine Fläche, die durch einen perfekten Schleifvorgang hervorgebracht würde. Damit ist festgelegt, was eine ebene Fläche ist; denn obwohl ein völlig perfektes Schleifen in der Praxis nicht durchführbar ist, kann die Schleifpraxis als von sog. Homogenitätsprinzipien beherrscht angesehen werden.[66] Diese schreiben Ideal-Eigenschaften vor, die beim Schleifen von wirklichen Gegenständen angestrebt werden sollen. Somit legen sie auch die Eigenschaften fest, die die geschliffenen Gegenstände hätten, wäre ein perfektes Schleifen möglich – und damit Eigenschaften von idealen geometrischen Gegenständen. Eine geometrisch ebene Fläche kann beispielsweise mit Hilfe von zwei Ideationen bestimmt werden, die zusammen besagen, daß kein Punkt der Ebene besondere geometrische Eigenschaften aufweist, aufgrund deren er anders wäre als die übrigen Punkte der Ebene.[67]

Die Bezeichnung «ebene Fläche» ist der erste geometrische Begriff, der rekonstruiert wird. Mit seiner Hilfe können die übrigen geometrischen Grundbegriffe «gerade Linie», «Punkt», «Parallelität» und «Rechtwinkligkeit» eingeführt werden, wobei man sich bei diesem Vorgang allerdings auf weitere Homogenitätsprinzipien berufen muß.[68] Auf dieser Grundlage kann dann der Begriff der Kongruenz zwischen Punktpaaren eingeführt werden, der in der protophysikalischen Auffassung der Geometrie eine zentrale Stellung einnimmt. Kongruenz zwischen dem Punktpaar A und B und dem Paar C und D bedeutet, daß zwischen der von A und B definierten Linie und der von C und D definierten mit Hilfe von Spiegelungen und Parallelverschiebungen eine Deckungsgleichheit erzeugt werden kann. Wenn dieser Kongruenzbegriff zur Verfügung steht, läßt sich festlegen, was ein Maßstab ist.

Die Längenmessung besteht aus einem Vergleich der gemessenen Länge mit einer auf einem Maßstab markierten Einheitslänge. Es versteht sich von selbst, daß es sich bei einem Maßstab um einen starren Körper handeln muß. Das Problem bei der Festlegung, was ein Maßstab ist, ergibt sich aus der Tatsache, daß eine Definition des Begriffs «starr» ohne die Verwendung von Ausdrücken aus der empirischen Physik nur schwer möglich ist. Entsprechend schwierig ist es auch festzustellen, ob ein Körper starr ist oder nicht, wenn man nicht bereits über einen Maßstab verfügt, von dem man weiß, daß er starr ist. Die Erlanger Schule kann allerdings definieren, daß unter einem starren Körper ein Körper zu verstehen ist, der folgende Eigenschaft aufweist: Wenn auf ihm ein

Punktepaar markiert ist, dann wird dieses Paar bei jeder Verlagerung des Körpers auf ein kongruentes Punktepaar übertragen werden.[69] Aufgrund dieser Rekonstruktion sollte es daher möglich sein, kontrolliert über Maßstäbe zu sprechen, und damit ist es auch möglich, Längen eindeutig zu messen.

Wie bereits erwähnt, ist die Rekonstruktion der Geometrie nie erfolgreich zu Ende gebracht worden. Die Erlanger Schule behauptet nun aber nicht nur, diese Rekonstruktion könne durchgeführt werden. Sie behauptet überdies, es würde sich bei der rekonstruierten Geometrie um die dreidimensionale euklidische Geometrie handeln, die wir alle auszugsweise in der Grundschule gelernt haben. Diese Geometrie also sei es, die für Maßstäbe gilt, und dies sei a priori einzusehen.

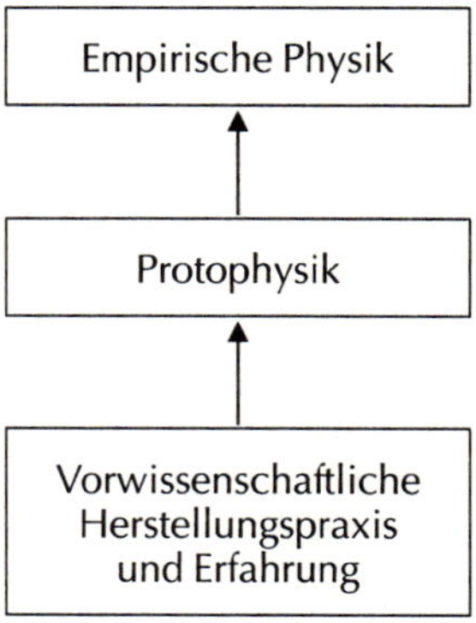

Die Experimentalphysik setzt gemäß dem Programm der Erlanger Schule eine Betrachtung der vorwissenschaftlichen Herstellungspraxis voraus. Bei dieser Betrachtung, die in der Protophysik systematisch durchgeführt wird, werden Normen für experimentelle Meßgeräte und damit das, was als wissenschaftliche Erfahrung zählt, festgelegt. Nach der ursprünglichen Form des protophysikalischen Programms können protophysikalische Wahrheiten ein für allemal definiert werden, weil die methodische Ordnung der Erkenntnis eine Revision der Protophysik aufgrund von experimentell erlangtem Wissen nicht zuläßt.

Diese doppelte Aussage hat einige Kritik auf sich gezogen.[70] Zum einen ist es üblich zu unterscheiden zwischen der *reinen* Geometrie, die a priori gilt, aber an sich nichts über die Beschaffenheit der Welt aussagt, und der *angewandten* oder *physikalischen* Geometrie, mit der die tatsächlichen räumlichen Gegebenheiten der wirklichen Welt beschrieben werden, die aber der empirischen Wissenschaft zuzurechnen ist. A priori kann nichts über die räumlichen Gegebenheiten der wirklichen Welt gesagt werden. Diese müssen durch Beobachtungen und Experimente festgelegt werden. Zum anderen wird darauf hingewiesen, daß es empirische Befunde gibt, die dazu berechtigen, die allgemeine Relativitätstheorie als wahr anzusehen. In diesem Fall jedoch ist der physikalische Raum nicht euklidisch, sondern vielmehr ein sog. gekrümmter Riemann-Raum. Da Maßstäbe physische Körper sind, unterliegen sie dieser Geometrie, was nicht nur von grundsätzlicher Bedeutung ist, sondern bei Messungen astronomischer Entfernungen einen wesentlichen Unterschied ausmacht.

Natürlich ist sich Lorenzen über diesen Einwand immer im klaren gewesen; aber er hat keine überzeugende Antwort darauf geben können, wie er mit der These, daß für Maßstäbe *a priori* die euklidische Geometrie gilt, vereinbar ist. Am zukunftsträchtigsten ist hier wohl die Antwort von Kambartel, bei der allerdings eine gewisse Neudeutung des protophysikalischen Programms erforderlich ist.[71] Die Antwort setzt eine bestimmte Ansicht über die Geschichte der Wissenschaft voraus, die denn auch einen Sonderfall des ursprünglichen Erlanger Beitrags zur Wissenschaftstheorie der Geschichts- und Gesellschaftswissenschaften darstellt. Kambartel unterscheidet zwischen normativer und faktischer Genese, eine Unterscheidung, die auf Lorenzen zurückgeht.[72]

Die faktische Genese einer Situation deckt sich im großen und ganzen mit der wirklichen Geschichte dieser Situation. Diese Situation kann ein Zustand in der physischen Entwicklung des Universums sein, ein Stadium in der Entwicklung einer biologischen Art, der Gebrauch der deutschen Sprache zu einem gegebenen Zeitpunkt, eine gesellschaftliche Institution oder eine wissenschaftliche Praxis. Wo menschliches Handeln im Spiel war, tauchen bezüglich der Genese einer Situation allerdings Fragen auf, die nicht allein durch eine Erklärung ihrer faktischen Genese beantwortet werden können. Nach Ansicht der Erlanger Schule haben die Gesellschaftswissenschaften generell die Aufgabe, Interessenkonflikte zu lösen, indem sie Normensysteme rechtfertigen, die in Konfliktsituationen aus rationalen Gründen befolgt werden sollten.[73] Das führt dazu, daß die Vernunft gegebener Normensysteme in Frage gestellt werden kann. Um diese Fragen beantworten zu können, muß die Genese des Normensystems überprüft werden. Bei dieser Überprüfung wird untersucht, inwieweit das System als Ergebnis einer stufenweisen Entwick-

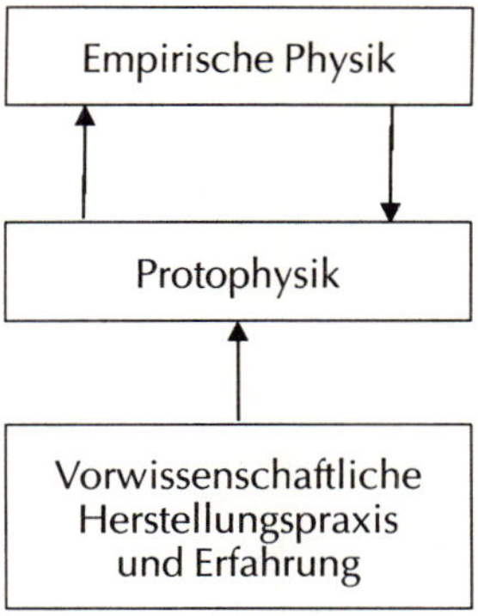

Die Änderung des protophysikalischen Programms, für die sich insbesondere Friedrich Kambartel ausgesprochen hat, bedeutet, daß die Protophysik aufgrund von Ergebnissen der experimentellen Physik revidierbar ist. Auf jeder Entwicklungsstufe der Physik setzt diese Wissenschaft eine protophysikalische Erläuterung des Meßgeräts und der wissenschaftlichen Erfahrung voraus. Diese Grundlage kann jederzeit umgedeutet werden, und diese umgedeutete Protophysik bildet dann ein neues Fundament für die weitere Entwicklung der empirischen Physik. Kambartel hält aber daran fest, daß die Geschichte der Physik notwendigerweise mit der «klassischen» Erläuterung des Meßgeräts beginnen mußte – beispielsweise der euklidischen Geometrie der Maßstäbe für die Messung von Längen.

lung rekonstruierbar ist, die zwei Bedingungen erfüllen muß: Zum ersten muß der Ausgangspunkt eine Sammlung von kulturunabhängigen Normen sein, die allein mit dem Hinweis auf grundlegende menschliche Bedürfnisse gerechtfertigt werden können. Zum zweiten muß jede neue Stufe in einem Übergang zu einer Sammlung noch differenzierterer Normen bestehen, die mit dem Hinweis auf eine Änderung der Situation gerechtfertigt werden können. Wenn ein Normensystem eine solche normative Genese aufweist, dann ist es gerechtfertigt. Ganz oder teilweise unvernünftig ist es, wenn eine solche Genese nicht aufgestellt werden kann.

Kambartel vertritt nun diesen Standpunkt auch in bezug auf die Geschichte der Physik. Unbestreitbar ist, daß der physische Raum beim gegenwärtigen Stand der Physik als nicht-euklidisch angenommen werden muß. Strenggenommen muß diese Annahme auch für Maßstäbe gelten. Trotzdem ist nicht daran zu rütteln, daß erstens Längenmessung in irgendeiner Form eine Erläuterung der Maßstabgeometrie voraussetzt, die den betreffenden Messungen zugrunde liegt und deshalb in bezug auf sie a priori gültig ist. Es ist jedoch möglich, daß faktisch vorgenommene Messungen uns rationale Gründe geben können, unsere Erläuterung der Maßstabgeometrie zu ändern. Freilich hätte in der Physik als Experimentalwissenschaft mit einer anderen Auffassung als der, daß Maßstäbe der euklidischen Geometrie unterliegen, gar nicht begonnen werden können. In der Genese der Normen der Physik muß der Ausgangspunkt nämlich die Geometrie sein, die von einer vorwissenschaftlichen Herstellungspraxis ausgehend begründet werden kann. Es gibt ja auf dieser Stufe keine wissenschaftliche Erfahrung, auf die man sich berufen könnte. Die protophysikalische Rekonstruktion der Geometrie zeigt jedoch, daß es sich bei dieser Geometrie um die euklidische handeln muß. Es war demnach kein Fehler, wenn in der Physik von einer euklidischen Erläuterung des Meßgeräts ausgegangen wurde, wenngleich wir aufgrund der späteren wissenschaftlichen Erfahrung annehmen müssen, daß diese Erläuterung im kleinen nicht ganz präzise und im großen drastisch falsch ist. Die Physik hätte rational betrachtet nicht anders handeln können. In diesem – erheblich abgeschwächten – Sinn kann weiterhin von einer *a-priori*-Grundlage der Physik gesprochen werden.

Texte

Blasche, S. / Schwemmer, O.: Methode und Dialektik. In: Mittelstrass, J. (Hg.): Methodologische Probleme einer normativ-kritischen Gesellschaftstheorie. Frankfurt / M. 1975.

Böhme, G. (Hg.): Protophysik. Frankfurt / M. 1976.

Gethmann, C. F.: Protologik. Frankfurt / M. 1979.

Janich, P.: Protophysik der Zeit. Mannheim 1969.

–: Zweck und Methode der Physik aus philosophischer Sicht. Konstanz 1973.

–: Eindeutigkeit, Konsistenz und methodische Ordnung. In: Kambartel, F. / Mittelstrass, J.: Zum normativen Fundament der Wissenschaft. Frankfurt / M. 1973.

– / Kambartel, F. / Mittelstrass, J.: Wissenschaftstheorie als Wissenschaftskritik. Frankfurt / M. 1974 *(= J / K / M)*.

–: Zur Protophysik des Raumes. In: Böhme, G. (Hg.): Protophysik. Frankfurt / M. 1976.

–: Ist Masse ein theoretischer Begriff? In: Zeitschrift für allgemeine Wissenschaftstheorie 8 (1977), S. 302–313.

Kambartel, F.: Erfahrung und Struktur. Frankfurt/M. 1968.

–/Mittelstrass, J. (Hg.): Zum normativen Fundament der Wissenschaft. Frankfurt/M. 1973 *(= K/M)*.

– (Hg.): Praktische Philosophie und konstruktive Wissenschaftstheorie. Frankfurt/M. 1974.

–: Wie abhängig ist die Physik von Erfahrung und Geschichte? In: Kambartel 1976, S. 151–171.

–: Theorie und Begründung. Frankfurt/M. 1976.

–: Zur Überwindung des Szientismus und Modellplatonismus in der Ökonomie. In: Zeitschrift für allgemeine Wissenschaftstheorie 8 (1977), S. 132–143.

Kamlah, W./Lorenzen, P.: Logische Propädeutik. Mannheim/Wien/Zürich 1967, ²1973 *(= K/L)*.

Kamlah, W.: Sprachkritische Grundlegung und Ethik. Mannheim 1972.

–: Philosophische Anthropologie. Mannheim 1973.

Lorenz, K./Mittelstrass, J.: Die Hintergehbarkeit der Sprache. In: Kantstudien 58 (1967), S. 187–208.

Lorenz, K.: Elemente der Sprachkritik. Frankfurt/M. 1971.

–: Die dialogische Rechtfertigung der effektiven Logik. In: Kambartel, J./Mittelstrass, J. (Hg.): Zum normativen Fundament der Wissenschaft. Frankfurt/M. 1973.

– (Hg.): Konstruktionen versus Positionen. Bde. 1 u. 2 (Paul Lorenzen zum 60. Geburtstag gewidmet). Berlin 1979.

Lorenzen, P.: Konstruktive Begründung der Mathematik. In: Mathematische Zeitschrift 54 (1950), S. 162–202.

–: Einführung in die operative Logik und Mathematik. Berlin 1955, ²1969.

–: Formale Logik. Berlin 1958, ⁴1970.

–: Das Begründungsproblem der Geometrie als Wissenschaft der räumlichen Ordnung. In: Lorenzen, P.: Methodisches Denken. Frankfurt/M. 1968, S. 120–141.

–: Metamathematik. Mannheim 1962, ²1980.

–: Gleichheit und Abstraktion. In: Lorenzen, P.: Konstruktive Wissenschaftstheorie. Frankfurt/M. 1974, S. 190–198.

–: Logik und Grammatik. In: Lorenzen, P.: Methodisches Denken. Frankfurt/M. 1968, S. 70–80.

–: Normative Logic and Ethics. Mannheim 1969.

–/Schwemmer, O.: Konstruktive Logik, Ethik und Wissenschaftstheorie. Mannheim/Wien/Zürich 1973, ²1975 *(= L/S)*.

–: Das Problem einer theoretischen Philosophie unter dem Primat der praktischen Vernunft. In: Lorenzen, P.: Konstruktive Wissenschaftstheorie. Frankfurt/M. 1974, S. 119–132.

–: Konstruktive Wissenschaftstheorie. Frankfurt/M. 1974.
–: Methodisches Denken. Frankfurt/M. 1968.
–/Lorenz, K.: Dialogische Logik. Darmstadt 1978.
–/Lorenz, K.: Hypotheses non fingo. In: Mittelstrass, J./Riedel, M. (Hg.): Vernünftiges Denken. Studien zur praktischen Philosophie und Wissenschaftstheorie. Berlin 1978.
–: Theorie der technischen und politischen Vernunft. Stuttgart 1978.
–: Kritik der politischen Vernunft. Drei Vorlesungen zur Wissenschaftstheorie. Nürnberg 1981.
–: Elementargeometrie. Das Fundament der analytischen Geometrie. Mannheim 1984.
–: Grundbegriffe technischer und politischer Kultur. Frankfurt/M. 1985.
–: Lehrbuch der konstruktiven Wissenschaftstheorie. Mannheim 1987.
Mittelstrass, J.: Die Prädikation und die Wiederkehr des Gleichen. In: Mittelstrass 1974, S. 145–157.
–: Neuzeit und Aufklärung. Berlin/New York 1970.
–: Das praktische Fundament der Wissenschaft und die Aufgabe der Philosophie. In: Kambartel, F./Mittelstrass, J. (Hg.): Zum normativen Fundament der Wissenschaft. Frankfurt/M. 1973.
–: Die Möglichkeit von Wissenschaft. Frankfurt/M. 1974.
–: Wider den Dingler-Komplex. In: Mittelstrass 1974, S. 84–105.
–: Erfahrung und Begründung. In: Mittelstrass 1974, S. 56–83.
– (Hg.): Methodologische Probleme einer normativ-kritischen Gesellschaftstheorie. Frankfurt/M. 1975.
–/Riedel, M. (Hg.): Vernünftiges Denken. Studien zur praktischen Philosophie und Wissenschaftstheorie. Berlin 1978.
– (Hg.): Methodenprobleme der Wissenschaften vom gesellschaftlichen Handeln. Frankfurt/M. 1979.
–: Wissenschaft als Lebensform. Reden über philosophische Orientierungen in Wissenschaft und Universität. Frankfurt/M. 1982.
–: Fortschritt und Eliten. Analysen zur Rationalität der Industriegesellschaft. Konstanz 1984.
–: Zur Modernität der Antike. Zur Aufgabe des Gymnasiums in der modernen Welt. Konstanz 1986.
–: Das ethische Maß der Wissenschaft. Stuttgart 1987.
– (Hg.): Wohin geht die Sprache? Wirklichkeit, Kommunikation, Kompetenz. Essen 1989.
Schneider, H. J.: Historische und systematische Untersuchungen zur Abstraktion. Erlangen 1970.
Schwemmer, O.: Philosophie der Praxis. Frankfurt/M. 1971.
–: Theorie der rationalen Erklärung. München 1976.
Thiel, Ch.: Sinn und Bedeutung in der Logik Gottlob Freges. Meisenheim 1965.
–: Grundlagenkrise und Grundlagenstreit. Meisenheim 1972.

Literatur

Ascheberg, R. / Herrgott, G. / Krausser, P.: Zur konstruktivistischen Protophysik. In: Zeitschrift für allgemeine Wissenschaftstheorie 9 (1978), S. 112–133.

Backhaus, J.: Politische Ökonomie als Begründung: Eine Auseinandersetzung mit Friedrich Kambartels «Bemerkungen zum normativen Fundament der Ökonomie». In: Zeitschrift für allgemeine Wissenschaftstheorie 8 (1977), S. 91–117.

Foerster, H. v. (Hg.): Einführung in den Konstruktivismus. München / Zürich 1985.

Glasersfeld, E. v.: Wissen, Sprache und Wirklichkeit. Arbeiten zum radikalen Konstruktivismus. Braunschweig etc. 1987.

Hermes, H.: Some Remarks on Lorenzen's Theory. In: Suppes, P. / Henkin, L. / Mosil, Gr. C. / Joja, A. (Hg.): Logic, Methodology and Philosophy of Science. Bd. 4. Amsterdam 1973.

Janich, P. (Hg.): Entwicklungen der methodischen Philosophie. Frankfurt / M. 1992.

Kirchgässner, G.: Ein neues Fundament der Ökonomie? In: Zeitschrift für allgemeine Wissenschaftstheorie 8 (1977), S. 118–131.

Mayer, G.: Die Logik im deutschen Konstruktivismus. Die Rolle formaler Systeme im Wissenschaftsaufbau der Erlanger und Konstanzer Schule. München 1981.

Rasmussen, S. A.: The Erlangen School. A Critical Note on Their Foundational Programme. In: Danish Yearbook of Philosophy, 1981.

Rusch, G.: Erkenntnis, Wissenschaft, Geschichte. Von einem konstruktivistischen Standpunkt. Frankfurt / M. 1987.

Schmidt, S. J. (Hg.): Der Diskurs des Radikalen Konstruktivismus. Frankfurt / M. 1988.

– (Hg.): Kognition und Gesellschaft. Der Diskurs des radikalen Konstruktivismus 2. Frankfurt / M. 1992.

Anmerkungen

1 *K / M*, S. VIII.

2 Dingler, H.: Aufbau der exakten Fundamentalwissenschaft. München 1964.

3 *J / K / M*, I. Kap.

4 Mittelstrass, J.: Das praktische Fundament der Wissenschaft und die Aufgabe der Philosophie. In: *K / M*, S. 1–69; Lorenzen, P.: Das Problem einer theoretischen Philosophie unter dem Primat der praktischen Vernunft. In: Ders.: Konstruktive Wissenschaftstheorie. Frankfurt / M. 1974.

5 Schwemmer 1971.

6 Mittelstrass 1975, Einleitung, S. 7–11.
7 Lorenzen 1950.
8 *L/S*, I. Kap. und Lorenz, K.: Die dialogische Rechtfertigung der effektiven Logik. In: *K/M*, S. 250–280.
9 *L/S*, III. Kap.
10 Schwemmer 1976.
11 *K/L*.
12 Blasche/Schwemmer 1975.
13 Albert, H.: Konstruktivismus oder Realismus? In: Ders.: Konstruktion und Kritik. 2. Aufl. Hamburg 1975, S. 342–373.
14 Stegmüller, W.: Probleme und Resultate der Wissenschaftstheorie und Analytischen Philosophie. Bd. IV, I. Halbbd. Berlin/Heidelberg/New York 1973, S. 26.
15 Vgl. Beiträge in Kambartel 1974 und in Mittelstrass 1979.
16 Böhme 1976.
17 Vgl. Gadamer, H.-G.: Nachwort zur 3. Aufl. (von «Wahrheit und Methode»). In: Gesammelte Werke. Bd. 2. Tübingen 1986, S. 459 ff.
18 Janich 1969. Lorenzens Vorlesungen in Oxford sind erschienen als: Normative Logic and Ethics. Mannheim 1969.
19 *L/S*, S. 14.
20 Vgl. Mittelstrass, J.: Wider den Dingler-Komplex. In: Ders. 1974, S. 92 f.
21 *J/K/M*, S. 35.
22 *J/K/M*, S. 36–40.
23 *J/K/M*, S. 37.
24 Vgl. Lorenzen, P.: Normative Logic and Ethics. Mannheim 1969, S. 82 f.
25 *L/S*, S. 161–165.
26 Vgl. Mittelstrass 1970, S. 11.
27 Vgl. den Untertitel von *K/L*: «Vorschule des vernünftigen Redens».
28 Popper, K. R.: Logik der Forschung. Dritte, vermehrte Aufl. Tübingen 1969, S. 17.
29 Lorenzen 1968, S. 26.
30 Lorenzen 1968, S. 28.
31 Mittelstrass, J.: Erfahrung und Begründung. In: Ders. 1974, S. 56–83.
32 Mittelstrass, J.: Das praktische Fundament der Wissenschaft und die Aufgabe der Philosophie. In: *K/M*, S. 1–69.
33 *L/S*, S. 275–299.
34 Vgl. den Titel von *K/M*.
35 Mittelstrass, J.: Die Prädikation und die Wiederkehr des Gleichen. In: Ders. 1974, S. 145–157.
36 Vgl. ebd., S. 147.
37 Ebd., S. 147 f.
38 Vgl. ebd., S. 148 f.

39 Vgl. *L/S*, I. Kap. und Lorenzen, P.: Logik und Grammatik. In: Ders. 1968, S. 70–80.
40 Vgl. *L/S*, I. Kap., 1. Abschn.
41 *L/S*, S. 22f.
42 Vgl. Lorenz 1971, S. 167–194 und *L/S*, I. Kap., 1. Abschn.
43 Vgl. *L/S*, I. Kap., 2. Abschn.
44 *L/S*, S. 68 und 77f.
45 *L/S*, S. 64.
46 *L/S*, I. Kap., 2. und 3. Abschn.
47 *L/S*, S. 188f.
48 *L/S*, S. 210ff.
49 *L/S*, S. 215f.
50 Schneider 1970.
51 Vgl. Lorenzen, P.: Gleichheit und Abstraktion. In: Ders.: Konstruktive Wissenschaftstheorie. Frankfurt/M. 1974, S. 190–198.
52 *K/L*, S. 101–104 und *L/S*, S. 221ff.
53 Vgl. Lorenzen, P.: Gleichheit und Abstraktion. In: Ders.: Konstruktive Wissenschaftstheorie. Frankfurt/M. 1974, S. 190–198.
54 *K/L*, S. 136–145.
55 Vgl. *K/L*, S. 93–95 und *L/S*, S. 190–194.
56 *L/S*, S. 181ff.
57 *L/S*, S. 185ff.
58 Vgl. *L/S*, S. 194–202.
59 *L/S*, S. 188.
60 *L/S*, S. 229f und 235ff.
61 *L/S*, 1. Aufl. 1973, S. 162; vgl. *L/S*, S. 224f.
62 Janich, P.: Eindeutigkeit, Konsistenz und methodische Ordnung. In: *K/M*, S. 131–158.
63 *L/S*, 1. Aufl. 1973, S. 169f; vgl. *L/S*, S. 234f und Lorenzen, P.: Hypotheses non fingo. In: Mittelstrass, J./Riedel, M. (Hg.): Vernünftiges Denken. Berlin 1978.
64 Janich, P.: Protophysik der Zeit. Mannheim 1969.
65 Vgl. Lorenzen, P.: Das Begründungsproblem der Geometrie als Wissenschaft der räumlichen Ordnung. In: Ders. 1968, S. 120–141.
66 *L/S*, S. 226ff.
67 *L/S*, S. 226ff.
68 *L/S*, S. 229ff.
69 Lorenzen 1968, S. 124ff.
70 Böhme 1976.
71 Vgl. Kambartel, F.: Wie abhängig ist die Physik von Erfahrung und Geschichte? In: Ders. 1976, S. 151–171.
72 Lorenzen, P.: Normative Logic and Ethics. Mannheim 1969, S. 84ff.
73 Mittelstrass 1975, Einleitung, S. 7–11.

Literatur

Gesamtdarstellungen

Ayer, A. J.: Die Hauptströmungen der Philosophie. München 1976.
–: Philosophy in the Twentieth Century. London u. a. 1984.
Baumgartner, H. M. und H.-M. Sass: Philosophie in Deutschland 1945–75. Standpunkte, Entwicklungen, Literatur. Meisenheim 1980.
–/– (Hg.): Philosophie in Deutschland. 1945–1975. Standpunkte, Entwicklungen, Literatur. Meisenheim 1978.
Bochenski, J. M.: Europäische Philosophie der Gegenwart. Bern/München 1951.
–: Die zeitgenössischen Denkmethoden. Bern/München 1954.
Boeder, H.: Das Vernunft-Gefüge der Moderne. Freiburg/München 1988.
Bubner, R. (Hg.): Geschichte der Philosophie in Text und Darstellung. 8 Bde. Stuttgart 1978 ff.
Burr, J. R. (Hg.): Handbook of World Philosophy: Contemporary Developments Since 1945. Westport (Conn.) 1980.
Caws, P. (Hg.): Two Centuries of Philosophy in America. 1980.
Châtelet, F.: Histoire de la Philosophie. Paris 1972 ff (dt.: Geschichte der Philosophie. Bd. 8: Das 20. Jahrhundert. Übers. von E. Brückner-Pfaffenberger und D. W. Tuckwiller. Berlin 1975).
Châtelus, M.: Problèmes philosophiques du XXe siècle et matérialisme marxiste. Paris 1982.
Copleston, F. Ch.: A History of Philosophy, Vol. IX: Maine de Biran to Sartre. London 1975.
Coreth, E. u. a.: Philosophie des 20. Jahrhunderts. Stuttgart u. a. 1986.
Durfee, H. A.: Foundational Reflections: Studies in Contemporary Philosophy. Dordrecht u. a. 1988.
Friesen, H. und M. W. Schnell (Hg.): Spannungsfelder der Diskurse: Philosophie nach 1945 in Deutschland und Frankreich. Münster 1987.

Goerdt, W.: Russische Philosophie. Zugänge und Durchblicke. Freiburg/München 1984.

Habermas, J.: Der philosophische Diskurs der Moderne. Zwölf Vorlesungen. Frankfurt/M. 1985

Heinemann, F.: Die Philosophie im XX. Jahrhundert. Eine enzyklopädische Darstellung ihrer Disziplinen. Stuttgart 1959.

Höffe, O. (Hg.): Klassiker der Philosophie. 2 Bde. München 1981.

Hoerster, N. (Hg.): Klassiker des philosophischen Denkens. 2 Bde. München 1982.

Jahn, L.: Die letzte Epoche der Philosophie: von Hegel bis Habermas. Kommentarband. Stuttgart 1980.

Jones, W. T.: A History of Western Philosophy: The Twentieth Century to Wittgenstein and Sartre. Bd. 5. New York 1975.

Kearney, R.: Modern Movement in European Philosophy. Manchester 1986.

Landgrebe, L.: Philosophie der Gegenwart. Bonn 1952.

Leinfellner, W. und F. M. Wuketits (Hg.): Die Aufgaben der Philosophie in der Gegenwart. Wien 1986.

Metz, R.: Die philosophischen Strömungen der Gegenwart in Großbritannien. Leipzig 1935.

Narski, I. S.: Positivismus in Vergangenheit und Gegenwart. Berlin 1962.

Neuenschwander, U.: Denker des Glaubens. Emanuel Hirsch – Emil Brunner – Paul Tillich – Pierre Teilhard de Chardin – Karl Jaspers. Gütersloh 1985.

Noack, H.: Die Philosophie Westeuropas im 20. Jahrhundert («Die Philosophischen Bemühungen des 20. Jahrhunderts»). 2. neubearb. und erw. Aufl. Basel/Stuttgart 1976.

Nordhofen, E. (Hg.): Physiognomien. Philosophen des 20. Jahrhunderts in Portraits. Königstein 1980.

– (Hg.): Physiognomien. Philosophen des 20. Jahrhunderts in Portraits. Königstein/Ts. 1980.

Passmore, L.: A Hundred Years of Philosophy. London 1957, 1966.

–: Recent Philosophers. La Salle (Ill.) 1985.

Pongratz, L. J. (Hg.): Philosophie in Selbstdarstellungen. 3 Bde. Hamburg 1975–77.

Reek, A. J.: The New American Philosophers. An Exploration since World War II. 1968.

Rehfus, W. D.: Einführung in das Studium der Philosophie. Heidelberg 1981.

Rombach, H.: Die Gegenwart der Philosophie, die Grundprobleme der abendländischen Philosophie und der gegenwärtige Stand des philosophischen Fragens. 3., grundlegend neu bearbeitete Aufl. Freiburg/München 1988.
Rorty, R. u.a. (Hg.): Philosophy in History. Essays on the Historiography of Philosophy. Cambridge 1984.
Ryle, G. (Hg.): Contemporary Aspects of Philosophy. Stocksfield 1976.
Schmidt, R. (Hg.): Philosophie der Gegenwart in Selbstdarstellungen. 7 Bde. Leipzig 1921–30.
Schnädelbach, H.: Philosophie in Deutschland 1831–1933. Frankfurt/M. 1983, 1985.
Schulz, W.: Philosophie in der veränderten Welt. Pfullingen 1972.
Skirbekk, G. (Hg.): Wahrheitstheorien. Aus den Diskussionen über Wahrheit im 20. Jahrhundert. Frankfurt/M. 1977, 2. Aufl. 1986.
Smith, J. E.: Contemporary American Philosophy. New York/London 1970.
Speck, J. (Hg.): Grundprobleme der großen Philosophen – Philosophie der Gegenwart. Bde. I–VI. Göttingen 1972 ff.
Spierling, V. (Hg.): Die Philosophie des 20. Jahrhunderts (aus der Reihe: Lust an der Erkenntnis). München u.a. 1986.
Stegmüller, W.: Hauptströmungen der Gegenwartsphilosophie. 4 Bde. 6. Aufl. Stuttgart 1978 (Bd. I), 8. Aufl. 1987 (Bde. II und III), 1989 (Bd. IV).
Troller, A.: Die Begegnung von Philosophie, Rechtsphilosophie und Rechtswissenschaft («Die philosophischen Bemühungen des 20. Jahrhunderts»). Basel/Stuttgart 1971.
Ueberweg, F.: Grundriß der Geschichte der Philosophie. Bd. 4: Die deutsche Philosophie des 19. Jahrhunderts und der Gegenwart. 13. Aufl. Tübingen 1951.
Warnock, G. J.: English Philosophy since 1900. London 1969 (dt.: Englische Philosophie im 20. Jahrhundert. Übers. v. E. Bubser. Stuttgart 1971).
White, M.: Pragmatism and the American Mind. New York 1973.
Windelband, W.: Lehrbuch der Geschichte der Philosophie. Mit einem Schlußkapitel «Die Philosophie im 20. Jahrhundert» und einer «Übersicht über den Stand der philosophiegeschichtlichen Forschung nach dem Stand von 1946». Hg. v. H. Heimsoeth. 15. Aufl. Tübingen 1957.
Wuchterl, K.: Methoden der Gegenwartsphilosophie. Bern/Stuttgart 1977.

Wörterbücher, Lexika

Ausführliche Angaben bei:
Geldsetzer, L.: Allgemeine Bücher- und Institutionenkunde für das Philosophie-Studium. Freiburg/München 1971.
Adorno, Th. W.: Philosophische Terminologie. 2 Bde. Frankfurt/M. 1974.
Albrecht, E. (Hg.): Wörterbuch Logik, Semiotik, Methodologie: russisch-deutsch, deutsch-russisch. Leipzig 1983.
Austeda, F.: Lexikon der Philosophie. 2 Bde. Wien 1988.
Baumgartner, H. M. u. a. (Hg.): Philosophie – Gesellschaft – Planung. München 1974.
Braun, E. und H. Radermacher: Wissenschaftstheoretisches Lexikon. Graz u. a. 1978.
Brugger, W. (Hg.): Philosophisches Wörterbuch. Freiburg u. a. 1988.
Dau, R. (Hg.): Wörterbuch des wissenschaftlichen Kommunismus. Berlin (DDR) 1984.
Diemer, A. und I. Frenzel (Hg.): Das Fischer Lexikon «Philosophie». Frankfurt/M. 1958.
Edwards, P. u. a. (Hg.): The Encyclopedia of Philosophy. New York 1967.
Hegenbart, R.: Wörterbuch der Philosophie. München 1984.
Höffe, O. (Hg.): Lexikon der Ethik. München 1986.
Hoffmeister, J. (Hg.): Wörterbuch der philosophischen Begriffe. Sonderausg. 2. Aufl. Hamburg 1988.
Hönigswald, R. und E. Pachnicke (Hg.): Wörterbuch der Philosophie. Göttingen 1985.
Hoerz, H. (Hg.): Philosophie und Naturwissenschaften: Wörterbuch zu den philosophischen Fragen der Naturwissenschaft. Berlin (DDR) 1983.
Hügli, A. und P. Lübcke (Hg.): Philosophielexikon. Personen und Begriffe der abendländischen Philosophie von der Antike bis zur Gegenwart. Reinbek bei Hamburg 1991.
Klaus, G. und M. Buhr (Hg.): Philosophisches Wörterbuch. Leipzig 1964 u. ö.
Labica, G. (Hg.): Dictionnaire critique du marxisme (dt. hg. v. W. F. Haug: Kritisches Wörterbuch des Marxismus. Berlin 1988).
Lange, E. (Hg.): Philosophenlexikon. Ausgabe für die BRD und Westberlin. Berlin 1987.
Lotter, K. (Hg.): Marx-Engels-Begriffslexikon. München 1984.
Kondakov, N. I.: Wörterbuch der Logik. Hg. von E. Albrecht und G. Asser, übers. von H.-D. Hecker. 2. neubearb. Aufl. Leipzig 1983.

Kosing, A.: Wörterbuch der marxistisch-leninistischen Philosophie. Berlin (DDR) 1987.

Krings, G. u. a. (Hg.): Handbuch der philosophischen Grundbegriffe. 6 Bde. München 1973 ff.

Metzler-Philosophen-Lexikon: 300 biographisch-werkgeschichtliche Portraits von den Vorsokratikern bis zu den Neuen Philosophen. Hg. von B. Lutz. Stuttgart 1989.

Meyers kleines Lexikon Philosophie. Mit einer Einleitung von Kuno Lorenz. Mannheim u. a. 1987.

Mittelstraß, J. (Hg.): Enzyklopädie Philosophie und Wissenschaftstheorie. 3 Bde. Mannheim / Wien / Zürich 1980 ff.

Müller, M. (Hg.): Philosophisches Wörterbuch. Neubearb. Bis 12. Aufl. u. d. T.: Kleines philosophisches Wörterbuch. Freiburg u. a. 1988.

Noack, L.: Philosophie-geschichtliches Lexikon: historisch-bibliographisches Handwörterbuch zur Geschichte der Philosophie. Stuttgart 1986.

Ricken, F. (Hg.): Lexikon der Erkenntnistheorie und Metaphysik. München 1984.

Ritter, J. und K. Gründer (Hg.): Historisches Wörterbuch der Philosophie. Darmstadt / Basel 1971 ff.

Sandkühler, H. J. (Hg.): Europäische Enzyklopädie zu Philosophie und Wissenschaften. 4 Bde. Hamburg 1990.

Schmidt, H.: Philosophisches Wörterbuch. Neu bearb. von G. Schischkoff. 21. Aufl. Stuttgart 1982.

Seiffert, H. und G. Radnitzky (Hg.): Handlexikon zur Wissenschaftstheorie. München 1989.

Speck, J. (Hg.): Handbuch wissenschaftstheoretischer Begriffe. 3 Bde. Göttingen / Zürich 1980.

Ströker, E. und W. Wieland (Hg.): Handbuch Philosophie. Freiburg / München 1981 ff.

Teutsch, G. M.: Lexikon der Umweltethik. Göttingen / Düsseldorf 1985.

–: Lexikon der Tierschutzethik. Göttingen 1987.

Volpi, F. und J. Nida-Rümelin (Hg.): Lexikon der philosophischen Werke. Stuttgart 1988.

Weger, K.-H. (Hg.): Religionskritik von der Aufklärung bis zur Gegenwart: Autoren-Lexikon von Adorno bis Wittgenstein. Freiburg u. a. 1988.

– (Hg.): Argumente für Gott: Gott-Denker von der Antike bis zur Gegenwart. Ein Autoren-Lexikon. Freiburg u. a. 1987.

Ziegenfuß, W. und G. Jung: Philosophen-Lexikon. Handwörterbuch der Philosophie nach Personen. 2 Bde. Berlin 1949.

Bibliographien

Auswahlbibliographie philosophische Literatur der DDR. Berlin 1974 ff.
Bochenski, J. M.: Bibliographische Einführung in das Studium der Philosophie. Bern 1948 ff.
Detemple, S.: Wie finde ich philosophische Literatur. Berlin 1986.
Fornet-Betancourt, R.: Kommentierte Bibliographie zur Philosophie in Lateinamerika. Frankfurt/M. 1985.
Geldsetzer, L.: Allgemeine Bücher- und Institutionenkunde für das Philosophiestudium. Freiburg/München 1971.
– (Hg.): In honorem. Eine Bibliographie philosophischer Festschriften und ihrer Beiträge. Düsseldorf 1975.
Guerry, H. (Hg.): A Bibliography of Philosophical Bibliographies. Westport/London 1977.
Hogrebe, W. u. a.: Periodica Philosophica. Eine internationale Bibliographie philosophischer Zeitschriften von den Anfängen bis zur Gegenwart. Düsseldorf 1972.
Internationale Bibliographie der Zeitschriftenliteratur aus allen Gebieten des Wissens. Osnabrück 1965 ff.
Jasenas, M.: A History of the Bibliography of Philosophy. New York/Hildesheim 1973.
Koehler und Volckmar-Fachbibliographien: Philosophie und Grenzgebiete 1945–1964. Köln/Stuttgart 1964.
Koren, H. J.: Research in Philosophy. A bibliographical Introduction to Philosophy and a few Suggestions for Dissertations. Pittsburgh 1966.
Lineback, R. H. (Hg.): The Philosopher's Index. A Retrospective Index to U. S. Publications from 1940. 3 Bde. Bowling Green (Ohio) 1978.
–: The Philosopher's Index. A Retrospective Index to non-U. S. English Language Publications from 1940. 3 Bde. Bowling Green (Ohio) 1980.
Repertoire bibliographique de la philosophie. Louvain 1949 ff.
Totok, W.: Bibliographischer Wegweiser der philosophischen Literatur. Neu bearbeitet von H.-D. Finke. Frankfurt/M. 1985.

Zeitschriften und Reihen

Allgemeine Zeitschrift für Philosophie. Stuttgart 1976 ff.
Archiv für Begriffsgeschichte. Frankfurt/M. 1955 ff.
Deutsche Zeitschrift für Philosophie. Berlin (DDR) 1953 ff.

Erkenntnis. An International Journal of Analytic Philosophy. Hamburg/ Dordrecht 1966 ff.
Information Philosophie. Basel/Lörrach 1972 ff.
Kant-Studien. Philosophische Zeitschrift der Kant-Gesellschaft. Bonn 1896 ff.
Metaphilosophy. Oxford 1970 ff.
Neue Hefte für Philosophie. Göttingen 1971 ff.
Phänomenologische Forschungen. Hg. von E. W. Orth im Auftrag der Deutschen Gesellschaft für phänomenologische Forschung. München 1977 ff.
Philosophia Naturalis. Meisenheim 1950 ff.
Philosophischer Literaturanzeiger. Meisenheim 1949 ff.
Philosophisches Jahrbuch. Im Auftrag der Görres-Gesellschaft. Freiburg/München 1888 ff.
Philosophische Rundschau. Tübingen 1953 ff.
Philosophy and Public Affairs. Princeton 1971 ff.
Studia Philosophica. Basel 1941 ff.
Zeitschrift für allgemeine Wissenschaftstheorie. Wiesbaden 1970 ff.
Zeitschrift für philosophische Forschung. Meisenheim 1947 ff.

Der amerikanische Pragmatismus

Ayer, A. J.: The Origins of Pragmatism. London/Melbourne 1968.
Corrington, R. S./Hausman, C./Seebohm, Th. M. (Hg.): Pragmatism considers Phenomenology. Washington 1987.
Martens, E. (Hg.): Texte der Philosophie des Pragmatismus. Stuttgart 1975.
Morris, C. W.: The Pragmatic Movement in American Philosophy. New York 1970.
Murphy, J. P.: Pragmatism from Peirce to Davidson. Boulder (Col.) 1990.
Oller, J. W. (Hg.): Language and Experience. Classic Pragmatism. Lanham/New York/London 1989.
Rescher, N.: Methodological Pragmatism. Oxford 1977.
Rorty, R.: Consequences of Pragmatism. Essays 1972–1980. Brighton 1982.
Rorty, R.: Philosophy and the Mirror of Nature. Princeton 1979 (dt.: Der Spiegel der Natur. Eine Kritik der Philosophie. Frankfurt/M. 1984).

Schneider, H. W.: A History of American Philosophy. New York 1946.
Thayer, H. S.: Meaning and Action. A Study of American Pragmatism. Indianapolis 1973.
West, C.: The American Evasion of Philosophy. A Genealogy of Pragmatism. Madison 1989.
White, M.: Pragmatism and the American Mind. New York 1973.

Analytische Philosophie

1. Die Anfänge

Dummett, M.: Frege. Philosophy of Language. London/New York 1973.
–: Ursprünge der analytischen Philosophie. Frankfurt/M. 1988.
Essler, W. K.: Analytische Philosophie. Bd.I. Stuttgart 1972.
Gross, B. R.: Analytic Philosophy. A Historical Introduction. New York 1970.
Hoche, H. und W. Strube: Analytische Philosophie. Freiburg/München 1985.
Hoche, H.: Sprachanalytisches Philosophieren. Darmstadt 1990.
Katz, F.: Philosophie der Sprache. Frankfurt/M. 1969.
Keller, A.: Sprachphilosophie. 2. Aufl. Freiburg/München 1989.
Kutschera, F. v.: Sprachphilosophie. München 1971.
–: Wissenschaftstheorie. 2 Bde. München 1972.
Lorenz, K.: Elemente der Sprachkritik. Eine Alternative zum Dogmatismus und Skeptizismus in der analytischen Philosophie. Frankfurt/M. 1970, 2. Aufl. 1971.
Nagel, L. und R. Heinrich (Hg.): Wo steht die analytische Philosophie heute? Wien/München 1986.
Patzig, G.: Sprache und Logik. Göttingen 1981.
Peursen, L. A. van: Phänomenologie und analytische Philosophie. Stuttgart/Berlin/Köln/Mainz 1969.
Runggaldier, E.: Analytische Sprachphilosophie. Stuttgart/Berlin/Köln 1990.
Savigny, E. v.: Analytische Philosophie. Freiburg/München 1970.
Simon, J. (Hg.): Aspekte und Probleme der Sprachphilosophie. Freiburg/München 1974.
Sukale, M. (Hg.): Moderne Sprachphilosophie. Hamburg 1976.

Tugendhat, E.: Vorlesungen zur Einführung in die sprachanalytische Philosophie. Frankfurt/M. 1976.
Wang, H.: Beyond Analytic Philosophy. Doing Justice to what we know. Cambridge (Mass.) 1986.

2. Der logische Positivismus

Dahms, H.-J. (Hg.): Philosophie, Wissenschaft, Aufklärung. Beiträge zur Geschichte und Wirkung des Wiener Kreises. Berlin/New York 1985.
Essler, W. K.: Wissenschaftstheorie. 4 Bde. Freiburg/München 1970 bis 1979.
Goodman, N.: Fact, Fiction and Forecast. London 1954 (dt.: Tatsache, Fiktion und Voraussage. Frankfurt/M. 1988).
Kolakowski, L.: Die Philosophie des Positivismus. München 1971.
Kraft, V.: Der Wiener Kreis. Der Ursprung des Neopositivismus. Ein Kapitel der jüngsten Philosophiegeschichte. Wien 1950, 2. erw. Aufl. Wien/New York 1968.
Lenk, H. (Hg.): Neue Aspekte der Wissenschaftstheorie. Braunschweig 1971.
Narski, I. S.: Positivismus in Vergangenheit und Gegenwart. Berlin 1962.
Schleichert, H. (Hg.): Logischer Empirismus – Der Wiener Kreis. München 1975.
Schnädelbach, H.: Erfahrung, Begründung und Reflexion. Frankfurt/M. 1971.
Sommer, M.: Evidenz im Augenblick. Frankfurt/M. 1987.
Stegmüller, W.: Das Problem der Induktion. Darmstadt 1986.
–: Das Wahrheitsproblem und die Idee der Semantik. Wien 1957.
–: Probleme und Resultate der Wissenschaftstheorie und analytischen Philosophie. Bde. I–IV. Berlin 1969–1973.
Tuschling, B./Rischmüller, M.: Kritik des logischen Empirismus. Berlin 1983.
Wellmer, A.: Methodologie als Erkenntnistheorie. Frankfurt/M. 1967.

3. Philosophie der Alltagssprache

Alston, W. P.: Philosophy of Language. Englewood Cliffs (N. J.) 1964.
Grewendorf, G. (Hg.): Sprechakttheorie und Semantik. Frankfurt/M. 1979.

– und G. Meggle (Hg.): Linguistik und Philosophie. Frankfurt/M. 1974.
Harrison, B.: An Introduction to the Philosophy of Language. London 1979.
Savigny, E. v.: Die Philosophie der normalen Sprache. Eine kritische Einführung in die «ordinary language philosophy». Frankfurt/M. 1969, 2. Aufl. 1974.
Wunderlich, D.: Studien zur Sprechakttheorie. Frankfurt/M. 1976.

4. Philosophie des Geistes und Philosophie der Geschichte

Acham, K.: Analytische Geschichtsphilosophie. Eine kritische Einführung. Freiburg/München 1974.
Apel, K.-O.: Die Erklären/Verstehen-Kontroverse in transzendentalpragmatischer Sicht. Frankfurt/M. 1979.
Bieri, P. (Hg.): Analytische Philosophie des Geistes. Königstein/Ts. 1981.
Borst, V. C. (Hg.): The Mind/Brain Identity Theory. London 1970.
Chisholm, R. M./Marek, J. Ch./Blackmore, J. T./Hübner, A. (Hg.): Philosophie des Geistes. Akten des 9. Internationalen Wittgenstein Symposiums. Wien 1985.
Churchland, P. S.: Neurophilosophy. Toward a Unified Science of Mind/Brain. Cambridge (Mass.) 1986.
Danto, A. C.: Analytical Philosophy of History. Cambridge 1965 (dt.: Analytische Philosophie der Geschichte. Frankfurt/M. 1974).
Davidson, D.: Essays on Actions and Events. Oxford 1980 (dt.: Handlung und Ereignis. Frankfurt/M. 1985).
–: Inquiries into Truth and Interpretation. Oxford 1984 (dt.: Wahrheit und Interpretation. Frankfurt/M. 1986).
Dennett, D. C.: Brainstorms: Philosophical Essays on Mind and Psychology. Montgomery (Vt.) 1978.
–: The Intentional Stance. Cambridge (Mass.) 1987.
Dray, W.: Philosophy of History. Prentice Hall 1964.
Fodor, A. J.: Representations. Cambridge (Mass.) 1981.
Gardiner, P. (ed.): Theories of History. Glencoe (Ill.) 1959.
Gardner, H.: The Mind of New Science. A History of the Cognitive Revolution. New York 1985 (dt.: Dem Denken auf der Spur. Der Weg der Kognitionswissenschaft. Stuttgart 1989).
Haugeland, J. (Hg.): Mind Design. Cambridge (Mass.) 1981.
–: Artificial Intelligence: The Very Idea. Cambridge (Mass.) 1985 (dt.:

Künstliche Intelligenz – Programmierte Vernunft? Hamburg/New York u. a. 1987).
Miller, J. (Hg.): States of Mind. New York 1983.
Nagel, E.: The Structure of Science. London 1961.
Rosenthal, D. (Hg.): Materialism and the Mind-Body Problem. Englewood Cliffs (N. J.) 1971.
Ryle, G. (Hg.): Contemporary Aspects of Philosophy. Stocksfield 1976.

5. Ethik und politische Philosophie

Ackermann, B. A.: Social Justice in the Liberal State. London 1980.
Anderson, Ch. W.: Pragmatic Liberalism. Chicago 1990.
Brandt, R. B.: Ethical Theory. Englewood Cliffs (N. J.) 1959.
Craemer-Ruegenberg, I.: Moralsprache und Moralität. Zu Thesen der sprachanalytischen Ethik. Diskussion, Kritik, Gegenmodell. Freiburg/München 1975.
Foot, Ph. (Hg.): Theories of Ethics. Oxford 1967.
Frankena, W. R.: Analytische Ethik. Eine Einführung. München 1972.
Grewendorf, G. und G. Meggle (Hg.): Seminar: Sprache und Ethik. Zur Entwicklung der Metaethik. Frankfurt/M. 1974.
Höffe, O.: Gerechtigkeit als Fairness. München 1977.
Hudson, W. D.: Modern Moral Philosophy. London 1967.
Kern, L.: Neue Vertragstheorie. Zur rationalen Rekonstruktion politisch-ethischer Grundprinzipien. Königstein/Ts. 1980.
Koller, P.: Neue Theorien des Sozialkontrakts. Berlin 1987.
McIntyre, A.: A Short History of Ethics. London 1967.
Meggle, G. und A. Beckermann (Hg.): Analytische Handlungstheorie. 2 Bde. Frankfurt/M. 1977.
Meggle, G.: Handlungstheoretische Semantik. Berlin 1987.
Miller, D.: Social Justice. Oxford 1976.
Pothast, U. (Hg.): Seminar: Handeln und Determinismus. Frankfurt/M. 1978.
Sartori, G.: The Theory of Democracy revisited. Chatham (N. J.) 1987 (dt.: Demokratietheorie. Darmstadt 1992).
Warnock, G. J.: Contemporary Moral Philosophy. London 1967.
Wildermuth, A. und A. Jäger (Hg.): Gerechtigkeit. Themen der Sozialethik. Tübingen 1981.

6. Sprache und Ontologie

Bach, K.: Thought and Reference. Oxford 1987.
Castañeda, H.-N.: Sprache und Erfahrung. Texte zu einer neuen Ontologie. Frankfurt/M. 1982.
Devitt, M./Sterelny, K.: Language and Reality. An Introduction to the Philosophy of Language. Oxford 1987.
Forum für Philosophie, Bad Homburg (Hg.): Realismus und Antirealismus. Frankfurt/M. 1992.
Goodman, N.: Ways of Worldmaking. Cambridge 1978 (dt.: Weisen der Welterzeugung. Frankfurt/M. 1990).
Künne, W.: Abstrakte Gegenstände. Semantik und Ontologie. Frankfurt/M. 1983.
Leinfellner, W./Kraemer, E./Schank, J. (Hg.): Language and Ontology. Akten des 6. Internationalen Wittgenstein Symposiums. Wien 1982.
Platts, M. (Hg.): Reference, Truth and Reality. Essays on the Philosophy of Language. London 1980.
Putnam, H.: Reason, Truth, and History. Cambridge 1981 (dt.: Vernunft, Wahrheit und Geschichte. Frankfurt/M. 1990).
–: Representation and Reality. MIT 1988 (dt.: Repräsentation und Realität. Frankfurt/M. 1991).
Wright, C.: Realism, Meaning and Truth. Oxford 1987.

Kritischer Rationalismus, Wissenschaftsgeschichte, Erlanger Schule

Adorno, Th. W. (Hg.): Der Positivismusstreit in der deutschen Soziologie. Darmstadt 1969.
Andersson, G.: Kritik und Wissenschaftsgeschichte. Kuhns, Lakatos' und Feyerabends Kritik des kritischen Rationalismus. Tübingen 1988.
Baumgardt-Thome, Y.: Das Problem der Geisteswissenschaften in der analytischen Philosophie und Wissenschaftstheorie unter besonderer Berücksichtigung der Rekonstruktion der Hermeneutik. Düsseldorf 1977.
Bayertz, K. (Hg.): Wissenschaftsgeschichte und wissenschaftliche Revolution. Köln 1981.
–: Wissenschaft als historischer Prozeß. Die antipositivistische Wende in der Wissenschaftstheorie. München 1980.
Cohen, I. B.: Revolution and Science. Cambridge 1985.

Diederich, W. (Hg.): Theorien der Wissenschaftsgeschichte. Beiträge zur diachronischen Wissenschaftstheorie. Frankfurt/M. 1974.
Feyerabend, P.: Der wissenschaftstheoretische Realismus und die Autorität der Wissenschaften. Braunschweig/Wiesbaden 1978.
–: Wider den Methodenzwang. Skizze einer anarchistischen Erkenntnistheorie. Frankfurt/M. 1976.
Foerster u. a. (Hg.): Einführung in den Konstruktivismus. München 1992.
Janich, P. (Hg.): Entwicklungen der methodischen Philosophie. Frankfurt/M. 1992.
Janich, P./Kambartel, F./Mittelstrass, J. (Hg.): Wissenschaftstheorie als Wissenschaftskritik. Frankfurt/M. 1974.
Kambartel, F. (Hg.): Praktische Philosophie und konstruktive Wissenschaftstheorie. Frankfurt/M. 1974.
Kamlah, W./Lorenzen, P.: Logische Propädeutik. Mannheim/Wien/Zürich 1967, 2. Aufl. 1973.
Kanitscheider, B.: Wissenschaftstheorie der Naturwissenschaft. Berlin/New York 1981.
Lakatos, I. und A. Musgrave (Hg.): Criticism and the Growth of Knowledge. London 1970 (dt.: Kritik und Erkenntnisfortschritt. Braunschweig 1974).
Lorenz, K. (Hg.): Konstruktionen versus Positionen. 2 Bde. Berlin 1979.
Lorenzen, P. und O. Schwemmer: Konstruktive Logik, Ethik und Wissenschaftstheorie. Mannheim 1975.
–: Konstruktive Wissenschaftstheorie. Frankfurt/M. 1974.
Losee, J.: A Historical Introduction of the Philosophy of Science. London/New York 1972 (dt.: Wissenschaftstheorie. Eine historische Einführung. München 1978).
Mittelstrass, J. und M. Riedel (Hg.): Vernünftiges Denken. Studien zur praktischen Philosophie und Wissenschaftstheorie. Berlin 1978.
Naumann, H. (Hg.): Der moderne Strukturbegriff. Materialien zu seiner Entwicklung. Darmstadt 1973.
Pearce, D. und J. Wolenski (Hg.): Logischer Rationalismus. Philosophische Schriften der Lemberg-Warschau-Schule. Frankfurt/M. 1988.
Radnitzky, G. und G. Andersson (Hg.): Voraussetzungen und Grenzen der Wissenschaft. Tübingen 1980.
–: Fortschritt und Rationalität der Wissenschaften. Tübingen 1981.
Radnitzky, G.: Entre Wittgenstein et Popper. Détours vers la découverte. Le vrai, le faux, l'hypothèse. Paris 1987.

Stegmüller, W.: Probleme und Resultate der Wissenschaftstheorie und analytischen Philosophie. Bde. I, II, IV. Berlin 1969–1973.

Ströcker, E.: Wissenschaftsgeschichte als Herausforderung. Marginalien zur jüngsten wissenschaftstheoretischen Kontroverse. Frankfurt/M. 1976.

Wright, G. H. v.: Explanation and Understanding. London 1971 (dt.: Erklären und Verstehen. Frankfurt/M. 1974).

Zu den Autoren

Jan Riis Flor, geb. 1946, Studium in Kopenhagen, lehrt seit 1974 Philosophie an der Universität Kopenhagen.

Jørgen Husted, geb. 1947, Studium in Aarhus und in Oxford, lehrt seit 1982 an der Universität Aarhus.

Pia Lübcke, geb. 1952, Studium in Kopenhagen, Freiburg und Heidelberg, Gymnasiallehrerin in Roskilde.

Peter Lanz (1952–1997), Studium in Heidelberg, nach Assistentenzeit in Heidelberg ab 1985 Hochschulassistent für Philosophie in Bielefeld.

Stig Alstrup Rasmussen, geb. 1951, Studium in Kopenhagen, lehrte 1988 bis 1995 an der Universität Edinburgh, seit 1996 an der Universität Kopenhagen.

Oliver R. Scholz, geb. 1960, Studium in Bielefeld, zur Zeit Professor für Philosophie an der FU Berlin.

Joachim Schulte, geb. 1946, Studium in Frankfurt a. M. und Oxford, lehrte in Bologna und Graz, lebt heute als Autor und Übersetzer in Bologna.

Niels Christian Stefansen, geb. 1947, Studium an der Universität Kopenhagen, lehrt seit 1998 Philosophie an der Universität Roskilde.

Namenregister